北京市金融年鉴

ALMANAC

2021

OF BEIJING FINANCE

AND BANKING

《北京市金融年鉴》编辑部

（总第35卷）

中国金融出版社

责任编辑：王慧荣　明淑娜
责任校对：潘　洁
责任印制：程　颖

图书在版编目（CIP）数据

北京市金融年鉴．2021/《北京市金融年鉴》编辑部编．—北京：中国金融出版社，2021.12
ISBN 978－7－5220－1444－9

Ⅰ．①北…　Ⅱ．①北…　Ⅲ．①金融事业—北京—2021—年鉴　Ⅳ．①F832.71－54

中国版本图书馆 CIP 数据核字（2021）第 273985 号

北京市金融年鉴 2021
BEIJING SHI JINRONG NIANJIAN 2021
出版发行　中国金融出版社
社址　北京市丰台区益泽路 2 号
市场开发部　(010)66024766，63805472，63439533（传真）
网上书店　www.cfph.cn
(010)66024766，63372837（传真）
读者服务部　(010)66070833，62568380
邮编　100071
经销　新华书店
印刷　河北松源印刷有限公司
尺寸　185 毫米×260 毫米
印张　44
插页　10
字数　930 千
版次　2022 年 1 月第 1 版
印次　2022 年 1 月第 1 次印刷
定价　125.00 元
ISBN 978－7－5220－1444－9
如出现印装错误本社负责调换　联系电话 (010)63263947
（内部发行）

2020年4月5日，北京市人民政府新闻办公室组织召开“北京市新冠肺炎疫情防控工作”第七十二次新闻发布会，中国人民银行营业管理部、中国银行保险监督管理委员会北京监管局、中国证券监督管理委员会北京监管局、北京市地方金融监督管理局就金融支持企业复工复产政策进行宣传。

2020年2月16日，北京银行在荷兰采购的180余万只医用口罩顺利抵京。

浙商银行北京分行向武汉大学捐赠价值500万元的疫情防控物资。

上海浦东发展银行北京中关村支行为海淀区防疫救治定点医院—北京市海淀医院提供上门收款服务，保障其财务正常运转。

兴业银行北京分行严格落实疫情防控措施，全力保障现金服务稳定开展，让群众、企业用上“干净钱、放心钱”。

2020年6月16日，徽商银行北京方庄支行向丰台区方庄地区办事处捐赠防疫物资。

2020年2月8日，中国建设银行北京市分行为中国人民解放军总医院抗击新冠肺炎疫情所需建设的扫码聚合支付功能正式上线。

2020年8月14日，中国工商银行北京新街口支行通过中华慈善总会定向为北京积水潭医院捐助一台核酸采样工作站。

北京农商银行数千名党员干部下沉社区（村）疫情防控一线，开展卡口进出检查、协助测量体温等工作，为首都疫情防控贡献力量。

中国平安人寿保险公司北京分公司招募的保险代理人志愿者服务队奔赴核酸检测、社区防疫等岗位，开展为期10天的志愿者防疫工作。

感谢信

天津银行北京航天桥支行：

自新型冠状病毒疫情发生以来，增光社区全力以赴开展疫情防控工作，在得知社区防控值守人员缺口压力大，急需补充值守力量时，贵单位迎难而上，主动协助社区开展疫情防控工作，坚守一线，全力守护辖区人民群众的生命健康，以实际行动践行初心使命。充分体现了同心协力、共克时艰的友爱精神和责任担当，体现了强烈的大局意识和社会责任，用责任和奉献诠释了企业的使命担当。

为此，对贵单位的大力支持和全力配合表示衷心的感谢和崇高的敬意！对支持社区疫情防控工作的志愿者付出的辛勤努力致以衷心的感谢！我们相信，在贵单位的鼎力相助下，携手同心、众志成城、通力协作，一定能够早日迎来疫情防控阻击战的全面胜利！

增光社区党委

增光社区居委会

二〇二〇年四月十五日

携手战役 感恩有你

参与人员：谢 炯、李慧彬、陈志道、张 玥、柴 森、王璐瑶、刘 丰、李 鹤、刘 鹏、张 劭等

天津银行北京分行员工积极投身社区疫情防控工作，与街道、社区工作人员共同守护人民群众的生命健康，受到地方基层政府的表扬与感谢。

中国人民财产保险公司北京市分公司员工走进多家医疗机构，慰问抗疫英雄，提供暖心保险服务。

2020年8月18日，北京银行与海淀区人民政府签订全面战略合作协议，服务首都“四个中心”建设。

2020年9月18日，中国人民银行营业管理部、中国银行保险监督管理委员会北京监管局、中国证券监督管理委员会北京监管局、北京市地方金融监督管理局、北京市政务服务管理局联合召开“北京市金融支持稳企业保就业暨畅融工程银企对接会”，推进银企融资对接合作。

2020年12月10日，中国银行北京市分行与北京市民政局签署养老领域战略合作协议。根据协议，双方将在支持养老行业复工复产、推动养老服务升级、开展“时间银行”项目合作、打造养老特色服务标准、推进养老产业国际交流合作、增加养老领域教育供给、共建京津冀区域养老一体化合作等方面深化合作，共同推动“养老+金融”深度融合，促进北京市养老产业发展。

2020年9月9日，交通银行北京市分行与金网络（北京）电子商务有限公司签署战略合作协议，发布线上供应链融资产品——“交航信”。

2020年12月14日，中国建设银行北京市分行与中国轻工集团有限公司签署战略合作协议，双方将在金融科技和普惠金融等领域开展合作。

2020年5月28日，人保投资控股有限公司、中国人民财产保险公司北京市分公司与北京首都开发控股（集团）有限公司签署战略合作框架协议，将继续在保险板块、投融资板块展开深入合作，推动资源共享和优势互补。

2020年9月5日，中国农业银行北京市分行与通州区人民政府签署战略合作协议，双方将在政务服务、结算业务、棚改拆迁和信贷支持等方面开展合作。

2020年8月12日，上海浦东发展银行北京分行与国电融资租赁有限公司签署战略合作协议。

2020年12月15日，北京市高级人民法院、中国人民银行营业管理部、中国银行保险监督管理委员会北京监管局共同签署《金融纠纷多元化解机制合作备忘录》，同步上线金融案件多元解纷一体化平台，为化解金融纠纷提供“绿色通道”。

2020年11月19日，中国工商银行北京市分行与北京市地方金融监督管理局签订《北京自贸区金融保障合作备忘录》，发布“十项举措”保障自贸区金融服务建设，提供100亿元自贸区专项优惠利率资金，成立自贸区支行，为“两区”客户提供便利化的金融服务保障。

2020年9月4日至9日，中国进出口银行北京分行参展中国国际服务贸易交易会，与多家企业签署合作协议，助力首都服务贸易发展。

2020年9月27日，华夏银行北京分行与中铝资产经营管理有限公司签署战略合作协议。

2020年7月28日，渤海银行北京分行与北京市公安局治安管理总队举行“保安员证联名卡”合作签约仪式。

2020年12月28日，中国农业银行股份有限公司北京自贸试验区分行揭牌成立。

2020年9月28日，北京银行北京区域运营中心揭牌成立。

浙商银行北京分行员工在建设工地现场为城市务工人员提供金融服务。

2020年8月7日，中国证券监督管理委员会北京监管局负责人带队调研首钢集团生物质能源拟申报公募REITs试点项目。

中国大地保险公司北京分公司与江苏省于都县人民政府就肉鸡养殖饲料“保险+期货”项目进行洽谈。

中华联合财产保险公司北京分公司切实做好汛期理赔工作，践行服务“三农”初心。

2020年4月16日，宁波银行北京丰台支行联合丰台区税务局、丰台区金融服务办公室组织开展“战疫情、助复工”春风行动线上推介系列活动。

2020年9月19日，全国车险综合改革正式实施，华泰财产保险公司北京分公司顺利完成系统切换并成功出单。

2020年9月4日至9日，中国邮政储蓄银行北京分行参展中国国际服务贸易交易会。

2020年4月1日，北京市首贷服务中心在北京市政务服务中心正式运行，22家银行、6家融资担保公司和小额贷款公司等机构入驻，并与不动产登记、税务等相关信息共享，为企业提供一门式、差异化、快捷的首贷办理服务。

2020年12月16日，中国民生银行首家“智慧银行体验店”在北京中关村分行正式开业。

2020年9月10日，北京农商银行与河北省保定市涞水县、涞源县、望都县人民政府分别签署100万元的捐赠协议，助力决胜脱贫攻坚战。

2020年6月7日，太平洋财产保险公司北京分公司“京气神”直播团队在小汤山特菜大观园举办直播带货活动，线上参与观众达22万人。

上海银行北京分行与朝阳区建外街道光华里社区共同开展“献爱心、送温暖”扶贫活动。

2020年12月15日，由海淀区委区政府主办，中信银行北京分行承办的“财金协同·互利共赢”海淀融资担保基金、海淀区财金协同平台、中小微企业贷款贴息政策发布会在中关村东升科技园举行。

广发银行北京分行一线服务人员协助老年客户使用手机银行。

北京国际信托有限公司举办“稳健行远 组合当道——2020年下半年A股投资策略会”证券平台客户活动。

兴业银行北京分行员工深入社区，为商户普及“抵制拒收现金违法行为”知识。

中国工商银行北京九龙山支行参与开展“银警联动反假币 金融知识进社区”宣传活动。

大连银行北京分行开展反洗钱宣传活动。

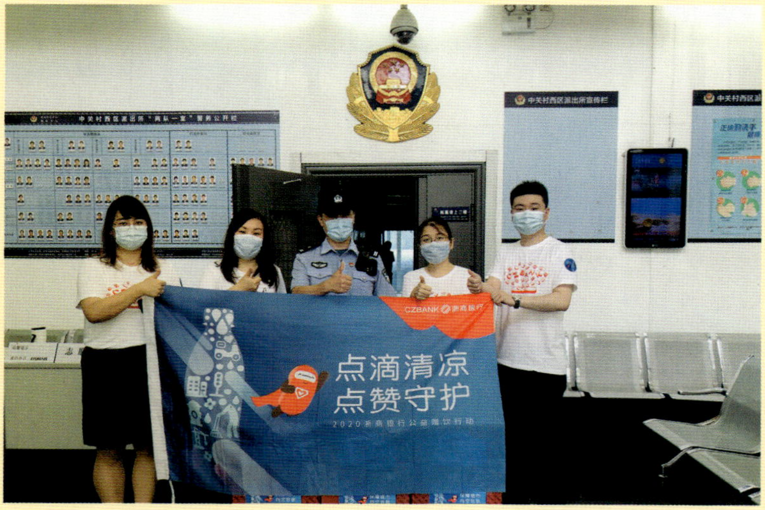

浙商银行北京中关村支行员工走进基层派出所开展公益赠饮活动。

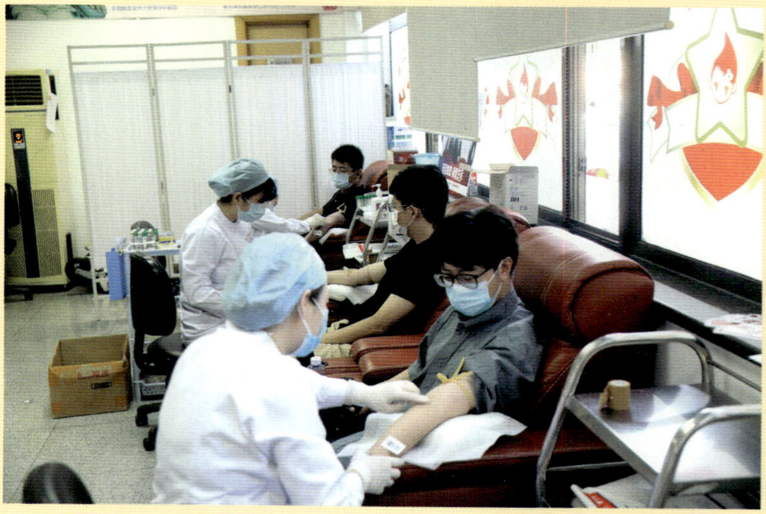

上海浦东发展银行北京分行组织员工进行义务献血。

新华人寿保险公司北京分公司开展环卫工人公益慰问活动。

江苏银行北京分行组织各部门党支部书记参加其总行举办的第八期党支部书记轮训班。

泰康人寿保险公司北京分公司组织全体党员开展红色教育活动暨泰康溢彩基金助农项目，参观门头沟区雁翅镇田庄村中共第一党支部纪念馆。

中信银行北京分行组织党员干部参观“纪念中国人民志愿军抗美援朝出国作战70周年主题展览”。

中国银行北京市分行开展综合服务经理能力提升培训，36名综合服务经理内训师通过辩论赛、情景剧等形式展现扎实全面的业务能力和积极向上的精神风貌。

助力疫情防控，北京农商银行1 300多名员工春节留京过年。

杭州银行北京分行参加杭州银行“新精彩　信未来”24周年行庆主题运动会。

《北京市金融年鉴》编辑委员会

《北京市金融年鉴》编辑部

编辑说明

一、《北京市金融年鉴》是北京市金融行业年鉴，是全面反映北京市金融运行、发展情况的资料性工具书。由中国人民银行营业管理部、中国银行保险监督管理委员会北京监管局、中国证券监督管理委员会北京监管局、北京市地方金融监督管理局、120 多家金融机构以及 10 余家协会、商会、学会、工会共同参与编写，自 1987 年起连年出版，本卷为总第 35 卷。

二、本卷记录的是 2020 年北京市金融业运行与发展情况、重大事件、活动及各金融机构贯彻执行国家金融政策，依法合规经营，防范和化解金融风险，改善金融服务，助力首都经济社会发展等所做的工作和面临的问题。

三、本卷所有文稿、资料均经过各供稿单位相关领导审阅，保证了收录内容的权威性和准确性。

四、本卷收录的金融统计资料由中国人民银行营业管理部、中国银行保险监督管理委员会北京监管局、中国证券监督管理委员会北京监管局提供。使用本资料时，请注意统计口径的差别和适用范围。

五、本卷文稿中“当年”“年内”“全年”“截至年末”均指 2020 年，“上年”指 2019 年；未作特别说明之处，币种均为人民币。

六、本卷对各金融机构的排列顺序名次无高低之分。

七、本卷在编辑过程中得到北京市各金融监管部门、金融机构、协会、商会、学会、工会的大力支持，在此深表谢意。由于编辑水平有限，书中难免有缺陷和疏漏之处，诚请广大读者批评指正。

《北京市金融年鉴》编辑部

2021 年 12 月

目　　录

一、形势综述

二、市场运行

三、发展与监管

四、服务与管理

五、机构业务综述

金融管理机构

金融机构

六、文件与规章

七、专题与调研

八、统计资料

（二）机构、人员统计

九、大事记

十、附　　录

（一）北京市金融机构名录

一、形势综述

北京市金融运行报告

中国人民银行营业管理部　货币政策分析小组

一、金融运行情况

2020年，北京市金融平稳运行，货币信贷和社会融资规模保持合理增长，贷款利率水平显著下降，支持抗疫情和稳增长成效显著，对重点领域支持力度进一步加大，改革创新步伐不断加快，金融管理和服务亮点纷呈，为首都疫情防控、复工复产和经济恢复发展提供了坚强的金融后盾。

（一）银行业整体稳健，存贷款保持平稳增长

1. 资产规模稳步增长，机构数量有所增加

2020年末，北京市银行业金融机构资产总额为28.6万亿元，同比增长9.1%；在疫情影响下，实现利润2 237.3亿元，同比减少13.5%，较上年同期下降8.6个百分点；营业网点和法人机构数量有所增加，分别为4 663个和226个，从业人数同比下降0.8%。

表1　2020年北京市银行业金融机构情况

机构类别	营业网点			法人机构（个）
	机构个数（个）	从业人数（人）	资产总额（亿元）	
一、大型商业银行	1 794	52 157	105 867	—
二、国家开发银行和政策性银行	18	894	19 058	—
三、股份制商业银行	810	25 182	60 154	—
四、城市商业银行	426	12 467	31 164	—
五、城市信用社	—	—	—	—
六、小型农村金融机构	673	9 072	10 291	1
七、财务公司	75	5 281	42 856	73
八、信托公司	12	4 218	1 734	12
九、邮政储蓄	574	3 327	4 335	—
十、外资银行	117	4 212	3 918	9
十一、新型农村机构	146	1 845	438	116
十二、其他	18	4 151	6 563	14
合　　计	4 663	122 806	286 378	226

注：营业网点机构数据不包括国家开发银行和政策性银行、大型商业银行、股份制银行金融机构总部；大型商业银行包括中国工商银行、中国农业银行、中国银行、中国建设银行和交通银行；小型农村金融机构指农村商业银行；新型农村金融机构包括村镇银行、贷款公司和农村资金互助社；“其他”包含金融租赁公司、汽车金融公司、货币经纪公司、消费金融公司等。

数据来源：中国人民银行营业管理部、中国银行保险监督管理委员会北京监管局、北京市地方金融监督管理局。

2. 人民币存款保持较高增速，外币存款增速大幅提升

2020年末，人民币存款余额同比增长10.2%，较上年同期高0.9个百分点，为近五年同期最高值。非金融企业存款余额保持较高增速，同比增长10.3%，较上年同期高3.5个百分点；住户部门存款余额保持较快增速，同比增长15.0%。外币存款余额增速同比增长11.1%，较

上年同期高 12 个百分点，为近两年最高水平。

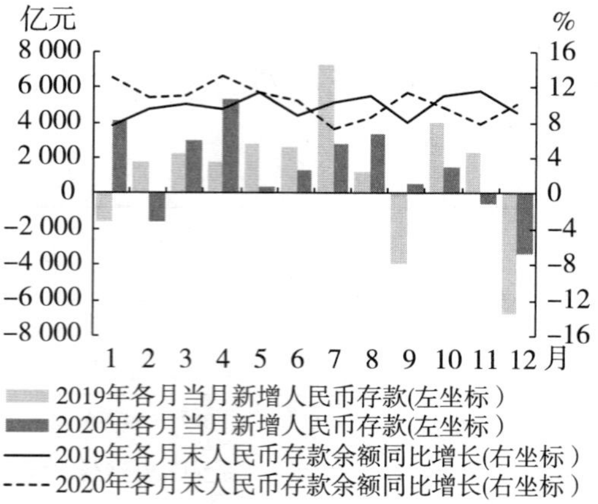

图 1　2019—2020 年北京市金融机构人民币存款增长变化

（数据来源：中国人民银行营业管理部）

3. 人民币贷款保持平稳增长，有力推动经济有序恢复

2020 年末，北京市金融机构人民币贷款余额同比增长 10.4%，比年初增加 7 635.0亿元，同比多增 981.5 亿元。近九成新增贷款投向实体企业，非金融企业及机关团体人民币贷款余额同比增长 12.5%，比上年同期高 1.3 个百分点，占人民币贷款新增额的 87.5%。其中，企业中长期贷款余额同比增长 13.4%，为 2019 年 4 月以来高点。

重点领域信贷支持力度进一步加强。2020 年末，北京市金融机构普惠小微人民币贷款余额同比增长 30.4%，较各项贷款增速高 20 个百分点；制造业中长期人民币贷款余额同比增长 58.9%，较上年同期提高 52.5 个百分点。2020 年，累计新发放高新技术产业贷款 5 580.6 亿元，同比增长 20%，惠及企业数同比增长 27%；累计新发放文化产业贷款 1 577 亿元，惠及企业数同比增长 42.2%。

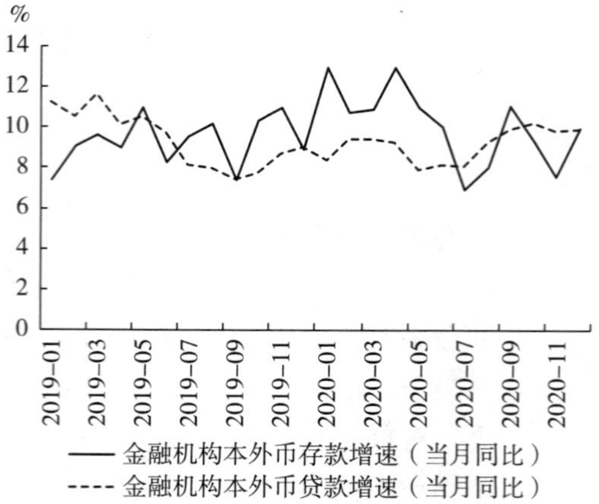

图 2　2019—2020 年北京市金融机构本外币存、贷款增速变化

（数据来源：中国人民银行营业管理部）

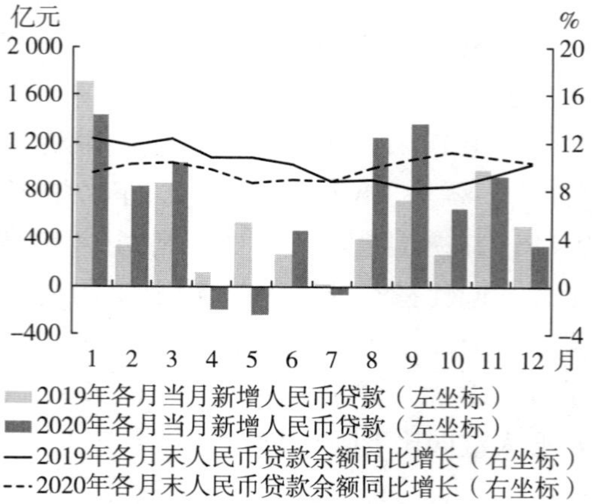

图 3　2019—2020 年北京市金融机构人民币贷款增长变化

（数据来源：中国人民银行营业管理部）

4. 表外业务规模保持合理增长，影子银行业务清理有序推进

2020 年末，北京银行业表外业务（剔除托管资产）余额同比增长 6.8%，较上年同期低 0.9 个百分点。其中，担保类业务余额同比下降 2.8%；承诺类业务余额保持较快增长，同比增长 14.8%；

委托投资余额同比下降 12.6%，委托贷款余额同比增长 10.5%；法人银行非保本理财产品余额同比增长 6.3%。

5. 人民币贷款利率持续下行，企业融资成本显著下降

2020 年末，北京市金融机构一般贷款加权平均利率为 4.17%，同比下降 42 个基点，创历史新低；企业贷款加权平均利率为 3.90%，同比下降 41 个基点；普惠小微贷款利率为 4.92%，同比下降 96 个基点。人民币活期存款利率基本保持稳定，定期存款利率整体走势平稳，美元存贷款利率显著下行。通过引导利率下行、直达实体经济的政策工具、银行减少收费等方式，北京金融业向实体经济让利约 1 100亿元。

表 2　2020 年北京市金融机构人民币贷款各利率区间占比　　单位：%

月份		1 月	2 月	3 月	4 月	5 月	6 月
合计		100.0	100.0	100.0	100.0	100.0	100.0
LPR 减点		62.7	69.6	54.4	48.7	50.5	49.3
LPR		1.3	0.5	1.8	2.2	2.5	5.1
LPR 加点	小计	36.0	29.9	43.8	49.0	47.0	45.6
	(LPR，LPR +0.5%)	11.4	11.7	17.5	21.2	15.4	15.9
	[LPR +0.5%，LPR +1.5%)	10.5	9.1	12.5	11.9	14.5	13.9
	[LPR +1.5%，LPR +3%)	5.8	3.9	6.2	5.9	5.2	5.8
	[LPR +3%，LPR +5%)	4.6	3.3	5.4	7.1	8.1	6.8
	LPR +5%及以上	3.8	1.9	2.2	2.9	3.8	3.3
月份		7 月	8 月	9 月	10 月	11 月	12 月
合计		100.0	100.0	100.0	100.0	100.0	100.0
LPR 减点		51.9	54.8	56.2	51.9	57.2	58.3
LPR		4.6	4.8	5.8	5.4	4.1	6.0
LPR 加点	小计	43.5	40.4	38.0	42.7	38.7	35.7
	(LPR，LPR +0.5%)	12.3	12.2	11.2	15.2	13.1	14.1
	[LPR +0.5%，LPR +1.5%)	14.9	12.7	13.3	10.9	11.3	9.7
	[LPR +1.5%，LPR +3%)	5.2	5.1	3.9	4.2	3.8	3.6
	[LPR +3%，LPR +5%)	7.9	7.1	6.9	9.3	7.5	5.7
	LPR +5%及以上	3.2	3.3	2.8	3.2	2.9	2.7

数据来源：中国人民银行营业管理部。

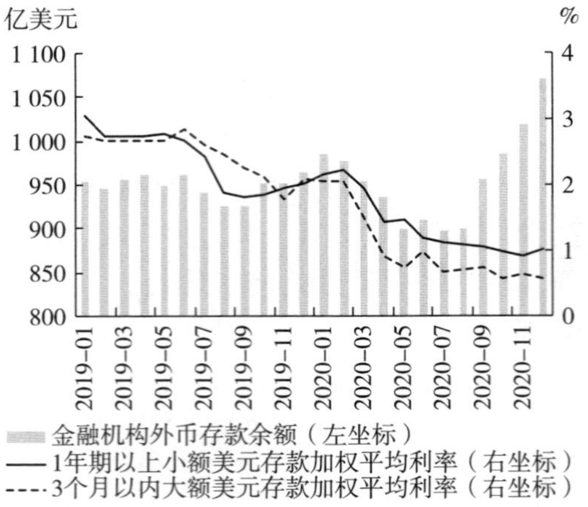

图 4　2019—2020 年北京市金融机构外币存款余额及外币存款利率

（数据来源：中国人民银行营业管理部）

6. 不良贷款率保持全国最低水平，风险抵补能力充足

2020 年末，辖内银行业金融机构不良贷款余额为 633.1 亿元，同比增长 12.3%；不良贷款率为 0.55%，与年初持平。辖内法人银行贷款拨备率为 3.38%，同比上升 0.11 个百分点；拨备覆盖率为 240.96%，同比下降 11.85 个百分点。

7. 法人银行整体流动性较好，资本充足水平略有下降

2020 年，辖内银行体系流动性基本保持合理充裕。2020 年末，辖内法人银行流动性比例为 67.27%，同比上升 2.18 个百分点；平均存贷比为 78.94%，同比上升 0.86 个百分点，辖内法人银行资本充足率为 13.0%，同比下降 0.76 个百分点；杠杆率为 6.76%，同比下降 0.27 个百分点。

8. 银行业金融机构改革提速，逐步转型业务回归本源

北京银行发行 460 亿元抗疫小微金融债，增强小微金融服务能力，回归主业做优做强特色金融服务。信托公司调整优化业务结构，金融资产管理公司回归不良资产处置主业。市场主体持续丰富，中储粮集团财务公司、北京阳光消费金融股份有限公司、巴基斯坦哈比银行有限责任公司北京分行 3 家机构顺利开业。

9. 人民币跨境使用快速增长

2020 年，北京地区跨境人民币结算 5.2 万亿元，同比增长超过八成，业务笔数超过 18.0 万笔。自 2010 年 6 月 23 日试点启动至 2020 年末，北京地区跨境人民币收付涉及的国家和地区已达 212 个。2020 年，北京地区经常项目人民币收付 8 377.2亿元，资本与金融项目人民币收付 4.3 万亿元。2020 年末，北京地区已有 124 家跨国企业集团开展跨境双向人民币资金池业务，累计归集跨境收入 5 691.3亿元，跨境支出 5 258.3 亿元；北京地区银行已累计开立人民币同业往来账户 854 个，为非居民机构开立人民币结算账户 1 201 个。

（二）证券期货业发展整体平稳，直接融资规模增长

1. 证券期货机构数量保持稳定，资产规模稳步增长

2020 年末，北京地区法人证券公司有 17 家，资产规模为 1.3 万亿元，同比增长 28.2%；2020 年累计实现营业收入 654.0 亿元，同比增长 30.9%。期货公司有 19 家，资产规模为 1 122.0 亿元，同比增长 43.5%；2020 年累计实现营业收入 42.7 亿元。基金管理公司有 36 家（北京注册 21 家），资产规模为 726.4 亿元，累计实现管理费收入 246.9 亿元；公募基金管理规模为 3.7 万亿元。

2. 多层次资本市场协同发力，直接

融资能力有所增强

2020年末，北京地区共有沪深上市公司381家，总市值为15.2万亿元，占沪深两市上市公司总市值的19.1%；H股上市公司72家，数量居全国首位。2020年，北京地区各类企业实现直接融资1.2万亿元，同比增长9.9%。其中，首次公开募股公司42家，募集资金969.1亿元；“新三板”挂牌公司公开发行7家次，募集资金22.6亿元，同比增长45.7%；209家企业发行公司债券（含资产支持证券），募集资金9 689.2亿元，同比增长10.2%；5家企业通过H股首发上市和再融资217.4亿元，同比增长1.8倍。

3. 资本市场改革开放稳步推进，证券期货基金机构做优做强

大和证券（中国）有限责任公司、东兴基金管理有限公司、汇泉基金管理有限公司在京落地，7家基金管理公司或子公司在京新设分公司。北京期货公司合格境内机构投资者业务资格试点工作加快推进，高盛高华证券有限责任公司、瑞信方正证券有限责任公司获准变更为外资控股证券公司。5家试点机构合规开展基金投顾业务，多家机构积极参与股权激励行权融资业务试点，2家证券公司被纳入并表监管试点，证券期货基金头部机构率先开展资本市场金融科技创新试点。

表3 2020年北京市证券业基本情况

单位：家、亿元

项目	数量
总部设在辖内的证券公司数	17
总部设在辖内的基金公司数	36
总部设在辖内的期货公司数	19
年末国内上市公司数	381

续表

项目	数量
当年国内股票（A股）筹资	1 594
当年发行H股筹资	217
当年国内债券筹资	13 260
其中：短期融资券筹资额	2 476
中期票据筹资额	1 002

注：证券公司家数为法人机构数量，国内股票（A股）筹资额包含金融企业A股筹资，债券筹资为社会融资规模中企业债券融资额。

数据来源：中国人民银行营业管理部、中国证券监督管理委员会北京监管局。

（三）保险保障功能进一步增强，改革转型持续发力

1. 保险行业稳步发展，机构经营总体稳健

2020年末，北京市共有保险总公司45家。其中，财产险公司14家，人身险公司31家。受新冠肺炎疫情和车险综合改革影响，保费收入增速整体放缓。2020年，北京市实现保费收入2 302.9亿元，同比增长10.9%，增速较上年同期下降4.9个百分点。其中，财产险公司累计实现保费收入523亿元，同比增长2.2%，累计赔款支出289亿元；人身险公司累计实现保费收入1 780亿元，同比增长13.8%，赔付支出462亿元，同比增长7.4%。

2. 健康保险快速增长，产品服务持续创新

新冠肺炎疫情下公众健康意识增强，健康险迎来快速增长，2020年健康险保费收入为461.6亿元，同比增长15.2%。积极开发首台（套）重大技术装备保险、重点首批次新材料保险、工程质量潜在缺陷保险等创新试点，着力服务科技创新；制定疫情期间复工复产企业疫情防控综合

保险实施方案、推出安全生产责任保险六项措施；扩展医责险保险责任，保障覆盖千余家医疗机构、16 万余名医务工作者，并为疫情一线医护人员及家属赠送意外险、医疗险等专项保险产品。

3. 行政许可改革继续深化，中介市场体系建设加快

在京保险机构营业地址变更、高级管理人员任职等行政许可事项，由事前核准改为事后备案，备案材料简化，许可时间压缩，办事效率明显提高。率先建立非金融类车险兼业代理机构主报告公司机制，创新建立专业中介法人机构行业自律巡查机制，新型保险中介市场体系加快构建。

表 4　2020 年北京市保险业基本情况

单位：家、亿元

项　　目	数量
总部设在辖内的保险公司数	45
其中：财产险经营主体	14
寿险经营主体	31
保险公司分支机构	112
其中：财产险公司分支机构	49
寿险公司分支机构	63
保费收入（中外资）	2 302. 9
其中：财产险保费收入（中外资）	523. 0
人身险保费收入（中外资）	1 780. 0
各类赔款给付（中外资）	750. 6

数据来源：中国银行保险监督管理委员会北京监管局。

（四）社会融资规模增加，金融创新步伐加快

1. 社会融资规模扩大，结构持续优化

2020 年，北京地区社会融资规模增加 1. 7 万亿元，同比多 2 029. 9 亿元。其中，对实体经济发放的人民币贷款新增7 913. 4 亿元，占地区社会融资规模增量的 47. 6%；企业债券净融资6 063. 3 亿元，占地区社会融资规模增量的 36. 5%；非金融企业境内股票融资 1 304. 2 亿元，占地区社会融资规模增量的 7. 8%；地方政府债券净融资 1 676. 1 亿元，同比多 667. 1 亿元；委托贷款、信托贷款和未贴现的银行承兑汇票共减少 2 502. 8 亿元。

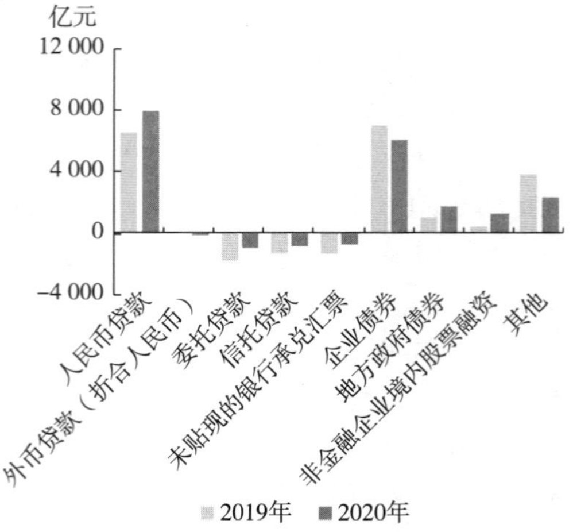

图 5　2019—2020 年北京地区社会融资规模增量分布结构

（数据来源：中国人民银行营业管理部）

2. 民营、小微企业金融市场创新产品在京落地

加大金融支持企业抗击疫情和复工复产力度，支持辖内 24 家企业发行防疫债 378. 3 亿元，发行额居全国首位。北京银行发行全国首只、规模最大的抗疫主题小微金融债 400 亿元，中关村发展集团股份有限公司在银行间市场成功注册双创债务融资工具 10 亿元。市属企业在银行间市场发展融资稳步推进，2020 年，北京市市属企业在银行间市场发行债券 335 只，募集资金 4 265 亿元，分别同比上升 27. 9%、33. 1%。

3. 票据市场运行平稳，票据贴现金额和贴现余额继续增长

2020 年，北京市金融机构累计签发银行承兑汇票金额同比小幅下降 2.9%，贴现票据金额同比增长 24.3%。2020 年末，银行承兑汇票余额同比下降 4.9%，票据贴现余额同比增长 40.1%。北京地区票据贴现和转贴现利率下行趋势明显。

表 5　2020 年北京市金融机构票据业务量统计

单位：亿元

季度	银行承兑汇票承兑		贴现			
			银行承兑汇票		商业承兑汇票	
	余额	累计发生额	余额	累计发生额	余额	累计发生额
一	4 286.4	1 660.3	5 416.1	8 427.1	663.1	1 308.4
二	4 258.2	3 586.2	6 560.9	17 872.0	534.1	2 062.8
三	4 330.6	5 489.0	6 578.8	25 568.4	671.7	2 634.3
四	4 485.9	7 708.8	6 810.1	34 901.7	1 007.8	3 729.0

数据来源：中国人民银行营业管理部。

表 6　2020 年北京市金融机构票据贴现、转贴现利率　　单位:%

季度	贴现		转贴现	
	银行承兑汇票	商业承兑汇票	票据买断	票据回购
一	3.06	4.30	2.86	2.23
二	2.48	3.83	2.53	1.81
三	3.05	3.83	2.93	2.23
四	2.91	4.08	2.89	1.87

数据来源：中国人民银行营业管理部。

4. 地方债发行规模同比增加，政府债务情况保持稳定

2020 年，北京市政府共发行债券 1 676.3亿元，全部采用公开招标方式发行，较上年增加 274.8 亿元。2020 年末，北京市地方政府债务余额为 6 063.6 亿元，较上年增加 1 099.5 亿元。其中，一般债务余额为 2 261.4 亿元，专项债务余额为 3 802.2 亿元。

（五）金融服务水平显著提升，金融治理取得积极成果

2020 年，中国人民银行营业管理部（以下简称人民银行营业管理部）创新开展多项全国率先工作，提升金融服务便民惠民水平。远程开立企业单位银行结算账户试点属“全国唯一”，率先实现减免企业首个基本存款账户开户费用。打造“信用北京查”服务品牌，率先完成企业和个人“二合一”自助查询升级。搭建全国首个线上征信维权调解平台，完成全国首笔疫情异议处理。在全国率先构建“多元调解 + 司法速裁”一站式金融纠纷多元化解机制，调解成功率达 97.6%。

2020 年，人民银行营业管理部持续强化金融风险管控，金融治理水平不断强化提升。实现与国务院金融委办公室地方协调机制的优化衔接，打造央地金融监管协调的“北京样本”。强化人民币流通管理，持续加大拒收现金整治力度。持续打击电信诈骗和跨境赌博“资金链”，全面排查涉赌涉诈账户风险。率先开展金融科技创新监管试点，已有两批次 17 个创新应用正式服务市场主体，第三批 5 个创新应用即将提供服务。

专栏1 “创信融”平台打通小微企业信用融资梗阻

2020年9月19日，人民银行营业管理部在中关村论坛上正式发布“创信融”企业融资综合信用服务平台，并在中关村国家自主创新示范区开展试点。“创信融”平台采用“金融管理大数据+金融科技+政府政策配套”三位一体的建设方案，创新打造“模型驱动的嵌入式金融服务模式”，为北京市小微企业发展和科技创新提供“纯信用、全线上”的金融服务。截至2020年末，“创信融”平台已精准支持601家中小微企业，其中，小微企业占比98%，支持就业人数超过万人；发放贷款近5亿元，其中，首贷企业占比70%，绝大部分都是“信用白户”；贷款加权平均利率不到4%，平均贷款时长由10个工作日缩短至12分钟。

一、发挥金融科技优势，破解企业信息不对称难题

信息不对称是小微企业和科创企业融资的主要制约因素，其深层次原因主要为两点：一是小微企业和科创企业数据分散，未能实现有效整合；二是缺乏安全可信的数据共享渠道，金融部门和实体经济之间形成信息梗阻。

“创信融”平台聚焦融资信息堵点，积极探索区块链等技术应用，在确保数据安全的前提下，连通金融、政务、市场等多领域数据仓，融合多方数据资源，主动为小微企业融资提供精准画像。依托人民银行营业管理部大数据库，“创信融”平台对数据库内4亿多条上千维度的市场主体信息进行深入的数据挖掘，并在沙盒环境中与商业银行联合构建评价模型，将评价结果直接纳入银行自身风控模型，破解商业银行风险责任认定难题；在确保原始数据不出仓的前提下，通过搭建“创信融”平台风险评价系统与商业银行授信审批系统的直连通道，实现了授信审批全流程线上化，贷款发放最快可达到秒级。

二、发挥信用贷款优势，破解小微企业轻资产难题

轻资产和无抵押是小微和科创企业融资难的突出痛点。依托“创信融”平台，商业银行可以通过数据模型驱动，提供“无抵押、无担保、纯信用”的信贷产品，实现企业自主支用、随借随还、按日计息。人民银行营业管理部充分调动市场资源，指导试点银行推出“纯信用、全线上”的小微企业专属产品，单笔授信额度最高可达500万元，利率低于小微贷款平均利率。截至2020年末，已有5家银行的专属产品上线，获得小微企业的高度评价。

三、发挥政府合力优势，破解“政府+”市场化难题

“创信融”平台由金融管理部门主导推动，既能更好、更快地调动金融资源，又能兼顾安全性和公平性，加速市场化创新。通过政府部门“几家抬”举措，给予政策配套支持，形成“政府+市场”的双轮驱动，为局部经验到全面适用提供政策动力和制度保障。人民银行营业管理部充分发挥部门合力，协调推动中关村科技园区管理委员会对平台上符合条件的获贷企业提供40%的贷款贴息，单家企业年度补贴上限为50万元；对试点银行按照年度业务规模的1%提供风险补贴，单家银行年度补贴上限为500万元。

下一阶段，人民银行营业管理部将继续发挥政府部门合力，持续拓展数据广度和迭代模型深度，提升服务精度，增强政策准度，吸纳更多商业银行、征信评级机构等市场主体参与试点，不断提高服务温度，以更多金融创新推动社会释放创业创造动能，助力北京市经济高质量发展。

（六）金融业改革开放实现重大突破，重点产业领域金融建设稳步推进

2020年，人民银行营业管理部以国家服务业扩大开放综合示范区、中国（北京）自由贸易试验区（以下简称“两区”）建设为契机，助力首都金融业更高水平对外开放。2020年末，已有跨境贸易和投融资便利化、本外币合一银行结算账户体系试点等23项试点政策落地。个人征信机构朴道征信有限公司、第二家外资独资信用评级机构惠誉博华信用评级有限公司落户北京，助力北京打造数字经济标杆城市和信用之都。支持人民币国际投贷基金落地北京，璟泉资本管理（北京）有限公司完成注册，推动首都企业对外合作和转型升级。支持外资投资机构参与合格境内有限合伙人境外投资试点。

积极推进科技金融、绿色金融、文化金融等重点领域改革创新。持续推进“科技金融”深度融合，积极推动中关村科创金融试验区申创工作。首都“绿色金融”建设有序推进，积极申请和创建绿色金融改革创新试验区。稳步推进首都“文化金融”建设，建立东城区国家文化与金融合作示范区工作协同机制。

二、经济运行情况

2020年，面对新冠肺炎疫情的严峻考验和国内外环境的深刻变化，北京市坚持以习近平新时代中国特色社会主义思想为指导，坚持稳中求进的工作总基调，科学统筹常态化疫情防控和经济社会发展，全年经济呈现稳步回升向好态势。2020年，北京市实现地区生产总值36 102.6亿元，按可比价格计算，同比增长1.2%。

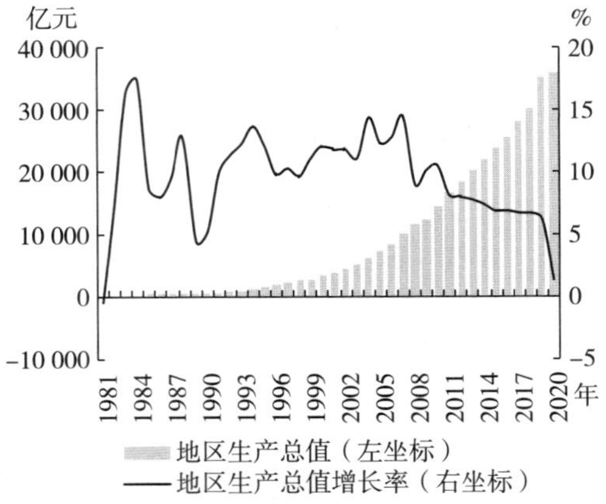

图6 1981—2020年北京市地区生产总值及其增长率

（数据来源：北京市统计局）

（一）三大需求逐步恢复，经济稳步回升向好

1. 固定资产投资回升企稳，投资结构持续优化

2020年，北京市固定资产投资（不含农户）同比增长2.2%，其中，房地产开发投资增长2.6%，基础设施投资下降12.3%。分产业看，三大产业完成投资同比增速分别为-22.8%、28.0%和1.0%。符合首都发展方向的行业投资较

快增长，投资结构进一步优化，高技术产业、民生领域投资增势较好，高技术制造业投资增长87.7%，高技术服务业投资增长16.5%，教育、卫生等领域投资分别增长34.9%和22.7%。

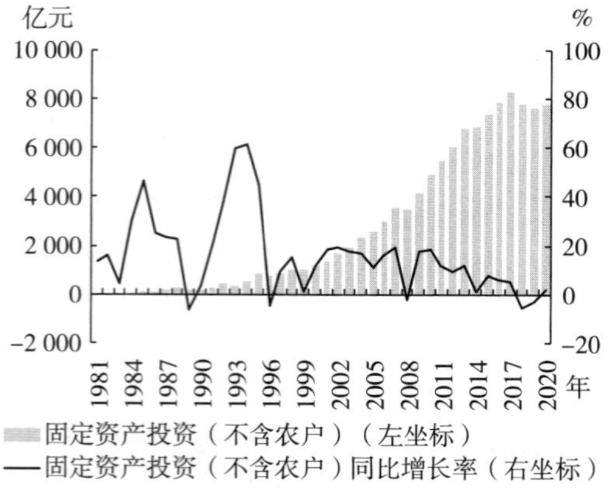

图7　1981—2020年北京市固定资产投资（不含农户）及其增长率

（数据来源：北京市统计局）

2. 消费逐步恢复，部分消费升级相关商品增长较快

受疫情及居民收入增长放缓影响，北京市消费需求下滑明显，但2020年下半年以来恢复有所加快。全年市场总消费额同比下降6.9%，社会消费品零售总额下降8.9%，降幅逐季度收窄。分商品类别看，消费升级相关商品保持较快增长，通信器材类和体育娱乐用品类商品分别增长49.2%和17.3%。网上零售表现活跃，限额以上批发零售业、住宿餐饮业实现网上零售额4 423.3亿元，增长30.1%。

3. 对外贸易大幅下滑，利用外资企稳回升

2020年，北京地区进出口总值为23 215.9亿元，同比下降19.1%。其中，进口18 561.0亿元，同比下降21.1%，原油和天然气进口“量价齐跌”是进口

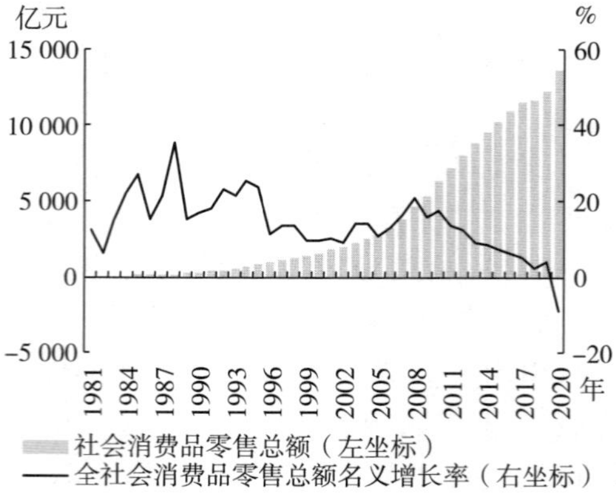

图8　1981—2020年北京市社会消费品零售总额及其增长率

（数据来源：北京市统计局）

下降的主要原因；出口4 654.9亿元，同比下降10.0%，北京地区成品油出口占全国成品油出口的七成以上，受疫情影响，海外成品油市场需求下滑且价格大幅下跌，对地区出口形成明显拖累。2020年，北京市实际利用外资141.0亿美元，同比下降0.8%，增速较年内最低点回升25.7个百分点。

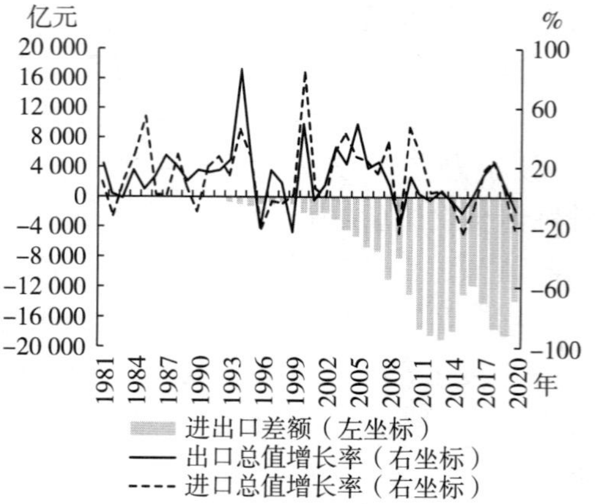

图9　1981—2020年北京市外贸进出口变动情况

（数据来源：北京市统计局）

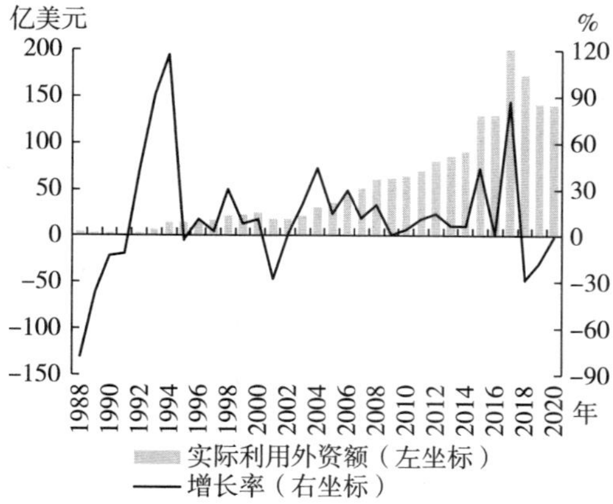

图 10　1988—2020 年北京市实际利用外资额及其增长率

（数据来源：北京市统计局）

（二）经济结构持续优化，供给侧结构性改革取得新进展

2020 年，北京市第一、第二、第三产业分别实现增加值 107.6 亿元、5 716.4 亿元、30 278.6 亿元。三次产业构成比为 0.3∶15.8∶83.9，与上年的 0.4∶16.2∶83.5 相比，第三产业比重进一步提高。

1. 农业生产结构进一步调整，都市农业逐步回暖

2020 年，北京市农林牧渔业实现总产值 263.4 亿元，同比下降 6.5%。其中，林业产值为 97.7 亿元，同比下降 15.5%；牧业产值为 45.2 亿元，同比下降 8.3%；渔业产值为 4.1 亿元，同比下降 22.5%；农业种植业为 107.6 亿元，同比增长 5.1%。设施农业产值同比增长 6.3%，其中，蔬菜及食用菌种植发挥带动作用。休闲农业和乡村旅游加快转型升级，有效应对疫情影响，全年实现收入 25 亿元，接待 1 877.5 万人次，分别恢复至上年同期水平的 66.4% 和 54.3%，人均消费增长 22.2%。

2. 工业生产加速恢复，新兴动能发展壮大

2020 年，北京市规模以上工业增加值同比增长 2.3%。高端产业增势良好，高技术制造业增加值增长 9.5%，战略性新兴产业增加值增长 9.2%，分别高于规模以上工业增速 7.2 个和 6.9 个百分点（二者有交叉）。智能手机、工业机器人、集成电路等高技术领域产品产量分别增长 18.9%、13.4%、9.7%。重点行业中，计算机、通信和其他电子设备制造业增长 14.6%，医药制造业增长 9.4%，汽车制造业增长 5.7%，电力、热力生产和供应业增长 4.4%。

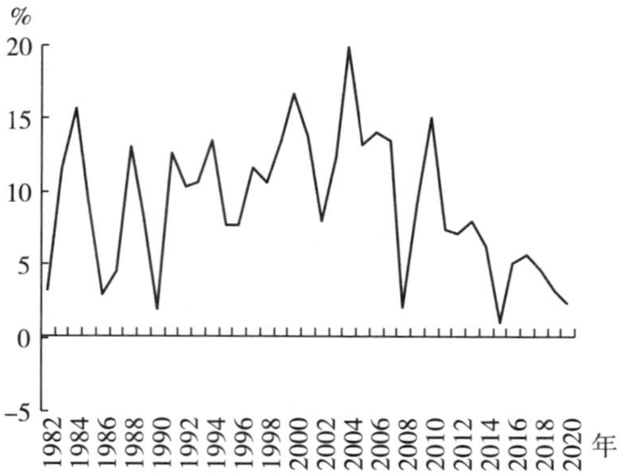

图 11　1982—2020 年北京市工业增加值增长率

（数据来源：北京市统计局）

3. 第三产业韧性强，信息、金融行业保持领先

2020 年，北京市第三产业总体保持平稳，增加值同比增长 1%。信息服务和金融业是服务业恢复的主要支撑力量，分别增长 14.4% 和 5.4%；科学研究和技术服务业增长 0.4%。1 – 12 月，规模以上金融业、信息传输、软件和信息技术服务业以及科学研究和技术服务业法人单位收

入占第三产业收入的比重合计为37.8%，比上年同期高1.1个百分点。

4. 供给侧改革取得新进展，城市治理进一步精细化

创新创造向纵深拓展，国家实验室组建方案加紧编制。统筹推进“三城一区”主平台和中关村国家自主创新示范区建设，筹建国家实验室，规划建设5个大科学装置和13个交叉研究平台。北京城市副中心建设加快推进，城市绿心森林公园开园运营，剧院、图书馆、博物馆三大建筑进入主体施工阶段。2022年冬季奥林匹克运动会（以下简称北京冬奥会）、2022年冬季残疾人奥林匹克运动会（以下简称北京冬残奥会）筹办有序推进，冬奥村完成封顶。疏解整治促提升专项行动扎实开展，基本完成一般制造业企业集中退出、区域性批发市场大规模疏解任务，完成3 500条背街小巷环境整治。建设提升基本便民商业网点6 000余个。生态环境明显改善，森林覆盖率达到44.4%。

5. 空气质量改善取得历史性突破，绿色发展成果丰硕

2020年，北京PM2.5年均浓度首次实现“30+”，为38微克/立方米，较2015年下降42.6微克/立方米，在京津冀及周边地区“2+26”城市中保持最优，其他三项主要污染物均稳定达标。全年优良天数较2015年增加90天，重污染发生频率、峰值浓度、持续时间均明显下降。车辆结构绿色优化，疏堵结合累计淘汰老旧机动车109.1万辆，推广新能源车40.1万辆，国五及以上排放标准机动车占比超过60%，处于全国领先水平。城市洁净度显著提升。2020年，北京市降尘量为5.1吨/平方公里·月，同比下降12.1%。科技支撑更加有力，建成“天空地”一体化、智能化空气质量网格化监测系统，实现对所有乡镇（街道）颗粒物监测全覆盖。

（三）消费价格温和上涨，生产价格小幅下降

1. 居民消费价格持续温和上涨

2020年，北京市居民消费价格总水平同比上涨1.7%，涨幅较上年低0.6个百分点。其中，食品价格上涨6.1%，非食品价格上涨0.9%，涨幅分别较上年低0.1个、0.7个百分点。分类别看，八大类商品和服务项目价格“四升三降一平”。食品烟酒类价格上涨5.7%，教育文化和娱乐类价格上涨2.5%，医疗保健类价格上涨4.9%，其他用品和服务类价格上涨8.3%；衣着类价格下降0.2%，居住类价格下降0.9%，交通和通信类价格下降4.2%；生活用品及服务类价格与上年持平。

2. 工业生产出厂价格和购进价格小幅下降

2020年，北京市工业生产者出厂价格同比下降0.9%，购进价格同比下降0.5%，降幅较上年分别扩大0.5个、0.1个百分点。汽车、电子产品等工业品消费需求疲软向生产环节传导，原油、钢铁等原材料价格低位运行，工业品价格整体下行。

3. 劳动力成本增长平稳

2020年，北京市居民人均工资性收入41 435元，同比增长0.5%。全年新增就业26.1万人，各季度城镇调查失业率分别为4.3%、4.8%、4.5%、4.1%，保持较低水平。北京市规模以上工业企业人均创收289.3万元/人，较上年增长16.6万元/人。

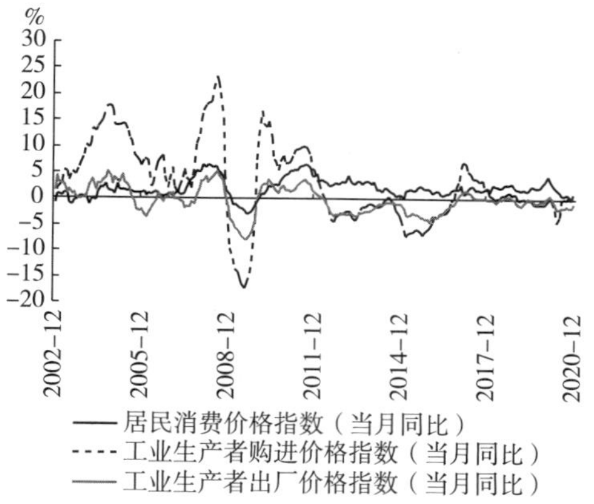

图12 2002—2020年北京市居民消费价格指数和工业生产者价格指数变动趋势

（数据来源：北京市统计局）

4. 资源性产品价格改革继续深化

2020年，北京市继续推进资源性产品价格改革，统筹疫情防控与经济社会发展，阶段性降低用电、用气成本，支持企业复工复产。2020年2月1日至6月30日，对除高耗能行业外执行一般工商业及其他电价、大工业电价的电力用户，到户电费按照原标准的95%结算。2020年2月22日至6月30日，阶段性差异化下调非居民用气销售价格；其中，工商业用气淡旺季价格均下调10%，最大降幅为0.32元/立方米；发电和供暖制冷用气旺季价格下调5%，淡季价格下调1%，最大降幅为0.14元/立方米。

（四）财政收支平稳运行，民生领域投入不断增加

2020年，北京市财政收支实现平稳运行，但财政平衡压力较大。北京市一般公共预算收入完成5 483.9亿元，同比下降5.7%。其中，实现增值税收入1 653.1亿元，同比下降9.3%；实现企业所得税1 182.5亿元，下降3.7%。北京市一般公共预算支出完成6 776.0亿元，同比下降3.6%。其中，社会保障和就业、卫生健康支出同比分别增长8.5%和13.3%。

2020年，为积极应对疫情影响，北京市全面落实减税降费政策，全年新增减税降费2 000亿元，切实减轻企业和居民负担。民生领域投入不断增加，全力保障疫情防控等重点支出，设立“疫情防控资金池”用于医药物资储备和防护物资购置，建立资金拨付绿色通道，确保不因费用问题延误救治和疫情防控。综合运用财政补贴、贷款贴息、融资担保等政策工具“组合拳”，积极对冲经济下行压力，帮扶企业克服经营困难。

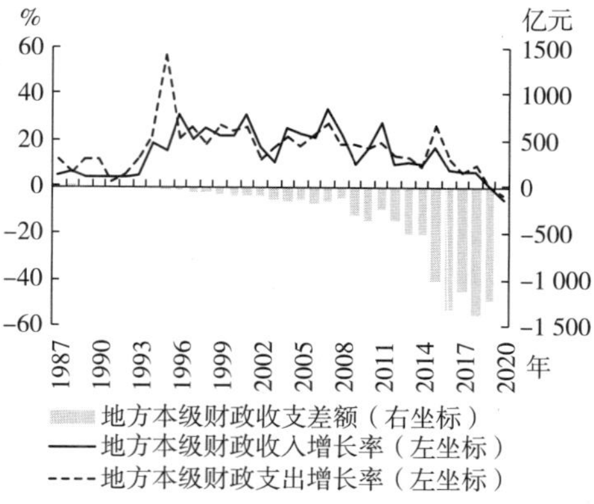

图13 1987—2020年北京市财政收支状况

（数据来源：北京市统计局）

专栏2 加强部门联动线上线下结合 北京市政银企对接取得积极成效

2020年，人民银行营业管理部联合中国银行保险监督管理委员会北京监管局、北京市地方金融监督管理局等部门，采用线上线下结合、市区联动等方式加速推进政银企对接，取得积极成效。截至2020年12月末，依托北京市银企对接系统（www.bjfindata.cn），

银企对接范围覆盖全市企业90 559户，辖内各银行累计走访企业21.2万次，月均走访企业1.6万次。

一、强化平台合作和信息共享，扩大金融惠企覆盖面

深入推进北京市银企对接系统、北京小微企业金融综合服务平台、网上畅融工程平台和北京金融公共数据专区的合作的对接与协作，充分发挥北京市政务数据、银行走访数据的信息合力，提升银行对小微企业信用风险的评价能力，对于预判可贷的企业“能贷尽贷、能贷快贷”，形成“广覆盖、快响应”的线上融资服务体系。

加强市区两级联动，在全市17个区（含经济技术开发区）建成区级小微金服平台，且全国首家“农村小微快贷中心”落户房山区。目前，各平台共覆盖企业13万户，实现放款超过650亿元。

二、加强市区联动和部门合作，提升银企对接精准性

人民银行营业管理部联合相关部门及各区分批次、分类别、分区域扩大银企对接范围，积极提升银企对接针对性和精准性，确保金融资源优先支持科创、文化、制造业企业以及受疫情影响的中小微企业。

从行业类型看，平台已覆盖全市中关村高新技术企业、国家高新技术企业4.5万户以及近1万户文化类企业。从区域分布看，平台已覆盖全市所有区（含经济技术开发区）的企业，其中，城六区中海淀区企业数量最多，达2.1万户；远郊区中密云区企业较多，达8 600户。从贷款结构看，中小微、科创企业获贷占比高。截至2020年12月末，已经实现贷款落地2 527户，总金额457亿元。获贷企业中，中小微企业占比96.3%，科创企业占比56%。

三、加大政策宣传和政企沟通，增强线上线下协作度

加强政策宣传推广，引导企业自主提交融资需求，提升银行的走访获客率。联合相关部门加强金融及协同政策的宣传推广，让更多企业知政策、懂政策、享政策。引导企业通过线上方式自主提交融资需求，督导银行优化企业走访方式，促进融资供需双方准确、及时、高效对接。

建立政企沟通直达机制，充分发挥北京市首贷服务中心、北京市企业续贷受理中心、北京市确权融资中心功能，打造金融政策宣传和银企对接高地。在北京市银企对接平台上线企业融资需求和问题反馈功能，助力企业相关诉求“秒达”金融管理部门。要求银行积极帮助暂时无法满足银行授信的企业对接北京市贷款服务中心，“千方百计”帮助企业解决融资难题。多部门联合在北京市首贷服务中心组织政策宣讲与银企对接会，建立政府、金融机构、企业三方沟通对接的长效机制，与线上对接形成有机互补。

下一步，人民银行营业管理部将进一步发挥北京市贷款服务中心的作用，激励金融机构产品创新。进一步发挥政策与金融服务合力，激励金融机构创新推出更多适合轻资产、中小微企业的金融产品，提高企业信贷获得率。加强与相关部门的沟通协作，多措并举、综合施策，助力银行提升走访企业获客率及贷款落地率，优化企业融资体验，让金融服务惠及更多中小微企业。

（五）房地产市场运行保持稳定，高新技术产业质效不断提升

1. 房地产市场继续保持稳定

房地产住宅投资有所增加。2020 年，北京市完成房地产开发投资 3 938. 7 亿元，同比增长 2. 6%。其中，住宅完成投资 2 317. 1 亿元，同比增长 13. 6%，较上年高 12. 9 个百分点。

北京土地市场不限价地块成交比重增加。2020 年北京土地市场住宅及商业用地成交出让 58 宗，数量与上年持平，成交金额为 1 912. 2 亿元。住宅用地成交 48 宗，其中，不限价地块成交比重增加，占比超过八成。住宅用地总成交金额为 1 737. 5亿元，同比增长 16. 2%，平均溢价率为 15. 0%。

商品房施工、新开工、竣工面积有所回升，住宅销售面积下降。2020 年，北京市商品房施工面积为 13 918. 6 万平方米，同比增长 11. 2%；新开工面积为 3 006. 6万平方米，同比增长 45. 0%；竣工面积为 1 545. 7 万平方米，同比增长 15. 1%。商品房销售面积为 970. 9 万平方米，同比增长 3. 4%，较上年低 31. 5 个百分点。其中，住宅销售面积为 733. 6 万平方米，同比下降 7%，成交户型中 90 平方米以下低总价小户型住宅占比有所增加，占全部户型成交量的六成。

商品住房成交价格有所增长，限竞房成交比重增加。2020 年，全年新建商品住宅销售价格指数同比上涨 2. 3%，二手住宅销售价格指数同比上涨 6. 3%；新建商品房中限竞房成交比重达到 58. 1%，为 2018 年上市以来的最高值。

房地产开发贷款有所增长。2020 年末，北京市本外币房地产开发贷款余额 6 870. 2亿元，同比增长 10. 4%，较上年高 3. 1 个百分点。其中，住房开发贷款同比增长 23. 7%，较上年高 8. 1 个百分点。个人住房贷款余额为 10 987. 6 亿元，同比增长 5. 5%，比年初增加 570. 2 亿元，占各项贷款新增额的 7. 7%，与上年基本持平。

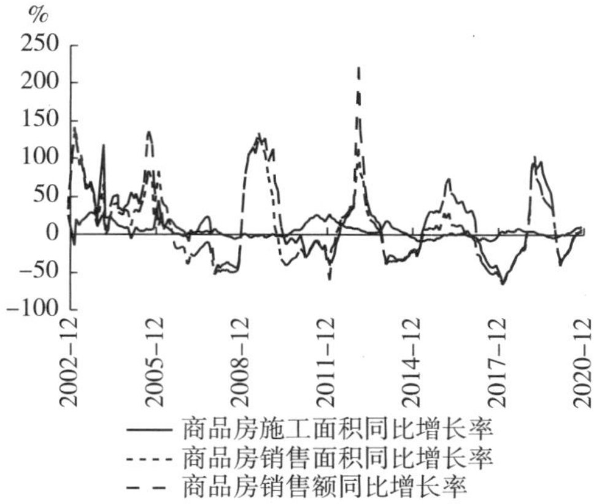

注：商品房销售额包含存量房网签金额。

图 14　2002—2020 年北京市商品房施工和销售变动趋势

（数据来源：北京市统计局）

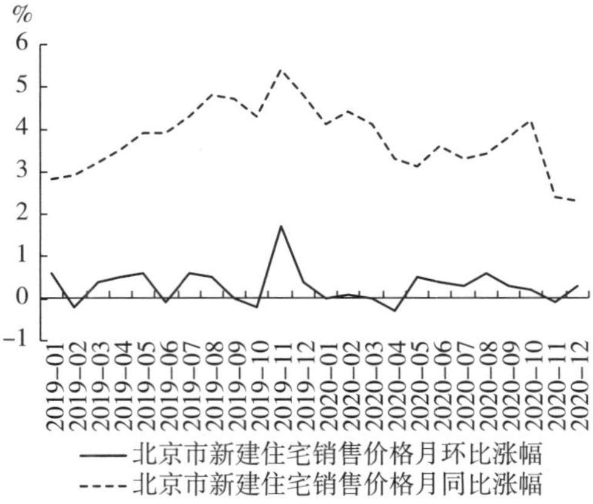

图 15　2019—2020 年北京市新建住宅销售价格变动趋势

（数据来源：北京市统计局）

2. 高新技术产业质效不断提升

2020 年，北京市高技术制造业实现利润 531. 3 亿元，同比增长 5. 4%，占全

市规模以上工业企业利润的29.8%。北京市国家高新技术企业共计28 795家，占全国的11.7%，主要集中在电子信息（49.2%）、高技术服务（21.8%）、先进制造与自动化（9.1%）、生物与新医药（6.6%）、资源与环境（5.0%）、新能源与节能（4.0%）、新材料（3.0%）与航空航天（1.3%）八大行业。

电子信息行业增长保持韧性。2020年1－11月，中关村示范区电子信息行业总收入为28 941.5亿元，同比增长18.8%，增速较上年同期提升0.8个百分点。研发人员50.3万人，同比增长12.0%，增速较上年同期提升8.2个百分点；研发费用合计1 873.1亿元，同比增长27.9%，增速较上年同期提升8.9个百分点。

生物与新医药行业迎来新发展机遇。2020年1－11月，中关村示范区生物与新医药行业总收入为2 273.2亿元，同比增长4.6%，其中，技术收入为155.3亿元，同比增长23.1%。研发人员合计3.3万人，同比增长13.1%，增速较上年同期提升10.9个百分点；研发费用为124.7亿元，同比增长12.5%。

先进制造技术行业驱动力增强。2020年1－11月，中关村示范区先进制造技术行业总收入为8 340.3亿元，同比增长10.1%，其中，技术收入为390.6亿元，同比增长37.2%；产品销售收入为4 959.9亿元，同比增长6.7%。研发人员5.8万人，同比增长5.9%，增速较上年同期提升3.0个百分点；研发费用合计为192.6亿元，同比增长7.8%，增速较上年同期提升8.9个百分点。

三、预测与展望

2021年是“十四五”开局之年和中国共产党成立100周年，也是我国现代化建设进程中具有特殊重要性的一年。在以习近平同志为核心的党中央坚强领导下，当前经济运行稳定恢复，宏观形势总体向好，内生动力不断增强。但也要看到，国际经济金融形势仍然复杂严峻，境外疫情变化和外部环境存在诸多不确定性，国内经济恢复根基尚不牢固，我国发展面临不少风险挑战，但经济长期向好的基本面没有改变。

2021年，北京市将坚持以习近平新时代中国特色社会主义思想为指导，全面贯彻党的十九大和十九届二中、三中、四中、五中全会及中央经济工作会议精神，深入贯彻习近平总书记对北京重要讲话精神，坚持稳中求进工作总基调，坚定不移贯彻新发展理念，坚持以首都发展为统领，深入实施人文北京、科技北京、绿色北京战略，大力加强“四个中心”功能建设、提高“四个服务”水平，以推动高质量发展为主题，以深化供给侧结构性改革为主线，以改革创新为根本动力，以满足人民日益增长的美好生活需要为根本目的，以建设国际科技创新中心为新引擎，以疏解非首都功能为“牛鼻子”推动京津冀协同发展，以高标准推进“两区”建设，打造国际合作和竞争新优势，统筹发展和安全，率先探索构建新发展格局的有效路径。预计北京市经济运行将处于平稳合理区间，经济发展质效进一步提升。

2021年，北京市金融业将认真贯彻落实党的十九届五中全会、中央经济工作会议和《政府工作报告》精神，按照党中央、国务院的决策部署，立足新发展阶段，贯彻新发展理念，构建新发展格局，以推动高质量发展为主题，以深化供给侧结构性改革为主线，着力构建金融有效支持实体经济的体制机制。贯彻落实稳健的货币政策要灵活精准、合理适度，为北京经济恢复和高质量发展提供适宜的货币金融环境。继续发挥好结构性货币政策工具和信贷政策“精准滴灌”作用，完善金融有效支持小微企业等实体经济的体制机制，建立健全线上线下结合的政银企对接长效机制，建设完善北京市贷款服务中心，切实做好金融支持稳企业保就业工作。聚焦北京“四个中心”建设，积极推动中关村科创金融试验区和北京绿色金融改革创新试验区申创工作，加快建设文化金融生态圈，大力支持制造业高质量发展，推动健全租购并举住房体系。全力服务北京“两区”建设，打造高水平对外开放新平台。积极探索并不断完善区域宏观审慎管理框架，持续提升金融监管科技化水平，处理好恢复经济与防范风险的关系。以创新驱动、高质量供给引领和创造新需求，助力北京市经济高质量发展。

总　纂：杨伟中　姚　力

统　稿：余　剑　张　丹　李晓闻　周林燊

执　笔：赵晓英　张英男　魏辰皓　赵伟欣　韩睿玺　钱　珍　王璐翟　徐　莉　孙子钧　周方伟　孙　昱　童怡华　康小宇　周　凯　赵　睿　朱琳琳　杨　燚　刘亚威

提供材料的还有：宁　可　朱　静　吕潇潇　李浩举　孙安铭　王畇润　崔菡芝　张　骁

北京市金融稳定报告（摘编）

中国人民银行营业管理部　金融稳定分析小组

2020年，面对突如其来的疫情冲击和多重风险挑战，北京市坚决贯彻党中央、国务院决策部署，科学统筹推进常态化疫情防控和经济社会发展，扎实做好“六稳”工作，全面落实“六保”任务，转危为机，推动高质量发展，经济呈现稳步回升向好态势。金融运行保持平稳，货币信贷保持合理增长，信用风险整体可控；证券期货业总体经营稳健，直接融资规模增长；保险行业稳步发展，保险保障功能进一步增强。

一、北京市经济运行情况[①]

2020年，面对新冠肺炎疫情的严峻考验和国内外环境的深刻变化，北京市全年经济呈现稳步回升向好态势。产业转型升级持续推进，固定资产投资回升企稳，市场消费回暖步伐加快，对外贸易大幅下滑，房地产市场运行平稳，消费价格温和上涨，就业形势总体平稳。

（一）经济运行稳步向好，产业转型升级持续推进

2020年，北京市实现地区生产总值36 102.6亿元，按可比价格计算，比上年增长1.2%。分产业看，第一、第二、第三产业分别实现增加值107.6亿元、5 716.4亿元、30 278.6亿元。三次产业构成比为0.3:15.8:83.9，与上年的0.3:16.1:83.6相比，第三产业比重进一步提高。农业生产结构进一步调整，都市农业逐步回暖。2020年，北京市农林牧渔业总产值为263.4亿元，同比下降6.5%。随着疫情的有效防控，北京市休闲农业和乡村旅游全年实现收入25亿元，恢复至上年同期水平的66.4%，人均消费增长22.2%。工业生产有所恢复，高端产业增势良好。全年，北京市规模以上工业增加值增长2.3%，其中，高技术制造业、战略性新兴产业[②]增加值分别增长9.5%和9.2%，占地区生产总值的比重分别为25.6%和24.8%，均比上年提高1个百分点以上。第三产业韧性增强，信息、金融行业保持领先。2020年，北京市第三产业总体保持平稳，增加值同比增长1%。信息服务和金融业是服务业恢复的主要支撑力量，分别增长14.4%和5.4%。

（二）固定资产投资回升企稳，投资结构持续优化

2020年，北京市固定资产投资（不含农户）同比增长2.2%，其中，房地产开发投资增长2.6%，基础设施投资下降12.3%。分产业看，三大产业完成投资增速分别为－22.8%、28.0%和1.0%。符合首都发展方向的行业投资较快增长，投资结构进一步优化。高技术产业、民生领域投资增势较好，高技术制造业投资增长87.7%，高技术服务业投资增长16.5%，

---

① 本部分数据来源于北京市统计局。

② 高技术制造业、战略性新兴产业有交叉。

教育、卫生等领域投资分别增长34.9%和22.7%。

（三）市场消费回暖步伐加快，网上零售表现活跃

2020年，受疫情影响，北京市消费需求下降明显，市场总消费额同比下降6.9%。从结构看，服务性消费下降4.9%，社会消费品零售总额下降8.9%。其中，商品零售额为12 844.7亿元，下降7.1%；餐饮收入为871.7亿元，下降29.9%。分商品类别看，饮料类、通信器材类、体育娱乐用品类零售总额均实现两位数增长，分别增长49.7%、49.2%和17.3%。网上零售表现活跃，限额以上批发零售业、住宿餐饮业实现网上零售额4 423.3亿元，增长30.1%。

（四）对外贸易大幅下滑，利用外资回升企稳

2020年，北京地区进出口总值为23 215.9亿元，同比下降19.1%。其中，进口18 561.0亿元，同比下降21.1%，原油和天然气进口“量价齐跌”是进口下降的主要原因；出口4 654.9亿元，同比下降10%，北京地区成品油出口占全国成品油出口的七成以上，受疫情影响海外成品油市场需求下滑且价格大幅下跌，明显对地区出口形成拖累。2020年，北京市实际利用外资141亿美元，较上年同比下降0.8%，增速较年内最低点上升25.7个百分点。

（五）房地产市场运行平稳，新建商品住房成交价格符合预期

2020年，北京市商品房销售面积为970.9万平方米，同比增长3.4%。其中，住宅销售面积为733.6万平方米，下降7.0%；办公楼销售面积为73.2万平方米，增长37.1%；商业营业用房销售面积为53.4万平方米，增长62.8%。全年新建商品住宅销售价格指数同比上涨2.3%，二手住宅销售价格指数同比上涨6.3%。全市房地产开发企业到位资金为5 820.9亿元，同比增长2.6%。其中，国内贷款为1 423.1亿元，增长5.7%；自筹资金为1 406.5亿元，增长16.7%；定金及预收款为2 450.9亿元，下降2.6%。

（六）消费价格温和上涨，生产价格小幅下降

2020年，北京市居民消费价格同比上涨1.7%，涨幅较上年下降0.6个百分点。食品价格上涨6.1%，非食品价格上涨0.9%，涨幅分别较上年下降0.1个、0.7个百分点。猪肉价格延续上涨态势，食品价格涨幅保持高位。成品油价格处于低位，居民服务消费需求下降，非食品价格涨幅收窄。工业生产出厂价格和购进价格小幅下降。2020年，北京市工业生产者出厂价格同比下降0.9%，购进价格同比下降0.5%，降幅较上年分别扩大0.5个、0.1个百分点。汽车、电子产品等工业品消费需求疲软向生产环节传导，原油、钢铁等原材料价格低位运行，导致工业品价格整体下行。

（七）居民收入实际增速回升，就业形势总体平稳

2020年，全市居民人均可支配收入为69 434元，同比增长2.5%，扣除价格因素，实际增长0.8%。四项收入“三升一降”：工资性收入增长0.5%，转移净收入增长9.3%，财产净收入增长4.7%，经营净收入下降32.4%。就业形势稳定，北京市城镇调查失业率为4.1%。

二、北京市金融业运行状况

（一）银行业

2020年，北京市银行业整体稳健，

货币信贷保持合理增长，支持抗疫情和稳增长成效显著，对重点领域支持力度进一步加大，表外业务保持合理增速，信用风险整体可控。

1. 资产负债规模稳步增长，存贷款占比保持平稳

2020年末，北京市辖内银行业金融机构资产总额为28.62万亿元，同比增长9.1%；负债总额为27.34万亿元，同比增长9.3%。其中，各项存款占负债的73.2%，较上年同期下降1.0个百分点；各项贷款占资产的39.9%，较上年同期上升0.6个百分点。

2. 人民币贷款保持较快增长，有力推动经济秩序恢复

2020年末，北京市金融机构本外币各项贷款①余额为8.4万亿元，同比增长9.9%，增速较上年同期高0.8个百分点。其中，人民币贷款余额为8.1万亿元，同比增长10.4%；外币贷款余额为501.7亿美元，同比增长6.1%。从主体看，非金融企业级机关团体人民币贷款余额同比增长12.5%，比上年同期高1.3个百分点，占人民币贷款增加额的87.5%，同比多增1 309.9亿元；住户贷款平稳增长，人民币贷款余额同比增长6.4%，较上年同期略低0.6个百分点。

重点领域信贷支持力度进一步增强。2020年末，北京市金融机构普惠小微人民币贷款余额同比增长30.4%，较各项贷款增速高20个百分点。民营经济（剔除集体控股企业）本外币贷款余额同比增长7.8%；制造业中长期人民币贷款余额同比增长58.9%，较上年同期提高52.5个百分点。2020年，累计新发放高新技术产业贷款5 580.6亿元，同比增长20%，惠及企业数同比增长27%；累计新发放文化产业贷款1 577亿元，惠及企业数同比增长42.2%。

3. 各项存款余额平稳增长，企业存款增速大幅提升

2020年末，北京市金融机构本外币各项存款余额为18.8万亿元，同比增长9.9%，较上年同期高1.0个百分点。其中，人民币存款余额为18.1万亿元，同比增长10.2%，较上年同期高0.9个百分点；外币存款余额为0.7万亿元，同比增长11.1%。

按主体划分，非金融企业存款余额同比增长10.3%，为近四年同期最高值，较上年同期高3.5个百分点，比年初增加6 033.9亿元，同比多增2 319亿元。住户部门存款余额同比增长15.0%，比上年同期高0.2个百分点，比年初增加5 579.8亿元。非银行金融机构存款余额同比增长12.7%，较上年同期低1.7个百分点。财政性存款余额同比下降1.4%，较上年同期少降5.1个百分点。机关团体存款余额同比增长4.3%，比上年同期低1.2个百分点。

4. 表外业务规模保持合理增速，影子银行业务清理有序推进

2020年末，北京银行业表外业务（剔除托管资产）余额同比增长6.8%，较上年同期低0.9个百分点。其中，担保类业务余额同比下降2.8%；承诺类业务余额保持较快增长，同比增长14.8%；委托投资余额同比下降12.6%，委托贷

① 存款、贷款数据来源于人民银行营业管理部调查统计数据，其他数据均来源于中国银行保险监督管理委员会北京监管局。

款余额同比增长 10.5%；法人银行非保本理财产品余额同比增长 6.3%。

5. 不良贷款率保持全国最低水平，风险抵补能力充足

2020 年末，辖内银行业金融机构不良贷款余额为 633.1 亿元，同比增长 12.3%；不良贷款率为 0.55%，与年初持平，保持全国最低水平。不良贷款余额前五大行业分别是批发和零售业、制造业、租赁和商务服务业、信息传输和信息技术服务业、个人贷款。

6. 法人银行规模稳步增长，各项指标保持良好

2020 年末，北京辖内法人银行资产和负债余额分别为 4.30 万亿元和 3.96 万亿元，同比分别增长 7.4% 和 7.5%。存款和贷款余额分别为 2.56 万亿元和 2.02 万亿元，同比分别增长 7.3% 和 8.5%。全年实现利润 300.53 亿元，较上年减少 6.55 亿元。不良贷款余额同比增长 17.6%，不良贷款率为 1.40%，同比上升 0.1 个百分点。贷款拨备率为 3.38%，同比上升 0.11 个百分点；拨备覆盖率为 240.96%，同比下降 11.85 个百分点。流动性比例为 67.27%，同比上升 2.18 个百分点，整体流动性较好。

7. 非银行金融机构平稳增长，不良贷款率保持较低水平

2020 年末，北京辖内非银行金融机构资产和负债余额分别为 5.08 万亿元和 4.25 万亿元，同比分别增长 12.9% 和 13.1%；全年实现利润 618.97 亿元，较上年减少 50.95 亿元；不良贷款余额合计为 62.70 亿元，同比增长 8.6%，不良贷款率为 0.25%，与上年持平。

（二）证券业

2020 年，证券期货行业总体经营稳健。在京法人证券公司实力显著增强，基金管理公司机构数量保持稳定，期货公司规模上升明显，“新三板”挂牌公司数量继续减少。

1. 法人证券公司实力显著增强，各项监管指标良好

2020 年末，北京辖区 17 家法人证券公司资产总额为 1.32 万亿元，同比增长 28.2%；净资产为 3 068.74 亿元，同比增长 24.8%。平均流动性覆盖率为 270.65%，净稳定资金比率为 148.79%，资本杠杆率为 51.8%。2020 年累计实现营业收入 653.97 亿元，同比增长 30.93%，净利润为 229.60 亿元，同比增长 50.9%。

2. 基金管理公司机构数量保持稳定，盈利状况良好

2020 年末，总部设在北京辖区的基金管理公司共 36 家，其中，法人基金管理公司 21 家，较上年增加 2 家。基金管理公司总资产为 726.36 亿元，净资产为 539.27 亿元，全年实现管理费收入 246.90 亿元，同比增长 41.55%，净利润为 87.62 亿元，同比增长 60.36%。截至 2020 年末，基金公司管理公募基金产品 1 682只，公募基金管理规模（不含私募资管产品）为 3.65 万亿元。

3. 期货公司规模上升明显，期货代理交易品种稳步增长

2020 年末，北京共有法人期货公司 19 家，与上年持平；期货营业部 116 家，比年初增加 4 家。总资产为 1 122.01 亿元，同比增长 43.5%；净资产为 172.71 亿元，同比增长 12.4%；2020 年全年营业收入为 42.67 亿元，净利润为 11.80 亿元，同比增长 36.1%。期货公司代理交易品种稳步增长至 93 个，代理交易额为 10.87 万亿元，保证金余额为 920.69 亿元。

4. 上市公司数量增加，直接融资能力有所增强

2020 年末，北京辖区共有沪深上市公司 381 家，同比增加 47 家，总市值为 15.17 万亿元，同比增长 8.9%。其中，主板公司 176 家、中小板公司 60 家、创业板公司 111 家、科创板公司 34 家。2020 年，辖区各类企业利用多层次资本市场实现直接融资 1.16 万亿元，同比增长 9.9%。

5. “新三板”挂牌公司数量减少，总市值居全国前列

2020 年末，北京辖区共有“新三板”挂牌公司 1 073 家，同比减少 117 家；占全国的 13.7%，较上年同期增加 0.4 个百分点；其中，精选层企业 7 家，占全国的 18.3%。总股本为 948.61 亿股，总市值为 3 635.67 亿元。挂牌公司数量、总市值、精选层公司数量、创新层公司数量居全国第一位。

（三）保险业

2020 年，北京地区保险业①实现原保险保费收入（以下简称保费收入）2 302.91 亿元，同比增长 10.91%；累计赔付支出 751 亿元，较上年增长 4.5%；保险深度为 6.38%，较上年提高 0.51 个百分点；保险密度为 10 693.7 元/人，较上年提高 10.93%。截至 2020 年末，在京注册的法人人身险公司有 31 家，法人财产险公司有 14 家，保险分公司有 112 家。

1. 财产险公司保费收入放缓，业务质量持续向好

受新冠肺炎疫情和车险综合改革影响，财产险公司保费收入增速整体放缓。2020 年，财产险公司实现保费收入 523 亿元，同比增长 2.15%；累计赔款支出 289 亿元，与上年持平。财产险公司非车险业务保费收入为 271.50 亿元，增长 11.20%，高于车险业务收入增长率 17.39 个百分点，业务占比 51.90%，同比上升 4.25 个百分点。

2. 人身险公司保费收入稳步增长，回归本源趋势显著

人身险公司实现保费收入 1 780 亿元，同比增长 13.81%；赔付支出 462 亿元，同比增长 7.44%。人身险公司寿险业务新单期交率为 58.14%，高于全国 6.41 个百分点；10 年期及以上长期期交业务占比 30.28%，同比上升 2.57 个百分点。

3. 法人保险公司偿付能力充足，超半数机构高于 200%

截至 2020 年末，辖内 45 家法人保险公司中，40 家法人保险公司综合偿付能力充足率均满足 100% 的监管要求。其中，综合偿付能力充足率大于 150% 的保险公司有 39 家，占全部法人保险公司的 86.7%；综合偿付能力充足率大于 200% 的保险公司有 24 家，占全部保险公司的 53.3%。

4. 保险保障能力不断提升，有效履行社会职责

辖内保险业累计提供风险保障 730.69 万亿元，同比增长 108.06%，其中，责任险和健康险保险金额增速高达1 844.74% 和 76.47%；寿险和长期健康险为人民群众未来的养老和健康积累准备金 7 507.46 亿元，同比增长 16.06%。向疫情一线医护人员及家属赠送的意外险、医疗险等专项保险产品累计保额近 4 000 亿元。

① 数据来源于中国银行保险监督管理委员会北京监管局。

（四）金融市场

1. 社会融资规模扩大，结构持续优化

2020 年，北京地区社会融资规模增加 1.66 万亿元，同比多 2 029.9 亿元。其中，对实体经济发放的人民币贷款新增 7 913.4 亿元，占地区社会融资规模增量的 47.6%；企业债券净融资 6 063.3 亿元，占地区社会融资规模增量的 36.5%；非金融企业境内股票融资 1 304.2 亿元，占地区社会融资规模增量的 7.8%；地方政府债券净融资 1 676.1 亿元，同比多 667.1 亿元；委托贷款、信托贷款和未贴现的银行承兑汇票共减少 2 502.8 亿元。

2. 货币市场交易以隔夜交易为主，大型商业银行和政策性银行是主要的资金供给方

2020 年，北京市同业拆借市场累计成交 121.52 万亿元，同比下降 9.09%，占全国交易量的 41.29%；净拆出 27.51 万亿元，同比下降 1.36%。分机构看，2020 年，大型商业银行、政策性银行是拆借资金的主要供给方，净拆出资金 37.98 万亿元，是总净拆出资金的 1.38 倍；城市商业银行、财务公司净拆入资金增长幅度较大，分别净拆入 6.30 万亿元、5.95 万亿元，分别同比增长 58.78%、58.72%。市场交易以短期为主，隔夜拆借成交 110.07 万亿元，占全部拆借成交量的 90.58%。债券回购成交 612.33 万亿元，同比增长 16.02%，占全国交易量的 31.90%，其中，质押式回购成交 611.02 万亿元，占全部回购交易的 99.79%。

3. 债券市场交易量有所下降，到期收益率全线下行

2020 年，北京市金融机构现券买卖成交 65.74 万亿元，同比下降 11.98%，现券买卖成交量占全国交易量的 14.12%；现券净买入 4 874.04 亿元，较上年同比下降 50.27%。债券到期收益率全线下行。2020 年，债券平均到期收益率为 2.94%，同比下降 32.69 个基点。成交量较大的政策性金融债、同业存单、国债加权平均到期收益率分别为 2.97%、2.47%、2.60%，分别同比下降 35.42 个、49.81 个、25.29 个基点。市属企业在银行间市场发展融资稳步推进，2020 年，北京市市属企业在银行间市场发行债券 335 只，募集资金 4 265 亿元，分别同比上升 27.9%、33.1%。

4. 外汇市场结售汇交易下降，外币对交易增长

2020 年，北京地区外汇市场结售汇交易合计成交折合 23.36 万亿美元，同比下降 2.49%。其中，售汇降幅较大，售汇累计成交折合 11.37 万亿美元，同比下降 3.12%。按交易品种划分，外汇掉期交易占比最大，累计成交折合 14.92 万亿美元，占 63.87%。外币对交易大幅增长。2020 年，北京地区外币对累计成交折合 7 979.57 亿美元，同比增长 93.5%。外币对交易相对集中的欧元/美元、美元/港元、美元/日元交易，分别同比增长 89.75%、75.28%、89.77%。

（五）金融基础设施

1. 支付清算服务系统水平持续提高，金融为民不断深入

全国首批开展本外币合一银行结算账户体系试点。远程开立企业单位银行结算账户试点属“全国唯一”。扎实推进北京冬奥会支付服务筹备工作。全国首个基于区块链技术的“通银”支付平台正式落地京津冀，率先出台优化企业开户服务措

施，率先实现减免企业首个基本存款账户开户费，率先联合发文扫除破产管理人、强制清算组账户业务办理障碍，率先提升银行卡线上缴税限额至100万元。

2. 征信服务便民水平进一步提升，金融业综合统计高效推进

打造“信用北京查”服务品牌，率先完成企业和个人“二合一”自助查询升级。搭建全国首个线上征信维权调解平台，完成全国首笔疫情异议处理。金融基础数据统计制度扎实落地，地方金融组织统计制度落地工作准备就绪。全面加强数据治理，全方位支持国家金融基础数据库建设。

3. 消费者权益保护力度加大，金融知识普及力度增强

在全国首次构建“多元调解＋司法速裁”一站式金融纠纷多元化解机制，调解成功率达97.6%。上线全国首个“金融消费者投诉数据可视化”平台，创新金融广告治理新模式。创新编排“金融公开课”系列课程，多维打造普及金融知识宣教品牌。

4. 金融科技高效赋能，推进金融科技基础设施建设

率先开展金融科技创新监管试点，北京试点数量最多、场景应用广泛，持续领跑9个试点省份。稳步推进“创信融”等大数据建设，积极推进平台可视化和应用场景建设。参与金融标准化“十四五”规划编写，助力中国人民银行金融标准化研究院建设工作。

三、需要关注的问题和政策建议

（一）需要关注的问题

1. 银行业信用风险持续承压，中小金融机构风险值得关注

2020年末，北京市银行业不良贷款率为0.55%，与年初持平，保持全国最低水平。但是，疫情变化和外部环境存在诸多不确定性，经济恢复基础尚不牢固，银行业资产质量存在劣变趋势。部分中小金融机构资本实力不强，风险管控能力不高，处置不良资产手段不多，需要高度关注潜在信用风险。

2. 债券市场违约风险上升，个别发行企业偿付压力较大

2020年，北京地区共有59只债券发生实质违约，较上年增加34只；违约债券总额为775.9亿元，同比增长137.1%。随着债券市场逐渐回归价值理性，企业信用处于重塑阶段，个别发行企业到期债务规模较大，需要高度关注兑付风险和交易价格异动风险。

3. 保险公司资金配置值得关注，部分保险公司赔付金额较大

截至2020年末，北京地区6家保险公司发生资金运用损失，主要因信托计划项目违约和持仓债券违约，保险公司资金配置风险值得关注。受疫情、自然灾害等因素影响，个别人身险公司和财产险公司发生重大赔付支出。

（二）政策建议

1. 聚焦首都经济发展重点领域，在高质量发展中防范化解金融风险

围绕首都“四个中心”功能建设，加快健全科创金融、绿色金融和文化金融政策体系，大力支持制造业高质量发展，构建金融有效支持实体经济体制机制，继续推动金融支持稳企业保就业工作，在推动高质量发展中防范化解风险。

2. 提升金融治理能力，不断健全防范化解金融风险长效机制

进一步加强风险排查，持续研判新冠肺炎疫情下金融风险边际变化，积极做好

存量和增量风险监测、预警和应对。稳妥有序推进风险应对，建立常态化风险处置机制，明确风险处置优先顺序，抓好存量风险化解收尾工作，做好重大风险处置工作。

3. 构建更加紧密的监管协作机制，优化区域金融生态环境

进一步发挥好国务院金融委办公室地方协调机制作用，加强中央和地方在金融监管、风险处置、信息共享和消费者权益保护等方面的协作，更好地服务实体经济、防范金融风险、深化金融改革。

中国人民银行营业管理部
金融稳定分析小组

组　长：杨伟中
副组长：姚　力
成　员：周军明　贾淑梅　余　剑　周　丹　李海辉　张涵宇　秦　瑜　樊武星

《北京市金融稳定报告（2021）》
编写组

总　纂：姚　力
统　稿：周军明　贾淑梅　梁珊珊
执　笔：张　萍　赵伟欣　张　岩　武士杰
参与写作人员：周林燊　朱　静　惠争勤　潘　铭　薛宇博　王　丽

二、市场运行

金融市场

2020年，北京地区金融市场总体平稳，信用拆借交易量与净拆出资金小幅下降，拆借利率总体下行。债券回购交易量和净融出资金有所增加，现券交易量同比下降，到期收益率全线下行；债券发行量和净融资额保持双增长。人民币兑美元先贬后升，银行间外汇市场结售汇交易小幅下降，外币对交易大幅增长。黄金价格上涨，金融机构场外交易部分业务成交金额上升。票据市场利率下降，业务规模总体上升。

一、信用拆借成交量小幅下降，债券回购成交量稳步增长，交易利率双下行

（一）信用拆借成交量和净拆出量小幅下降，拆借利率下行

一是信用拆借拆入量和拆出量双降，净拆出金额略微下降。2020年，北京地区金融机构[①]整体信用拆借需求同比小幅下降，净拆出金额略微下降。全年拆借累计成交121.52万亿元，同比下降9.09%，占全国交易量的41.29%，从资金流向看，拆入、拆出均略有下降，其中，拆入47.00万亿元，拆出74.52万亿元，分别同比减少7.76%、11.13%，净拆出27.51万亿元，同比下降1.36%（见图1）。

二是中资银行类金融机构中仅大型商业银行净拆出资金正向增长，城市商业银行、财务公司净拆入资金增长显著。资金拆出方面，2020年，大型商业银行[②]、政策性银行仍是拆借资金的主要供给方，净拆出资金37.98万亿元，是总净拆出资金的1.38倍。中资银行类金融机构中仅大型商业银行净拆出资金正向增长，大型商业银行净拆出27.43万亿元，较上年同期增加7.10万亿元，增长34.91%；而政策性银行、股份制商业银行分别净拆出10.55万亿元、4.03万亿元，较上年同期分别减少0.55万亿元、1.99万亿元，分别下降4.94%、33.06%。资金拆入方面，城市商业银行、财务公司净拆入资金增长幅度较大，分别净拆入6.30万亿元、5.95万亿元，较上年分别增加2.33万亿元、2.20万亿元，分别增长58.78%、58.72%，而证券公司、金融租赁公司净拆入资金略有上升，分别净拆入4.69万亿元、0.30万亿元，较上年分别增加0.26万亿元、307.4亿元，分别增长5.80%、11.32%（见图2）。

① 指在北京地区的所有全国银行间同业拆借中心成员单位，包括各政策性银行、各国有商业银行在京总行、各股份制商业银行在京总行、北京银行、北京农商银行、中国邮政储蓄银行、村镇银行、各外资银行在京总行及营业机构，在京各证券公司、财务公司、基金管理公司、保险公司、信托投资公司、资产管理公司、汽车金融公司、金融租赁公司、消费金融公司，中债信用增进投资股份有限公司。

② 大型商业银行指总部在北京的中国工商银行、中国建设银行、中国农业银行、中国银行、中国邮政储蓄银行。

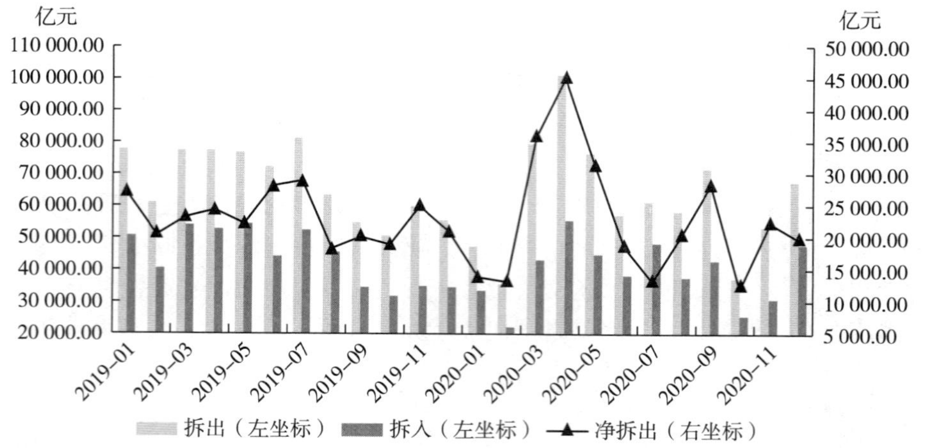

图1　北京地区网上拆借变动趋势

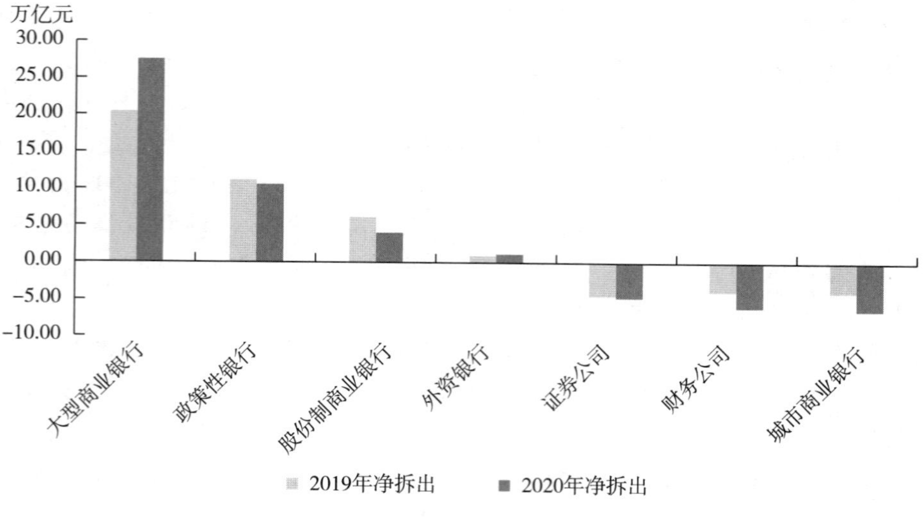

图2　北京地区网上拆借净融出资金分布

三是隔夜拆借占比超九成，1 个月及以上期限拆借成交量增幅较大。2020 年，隔夜拆借成交 110.07 万亿元，同比下降 10.69%，占全部拆借成交量的 90.58%，占比较上年下降 1.62 个百分点（见图 3）。7 天、14 天、1 个月及以上期限拆借品种成交量分别同比增长 6.00%、8.27%、150.92%，21 天期限拆借成交量同比下降 39.50%。

四是拆借利率下行，长期限品种下行幅度较大。2020 年，银行间市场流动性保持充裕，货币市场各交易品种各期限成交利率下行。2020 年，北京地区信用拆借加权平均利率为 1.62%，同比下行 63 个基点。从期限看，长期限品种交易利率下行幅度较大，6 个月、9 个月、1 年期限拆借产品交易利率分别同比下降 81 个、139 个、136 个基点，隔夜、7 天、14 天期限品种交易利率分别同比下降 65 个、65 个和 48 个基点（见图 4）。

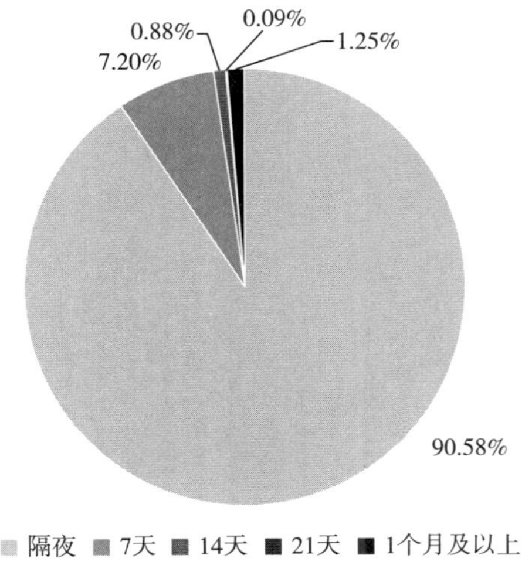

图 3　2020 年北京地区网上拆借期限分布

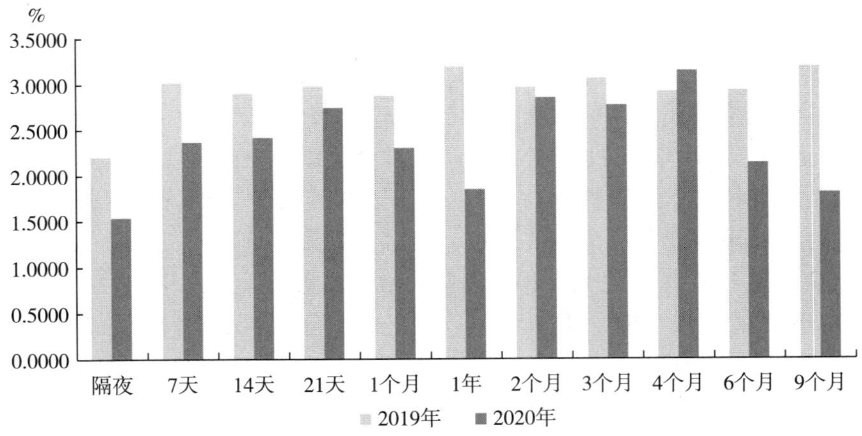

图 4　2020 年信用拆借各期限加权平均利率及变化

（二）债券回购成交量、净融出资金同比增长，回购利率同比下行

辖区内金融机构债券回购成交量同比稳步增长。2020 年，北京地区金融机构[①]债券回购成交 612.33 万亿元，同比增长 16.02%（见图 5），占全国交易量的 31.90%，较上年同比下降 0.29 个百分点。从回购类型看，质押式回购成交

① 指在北京地区的所有银行间债券市场参与者，包括各类金融机构和非法人投资产品。金融机构包括各政策性银行、各国有商业银行在京总行、各股份制商业银行在京总行、北京银行、北京农商银行、中国邮政储蓄银行、各村镇银行、各外资银行在京总行及营业机构，在京各证券公司、财务公司、基金管理公司、保险公司、信托公司、资产管理公司、汽车金融公司、金融租赁公司、消费金融公司、期货公司等；非法人投资产品包括各类在中国外汇交易中心和全国银行间同业拆借中心进行准入备案并加入全国银行间债券交易系统进行债券交易的非法人投资产品。

611.02万亿元，同比增长16.40%；买断式回购成交1.31万亿元，同比下降53.74%。从交易方向看，正回购成交190.78万亿元，同比增长4.69%，逆回购成交421.54万亿元，同比增长22.00%。

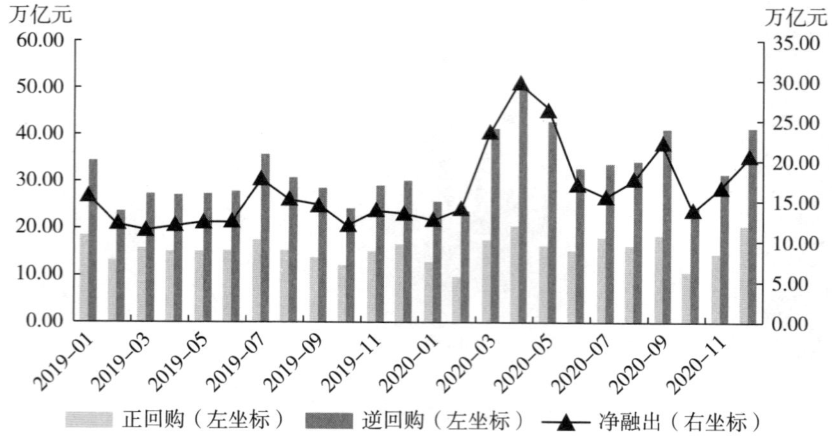

图5 北京地区债券回购交易变动趋势

债券回购净融出资金同比增长。2020年，北京地区金融机构债券回购净融出资金230.75万亿元，同比增长41.33%。分机构看，大型商业银行、政策性银行、股份制商业银行和城市商业银行为主要融出机构，分别净融出195.57万亿元、104.24万亿元、15.38万亿元和5.98万亿元，其中，大型商业银行、政策性银行、股份制商业银行分别同比增长61.43%、7.13%和183.90%，城市商业银行同比下降5.94%；基金、证券公司、理财产品、基金管理公司的特定客户资产管理业务为主要资金净融入机构，净融入资金分别为28.78万亿元、12.99万亿元、9.16万亿元和8.74万亿元，分别同比增长95.24%、51.91%、9.98%、4.70%（见图6）。

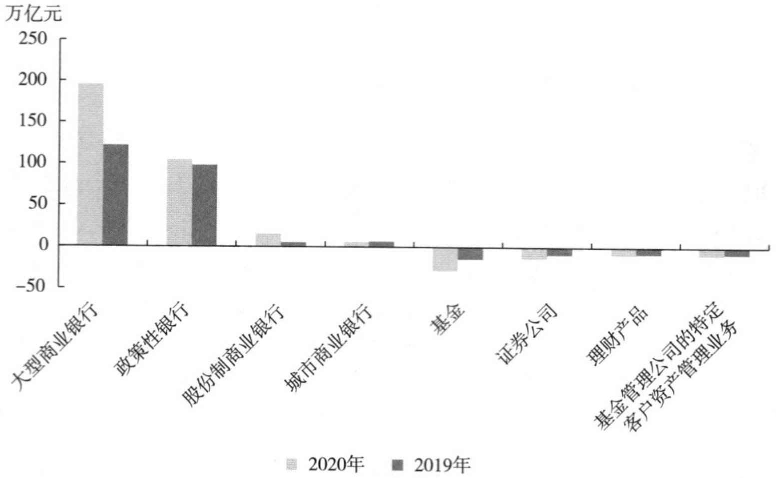

图6 北京地区债券回购净融出资金分布

分期限看，隔夜回购交易占比同比增长。2020 年，隔夜回购成交 524.88 万亿元，同比增长 16.13%，占全部交易量的 85.72%，占比较上年同比增长 0.08 个百分点（见图 7）；7 天期限回购、14 天期限回购分别成交 62.79 万亿元、16.85 万亿元，分别同比增长 22.59%、11.62%；21 天、1 个月及以上期限分别成交 4.59 万亿元、3.20 万亿元，分别同比下降 15.20%、19.97%。

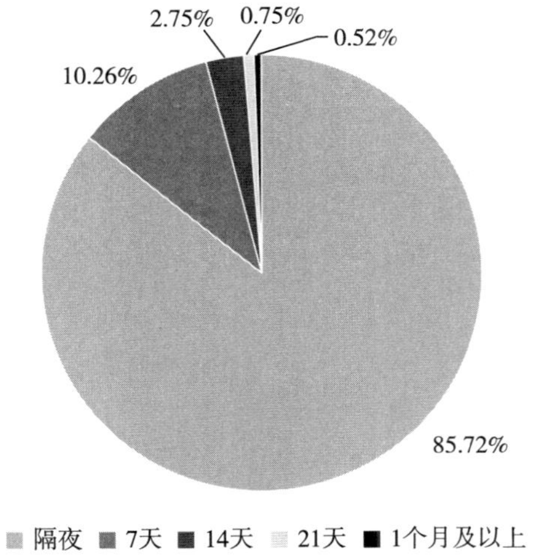

图 7　北京地区债券回购期限结构分布

2020 年，银行间市场流动性充裕，货币市场各交易品种各期限成交利率同比下行。质押式回购、买断式回购加权平均交易利率分别为 1.68%、1.80%，分别同比下行 59.45 个、46.10 个基点；质押式各期限品种回购利率全线下行，隔夜、7 天、14 天、21 天和 1 个月及以上期限回购利率分别下行 62.25 个、42.89 个、29.21 个、40.06 个和 51.86 个基点（见图 8）。

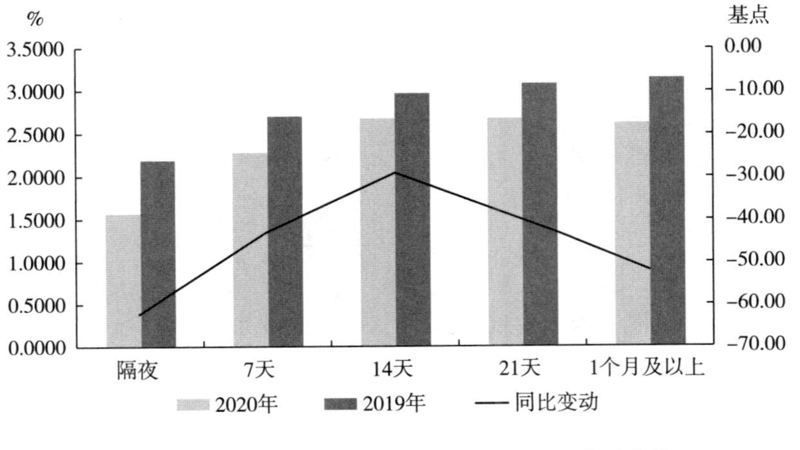

图 8　2020 年质押式回购各期限加权平均利率及变化

二、债券市场交易量同比下降，发行净融资增长

（一）现券交易量同比下降，到期收益率全线下行

现券交易量同比下降。2020年，北京地区金融机构现券买卖成交65.74万亿元，同比下降11.98%（见图9），现券买卖成交量占全国交易量的14.12%，较上年同比下降3.35个百分点。证券公司、大型商业银行、股份制商业银行交易量较大，分别成交17.06万亿元、13.54万亿元和11.45万亿元，其中，证券公司、股份制商业银行成交量分别同比减少26.35%、14.37%，大型商业银行成交量同比增长1.56%。现券交易品种中，政策性金融债、同业存单、国债成交量较大，分别为26.61万亿元、20.51万亿元、11.35万亿元，分别同比下降20.82%、19.63%、3.54%。

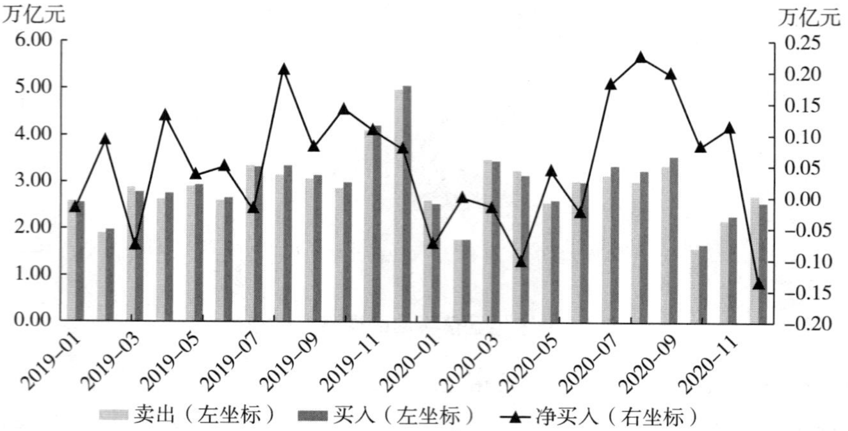

图9　北京地区现券交易变动趋势

2020年，北京地区现券净买入4 874.04亿元，较上年同比下降50.27%。从机构类型看，债券买入集中在政策性银行、理财产品、基金，分别净买入1.15万亿元、6 708.81亿元和6 114.33亿元。债券卖出集中在股份制商业银行、大型商业银行、证券公司，分别净卖出1.19万亿元、1.17万亿元和3 758.80亿元（见图10）。从债券品种看，债券买入集中在同业存单、政策性金融债、中期票据，净买入金额分别为1.35万亿元、3 210.82亿元、1 044.33亿元。债券卖出集中在超短期融资券、国债、证券公司短期融资券，净卖出金额分别为6 407.98亿元、5 376.83亿元和666.80亿元。

债券到期收益率全线下行。2020年，债券平均到期收益率为2.94%，同比下降32.69个基点。从债券品种看，成交量较大的政策性金融债、同业存单、国债加权平均到期收益率分别为2.97%、2.47%、2.60%，分别同比下降35.42个、49.81个、25.29个基点。

（二）债券发行量和净融资额双增长

2020年，北京地区在全市场累计发行债券（扣除国债、央行票据）16.26万亿元，同比增长26.65%；到期11.40万亿元，同比增长30.45%。净融资4.86万亿元，同比增长18.54%。其中，金融

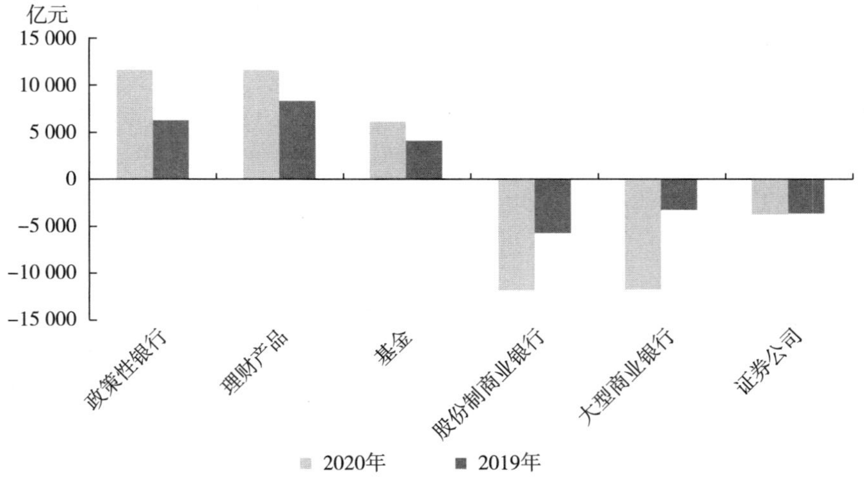

图 10　北京地区各金融机构净买入债券分布

债、同业存单、短期融资券、资产支持证券、中期票据、公司债分别发行 6.58 万亿元、5.58 万亿元、1.58 万亿元、9 489.86 亿元、6 483.10 亿元、4 928.74 亿元，其中，金融债、同业存单、短期融资券、资产支持证券发行量分别同比增长 35.82%、24.67%、46.69%、25.47%，中期票据、公司债发行量分别同比下降 7.38% 和 3.38%。

2020 年，3 年期国债发行利率为 2.6558%，较上年同比下降 47.80 个基点。信用利差走阔、期限利差收窄，2020 年 3 年期中期票据 AA + 级与 AAA 级利差为 65.99 个基点，较上年同比增长 10.67 个基点；国债 10 年期和 1 年期的利差 58.11 个基点，较上年同比下降 40.61 个基点（见表 1）。

表 1　主要债券品种发行加权平均利率

债券品种	2020 年	2019 年	同比变化（基点）
国债 3 年期限	2.6558%	3.1338%	-47.80
中期票据（3 年期 AAA 级）	3.2087%	3.7929%	-58.42
中期票据（3 年期 AA + 级）	3.8686%	4.3461%	-47.75
信用利差（中票 3 年期 AA + 级与 AAA 级）（基点）	65.99	55.32	10.67
期限利差（国债 10 年期与 1 年期）（基点）	58.11	98.72	-40.61

三、人民币兑美元先贬后升，银行间外汇市场结售汇交易下降，外币对交易增长

2020 年，人民币兑美元呈先贬值后升值的走势，其间，人民币兑美元汇率中间价最大值为 7.1316，最小值为 6.5236，波幅为 9.32%。

（一）结售汇交易小幅下降

2020 年，外汇市场结售汇交易合计成交折合 23.36 万亿美元，同比下降

2.49%。其中，售汇降幅较大，售汇累计成交折合11.37万亿美元，同比下降3.12%。按交易品种划分，外汇掉期交易占比最大，累计成交折合14.92万亿美元，同比下降5.61%；外汇远期交易累计成交折合859.44亿美元，同比增长40.33%；外汇即期累计成交折合8.36万亿美元，同比增长3.27%。

（二）外币对交易大幅增长

2020年，外币对累计成交折合7 979.57亿美元，同比增长93.5%。外币对交易相对集中的欧元/美元、美元/港元、美元/日元交易，分别同比增长89.75%、75.28%、89.77%。从交易品种看，掉期交易累计成交折合6 443.67亿美元，同比增长107.54%；即期交易累计成交折合1 496.06亿美元，同比增长57.88%；远期交易累计成交折合39.84亿美元，同比下降44.23%。

四、黄金市场价升量增

2020年，受新冠肺炎疫情、全球环境的不确定性影响，黄金价格上涨，总体价格继续走高，北京地区交易量同比增长，辖内金融机构场外交易部分业务成交金额上升。

（一）黄金价格上行

2020年，上海黄金交易所现货主力合约品种AU99.99，年初开盘价为341.95元/克，年末收于390元/克，涨幅为14.05%；Au99.99最高价为449元/克，最低价为278元/克，波幅为61.51%，同比波幅扩大28.78个百分点。

（二）黄金市场交易量增长

北京地区黄金交易量同比上升，实际提货量同比下降。2020年，北京地区交易所会员黄金买卖累计成交16 890.29吨，同比上升5.48%。从成交方向上看，黄金买入成交10 095.93吨，同比上升20.35%，卖出成交6 794.36吨，同比下降10.88%；从交易方式上看，自营交易成交13 279.99吨，同比上升6.57%，代理交易成交3 610.3吨，同比上升1.67%；实际提货量为311.17吨，同比下降32.66%。

（三）辖内金融机构场外交易部分业务成交金额上升

北京地区43家金融机构开展22项黄金业务，其中，3家为地方法人银行。场外黄金交易主要集中在账户黄金、黄金租赁、实物黄金（包括自营和代理品牌金、黄金积存、定投）、黄金远期等业务。2020年，辖内金融机构开展境内场外黄金业务累计成交量为2 668.68吨，累计成交金额为1 904.99亿元。其中，账户黄金、黄金租赁、实物黄金、黄金远期成交金额均上升，分别为1 226.11亿元、523.84亿元、158.45亿元、105.04亿元，分别同比增长66.63%、0.29%、22.78%、21.93%。

五、票据市场利率下降，业务规模总体上升

（一）票据利率同比下降

2020年，辖内银行票据贴现月加权平均利率小幅波动。2020年12月，辖内银行票据贴现月加权平均利率为2.84%，同比下降11个基点，其中，贴现、转贴现加权平均利率分别为3.00%、2.78%，分别同比下降18个、6个基点，比6个月（含）期以内的贷款加权平均利率分别低103个、125个基点（见图11）。

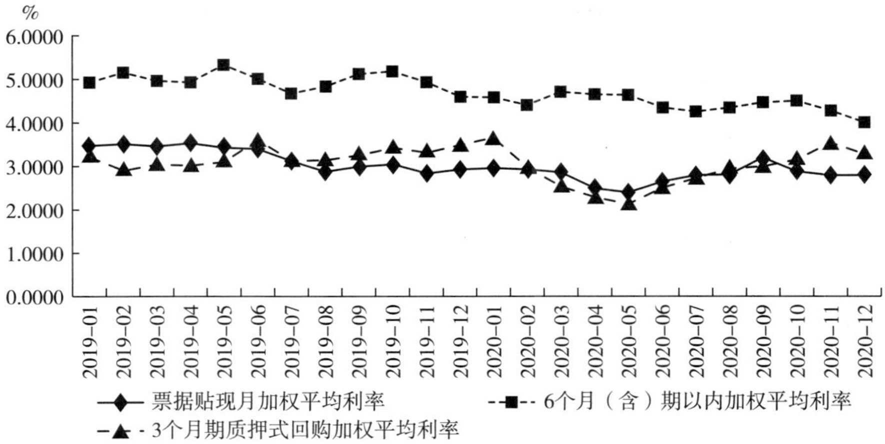

图 11　北京地区金融机构票据利率与贷款及质押式回购利率对比

（二）票据业务规模总体上升

辖区内法人金融机构银行承兑汇票、贴现、回购式转贴现均同比增长。2020年，北京地区法人金融机构①票据承兑发生额为 6.50 万亿元，同比上升 8.17%，12 月末余额为 3.93 万亿元，同比增长 11.36%；企业贴现发生额为 5.06 万亿元，同比增长 1.76%，12 月末余额为 1.67 万亿元，同比增长 0.29%；买断式转贴现（转入）、买断式转贴现（转出）发生额分别为 4.24 万亿元、4.48 万亿元，分别同比下降 21.76%、12.55%；回购式转贴现发生额为 7.88 万亿元，同比增长 30.99%；12 月末再贴现余额为 1 156.88亿元，同比下降 15.29%。

辖内银行分支机构票据承兑业务、贴现和再贴现业务同比增长。2020 年 12 月，辖内银行分支机构票据承兑余额为 7 497.38亿元，同比上升 1.78%；贴现和再贴现余额分别为 7 817.83 亿元、289.01 亿元，分别同比增长 40.71%、108.30%。2020 年，辖内银行分支机构票据承兑、贴现、再贴现发生额分别为 1.13 万亿元、3.86 万亿元、863.45 亿元。

（康小宇　朱静　段宇）

证券市场

一、证券市场总体运行情况

2019 年末，上证指数收于 3 473.07 点，全年上涨 422.95 点，涨幅为 13.87%；深证指数收于 14 470.68 点，全年上涨4 039.91

① 包括国家开发银行、中国农业发展银行、中国进出口银行、中国工商银行、中国农业银行、中国银行、中国建设银行、中国邮政储蓄银行、中信银行、中国光大银行、中国民生银行、华夏银行、北京银行、北京农商银行、昆仑银行，各外资法人银行，各村镇银行，各财务公司。

点，涨幅为38.73%；沪深300指数收于5 211.29点，全年上涨1 114.71点，涨幅为27.21%；创业板指数报收于2 966.26点，上涨1 168.14点，涨幅为64.96%。

2020年末，证券行业总资产规模为8.90万亿元，较年初增长22.59%；净资产规模为2.31万亿元，较年初增长14.36%；净资本为1.82万亿元，客户交易结算资金余额为1.46万亿元，指定与托管证券市值为59.66万亿元，资产管理业务受托资金总额为10.51万亿元。

2020年，139家证券公司实现营业收入4 484.79亿元，其中，代理买卖证券业务净收入（含席位租赁）为1 161.11亿元，证券承销与保荐业务净收入为590.87亿元，财务顾问业务净收入为81.23亿元，投资咨询业务净收入为48.03亿元，资产管理业务净收入为299.60亿元，证券投资收益（含公允价值变动）为1 495.52亿元，利息净收入为596.84亿元。实现净利润1 575.34亿元，127家公司实现盈利。

二、北京辖区证券市场总体情况

（一）北京辖区市场概况

2020年，北京辖区证券市场继续保持稳健发展态势，实现安全平稳运行。截至年末，北京辖区有证券公司17家、分公司105家、营业部524家。

2020年末，北京辖区17家证券公司资产总额为13 168.13亿元，净资产总额为3 068.74亿元，净资本总额为2 762.53亿元，累计净利润为229.60亿元。

2020年，北京辖区营业部证券交易金额为53.25万亿元；其中，股票交易额为24.81万亿元，基金交易额为1.92万亿元。营业部资金账户开户数为1 643.42万户。

（二）证券业务具体情况

2020年，北京辖区证券公司收入的主要来源是证券经纪业务、证券自营业务、投资银行业务、资产管理业务。17家证券公司营业收入总额为635.92亿元。其中，代理买卖证券业务净收入为121.23亿元，投资收益为227.41亿元，投资银行业务净收入为150.24亿元，资产管理业务净收入为32.40亿元。

1. 经纪业务情况

2020年，北京辖区证券公司A股证券交易金额累计为32.52万亿元，指定与托管证券市值为9.71万亿元，客户交易结算资金余额为1 759.93亿元。

2020年末，北京辖区证券公司资金账户数为2 566.75万户；其中，个人账户为2 559.68万户，机构账户为7.07万户。

2. 投资银行业务情况

2020年，北京辖区证券公司共完成118家公司首发上市，承销金额为1 620.18亿元；完成70家公司增发，承销金额为1 525.20亿元；完成公司债承销项目1 314个，承销金额为9 470.30亿元。

3. 资产管理业务情况

2020年末，北京辖区证券公司受托资金规模为16 617.82亿元；其中，公募基金（含大集合）管理规模为353.85亿元，集合计划产品管理规模为2 831.00亿元，定向资产计划管理规模为8 384.00亿元，专项资产计划管理规模为5 048.97亿元。

4. 两融业务情况

2020年末，北京辖区证券公司融资融券余额为1 905.00亿元；其中，融资金额为1 703.32亿元，融券金额（市值）为 201.68 亿元。信用资金账户数量为 69.56 万户；其中，机构客户数量为 0.40 万户。

（董茜玮）

基金行业发展情况

一、基金行业总体发展情况

2020 年末，全国公募基金管理机构管理公募基金产品 7 913 只，管理规模为 198 914.91 亿元。基金管理公司管理资产管理产品（不含养老金）6 507 只，管理规模为 46 654.19 亿元。基金子公司管理资产管理产品 4 938 只，管理规模为 33 902.64亿元。

2020 年末，全国已登记私募基金管理人为 24 561 家，已备案私募基金96 852 只，管理基金规模为 15.97 万亿元。

二、北京辖区基金业发展情况

2020 年末，北京辖区基金管理公司管理公募基金产品 2 319 只，基金资产净值合计为 53 956.36 亿元，占全行业的 27.13%；管理专户产品 1 865 只（含养老金），规模为 19 112.67 亿元，占全行业的 23.81%。基金子公司管理产品1 187 只，规模为 11 122.96 亿元，占全行业的 32.81%。全年，北京辖区共新发行基金 347 只，募集资金规模合计 7 059.08 亿元。

2020 年末，北京辖区（注册地在北京）已登记私募基金管理人 4 336 家，占全行业的 17.65%；已备案私募基金 15 833只，占全行业的 16.35%；管理基金规模为 3.59 万亿元，占全行业的 22.44%。其中，私募证券投资基金管理人有 1 374 家，管理基金 7 434 只，管理规模为 5 655 亿元；私募股权、创业投资基金管理人有 2 824 家，管理基金 7 956 只，管理规模为 27 921 亿元；其他私募投资基金管理人有 135 家，管理基金 440 只，管理规模为 2 275 亿元；私募资产配置类管理人有 3 家，管理基金 3 只，管理规模为 2 亿元。

三、主要特点

（一）辖区经营机构数量稳步上升

2020 年，北京辖区新增基金管理公司 2 家，基金管理公司分公司 8 家，基金销售机构 1 家。截至年末，北京辖区共有基金管理公司 36 家，基金管理公司分公司 84 家，基金销售机构 102 家，各类基金经营机构呈现多样化发展态势。

（二）辖区公募基金规模逐步增加

2020 年末，辖区公募基金产品数量为 2 319 只，较上年增长 66.83%；基金资产净值为 53 956.36 亿元，较上年增长 68.47%。

（纪雪宁　贾若）

期货市场

一、全国期货市场总体运行情况

2020年，全国期货市场服务实体经济的初心不变，“保险+期货”试点的品种规模不断增加，全年期货和期权新品种上市数量为12个，全部品种共计93个，期货市场规模稳步扩大。截至年末，全国期货市场客户保证金为8 251.82亿元，同比增长63.56%。全年，期货市场成交量为120.37亿手，同比增长53.72%；成交金额为871.39万亿元，同比增长50.50%。

二、北京辖区期货市场总体情况

2020年，北京辖区期货市场继续保持稳健发展态势，实现安全平稳运行。

（一）机构数量平稳增加，资本实力整体稳定

2020年末，北京辖区共有19家期货公司、116家分支机构，同比增加5家分支机构。19家公司的资产总额为1 122.01亿元，同比增长43.45%；净资本为101.21亿元，同比增长21.44%；资本实力进一步提升。

（二）客户数量增长较快，保证金规模上升

2020年末，北京辖区期货公司共代理客户91.28万户，同比增长13.62%；吸收客户保证金920.69亿元，同比增长51.90%，占全国的11.20%。

（三）市场交易规模平稳上升，手续费收入增加

2020年，北京辖区期货公司代理交易量为13.63亿手，同比增长45.46%；代理交易额为87.62万亿元，同比增长46.32%；手续费收入为21.5亿元，同比增长29.36%。

（李骥龙）

保险市场

2020年，北京保险业努力克服新冠肺炎疫情的影响，稳妥应对各种风险挑战，大力发挥风险保障功能，积极履行社会责任，保持稳健运行的良好态势。

一、业务规模增速放缓

2020年，北京地区累计实现原保险保费收入（以下简称保费收入）2 302.91亿元，居全国第六位，同比增长10.91%。其中，财产险业务保费收入为441.36亿元，同比减少2.96%；寿险业务保费收入为1 333.52亿元，同比增长14.70%；健康险业务保费收入为461.54亿元，同比增长15.20%；意外险业务保费收入为66.49亿元，同比增长13.96%。人身险公司保户投资款和投连险独立账户新增交费901.55亿元，同比减少13.83%。

二、业务质量持续向好

2020年，财产险公司非车险业务保费收入为271.50亿元，同比增长11.20%，增长率高于车险17.39个百分点，占财产险公司保费业务收入的51.90%，占比上升4.25个百分点，险种结构明显改善。人身险公司业务结构不断优化，寿险业务新单期交率为58.14%，高于全国6.41个百分点；长期险期交业务占比明显提高，10年期及以上占比30.28%，同比上升2.57个百分点。

三、风险保障能力进一步提高

2020年，辖内保险业累计提供风险保障730.69万亿元，同比增长108.06%，其中，责任险和健康险保险金额分别为170.07万亿元、149.82万亿元，增长率高达1 844.74%和76.47%；寿险和长期健康险为人民群众未来的养老和健康积累准备金7 507.46亿元，同比增长16.06%。全年累计赔付支出750.60亿元，增长4.40%，其中，健康险和意外险的赔付支出增长率高达69.01%和73.36%。辖内保险机构为疫情一线医护人员及家属赠送意外险、医疗险等专项保险产品，累计提供保障近4 000亿元。

（王岭）

要素市场

2020年，北京市交易场所实现总业务规模约10万亿元，比上年增长24.25%，在优化配置、价格发现、助力实体经济发展等方面发挥了重要的作用。

2020年，北京金融资产交易所实现交易金额9.4万亿元，同比增长27%，其中，为抗疫企业融资2 130亿元，有力地支持了企业抗击疫情和复产复工；北京产权交易所实现成交金额3 833.43亿元，其中，中央企业交易规模占全国的近2/3，继续保持全国领先地位；北京铁矿石交易中心成交量突破6 000万吨，继续保持铁矿石现货平台交易规模全球第一的领先地位；中国技术交易所加挂北京知识产权交易中心牌子，增加了知识产权交易经营范围，开展市属国有企业、科研机构等知识产权进场交易，形成集登记服务、交易服务、专业服务、金融服务等为一体的国家级知识产权交易平台。

（吴茜）

三、发展与监管

银行业发展与监管

▲政策性银行

一、基本情况和重大变更事项

（一）基本情况

2020年末，中国进出口银行北京分行、中国农业发展银行北京市分行、中国农业发展银行总行营业部（以下简称政策性银行在京机构）资产总额为3 745.8亿元，贷款余额为3 752.5亿元，负债总额为3 741.1亿元，存款余额为1 612.3亿元，所有者权益为4.63亿元，营业收入为41.7亿元，累计亏损6.3亿元。

（二）主要人事变动情况

1月，阙刚任中国农业发展银行总行营业部副总经理。

郑伟任中国进出口银行北京分行副行长。

4月，诸力不再任中国进出口银行北京分行副行长。

7月，朱瑛任中国进出口银行北京分行副行长。

8月，雷蕾任中国进出口银行北京分行行长助理。

9月，张大伟任中国农业发展银行北京市西三环支行副行长（主持工作）。

二、金融产品创新和金融服务

中国进出口银行北京分行围绕疫情防控和“六稳”“六保”政策部署，积极发挥政策性金融逆周期调节作用。立足自身功能定位和专业优势，信贷支持稳外资、稳外贸，外贸产业贷款年末余额比年初增加140.17亿元，增长31.12%。开展小微企业转贷款业务，以低成本政策性资金帮助破解小微企业融资难、融资贵问题，提升普惠服务能力，小微企业转贷款业务年末余额比年初增加55亿元，增长5.5倍。设立支持抗击疫情重点企业专项资金，累计为9家重点企业发放20.86亿元贷款，支持疫情防控和企业复工复产。主动减费让利，年内新发放贷款加权平均利率比上年下降77个基点，进一步降低了实体经济融资成本。

中国农业发展银行北京市分行发挥政策性金融“当先导、补短板、逆周期”作用，大力支持“三农”领域发展、疫情防控和企业复工复产。加强粮棉油储备信贷资金保障，服务国家和首都粮食安全。粮棉油购销储类贷款年末余额比年初增加72.89亿元，增长53.20%。全年累计投放国家化肥储备贷款32亿元，投放支持生猪产业贷款25亿元。围绕京津冀协同发展战略、北京城市副中心建设及非首都功能疏解等重点工程建设融资需求，全年新增相关贷款56.76亿元。落实金融支持脱贫攻坚政策要求，全年累计发放扶贫贷款11.06亿元。拓展“三农”领域小微企业客户服务群体。小微企业贷款年末余额比上年增加30.88亿元，增长24.97%。累计为9家重点企业发放贷款27.25亿元，支持疫情防控和企业复工复产。主动减费让利，新发放贷款加权平均利率比上年下降43个基点，助力降低实体经济融资成本。

中国农业发展银行总行营业部围绕政

策性银行职能定位，积极服务国家粮食安全战略，认真贯彻落实国家宏观调控政策。全年累计发放贷款870.52亿元，支持国家粮、棉、油、糖、肉等收储计划的落实。

三、存在的问题和风险

政策性金融落实国家战略部署和服务地方实体经济质效有待进一步提升，信贷业务精细化管理水平不高，合规内控能力建设与监管要求存在差距，会计核算管理较为薄弱，信用风险管控和不良贷款化解处置工作仍面临挑战，相关业务法律风险和声誉风险管控压力较大，异地库存监管工作科技基础仍需进一步夯实。

四、监管工作情况

（一）引导发挥政策性金融作用

中国银行保险监督管理委员会北京监管局（以下简称北京银保监局）加大政策宣导力度，推动政策性银行在京机构结合自身业务范围主动作为。加大对新冠肺炎疫情防控相关领域信贷投放，积极支持受疫情影响企业复工复产，落实国家稳外贸政策要求。对掌握关键核心技术，但暂时遇到困难的企业开展精准帮扶，全年制造业中长期贷款增速高于各项贷款平均增速。持续跟踪监测信贷投放变化情况，督导政策性银行在京机构保障国家储备库存安全和重要农产品物资有效信贷供给，聚焦重点领域和重大项目工程建设融资需求，支持生猪全产业链发展。

（二）防范化解信用风险

督导政策性银行在京机构牢固树立风险防控“第一责任人”意识，进一步强化信贷精细化管理力度，落实贷款“三查”要求，严格资金支付审核和资金流向监控。推动各机构对重点风险领域、重点业务产品和重点授信客户开展信用风险排查，摸清风险底数，“一户一策”主动制定并采取防范化解措施，严格资产质量分类管理，及时足额计提拨备，增强风险抵补能力，运用多种渠道和方式有效化解处置存量不良资产。

（三）加强案件操作风险管控

督导政策性银行在京机构进一步增强机构案防治理主体责任意识，切实树立制度先行、全员合规的案防理念，提升重点业务、重点岗位、关键环节业务合规操作意识。持续强化运营、行政、纪检“三线”合一监督机制运行。以巩固整治乱象成果“回头看”为抓手，推动政策性银行在京机构深挖已发现风险问题的体制机制根源，加大对屡查屡犯违规问题的惩戒力度，彻底消除业务违规操作多发频发的情况。

（苏赓　郭羽佳）

▲国家开发银行

一、基本情况和重大变更事项

（一）基本情况

2020年末，国家开发银行北京市分行、国家开发银行战略客户部（以下简称辖内开发银行）资产总额为15 312.66亿元，负债总额为15 139.86亿元，营业收入为152.96亿元，净利润为170.80亿元，各项存款余额为1 386.87亿元，各项贷款余额为12 562.71亿元，所有者权益为172.80亿元。

（二）重大变更事项

12月，国家开发银行总行将原国家开发银行企业局的名称调整为国家开发银行战略客户部。

二、金融产品创新和金融服务

辖内开发银行运用开发性金融功能，发挥中长期融资作用，服务国家战略，支持经济社会重点领域和薄弱环节。支持新冠肺炎疫情防控和复工复产，全年发放复工复产及达产专项贷款936亿元。加大对制造业转型升级和高质量发展的支持力度，全年发放制造业贷款636亿元。支持交通一体化、棚户区改造、生态环境保护等京津冀协同发展重点领域项目，全年发放交通一体化贷款153.42亿元、棚户区改造贷款91.12亿元。支持“一带一路”倡议，全年发放“一带一路”贷款31.99亿美元。全年发放扶贫贷款107.58亿元。与其他银行合作，以转贷款方式支持小微企业融资，全年新增转贷款10.3亿元。

三、存在的问题和风险

信贷管理还存在薄弱环节，业务自查和整改问责工作成效有待提升，重点业务领域和重点授信客户风险管控压力较大，不良贷款处置力度仍需加强。

四、监管工作情况

（一）督导机构加大不良贷款处置力度

通过监测分析、监管通报、监管约谈、走访等，督导机构多措并举，加强联动，大力推动大额不良贷款的清收处置。

（二）督导机构加大整改问责力度

通过下发监管意见、现场核查、窗口指导、跟踪监测、监管评估等，督导机构落实对2017年以来市场乱象整治发现问题的整改问责。

（三）提升服务实体经济质效

引导机构围绕职能定位，发挥开发性金融作用，提升服务实体经济质效。

（徐菲）

▲商业银行（一）工、农、中、建、交、邮储6家银行

一、基本情况和重大变更事项

（一）基本情况

2020年末，中国工商银行北京市分行、中国农业银行北京市分行、中国银行北京市分行、中国建设银行北京市分行、交通银行北京市分行、中国邮政储蓄银行北京分行（以下简称6家银行）资产总额为110 201.37亿元，比上年增长8.39%，其中，各项贷款余额为36 659.02亿元，比上年增长11.69%；负债总额为109 534.45亿元，比上年增长8.83%，其中，各项存款余额为85 941.87亿元，比上年增长8.26%；所有者权益总额为666.92亿元，同比下降34.66%；累计净利润为816.28亿元，同比下降16.91%；不良贷款余额比上年增长21.23%，不良贷款率比上年上升0.02个百分点。

2020年末，6家银行共有机构网点2 348家（含分行），比上年减少23家。其中，分行13家，比上年增加1家；支行1 869家，比上年减少14家；分理处14家，比上年减少2家；储蓄所21家，比上年减少4家；邮政代理网点431家，比上年减少4家。共有纳入监管范围的高级管理人员227人，比上年增加9人。

2020年末，6家银行共有在职员工56 769人。其中，中国工商银行北京市分行19 084人，中国农业银行北京市分行8 183人，中国银行北京市分行10 241人，中国建设银行北京市分行11 344人，交通银行北京市分行4 422人，中国邮政储蓄银行北京分行3 495人。

（二）重大变更事项

黄力任中国工商银行北京市分行行

长，施刚不再任中国工商银行北京市分行行长、龚萍不再任中国工商银行北京市分行副行长。

中国农业银行北京经济技术开发区支行升格为中国农业银行北京经济技术开发区分行。

郑志刚任中国农业银行北京市分行副行长，关学斌、李爱华不再任中国农业银行北京市分行副行长。张旭任中国农业银行北京中关村分行副行长（主持工作），朱琳任中国农业银行北京中关村分行副行长，殷波不再任中国农业银行北京中关村分行副行长。马胜伟任中国农业银行北京城市副中心分行副行长。丁大勇任中国农业银行北京经济技术开发区分行行长，柴立明、王立成、苗震飞任中国农业银行北京经济技术开发区分行副行长。

朱林任中国银行北京市分行副行长，王建宏不再任中国银行北京市分行行长，李海霞、黄黎阳不再任中国银行北京市分行副行长。郭薇、徐靖任中国银行北京通州分行副行长，吴戈不再任中国银行北京通州分行副行长。

林朝晖任中国建设银行北京市分行行长，袁桂军不再任中国建设银行北京市分行行长。

周妍、高军任交通银行北京市分行副行长，肖霆不再任交通银行北京市分行副行长并不再兼任交通银行北京市分行通州分行行长。姜岚不再兼任交通银行北京市分行通州分行副行长。

徐卫杰任中国邮政储蓄银行北京分行副行长。

二、金融产品创新和金融服务

（一）支持国家发展战略实施和重大工程建设

2020 年，6 家银行聚焦重大战略实施和重点项目建设，全年累计向京津冀一体化建设、首都核心功能疏解、北京市重点项目等投放资金超过 3 100 亿元。中国银行北京市分行全年累计为“一带一路”沿线国家建设工程提供担保服务 100 亿元，为地区企业参与国际承包工程提供有力支持。中国工商银行北京市分行推出“城市更新”贷款产品，支持园区产业升级及老城保护，累计为北京城市副中心审批项目 63 个、金额为 1 060 亿元。中国农业银行北京市分行通过综合运用银团贷款、债务融资、融资租赁等市场化融资方式，为 2022 年北京冬奥会重点项目——京张城际铁路、兴延高速等提供多层面的支持；并作为环球影城项目的银团独家牵头行和代理行新增贷款投放 28.95 亿元。中国邮政储蓄银行北京分行全年为京津冀协同发展项目累计放款 75.98 亿元。

（二）提升“两区”和“科技创新中心”建设金融服务水平

2020 年，6 家银行大力支持中国（北京）自由贸易试验区（以下简称北京自贸区）建设，积极响应北京市人民政府号召，优化机构布局。中国工商银行北京市分行、中国农业银行北京市分行、中国银行北京市分行率先在北京自贸区设立首批 5 家分支机构，覆盖试验区的 3 个片区。中国工商银行北京市分行提供 100 亿元优惠资金支持北京自贸区建设，并实现首批贷款的投放。积极支持北京科技中心建设，截至年末，6 家银行科技型企业贷款余额为 2 740.59 亿元，较年初增长 14.74%。中国农业银行北京市分行发布“筑梦未来”科创服务品牌，并设立科创企业金融服务中心。交通银行北京市分行聚焦科技领域“专精特新”名单企业融资需求，开辟贷款审批绿色通道，推出

“专精特新”专属信用贷款产品。

（三）全面落实疫情防控工作要求，助力企业复工复产

2020 年，6 家银行切实保障疫情期间基础金融服务供给，在扎实做好自身防疫的同时，动态调整网点营业范围和时间，创新推出“非接触式”服务，实现疫情期间基础金融服务不停摆和近 6 万名员工零感染。6 家银行积极为疫情防控企业和受疫情影响企业提供资金支持，切实落实加大信贷投放、延期还本付息等专项金融政策，累计为疫情防控相关企业发放融资款 800.36 亿元，为 8 928 户企业办理延期还本 361.49 亿元，为 1 214 户企业办理延期付息 6.73 亿元。中国工商银行北京市分行全年累计发放防疫贷款 91 亿元，居辖内银行机构首位。中国邮政储蓄银行北京分行面向医务工作者等专属客群推出低利率产品——“优享复工贷”，累计发放贷款 6 121.7 万元。中国农业银行北京市分行以线上供应链产品——“链捷贷”作为支持企业复工复产的重要抓手，优化“链捷贷”办理条件和业务流程，全年新落地项目 16 个，为 1 231 户企业提供贷款支持 35.71 亿元。

（四）拓展普惠金融服务的广度和深度

2020 年，辖内大型银行超额完成普惠型小微企业贷款增长目标。截至年末，工、农、中、建、交 5 家大型银行北京市分行普惠型小微企业贷款余额为 1 279.26 亿元，较年初增长 59.82%，超过全辖平均水平 34.07 个百分点。其中，交通银行北京市分行增长率最高，为 113.45%；中国建设银行北京市分行普惠贷款余额最多，占 6 家银行总量的 37.92%。“应贷尽贷，应续尽续”，保障小微企业融资需求，6 家银行首贷年末余额超过 270 亿元、户数超过 6 000 户，累计发放续贷资金超过 250 亿元、续贷户数超过 3 600 户。加强涉农金融服务，6 家银行涉农贷款年末余额为 1 405.58 亿元，较年初增长 22.73%，高于各项贷款增长率 11.04 个百分点。其中，中国邮政储蓄银行北京分行涉农贷款增长 42.86%。中国建设银行北京市分行推出“京郊特色民宿贷”，将产品创新与北京区域特点有机结合，缓解融资痛点、助力乡村振兴。加强社区家庭服务业金融服务，中国建设银行北京市分行 59 个网点及 21 家住房金融服务中心先行开展代理养老存房业务试点。中国工商银行北京市分行运用经营快贷产品向家政行业优质客户发放 50 万元信用贷款，实现与家政行业客户开展信用贷款业务“零”的突破。

三、存在的问题和风险

部分银行信贷业务管理精细化程度有待提升，账户管理存在较多漏洞，案件风险隐患较大。声誉风险管理及员工行为管理存在薄弱环节。信息系统建设及数据管理需进一步加强。消费者权益保护工作有待完善。

四、监管工作情况

（一）积极支持疫情防控和首都发展战略

通过下发通知、定期排查、按月督导等形式，引导 6 家银行贯彻金融支持复工复产部署，切实落实加大信贷投放、延期还本付息等专项金融政策，为疫情防控企业和受疫情影响企业提供资金支持。服务首都文化中心建设，推动辖内银行积极对接文化企业融资需求，为受疫情影响文化企业纾解困难。引导 6 家银行从优化网点布局入手支持首都“两区”建设。

（二）推动提升普惠金融服务质效

以走访、调研、按月监测等方式摸底普惠金融服务优势与短板，有针对性地解决金融支持小微企业的实际问题。引导6家银行在合规前提下发展年审制、循环类、供应链及线上信贷产品，充分发挥北京市首贷服务中心和北京市企业续贷受理中心平台优势，逐户对接小微企业融资需求，做到"应贷尽贷，应续尽续"。督导6家银行充分使用金融专网线上办理不动产抵押/解抵押登记，提升业务办理效率。

（三）不断强化重点领域风险防控

前瞻性防控信用风险，建立信用风险监测和处置机制，加大存量不良处置力度。督导6家银行落实"三线合一"要求，严格履行主体责任，加大业务合规和人员异常行为排查，切实防控案件风险。妥善处理声誉风险，印发专项通知督导辖内机构做好清廉文化建设、完善员工行为规范、有效防控声誉风险。深入调研押品管理暴露案例及潜在风险，印发规范性文件提出押品管理10项监管要求。

（刘思伊）

▲商业银行（二）其他商业银行

一、基本情况和重大变更事项

（一）基本情况

2020年，华夏银行北京城市副中心分行（一级分行）开业。截至年末，中信银行北京分行、中国民生银行北京分行、中国光大银行北京分行、华夏银行北京分行（含北京城市副中心分行）、招商银行北京分行、上海浦东发展银行北京分行、广发银行北京分行、兴业银行北京分行、平安银行北京分行、渤海银行北京分行、浙商银行北京分行、恒丰银行北京分行资产总额为60 154.22亿元，比上年增加7 483.57亿元，增长14.21%，其中，贷款余额为19 927.41亿元，比上年增加2 323.62亿元，增长13.20%。负债总额为59 732.79亿元，比上年增加7 549.44亿元，增长14.47%，其中，存款余额为47 487.99亿元，比上年增加4 668.63亿元，增长10.90%。累计实现净利润338.27亿元。

2020年末，辖内股份制商业银行在京营业机构数共计818家，比上年增加5家；从业人员共计25 982人，其中，高级管理人员191名。

（二）重大变更事项

唐宇任华夏银行北京城市副中心分行行长。

二、金融产品创新和金融服务

（一）积极提供金融支持，助力疫情防控和复工复产

一是强化产业链核心企业和上下游企业金融服务。招商银行北京分行落地国家电网电商物资采购供应链项目，为其提供无抵押信用融资。中信银行北京分行针对小微企业，利用可转化的核心企业或政府信用，研发"银票e贷""商票e贷""政采贷"等产品，推出疫情防控专项债。华夏银行北京分行成立供应链业务创新团队，为核心客户制定创新性的供应链业务合作方案，协助其做好上下游客户的维护、提高资金流动性和资金使用效率。

二是加大重点行业、重点领域信贷支持力度。重点支持医疗企业、重点医用物资行业以及果蔬、肉类、粮油等民生物资保障行业。中国民生银行北京分行加大普惠小微企业支持力度，创立超市供应商集群项目，专项针对民生物资保障行业的小微客户推出高抵押率及信用贷款产品，并对符合条件的客户给予利率优惠。华夏银

行北京分行对北京新发地农副产品批发市场内商户开展专项综合金融服务。兴业银行北京分行根据北京市地方金融监督管理局（以下简称市金融监管局）疫情防控重点企业名单，主动对接名单内企业，对困难企业主动上门服务。

（二）积极利用“互联网＋”，推动传统业务转型升级

一是传统业务“上线”，提升服务效率。恒丰银行北京分行推出网络投标贷业务和网络应收贷业务，兴业银行北京分行推出在线反向保理业务。

二是实现数据共享，优化信贷管理。中国民生银行北京分行推出基于区块链的企业电子身份认证信息系统的金融数据服务平台项目，旨在建立由各监管机构、北京市各委办局等可信节点组成的联盟链，推动实现多元可信数据共享。

三是借力互联网平台，挖掘信贷资源。通过与互联网平台开展线上消费联合贷款业务，利用平台供应链信息推出个人经营类贷款等。中国光大银行北京分行推出了“阳光e抵贷”“阳光e微贷”等产品。

（三）大力发展普惠金融，提升小微金融服务质效

一是高度重视普惠金融，积极营造愿贷会贷文化。部分股份制银行设立了普惠金融中心，配备小微专职客户经理，全面加强普惠型金融业务发展。同时，对小微专职客户经理设立单独考核体系，严格落实授信尽职免责政策，打造出一支敢贷愿贷且能贷会贷的专业队伍。

二是推出特色产品，强化信贷支持。上海浦东发展银行北京分行推出小微在线贴现业务，采用全流程线上化处理，客户在浦发银行开立结算账户、公司网银后即可申请在线贴现业务资格准入，申请获批后企业可随时登录公司网银自助办理贴现。

三是积极落实小微企业续贷政策。招商银行北京分行结合企业工商信息、交易行为等数据，将小微到期客户分为风险客户和正常客户；对于经营可持续、发展有前景、符合首都功能定位和北京城市副中心功能定位的正常小微客户，发放新贷款归还原贷款本金；对于风险客户逐户核查，综合判断是否予以办理无还本续贷；同时主动联系未来3个月即将到期客户，为有续贷意愿的客户办理业务。

截至年末，各行普惠型小微企业贷款余额为2 403.39亿元，比上年增长22.97%，增长率高于各项贷款增长率9.77个百分点。普惠金融服务质效进一步提升，小微企业金融业务发展取得较好成效。

三、存在的问题和风险

资产质量存在下行压力，案件及操作风险形势较为严峻且外部风险向银行传导的压力持续增加，风险处置难度加大，案防形势仍较为严峻。部分机构内控管理较为薄弱，合规文化和管理存在欠缺。

四、监管工作情况

（一）落实“六稳”“六保”，持续增强金融服务实体经济能力

一是严格落实疫情防控及复工复产工作要求，保障金融服务有效供给。

二是深入推进结构性存款业务治理及规模管控，切实降低融资成本。

三是督导机构加大中长期制造业融资支持力度，严防资金“脱实向虚”。

（二）深化风险治理，着力防范重点机构重点领域风险

一是精准施策，密切督导机构强化信

用风险管控。做实各行资产质量监测和风险研判处置，及时下发监管意见、进行约谈，妥善化解业务风险。

二是防治结合，全力做好案件及风险事件处置。与案件管理部门联动，组织召开案件防控工作培训会，压实机构主体责任，提升机构案防工作规范性、主动性。对个别涉及总分行两级的重大案件实地调查督导，对保理业务严重违反审慎经营规则的机构进行行政处罚。

三是创新方式，多措并举推动机构强化员工行为管理。依托金融智能应用平台筛查疑点线索，指定问题突出的机构开展员工异常行为专项排查，并全程跟踪督导。利用科技化手段进行账户追踪及交叉检查，下发监管通报和监管意见书，要求机构全面整改落实，形成有力震慑。

（三）开展业务治理，有效规范机构经营行为

一是深入开展乱象整治“回头看”，切实推动标本兼治。重点抽查风险问题多发、排查整改不力的机构，赴辖内6家股份制银行现场督导，明确指出不足，杜绝屡查屡犯。

二是依法采取行政处罚措施，严肃查处违规业务。针对个别银行保理融资业务严重违反审慎经营规则问题给予行政处罚。

三是以解决问题为导向，跟踪规范合作类创新业务。针对银行与金融科技公司合作类业务，全面评估前期规范性文件的政策效果。密切关注“拼团存款”“远程银行”以及互联网贷款管理办法落实情况，引导各行审慎创新。深入调研银行与保险公司合作的保证保险贷款业务，督导机构整改规范。

（四）大力支持实体经济发展，全力提升金融服务质效

一是积极支持实体经济发展。通过监管通报、监管会谈、走访调研等方式，引导辖内股份制商业银行深入了解实体经济需求，借助优化业务流程、服务渠道、担保方式、贷款期限和还款模式等方式，提供更加精准有效的金融服务。

二是积极服务首都重点领域建设。引导辖内股份制商业银行持续有效地服务京津冀协同发展、北京非首都功能疏解和2022年北京冬奥会筹备。积极服务首都“四个中心”功能建设，加大对“三城一区”主平台建设的支持力度，筑牢科技金融发展“六大保障”体系；不断提升文化金融专业化服务水平。

三是切实降低企业融资成本。督导辖内股份制商业银行规范信贷融资收费，降低企业融资综合成本；积极参与北京市首贷服务中心和北京市企业续贷受理中心建设，有效对接小微企业融资需求，进一步降低企业融资成本。

四是积极助力优化营商环境。督导辖内股份制商业银行积极推进金融专网搭建和运行工作，确保按期落实工作要求，拓展金融专网覆盖面，进一步优化营商环境。

（张则林　何慧）

▲城市商业银行（一）北京银行

一、基本情况和重大变更事项

（一）基本情况

2020年末，北京银行资产总额为28 564.72亿元，比上年增长6.11%；负债总额为26 394.93亿元，比上年增长6.13%；各项贷款余额为15 217.92亿元，比上年增长8.70%；各项存款余额为16 330.37亿元，比上年增长7.02%；实现

利润212.87亿元，同比增长0.61%。

（二）重大变更事项

1. 高级管理人员变动情况

北京银行董事朱保成离任，新选举产生董事赵兵。

2. 机构发展情况

2020年末，北京银行设有一级分行14家，其中，北京地区3家、外埠11家；二级分行12家；分行级专营机构2家；在中国香港和荷兰阿姆斯特丹设有代表处；支行652家，其中，北京地区支行（含总行营业部）268家。从业人员15 490人（含劳务派遣人员），比上年增加515人。

二、金融产品创新和金融服务

一是完善体制机制，单设科技金融专项奖励，增强经营单位科技金融复制推广动能。强化模式创新，共有科技特色支行23家，比上年增加8家，其中，北京地区13家，比上年增加4家。推动产品创新，完成知识产权质押产品——“智权贷”升级，推出“中关村企业抗疫发展贷”“关心保”“科创加速贷”等产品。截至年末，北京银行科技型企业贷款余额为1 614.10亿元，比上年增长4.57%。

二是聚焦抗疫金融服务，利用文化创客中心、中关村小巨人创客中心，对于因疫情影响不能及时办公的文化等入孵企业，延长免费孵化期。参与“北京国际电影节”“北京视听展”，支持《夺冠》《金刚川》等影片拍摄。加大创新产品研发，发布“京彩文园”文化产业园区专属金融服务方案，以“文园贷”为核心产品为文化企业提供融资支持。截至年末，北京银行文化金融贷款余额为675.36亿元，比上年增长5.67%。

三是出台小微专项支持举措，积极落实金融支持小微、民营企业发展政策。开辟疫情绿色审批通道，疫情相关业务优先办理、即报即审。推出专属信贷产品，针对受疫情影响临时停业、资金周转困难的小微企业推出“京诚贷”专属产品，以展期、续贷等方式提供信贷资金无缝衔接。截至年末，北京银行普惠型小微企业贷款余额为810.03亿元，比上年增长27.27%，贷款户数为2.33万户，比上年增加2 376户。

三、存在的问题和风险

公司治理有效性及业务治理规范化水平有待提升，全面风险治理能力仍需强化，数据治理需持续深化。

四、监管工作情况

北京银保监局认真贯彻落实中国银保监会工作部署要求，坚决打好防范化解金融风险攻坚战，扎实做好公司治理、风险治理、业务治理、数据治理等重点工作，加强监管引领，督导北京银行严守风险底线，深化体制机制改革，提升服务实体经济质效。

（一）公司治理方面

督导北京银行紧抓股东股权管理，紧抓公司治理监管评估，提升公司治理水平；紧抓日常监管。

（二）风险治理方面

督导北京银行多维度防控信用风险，严守流动性风险安全底线，稳妥应对声誉风险事件。

（三）业务治理方面

推动北京银行压降存量理财资产取得积极进展、结构性存款规模压降达标；加大风险监测和监管提示力度，督导北京银行加强重点业务领域风险防控。

（四）数据治理方面

推动北京银行组织架构变革，督促其

提升数据质量。

（五）服务实体经济方面

批复北京银行发行抗疫主题小微金融债券，阶段性调整贷款损失准备监管要求，支持复工复产，加大服务实体经济力度。

（陈玥）

▲城市商业银行（二）其他城市商业银行

一、基本经营情况

（一）基本情况

2020年末，北京辖内共有11家异地城市商业银行分行级机构（以下简称11家银行），分别为天津银行北京分行、大连银行北京分行、杭州银行北京分行、南京银行北京分行、盛京银行北京分行、上海银行北京分行、江苏银行北京分行、宁波银行北京分行、徽商银行北京分行、锦州银行北京分行、厦门国际银行北京分行。截至年末，11家银行资产总额为8 435.61亿元，比上年下降6.14%（徽商银行北京分行年初数据为包商银行北京分行上年11月数据），其中，各项贷款余额为3 942.27亿元，比上年增长0.52%。负债总额为8 420.48亿元，比上年下降5.73%，其中，各项存款余额为7 683.01亿元，比上年增长0.98%。实现净利润10.84亿元，同比下降72.90%。

2020年末，11家银行共有支行网点146家（含分行营业部），从业人员6 004人（不含劳务派遣制员工）。

（二）重大变更事项

1. 高级管理人员变动情况

2020年，北京银保监局核准11家银行高级管理人员共计14人任职资格。其中，分行行长2人，分行副行长7人，分行营业部总经理4人，支行行长1人。

2. 机构发展情况

2020年，11家银行共新设立分支机构6家，分别为（以开业批复为准）上海银行北京亦庄支行、宁波银行北京朝阳支行、上海银行北京融新支行、上海银行北京西红门社区支行、上海银行北京顺义支行、上海银行北京崔各庄社区支行。

4月，徽商银行收购包商银行北京分行及所辖支行并开业。

二、金融产品创新和金融服务

一是推进科技金融服务创新，加强科技金融“六项保障”机制建设。赴中关村国家自主创新示范区开展专题调研，与人民银行营业管理部等部门共同起草北京市中关村国家自主创新示范区建设科创金融试验区总体方案，积极探索全国科技创新中心建设、知识产权质押融资、“独角兽”企业服务等重大问题发展方向和路径。

二是银行业实体经济服务支持力度显著提升。截至年末，11家银行普惠型小微企业贷款余额为244.95亿元，比上年增长27.12%。已设立科技、文创特色专营支行11家，占所有支行网点（含分行营业部）数量的7.53%。

三、存在的问题和风险

信用风险防控压力较大，需关注重点风险领域业务。内部管理水平较为薄弱，操作风险及案件风险防控承压，声誉风险高企。数据治理水平有待提升。

四、监管工作情况

（一）深化风险治理，稳妥推进重点领域风险处置

稳妥处置化解风险，扎实做好信用风险防控，强化流动性风险防控，扎实做好

声誉风险和案件风险防控。

（二）强化业务治理，有效推动规范经营，回归本源

有力规范结构性存款业务，严格规范应收账款质押业务开展，严控新增异地授信业务。

（三）加大贴身监管力度，持续提升监管效能

落实“贴身”监管，强化重点领域风险管控及问题整改评估。丰富非现场监管手段，建立沟通汇报常态化机制，强化机构风险防控主体责任。加强内外部沟通联动，督导落实问题整改。

（王洁）

▲农村商业银行——北京农商银行

一、基本情况和重大变更事项

2020 年末，北京农商银行资产总额为 10 290.80 亿元，比上年增加 711.75 亿元，增长 7.43%，其中，各项贷款余额为 3 608.14 亿元，比上年增加 202.65 亿元，增长 5.95%。负债总额为9 645.82 亿元，比上年增加 669.23 亿元，增长 7.46%，其中，各项存款余额为 6 802.76 亿元，比上年增加 299.07 亿元，增长 4.60%。所有者权益为 644.98 亿元，比上年增加 42.52 亿元，增长 7.06%。不良贷款为 32.51 亿元，比上年增加 0.23 亿元；不良贷款率为 0.90%，比上年减少 0.05 个百分点。全年实现净利润 74.27 亿元，比上年减少 7.86 亿元，下降 9.57%。资产利润率为 0.75%，比上年减少 0.14 个百分点；资本利润率为 11.91%，比上年下降 2.81 个百分点，成本收入比为 36.97%，比上年增加 2.45 个百分点。

2020 年末，北京农商银行共有各层级机构 640 家，其中，总行 1 家，分行 1 家，支行 223 家（管辖支行 23 家），分理处 415 家。总行级高级管理人员 9 人，其中，党委书记、董事长 1 人，党委副书记、行长 1 人，监事长 1 人，北京市纪委监委驻北京农商银行纪检监察组长 1 人，副行长 3 人，行长助理 2 人。分行级高级管理人员 5 人，总行各部门主要负责人 34 人。

二、金融产品创新和金融服务

（一）强化重点政策落实，全力支持复工复产和经济社会发展

2020 年末，北京农商银行累计为抗击疫情和复工复产工作提供贷款支持 1 376.82亿元。重点支持了国道 109 新线高速公路、房山区与大兴区污水处理等一批重点项目和重点企业。保障首都疫情困难时期网点整体复工率 100%，坚持为 194 户基层和社区医疗机构提供金融服务。

（二）优化支付环境建设，助推乡村振兴战略

加强对金融空白村的服务覆盖，通过乡村便利店、乡村自助店及助农取款服务点（以下简称“两店一点”）等形式延伸服务触角，拓宽基层就业渠道。截至年末，“两店一点”总量超 2 000 家。加大涉农资金投放力度，全年投放涉农贷款 209.5 亿元，年末涉农贷款余额为 360.95 亿元，比上年增长 23.45%，高于各项贷款增速 17.50%。在特色涉农贷款方面，已为 6 个生猪养殖项目相关主体提供授信 8.23 亿元，为怀柔区板栗收购累计投放贷款超 2 亿元，帮助延庆区珍珠泉乡梁庙村提前实现 100% 脱低目标；落实京蒙、京张对口帮扶部署，为贫困地区打赢脱贫攻坚战贡献力量。

（三）完善普惠服务体系，助力民营和小微企业发展

通过加强政策与资源支持，完善评级体系、提高风险容忍度，优化准入标准及工作流程等系统措施，完善民营和小微企业服务体系。截至年末，普惠型小微企业贷款余额为25.14亿元，比上年增加9.36亿元，增长59.32%，高于各项贷款增速51.45个百分点；贷款户数为1 359户，比上年增加449户。

（四）丰富民生金融产品，积极履行社会责任

北京农商银行将金融服务、金融创新与北京社会发展相结合，以“北京通—养老助残卡”为载体，以政府各项养老民政优待与待遇的提升为契机，持续打造养老金融服务体系，累计发行445万张养老助残卡。积极促进金融服务进驻养老服务驿站，推动养老服务的便利化。

三、存在的风险和问题

公司治理水平需持续提高，部分股权管理的关键环节仍有待进一步完善。风险防控需持续强化，内部控制仍需加强，舆情风险管控和员工管理能力需要进一步提升。

四、监管工作情况

（一）夯实公司治理

督导北京农商银行夯实股东股权管理基础，充分发挥公司治理主体作用。

（二）着力防范风险

优化分层监测预警监管指标体系，提升风险监测的前瞻性。保持案件防控高压态势，加强员工行为管理，防范操作风险。构建差异化流动性风险监测指标体系，做好流动性风险日常监测盯防。

（三）引领高质量发展

巩固治理乱象工作成果，促进审慎合规的经营理念进一步融入北京农商银行日常经营活动各个环节。督导其坚守农村商业银行定位，紧跟北京“三农”发展实际，提升金融服务的针对性，全力支持乡村振兴战略。加大民营企业和小微企业金融产品创新和资源保障，平等对待各类所有制企业。

（于洋）

▲村镇银行

一、基本情况和重大变更事项

（一）基本情况

2020年末，北京地区共有11家村镇银行，分别为北京延庆村镇银行、北京密云汇丰村镇银行、北京怀柔融兴村镇银行、北京大兴九银村镇银行、北京昌平发展村镇银行、北京大兴华夏村镇银行、北京顺义银座村镇银行、北京通州中银富登村镇银行、北京门头沟珠江村镇银行、北京房山沪农商村镇银行和北京平谷新华村镇银行（以下简称11家村镇银行）资产总额为307.97亿元，负债总额为278.83亿元，所有者权益为29.14亿元，各项存款余额为261.34亿元，各项贷款余额为139.49亿元。全年营业收入为13.95亿元，实现净利润1.43亿元。

（二）重大变更事项

1. 机构发展情况

2020年末，北京地区11家村镇银行共有42家营业网点，其中，支行数量增加2家；在册员工825人，比上年增加13人。

2. 主要人事变更情况

4月，北京通州中银富登村镇银行新任行长李亚兵任职资格获得核准。

9月，北京延庆村镇银行新任董事长郭春艳任职资格获得核准。

12月，北京门头沟珠江村镇银行新

任董事长谢刚、行长乔印久及部分村镇银行的副行长、行长助理和董事任职资格获得核准。

二、金融产品创新和金融服务

（一）优化业务结构，提升服务实体经济质效

辖内11家村镇银行持续压缩同业资产规模，加大贷款投放力度，进一步提升支农支小服务水平。截至年末，各项贷款余额为139.49亿元，占总资产的45.29%，较年初增加7.67亿元，增长5.82%。其中，农户和小微企业贷款占比91.50%，较年初提升6.14个百分点。户均贷款余额较年初减少52.59万元，回归本源态势明显。

（二）助力小微企业纾困，金融服务能力持续提升

辖内11家村镇银行积极响应中央“稳企业保就业”精神，大力支持小微企业复工复产。各行累计为1 216户、1 499笔、29.10亿元贷款办理了延期还本，为118户贷款办理了延期付息，延期利息金额总计1 265.57万元。使用人民银行再贷款资金发放支小再贷款198笔，合计贷款金额3.47亿元。加强产品和服务方式创新，北京大兴华夏村镇银行开通绿色通道，优先保障企业复工复产资金需求。北京怀柔融兴村镇银行推出“金租贷”，北京顺义银座村镇银行推出“复工低息专享贷”“战疫接力贷”，帮助受困企业渡过难关。

（三）加强科技系统建设应用，持续完善金融服务工具

辖内11家村镇银行加大在科技系统方面的投入，通过完善金融服务工具，进一步提高金融服务的便捷性。北京大兴九银村镇银行推出手机银行“税金贷”，北京房山沪农商村镇银行推出“惠E贷”，北京密云汇丰村镇银行采用ZOOM视频系统加强贷前和贷后管理等，线上服务能力有所提升。

三、存在的问题和风险

公司治理基础尚不稳健，发起行履职有待强化。信贷管理机制有待健全，不良风险化解压力较大。内控机制仍较薄弱，合规经营意识有待强化。金融服务能力和核心竞争力不足，可持续经营发展面临挑战。

四、监管工作情况

（一）优化公司治理机制，夯实经营发展基础

落实股权托管，完成股东股权专项排查，完善关联交易管理机制，加强资本监管。

（二）大力推进重点风险化解，维护机构稳定

多措并举，大力推动化解不良贷款。辖内11家村镇银行全年合计处置不良贷款1.55亿元，高于上年新增不良贷款454.02万元，处置规模及核销规模分别比上年高出0.57亿元、0.70亿元，整体完成不良贷款处置目标。严密盯防，有效防控重点机构流动性风险。督导机构完善流动性应急管理机制。加强监管联动，着力推进问题机构的风险化解。

（三）落实差异化监管，引导机构坚守定位、专注主业

以引导辖内11家村镇银行坚守市场定位、回归本源为出发点，综合考虑北京经济环境和辖内村镇银行的实际情况，科学制定差异化监管考核指标体系。对于各项贷款占比、新增可贷资金用于当地比例等达标存在实际困难的机构，督促其制定达标规划，侧重考核进步度。对于涉农和

小微贷款占比、户均贷款，严格要求机构必须达标，做到实事求是。将差异化监管指标达标情况与监管评级挂钩，体现差异化监管要求，引导机构立足当地，更好地为当地实体经济服务。

（四）落实疫情防控要求，支持实体经济复苏

指导辖内11家村镇银行严格落实疫情防控工作要求，对部分银行开展监管督查。持续监测、汇总报送辖内11家村镇银行复工复产、临时性还本付息、信贷支持产业链企业、疫情影响月报等统计报表，掌握疫情风险信息。指导辖内11家村镇银行有效利用支农支小再贷款、延期还本付息、小微企业信用贷款等信贷政策，推进减费让利。

（五）其他重点工作

强化问题整改和后续跟踪监管；做好各项市场准入工作，全年完成准入事项批复19件；开展信息调研工作，全年完成信息及工作动态25篇。

（杨逢真）

▲民营银行——北京中关村银行

一、基本情况和重大变更事项

（一）基本情况

2020年末，北京中关村银行总资产和总负债分别为350.01亿元和306.76亿元，比上年分别增长100.35%和130.17%；各项贷款余额为163.21亿元，比上年增长160.31%；各项存款余额为236.19亿元，比上年增长122.76%；净利润为2.05亿元，同比增长301.04%。

（二）重大变更事项

1. 高级管理人员变动情况

行长肖瑞彦离任，新选任行长杨新军、行长助理窦郁宏、董事会秘书高峰。

2. 机构发展情况

2020年末，北京中关村银行从业人员共283人（含劳务派遣人员）。

二、金融产品创新和金融服务

北京中关村银行结合自身战略定位加强金融创新，提供金融服务。截至年末，科技型企业贷款余额为32.42亿元，比上年增长283.67%，在公司贷款中占比68.67%，比上年提升31.72个百分点，科技金融信贷业务已成为公司信贷的主力。

2020年，北京中关村银行发放认股权贷款6.36亿元，年末余额为4.54亿元，贷款客户为34户，实现行权收益2 522.76万元。向民营企业发放贷款年末余额为37.41亿元，普惠型小微企业贷款年末余额为28.92亿元。

三、存在的问题和风险

公司治理有待持续完善。内控管理精细化程度有待提升，风险防控持续承压，业务结构有待进一步优化，服务实体经济能力仍需提升。

四、监管工作情况

（一）着力加强公司治理监管

优化高级管理层内部构成；督导做实集中统一风险管理，提升风险管理独立性；以加强党的建设、股东股权管理和关联交易管理为重点，开展公司治理评估，下发专项提示函，通报评估结果。

（二）扎实做好风险防控各项工作

督导北京中关村银行强化“三隐贷款”和大额信用风险监测分析，提升资产质量；落实全面集中度风险管理要求，严格控制线上合作业务项目集中度风险；深入开展流动性压力测试。

（三）引导做好疫情防控和支持实体经济金融服务

向北京中关村银行下发监管意见，要

求其用好央行再贷款等低成本资金；督导北京中关村银行增设防疫贷款指标，并给予困难企业无还本续贷、延期还本付息额度，助力小微企业渡过难关；持续督导北京中关村银行做好金融支持产业链协同复工复产工作。

（四）大力支持深化改革和创新发展

指导北京中关村银行统一思想认识，打牢发展基础，坚守特色定位，提升服务实体经济能力，审慎做好风险管控；督导北京中关村银行坚定落实科技金融特色发展战略，进一步优化细化发展战略，进一步提升科技金融业务在高级管理层指标考核中的权重，继续推动特色产品落地，努力坚守科技金融定位。

（孙晓杰）

▲外资银行

一、基本情况和重大变更事项

（一）基本情况

1. 机构设置及人员情况

2020 年末，北京辖内共有外资银行营业性机构 114 家，比年初减少 1 家。其中，外资法人银行 9 家；外资法人银行分行 29 家；外国银行分行 18 家，比年初增加 1 家；支行 58 家，比年初减少 2 家。外国银行代表处 57 家，比年初减少 3 家。外资银行营业性机构从业人员 5 710 人；外国银行代表处共有正式员工 151 人。

2. 行业发展概况及特点

（1）资产规模持续增长，各项贷款有所下降，外币贷款占比提高。

2020 年末，北京辖内外资银行资产余额为 6 473.11 亿元，较年初增长 10.41%；各项贷款余额为 2 166.54 亿元，较年初下降 3.83%。外币贷款占各项贷款比例由年初的 8.7%，持续提升至 9.47%。

（2）各项存款保持增长，仍以人民币存款和单位存款为主。

2020 年末，辖内外资银行各项存款余额为 4 536.75 亿元，同比增长 13.34%，增速超过上年，由年初占负债总额的 79.45% 升至 80.68%。存款仍以人民币存款和单位存款为主，余额分别为 3 681.5 亿元和 3 937.07 亿元。

（3）各项表外业务保持增长，金融衍生品业务优势明显。

2020 年末，辖内外资银行表外业务总体规模为 4.01 万亿元，较年初增长 30.25%。金融衍生品业务余额为 3.15 万亿元，占表外业务总额的 78.64%，较年初增长 36.39%。

（4）净利润同比略有上升。

2020 年，辖内外资银行实现净利润 40.71 亿元，较上年度微升 0.65%。其中，利息净收入同比减少 14.4 亿元，下降 14.53%，但投资收益增长良好，总体盈利情况较上年略有改善。

（二）重大变更事项

1. 机构变更

2020 年，北京辖内外国银行分行新设 1 家；外资法人银行支行新设 2 家，关闭 4 家；外国银行代表处关闭 3 家。

2. 人事变更

2020 年，北京辖内外资银行经核准或初审转报中国银行保险监督管理委员会（以下简称中国银保监会）高级管理人员任职资格共 52 人。其中，总行级董事长、副董事长 4 人，行长、副行长 9 人，董事 5 人，首席风险官 1 人，首席运营官 1 人，首席信息官 2 人，首席财务官 1 人；分行级行长、副行长 20 人；外国银行代表处首席代表 4 人；合规负责人 2 人；内审负责人3人。报告类高管任职资格共6人；其中，总行级首席财务官1人，分行级行长、副行长5人。

二、金融产品创新和金融服务

（一）新冠肺炎疫情背景下发力信息科技，创新金融服务方式

辖内外资银行在做好疫情防控的同时，积极加大信息科技投入，不断探索利用新技术提供新的金融服务方式。

（二）从企业融资痛点出发，探索有针对性的解决方案

辖内外资银行充分调研、了解客户融资需求与现状，积极探索企业融资过程中所面临的问题的解决方案，简化相应的手续、流程，为企业融资提供便利。

（三）发挥国际化经营优势，助力中国金融领域对外开放

辖内外资银行发挥其国际化及全球网络经营优势，积极推动中国金融领域进一步对外开放，促进人民币跨境使用。

（四）引入海外先进经验，为客户提供丰富的理财产品

辖内外资银行利用自身优势，结合本地化客户需求，积极设计特定的高端产品或引入海外优秀的理财产品，为客户提供更多的产品选择。

（五）多维度探索解决小微企业融资难、融资贵问题

辖内多家外资银行通过提升金融科技水平，优化和创新小微企业金融服务体制机制等方式，帮助小微企业解决融资难、融资贵问题。当小微型企业主、个体工商户发生逾期时，可有条件地将逾期贷款转让给资产管理公司，提高银行风险管理水平。

三、存在的问题和风险

2020年辖内外资银行不良贷款处置力度持续加大，年末不良贷款实现“双降”，但关注类贷款余额同比有所上升，需持续关注。辖内外资银行针对内控制度及管理架构不健全问题进行持续整改和不断完善，但员工管理、销售行为管理、反洗钱工作以及信息科技风险管控方面仍有待增强。

四、监管工作情况

（一）凝聚多方合力，推动对外开放取得新突破

对外密切协作，积极落实银行业、保险业对外开放及北京“两区”建设工作部署，加强内部统筹联动，增强工作合力。主动争取政策支持和区域试点，联合推动多项准入政策在京全面落地，如将保险支公司及以下机构高级管理人员任职资格和变更营业场所等由事前审批制调整为备案管理及实现辖内“证照分离”改革试点全覆盖。鼓励外资机构紧抓机遇，主动对接辅导相关机构在京拟设事项，完成巴基斯坦哈比银行有限责任公司北京分行设立、摩根大通银行（中国）有限公司增资等行政许可事项和报告事项。

（二）强化监管督导，夯实机构合规稳健发展基础

紧盯高风险机构，聚焦信用、市场、流动性等重点领域风险，加强风险研判和监管督导力度。强化法人公司治理，完成9家外资法人银行公司治理现场和非现场评估，约谈指导相关银行，督促整改问题。督导落实理财新规及结构性存款业务相关要求，辖内外资银行结构性存款较年初减少，存量保本理财产品规模也实现持续按计划压降。统筹安排辖内外资银行市场乱象整治“回头看”自查和监管督查、检查及信贷政策执行情况等专项现场检

查，督导机构强化风险防范和规范经营行为。

（三）主动担当作为，妥善应对疫情冲击复杂局面

发布银行业保险业严防境外疫情输入风险通知，建立辖内外资银行疫情防控工作联动机制，督导外资银行加速办理跨境采购结算业务，及时促成跨境防疫物资采购交付。引导外资银行支持企业复工复产，优化复工复产金融服务。积极争取外国银行开办人民币业务优惠政策，调研了解辖内外资机构及其母行在华经营发展的政策诉求，促进辖内外资银行本土发展。加强国际监管联动，密切关注全球经济金融形势，参加国际监管联席电话会议，编译外国经济学家、国际监管组织报告。

（田哲铭）

▲信托公司

一、基本情况

2020 年末，辖内 12 家信托公司固有资产为 1 733.83 亿元，比上年增加 127.04 亿元，增长 7.91%；固有负债为 246.72 亿元，比上年增加 22.5 亿元，增长 10.03%；所有者权益为 1 487.10 亿元，比上年增加 104.53 亿元，增长 7.56%；累计实现净利润 107.01 亿元，比上年减少 19.83 亿元，下降 15.63%。

2020 年末，辖内 12 家信托公司管理信托项目 17 803 个，比上年增加 3 363 个，涉及信托资产规模 54 693.93 亿元，比上年增加 736.08 亿元，增长 1.36%。其中，集合资金信托规模为 23 717 亿元，同比增长 2.48%；单一资金信托规模为 14 108.70 亿元，同比下降 21.01%；财产权信托规模为 16 868.23 亿元，同比增长 20.23%。全年，12 家信托公司共清算交付信托项目 3 537 个，累计支付信托本金 30 767.09 亿元，累计分配信托收益 2 155.01亿元。

2020 年末，辖内 12 家信托公司共有从业人员 4 336 人，同比增长 4.43%；共有 35 名董事和高级管理人员获得任职资格批复。

二、金融产品创新和金融服务

（一）慈善信托助力抗疫复产

自疫情发生以来，各信托公司密切关注疫情发展和防疫一线情况，中信信托有限责任公司（以下简称中信信托）、北京国际信托有限公司（以下简称北京信托）、国民信托有限公司、中粮信托有限责任公司等积极参与设立“中国信托业抗击新型肺炎慈善信托”，用于湖北地区疫情防控、病患救治。为支持疫情防控项目开辟绿色通道，第一时间通过固有业务、信托业务向疫情防控企业提供资金，设立疫情防控专项慈善信托等。北京信托为支持疫情防控项目开辟绿色通道，为疫情防控重点保障单位北京市供销合作总社先后三次提供资金支持并延长到期项目还款期限，规模合计 13.26 亿元。中国金谷国际信托有限责任公司通过设立服务信托，向受疫情影响严重的实体经济企业提供金融支持。

（二）推动家族信托业务发展

辖内多家信托公司加大家族信托业务相关规章制度建设、系统开发及完善等工作力度，不断丰富大类资产配置系列产品，推动家族信托业务发展，在“资产荒”的市场形势下，满足家族客户的资产配置需求。截至年末，建信信托有限责任公司家族信托管理规模为 589.77 亿元，中信信托家族信托业务管理规模为

433.13 亿元。

（三）发展供应链金融业务

2020 年，辖内信托公司积极探索供应链金融业务，着力服务中小企业。英大国际信托有限责任公司联合国家电网四川电力公司省管产业单位打造的“电云链”供应链金融平台正式上线，截至年末，累计放款突破 1 亿元，累计签发应收账款确权凭证总额达 16.9 亿元。

（四）拓展资产证券化业务

北京信托以受托人角色开展的银行信贷资产和应收款项类受益权类资产证券化业务稳步发展，截至年末，存续的资产证券化项目共 3 个，存续规模为 24.80 亿元。

三、存在的问题和风险

转型发展基础相对薄弱，转型发展方向尚未明确。信托文化尚未建设完全，仍需持续推进。存在集中度风险，易出现行业“共振”，需及时发现并处置潜在风险隐患。部分公司固有资产进一步固化，需进一步提升流动性风险缓释能力。

四、监管工作情况

（一）进一步完善股权管理

督促辖内信托公司有效落实《信托公司股权管理暂行办法》及配套通知要求，严格规范信托公司主要股东行为，切实做好主要股东年度评估工作和资本补充能力报送工作，按规定期限完成修改公司章程、设立关联交易控制委员会等事项。

（二）持续推进公司治理机制建设

督促辖内信托公司推进完善“三会一层”履职规范，发挥董事会在战略决策中的核心作用，充分发挥监事会的监督审查作用，加强高级管理人员履职约束，完善履职评价制度。

（三）加强风险监管力度，推动风险化解处置

督促辖内信托公司认真做好风险排查工作，及时准确识别潜在隐患，及早落实风险缓释措施，提升风险排查工作质效。鼓励信托公司综合运用非诉清收、诉讼清收、融资方重组等方式稳步推进存量风险资产实质性化解。

（四）深化乱象治理，促进行业转型发展

坚持“去通道”目标任务不动摇，切实压降融资类信托，管控房地产信托规模，加大非标资金池信托清理力度。推动信托本源业务持续发力，研究探索发展新路径，鼓励信托公司发挥信托制度优势，大力支持财富管理业务，开展家族信托、慈善信托等本源业务。

（五）回归“受托人”功能定位，建设良好信托文化

督促做好辖内机构逐步回归“受托人”功能定位。建立诚信、专业、勤勉、尽责的价值理念，培育正确的信托文化，实现经营方式根本性转变。深入推进信托文化建设，推进文化建设重心下沉，指导信托公司配齐配强文化建设人才队伍，压实内部责任分工，建立定期培训机制，完善信托文化建设机制保障。

（张安鲁）

▲财务公司

一、基本情况

2020 年末，辖内 74 家法人企业集团财务公司表内资产总额为 42 753.52 亿元，同比增加 5 477.93 亿元，增长 14.70%；负债总额为 37 069.05 亿元，同比增加 4 843 亿元，增长 15.03%；所

有者权益合计 5 684. 47 亿元，同比增加 634. 93 亿元，增长 12. 57%。全年累计实现净利润 423. 57 亿元，比上年减少 16. 63 亿元，下降 3. 78%。

二、金融产品创新和金融服务

辖内财务公司积极开展延伸产业链金融服务试点业务，认真落实国家对中小微企业的扶持政策，扩大企业集团资金池运营渠道，支持集团主业发展。全年，辖内已完成延伸产业链金融服务试点业务备案的财务公司有 26 家。截至年末，“一头在外”的票据贴现业务余额为 146. 85 亿元，“一头在外”的应收账款保理业务余额为 76. 04 亿元。积极服务集团产业链上游客户，其中，中型企业 577 家，业务余额为 55. 51 亿元；小型企业 2 225 家，业务余额为 76. 72 亿元；微型企业 415 家，业务余额为 8. 79 亿元。

三、存在的问题和风险

高风险财务公司对外负债敞口下降，但逾期增加。公司治理机制有待健全。不良资产呈上升趋势，部分财务公司信用风险有待密切关注。业务操作规范性不足，合规经营意识有待提升。

四、监管工作情况

一是稳妥推进重点机构风险化解，加强重点领域风险监管，强化票据业务风险管控，督促和指导辖内财务公司有序开展自查和整改工作。

二是稳步推进财务公司新设发展，批复中储粮集团财务有限公司新设开业、中国能源建设集团财务有限公司迁址开业，积极推动财务公司重组整合工作。

三是推动辖内符合条件的财务公司积极开展延伸产业链业务，加强产业链协同复工复产金融服务。

四是强化非现场监测分析，加强监管引领，规范高效推进市场准入工作。

（李文旭）

▲汽车金融、金融租赁、消费金融、货币经纪、资产管理公司

一、基本情况

（一）汽车金融公司

2020 年末，辖内 7 家汽车金融公司资产总额为 3 666. 65 亿元，同比增加 113. 25 亿元，增长 3. 19%；负债总额为 2 959. 17 亿元，同比增加 72. 8 亿元，增长 2. 52%；所有者权益合计 707. 48 亿元，同比增加 40. 45 亿元，增长 6. 06%。全年累计实现净利润 59. 46 亿元，比上年减少 15. 79 亿元，下降 20. 99%。

（二）金融租赁公司

2020 年末，辖内 3 家金融租赁公司资产总额为 2 367. 15 亿元，同比减少 81. 53 亿元，下降 3. 33%；负债总额为2 013. 95 亿元，同比减少 133. 25 亿元，下降 6. 21%；所有者权益合计 353. 2 亿元，同比增加 51. 71 亿元，增长 17. 15%。全年累计实现净利润 29. 62 亿元，比上年增加 2. 52 亿元，增长 9. 29%。

（三）消费金融公司

2020 年末，辖内 3 家消费金融公司资产总额为 174. 95 亿元，同比增加 83. 83 亿元，增长 92%；负债总额为 150. 66 亿元，同比增加 70. 11 亿元，增长 87. 04%；所有者权益合计 24. 27 亿元，同比增加 13. 71 亿元，增长 129. 93%。全年累计实现净利润 – 0. 26 亿元，比上年减少 0. 04 亿元，下降 18. 07%。

（四）货币经纪公司

2020 年末，中诚宝捷思货币经纪有限公司资产总额为 4. 62 亿元，比上年增长 29. 78%；负债总额为 1. 92 亿元，同

比增加 0.49 亿元，增长 34.27%；所有者权益合计 2.70 亿元，同比增加 0.58 亿元，增长 27.36%。全年累计实现净利润 1.16 亿元，比上年增加 0.25 亿元，增长 27.47%。

（五）资产管理公司

2020 年末，辖内 4 家金融资产管理公司资产总额为 1 278.01 亿元，同比减少 12.59 亿元，下降 0.98%。其中，收购类业务资产余额为 1 025.93 亿元，投资类业务资产余额为 245.08 亿元，占比分别为 80.28% 和 19.17%。实现净利润 4.24 亿元，比上年减少 20.72 亿元，下降 83.01%。

二、金融产品创新和金融服务

（一）资产管理公司进一步回归主业，合规开展创新业务

辖内资产管理公司落实中国银保监会非银部聚焦主业的决策部署，做大做强金融不良资产收购业务，探索合规开展创新类重组业务。中国华融资产管理股份有限公司北京市分公司联合深圳证券交易所探索完成某上市公司违约债收购业务，中国长城资产管理股份有限公司北京市分公司、中国信达资产管理股份有限公司北京市分公司、中国东方资产管理股份有限公司北京市分公司同北京市人民政府、央企集团等合作，探索性开展重组业务，顺利开展百荣、华能、中铁物等项目。辖内资产管理公司全年开展各类实质性重组业务 16.08 亿元。

（二）金融租赁公司多方面支持疫情防控和企业复工复产，金融服务水平不断提升

辖内金融租赁公司严格落实北京市和中国银保监会的防疫工作要求，在保障金融服务正常开展的同时，对疫情防控企业、民生保障企业和受疫情所困企业提供融资服务 53.06 亿元，其中，新增融资金额 37.89 亿元，叙作融资金额 15.17 亿元。针对受疫情影响严重的客户，建信金融租赁有限公司缓收减收租金约 31.8 亿元。积极支持京津冀、长三角、粤港澳大湾区等重点区域发展，全年投放资金超过 360 亿元，并在战略性新兴产业和绿色租赁领域新增投放 42.82 亿元和 192.66 亿元，同比分别增长 37.86% 和 23.86%。

（三）汽车金融公司设立交管服务站，提升金融服务质效

深化“放管服”，改善营商环境，北京银保监局与北京市公安局公安交通管理局联合推动汽车金融公司建立交管服务站，为辖内 6 万余辆车提供线上办理抵押、解抵押服务。截至年末，辖内 6 家汽车金融公司的交管服务站投入运营。

三、存在的问题和风险

汽车金融公司整体业务规模增速放缓，市场分化明显，消费者权益保护工作有待加强。金融租赁公司新投放业务较上年有所减少，信用风险管控压力仍较大。消费金融公司受疫情冲击和外部市场影响，信用风险有所上升，差异化竞争优势不明显。货币经纪公司业务开展的规范性有待加强。金融资产管理公司房地产行业集中度偏高，集团内部的非金融机构不良资产收购业务所占比重仍然较大，业务结构仍需优化。

四、监管工作情况

一是督导辖内非银行金融机构加大对受疫情影响的企业的支持力度，全年共为 53 970 名个人、2 548 家企业提供展期服务 191.92 亿元。

二是落实北京市“两区”建设工作要求，改善营商环境，提升金融服务实体

经济质效。推动辖内汽车金融公司设立交管服务站，实现线上办理车辆抵押、解抵押业务；推动“先照后证”改革覆盖辖内非银行金融机构；简化辖内机构资产支持证券备案流程；协助市金融监管局出台《支持金融租赁产业发展的政策措施》。

三是积极开展非银行金融机构准入工作。国内首家外资全资控股的货币经纪公司——上田八木货币经纪（中国）有限公司在京批准筹建，完成北京阳光消费金融股份有限公司开业审批工作，持续开展机构准入辅导工作。

四是深化风险治理，着力防范重点机构重点领域风险。按月跟踪监测辖内非银行金融机构信用风险情况，稳妥处置重点机构风险，切实防控案件风险。

五是深化业务治理，有效规范机构经营行为。引导辖内金融资产管理公司明确定位、回归主业，合规开展创新业务；鼓励金融租赁公司提升专业化水平，提供多元化服务；督导辖内非银行金融机构开展巩固治乱象成果“回头看”。

六是完善公司治理，夯实机构可持续高质量发展基础。督导辖内非银行金融机构开展股权和关联交易专项整治“回头看”工作，开展辖内金融租赁公司的公司治理情况监管评估，督促中国外贸金融租赁有限公司引入符合条件的新股东。

七是夯实数据治理，通过科技赋能提升监管质效。创新搭建非银行金融机构数据统计系统，督导开展监管数据质量专项治理，重视系统安全风险。

八是丰富规则治理，进一步补足监管制度短板。细化资产支持证券、金融债的审核标准，开展消费金融公司监管试评级工作，规范辖内金融租赁公司应收租赁款转让业务，加强辖内金融资产管理公司指标监测管理。

（郑晓雯）

证券业发展与监管

▲证券公司

一、行业发展概况

2020 年，北京辖区证券市场继续保持稳健发展态势，实现安全平稳运行。截至年末，北京辖区 17 家证券公司平均流动性覆盖率为 250.15%，净稳定资金比率为 125.12%，风险覆盖率为 163.73%，资本杠杆率为 14.54%，各证券公司主要监管指标均符合要求。

2020 年，北京辖区 17 家证券公司累计营业收入为 635.92 亿元，比上年增加 136.49 亿元，增长 27.33%；累计净利润为 229.60 亿元。比上年增加 77.45 亿元，增长 50.90%。

2020 年末，北京辖区正式开业的证券营业部有 524 家、分公司有 105 家，从业人员为 10 889 人，资金账户开户数为 1 649.06万户。全年，累计收入为 130.63 亿元，累计净利润为 44.04 亿元。

2020 年，在中国证券监督管理委员会（以下简称中国证监会）证券公司分类评价中，北京辖区有 12 家公司参评（另外 5 家公司同母公司合并评价）。其中，3家公司被评为A类AA级，5家公司被评为A类A级，2家公司被评为B类BBB级，2家公司被评为C类CCC级。

二、监管工作情况

2020年，中国证券监督管理委员会北京监管局（以下简称北京证监局）大力推动证券基金期货经营机构提升风险防范能力。加强证券公司股权管理和重点业务管控，督促充分计提股票质押风险准备，督导“一企一策”逐只制订产品整改方案，按季度监测规范整改进度，在过渡期内逐步化解风险。持续跟进创业板和“新三板”改革，对多家公司的投资银行内控和保荐项目开展现场检查，督促公司全面提升投资银行业务质量和效能，切实履行中介机构职责。督导辖区高风险公司通过股东履责、调整业务结构等方式稳妥化解风险，按照中国证监会工作安排，7月17日，北京证监局组成接管组对新时代证券股份有限公司依法实行接管。对外开放取得积极进展，年内，1家新设证券公司在京落地，2家证券公司获中国证监会核准变更为外资控股证券公司。建立健全场外配资防范处置长效机制，对疑似证券账户进行全面核查和分类处置。持续推进证券基金期货经营机构监管方式改革，构建证券经营机构分类监管体系，开展监管标准化体系建设。指导辖区5家试点机构合规开展基金投资顾问业务，1家公司参与股权激励行权融资业务试点，推动2家证券公司纳入并表监管试点，支持2家优质证券公司发行上市增厚资本。稳步推进北京率先开展资本市场金融科技创新试点各项工作。

（董茜玮）

▲基金管理公司

一、基本情况

2020年末，北京辖区共有基金管理公司36家（在北京注册的有21家），获批开展公募业务的资产管理机构4家，基金专户子公司18家，基金销售类子公司4家，基金管理公司分公司84家，理财中心11家，基金销售机构98家（商业银行28家、外资银行10家、其他类银行1家、证券公司12家、期货公司5家、保险机构4家、证券投资咨询机构3家、独立基金销售机构35家）。基金托管机构11家（商业银行6家、证券公司3家、其他机构2家），资产管理类外资代表处10家。

北京辖区基金管理公司中，有5家公司具有社保业务资格，4家公司具有企业年金业务资格，34家公司具有专户业务资格，11家公司具有合格境内机构投资者业务资格。有11家合资基金管理公司（在北京注册的有8家），8家公司在境外合计设立29家子公司。截至年末，北京辖区基金公司从业人员共计7 219人。

二、存在的问题与风险

一是基金管理公司仍需继续加强投研能力建设，提高核心竞争力，坚持长期投资和价值投资理念，发挥促进居民储蓄向投资转化、吸引中长期资金入市的重要作用，引导社会资金向具有自主创新能力的高科技企业聚集，服务、驱动、引领实体经济发展。

二是个别基金管理公司在信息技术方面人力、物力投入不足，对信息系统突发事件的应对能力不强，总体科技实力相对薄弱。未来基金管理公司仍需加大信息技术投入力度，提高金融科技应用的广度和深度。

三、监管工作情况

（一）全面加强非现场监管

以问题和风险为导向，对辖区基金管理公司持续进行定性和定量相结合的动态综合评价，并依据结果进行差异化监管，采取对应的监管措施，配置相应的监管资源。强化产品风险监测分析，针对不同产品条线，以周报、月报、产品基本信息月度统计表为数据基础，分别建立监测台账，定期分析、筛选异常产品，通过及时反馈、逐家约谈、跟踪整改、现场检查等方式，查灭隐患，及时处置。充分运用科技手段，提高风险监测精度和效率，建立舆情监控预警机制，实现风险隐患的早期预警。

（二）精准打击违规行为

克服新冠肺炎疫情影响，灵活采用现场检查、视频检查等方式，聚焦行业风险多发、易发领域，持续保持对机构违法违规行为全领域、全链条、全覆盖的监管高压态势。全年，累计开展 8 个专题、73 家次现场检查，36 家次视频检查，检查范围涵盖基金管理公司、基金子公司和基金销售机构等各类型机构。对违法违规行为坚决贯彻“零容忍”，依法依规采取措施，并通过下发监管案例通报的方式加强警示教育工作，巩固执法效果。

（三）支持机构复工复产

贯彻落实党中央、国务院、北京市委、市政府关于新冠肺炎疫情防控工作的重要决策部署，督导辖区机构稳定、安全开展工作。执行疫情防控每日监测和报告制度，加强基金经营机构疫情防控及复工复产工作的监督指导，确保疫情期间机构正常运转，对基金管理公司、子公司、分公司的检查覆盖率分别为 100%、55%、50%。引导基金经营机构积极履行社会责任，向武汉等疫情严重地区捐赠款物超过 3 000 万元，认购、投资防疫债及产品超过 250 亿元。督促基金经营机构加强信息系统灾备建设，提高应对疫情期间突发状况的能力。

（四）提升行业服务能力

加强与辖区基金经营机构的双向沟通，通过专题调研、案例通报、法规解读等方式及时传达中国证监会监管精神，加强业务指导，提升行业机构服务能力水平。做好基金行业科技引领工作，鼓励、引导辖区基金公司在坚持合规经营的基础上运用金融科技不断提升规范运作水平。指导取得资格的基金经营机构稳健开展基金投资顾问业务、基金运营服务业务。支持符合条件的机构参与基础设施领域不动产投资信托基金（REITs）试点，引导相关机构将公募 REITs 等创新产品的资源配置功能与盘活存量资产、扩大有效投资相结合，助力实体经济发展。引导辖区机构大力发展权益类公募基金，增强公募基金财富管理和普惠金融的功能，更好地满足广大人民群众的财富管理需求，增强投资者获得感，继续推动资本市场高质量健康发展。

（五）深入落实投资者保护工作

坚持依法全面从严监管，不断完善投资者保护工作机制，督促机构履职尽责，将投资者保护工作贯穿日常监管各个环节。加大投资者保护工作宣传力度，引导辖区基金经营机构积极组织、参与投资者保护活动。通过制定群体性举报风险应对预案、建立督查督办机制等措施优化举报办理方式，缩短举报办理时间，切实保护投资者合法权益。探索引导通过仲裁、中证资本市场法律服务中心进行调解，推动解决投资人利益诉求。建立定期通报机制，压实机构处理投诉举报的主体责任。

（纪雪宁）

▲私募机构

一、基本情况

2020年末，北京辖区已登记私募基金管理人4 336家，已备案私募基金15 833只，管理基金规模3.59万亿元，与上年同期相比，分别增长-0.71%、12.41%、12.89%。

二、存在的问题与风险

以私募基金名义从事非法集资，违法犯罪风险突出；集团化运作导致业务交叉，利益冲突风险突出；从事短募长投、期限错配、分离定价的资金池业务，流动性风险突出；投资失败导致巨额亏损，高级管理人员失联“跑路”，兑付风险突出；高比例投资非标准化资产，信用风险突出；与P2P等互联网金融业务直接或间接关联，风险传导可能性突出。

三、监管工作情况

（一）以前置管理为切入点，加强增量基金风险防范

针对新设私募机构及私募基金，实施北京证监局前置审阅、市场监管部门注册、中国证券投资基金业协会登记备案、地方金融办日常排查的四方闭环监测管理模式，确保“增量不发生风险、出现风险有据可查”。

（二）以从严执法为落脚点，加强存量基金监管力度

贯彻依法从严全面监管理念，持续向辖区私募机构传递监管压力。落实年度专项检查工作要求，对多家风险隐患机构开展现场检查；加强对违法违规机构的惩处力度，对多家违法违规机构采取行政监管措施，推进对部分机构的行政立案调查及处罚工作，向中国证券投资基金业协会通报多批次失联、异常机构，向公安机关移送多起涉嫌犯罪线索。持续督促指导相关机构做好问题整改、风险化解有关工作。

（三）以信息系统为助力，构建风险监测预警机制

通过私募基金监管系统、舆情监测系统、“冒烟指数”监测平台、外网监管门户等平台，通过各项风险指标全面筛查辖区机构，并结合日常监管情况进行综合评估，逐步构建和完善辖区私募基金风险监测体系。

（四）以投资者利益为核心，提升投保投教工作质量

组织开展“4·15”国家安全日宣传活动、防范非法集资宣传月活动、防范非法集资“百千万宣教工程”等宣传教育活动，以“辨真伪、识风险，做理性私募基金投资者”为主题制作多期投资者保护动漫视频，以辖区金融机构、上市公司、投资者教育基地为依托，以微信短信、印发宣传品、开展讲座、动漫视频等为主要形式，以北京证监局官网、四大证券报、微博、今日头条等媒体和网络平台为媒介，普及监管法规、讲解投资知识、提示投资风险，线上线下覆盖3 000万人次。

（五）以助推发展为目标，做好行业政策研究落实

积极配合监管政策研究与落实，就《关于加强私募投资基金监管的若干规定（征求意见稿）》等政策法规，向行业机构征求意见，助推监管法规修订与出台。妥善落实国务院、中国证监会有关政策，做好与有关部门单位的沟通衔接，指导支持北京股权交易中心探索建设股权创投基金二手份额转让平台。组织开展辖区私募创业投资基金享受《财政部　国家税务总局关于创业投资企业和天使投资个人有

关税收政策的通知》（财税〔2018〕55号）税收政策核查认定工作，全年对辖区9家私募机构的11只创业投资基金的税收优惠申请出具了无异议意见，有效落实创投基金财税优惠政策。

（贾若）

▲期货公司

一、基本情况

2020年末，北京辖区共有期货公司19家，期货分支机构116家；资产总额为1 122.01亿元，同比增长43.44%；净资本为101.21亿元，同比增长21.44%，资本实力整体稳定。

2020年末，北京辖区公司共代理客户91.28万户，同比增长13.62%；吸收客户保证金920.69亿元，同比增长51.90%；代理交易量13.63亿手，同比增长45.46%；代理交易额81.62万亿元，同比增长46.32%。

2020年，北京辖区18家期货公司具有投资咨询业务资格，18家公司具有资产管理业务资格，9家公司设立了10家风险管理子公司。在2020年中国证监会期货公司分类评价中，北京共有A类AA级公司3家，A类A级公司3家，B类公司12家，C类CC级公司1家。

二、存在的问题

一是期货公司业务发展缓慢，模式有待优化。传统经纪业务面临激烈竞争，发展遭遇瓶颈。资产管理业务欠缺运作经验，在市场上处于追随地位。创新业务仍处于摸索阶段，风险管理子公司业务有待精深发展。

二是整体盈利能力不强，人才吸引力不足。随着行业发展和业务创新，行业内专业人才流动性较大，部分机构欠缺完整的人才储备体系，后备人才严重不足，行业发展缺少内生动力。

三、监管工作情况

（一）提高政治站位，做好防疫工作

深入一线督导防疫工作，要求公司深入贯彻落实中国证监会和北京市委、市政府的各项决策部署，防范金融风险，协助实体企业解决复工复产难题。建立每日报告制度，密切监控公司防疫情况和复工事宜。组织公司开展疫情防控自查，采用突击检查的方式摸排公司防控实情，协调解决公司购买防疫物资难等实际困难。以服务促监管，收集疫情期间法人客户非现场开户的问题，及时向中国证监会请示，在辖区推动法人客户线上开户试点工作，全力解决机构展业难题。动员引导公司充分发挥风险管理专业优势，精准服务实体企业抗“疫”复产，取得积极成效。

（二）夯实合规基础，优化监管手段

督促公司开展自查自纠，提高内控合规管理水平，形成自我修复的良性循环。开展首席风险官培训，就《全国法院民商事审判工作会议纪要》对期货公司合规工作的重要影响、分类评价促进合规发展等重要议题进行深入探讨。下发监管通报和监管动态，及时传达监管要求，就期货公司保证金账户冻结、股东风险、公司内控治理和反洗钱等方面向辖区公司下发3期监管动态和1期监管通报，要求辖区公司认真领会，全面自查。

（三）关注业务风险，及时防范化解

精选期货公司向关联方借款等三类情形共计9个案例编纂成监管动态并下发，防范股东风险传导，增强辖区期货公司和股东的合规管理水平。召开辖区监管会议，要求期货公司高度重视公司“两金安全”，谨防大股东、实际控制人违规插手公司投资、转移自有资金甚至挪用保证金等问题，推动解决期货公司内控治理风险。推动辖区期货公司规范整改不合规私募资产管理产品，鼓励开展期货类业务，增强自主管理能力，加强对期货资产管理业务的现场检查。加强对风险管理子公司的现场检查督导工作，全年抽取 2 家业务规模较大、1 家交易对手方违约的风险管理子公司开展现场检查督导，要求期货公司加强对风险管理子公司业务和公司治理的管控，强化风险防范，发挥好服务实体经济功能。

（四）完善投保机制，落实投资者保护

联合郑州商品交易所、上海期货交易所、大连商品交易所开展 60 余场论坛和培训活动，覆盖 24 个品种，为众多实体企业和农户提供良好的风险管理服务。联合大连商品交易所等推动首都高校期货人才工作，在中央民族大学、北京工业大学开展期货人才培训项目，在北京林业大学开展 2 场期货知识讲座，取得良好的社会效果。积极开展“5·15 全国投资者保护宣传日”专项活动、防范非法集资宣传月活动、“理性投资，远离非法证券期货陷阱”培训等专项投资者教育活动。充分发挥行业自律组织作用，指导北京期货商会开展纠纷调解工作、举办上市公司期货专题培训、开展辖区从业人员岗位技能系列培训。

（五）鼓励开拓进取，服务实体经济

引导辖区头部期货公司对标全国一流期货公司，补短板、练内功，不断提升综合实力，做大做强。引导辖区中小期货公司立足自身特点，找准立足点、发展特色业务，提升综合实力。督促期货公司强化对境外子公司的管理管控。加强监管部门与期货公司股东的联系，督促其加大对期货公司的支持力度。引导辖区期货公司在脱贫攻坚战中发挥期货优势，提出期货方案，开展“保险 + 期货”项目。全年，辖区 8 家公司在 13 个省份的 34 个贫困县开展了 38 个“保险 + 期货”精准扶贫项目，服务约 9.2 万户农户，其中，约 4 万户贫困户，覆盖 40 万吨农产品，涉及玉米、大豆、苹果、红枣、棉花、鸡蛋、天然橡胶、生猪饲料成本、蛋鸡饲料成本 9 大类农业相关产品，保障金额约 13.4 亿元，截至年末，产生赔付约 1 500 万元，有力地保障了当地农民的收入。

（李骥龙）

▲证券投资咨询机构

一、基本情况

2020 年末，北京辖区共有 15 家证券投资咨询机构，总资产为 30.20 亿元，净资产为 13.79 亿元，营业收入为 15.82 亿元，合计盈利 0.53 亿元①。

二、主要问题与风险

一是机构人员广泛使用即时通信软件、App 等互联网工具营销宣传，信息发布渠道多元、隐蔽，在一定程度上增加了监管难度。

二是业务模式和人员结构以营销为绝对主导，合规风控机制不健全，咨询机构对营销行为约束不足。

三是存在群体事件潜在风险，维权形式组织化。

① 数据来源：CISP 系统。

三、监管工作

（一）扎实日常监管，巩固专项整治成果

全面摸清辖区证券投资咨询机构及分支机构的监管档案及基础档案，系统梳理前期监管整治情况、公司展业和股权变动情况，根据各公司情况制定有针对性的监管措施。

（二）保持高压态势，打击违法违规乱象

全年对4家证券投资咨询机构及1名从业人员采取行政监管措施，强化“双罚”机制，通过加大追责力度，进一步压缩机构违规获利空间，倒逼机构业务模式转变，强化责任担当。

（三）优化内部流程，推进投保工作

重视咨询机构投诉举报办理工作，完善内部处理规程，强化沟通机制，类型化办理提升办结效率。通过对举报投诉事项的核查、督促，引导和约束证券投资咨询机构强化主体责任，提升投资者保护意识，有效化解客户纠纷，遏制风险苗头。

（李骥龙）

保险业发展与监管

▲财产保险公司

一、基本情况

2020年末，在京经营业务的财产保险分公司有49家，总公司营业部有1家；共有员工1.2万人，其中，财险营销员有0.5万人。保险公司资产总额为684.5亿元，同比增长7.3%；所有者权益总额为156.4亿元，同比增长13.6%。全年实现原保险保费收入（以下简称保费收入）523.2亿元，同比增长2.1%；赔款支出288.8亿元，同比增长0.7%；综合赔付率为64.2%，同比下降0.4个百分点；承保利润为3 056.6万元，承保利润率为0.1%。

（一）车险业务降幅扩大，改革成果初步显现

2020年，车险业务保费收入为251.7亿元，同比下降6.2%。其中，交强险保费收入为49.5亿元，同比增长2.2%；商业车险保费收入为202.2亿元，同比下降8%。9月19日，北京地区车险综合改革正式实施。全年商业车险第三者责任险保额在100万元以上的保单同比增长68.47%；9月19日至12月31日，商业车险单均保费为2 628.7元，比上年下降27.4%，消费者普遍享受到保额提升和保费下降的改革红利。

（二）非车险业务较快增长，疫情影响逐步消除

2020年，非车险业务保费收入为271.5亿元，同比增长11.2%，占财产保险总保费收入的51.9%。随着复工复产进度加快，工程、贸易、旅游、交通运输等行业全面恢复，受疫情影响较大的险种回归平稳发展态势。船舶保险、意外伤害保险、工程保险、企财险保费收入实现正增长，分别同比增长30.7%、8.4%、2.8%、1.6%。

（三）强化疫情防控，线上服务能力显著增强

为有效保障疫情期间的保险服务能

力，监管部门出台系列措施，强化车险电子投保、农业保险全流程电子化应用，推动保险公司加强线上服务能力，降低人员感染风险，提高保险服务效率。北京地区财险公司基本开通线上服务，引导消费者通过互联网、手机App、电话等方式远程投保理赔，消费者也越来越接受线上保险服务。

二、金融产品及服务创新

（一）推广交通事故“互碰快赔”机制试点

加大交通事故“互碰快赔”机制宣传力度，引导交通事故当事人自行协商处理，主动拍照挪车，减少理赔出行次数，助力缓解首都道路拥堵及疫情期间人群聚集；鼓励保险公司推广线上查勘定损、理赔等服务措施，提升理赔服务效率。截至年末，“互碰快赔”累计报案39.1万件，服务车主超过70万次，单方平均结案周期较传统理赔方式缩短50%。

（二）推动农业保险产品及服务创新

推进农业保险扩面、增品、提标。加强与政府部门工作协同，组织专家评审会，为密云蜂业气象指数保险、平谷桃附加产量保险、蔬菜育苗保险等创新险种提供政策支持。截至年末，农业保险创新险种合计提供风险保障2.3亿元。启动农业保险理赔信息化试点。12月5日，北京地区正式上线农业保险理赔信息化试点，打通农业保险承保、理赔线上操作全流程，为农民提供更加便捷的农业保险服务。

（三）强化社会服务领域保险支持

推动工程质量潜在缺陷保险（IDI）试点全面落地。会同北京市住房和城乡建设委员会印发《北京市可不聘用工程监理建设项目质量潜在缺陷保险暂行管理办法》等多项制度，推动IDI健康有序发展。截至年末，IDI试点承保143个项目，提供风险保障434亿元。推动相关领域责任险稳健发展。截至年末，北京地区医疗责任保险承保医疗机构有1 612家，提供风险保障14.1亿元，支付赔款0.8亿元；安全生产责任保险承保企业有5.8万家，提供风险保障5 854.6亿元，支付赔款1 713万元。深化海关关税保证保险试点。截至年末，海关关税保证保险试点服务通关企业799家次，提供风险保障54亿元。

三、存在的问题和风险

健康险快速发展存在合规风险和声誉风险，部分公司融资性信保业务因受疫情等因素影响，存在风险隐患。

四、监管工作情况

（一）强化保险支持首都疫情防控

组织辖内财险公司完成受疫情影响营运性质企业的车险延期工作，涉及52家企业的1.1万辆机动车辆。与北京市应急管理局、市金融监管局等单位联合印发《关于北京安全生产责任保险支持参保企业应对新型冠状病毒感染的肺炎疫情的若干措施》，对5.7万家企业免费延长保险期限90天，减免保费2 700万元。针对疫情变化，增加新保企业下浮10%费率等6项惠企措施。指导北京地区经营医疗责任保险的保险公司将医务人员感染新冠肺炎风险纳入保障范围，涉及医疗机构1 035家，保障医务人员超过16万人。

（二）深化车险领域改革

推动北京地区车险综合改革。指导辖内各财产保险分公司制定商业车险费率方案，强化行业自律并建立定期回溯和分类处理机制，推动车险综合改革稳步进行。推广交通事故“互碰快赔”机制试点。加大试点宣传力度，鼓励保险公司提升线上服务能力，扩大试点范围。配合北京市公安局公安交通管理局加快建立北京市道路交通事故警保联动远程易处理中心，提升交通事故处理和保险理赔效率。

（三）服务首都经济社会发展

提升农业保险服务“三农”能力。启动农业保险理赔信息化试点，成为全国首个实现农业保险承保理赔全流程信息化的地区。推动农业保险产品创新，提升农业保险保障水平。落实金融服务生猪生产政策举措，支持生猪稳定供应。发挥保险辅助社会管理功能。推动知识产权保险、首台（套）保险和重点首批次新材料保险试点，强化先进制造业企业保险服务。深化海关关税保证保险试点，服务企业贸易发展。推动医疗责任保险、安全生产责任保险、食品安全责任保险等重点领域责任保险发展，充分发挥保险的社会服务功能。

（苗伟）

▲人身保险公司

一、基本情况

2020年末，在京经营业务的人身险分公司有64家，总公司有4家，因京津冀政策在京备案直接经营业务的支公司有1家。其中，中资公司有45家，外资公司有24家。资产总额为7 980.4亿元，同比增长15.8%；所有者权益合计为-1 887.5亿元，同比下降19.7%；承保利润为9.9亿元，同比上升6.7%，承保利润率为8.2%。全年，实现人身险业务保费收入1 779.8亿元，居全国第5位，同比增长13.8%。非保险合同业务年内新增交费901.5亿元，同比下降13.8%。其中，保户投资款新增交费806.4亿元，同比下降16.6%；投资连结保险独立账户新增交费95.1亿元，同比上升20.6%。原保险合同赔付支出461.8亿元，同比增长7.4%；退保金为173亿元，同比下降57.5%。非保险合同年内新增退费500.5亿元。其中，保户投资款退保398.5亿元，同比下降28%；投资连结保险独立账户退保102亿元，同比下降27.6%。

二、金融产品及服务创新

（一）发挥保险功能，承担社会责任

北京地区人身险机构开通绿色通道，共完成2 010笔、总计4 201.50万元的理赔，为一线医护人员提供保险保障总金额达2 630.70亿元。积极支持复工复产，为北京1 340家中小企业的143.05万名员工提供涵盖新冠肺炎疫情相关责任的保险保障和家庭康复关爱金，为企业复工复产减轻后顾之忧；为辖内49家外资企业免费提供保险保障，支持稳外贸、稳外资工作，覆盖4万名外资企业员工。支持抗疫基建工程和地方重点工程启动建设，为北京城建集团小汤山医院项目部等单位4.40万名抗疫基建工程工作者赠送意外险保障，保障总金额为91.20亿元。

（二）回归保障本源，服务社会民生

与北京市卫生健康委员会建立全国首个新生儿出生缺陷综合防治多元保障机制，首期承保保费240万元，已对全市700余家医疗机构开展宣传告知。联合多部门印发文件，推动保险机构参与北京市国际医疗服务发展改革创新，推进保险机构和医疗机构对接，已覆盖北京513家公立、私立医院及专业诊所。与医保部门等探索推出与社保紧密衔接的城市定制商业医疗保险，指导机构运用医保数据开展产品精算，创新开发符合北京市民需求的保险产品。推动石景山区长期护理保险试点扩大至全区，纳入国家级试点地区，覆盖人群超过50万人。推进老年人专属意外险、失独家庭、低收入人群补充医疗等民生保险项目，惠及群众53.5万人次。指导机构做好大兴等四区基本医保经办，管理基金超过20亿元，提高资金效率，缩减报销时间。推进北京疫苗异常反应保障项目，北京作为全国探索先行城市，将非免疫规划疫苗纳入保障，为5万名新冠疫苗使用者提供风险保障。

三、存在的问题和风险

仍需持续关注产品收益低引发的满期给付与非正常退保和结构调整期的局部现金流风险、非保险金融产品的跨行业传递风险，以及业外机构代理投诉退保风险。

四、监管工作情况

（一）疫情防控与复工复产工作

根据形势要求，迅速制定《关于明确疫情防控期间人身保险有关工作要求的通知》《关于做好2020年北京地区人身保险相关工作的通知》，要求各机构改造业务流程、灵活开展服务、妥善处置客户诉求；指导机构灵活执行电子化回访和保险销售双录要求，简化行政许可流程。深入开展金融支持复工防疫督导工作，局领导带队走访调研保险机构10余家次，了解困难和需求，开展现场指导；高效完成对辖内全部324家复工基层机构的督查工作；建立监管工作问题台账和辖内各机构四个领域问题台账，逐月督促核对并按时完成整改。

（二）行政许可事项改革

制定下发《北京市保险支公司及以下机构和高级管理人员备案管理办法》，将支公司及以下机构高级管理人员任职资格管理、机构迁址等行政许可由审批制改为备案制，全年累计完成备案76项。

（三）风险治理防范工作

对全部69家人身险公司开展摸排，对22家重点机构持续开展风险监测，防范集中非正常退保和满期给付风险。全年满期给付与退保金总量为887.7亿元，自2016年以来首次下降至千亿元规模以下。防治违规“退保理财”风险。重点针对年中集中爆发的业外机构代理投诉退保情况，组织辖内保险业共同研究制定应对方案，24家辖内机构共摸排非法机构信息44条，并向北京市公安局、市金融监管局等单位移交非法机构线索，及时开展行业和消费者风险提示。积极参与华夏人寿保险股份有限公司和天安人寿保险股份有限公司两家被接管寿险公司在京机构接托管督导工作，做好3家“明天系”参股公司专责工作。

（四）市场行为治理工作

指导全辖69家机构评估整改问责情况，对17家自查不深入的机构开展督导。严肃查处违法违规线索，全年办理人身保险领域投诉、举报案件570起，为上年同期的1.9倍；查实问题61项，行政处罚1家次，累计作出监管谈话、下发监管意见书、通报批评等监管措施23家次。对上年产品专项检查发现问题的2家机构进行行政处罚。充分发挥外部监督力量。及时向辖内全行业下发监管发现问题通报，加大监管压力传导；积极开展“3·15”金融消费风险提示，提醒消费者认真行使合同权利。

（陈晓迎）

▲保险中介机构

一、基本情况

（一）保险专业中介市场情况

2020年末，北京地区保险专业中介

法人机构有390家，比上年减少2家。其中，保险专业代理机构169家（全国性代理65家），保险经纪机构174家，公估机构47家。在京各类保险专业中介分支机构有547家，比上年增加11家。其中，保险专业代理机构、保险经纪机构、保险公估机构在保险中介监管信息系统中执业登记于北京地区的从业人员分别为36 393人、25 271人和1 428人。

2020年，北京地区保险专业代理法人机构实现代理保费收入430.33亿元，同比下降9.39%，实现代理手续费收入89.26亿元，同比下降12.82%；保险经纪法人机构实现保费收入868.51亿元，同比增长15.59%，实现经纪主营业务收入161.17亿元，同比增长12.08%；公估法人机构实现业务收入3.94亿元，同比下降9.81%。

（二）保险兼业代理市场情况

2020年末，北京地区共有保险兼业代理机构2 539家，保险兼业代理营业网点4 206家。

2020年，北京地区实现原保费收入共计2 318.06亿元，其中，通过保险兼业代理机构实现保费收入819.50亿元，同比增长12.63%，渠道保费占比为35.35%。财产险公司通过保险兼业代理机构实现保费收入157.73亿元，同比下降12.24%，占财产险公司保费收入的29.30%。人身险公司通过银邮兼业代理机构实现保费收入638.65亿元，同比增长20.75%，占人身险公司保费收入的35.88%；其他兼业代理机构实现保费收入23.13亿元，同比增长21.92%，占人身险公司保费收入的1.30%。

（三）保险公司销售从业人员情况

2020年，北京地区人身险公司通过个人代理人实现保费收入761.90亿元，同比增长11.11%，渠道保费占比为42.81%。个人代理渠道对人身险公司的健康险业务和寿险业务的贡献度较大，渠道占比分别为56.82%和38.18%。截至年末，北京地区保险公司在京办理执业登记的从业人员共168 265人，同比减少11 410人。

二、存在的主要问题及风险

部分保险专业中介机构专业能力有待进一步提升，兼业代理机构经营有待进一步规范，从业人员管理基础有待进一步加强。

三、监管工作情况

（一）扎实做好疫情防控

克服疫情影响，督导辖内500余家责任主体落实疫情防控各项要求，辖内未发生疫情防控问题。全力支持行业应对疫情冲击，第一时间开展调研并上报政策建议，积极争取纾困措施。多措并举规范疫情防控期间保险专业中介机构销售行为，简化机构办事流程，减少人员聚集，切实做好疫情防控。

（二）持续补齐制度短板

大力推动保险兼业代理机构管理改革，印发《关于加强北京地区非金融类车险兼业代理机构合规管理的通知》，指导行业协会制定配套自律规则，创新建立主报告公司等机制。调动行业力量开展保险专业中介自律巡查，重点防控非法集资等重大风险隐患和日常管理不规范等合规问题。针对疫情期间兴起的保险网络直播和短视频，率先发文划出监管红线，有效遏制市场乱象。

（三）深入防风险治乱象

制订方案并部署督促辖内数千家专业和兼业中介机构开展自查整改，持续加大对违法违规问题的查处力度，保持监管高压态势，保险中介市场乱象整治成效显著。加强非现场监测和风险处置，探索开展分组分类监管，对股东异常、经营异化、机构人员异动的机构渐次采取监管措施，持续跟踪督导整改，有效化解风险隐患，规范市场行为。

（刘天中）

其他机构发展与监管

▲小额贷款公司

一、基本情况

2020年末，北京市小额贷款（以下简称小贷）公司共计131家，注册资本金合计176.7亿元，同比下降0.6%；从业人员共计1 284人，同比下降9%；贷款余额合计150.6亿元，同比下降12.6%。全年，投放贷款185.9亿元，比上年下降21%；收回贷款204.8亿元，比上年下降22%。

二、主要特点

2020年，北京市小贷行业运营态势总体平稳，未出现区域性、系统性金融风险，未发现非法集资、暴力收贷、洗钱、变相吸收公众存款等严重违规问题。

一是业务规模明显下滑。主要原因是受新冠肺炎疫情和《最高人民法院关于修改〈关于审理民间借贷案件适用法律若干问题的规定〉的决定》的影响，小贷公司放贷积极性下降，个别规模较大的小贷公司调整发展战略，缩减贷款投放额。

二是经营状况有待改善。行业贷款逾期率高企，逾期贷款余额为40.2亿元，占全部贷款余额的29.5%；行业盈利能力较弱，全市小贷公司净资产平均收益率为0.7%；行业融资规模缩减，全市小贷公司融资金额合计为10.4亿元，低于上年融资总额14亿元。

三是行业分化更加明显。各小贷公司业务规模占比差异较大，第四季度分化情况进一步加剧，业务相对频繁的小贷公司仅占10%。

三、存在的问题和风险

一是小贷公司配合监管意识有待强化。个别小贷公司上报的多项业务、财务数据信息与账面数据不符。部分小贷公司实际注册资本、股东、营业地址或董事、监事、高级管理人员信息已经变更，但未及时向监管部门备案；其中，实际经营地与注册地不一致的情况较为普遍，占比达70%。有些公司实际已发生董事、监事、高级管理人员变更，个别公司拟任人员不符合监管从业经历或学历要求，个别公司发生变更后长期不向监管部门报备。极个别公司擅自变更注册资本，或者采取长期股东借款的方式，构成了事实上的变相抽逃注册资本。

二是业务合规水平有待提升。极个别小贷公司的收费规定随意，存在多笔业务在放款前或放款当日预收借款人一个月利息的情形。30%的小贷公司通过大额拆分的方式进行超比例放贷，违背了“小额、分散”的业务原则。近四成的小贷公司存在向涉农和中小企业发放贷款低于全年累计放贷金额的70%的情况，降低了小贷公司的社会效益。30%的小贷公司明显存在跨区域发放贷款情况。极个别小贷公司借款人与第三方未签订代付协议，且在第三方与该小贷公司无任何关联关系的情况下，由第三方代替借款人还本或付息。90%的小贷公司未委托商业银行进行资金托管，未对放贷资金（含自有资金及外部融入资金）实施专户管理，存在多个结算账户交叉放贷的情况。极个别小贷公司存在使用基本户放贷的现象。

三是公司内部管理有待完善。部分公司未建立健全公司内部审计稽核、关联交易、风险集中度关联交易、信息披露等相关制度。有些公司制度长年不更新不修订，或对建立的制度执行不到位。部分小额贷款公司准备金计提不足或未按贷款分类差别计提，准备金不能完全覆盖风险；极个别公司甚至没有提取准备金。个别小贷公司贷款卷宗虽有签名，但签署日期空白，甚者被借款人利用，形成合同纠纷案。有些公司业务卷宗资料不全，只有借款合同而无借款人资信证明材料。部分公司受限于人员较少，未建立独立的风控部门，甚至存在总经理或高级管理人员放贷审批“一言堂”现象。

四、监管工作情况

一是大力提升非现场监管能力。2020年9月，市金融监管局建成运行非现场监管数据监测系统，全市正常运营的128家小贷公司全部完成系统对接，实现对小贷公司贷款投向、额度、期限、利率等业务数据的实时监测。高度关注存在问题的小贷公司，对整改不力的问题企业，审慎出具变更审核意见。将投诉举报作为线索发现的重要渠道，对于发现的违法违规线索，及时约谈问题公司，督促限期整改，并在市金融监管局官网进行风险提示。全年约谈10余家小贷公司，发布风险提示3个。

二是认真开展现场检查及整改验收工作。2020年10－11月，北京市区两级金融监管部门联合开展全市小贷公司全覆盖现场检查工作。针对检查中发现的问题，市金融监管局向问题机构下发整改通知书，明确整改时限，建立整改工作台账，督促各机构按时完成整改任务；对于逾期未完成整改任务的机构，将按照相关规定采取监管措施，规范行业健康发展。

三是充分发挥行业协会自律作用。坚持发挥行业协会在业务培训、素质提升等方面的引领作用，以及在政策法规宣导、风险提示、合规经营等方面的自律职能，引导小贷公司不断提升业务能力，规范发展，拓展业务规模。

（吴茜）

▲融资担保机构

一、行业发展概况

2020年末，北京市融资担保法人机构有59家，其中，国有控股有34家，民营及外资有25家。59家法人机构共设立分支机构23家，其中，在京19家，外省市融资担保法人机构在京分支机构3家。

2020年末，北京市融资担保机构担保余额为4 512.62亿元，其中，融资担保余额为3 969.65亿元。小微企业担保余额为574.87亿元，小微企业在保户数为46 855户。第四季度加权平均费率为0.78%。融资担保责任余额为2 259.40亿元，放大倍数为3.01倍。全年累计担保代偿额为45.69亿元，担保代偿率为1.45%；累计融资担保代偿额为43.57亿元，融资担保代偿率为1.82%。

二、存在的问题和风险

一是合规管理意识有待进一步提升。部分融资担保机构合规意识较薄弱，在变更董事、监事、高级管理人员、经营地址等事项后，未按相关规定开展变更备案流程，造成监管部门掌握的机构信息滞后于企业实际情况。部分融资担保机构未按规定报送文件、资料和业务开展情况，影响监管部门对其业务开展情况的核验、检查工作，个别存在受托贷款和受托投资的情形。

二是资产流动性标准未达标。部分融资担保机构追求高额投资收益，Ⅰ级、Ⅱ级、Ⅲ级资产比例未达标；部分融资担保机构未按相关规定提取未到期责任准备金及担保赔偿准备金，资产流动性和安全性存在隐患，不利于自身保持充足的代偿能力。

三是风险意识有待进一步增强。由于行业竞争激烈、风险意识淡薄、经营成本压力等原因，部分融资担保机构在业务开展过程中，未能坚持审慎经营原则，未能严格执行内部风险控制制度，导致代偿金额较大。

四是部分民营机构面临经营困难的问题。民营融资担保机构资产规模普遍较小，受对同一被担保人的担保责任余额不得超过公司净资产 10% 的监管限制，此类民营融资担保机构单笔业务规模受限，无法开展大额担保业务。由于民营融资担保机构缺乏政府信用背书，银行对其担保能力存在较多疑虑，不愿与其合作开展新增贷款担保业务，民营融资担保机构生存环境更加艰难。

五是部分机构丧失正常经营能力。个别融资担保机构，尤其是民营融资担保机构缺乏持续经营的动力，在经营业绩较差的情况下，个别融资担保机构未完成公司终止程序便自行停止运营，以致出现"僵尸"、失联机构；个别融资担保机构为防止巨额注册资本金闲置，将自有资金借予关联方，不但存在资金损失的风险，而且进一步严重削弱了自身开展融资担保业务的经营实力。

（吴茜）

▲交易机构

一、行业发展概况

2020 年末，北京市共有交易场所 32 家。其中，西城区 9 家，海淀区 8 家，朝阳区 5 家，东城区 4 家，石景山区 2 家，通州区 3 家，房山区 1 家。

2020 年，北京市交易场所实现总业务规模约 10 万亿元，比上年增长 24.25%，在优化配置、价格发现、助力实体经济发展等方面发挥了重要作用。北京金融资产交易所实现交易金额 9.4 万亿元，同比增长 27%，其中，为抗疫企业融资 2 130 亿元，有力地支持了企业抗击疫情和复产复工；北京产权交易所实现成交金额 3 833.43 亿元，其中，中央企业交易规模占全国近 2/3，继续保持全国领先地位；北京铁矿石交易中心成交量突破 6 000万吨，继续保持铁矿石现货平台交易规模全球第一的领先地位；中国技术交易所加挂北京知识产权交易中心牌子，增加知识产权交易经营范围，开展市属国有企业、科研机构等知识产权进场交易，形成集登记服务、交易服务、专业服务、金融服务等为一体的国家级知识产权交易平台。

二、监管工作情况

一是建立北京市交易场所数据监测系统，该系统涵盖 22 项风险监测指标、14

个风险监测模型。通过对交易场所数据进行统计、加工、分析、比对，实现了对交易场所数据信息的实时监测、风险预警，从源头上防控和化解风险。

二是依托北京登记结算有限公司建设了北京市交易场所统一登记结算平台，实现了交易场所交易信息的全面登记和交易资金的统一结算。

三是发挥要素市场协会功能。充分发挥首都要素市场协会在自律、服务、风险提示、纠纷调解等方面的职能作用，开展行业自律管理，健全完善交易纠纷调解机制，保护交易各方合法权益。

（吴茜）

▲典当行

一、基本情况

2020 年末，北京市共有典当法人机构 361 家，分支机构 114 家（含外省在京分支 5 家）。典当总额为 364.9 亿元，典当余额为 106.3 亿元，绝当金额为 6.05 亿元。受到疫情影响，行业新增业务下滑，短期内营业收入下降，贷款逾期率同比上升。

二、监管工作情况

一是联合各区主管部门，并聘请第三方中介机构，于 2020 年 9－10 月对全市典当行进行了现场检查，检查内容涵盖企业财务、业务、管理等方面。针对检查发现的问题，梳理形成整改问题清单，督促企业加快整改。

二是通过现场检查，全面摸清了全市典当行的底数，发现了存在的问题，帮助企业完善内控制度、财务制度、业务规范、人员管理、资金使用、反洗钱制度等，提高了合规意识和风控意识，对降低行业不良贷款比率、提升行业发展质量起到了积极的作用。

（吴茜）

四、服务与管理

货币金银管理

2020年，面对新冠肺炎疫情的严峻考验，中国人民银行营业管理部（以下简称人民银行营业管理部）主动作为，攻坚克难，圆满完成北京市货币金银管理各项工作。科学调拨发行基金，有效保障北京市现金供应；开展发行库风险大排查，构建风险防范长效机制；强化货币管理，拒收现金整治工作取得重大突破；积极创新机制，数字人民币在京试点取得重要进展；加大反假货币工作力度，警银收缴比再创新高；北京重点库运行平稳，货币金银业务转型工作有序推进。

一、有效保障北京市现金供应

（一）科学调拨发行基金

因疫施策，加大原封新券投放力度。坚决执行“收支两条线”制度，认真做好疫情期间现金消毒与现金服务工作，确保社会公众用上“干净放心钱”。全年，发行基金投放同比减少7.39%；回笼发行基金同比减少17.45%；净投放发行基金418.45亿元，同比增长42.93%。

（二）做好普通纪念币预约及兑换工作

认真做好普通纪念币预约及兑换工作。发行前，组织辖内涉及普通纪念币发行的商业银行召开会议，部署发行工作；建立“24小时接诉即办”制度，及时处理有关举报和投诉；在人民银行营业管理部恒华办公区设立纪念币预约核查服务岗，便于群众核查纪念币预约、兑换情况，有效遏制跨行重复预约及预约后未兑换行为；发行完成后，组织商业银行将已预约未兑换的纪念币上缴入库，对空箱进行妥善处理。

（三）完成新版5元纸币发行工作

组织金融机构完成升级现金机具2.4万台，培训从业人员3.3万人。开展新版人民币宣传活动，组织摸底调研商户15 711户，开展宣传7 000余场，在地铁、公交站台和4 000余个居民小区内投放宣传广告，发放各类宣传资料78万份。加强舆情处置，成立专班紧盯时点，实行24小时不间断监测机制。新版人民币发行期间，北京地区未出现任何负面舆情、泄密事件以及违规兑换事件。

二、加强人民币收付业务管理

（一）建立拒收现金整治长效机制，维护人民币合法地位

建立部门协同机制，确保“查”“处”工作有效对接。依法依规开展拒收现金专项整治，共开出拒收现金罚单17张，对3家涉及公共服务、民生及公众关注度较高的单位给予了10万元至50万元不等的经济处罚，处罚数量和金额均居全国首位。制定《北京市持续做好整治拒收现金工作方案》。组织编制抵制拒收现金的文章和视频资料，利用人民银行营业管理部微信公众号等渠道开展宣传，指导商业银行持续开展不同形式的宣传活动。

（二）实施网格化管理，打通现金服务“最后一公里”

在全国率先实施现金服务网格化管理，对全市3 800多个网点按照地理位置划分责任区，并为责任区内商户建档立

卡，按需开展人民币宣传以及小面额、残损人民币等预约兑换服务，形成“营业网点广参与、一张网络全覆盖”的现金管理体系。该举措实施以来已开展各类宣传6 000余次，走访商户近20万户。

（三）依法依规开展行政许可审批工作

制定人民币图样、黄金及黄金制品进出口行政许可事项服务指南，履行政务服务事项告知承诺，规范行政审批工作。截至年末，共办理人民币图样行政许可审批15笔，黄金及黄金制品进出口准许证294张，业务量均居全国之首。

三、落实反假货币各项措施

（一）收缴假币，净化货币流通环境

2020年，北京市共计收缴、没收假人民币5.65万余张、472.18万余元，同比分别下降41.91%、41.48%。其中，来自银行系统的假人民币收缴量为3.72万余张、279.95万余元，同比分别下降50.85%、53.23%；来自公安系统的假人民币没收量为1.92万余张、191.85万余元，同比分别下降10.83%、7.45%。

（二）推动反假新政落地，警银收缴比创十年新高

深入落实《中国人民银行货币鉴别及假币收缴、鉴定管理办法》，创新开展“云宣讲”，强化各商业银行对反假货币新政的理解与执行，指导商业银行建立反假货币培训新机制。召开两次反假货币工作联席会议联络员会议，联合成员单位共同开展假币整治工作。建立全国首家商业银行货币鉴定中心。开展反假货币数据建设，支持精准打击假币犯罪，在银警的共同努力下，破获一起百万元级的特大假币贩卖案件，缴获假币151万元，堵截一起假币诈骗案，缴获假币40万元，全年警银收缴比达68.53%，创近十年新高。

（三）开展反假宣传月活动，提高公众识别防范假币能力

制定并下发北京市反假宣传月工作方案和工作要求，设计、印制、分发宣传折页及海报等宣传资料70余万份。与中国人民银行货币金银局、中国人民银行石家庄中心支行、北京市公安局、辖内金融机构联合开展“现金服务平谷行”、第三届京冀联合反假货币宣传活动、“银警联动反假币　金融知识进社区”活动。指导中国农业银行北京市分行、招商银行北京分行等银行开展“人民币知识宣传进社区”活动并参与其中。以微信公众号、美篇等新媒体为平台，发布反假货币宣传文章202篇次。

四、强化发行库管理，构建风险防范长效机制

圆满完成发行库风险大排查工作。成立专班、明确责任，倒排工期，于2020年7月15日完成对北京重点库的排查工作，共排查发行基金14.4万箱、总金额51.6亿元。完成对辖内11家代理发行库的风险大排查督导检查工作。优化代理发行库布局，撤销怀柔、昌平、房山3家代理发行库，与北京农商银行建立“一点对接”模式。完善94项管理制度，首次建立管库员量化绩效考核机制，发挥考核对履职的激励约束作用，筑牢发行库风险防线。

五、推进货币金银业务转型发展

（一）创新机制，数字货币在京试点取得积极进展

制定“分步走”发展策略，推动数字人民币试点。明确数字人民币试点的总体思路与框架；与北京市地方金融监督管

理局（以下简称市地方金融监管局）联合成立数字人民币场景试点应用工作专班，并制定《数字人民币北京冬奥场景（红线外）试点工作方案》；启动数字人民币冬奥交通场景试点，在北京地铁大兴机场线举办试点活动，对数字人民币可穿戴设备钱包“碰一碰”功能及数字人民币购票功能进行测试。

（二）创新引入智能物管，推动北京重点库升级换代

运用无线射频识别技术（Radio Frequency Identification，RFID）等，实现库内重要物品由“智能管家”分配、多人共用的新物管模式。完成订单管理系统升级项目的测试和上线工作，实现对代理库的数据集约化管理。完成物流系统建设虚拟服务器平台升级换代工作，为北京重点库安全、高效运行提供有力保障。

六、钞票处理业务

（一）钞票处理业务开展情况

2020 年，清分回笼券 71.45 万捆，复点 17.42 万捆，销毁 69.04 万捆，其中，帮助中国人民银行济南分行完成异地销毁任务 11.61 万捆。单台清分设备日均清分时间为 4.36 小时，日均清分速度为 55.66 千张/小时；清分设备发生故障 71 次，用时 49.42 小时，平均停机故障率为 4.15 分钟/百万张钞票，同比下降 3.49%；销毁设备单位时间处理能力为 1.410 吨/小时，与上年相比保持稳定，全年发生故障 1 次。

（二）压实疫情防控职责，确保生产安全零风险

严格按照各项防疫工作要求，压实疫情防控职责，做好沟通联系工作，保障各项信息、政策及时传达到位。落实“六稳”“六保”政策，为外包员工申请工资补贴，保障员工的基本权益。严格执行防疫制度，认真做好场地消毒、员工核酸检测等工作。准备充足的防疫物资，确保人员安全和业务运行。

（三）加强创新引领，推动钞票处理转型

积极探索科技管理转型模式，加强对投料箱和尾零箱管理，完成销毁场地大型机械销毁设备投料箱人脸识别系统的改造使用、清分场地配套尾零箱及指纹锁的购置使用；借助人民银行营业管理部大数据平台，优化数据使用，按时完成季度业务数据分析报告；成立青年课题研究小组，紧盯行业热点，撰写《北京地区代理发行库布局优化合理性研究》《关于改进人民银行现金处理机具维保采购工作的研究——维保采购的国产替代需要重点关注》调研信息；关注国内外数字货币发展动态，组织全体员工学习相关知识，参与数字货币编译小组，编译相关文件资料多篇；完善外包公司评价体系，建立钞票处理应急队伍，提高转型后的运行效率和风险处置能力。

（四）实施精细化管理，确保业务安全

对接 ISO9000 质量管理体系，开展 ISO9001：2015 标准认证工作。制定《质量管理手册》等 11 项内部制度，在复点场地实施“6S”管理，编发《北京钞票处理中心制度汇编》；在清分、复点、销毁岗位实行清单管理，各业务主管、管理员每日分别记载填写，并对出现的差错或异常情况在备注栏予以说明；加强培训考核，以人民币反假知识培训、钞票处理规章制度、点钞技能竞赛等为主题，联合劳务外包公司开展 27 次培训教育考核；强化队伍建设，建立与外包公司管理层沟通

交流制度，全年组织开展沟通例会共60次、季度领导例会4次；开展销毁场地设备断电应急演练，增强应急处置能力。2020年8月18日，北京钞票处理中心取得ISO9001质量管理体系认证证书，成为人民银行系统内第一家取得认证的钞票处理中心。

（王雷　王婧）

国家金库业务

2020年，国家金库北京市分库积极发挥国库服务与监督“双支柱”效应，以模范机关创建为契机，不断推进支部工作，党建业务双融合取得新成效；夯实核算基础，严守“两条底线”，圆满完成政府预算收支执行任务；建立防疫资金拨付及退税绿色通道，确保首都疫情防控用款需求，助力中小微企业复工复产；高质量开展个人所得税汇算清缴退税，有效保障纳税人及时获得改革政策红利；强化政治引领，北京市储蓄国债销量领跑全国；开展央行经理国库35周年主题宣传，营造良好的外部履职环境。

一、严守资金风险底线，及时准确做好会计核算工作

以严守资金安全为核心，坚持底线思维，进一步提升业务操作规范化、精细化水平，及时、准确做好国库收支会计核算，配合财税部门完成政府收支执行任务。全年，办理各级预算收入17 119.89亿元（不含转移性及债务收入），办理市级支出9 523.43亿元（含调整期）。

二、快速响应、特事特办，构建防疫资金拨付绿色通道

面对突如其来的新冠肺炎疫情，国家金库北京分库以坚强的组织和周密的部署，将支持疫情防控的各项举措落到实处。春节期间加班加点，建立防疫资金拨付绿色通道，将各项紧急拨款第一时间拨付到位。6月以后，针对北京“新发地”的突发疫情，及时拨付资金，支持全市大规模核酸检测、集中隔离观察和抗疫人员津补贴发放等。全辖各级国库未出现1例人员确诊感染新冠病毒、未出现1次运营间断、未发生1笔业务差错、未造成1次划拨延误，为首都疫情防控作出了积极的贡献。

三、圆满完成首次个人所得税汇算清缴退税工作，助力营商环境优化建设

2020年3月，北京市开展首次个人所得税汇算清缴退税工作，国家金库北京市分库精心组织，及时回应群众关切的问题，提前减轻舆情压力，妥善处置潜在舆情15件，为“两会”期间首都金融平稳作出了贡献。与税务部门建立协同联动和应急处置机制，加强对代理支库业务指导，顶住单日退税峰值超以往单月峰值6倍之多的压力，保障纳税人及时获得改革政策红利，为北京营商环境建设贡献力量。全年累计办理个人所得税及手续费退税笔数、金额分别位列全国第一位和第五位，被中国人民银行国库局评为5家优秀分库之一。

四、多措并举确保首次企业及灵活就业人员社保费“快准稳”缴库

2020年11月9日至25日，是北京市

企业及灵活就业人员社保费交由税务部门征收的首个征期。国家金库北京市分库通过国库协同联动、顺畅高效沟通、重大事项报告、非现场监督管理四项机制，实时跟踪区级国库全流程业务办理；强化国库事前、事中、事后监管，实现19家国库社保费业务处理“零差错”和“零投诉”。全年共办理社保费缴库933.4亿元。

五、“量”“质”双管齐下，不断提升储蓄国债管理水平

积极应对新冠肺炎疫情影响，探索“现场+非现场”协同监管机制，增加现场巡查频次，通过审核规定场景照片的方式，重点了解国债销售网点公示、宣传、咨询、凭证使用等情况，提升国债服务标准化水平。在受新冠肺炎疫情影响国债发行期次减少的情况下，北京市全年累计销售储蓄国债占全国实际销售额的近1/4，稳居全国首位，取得了“量质齐升”的良好效果。

六、开展央行经理国库35周年主题宣传活动，向社会各界普及国库知识

借助人民银行营业管理部官方微信公众号发布国库宣传文案，从国库知识、个人退税、电子缴税、储蓄国债等入手，介绍人民银行营业管理部经理国库35年来取得的成就。开展“金融知识普及月”活动，组建“央行经理国库宣传志愿者”队伍，打通宣传普及“最后一公里”。发挥商业银行网点众多、辐射全辖、受众面广的优势，打造多维度宣传态势。强化宣传力度，精准施策、同频共振、持续发力、共同发声，形成良好互动，宣传成效显著。

七、深挖国库数据，补齐调研短板，提升国库工作影响力

完善北京国库数据分析监测系统，积极探索运用国库数据反映经济财税形势及风险。全年，向中国人民银行国库局《国库情况反映》《国库研究》投稿31篇，向人民银行营业管理部报送金融信息84篇，按月向北京市人民政府（以下简称市政府）报送《国库简报》《国库收入分析报告》，多篇文章得到市委市政府采用或行领导批示。《推动北京市国库高质量发展》在《中国金融》发表，《人行营业管理部辖内代理支库业务标准化管理取得明显成效》在《金融时报》发表。

（李天懋）

支付结算清算管理

2020年，人民银行营业管理部秉承“支付为民”的理念，坚持“从严监管”的工作主基调，不断推动首都支付行业治理现代化。加强支付基础设施建设，全面保障支付业务的连续性；全国率先开展本外币合一账户体系全流程测试和远程开立企业银行结算账户试点，优化首都营商环境，新增五项率先；强化账户风险管理，打击治理跨境赌博“资金链”和电信网络诈骗；扎实推进北京冬奥会支付环境建设；提升支付服务水平，移动支付便民工程实现“全线突围”，银联“云闪付”乘车总业务量较年初提升100倍以上；加强非银行支付机构监管，抓实抓细执法检查，对 5 家支付机构严格处罚约 1.9 亿元，着力打造首都支付行业风清气正、业态优良、可持续发展的新环境。

一、切实保障支付清算业务的连续性

（一）稳妥处置支付系统风险

圆满完成北京同城清算系统业务迁移工作，将北京电子清算服务平台主动缴费业务迁移至中国人民银行清算总中心。稳妥处置包商银行支付结算业务承接，切实保障包商银行接管过程中支付业务的连续性和客户权益。

（二）加强支付清算制度建设

印发《北京支付系统参与者运行管理实施办法》，强化参与机构日常监管，杜绝“监管空白”“监管错位”和“有实无规，细则缺乏”的现象。

（三）大力推广中央银行会计核算数据集中系统综合前置子系统

组织辖内 39 家金融机构接入中央银行会计核算数据集中系统（ACS），55 家金融机构开通 ACS 自助转账功能；修订 ACS 应急预案实施细则；开展新一代 ACS 系统需求研讨，为人民银行会计核算、金融稳定提供系统保障。

（四）创新开展支付系统应急演练

完成北京清算中心跨站点切换演练、ACS 应急演练等系统演练 20 余次，创新开展第二代支付清算系统“接管式”疫情减员实战演练，保障支付系统安全稳定运行。

二、稳妥推进银行结算账户管理改革

（一）本外币合一账户体系试点率先开展全流程测试

强化组织协调，深入调研业务需求，严格把控业务风险，精心确定试点银行。12 月 15 日，在中关村国家自主创新示范区、北京经济技术开发区、中央商务区和望京 4 个重点区域，选择中国工商银行北京市分行、招商银行北京分行的 4 个营业网点开展本外币合一银行结算账户体系试点全流程实环境测试。截至年末，测试情况良好，累计开立本外币合一银行结算账户 81 户，为下一步全国推广积累了经验。

（二）远程开立企业银行账户项目属“全国唯一”

审慎制订远程开户项目实施方案，严格预判项目风险。12 月 11 日，组织招商银行北京市分行试点完成系统投产上线和业务首发落地。上线首日远程开立企业银行结算账户 11 户，完成交易 15 笔。

（三）优化首都营商环境，新增五项“率先”

率先减免企业首个基本存款账户开户费，全年累计为 13 万家企业减免开户费用 3 900 万元。率先实现企业账号信息线上线下全场景共享，全年通过“e 窗通”平台共享开户信息 1.36 万户。率先联合发文扫除破产管理人、强制清算组账户业务办理障碍，全年办理相关查询业务 189 次，开立破产管理人临时账户 92 户。率先出台优化企业开户服务措施，指导银行提升账户服务电子化水平、压缩环节冗余、简化开户流程、强化服务公开透明、落实账户管理主体责任。率先实现税务场景“线上支付”，指导辖区内 30 家主要发卡银行完成线上缴税限额提升至 100 万元。

三、持续打击治理网络电信诈骗和跨境赌博“资金链”

（一）完善打击涉赌涉诈工作机制

与北京市公安局、国家外汇管理局北京外汇管理部共同建立打击治理跨境赌博“资金链”工作机制。与北京市公安局刑事侦查总队、中国银行保险监督管理委员会北京监管局建立联防联控机制，及时共享信息，提高涉案线索移交效率。面向辖区商业银行建立防电信诈骗典型案例报送机制，创建《支付风险防范专刊》，全年累计收到案例近350份。

（二）开展账户风险排查专项行动

全面排查北京辖区80家商业银行、71家法人及非法人支付机构账户风险。累计排查单位银行结算账户244.2万个，采取管控措施的有9.5万个；累计排查个人银行结算账户2.49亿个，采取管控措施的有391.3万个；累计排查单位支付账户129万个，采取管控措施的有786个；累计排查个人支付账户9.06亿个，采取管控措施的有3 205个；累计排查网络支付、银行卡收单商户1 031.7万个，采取管控措施的有2.2万个。

（三）开展涉案账户倒查和问责

对北京辖区1万余个涉赌、涉诈银行账户开展倒查，并对倒查工作执行不力的3家商业银行进行约谈批评；对辖内2家商业银行的5个营业网点暂停新开户业务。全年，辖内商业银行累计对1 338个涉案账户的开立分支机构或开户相关人员进行了通报批评、扣减绩效等问责处理。

四、扎实推进北京冬奥支付环境建设

（一）加强组织机制建设

成立北京市2022年冬奥会支付环境建设领导小组，北京市17家委办局作为领导小组成员。成立人民银行营业管理部2022年北京冬奥会支付服务环境建设实施小组，制定《北京市2022年冬奥会支付服务环境建设工作方案》。根据成员单位职责，明确时间表和路线图，组织小组成员倒排时间，挂图作战，按季度报告北京冬奥会支付环境建设进展情况。

（二）强化银行卡与移动支付受理环境建设

连续两次摸底北京支付环境及外卡受理现状，提升交通领域移动支付便利化水平。“12306”网站及App均已支持境内外银联卡及“云闪付”线上购票，北京站、北京南站、北京西站、北京北站支持线下银联卡购票。北京市已有1.4万辆出租车支持银联闪付和银联二维码乘车。首都机场3个航站楼的约220家商户、北京大兴机场约350家商户实现银联“云闪付”移动支付受理。北京地区高速公路MTC出口车道均已支持银联二维码被扫支付。与北京地区ETC发行方合作，实现“云闪付”App渠道内在线申请ETC。

（三）便利日韩短期入境移动支付试点率先落地

人民银行营业管理部按照“风险可控、稳妥有序、分期分步”的总体原则，迅速开展试点银行确定、批复及现场验收工作。11月27日，上海浦东发展银行北京分行向外籍客户首发银联“旅行通卡”，北京在全国率先落地日韩短期入境人士移动支付试点。

（四）开通账户服务绿色通道和开设冬奥专属网点

支持指导中国银行北京市分行做好北京冬奥会期间境外人士账户服务绿色通道。中国银行将在赛时红线内新建3个临时网点，赛前1个月完成绿色通道设置工作，并在奥组委办公园区内建立冬奥支行。

（五）营造冬奥良好的现金使用环境

完成制定2021年、2022年北京市发行基金调拨计划，重点突出对北京冬奥会期间人民币现钞总量供应需求，加大重点地区原封新券的投放力度，确保供应充足。做好整治拒收现金宣传，加大整治力度，累计对19家拒收现金违法企业作出行政警告处罚。

五、全面提升支付便民普惠服务水平

（一）移动支付便民工程“全线突围”

银联“云闪付”、银行卡闪付、手机PAY等在公共交通领域实现全覆盖，客户活跃度突破性提升。“云闪付”乘公交、地铁业务量较年初提升100倍以上。截至年末，北京地区银联“云闪付”支持受理商户达26万家，对全国百强餐饮公司实现全覆盖，覆盖餐饮连锁品牌超过60个品牌、2 000家门店，零售类连锁品牌门店1万余家，星级及连锁酒店500余家，连锁药店300余家。

（二）首个区块链技术“通银”支付平台落户京津冀

10月28日，支持指导中关村银行与中钞信用卡产业发展有限公司完成系统对接工作，率先接入“通银”平台。10月30日，与中国人民银行天津分行、中国人民银行石家庄中心支行共同举办“通银”项目成果发布暨签约仪式，并于11月2日完成第一笔业务划转，北京成为全国首个基于区块链创新技术实现企业跨区域资金划转的地区。

（三）支持便民领域支付清算业务合规发展

全面实现公交、地铁扫码乘车“一码通乘”服务，探索“一码通乘”资金清算方案，推动“一码通乘”资金清算合规化管理。关注老年人用卡需求，着力防范“数字鸿沟”，推动“京医通”业务资金清算模式合规化。优化北京市民生卡“多卡合一”建设方案，保障民生卡发放及资金清算合规性，指导中国银联股份有限公司北京分公司积极对接市政府、北京金融控股集团有限公司，在“云闪付”与“北京通”功能及信息共享方面加强合作。

六、着力推动首都支付行业健康可持续发展

（一）创新实践支付机构“矩阵”监管理念

依托“主监管人”制，从人员管理、公司治理、业务拓展、资金安全等六个维度构建“矩阵”监管体系，形成监管长效机制。落实机构主监管人首问负责制，形成监管画像、监管走访、监管提示和监管劝诫“四位一体”的日常监管体系。对辖内支付机构与P2P合作、支付机构关联企业从事P2P业务、客户备付金安全等情况进行全面摸排，引导支付机构全面停止与P2P领域的合作。

（二）积极推进支付领域对外开放

配合中国人民银行完成贝宝公司（PayPal）收购国付宝信息科技有限公司剩余30%股权，并支持其支付业务落地北京，成为全国首家通过控股中国境内支付机构获得支付牌照的外资企业。支持环球同业银行金融电信协会落地北京申请，培育支付行业新业态。

（三）抓实抓细支付结算现场执法检查

落实“双随机”原则，坚持风险导向，认真开展检查工作，及时上报检查情况。全年，累计完成对中金支付有限公司、友利银行北京分行和江苏银行北京分行的综合执法检查，完成对北京畅捷通支付技术有限公司、北京恒信通电信服务有限公司、拉卡拉支付股份有限公司、中信百信银行的专项检查。

（四）严格查处，塑造支付行业健康生态

从源头加大支付行业治理，全年对商银信支付服务有限责任公司、北京新浪支付科技有限公司等5家机构严格处罚1.9亿元，其中，对商银信支付公司罚没金额超过1.15亿元，创下人民银行对支付机构进行处罚的最高金额纪录。全年，共下发空头支票行政处罚意见告知书8份，下发决定书13份，下发催告书5份，对36起未缴款案件向法院申请强制执行，将对13份空头支票行政处罚决定涉及的企业和企业法人代表上报北京市征信系统，有效维护了票据流通秩序和社会信用环境。

七、有力化解支付结算领域矛盾纠纷

（一）组建专业化投诉举报处理队伍

人民银行营业管理部组织行内支付、纪检、法律等多部门业务骨干，组建专业化投诉举报处理队伍，建立部门协同监测、联动办案机制，共享“12363”热线信访信息，统一答复口径，完善处理流程，消除投诉处理行政风险。

（二）积极探索举报投诉纠纷多元化解决机制

成立全国首家金融纠纷调解委员会，与北京市高级人民法院开展“诉调”对接，缓解投诉压力，减少行政和司法资源浪费，依法解决群众合理诉求，有效化解支付领域矛盾纠纷。

（三）建立机构举报投诉专项联系机制

压实机构主体管理责任，要求涉诉较多的机构指定专人处理投诉上访，并授权人民银行营业管理部将相关人员联系方式提供给上访人，畅通上访人和机构之间的联络途径。

（四）支付领域举报投诉实现“双降”

全年，共受理支付举报投诉626件，同比下降63.1%；涉及举报人359人，同比下降66%。指导金融纠纷调解委员会成功调解支付领域矛盾纠纷56件，调解成功率为53.77%。

八、助推首都疫情防控和复工复产

（一）及时调整业务处理模式

全面摸排全市85家银行和49家支付机构的应急情况及需求，就疫情期间支付系统和票据交换运行安排、账户开立、资金划拨等提出具体要求，指导银行和支付机构全面启动支付结算管理应急预案，确保业务可处理、服务不间断。

（二）开辟支付结算业务“绿色通道”

为抗疫资金汇划构筑快速通道，确保疫情防控款项第一时间到达指定收款人账户；为抗疫相关账户提供便捷开户通道，支持银行按照“特事特办”的原则先行开立使用。1月24日，支持北京物美商业集团股份有限公司通过疫情快速汇划通道将8 800余万元口罩采购资金及时划拨到账。2月5日，支持海淀区卫生健康委员会将常规应4天办结的6笔账户业务缩短至1天内完成，确保300余万元的疫情防控资金划拨不间断。截至2月16日，北京地区通过“绿色通道”共紧急开立疫情相关账户24个，资金规模为7.36亿元。

（三）畅通紧急业务联络机制

建立7×24小时紧急联络人机制，通过电话、微信等方式拓宽沟通渠道，第一时间解决业务难题，保障银企沟通效率。1月28日，协调中国人民银行深圳市中心支行，支持北京物美商业集团股份有限公司向深圳农村商业银行紧急汇款购买1 800余万元防疫物资。1月31日，与中国人民银行广州分行通力合作，支持北京高能时代环境技术公司紧急开户，获取抗击疫情应急贷款2 000万元，保障武汉火神山医院、雷神山医院项目建设紧急资金需求。

（四）科学指导，助推企业复工复产

出台《北京市非银行支付机构复工复产防疫工作指引》，紧跟北京市防控应急响应级别调整的步伐，先后五次对该指引进行更新调整，科学指导辖区内支付机构安全有序复工复产。指导多家银行和支付机构相继出台措施，不同程度地减免与疫情相关或受疫情影响的企业支付业务手续费，降低疫情相关业务办理成本，帮助小微企业加速恢复生产。

（张骁）

征信系统建设与征信管理

2020年，人民银行营业管理部认真贯彻落实党中央、国务院和中国人民银行的各项决策部署，全面落实疫情防控和“六稳”“六保”任务，笃实创新，开拓进取，提升征信有效供给，牢牢守住安全底线，率先打响人民银行系统强化评级监管“第一枪”，为评级行业监管建立范式；率先打造“模型驱动的嵌入式金融服务模式”，建设“创信融”企业融资综合服务平台；率先建立地方网贷领域征信联合工作机制，助力打赢防范化解重大风险攻坚战；率先建立企业征信机构监测预警系统，强化征信市场监管；率先实施个人征信线上授权有效性解决方案，平衡普惠金融发展与安全；率先实现企业及个人征信自助查询设备“二合一”升级，打造“信用北京查”征信服务品牌；率先搭建线上征信维权和解平台，2小时妥善处理全国首笔疫情异议。通过“七项率先”全力推动构建以覆盖全社会的征信体系为核心、经济金融领域和社会治理领域相互促进的社会信用体系新发展格局。

一、精准发力抓重点，行业监管开启新篇章

（一）依法从严监管，稳妥有序推进信用评级市场对外开放和规范发展

一是信用评级市场高水平对外开放“再下一城”。完成第二家外资信用评级机构——惠誉博华信用评级有限公司备案工作，配合中国人民银行对穆迪公司进入中国的路径进行法律可行性研究。

二是打响人民银行系统强化评级监管“第一枪”。牵头对3家信用评级公司的业务合规开展系统专项调查，对A公司给予警告并处罚款594.5万元，给予评级总监警告并处罚款8万元。

三是落实《信用评级业管理暂行办法》要求，引导辖内信用评级市场健康发展。完成标普信用评级（中国）有限公司等10家存量信用评级机构的备案工作。引导辖内信用评级机构加强职业操守和内部合规管理，利用事中和事后监测工作机制、征信管理监测系统、违约率系统等工具，对辖内评级机构和评级市场进行监测，全年约谈机构及人员20余次。配

合中国人民银行推动完成中诚信国际信用评级有限责任公司与中诚信证券评估有限公司的整合。

（二）培育与清理并重，打造辖内征信市场新格局

一是推动个人征信机构在京落地。积极推动北京市有关方面筹建个人征信机构，朴道征信有限公司于12月25日获得中国人民银行批准。

二是在全国率先建立企业征信机构线上监测预警系统。建立企业征信机构实时监测与预警系统，推进监管手段从传统人工查账到线上技术监测、从随机现场抽查到非现场全面监控、从重点专项检查到全方位多维度监督的转化与提升。持续对辖内征信机构开展非现场监管，综合运用现场调查、高管约谈等方式，强化审慎监管。

三是加强企业征信市场管理，扩大征信有效供给。指导辖内北京征信支持民营和小微企业融资服务联盟工作，拟订《关于进一步加强征信促进北京地区小微和民营企业融资发展的指导意见》，完成北京金融大数据有限公司的企业征信业务经营备案。参与对百行征信有限公司现场检查工作。组织辖内企业征信机构对数据安全情况开展自查，并对重点机构进行现场核查。通过现场检查、高管约谈等方式，清退辖内“小、散、乱、差”企业征信机构4家，约谈风险机构12次。

（三）征信评级机构齐发力，积极助力疫情防控

一是稳妥推进央行内部（企业）评级工作向纵深发展。建立健全相关工作机制，全力配合相关部门做好疫情期间的信贷政策支持再贷款发放工作，支持企业复工复产。

二是组织动员辖内征信机构助力新冠肺炎疫情防控。推出“智能语音防疫”公益项目，替代社区工作人员进行疫情通知、疫情排查、健康回访等外呼场景，助力社区疫情防控；协助金融机构开辟“绿色通道”，帮助资金紧张的中小微企业申请线上快速信用贷款；整理《医疗（防疫）用品生产企业名录及汇总分析》，发放给银行、保险公司及政府机构使用。

三是指导北京地区评级机构协助疫情防控重点企业发行疫情防控债券，助力疫情防控重点项目融资。指导评级机构为相关疫情防控债券发行企业开通信用评级绿色通道，对355只疫情专项债券开展评级工作，累计涉及债券规模6 242.59亿元，其中，涉及湖北省企业579.99亿元，发布疫情研究报告719篇。

（四）创新征信合规监管机制，全面从严管理常态化

一是加大征信合规处罚力度，保持对违法违规行为的高压态势。对辖内小额贷款公司、商业银行等征信系统接入机构开展现场检查，并对发现的问题从严处罚。对某商业银行北京分行给予罚款198万元，并对13名相关责任人罚款68万元，为北京辖内历年最高。

二是完善工作机制，组织辖内接入机构实现内控制度变更等业务无纸化报备。组织接入机构开展异常查询核查、处置，业务量化考核等工作，完善对接入机构异常查询的预警机制和处置程序。完成辖内165家接入机构的年度考核评级，并逐家反馈考评情况，持续跟踪上年度发现违规问题的5家接入机构的整改情况。

二、扎实做好系统建设，不断打造工作基础

（一）率先完成二代征信系统查询切换工作

成立北京地区二代征信系统切换工作专班，制定和完善切换方案，配套升级征信查询前置系统，增加用户权限管理、查询复核等功能，并对人民银行营业管理部恒华服务大厅实施精细化管理，提升征信信息安全管理水平，对全辖92台自助查询机、12个柜台查询开展切换演练和系统测试工作，在全国率先完成切换工作。

（二）牵头做好片区数据采集切换指导工作

牵头第四小组切换指导工作，召开专题工作推进会，明确工作安排；遴选5家头部机构先行开展二代征信数据采集切换工作，逐家分析业务及系统情况，持续跟进工作进展，协助解决测试验证中各项问题。组织头部数据报送程序开发商进行座谈研讨，协调开发商加大技术支持力度；汇总分析片区工作开展情况，确保工作进度。

（三）从业务源头把好征信系统“入口关”

加强已接入机构管理，强化信息安全，在全面组织辖区内206家机构按要求做好对接的“规定动作”的基础上，重点推动45家机构上线签名验签服务器，完善系统及业务流程。组织2家新成立金融机构接入征信系统，为3家符合要求的接入机构开通查询权限。及时下达企业及个人重要信息提示、个人信用评分等增值产品推介材料，指定专人解答辖区内机构应用征信产品过程中遇到的问题。建立征信产品应用情况定期上报机制，组织辖区内27家头部机构上报查询验证情况及应用成效，指导金融机构撰写典型案例，分析上报增加产品类别、提供接口查询渠道、拓展产品内容等产品优化建议。

三、有序采集非金融信息，着力提升数据质量

一是在全国率先建立联合工作机制，推动P2P网贷机构信用信息纳入征信系统。联合市地方金融监管局建立P2P网贷机构信用信息纳入征信系统开展失信惩戒的工作机制，助力防范化解重大风险。

二是推动各类政务信息纳入征信系统，配合推广应用非金融数据互联网采集方式。协调北京住房公积金管理中心处置公积金缴存数据。组织北京市生态环境局实现自主化数据报送，着力营造“守信受益失信惩戒”的良好社会诚信环境。组织6家非金融信息应用重点机构反馈应用成效，并提出征信产品展示界面、产品说明、数据内容等有针对性的意见建议。

三是指导辖区内征信接入机构日常工作，从源头切实加强征信系统查询管理，征信数据质量综合评分稳定在99分以上，位居全国前列。

四、善作善成解锁新技能，征信安全搭建新引擎

（一）强化业务安全，在全国率先实施个人征信线上授权有效性解决方案

制定“身份识别+数字签名+证据保全”线上征信授权有效性解决方案，印发《北京地区个人征信线上授权试点工作指引》，在全国率先创新破解线上业务身份识别无标准、授权协议法律效力不足、电子证据难以采信等难题，并已在17家机构率先落地，相关成果获得中国人民银行2019年度银行科技发展奖二等奖。

（二）强化信息安全，建立“技防+人防”征信查询信息安全管理体系

升级征信查询前置管理系统，重点对用户管理、查询流程等节点做实时管理，杜绝源头安全风险。完善查询管理制度，制定标准化操作流程，加强业务考核，提升员工信息安全风险意识，防范人为风险。对征信自助查询业务“自查+抽查”，督导金融机构合规管理，保证自助查询业务安全运行。

（三）创新接入机构管理方法，提高机构征信合规内控水平

制作预警风险提示函，总结归纳接入机构在业务创新、系统升级等操作过程中易出现的风险漏洞及规律进行预警提示。制作《征信违规案例汇编》《金融信用信息基础数据库接入机构征信信息安全工作手册》《金融信用信息基础数据库接入机构内部审计模板》等材料，规范接入机构的工作要点和工作方法。

（四）强化合规培训，统筹做好征信信息安全情况报告和征信信息安全事件应急处置工作

组织辖内支行和接入机构开展相关培训工作，落实征信信息安全月度报告制度和随机报告制度，对发现问题线索的机构持续跟踪后续情况。按季度组织接入机构开展自查自纠，建立征信信息安全事件应急处置机制。

五、主动转变服务模式，征信服务凸显成效

（一）持续开展“非接触”征信查询创新

完成企业和个人“二合一”自助查询升级工作，推动商业银行手机银行查询服务，启动智慧柜员机查询试点工作。截至年末，共有11家商业银行开通网上银行和手机银行征信查询服务，共设置87个自助查询和231个智慧柜员机查询网点。提供个人和企业征信查询服务120万次，其中，“非接触”征信查询服务占比98%。企业通过“非接触”方式查询信用报告的比率从2019年的28.9%提升至2020年的47%，企业临柜方式查询率同比下降近六成。

（二）优化“线下”查询服务，提升便民惠企水平

春节期间，紧急推出“信用北京查”微信小程序，实现企业征信“线上审核+临柜查询”预约服务，有效解决了企业因资料不完整多次查询问题，支持了北京企业复工复产。全年，北京全辖累计提供征信业务预约办理服务4.4万余次。

（三）协同市政府融合共进，增强征信服务效能

推动“信用北京查”加入“指尖行动”计划，与北京政务服务实现信息融合连通，持续提升征信线上服务能力，协同推进北京市政务服务建设。在北京市首贷服务中心、北京市企业续贷受理中心布放征信自助查询机，助力北京小微企业融资发展。

六、进一步提升效能，优化北京营商环境

（一）推动应收账款融资增量扩面

通过召开“一把手”调度会、“周调度”工作机制、定点约谈，引导辖内金融机构通过中征应收账款融资服务平台开展应收账款融资。指导2家银行的北京市分行推动核心企业对接中征应收账款融资服务平台。推动“政府+”服务平台应用模式，协调海淀区确权中心与服务平台对接，推动北京金融控股集团有限公司与中国人民银行征信中心签署合作备忘录，

协同推进小微企业应收账款融资。全年，北京地区通过应收账款融资服务平台达成融资金额较上年同期翻两番，提前3个月完成全年任务目标。

（二）全力推进动产和权利担保统一登记应用

充分发挥征信服务在帮扶民营和小微企业动产融资的支撑和促进作用。截至年末，中国人民银行征信中心动产融资统一登记公示系统注册用户同比增长2.2倍，动产担保登记业务完成笔数及融资金额分别同比增长1.9倍和2.5倍，其中，小微企业融资占比达92%。

（三）加强中小微企业信用培育，完善中小微企业信用体系建设

一是指导中关村企业信用促进会开展北京市企业创新信用领跑行动。通过中关村科技金融创新服务联盟、瞪羚企业家创新合作组织等途径，完善企业信用档案，帮助1 480家信用星级企业获得社会资源支持。

二是指导北京金融控股集团有限公司建立市区两级小微金服平台，提供信息驱动的撮合式金融服务。截至年末，市区两级小微金服平台注册企业已突破3.19万家，平台已入驻43家银行、214家分支行，累计发布债权融资1 196.95亿元、股权融资73.16亿元、审批授信323.99亿元。

（四）改善农村信用环境，深化征信支持“三农”融资

一是推动农村信用体系对建档立卡贫困户实现全覆盖。成立低收入户信用评级工作小组，根据信用信息计算评价，并将所有信用档案纳入人民银行营业管理部大数据平台，实现金融机构可查询、可使用。年内，完成北京市低收入人群建档立卡工作，实现信用档案100%全覆盖，其中，18岁以上低收入人群信用评定全覆盖（8.06万人，占比93.5%）；评定信用户数7.84万人，评出信用村49个，占比20.94%，信用乡镇1个，占比16.67%。截至年末，北京市低收入人群中共有4 552人获得贷款，贷款余额为1.32亿元。

二是指导市级涉农金融信息服务平台和农民专业合作社信用评价系统上线运行，支持农户等主体融资发展。截至年末，已帮扶涉农、小微企业2 744家，对接融资需求425.75亿元，授信金额为84.07亿元。农民专业合作社信用评价系统自8月上线运行以来，已累计向专业合作社发放贷款1.42亿元。

三是在全国率先设立征信观察点，优化农村信用环境。加强与市地方金融监管局和北京市农业农村局等相关部门的协同联动，推进和完善农户信息归集。指导辖内商业银行设立农村征信观察点，开展农村地区征信宣传和信息调查统计，以点带面，推动优化农村信用环境。

（五）创新开展“稳企保就”包区工作，征信援企政策精准直达

一是高标准建立工作对接机制。与北京市朝阳区金融服务办公室组建工作专班，全力推进“稳企保就”工作。

二是快速推动政银企对接。组织文旅企业、科创企业、外贸企业等专场对接会，20多家优质且有融资需求的企业获得了政策指导和银行贷款。

三是督导银行分类施策。对于优先保障类、重点保障类企业实施“一企一策”，建立专项档案，及时掌握对接动态。积极推动朝阳区小微企业通过“创信融”平台获得信用融资。

七、因疫求变，创新不断

（一）优化金融基础设施，推动涉企信用信息共享

一是在全国率先搭建“金融管理大数据 + 金融科技 + 政府政策配套”三位一体的“创信融”企业融资综合信用服务平台。2020 年 9 月 19 日，“创信融”平台在“2020 中关村论坛”上正式发布，通过“模型驱动的嵌入式金融服务”，推动“纯信用、全线上”金融产品落地。“创信融”平台先后在中国建设银行北京市分行、中国工商银行北京市分行、交行银行北京市分行、中关村银行开展试点，精准支持 508 家中小微企业，其中，99% 是小微企业，支持就业人数超过 1 万人；发放贷款突破 4 亿元，其中，首贷企业占七成；贷款的加权平均利率不到 4%，平均贷款时长由 10 个工作日缩短至 12 分钟。

二是推动替代数据共享，深化“信用白户”征信服务。积极推动北京金融公共数据专区与人民银行营业管理部大数据平台互联互通。北京市大数据平台可在金融科技板块应用的数据累计达到 16 亿条，涉及 28 个大类、183 个小类，涵盖企业工商、个人公积金、社保、民政、医保等领域，以及司法涉诉、企业失信、涉税等信息，直接在金融公共数据专区内汇聚的数据超过 2 400 个数据项、2. 68 亿条记录。第一批政务数据已完成线上共享，包含海关、法院、税务等信息。

（二）创新构建“内调外联 + 上援下推”征信异议维权工作机制，搭建全国首个线上征信维权和解平台

一是创新异议维权机制，有效提升公众“获得感”。督导辖区内金融机构“能调尽调”，主动与人民银行各分支机构协同开展异议维权。建立“疫情异议 2 小时”“四个一”“三步法”及群访应急等系列异议维权工作机制，与市地方金融监管局、北京市互联网金融行业协会共同建立 P2P 网贷机构联合管理机制。规范咨询回复，对基层员工开展心理疏导、标准回复培训，提升执行力和应急能力。

二是搭建线上征信异议维权和解平台，为征信业务争议双方提供信息交流渠道。全年，北京地区共处理征信异议事件数量同比增长 194%，其中，超期异议率大幅下降，占比不足 1%。督导金融机构为 45. 9 万名公众和 5 955 家企业提供疫情异议维权服务，2 小时高效处理解决全国首笔因疫情导致的征信异议。处理征信投诉、举报等维权事件同比增长近 8 倍，均得到妥善处理。组织辖内 200 家接入机构调整征信数据报送规则，切实保障公众征信相关权益。

（三）依托新媒体，征信宣传热点多频共振

依托新媒体，大力开展征信宣传教育活动，营造良好信用环境。全年，北京地区累计有 61 个政府部门、1 883 家金融机构网点、53 774 家小微企业、55 所学校、43 家媒体参与宣传工作，举办活动约 1 791场，宣传受众辐射京津冀约 1 500 万余人。

一是依托互联网平台，打造“信用北京查”征信服务品牌。推出“信用北京查网上都能办”微信宣传及线上答题等宣传活动，制作《信用北京》宣传视频，参与互动人数达 42 万人，浏览量近 160 万次，视频播放量超 10 万次，辐射河北、山东等 11 个地区。在中国交通广播（FM99. 6）《一呼百应帮帮忙》和《速度晚高峰》两个栏目，播出综合金融

知识宣传情景剧30期，在《整点十秒》栏目组织开展公益宣传活动，开辟“综合金融知识”宣传教育答题活动专栏，开展线上答题抽奖活动。

二是建立征信宣传常态化机制。指导辖区内金融机构整合微信、手机端、客户端等互联网平台推出“首都征信自助服务网络”“关于个人信用报告的解问答疑都在这里”“应收账款融资服务平台及动产融资”等专栏。联合中国人民银行天津分行、中国人民银行石家庄中心支行开展京津冀地区信用评级机构《信用评级业管理暂行办法》专题网络知识竞赛，北京地区信用评级机构的1 034名高级管理人员及信用评级分析师参加了活动。

三是推动校园诚信体系建设，加强征信人才培育。坚持征信教育进校园，以动画片形式在景山小学等20余所小学投放《金融公开课》，通过广播剧和典型案例在大学开展“校园贷”“现金贷”等风险教育，启动“信青年杯”全国大学生抗击疫情拍照接力公益项目等。

八、调查关注热点，研究再上台阶

一是聚焦区块链热点研究，结合“长三角征信链”建设经验，组织辖内多家征信机构开展探索研究，推动企业征信机构与金融机构的需求对接和市场资源整合。

二是聚焦信用信息平台建设热点，赴广州等地开展调查研究，学习借鉴征信体系建设及服务民营小微企业的情况，立足北京实际，选取中关村国家自主创新示范区试点，完成多篇调研报告，探索建立民营小微企业金融服务长效机制。

三是组织辖内20家有代表性的地方性法人接入机构，完成对《关于新型冠状病毒感染肺炎疫情防控期间征信权益保障工作的指导意见》的研究反馈。

四是承担中国人民银行国内外信用评级行业动态监测工作，参与《征信业务管理办法》起草制定，配合开展地方征信平台建设、信用修复及联合惩戒、企业征信市场评估、个人信用评分等调研工作。

（张建立）

金融信息化建设

2020年，北京市金融信息化建设工作以科技保障为基础，以模范机关创建为依托，守住不发生系统性金融风险的底线，坚持科技基础运维与服务创新两手抓，全力确保安全生产，积极推动金融科技创新发展，稳步推进大数据建设，开展金融标准化宣贯，建立健全金融监管体系，积极服务人民银行营业管理部履职创新，助力抗疫复工和稳企业保就业工作，首都金融信息化服务普惠水平得以有效提升。

一、推进人民银行营业管理部信息化建设工作

一是强化技术服务保障，持续做好人民银行营业管理部136个信息系统、86台服务器等基础设施的安全生产保障，开展业务网生产区和DMZ区新旧设备替换，引入Veeam和RP4VM等容灾备份工具，为账户系统搭建 HADR 准实时数据同步机制等。

二是及时高效建设人民银行营业管理部视频会议系统，推进辖内 25 家商业银行接入，确保疫情期间日常办公的顺利进行。

三是做好网络线路、视频会议系统、支付相关业务 UPS 配电室建设。

四是推进人民银行营业管理部信息化项目建设，二代征信查询前置系统、外汇网上预审批系统、反洗钱非现场监管系统、北京市银行账户风险监测系统等 12 个重要应用系统顺利上线运行。

二、高度重视，全面推进信息安全保障建设

加强运维管理，夯实制度基础，修订《营业管理部网络安全管理实施细则》《营业管理部信息化项目建设管理办法》《营业管理部机房管理细则》等 8 项制度。严格落实网络安全工作责任制，狠抓人民银行营业管理部网络安全管理，指导辖内金融业网络安全工作开展，推进信息技术创新产品及服务应用工作，组织辖内 47 家金融机构接入金融业网络安全态势感知与信息共享平台，确保全辖网络和信息系统的安全稳定运行。

三、探索创新，认真做好金融科技应用试点及大数据建设

（一）积极推动金融科技创新发展

扎实推动金融科技创新监管试点，先后两批 17 个创新应用对外提供服务，第三批 5 个创新应用即将公示；配合中国人民银行编写和发布《中国金融科技创新监管工具》白皮书，开展金融科技创新监管服务平台测试，为建立健全金融科技创新监管体系提供有力支撑；推进国家金融科技风险监控中心建设，为金融科技创新监管打造稳定的专业化队伍；推进金融科技创新应用试点，完成 46 个试点项目的中期评估，挖掘优质试点项目、加强监测督导，为应用试点顺利收关做好准备。

（二）稳步推进大数据建设

完善大数据建设顶层设计，制定并发布《营业管理部大数据建设行动计划（2020～2022 年）》，完成《中国人民银行营业管理部数据管理办法（征求意见稿）》；夯实大数据技术支撑平台，数据接入、数据存储、数据分析与建模、数据推送与展现、数据治理 5 类服务 16 个子平台投入运行，“数据中台”初具规模；丰富大数据基础数据，持续接入中国人民银行 13 个业务条线和北京市公共政务数据，数据累计超过 4 亿条，梳理 130 691 项业务指标、418 万个属性的数据标准，为“稳企业保就业”工作提供全面、多维数据支撑；深化大数据创新应用，创信融项目、银企对接平台、反洗钱数据分析平台、金融机构风险管理系统等重点应用项目上线运行，金融支持小微企业融资课题研究、跨境人民币数据分析、结售汇大户数据分析、外汇贸易融资数据分析等利用大数据平台资源展开，大数据对分析研究的支撑作用逐渐显现。

四、做好行业技术监管，充分发挥行业管理职能

（一）加强金融标准引领和标准化体系建设

组织辖内 10 家银行开展金融标准化体系建设试点，持续监督重点金融标准应用实施情况；通过金融标准线上讲堂、标准抗疫 3D 线上展厅、公众金融标准挑战赛、金融从业人员知识竞赛、“一图读懂”等系列活动，组织北京地区金融标准质量月和“领跑者”宣传；积极参与金融国际标准化研究，加入ISO WG13及国际采标工作组；开展全球法人识别编码（LEI）应用场景调研及“领跑者”企业信贷支持情况调研，完成辖内500余家金融机构LEI赋码和推广，为各机构参与国际化市场奠定基础。

（二）积极推进辖内网络安全风险防控

指导辖区内金融业各机构做好重要时期金融网络安全保障工作，圆满完成“两会”、中国国际服务贸易交易会等重要时期的网络安全保障工作；加强金融网络安全能力建设，部署开展2020年国家网络安全宣传周活动，组织辖内银行机构参加“4·29首都网络安全日”活动；开展第二代国库信息处理系统（TIPS）等人民银行重要信息系统密码升级改造；指导辖内机构接入金融业网络安全态势感知与信息共享平台；开展相关应急演练，修订应急预案；开展支付机构相关工作调研、转发风险提示，完成金融科技应用风险专项摸排，提升辖区内支付机构网络安全水平。

（王丽）

金融法制建设

▲中国人民银行营业管理部法制建设

2020年，人民银行营业管理部以争创“首善之区一流央行”为目标，以深入开展创建“让党中央放心、让人民群众满意的模范机关”为契机，注重政治引领，积极探索创新，勇于担当，积极作为，金融法治工作再上新台阶。

一、强监管，夯实法治建设基石

一是加大处罚力度，整肃市场违法乱象。全年组织召开行政处罚委员会案件审查会7次，共对51家机构和46名个人作出处罚决定，连续3年实现处罚金额增速的双位数增长。累计对16家拒收现金的违法企业作出警告，其中，对3家单位作出经济处罚，处罚数量和力度均居全国首位。

二是树立典型案件，强化警示震慑效果。全年开出6笔“千万级罚单”，其中，对商银信支付服务有限责任公司开出人民银行系统对支付机构的最大罚单。成功组织首次行政处罚听证，就大额案件行政处罚工作经验在中国人民银行法治央行建设推进座谈会上作经验交流。率先对支付条线检查中发现的支付与反洗钱违规竞合问题采用《反洗钱法》进行处罚。

三是编制工作手册，规范行政处罚流程。编制《营业管理部行政处罚标准化工作手册》，从立案、审核、审议、制发、公示、执行等角度规范行政处罚流程，并结合北京地区处罚实践经验，加入听证、分期缴款、强制执行等特殊程序的办理要求，实现行政处罚“一册通”。

二、重实效，筑牢依法行政梁柱

一是加大统筹力度，增强执法检查效能。更新《营业管理部执法检查标准化工作指南》，确保执法检查工作顺利衔接“证据规则”等新规定。加强执法检查现场跟踪督导，对检查过程中存在的程序性问题及时予以纠正，确保执法检查依法依规开展。

二是及时建章立制，切实补齐制度短板。研究制定《中国人民银行营业管理部重大行政决策程序规定（试行）》，确立重大行政决策原则、程序、责任等制度规定，健全科学、民主、依法决策机制，提高决策质量和效率。

三是做好文件清理，构建长效工作机制。定期组织开展规范性文件评估清理工作，废止《中国人民银行营业管理部关于做好辖内支付机构技术管理工作的通知》《北京市金融机构残缺、污损人民币兑换实施细则》《关于规范可疑交易报告报送格式的通知》3个规范性文件。

三、优服务，压实行政主体责任

一是强化法治引领，有效防范履职风险。全年，共审核民事合同及集采文件250份、行政许可303份、执法检查文书14份、举报答复822份、政府信息公开申请74份；办理行政复议案件15件、诉讼案件30件，胜诉率维持高位，其中，人民银行无督促支付机构先行赔付的职责和对支付领域举报处理与举报人无利害关系的判例，均对人民银行系统办理案件具有重要指导意义。为商业银行账户远程开户试点项目、日韩短期入境游客境内移动支付便利化试点项目、历史遗留问题清理等重要专项工作提供法律支持。

二是积极建言献策，全力提供智力支持。参与修改《中国人民银行行政处罚程序规定》，配合制定《北京市地方金融监督管理条例》，就《中华人民共和国行政处罚法（修订草案）》立法工作向中国人民银行研提意见。高质量完成中国人民银行条法司调研课题8项，报送北京法治各类信息17期。

三是促进职能转变，提升政务服务效能。编制《营业管理部行政许可事项目录清单》及5项行政许可服务指南，指导下辖机构编制1项行政许可服务指南，全面推进政务服务标准化建设。制定《营业管理部政务服务“好差评”工作机制实施办法》，建立服务评价、整改提升、差评回访、数据分析、结果公开全流程工作机制，构筑以企业和群众需求为导向的政务服务“好差评”评价体系，提升政务服务水平。

四是打造特色品牌，完善普法宣教体系。创建“普法疫战”宣传品牌，编写疫情防控系列普法宣传资料，以政策解读、问答互动、案例分享等多种形式开展法律分析。开通全国首家省级金融业法律服务中心自媒体账号——“北京金融法律公服中心”今日头条官方账号，先后发布普法文章32篇，视频18个，总点击量超4万次。自制《以案说法》系列短视频，紧扣央行履职政策法规，共形成《从张玉环案说国家赔偿》《从搭便车说好意同乘》《从字节跳动起诉特朗普政府案说行政诉讼》等8期案例。

（朱雨萌）

▲银行业保险业监管法制建设

2020年，中国银行保险监督管理委员会北京监管局（以下简称北京银保监局）认真贯彻落实党中央、国务院、中国银行保险监督管理委员会（以下简称中国银保监会）对首都银行保险工作的要求和部署，严格行政执法，深化法律服务，推动行政许可事项改革，着力防范风险，有力地推动了首都银行业和保险业法治化建设。

一、加大行政处罚力度，提升监管执法的威慑力

全年，北京银保监局共对47起案件

作出行政处罚，对47家银行保险业机构及57名责任人给予行政处罚，罚没款合计11 109.22万元，其中，已审决案件罚没机构10 534.22万元，罚款个人575万元。加强对违法责任人员的处罚问责力度，对14名责任人给予一定期限直至终身禁止从事银行业工作的处罚，对5名责任人给予一定期限直至终身禁止董事、高级管理人员任职资格的处罚。

对照国务院金融稳定发展委员会、中国银保监会关于加大金融违法行为行政处罚力度的指导意见和工作要求，确定全年处罚工作查处事项要点，推动对6类重大恶性违法行为和5项年度重点查处事项加大处罚力度。依法稳妥处置多起重大违法案件，充分体现“严监管”态势，有效遏制市场违法违规行为。推进行政处罚业务管理系统及廉政风险防控平台建设，加强行政处罚信息化建设。

二、提高法律服务水平，防范化解法律风险

一是以法律审查及复议诉讼为抓手，防风险促能力。年内完成各类法律审查900余件，对半数以上就违法定性、法律适用及表述等提出完善意见；提出正式法律意见的有85件。发布实施《北京银保监局法律审查工作规程》，从制度层面完善法律审查流程和标准。

二是助力完善规则治理，持续提升依法履职水平。年内，完成规范性文件审查6件，均顺利通过备案。在政策制定处室初审、法规处复审的双重审查机制基础上，进一步强化重大政策措施的审查，确保规范性文件及政策措施在依法合规前提下充分发挥监管治理效果。开展重大政策执行效果评估论证及规范性文件专项清理工作。参加北京市公平竞争审查相关培训会议等，充分借鉴相关经验，提升公平竞争审查能力。

三是扎实开展法治研究，系统梳理法治工作经验做法。创设《监管法治观点》专刊，通过梳理法律审核、复议诉讼、业务治理等工作中的经验和问题，传达监管法治观点，提示执法风险。结合公安、检察院、法院各类来函咨询事项，对非法金融业务、类保险业务、信托业务等开展专题研究。积极参与《中华人民共和国银行业监督管理法》《商业银行法》《中国人民银行法》修订相关工作，对中国银保监会拟出台或修订的监管制度及北京市各类地方性规范等事项，累计反馈各类意见20余项。办理北京市及各地公检法机关协查事项累计数十件。

四是借助科技创新及法治人才力量，做好法律服务与保障。制作《银行保险业监管制度汇编》等电子书，持续开通“北大法宝”数据库，为监管人员提供全面有效的检索、学习监管法规的途径。借助大数据与人工智能等科技力量，完善监管手段，丰富监管工具。推动完善法律事务协调员工作机制，推动公职律师申请工作，年内30名干部取得公职律师证，法治人才力量得以充实。

三、强化许可事项改革，推动完善市场准入工作

一是积极推进“证照分离”改革全覆盖试点工作。出台《北京银保监局证照分离改革全覆盖试点工作有关事项的通知》，通过精简审批材料、压减审批环节等改革举措，进一步优化准入服务，提高审批效率、降低办事成本。

二是开展行政许可事项改革。印发《北京市保险支公司及以下机构和高级管理人员备案管理办法》，将辖内保险机构支公司及以下分支机构部分行政许可由事前审批简化为事后备案，并大幅减少机构所需提交的备案资料，进一步简化行政许可事项办理程序。

三是做好新设机构引进工作。根据北京市引进新设金融机构工作安排，推动金融机构在京落地。认真做好政策指导和准入辅导工作，加快初审转报流程；积极向中国银保监会对口部门请示汇报，争取有关政策在京先行先试，协调加快审批进度，支持更多法人机构在京新设。

四是落实“互联网＋政务服务”。制作行政许可办事指南和服务指南，在北京银保监局官网公开供申请人查询使用。全面对照国家政务服务清单，在北京市政务服务事项管理系统中做好基本目录标准化梳理工作，通过“首都之窗”对外公布。

四、开展扫黑除恶专项斗争，打击电信网络新型违法犯罪

一是深入开展扫黑除恶“六清”行动。先后两次组织辖内机构开展违法违规催收贷款、“金融放贷”领域涉黑涉恶专项整治行动，督导机构对问题进行整改。扎实开展涉黑涉恶线索摸排、核查、处置工作，实现线索清仓。全年从各渠道接收的疑似涉黑涉恶问题线索均已及时核查处置完毕，并及时反馈线索交办或移出部门。

二是会同人民银行营业管理部开展涉赌涉诈风险排查与整治工作。组织全辖银行机构对存量银行账户、商户、支付条码等开展风险排查，对排查中发现的风险账户、商户及问题线索，均已督导银行采取整改处置措施。组织“全民反诈首都无诈”系列宣传活动。辖内累计3 000余家银行经营网点参与宣传，分发宣传折页50万余份，组织现场宣教活动7 000余次，覆盖消费者人数达40万余人，通过微信、微博、今日头条、抖音等新媒体平台推送信息5万余条。

三是开展银行业“断卡”行动，建立涉案账户定期溯源倒查机制。组织银行对涉案账户开展“五查”工作，督导银行处置违规问题或瑕疵账户，开展内部问责。

五、推进金融纠纷多元化解机制，维护消费者合法权益

一是强化司法引领与监管引导，联合北京市高级人民法院印发《关于推进金融纠纷多元化解机制建设的意见》《金融纠纷多元化解机制合作备忘录》，明确将辖内北京秉正银行业消费者权益保护促进中心、北京保险行业协会纳入法院特邀调解组织名册，为调解达成的调解协议提供司法保证。建立快速和示范审理机制，强化区块链等现代信息技术推广应用，提升化解效率，降低化解成本。积极参与基层法院诉源治理特色机制，把行业调解室设在西城区人民法院；将东城区人民法院流动法庭请到“12378”热线北京分中心；联合人民银行营业管理部、西城区人民法院召开诉源治理成果新闻通报会，提升多元化解认知度和信任度。全年通过调解室和工作站化解案件233起，助力构建公平、和谐的首都金融市场环境。

二是建立投诉管理系统平台。利用信息技术手段，搭建投诉管理系统平台，实现监管、机构、第三方调解组织互联互通，达到投诉事项批量转送、批量处理、实时跟进、在线统计的效果，提升投诉处理工作信息化水平。全年通过投诉管理系统平台转办投诉案件10 485起。

六、有序推进行业法治建设，圆满完成“七五”普法各项工作任务

积极组织北京银保监局及辖内机构开

展“七五”普法终期验收工作、开展“12·4”宪法宣传日等普法宣传活动、法治动漫微视频作品征集活动等。推荐北京秉正银行业消费者权益保护促进中心成功申报北京市第一批“法治宣传教育示范基地”。向北京市司法局报送普法宣传材料与数据、督导辖内机构配合北京市普法工作，加强与北京市普法工作的协调联动。依托金融专网搭建行业统一的宣教资源共享平台，激发辖内机构的宣教热情，年内组织辖内机构开展集中宣教12 000余次，发布线上原创宣教信息近6 000余条，点击量470余万人次，累计发放各类宣传资料7 100余万份；各机构参与网点数5 064个，参与员工数17万余人次，触及消费者达14 000余万人次。结合常见消费投诉问题和社会关注热点，先后发布合理维权、理性消费、防范“代理退保”风险在内的金融消费风险提示11篇、配套宣教视频5个，被国务院门户网站中国政府网等主流媒体广泛报道及转载。

（焦璐璐）

▲证券业监管法制建设

2020年，中国证券监督管理委员会北京监管局（以下简称北京证监局）深入学习党的十九大精神、习近平新时代中国特色社会主义思想，落实依法全面从严监管理念，主动防范化解风险，牢牢守住风险底线，全面普法，积极应对依法行政压力，着力提升和改进监管能力，有力地推动了辖区资本市场法治化建设。

一、从严打击违法违规行为，净化辖区环境

坚持以“事实清晰、证据确凿、程序严谨、适用准确、处罚公平”的执法标准开展行政处罚工作，依法从严打击辖区各类违法违规行为。全年，审结案件17起，同比增长143%；作出行政处罚决定书15份，同比增长114%；对38名当事人进行行政处罚（其中包含6家单位和32名自然人），同比增长245%；罚没款金额共计1 934.95万元；新收案件17起，同比增长70%；在审案件19起，召开听证会9次。

二、加强证券法律服务监管，引导提升执业质量

一是依法履行监管职责。认真处理涉及北京辖区律师事务所的举报及核查关注任务，以举报线索及抽查抽检为抓手，督促辖区律师事务所加强内部管理、提高执业质量；完成辖区6家律师事务所债券业务现场检查工作，全面提升律师事务所底线意识和合规意识，不断强化资本市场“看门人”作用。

二是深化律师事务所监管协作机制。与北京市司法局建立长效对接机制，在涉及律师事务所监管的事项上，相互协助、加强沟通，不断提高监管效能，强化监管权威。

三、严格法制审核把关，防范化解辖区风险

2020年，北京证监局共完成法制会签约310件，比上年增长近11%。对上市公司退市风险处置预案、方案等进行法律把关，充分防范法律风险、持续提供法律支持。主动联系北京市三级人民法院，就私募基金风险情况及防控处置问题等开展交流，实现私募领域监管与辖区最高司法机关协调配合的顶层安排。

四、积极应对复议诉讼，坚持依法行政

2020年，北京证监局新发生30起复议、20起诉讼，是上年复议量的2.14倍、诉讼量的2.85倍，其中，有3起诉讼是由行政处罚而引起。

一是扎实推进复议应诉工作。面对案多人少的不利局面，认真仔细梳理每起案件的证据，研究论证相关焦点问题，按时处理答复。

二是加强与相关业务部门的沟通协作。积极走访市各级人民法院，建立沟通交流机制。加强与中国证监会法律部的联系，寻求指导。

三是寓教于践。全年组织庭审旁听 3 次，40 余人次参与，以鲜活的身边案例提升依法行政意识、增强答复应诉能力。

五、深化诚信机制建设，营造良好的诚信氛围

一是创新资本市场诚信系统应用工作。针对疫情及时调整工作流程，开设诚信工作专用邮箱，通过线上方式接收证券期货市场诚信信息查询、更正等事项的申请材料，满足诚信查询需求，便利市场主体复工复产。全年，共录入诚信信息 298 条，使用资本市场诚信数据库查询诚信信息共计 1 000 余次，向各类市场主体出具诚信查询报告 339 份。推动特定严重失信人制度相关工作，做好特定严重失信人信息录入工作。

二是积极参与北京市社会信用体系建设工作。参加北京市社会信用体系建设联席会议，配合联席会议办公室提出的各项建设任务，按月报送北京证监局城市信用监测指标；对北京市相关信用建设制度研提意见，助力首都诚信体系制度建设。

三是完善信用专栏，公示诚信信息。完善北京证监局官网“信用专栏”，通过发布联合惩戒、诚信建设相关政策规定等内容，引导市场主体诚信守法、营造良好的诚信建设氛围。

六、深入开展普法宣传，提高法律意识

深入开展宪法学习宣传教育；组织辖区经营机构参与北京市、司法部分别组织的法治动漫微视频征集活动，共计报送 23 个优秀参选作品；开展加强《民法典》宣传、解读新《证券法》、宪法宣传周等多项主题宣传活动。应中关村科技园区管理委员会邀请，通过视频线上直播的方式，对园区下属企业开展新《证券法》解析的普法宣传活动。

七、持续做好司法接待，协助打击非法活动

全年接待全国各地司法机关来访 30 次，涵盖业务咨询、业务资格认定、行为性质认定、查阅复制资料等，积极协助打击非法证券期货违法活动。

（徐少云）

反洗钱工作

2020 年，人民银行营业管理部不断创新反洗钱监管方式，探索现场检查非现场化，实现执法检查深度再上新台阶；以风险评估为抓手，灵活运用多种监管措施，确保反洗钱监管全覆盖；完成我国非营利组织恐怖融资风险评估和房地产行业洗钱风险评估工作，创新开展会计师、网络小贷等行业反洗钱工作，扩展特定非金融机构反洗钱监管领域；着力建设北京市打击洗钱犯罪长效机制，深入各区挖掘线索，“洗钱罪”判决取得重大突破；围绕中央执法执纪专项行动和互联网金融专项整治等活动，加强反洗钱调查与监测分析力度，为社会治理和金融风险防范提供支持；发挥联合优势，广泛运用新媒体技术，提升反洗钱宣传培训工作的广度和深度。

一、以现场检查为重心，以风险评估为抓手，持续强化严监管

一是探索执法检查非现场化，提升执法检查质效。在北京疫情防控常态化趋势下，为确保执法检查工作顺利开展，创新采用执法检查非现场化模式。全年共处罚8家机构、处罚金额共计4 240万元，处罚12名高级管理人员、处罚金额共计85.9万元，且全部为“双罚”，总金额较上年增长184%。将执法检查中发现的典型问题进行全辖通报，要求机构正视问题、自查自纠，以案为鉴。

二是强化风险评估措施的组合运用，有效实现监管“全覆盖”。完成辖内全部法人机构的洗钱风险评估工作，实现法人机构风险评估全覆盖，根据评估结果建立风险监测机制，灵活运用通报、质询、约见谈话、监管走访等各项监管措施，实施“风险为本”分类监管。针对信托公司、财务公司、汽车金融公司、金融租赁公司、消费金融公司等机构，根据其业务特征和风险属性，分行业制定更具针对性的评估指标并据此开展评估工作。及时总结日常风险评估工作经验，制定《反洗钱非现场监管实用手册》，高效规范地向辖内义务机构传达监管要求。

二、以行业风险评估为推手，以房地产和网络小贷为试点，推动特定非行业反洗钱工作开展

一是积极开展我国非营利组织、会计师行业、房地产行业洗钱和恐怖融资风险评估工作，为进一步推动相关行业反洗钱工作开展奠定基础。加强与民政部门、财政部门、住房和城乡建设部门以及中国注册会计师协会等行业组织的沟通协调，充分了解行业状况。参考借鉴国际经验，针对行业洗钱漏洞，设计固有风险指标和控制措施指标，完成会计师、房地产经纪、房地产估价等行业相关洗钱风险评估报告。

二是建立房地产和网络小贷行业反洗钱监管体系，不断完善特定非行业反洗钱监管领域。大力推进《北京地区房地产行业反洗钱工作暂行办法》落地，为北京市房地产行业开展反洗钱工作提供制度依据。与中国互联网金融协会、北京市地方金融监督管理局沟通协调，对网络小贷机构进行反洗钱业务培训，探索开展对辖内网络小贷机构的风险评估工作。

三、以机制建设为基础，以部门合作为支撑，实现“洗钱罪”判决重大突破

一是强化合作机制建设。与北京市人民检察院签署《加强合作打击洗钱犯罪的纪要》，联合北京市人民检察院签署《加强合作打击洗钱犯罪的纪要》，联合北京市监察委员会、北京市高级人民法院、北京市人民检察院、北京市公安局、北京市国家安全局等部门共同签署《北京地区打击洗钱犯罪合作备忘录》，建立北京市打击洗钱犯罪长效合作机制。

二是深入各区针对具体案件展开分析。协调相关部门开展研讨座谈、联合培训和联合宣传。针对典型案件成立专班，协助相关部门全力突破案件办理中的难点。全年协助破获3起洗钱案件，其中，2起案件的复杂程度、刑事惩处力度在全国具有典型性和影响力。

四、以中央执法执纪专项活动为主线，以提升义务机构可疑交易监测分析质量为契机，深入推进调查分析工作

一是围绕涉黑涉恶、地下钱庄、跨境赌博、电信网络诈骗、互联网金融专项整治等重点领域开展监测分析，全年向有关部门移送案件线索 57 起。充分发挥调查职能优势，支持社会治理，协助北京市国家安全局、北京市人民检察院、北京市公安局禁毒总队等部门破获多起重案要案。针对高风险领域开展资金专项分析，为重大金融风险处置工作提供支持。

二是指导义务机构提高可疑交易监测分析质量。下发《北京地区 2019 年支付机构洗钱类型分析报告》《北京地区 2019 年保险业洗钱类型分析报告》，指引义务机构完善相关交易监测模型。针对犯罪分子利用货币基金产品实施诈骗的行为，向辖内基金管理公司下发洗钱风险提示。结合北京市“两区”建设情况，提出反洗钱相关政策要求。开发反洗钱大数据分析平台，提升辖区监测分析工作的信息化水平。

五、以联合创新为切入点，以新媒体为载体，做精做细反洗钱宣传培训工作

联合东城区人民检察院拍摄《警惕！别以为“反洗钱”与您无关》，向社会公众揭示洗钱犯罪的危害。发动义务机构通过官微、今日头条、抖音等媒体渠道开展形式多样的反洗钱集中宣传，引导社会公众了解反洗钱工作的意义。推出反洗钱系列宣教节目《反洗钱大家谈》，聚焦“实名实户不识人”“信息孤岛”“大数据技术在反洗钱工作中的应用”等热点难点问题，提升辖内义务机构对反洗钱工作的认知度，指导义务机构更深入有效地开展相关工作。

（毛禾津）

跨境人民币业务

2020 年，北京地区跨境人民币业务稳健发展。

一、人民币跨境使用规模持续增长

2020 年，北京地区跨境人民币结算 5.18 万亿元，同比增长近九成；与 169 个国家和地区发生跨境人民币结算，业务笔数为 18.77 万笔。具体来看，北京地区经常项目人民币收付 8 377.2 亿元，其中，货物贸易人民币收付 5 333.47 亿元，服务贸易人民币收付 1 415.90 亿元；资本与金融项目人民币收付 4.34 万亿元，其中，直接投资人民币收付 4 633.28 亿元，证券投资人民币收付 3.6 万亿元。与境外国家和地区银行的合作日益加深。截至年末，北京地区银行已累计开立人民币同业往来账户 854 个，为非居民机构开立人民币结算账户 1 201 个。

二、落实“金融为民”理念，服务实体经济

（一）人民币在“一带一路”沿线国家的使用不断深化

2020 年，北京与“一带一路”沿线 106 个国家和地区开展跨境人民币业务，实现跨境结算 1.54 万亿元，同比增长 100.29%，占地区跨境人民币收支的比重近三成。

（二）持续推动贸易投资便利化

在全国率先落地对外承包工程类优质诚信企业跨境人民币结算便利化试点，形成可向全国复制推广的经验。截至年末，指导试点银行为39家试点企业提供跨境人民币结算便利化服务，得到市场主体的认可。指导并推动《北京地区优质诚信企业跨境人民币结算便利化方案》落地，进一步释放政策红利。截至年末，北京地区商业银行共为111家优质诚信企业办理跨境人民币结算业务，金额超1 000亿元。

（三）支持地区疫情防控与企业复工复产

面对新冠肺炎疫情，第一时间启动北京地区跨境人民币业务“绿色通道”，通过简化疫情防控相关跨境人民币业务办理流程，助力企业复工复产。截至年末，全市通过跨境人民币防疫“绿色通道”累计汇入疫情防控捐赠、物资出口等款项超过3亿元。

（四）稳步发展跨境双向人民币资金池业务

截至年末，累计为124家跨国企业集团办理业务备案，累计调配资金合计1.09万亿元，有效帮助企业拓宽融资渠道、节省汇兑成本。

（朱琳琳）

金融消费权益保护

▲中国人民银行营业管理部金融消费权益保护工作

2020年，人民银行营业管理部以争创“首善之区一流央行”为目标，牢固树立“金融为民”理念，以创建“让党中央放心、让人民群众满意”的模范机关活动为统领，积极探索创新，金融消费权益保护工作再上新台阶。

一、立足民情、化解民忧，纠纷调处增添“新”动能

一是制定“12363”应对突发事件应急预案。制定“12363”疫情防控期间工作方案，印发《北京地区12363金融消费权益保护咨询投诉电话突发事件应急预案》，探索建立“接诉即办”快速响应机制，提升投诉管理水平。全年，北京地区“12363”金融消费权益保护咨询投诉电话运行平稳，共受理咨询29 018件、投诉2 213件，办结率为100%。

二是上线全国首个“金融消费者投诉数据可视化”平台。依托金融消费者投诉监测分析系统，率先上线全国首个“金融消费者投诉数据可视化”平台。督促全市银行业金融机构有序推进投诉分类标准实施工作，派人参加投诉监测分析系统需求开发阶段工作，推动北京市投诉监测分析系统二批上线。

三是推动“多元调解＋司法速裁”一站式金融纠纷解决机制落地。与北京市高级人民法院、北京银保监局联合签署《金融纠纷多元化解机制合作备忘录》，同步上线金融案件多元解纷一体化平台，率先推动“多元调解＋司法速裁”一站式金融纠纷解决机制在京落地。与西城区、朝阳区人民法院签订《金融纠纷诉源治理机制合作协议》，拓宽金融纠纷化解渠道，提高金融纠纷化解效率。全年调解金融消费纠纷案件1 621起，成功1 559起，调解成功率为97.6%。

二、强化引领、多点发力，金融消费者权益保护宣教树立“新”标杆

一是开展多层次金融知识普及活动。在疫情防控形势下，推动“非接触”宣传模式广泛应用。拍摄《不负好时光》微视频，获得中国人民银行金融消费权益保护局和《金融时报》优秀宣传视频评选二等奖。举办2020年全国金融知识普及月启动仪式暨北京地区致敬快递逆行者宣传活动。打造全国首款金融消费权益保护微信跑酷游戏“小保快跑”，通过在游戏场景学习金融消费权益保护小知识。探索与互联网头部企业合作方式，通过“贝壳找房”App向C端用户发布典型案例两则，Banner露出量达到253.64万次，点击量为10.51万次。

二是推出金融知识国民教育拳头产品——“金融公开课”。推动“金融公开课”在人民银行营业管理部官微正式发布，2 000余部线下电梯广告位滚动播放，覆盖受众25万人，同步推送至今日头条、腾讯视频等网站，单集单日播放量最高达到4 000多次。联合多家金融机构在景山学校等30余所小学开展“金融公开课”进校园活动。

三是积极推动金融知识普及阵地化建设。组建以央行青年、机构骨干为主体的金融知识宣传教育志愿服务队伍，为首都金融消费者提供更加专业的志愿服务。打造金融知识宣传主阵地，指定工商银行北京市分行金融街智慧网点和建设银行北京市分行清华园支行为北京市金融教育示范基地。

三、创新方式、通力合作，广告治理开创“新”局面

一是推动互联网头部企业非法金融广告下架。召开2020年北京市金融广告监管合作机制联络员会议，为联合制定北京地区金融营销宣传行为监管细则奠定基础。联合相关单位率先推动互联网头部企业非法金融广告下架。

二是打造“顶层监管+腰部审核+底部监测”的“塔”形金融广告治理结构。与互联网头部企业建立金融广告治理专项政企协作机制，打造“顶层监管+腰部审核+底部监测”的“塔”形结构。稳步开展“金融广告随手拍”应用推广工作，全年北京地区“随手拍”共接收、审核金融广告线索120条。

四、重点突破、持续发力，普惠金融开启“新”征程

一是积极开展北京地区普惠金融发展五年规划评估。落实《国务院关于印发推进普惠金融发展规划（2016—2020年）的通知》要求，从联合组织保障、机构覆盖范围、服务创新机制、基础设施建设、区域环境优化、宣传教育推广和消费者权益保护等方面总结五年来北京市普惠金融多项成果，深刻总结经验教训，为下一阶段普惠金融发展规划的制定提供政策参考。

二是圆满完成北京地区普惠金融指标体系填报和分析工作。运用“互联网+”工作方式，采用电子问卷，实现北京16区全覆盖投放，填报结果显示，北京市居民账户覆盖率较高，银行卡使用增长平稳，非现金和电子支付大幅攀升，保险产品和服务使用增长明显，信用体系建设更加完善。北京市在金融服务覆盖率、可得性和满意度等方面均处于较高水平。

五、优化流程、提升质效，监督检查屡现“新”成效

一是圆满完成消费权益保护机构评估。在流程设计、工作方式、结果指导和交流共享上实现多项突破，使评估结果成为提升机构经营水平、促进对金融的有效监管的有力支持。

二是加强典型案例库建设和风险提示。建立金融消费权益保护动态监管台账，及时发现侵犯金融消费者合法权益的各类情形，约谈督促整改。结合典型案例和日常监测强化风险提示，按季度向辖区金融机构发送金融消费权益保护工作通报，针对重要问题发布风险提示。

（朱雨萌）

▲中国证券监督管理委员会北京监管局投资者保护工作

2020年，北京证监局以习近平新时代中国特色社会主义思想为指导，全面践行党的初心和使命，认真落实“为民服务解难题”的要求，积极贯彻法律保护、监管保护、自律保护、市场保护、自我保护的工作要求，认真开展投资者保护、信访举报以及营商环境“保护中小投资者指标”评价相关工作。

一、多措并举，开创投资者保护和教育工作新局面

一是切实开展投资者宣传教育专项活动。扎实做好“明规则、识风险，理性投资庚子年”、第二届全国投资者保护宣传日、“诚实守信　做受尊敬的上市公司”、金融知识普及月、“新三板”改革、创业板改革以及新《证券法》普及宣传等活动，广泛动员自律组织、市场主体、投资者教育基地开展形式多样的宣传教育活动，开发有创意、有深度的原创产品，覆盖更多的投资者。

二是开创新思路，做好辖区13家投资者教育基地的日常监管、沟通协调以及年度考核工作。创新打造“优质内容+流量渠道”的北京特色投资者教育模式。构建北京辖区“投保矩阵”，充分挖掘利用投资者教育基地的渠道功能，推行“大投保基地”理念。大力支持省级投资者教育基地申报国家级基地，保质保量做好辖区省级投资者教育基地年度考核工作，引导辖区市场主体创新开发投资者教育产品。

三是主动与辖区教育部门、教育机构沟通合作，多措并举推动投资者教育纳入国民教育体系。与中国政法大学商学院、北京外国语大学国际商学院签署《关于构建证券期货知识普及教育长效机制合作备忘录》。辖区投资者教育基地与298所高校、80所职业教育和继续教育学院以及145所中小学开展合作。促进“产学研”相结合，开设必修课及选修课共计15门，其中，在高校开设必修课4门、选修课9门，在中小学开设选修课2门。开展讲座、知识竞赛以及各类社会实践等活动1 098场，活动覆盖3.28亿人次。

四是推动投资者诉求及纠纷调解妥善解决，开展投资者诉求信息统计及研究工作。推动非诉讼形式纠纷化解机制化。在北京辖区试点“12386”直转、小额速调并推广至全国的基础上，推动中证中小投资者服务中心与辖区32个证券业法人实体签署新版小额速调协议。推动辖区7个特邀调解组织加入北京市高级人民法院繁简分流特邀调解名册，解决调解协议司法确认程序复杂等问题。单独及联合中证中小投资者服务中心、中国证券投资者保护基金有限责任公司开展投资者情况调研，撰写研究报告2篇、专题报告6篇，组织编写热线诉求处理典型案例4个。

五是加强投资者服务及检查评估，建立健全沟通联络渠道和机制，强化投保专项检查力度。积极动员辖区市场主体开展投资者保护工作自查，建立健全沟通联络机制、沟通渠道和互动平台。年内，自律组织、市场主体及投资者教育基地建立投资者联络者、投资者谈心室等各类投资者沟通联络机制和意见听取渠道共计2 606个，开通“两微一端”等新媒体投资者互动平台1 882个。创新辖区投资者教育基地日常检查方式，对实体基地进行现场暗访和电话沟通，对互联网基地网站进行浏览，分析问题并提出意见建议。

二、敢于担当，积极稳妥做好信访举报工作

遵照“敢于担当、不怕困难、关口前移、挺在前面”的方针，严格按照中国证券监督管理委员会相关要求依法依规调查处理，并参考北京市委市政府“接诉即办”原则，妥善维护首都社会稳定，敢于担当，关口前移，化解风险。

2020年，北京证监局办理举报4 551件、信访119件、“12386”热线转办1 876件，总计6 546件，同比增长19%；接待来访294次、1 489人；接听来电5 727次；处理“12386”热线督办工单152件、敏感工单155件。

三、团结协作，全力落实好营商环境评价工作

一是牵头负责世界银行营商环境评价团队对中国“保护中小投资者”指标的填报、协调及参会等各项工作。北京证监局作为“保护中小投资者”指标市级牵头工作，积极协调中国证监会投资者保护局及最高人民法院相关负责同志参加磋商演练和正式磋商会。总结以往“保护中小投资者”指标磋商情况，提出推动全国人大制定或修改相关法律条文等意见建议。

二是牵头负责国内营商环境“保护中小投资者”指标评价工作。切实履行“保护中小投资者”指标牵头单位职责，统筹北京市高级人民法院、北京市市场监督管理局、北京市司法局、市地方金融监管局以及北京股权交易中心等单位，圆满完成指标评价研究、协调、参会及现场填报等各项工作。

（朱君）

五、机构业务综述

中国人民银行营业管理部

2020年，面对突如其来的疫情冲击和多重风险挑战，中国人民银行营业管理部（以下简称人民银行营业管理部）认真学习党的十九大、十九届二中、三中、四中、五中全会及中央经济工作会议精神，坚决贯彻党中央、国务院决策部署，全面落实中国人民银行党委和北京市委市政府的工作要求，确实增强“四个意识”，坚定“四个自信”，做到“两个维护”，统筹推进金融支持疫情防控和社会经济发展，金融支持稳企业保就业成效凸显，防范化解重大金融风险攻坚战取得阶段性成果，首都金融改革创新步伐加快，金融管理和服务亮点纷呈，为首都“十三五”主要目标的实现和高质量发展提供了有效的金融后盾。

一、落实稳健的货币政策灵活适度，金融支持首都抗疫情、促发展和保市场主体精准有效

一是保持货币信贷总量适度。持续加大跨周期调节力度，强化宏观审慎评估和工作督导，加大货币政策工具运用，确保贷款增速持续合理增长。12月末，北京市人民币存贷款余额为26.2万亿元，同比增长10.3%，其中，各项贷款余额为8.1万亿元，同比增长10.4%。

二是支持实体经济精准有力。配合北京市人民政府（以下简称市政府）出台疫情防控“京19条”、帮扶中小微企业“京16条”、“科创金融17条”“文化金融22条”等，引导加大对薄弱环节和重点领域的支持力度。12月末，普惠小微贷款和制造业中长期贷款余额同比分别增长30.4%和58.9%。

三是持续推动融资成本下降。释放贷款市场报价利率改革红利，引导企业贷款利率下行。12月，北京地区金融机构一般贷款加权平均利率为4.17%，创历史新低；普惠小微贷款利率为4.92%，同比下降96个基点。

四是强化疫情期间金融服务。第一时间启动资金拨付、退税、支付、征信、外汇、跨境人民币等多条“绿色通道”，做好疫情期间金融服务和应急保障工作。依托北京市疫情防控新闻发布会，5次牵头组织金融专场发布会和组织政策宣讲，分批次组织30余家媒体座谈和采访，稳定社会预期和信心。

二、“两创新、两聚焦”金融支持稳企业保就业工作成效显著

一是创新搭建市区联动机制，协同推动政策落实。推动建立高标准市级金融支持稳企业保就业工作小组，牵头8个部门出台《北京市金融支持稳企业保就业工作行动方案》，建立人民银行营业管理部对接11个区的工作机制，推动16个部门、17个区协同配合，从财政贴息、降低利率、提高贷款额度等方面加大融资支持，人民银行营业管理部行领导85次带队蹲点推进，推动各区出台文件34余项、核心配套支持政策80条，为企业纾困解难。

二是创新打造企业融资综合服务体

系，打通企业融资堵点。率先搭建“金融管理大数据+金融科技+政府政策配套”的“创信融”企业融资综合信用服务平台。该平台运行仅3个月，放款已突破4亿元，首贷企业占比70%，平均放贷时长由10个工作日缩短至12分钟。扎实推动“三类企业”精准对接，其中，优先保障类、重点保障类企业对接率为100%，融资落地3 332.3亿元；针对普惠保障类企业，推动北京市银企对接系统与北京市贷款服务中心的首贷系统、北京小微金服平台等实现系统对接。截至年末，辖内各银行依托北京市银企对接系统走访企业21.6万次，实现放款458亿元。获贷企业中，中小微企业占比96%，七成以上为首贷户。

三是聚焦重点领域，提升金融支持实体经济成效。为抗疫保供、疫苗研发和受疫情影响明显的文化、批发零售、交通运输等行业的企业提供金融帮扶。创新推出“京创通”“京文通”专项再贴现产品，提升企业票据融资便利度，累计帮助210家企业获得融资48亿元。联合中关村科技园区管理委员会（以下简称中关村管委会）推出“中关村企业抗疫发展贷”，融资落地484.3亿元，超额完成380亿元的既定目标。借助中国国际服务贸易交易会平台举办金融支持稳企业保就业专题展览及政策宣传会，并配合中国人民银行召开金融支持稳企业保就业座谈会，有效扩大政策影响力。

四是聚焦政策高效落地，切实让利实体经济。督导银行建立“一把手”负责制，梳理10类、61条银行任务清单，制定47项落实情况和风险评估指标，压实金融机构落实责任，不折不扣落实落细。3 000亿元专项再贷款、1.5万亿元再贷款再贴现政策等落实情况居全国前列。地方法人银行普惠小微贷款延期率持续保持在60%左右，普惠小微信用贷款占比从两项工具政策出台前的3%提升至12月的26.9%。已投入政策性资金超过1 300亿元，惠及市场主体6万户。全年推动北京金融业向企业让利近1 100亿元。

三、强化金融监管和风险防范，坚定守住首都金融稳定防线

一是优化升级北京金融监管协调机制和风险防控体系。优化升级地方金融监管协调机制，全年聚焦稳企业保就业、防范化解金融风险攻坚战、地方金融组织监管等，召开协调会议9次，审议通过42项议题，央地监管整体协同取得实效。进一步提升企业工商登记涉金融字样前置管理精细化水平，累计拒挡不符合要求的企业申请1 680余件。修订《京津冀协同发展人民银行三地协调机制金融稳定专项工作方案》，强化协同处置区域金融风险。有效发挥存款保险的金融安全网作用，严防辖区中小银行挤提风险。

二是稳妥处置重点领域金融风险。认真落实北京市防范化解重大金融风险攻坚战实施方案，推动徽商银行平稳承接包商银行北京分行。配合市政府对P2P领域开展整治工作。加强事中和事后监管，落实跨境资金流动宏观审慎政策。完善金融机构全面风险监测评估体系，加强重点领域、重点行业风险监测预警。支持精准打击假币犯罪，联合破获百万元级的特大假币贩卖案件，警银收缴比创近十年新高。

三是金融管理全面从严常态化。重拳出击加大行政处罚力度，全年行政处罚金额达3.16亿元，其中，对1家支付公司开出国内支付机构最大罚单；首次对3家拒收现金违法单位作出经济处罚，处罚数量和金额均居全国之首；打响系统内强化评级监管"第一枪"，对1家评级公司处以594.5万元罚款。推动洗钱入罪工作取得显著成效，联合北京市监察委员会、北京市高级人民法院、北京市人民检察院、北京市公安局、北京市国家安全局共同签署《北京地区打击洗钱犯罪合作备忘录》，已有3起洗钱案件宣判。

四、加大改革创新力度，推动首都金融业高水平开放

一是推动北京"两区""三平台"建设，推进绿色金融、科创金融试验区创建。在"两区"建设方案的251项任务中，人民银行营业管理部牵头承担40项任务，截至年末，已有跨境贸易投融资便利化、金融科技创新等23项试点政策落地。积极统筹协调，服务好中国国际服务贸易交易会、中关村论坛、金融街论坛，助力首都对外开放"三平台"建设。积极申建绿色金融改革试验区和中关村科创金融试验区，服务首都战略定位和产业布局。稳步推进首都"文化金融"建设，建立东城区国家文化与金融合作示范区工作协同机制。

二是推进金融市场开放和区域协同发展。推动全国性个人征信机构——朴道征信有限公司落户北京，推动外资独资信用评级机构——惠誉博华信用评级有限公司在京备案。支持人民币国际投贷基金落地北京。获批全国首批境内信贷资产对外转让试点，在全国率先实施产权交易所实物资产跨境转让结算，合格境内有限合伙人（QDLP）试点额度由50亿美元提升至100亿美元等，丰富了市场参与主体、交易品种，有效降低交易资金成本。深入推进京津冀一体化，联合印发《金融支持京津冀协同发展行动计划（2020～2022）》。

三是加速推进贸易和投融资便利化改革。先行先试政策再度升级。中关村国家自主创新示范区（以下简称中关村示范区）海淀园区外债便利化试点额度由500万美元提升至1 000万美元，帮助企业借款成本降低300～500个基点。加大试点政策复制推广力度，将资本项目收入支付便利化举措推广至北京全境，银行审核效率提升60%。率先实施承包工程企业境外资金集中管理，帮助企业减少外汇资金汇出、节省资金成本。率先实施外籍人才个人外汇业务便利化试点，满足境外高端人才用汇需求。全国首个对外承包工程类优质诚信企业跨境人民币结算业务便利化方案落地实施，为相关企业办理业务6.66亿元，全年北京地区人民币跨境收付金额同比增长84.9%，居全国第二位。

五、秉承金融为民初心，助力首都营商环境持续优化

一是有效提升普惠金融服务便利度。在全国率先实现本外币合一银行结算账户体系试点全流程实环境测试上线，远程开立企业单位银行结算账户试点属"全国唯一"，持续优化企业账户服务。牵头成立北京市冬奥会支付服务环境建设领导小组和制定"一揽子"建设方案。制定《数字人民币北京冬奥场景（红线外）试点工作方案》，落地数字人民币冬奥交通场景试点，境外人士移动支付便利化试点全国首批落地，首张"旅行通卡"发布，北京地区公共交通领域实现银联"云闪付"、银行卡闪付、手机PAY等移动支付全覆盖。减免企业首个基本存款账户开户费，实现银行卡线上单笔、单日缴税限额提升至100万元，满足"足不出户"线上大额缴税需求。

二是科技赋能金融服务创新。率先开展金融科技创新监管试点，两批次17个创新应用正式服务市场主体，第三批5个应用已公示，北京试点数量最多、场景应用广泛，持续领跑 9 个试点省份。稳步推进“创信融”等大数据建设，推进平台可视化和应用场景建设。打造“信用北京查”征信服务品牌，完成企业和个人“二合一”自助查询升级，全年提供的自助及线上征信查询量占查询总量的 97%。搭建全国首个线上征信维权调解平台，率先构建“多元调解 + 司法速裁”一站式金融纠纷多元化解机制，全年调解成功率达 97.6%。

六、金融统计和研究水平不断提升，高质高效服务决策

金融基础数据统计制度扎实落地，地方金融组织统计制度落地工作准备就绪。全方位支持国家金融基础数据库建设。全面加强数据治理，全年统计数据生产“零差错”。搭建银行家访谈平台，利用北京丰富的金融脑力资源为形势分析助力；建立科学规范的企业用工情况制度性调查，及时有效评判用工形势为决策部署提供参考；结合疫情防控、金融支持稳企业保就业等主题，“走出去”“请进来”开展实地调研 200 余次。强化调研组织、优化研究方式，推动跨处室、跨专业、跨条线协同开展绿色金融、科创金融等重大课题研究，涌现出大批高质量、高水平的调研信息工作成果，为央行履职和北京市委市政府决策提供有力支撑。

（曾晓曦）

国家外汇管理局北京外汇管理部

2020 年，国家外汇管理局北京外汇管理部（以下简称北京外汇管理部）围绕首都疫情防控和经济社会发展大局，持续深化外汇管理改革，优化营商环境，推动形成首都金融业开放新格局。一年来，通过齐抓共管、持续发力，地区外汇市场总体运行平稳，多项创新试点取得新突破，各项工作再上新台阶。

一、统筹全局，支持疫情防控和企业复工复产

新冠肺炎疫情暴发以来，北京外汇管理部把支持首都“战疫”和涉外企业纾困发展摆在突出位置，精准落实各项便利化政策，为首都疫情防控和企业复工复产提供了强有力的支撑。

（一）支持“战疫”举措有力有效

积极配合北京市相关部委出台疫情防控“京 19 条”，简化和优化防疫物资进出口购付汇、捐款收汇、资本项目收入支付及跨境融资等业务流程。支持企业通过网络、邮寄等“无接触”方式办理行政许可业务，做好业务咨询解答，切实保障疫情期间业务不掉线、服务不打折。截至年末，累计指导银行办理防疫物资进口付汇 1.2 亿美元，出口收汇 31.5 亿美元，捐赠收汇 5 101 万美元，涉及 92 个国家和地区。防疫相关资本项目结汇 5 693.50 万美元。

（二）助力复工复产精准及时

积极对接重点行业，引导辖内金融机构持续加大对受疫情影响、暂时经营困难的中小微企业帮扶力度。指导企业综合运用贸易融资、直接投资增资和借入外债等方式，缓解生产经营资金压力。发挥跨境金融区块链服务平台优势，简化业务办理流程，缩短融资申请周期，助力中小外贸企业纾困发展。截至年末，通过平台为工程建设、化工等行业中小企业办理出口应收账款融资业务611笔，金额11.1亿元；累计办理贸易外汇收支便利化业务6 644笔，金额345.81亿美元。

（三）稳外资稳外贸加力推进

充分发挥服务涉外主体职能，深度参与北京市金融支持稳企业保就业工作。对口联系相关各区，保障各项金融扶持政策、外汇便利举措落地见效。搭建汇银企对接平台，联合北京市外资外贸领域主管部门，举办稳外资稳外贸专场政策宣传、银企对接活动，畅通涉外企业跨境融资渠道，助力企业用好用足优惠政策。截至年末，累计推动436家涉外企业融资落地55.5亿元，有力支持市场主体加快恢复生产经营秩序。

二、服务全局推改革，聚力首都金融业更高水平对外开放

北京外汇管理部以改革创新为重要抓手，全面融入首都和国家金融发展战略，积极落实国家服务业扩大开放综合示范区、中国（北京）自由贸易试验区（以下简称“两区”）建设任务，加大“两区”金融领域制度创新引领，多项先行先试取得阶段性成果。

（一）高站位推进“两区”建设新发展

加强统筹，抓好督办，建立“一把手亲自挂帅、本外币多处室协同推进”工作机制，根据目标任务，精心组织实施，全力推进“两区”建设方案各项措施落实到位。立足国家需要和北京特色，稳步推动涵盖跨境贸易投融资便利化、金融科技创新等多方面内容的外汇领域改革举措落地落细。在国家外汇管理局的支持下，本外币合一银行结算账户体系试点、本外币一体化资金池试点等12项创新政策积极推进。人民币国际投贷基金落户北京、北京产权交易所扩大跨境交易结算范围等重点项目取得重大进展。

（二）高标准助力金融市场双向开放

积极开展QDLP试点、证券公司和财务公司结售汇、境内信贷资产对外转让试点，地区外汇市场参与主体、交易品种、交易活跃度得到丰富和提升。经国家外汇管理局批准，北京地区QDLP试点额度增至100亿美元，2家QDLP试点企业获得8亿美元额度；42家财务公司具备结售汇业务资格，2家证券公司获即期结售汇业务试点和银行间外汇市场会员资格。截至年末，2家公司完成即期、远期和掉期外汇交易1 978笔、名义本金390亿美元；北京金融资产交易所成为地区首家获得银行信贷资产转让资格的代理机构。

三、服务实体促便利，助力首都营商环境持续优化

受全球疫情冲击，国内消费、投资、出口下滑。北京外汇管理部从首都实际出发，聚焦重点区域、重点领域，精准施策，推出31项“减负、提质、增效”便利化举措，全面提升地区跨境贸易投融资自由化、便利化水平，为首都高质量发展再添新动能。

（一）重点区域先行先试持续升级

充分发挥中关村示范区、中国（北京）自由贸易试验区政策高地优势，聚焦高精尖产业集中发力，加快政策创新引领。再次升级外债便利化政策，将额度提升至全国领先的1 000万美元，并试点一次性外债登记。截至年末，已有62家高新技术企业享受外债便利化政策，涉及金额149亿美元。出台中国（河北）自由贸易试验区大兴机场片区、中关村科学城海淀区域外汇管理改革试点实施细则，推出13项试点举措，助力北京地区航空、医疗健康等高端产业能级提升和开放创新。加大试点政策复制推广力度，将资本项目收支便利化、跨境融资模式调整等6项资本项目便利化举措推广至北京全辖，业务办理全面实现先付后查，银行审核效率提升60%，惠及全市3万多家企业。

（二）重点领域便利化改革不断突破

将货物贸易外汇收支便利化试点扩至服务贸易，精简单证审核流程，材料准备和审核时间缩短50%以上，资金结算效率显著提升。截至年末，累计办理贸易外汇收支便利化业务7 044笔，金额361.8亿美元。积极推进承包工程企业境外资金集中管理，核准3家企业在印度尼西亚、肯尼亚等国实施境外资金集中管理，归集22个工程项目资金，涉及金额52.8亿美元，为企业节省约15%的资金成本。围绕北京“四个中心”定位，在全国率先实施产权交易所实物资产跨境转让结算方案，降低交易双方资金成本；率先实施外籍人才个人外汇业务便利化试点，满足来华高端人才真实合理的用汇需求。

（三）狠抓便利化政策落地见效

开展便利化措施落地情况调研，组织召开5场企业座谈会，了解便利化措施在北京地区落地成效，听取企业优化建议、诉求。加大对银行政策执行的检查督导力度，对银行网点政策执行情况进行“明察暗访”。组织辖内2 800余家银行网点、约1万名从业人员，开展个人外汇知识线上测试，有效督导银行强化外汇政策常态化学习培训。

四、防范风险抓协同，合力维护外汇市场良性秩序

全球疫情使世界经济增长低迷，国际经贸摩擦加剧，我国经济下行压力加大，金融领域风险有所积聚。北京外汇管理部对外部冲击始终保持高度警惕，持续完善地区跨境资本流动“宏观审慎+微观监管”两位一体管理框架，切实强化宏观形势监测与微观领域监管。

（一）完善微观主体系统性监测

建立健全贸易监测核查体系，优化重点监测企业库，对转口贸易、特殊监管区等高风险业务进行实时监测。开展外商投资北京商业地产监测，牵头制订工作方案；关注大额资金汇出情况，辅导企业把握购汇时间和节奏；及时评估内保外贷和外保内贷履约风险，跟踪监测企业外债规模和结构变化。完善支付机构外汇业务动态监测管理，制定《支付机构外汇业务管理方案》，按月开展支付业务异常交易筛查。完善银行卡境外交易监测核查机制，及时向发卡行下发违规线索和风险提示，积极部署辖内机构开展大额交易及异常交易排查，强化银行卡境外交易合规性管理。

（二）精准打击外汇违法违规行为

以打击地下钱庄和清理网络炒汇平台为主要抓手，克服疫情影响，创新办案取证方式，加大对外汇领域非法金融活动的打击力度。圆满完成“徐某某跨境涉赌地下钱庄案”“8·16地下钱庄案”涉案个人及企业的违规查处，累计惩处交易对手93名、收缴罚款1 276万元。成功清理57家网络炒汇平台，妥善化解区域金融风险。紧扣交易真实性，对货币经纪公司、支付机构等开展7项专项检查。全年，共立案42起，罚没金额5 556.12万元。

（三）完善部门间常态化监管合作

以信息共享、线索互换、办案协同为切入点，积极拓展与税务、海关、公安等部门的监管合作，推动形成监管合力，有效维护外汇金融秩序。与国家税务总局北京市税务局（以下简称市税务局）签订全面合作备忘录，深化信息互联互通和监管互助，共同打击涉汇、涉税违法违规行为。与北京市海关达成监管合作目标，建立信息、线索交换机制，对虚假贸易等违规行为开展联合缉查行动。与公安部门协同打击涉赌型非法跨境转移，加强线索研判、数据共享，推动建立警汇合作机制，进一步提高办案效率。

（云璐）

中国银行保险监督管理委员会北京监管局

2020年，面对疫情冲击和复杂严峻的国内外形势，中国银行保险监督管理委员会北京监管局（以下简称北京银保监局）牢固树立“四个意识”，坚定“四个自信”，坚决做到“两个维护”，深刻领会习近平总书记关于统筹推进疫情防控和经济社会发展的重要指示批示精神，自觉落实“看北京首先从政治上看”的要求，认真贯彻党中央和中国银行保险监督管理委员会（以下简称中国银保监会）各项决策部署，努力克服疫情影响，各项工作取得明显成效。

一、全力支持打赢疫情防控阻击战

第一时间成立领导小组落实疫情防控措施、部署金融服务工作，指导在京银行保险机构高效建立应急保障机制，出台或联合多部门出台27项疫情防控相关措施文件，确保基础金融服务稳定充足、安全便捷。疫情防控相关领域新增融资906.2亿元、存量叙做256.9亿元。扩展医责险保障责任，覆盖医疗机构千余家，保障医务人员超过16万人次。创新交通事故“互碰快赔”保险理赔机制，全年服务车主超过70万人次，减少首都车辆理赔出行近百万次。创设“金融专网”，实现不动产抵押相关业务线上办理，累计受理业务45.8万笔，减少疫情严重期间人员聚集超过110万人次。

二、有力支撑首都经济社会恢复发展

发布全国首个银行业保险业疫情防控和复工复产工作指引，以银行业保险业快速复工复产达产，为首都经济社会全面恢复发展提供必要支撑。推动复工复产企业疫情防控综合保险方案，推出安全生产责任保险六项措施。立足首都总部经济模式与科创型小微企业集聚并存的发展特征，重点强化“一大”“一小”金融支持。切实保障京津冀协同发展、北京非首都功能疏解、“一带一路”倡议等重大政策实施和重点工程建设资金需求，切实提升以服务小微企业为重心的普惠金融服务质效。完善续贷中心功能，创设全国首个首贷中心，带动金融服务进一步下沉。出台全国首份中小微企业临时性延期还本付息政策地方性实施细则，所惠及企业80%以上为受疫情影响最严重的个体工商户和小微企业主。

三、大力推动防范化解金融风险

加大查处惩治力度和监管震慑力度，巩固乱象整治成果。深入推进风险监管“六大治理”，牢牢守住不发生系统性风险的底线。及时补齐制度短板，率先出台规范性文件和专项政策文件，整治结构性存款、信托贷款、押品管理、兼业代理、保险销售等业务领域突出问题。深化公司治理，开展法人银行公司治理评估，规范法人股权管理，扎实推进股权与关联交易专项整治。开展数据质量专项治理，深化大数据等信息技术在风险监管领域的应用，穿透识别“三隐贷款”、大额信用风险以及非法金融活动，精准打击金融违法犯罪。有效防控房地产、网贷平台等重点领域风险，有力维护首都金融秩序安全稳定。

四、稳步推进银行业保险业改革开放

支持中小机构多渠道补充资本，有效提升风险抵御能力。推动中小机构回归本源，督导城市商业银行回归主业、做优做强特色金融服务，对农村中小银行实施差异化监管，推动信托公司调整和优化业务结构，引导金融资产管理公司回归不良资产处置主业，有序承接财险法人监管职责，稳步推进车险综合改革和保险兼业代理市场改革。深入实施创新驱动发展战略，开展首台（套）重大技术装备保险、重点首批次新材料保险、工程质量潜在缺陷保险以及犊牛保险、育苗保险等创新试点，率先实现农业保险承保理赔全流程线上操作，北京地区保险业务线上化水平继续走在全国前列。推动金融支持社区家庭服务业和长期护理保险等试点，建立全国首个新生儿出生缺陷综合保险保障方案。推动消费者权益保护工作法治化、专业化改革，联合地方法院创新金融纠纷多元化解机制。构建金融支持京津冀协同发展监测框架，推动京津冀三地监管标准统一互认。推进“放管服”改革，推动北京地区“证照分离”改革试点全覆盖。持续优化首都营商环境。核准多家外资机构和非银机构开业，推动全国首家外商独资货币经纪公司筹建。支持北京市“两区”建设，高效批设区内首批银行分支机构，引导外资机构深化本土发展，全方位提升对外开放水平。

五、全面推进党的建设高质量发展

坚持党中央对金融工作的集中统一领导，时刻牢记政治机关属性，坚持在贯彻落实党中央和中国银保监会党委决策部署上做表率。创新构建全面从严治党责任协同机制，完善“横向到边、纵向到底”的党建责任体系。把落实疫情防控和金融支持复工复产等中央重大决策部署作为监督重点，扎实推进专项自查督查及问题整改。开展中央“八项规定”精神落实情况专项检查，持续改进文风会风。扎实推进党支部标准化规范化建设，有效提升基层党建水平。

（胡同杰）

中国证券监督管理委员会北京监管局

2020 年，中国证券监督管理委员会北京监管局（以下简称北京证监局）以习近平新时代中国特色社会主义思想为指导，深入学习贯彻党的十九大和十九届二中、三中、四中、五中全会及中央经济工作会议精神，把握稳中求进总基调，坚持“四个敬畏、一个合力”的监管理念，围绕监管执法、防控风险、服务首都、市场发展、正风肃纪、队伍建设六大主责主业，坚决打好疫情防控、防范金融风险和支持经济社会发展"三场硬仗"，在构建辖区资本市场新发展格局中扛起新担当、展现新作为、作出新贡献、取得新成绩。

一、贯彻落实重大决策部署

（一）抓实抓细疫情防控，全力保障市场平稳运行和复工复产

一是全力抓好常态化疫情防控，保障市场平稳运行。以抓好疫情防控监督作为首要政治任务，严格落实主体责任，从严掌握防疫政策要求，毫不懈怠地做好常态化疫情防控工作。

二是多措并举支持市场主体克服疫情影响，全面推进复工复产。联合发布《北京市金融业复工复产防疫工作指引》，指导编写《疫情防控扶持政策汇编》，梳理各项惠企政策，主动做好政策指导，推动辖区市场主体有序复工。

三是主动发声，积极引导市场预期，号召履行社会责任。通过北京市金融领域疫情防控与复工复产工作新闻发布会，主动宣传辖区市场主体复工复产情况，及时打消市场疑虑，公开解读相关政策，正面引导市场预期。指导辖区行业自律组织发出履行社会责任的倡议，引导辖区市场主体积极参与抗疫救援行动，捐款捐物合计13亿元。

（二）抓牢资本市场全面深化改革的"牛鼻子"，确保各项重点改革任务落地实施

一是持续巩固辖区科创板运行良好的成果。总结科创板辅导工作经验，成熟固化已有阶段性政策成果，推行《科创板拟上市公司辅导工作服务指南》，实行辅导工作绿色通道，"即报即验、即签即发"。

二是提前谋划助推创业板试点注册制改革实施。疫情期间开展线上辅导考试验收，高效推动26家企业提交上市申请。舆论预热创业板改革政策，举办"创业板改革"专题培训，覆盖辖区104家创业板上市公司的328名董事、监事及高级管理人员。督促辖区机构做好适当性管理、风险监测、系统安全测试、投资者教育工作，为平稳推进创业板改革保驾护航。密切与深圳证券交易所的交流合作，在上市公司风险监测、年报审核、监管信息共享、个案公司处置等方面构建提高上市公司质量的合力。

三是全力以赴推进"新三板"改革平稳落地。在全国范围内率先启动精选层辅导验收工作，成立"新三板"专班，建立精选层申报快速响应机制，展现"北京速度"。

（三）系统部署专项行动，推动提高上市公司质量

一是凝聚各方共识，落实中国证券监督管理委员会（以下简称中国证监会）决策部署。贯彻落实《国务院关于进一步提高上市公司质量的意见》精神，推动出台《关于进一步推动提高北京上市公司质量的若干措施》。

二是上好资本市场第一课，把好"入口关"。支持和鼓励"硬科技"企业上市，增强资本市场服务辖区实体经济发展水平。开展首发走访检查22家次，及时传达监管要求，督促加强资本市场法律法规学习，完善公司治理、提升规范运作水平。

三是科学分类监管，把好"过程关"。充分利用上市公司年报监管系统持续开展年报审核工作，制定差异化监管方案，合理分配监管资源，夯实资本市场发展基石。

四是联动协作，把好"出口关"。推动北京市建立上市公司退市风险应对机制，明确退市风险监测、预警、化解、处

置等职责分工，与北京市有关部门、中国证监会、股东所在地证监部门协同开展风险化解工作。加快符合退市标准的公司出清节奏，密切跟踪高风险公司问题演变进程，在定期报告、资本运作等关键节点强化监管联动，严厉防范打击规避退市行为。

（四）紧密围绕首都建设中心工作，服务实体经济发展

一是主动调研，推动凝聚支持首都发展共识。增设内部处室，主动服务北京发展；研究落实中国证监会和北京市委市政府有关首都资本市场改革发展稳定的各项部署要求。

二是推进加强支持首都发展的顶层规划。中国证监会在系统年中工作会议上明确提出支持北京发展的相关要求，并在金融街论坛上发布支持北京的相关举措，从制度供给层面进行顶层谋划、在具体项目上积极推动落实。

三是辖区企业直接融资水平创历史新高。支持不同类型、不同发展阶段企业的差异化融资需求，进一步增强融资服务的普惠性。支持辖区企业不断创新拓展融资渠道，充分利用首发、定向增发、公司债、资产支持证券（ABS）等融资工具服务企业高质量发展。

四是紧密配合中国（北京）自由贸易试验区、国家服务业扩大开放综合示范区、中关村科创金融试验区、基础设施领域不动产投资信托基金（REITs）及财源建设等重点领域政策落实落地。推动北京股权交易中心获批开展股权投资和创业投资份额转让试点业务。主动对接国家扶贫开发重点县——河北省蔚县，多措并举加大帮扶力度，助力该县于年初提前实现贫困县摘帽任务。

二、维护市场稳定大局，打好辖区风险防范攻坚战

一是提前完成上市公司股票质押风险化解任务。精准拆弹，贴身监管，“一司一策”制定高比例股权质押风险化解方案。协调争取质押展期或减免罚息等柔性政策，挖掘地方资源会诊沟通纾困事宜，搭建金融资产管理公司、地方产业基金等投资机构对接机制，辖区股票质押风险化解成效显著。

二是分类施策扎实做好债券违约风险防控。发挥多维度债券信用风险监测体系优势，密切监测高风险公司信用风险状况，跟踪督促中介机构履职、发行人自救。对风险及违约主体分类施策，综合运用纾困救助、债务重组、破产清偿等措施，通过市场化手段推进违约主体风险处置工作。

三是稳妥处置首例风险证券公司接管。根据中国证监会统一部署，迅速组织力量实施首例风险证券公司接管工作。全面摸清风险底数，做好沙盘推演和应对预案，持续关注各类风险事项。强化联动协作，及时应对突发事项，协调清除公司运营障碍，确保相关工作平稳有序开展。

四是全力推进私募基金风险防控。构建完善辖区私募基金日常监管现场和非现场监测体系，以专项检查、投诉举报为切入点核查问题线索，对涉系集团化机构建立定期风险报告制度，通过数据筛查稳步推进风险机构风险摸排防控，压实私募机构主体责任，持续动态更新辖区私募风险公司台账。落实市政府私募基金“五位一体”专场专班机制，通报重大风险情况及协调处置工作，化解兑付维稳风险。优化前置管理工作流程，全年完成对 584 家公司的前置审核意见，实行北京证监局

前置审阅、市场监管部门注册、中国证券投资基金业协会登记备案、地方金融办日常排查的四方闭环监测管理模式，实现对增量私募机构的闭环管理，从源头上妥善防范金融风险。

三、践行“四个敬畏、一个合力”的理念，有效维护辖区市场秩序

一是强化监管震慑，严厉打击辖区违法违规行为。持续推进新《证券法》宣传贯彻，加深市场主体对新《证券法》的认识和理解，营造良好的法治环境和发展生态。严厉打击辖区各类违法违规行为，强力释放“零容忍”信号。

二是推动证券、基金、期货经营机构合规发展，引导机构归位尽责。加强证券公司股权管理，全面核查业务风险，加强重点业务管控。督促充分计提股票质押风险准备。督导辖区证券公司“一企一策”逐只制定产品整改方案。建立健全场外配资防范处置长效机制，对疑似证券账户进行全面核查和分类处置。督促涉结构化发行产品的公司制定高风险产品缓释方案。督促多家期货公司稳妥处置治理及业务风险，综合运用监管手段深入推进咨询机构专项整治。构建证券经营机构分类监管体系，开展监管标准化体系建设。

三是督促中介机构履职尽责，进一步压实“看门人”责任。督导证券公司强化投行内控，提升业务标准，机制性加强内部把关能力，切实提升保荐业务质量。强化保荐机构辅导责任，督促履行规范治理结构、完善制度建设、关键人员培训等辅导职责。

四是完善投资者权益保护，培育理性投资文化。优化办理流程，有效释放监管资源。及时高效地解决投资者合理诉求，严厉查处问题线索，从源头上防范和化解风险。组织动员辖区自律组织、市场主体、投资教育基地开展投资者宣传教育活动。有序推进投资者教育纳入国民教育体系工作。探索创新辖区证券调解机制，推进辖区持股行权、“示范判决+纠纷调解”、投保机构代表人诉讼、小额速调等工作。

五是发挥监管合力，持续改善法治监管环境。与中国证监会、派出机构、交易所、会管单位、行业协会保持监管联动，发挥“五位一体、分工协作”的监管协作优势，为夯实市场主体规范运作基础、保障辖区资本市场平稳运行发挥积极作用。

（李梦洁）

北京市地方金融监督管理局

2020 年，北京市金融业实现增加值 7 188亿元，同比增长 5.4%，高于地区生产总值增速 4.2 个百分点，占地区生产总值的比重为 19.8%。实现地方级一般公共预算收入 1 140.1 亿元，同比增长 10.6%，占比 20.8%。金融业完成税收收入 5 710.4 亿元，同比增长 9.5%，占比 44.6%。

一、迈过难关，支持疫情防控复工复产

一是迅速行动，建立金融服务快速响应机制。针对疫情期间紧急突发的金融服务需求，依托“12345”市民服务热线、“畅融工程”、微信群、官网专线电话等平台，广泛联络行业主管部门、各区人民政府、金融机构和各类企业，形成覆盖全市的快速响应网络，针对疫情防控中遇到的资金划拨、信贷融资、持续服务、保险保障、跨境金融等方面的需求，快速响应，做到第一时间收集信息，第一时间分发问题，第一时间协调解决，第一时间反馈结果。据不完全统计，全年17家在京主要银行通过快速响应机制为7.6万余家次服务疫情防控或受疫情影响的中小微企业提供了6 400余亿元的信贷支持。

二是顶层设计，加强政策保障力度。配合国家金融管理部门，确保3 000亿元专项再贷款政策、1.5万亿元再贷款再贴现政策及延期还本付息政策用好用足。全年，北京地区12家银行累计向疫情防控重点企业发放优惠利率贷款969笔，金额共计426.9亿元，加权利率为2.58%。辖内银行发放符合条件的支农支小再贷款235亿元，是上年发放额的87倍；累计办理再贴现859亿元，同比增长81%，超七成投向民营小微企业。完善市级政策，先后印发《关于做好新型冠状病毒感染肺炎疫情防控情况下金融服务保障工作的通知》《关于应对新冠肺炎疫情影响加强高层次人才金融服务的实施办法》《关于加大金融支持科创企业健康发展的若干措施》《关于加快优化金融信贷营商环境的意见》《鼓励地方金融组织支持复工复产　加强服务实体经济若干措施》等。推动落实延期还本付息政策，联合相关部门出台《关于进一步落实中小微企业贷款临时性延期还本付息政策的措施》。制定15项金融支持疫情防控和复工复产的政策措施，纳入市政府先后出台的4轮支持政策，并对每项政策制定政策解读和办理流程。

三是高效创新，突出特色服务。会同北京市人才局开发“人才抗疫贷”等产品，针对高端人才创办的科技企业，提供低息无抵押无担保的信用贷款，银行信用贷款额度最高可达5 000万元。截至年末，各银行已成功为42家高层次人才创办的企业发放贷款57笔，授信21.26亿元，放款5.19亿元。发挥保险保障作用，推出复工复产综合险，有效降低企业复工风险，增强企业信心，截至年末，已覆盖北京市88个重点工程项目，累计提供2.64亿元的风险保障。融资担保支农支小作用进一步彰显，11月末，辖内人民币贷款余额为8.1万亿元，同比增长10.8%，引导普惠小微贷款同比增长近29.6%；11月新发放的普惠小微贷款利率为4.99%，同比下降117个基点。联合北京市财政局确定17家政府性融资担保公司，起草《北京市政府性融资担保体系支持小微企业、“三农”和战略性新兴产业发展的经营指引》，引导政府性融担机构进一步拓展小微企业担保业务和首贷担保业务，逐步实现支小支农担保业务占比达80%以上，逐步将融资担保放大倍数提升到5倍以上。进一步调降担保费率，逐步将平均担保费率降至1%以下。积极引导和鼓励金融创新，推动机构拓展数字金融、移动金融、智能金融服务，减少人员接触，提升服务效率。指导中关村银行办理北京市首笔通过“基于区块链的企业电子身份认证信息系统”（以下简称eKYC系统）完成贷款审核业务，企业填报数据项减少80%，审核时间节约40%。

二、突出重点，推动国家金融管理中心建设

一是规划引领，不断强化国家金融管理中心功能。立足国家金融管理中心功能，以建设与首都地位相匹配的现代金融业为目标，科学研判“十四五”时期首都金融业发展形势，前瞻性谋划布局发展规划，多方征求意见并形成初稿。年内，金融监管、资产管理、征信评级、支付清算、金融信息、标准制定等领域新机构、新平台落地北京，总部级法人金融机构超过900家，金融资产总量超过160万亿元，约占全国的一半，对国家金融管理部门、重要国家级金融机构和基础设施平台的服务保障能力不断提升。

二是深化改革，健全多层次资本市场体系。2020年7月，“新三板”精选层开市交易，首批挂牌的32家企业中北京有6家，其中，北京颖泰嘉和生物科技股份有限公司是精选层改革后在备案、受理、过会、注册生效、发行等所有环节均取得全国第一的企业。组建市政府主管领导牵头的协调机制和工作专班，截至年末，北京地区累计报北京证监局精选层辅导42家，其中，已验收15家（成功挂牌7家），挂牌数量、融资额居全国第一位。在全国率先采用电子化材料申报，在全国实现首家完成辅导备案、首家“新三板”申报、首家“新三板”受理、首家“新三板”核准、首家“新三板”启动公开发行工作。

三是加强服务，优质金融资源加速聚集。北京市地方金融监督管理局（以下简称局市金融监管局）进一步夯实“服务管家”机制作用。全年共有49家中外资金融机构在京落地展业，其中，中资金融机构34家，外资金融机构15家。中国银河资产管理有限责任公司开业，首家农业再保险公司批筹，朴道征信有限公司注册成立，华夏银行、中国民生银行成立理财子公司；北京阳光消费金融股份有限公司设立，大和证券（中国）有限责任公司获批，上田八木货币经纪（中国）有限公司、Oaktree（北京）投资管理有限公司落地，瑞信方正证券有限责任公司、高盛高华证券有限责任公司突破外资持股比例限制，欧洲最大及全球十大资产管理公司之一——东方汇理资产管理公司的全资子公司锋裕汇理投资管理（北京）有限公司正式落地等。

四是优化布局，完善金融功能区建设。加强市区联动，定期调研金融街、北京城市副中心、丽泽商务区等主要功能区，推进城南行动计划、北京城市副中心控制性详细规划（街区层面）等任务落实，支持丽泽商务区和金融街一体化发展，协助丰台区引进中华联合保险集团股份有限公司、中国人民银行数字货币研究所等18家金融企业入驻丽泽金融商务区。截至年末，丽泽商务区共引进金融类企业374家，占企业总数量的65.38%。成立北京城市副中心金融工作专班，推动在京央属金融企业在北京城市副中心布局，累计入驻230余家银行、保险、证券、基金、保理等金融企业，中国农业银行、中国银行、中国建设银行、交通银行等8家银行北京分行已在北京城市副中心完成二级分行设立或升格，31家银行已在北京城市副中心设立网点198家。

三、把握机遇，深入推进金融业扩大开放

一是政策谋划，推动系列措施出台落地。紧紧围绕国家金融管理中心建设和“四个中心”城市战略定位，加强顶层设计，推动并落地一批国际化、引领性、开创性的政策措施。“两区”建设纳入102项金融领域政策，在跨境资金自由流动、金融市场双向开放、金融科技创新等方面，形成了含金量最高、针对性最强、覆盖面最广的金融政策体系。

二是狠抓落实，推动“两区”建设取得实效。成立市级“两区”建设金融领域协调推进工作组，制定《金融领域推进“两区”建设工作方案》，重点领域取得突破性进展。市金融监管局牵头的21项金融领域任务已落地12项，占比57%。股权投资和创业投资份额转让试点率先落地北京，首只私募股权二级市场基金在京落地，私募股权基金退出生态体系进一步优化。外商投资企业境内上市服务平台正式上线运行，外商投资企业境内上市发展服务水平进一步提升。具有境外期货职业资格的人员可申请“两区”期货从业资格，北京国际金融人才吸引力进一步增强。

三是搭建平台，提升北京金融国际影响力。成功举办国家级金融街论坛和2020中国国际服务贸易交易会金融专题展。在金融街论坛期间开创性地举办了全球系统重要性金融机构闭门会，邀请到半数以上全球系统重要性金融机构及国内外大型金融机构参会，发出中国倡议，切实推动北京深入参与全球金融治理、提升国际影响力。持续举办全球PE论坛、京港论坛、京台论坛、国际财富管理论坛等系列活动，北京金融业对外发声平台不断丰富。

四、脚踏实地，金融服务实体经济质效升级

一是畅通渠道，建立完善融资对接服务平台。持续开展“畅融工程”，服务科创、民营、小微企业，线上线下累计服务金融机构2 300余家次，对接企业4 300余家次。推进首贷、续贷、确权、知识产权质押融资中心四个平台建设，截至12月18日，北京市首贷服务中心登记业务申请10 700笔，意向贷款金额417.61亿元；北京市企业续贷受理中心受理续贷申请3 918笔，金额193.47亿元；北京市确权融资中心共有25家企业获得确权，涉及金额1.69亿元。打造农村小微快贷中心，6月试运行以来已为8家妇联涉农企业提供巾帼创业贷款1 580万元。提升融资便利度，北京金融公共数据专区汇聚了涵盖200余万个市场主体的近3 000项高价值数据，助力企业进行首贷、续贷、确权贷等信贷业务金额超过500亿元。

二是加强辅导，进一步提高直接融资比重。开发上线北京市企业上市综合服务平台和外商投资企业境内上市服务平台，全年服务企业400余家次，专项融资对接68家次，开展线上培训38次，培训4 000余人次。建立“战时+常态化”上市协调机制和服务管家、上市挂牌管家双管家制度，为重点拟上市挂牌企业、上市挂牌公司提供“一对一”精准服务。启动科创类企业上市“钻石工程”，建立完善企业上市重点问题“接诉即办、未诉先办”的快速协调调度机制，支持科创类企业上市挂牌融资。全年新增境内上市企业42家，首发募集资金926.39亿元（科创板22家，首发募集资金309.62亿元）。截至年末，北京市境内外上市企业共681家（境内380家，境外314家，境内外同时上市13家），占全国上市公司总股本的37.51%，总市值占全国上市公司总市值的21.19%，均居全国第一位。其中，科创板成功发行34家，融资额为528.76亿元。

三是金融扶贫，推进京津冀一体化建设。认真贯彻落实党中央、北京市扶贫支援决策部署，市金融监管局领导班子成员带队到对口支援省市开展扶贫调研，倡议和动员在京金融机构和企业开展公益捐赠，推动金融机构开通线上扶贫专区，扶贫攻坚战取得实效。赴河北省地方金融监督管理局座谈调研，推动中国（北京）自由贸易试验区和中国（河北）自由贸易试验区联动发展，支持市属机构在雄安新区设立分支机构，华夏银行河北雄安分行正式开业。

五、改革创新，金融业高质量发展迈上新台阶

一是乘势而上，创新发展金融科技。金融科技创新监管试点（监管沙箱）稳步推进，在全国率先开展试点工作，已发布3批22个试点项目；建设eKYC系统和eKYC金融码，助力压缩企业信贷业务申报材料和时间，优化金融信贷营商环境；在中国人民银行指导下加紧推进数字人民币试点。推进北京金融科技和专业服务创新示范区建设，加大部市区协调力度，制订发布北京金融科技和专业服务创新示范区三年行动计划；发挥“西城金科十条”“海淀金科七条”“西城促进专业服务业高质量发展若干措施”等专项支持政策作用，全年兑现政策资金1.6亿元。北京金融科技和专业服务创新示范区建设全面提速，起步楼宇新动力金融科技中心提前竣工，7座主题楼宇陆续启用，新入驻企业130余家。产业链释放聚集效应，北京国家金融科技认证中心、北京国家金融标准化研究院、农银金融科技有限责任公司、中债金科信息技术有限公司等相继落地。金融科技创新发展活力进一步激发，全球影响力稳步提升，在2020全球金融科技中心城市中排名第一位。

二是发挥优势，持续优化绿色金融体系。加紧推动北京绿色金融与可持续金融中心建设，积极推动绿色金融改革创新试验区总体方案出台，推动国际碳金融机构在京落地取得积极进展，北京环境交易所更名为北京绿色交易所，并迁址北京城市副中心，北京绿色金融与可持续发展研究院正式成立。

三是突出特色，布局资产管理、财富管理功能。全国首家“大资管”行业协会——北京资产管理协会正式成立，举办北京、伦敦资管行业交流会并发布《海外资管机构北京投资指南》。制定北京城市副中心打造国际财富管理中心的工作方案，举办2020全球财富管理论坛，支持北京国际财富管理研究院开展“财富中国领袖”首期培训班，汇泉基金管理有限公司等财富管理机构落户北京城市副中心。

六、守牢底线，金融风险防范化解能力显著提高

一是加强立法，推动地方金融组织规范发展。推动《北京市地方金融监管条例》出台，完成条例征求意见稿起草、提请北京市金融监管协调机制会议审议、组织研讨、商请研提意见建议、报市政府审定、向社会公示等重要环节工作，并已通过北京市人民代表大会二审。加强监管规则建设，印发《北京市典当行监督管理指引（试行）》《北京市融资租赁公司监督管理指引（试行）》《北京市商业保理公司监督管理指引（试行）》《北京市地方资产管理公司监督管理指引（试行）》四项监管制度。继续加强前置审批工作，严把入口关，实现地方金融监管数据报送和现场检查全覆盖。

二是抓住重点，关键领域风险化解工作取得成效。发挥地方金融监管协调机制和金融风险处置协调机制作用，防范化解重大金融风险攻坚战取得阶段性成果。网贷整治进入存量化解攻坚阶段。截至9月末，全市已无在营网贷平台，存量平台已停发新标，P2P专项整治实现阶段性清零目标。有效化解地方交易场所风险，基本完成9家邮币卡交易平台经纪会员、市值化解工作。有序推进非法集资立案、处置工作，全市新发非法集资案件数量同比下降40.47%。

三是加强教育，提高金融风险识别能力和防范意识。深入推进“百千万宣教工程”，组织动员百名打非宣讲师、千名风险监督员、万名网格宣传员下沉基层，推动防范非法集资宣传工作机制化、社区化、常态化建设，共计组织18 400余场宣传活动，覆盖逾417万名群众。开展“蜜蜂计划”金融消费者教育保护体系建设系列活动，整合各级金融监管部门、新闻媒体等资源，通过微信公众号、门户网站专栏等方式开展宣传教育，并以“3·15”消费者权益保护日为契机，与黑猫投诉平台合作举办“金融知识挑战赛”活动，推动金融安全宣传工作。通过构建多维多场景投资者教育保护体系，全面提升北京市民金融素养，从风险源头上降低金融欺诈的发生率。

四是维护稳定，做好信访接访保障工作。全年，共接待走访群众962批、2 562人次，处理信访投诉23 941件次，做好重大活动和敏感节点群体性上访应对工作。做好“12345”接诉即办，全年共接收工单5 143件，处理来电咨询10 911通，市级部门综合评分连续4个月排名第一位。

（吴茜）

中国人民银行中关村国家自主创新示范区中心支行（国家外汇管理局中关村国家自主创新示范区中心支局）

2020年，中国人民银行中关村国家自主创新示范区中心支行（国家外汇管理局中关村国家自主创新示范区中心支局）深入学习贯彻党的十九届五中全会和中央经济工作会议精神；大力创建中关村科创金融试验区，积极服务国际科技创新中心建设；再次升级外汇创新政策试点，巩固中关村全国外汇改革创新高地地位；扎实做好金融支持海淀区稳企业保就业工作，落实中央“六稳”“六保”重大决策部署；持续完善“宏观审慎+微观监管”的风险管理体系，探索科技赋能监管重点领域。

一、主动作为发挥引领作用，推动科创金融全面升级

（一）积极推动中关村科创金融试验区创建工作

推动北京市成立高级别创建工作领导小组。组织开展11场调研座谈会，覆盖150家市场主体和行业自律组织。制定中关村科创金融试验区总体方案，通过中国人民银行研究局初审。10月21日，中国人民银行行长易纲在2020金融街论坛上对外宣布“支持中关村科创金融试验区创建”。后续申报工作稳步推进。

（二）持续推动外汇创新试点政策落地

升级外债便利化政策，提高外债便利化额度，实施外债一次性登记，新获批6项外汇改革试点新政，简化外汇行政许可业务材料，降低园区企业开展跨国公司资金集中运营资格门槛，提升经常项目便利化水平。通过密集落地创新试点政策充分释放政策红利，使1.4万余家企业受益，巩固全国外汇改革创新高地和政策先行领跑者地位。截至年末，共为56家中关村高新技术企业办理79笔外债便利化业务，新增签约金额合计50.33亿美元，新增签约业务预计一年可为企业节约财务成本约12亿元。全年，共接待电话和柜台咨询5 893人次，办理经常、资本项下行政许可业务570笔，实现业务“零差错”和客户“零投诉”。

二、充分发挥货币信贷政策作用，精准有效支持实体经济

（一）积极落实各项金融支持抗疫和稳企业保就业政策

联合中关村管委会推出中关村企业“抗疫发展贷”，共计发放贷款2 434笔，金额为484.25亿元，加权平均利率为3.65%，低于北京市普惠小微贷款加权平均利率（4.73%），向企业让利5.23亿元。联合海淀区金融服务办公室开展7期“融惠海淀”系列银企对接活动，超过200家企业及金融机构参与。截至年末，北京地区银行累计走访海淀区企业21 254家，其中，779家企业获得贷款103.9亿元，占北京市贷款总额的22.7%。

（二）充分发挥科技金融专营组织机构品牌示范功能

通过科技金融专营组织机构监测评估、引导金融支持科创企业发展、新冠肺炎疫情防控以及稳企业、保就业等工作。截至年末，中关村科技金融专营组织机构对中关村高新技术企业的贷款余额同比增速较全市人民币贷款增速高18.5个百分点。其中，对中关村普惠小微企业的贷款余额为76.3亿元，同比增长9.6%；对中关村高新技术企业的信用贷款余额为776.0亿元，同比增长20.1%。

（三）实现再贴现业务提质增效

积极运用再贴现政策工具支持科创、小微企业复工复产。截至年末，累计发放再贴现资金50.8亿元，同比增长近2倍，科技和民营、小微票据占比为96.8%，其中，科技类票据占比为37.3%，比上年提升8.6个百分点。再贴现窗口业务平均办结时间为7.7天，办理时限同比缩短近1/2。根据业务办理需要和前期市场调研结果，向人民银行营业管理部积极争取并获得授权，大幅上调再贴现额度。

三、科技赋能“金融为民”实践，稳步提升综合服务水平

（一）依托金融科技深挖数据价值，提升管理、服务能力

配合开展大数据融合分析，探索“央行大数据”服务小微企业融资试点，推进“创信融”平台在中关村率先落地，配合开展“中关村科创型小微企业征信试验区”建设。全年办理信用报告查询业务9.1万笔，同比下降28.1%。其中，个人业务为6.7万笔，同比下降36.9%；企业查询为2.4万笔，同比增长16.7%。探索人工智能、大数据技术在外汇管理、账户非现场监测等领域的应用，完善风险防控系统；继续推广外汇政务服务平台系统，做好“互联网+政务服务”工作，探索优化业务审批流程，为国家外汇管理

局系统改造提供决策参考。

（二）配合推进本外币合一账户体系改革试点

落实落细本外币合一账户体系改革试点办法对银行账户管理的各项要求，拟订试点办法实施细则；督导银行按时完成系统改造，在全国率先开展实环境验证，办理相关业务，全力确保相关工作顺利推进。全年，共办理人民币银行结算账户核准业务4 529笔，行政许可公示3 409笔；核查企业账户7.2万笔；其他各类业务4 900余笔。

（三）持续开展综合金融知识宣传，优化辖区金融生态环境

面对疫情适时调整宣传渠道，发挥新媒体优势着重开展线上宣传。针对“校园贷”“现金贷”“电信诈骗”频发等现象，对在校学生、社区公众进行线上专题宣传教育。配合“信用北京查”小程序上线运行，同步开展“征信问答抢红包”线上宣传活动，引导企业在线办理征信预约查询；配合相关部门开展“6·14信用记录关爱日”央广征信专访活动；通过开展广播情景剧、广播答题活动，吸引社会公众学习和运用金融知识。加强辖区内银企外汇业务指导，举办培训、宣传等活动10余场，累计500人次参与。

四、科学融合宏观、微观视野，优化完善金融监管体系

（一）以承接央行评级工作为契机，全面提升履职和风控水平

做好部分金融机构央行评级承接工作，加入人民银行营业管理部央行评级委员会，建立评级组织体系、明确工作流程、搭建工作框架，顺利完成对20家财务公司的初始评级工作。多维度开展监测，及时获取异常和违规信息，构建企业风险预警体系，推动微观监管落实到位。

（二）扎实推进“宏观审慎+微观监管”管理框架在示范区应用

扎实推进“宏观审慎+微观监管”两位一体的管理框架在中关村示范区的应用，完善常态化监测核查体系，深化重点银企工作机制，不断加强监管能力建设，有效防范跨境资本流动风险。全年开展4次联动核查，向银行下发企业可疑信息，涉及22家企业90条交易；优化核查前约谈工作机制，召开4次核查座谈会，对13家现场核查企业进行政策提示。加强外汇领域微观监管，深入一线开展调研；建立“行业+企业”的中微观风险监测体系。组织辖区商业银行开展外汇业务自查，切实提升银行合规意识。

（三）积极推进“数字外管”建设，丰富大数据在完善金融风险防控场景中的应用

强化科技监管意识，积极推进信息化系统建设。依托大数据创新搭建监测分析与风险防控平台。对企业基本信息、经营情况、风险信息、资质许可、股权结构、新闻舆情开展多维度监测分析。5月，监测分析与风险防控平台正式上线运行，实现对辖区内近3万家高新技术企业的多维度监测，有效提升金融风险防范化解能力。与外汇检查处等相关部门合作建立中关村中心支行外汇检查非现场核查指标体系。

（阚星文）

金融机构

国家开发银行北京市分行

2020年末，国家开发银行北京市分行（以下简称国开行北京市分行）信贷资产总额为5 412亿元，比上年增加271亿元，增长5.28%。其中，表内人民币贷款余额为3 445亿元，比上年增加247亿元，增长7.71%；表内外汇贷款余额为170亿美元，比上年增加0.7亿美元，增长0.41%。人民币存款余额为370亿元，比上年增加45亿元，增长13.77%。贷款本息回收率为98.24%，累计本息回收率为96.89%。不良贷款额为49.02亿元，比上年减少42亿元；不良贷款率为1.08%，同比下降1个百分点。实现拨备后利润35.24亿元，比上年增加3.75亿元，增长11.9%；拨备后资产收益率为0.70%，同比上升0.12个百分点。

截至年末，国开行北京市分行内设22个处室，正式在职人员有227人。

发挥逆周期调节作用 支持京津冀协同发展，聚焦交通一体化、北京城市副中心建设、生态治理等重点项目，发放轨道交通、铁路、机场等项目建设贷款118亿元，以“三统筹”模式实现张家湾设计小镇项目评审承诺200亿元，向永定河治理等项目发放绿色贷款34亿元。服务北京科技创新中心建设，发放制造业贷款328亿元、集成电路贷款135亿元，制造业中长期贷款余额新增140亿元。服务民生保障，助力脱贫攻坚，发放扶贫贷款72.58亿元。缓解企业融资难、融资贵问题，累计发放转贷款30亿元，支持小微企业超过600家。支持保障性住房建设，发放贷款79.97亿元，实现共产房、集租房评审承诺43.50亿元。服务“稳外资”“稳外贸”，向万宝矿产有限公司、北方国际合作股份有限公司发放3.05亿美元的复工复产贷款。

构建疫情防控严密防线 严格抓好疫情防控，年初迅速完成口罩等紧缺物资采购，根据形势变化及时调整疫情防控方案和措施，从严从实做好办公区域防控、重点人员排查、物业单位和外包人员管理。全力支持复工复产，发放应急贷款5.57亿元；发放复工复产、春耕备耕贷款243.2亿元；助力中国国际航空股份有限公司、中国供销集团有限公司等企业对冲疫情影响，支持小汤山等定点医院修缮工程、中国生物技术股份有限公司疫苗研发生产。践行社会责任，协同总行向西城区红十字会捐赠10万只口罩，分行党委和工会动员全体党员、职工捐款10万余元。

金融风险化解处置 全力推动不良出清，全年实现11个不良项目化解，金额为64.77亿元，年末不良贷款余额从峰值115.19亿元降至49.46亿元，不良率从峰值2.51%降至1.08%。准兴高速、中信国安项目顺利核销出表，北大方正、百荣项目转劣、出清，彻底化解金港项目风险，压减星火、中大爱晚等5个高风险项目9.25亿元，完成核后追索1.25亿元，现金清收2 081万元。

提升综合金融经营能力 开展存款专

项行动，加强贷前、资金支付、本息回收全流程资金管理，实现日均存款505亿元。加强客户管理，开展账户体系建设，落实账户全生命周期管理。开发债券承销、供应链金融、资金管理、子公司产品，发行6只债券。

创新开发融资模式 支持农村集体土地入市，牵头组建银团贷款293.6亿元，实现大兴区长子营镇等4个项目评审承诺145.95亿元，发放34.74亿元。破解首都老旧小区改造融资难题，推动国家开发银行与市政府签署1 000亿元老旧小区改造协议，实现石景山区老旧小区改造等项目评审承诺。落地制造业资金合作计划，开辟支持科技型中小企业发展新路径，实现评审承诺4.25亿元，发放3.51亿元，支持17家科技型中小微企业。

（刘宇）

中国进出口银行北京分行

2020年末，中国进出口银行北京分行（以下简称进出口银行北京分行）有余额的贷款客户有102家，项目有219个。本外币贷款余额为755.3亿元，比年初增加156.58亿元，增长26.15%。其中，人民币贷款余额为716.28亿元，比年初增加163.15亿元；外币贷款余额为5.98亿美元，比年初减少0.56亿美元。

截至年末，进出口银行北京分行内设处室有9个，在职正式员工有75人、劳务派遣人员3人。

服务实体经济，金融助力抗击疫情 成立应对疫情工作领导小组，统筹推进疫情防控工作；组建应急服务突击队，精准对接、加大对抗疫企业的信贷支持力度；设立50亿元的支持抗击疫情重点企业专项资金，开辟审批“绿色通道”，将信贷资金投放到药品医疗、民生物资保障领域。支持北汽福田汽车股份有限公司生产负压救护车，参与武汉火神山医院和雷神山医院运营；为北京粮食集团有限责任公司、北京二商集团有限责任公司、北京顺鑫控股集团有限公司、物美科技集团有限公司等疫情防控重点保障单位发放贷款，保障民生物资供应，充分发挥政策性银行的职能作用。

聚焦主责主业，落实“六稳”“六保” 助力企业拓市场、保订单，支持启迪科技服务有限公司剑桥科技园项目（三期）、北京凯盛建材工程有限公司对外承包工程项目，为北京建工集团有限责任公司承包建设的格林纳达低收入住房项目提供贷款，并带动国产设备、材料、技术以及劳务等相关服务的出口；支持首钢集团有限公司进口铁矿石等资源类商品。助力首都制造业转型升级，支持中国联合水泥集团有限公司制造和研发新兴建筑材料，为北京汽车集团有限公司、北京汽车股份有限公司和北京新能源汽车股份有限公司做大做强提供资金支持。结合北京“科技创新中心”职能定位，精准支持贸易新业态发展，积极对接京东集团，支持其“互联网+”产业发展，为该集团旗下的北京同邦卓益科技有限公司、网银在线（北京）科技有限公司打造银行理财“网上超市”、提升网银在线支付能力提供资金支持，助力京东数科打造互联网金融科技服务平台。全力推进京津冀协同发展，为北京首都国际机场股份有限公司、北京市基础设施投资有限公司提供资金支持，助力构建北京市“双机场”战略和京津冀地区高速铁路互联互通；支持河北涿州热电联产项目，助力打赢蓝天“保卫战”。聚焦解决中小微企业和民营企业融资难题，累计为北京银行、中关村银行、厦门国际银行、浙商银行、百信银行发放小微转贷款68亿元。

拓宽政银企合作，发挥政策性银行作用 与北京市商务局联合印发《关于提供“抗疫情稳外贸”专项贷款的通知》，与市金融监管局联合印发《“抗疫情、保企业、稳外贸”联合工作方案》，联合北京经济技术开发区商务金融局举办银企对接会，并派员驻经济技术开发区商务金融局办公。参展2020年中国国际服务贸易交易会，展示进出口银行在支持对外贸易、跨境投资、国际合作和开放型经济建设领域的金融优势和突出贡献。

（赵子郡）

中国农业发展银行北京市分行

2020年末，中国农业发展银行北京市分行（以下简称农发行北京市分行）总资产为482.95亿元，比年初减少3.99亿元，其中，各项贷款余额为476.61亿元，比年初增加175.85亿元，增长58.47%。负债总额为481.80亿元，比年初减少4.51亿元，其中，各项存款余额为108.54亿元，比年初减少31.98亿元。实现各项收入15.93亿元，同比增长2.64亿元。实现账面利润1.15亿元，同比增加0.51亿元。

截至年末，农发行北京市分行共有13个支行（部），在岗员工421人。

政策性粮油信贷业务 全力做好中央和地方粮油政策性信贷资金供应工作，全年累计发放贷款101.99亿元，确保国家粮食战略目标的实施和首都粮食市场的稳定与安全。积极拓展粮棉市场化信贷业务，全年累计发放信贷资金29.48亿元，支持企业开展购销业务。加大对棉纺企业的支持力度，全年累计发放产业化龙头企业贷款16.40亿元，支持企业棉花采购资金需求。完成北京市粮食库存检查工作，粮食信贷资金占用合理且运行安全。组织开展粮棉油信贷制度执行情况专项检查，规范操作，有效防范风险。截至年末，粮棉油贷款余额为209.91亿元，占全行贷款余额的44.04%。

化肥、农药等储备贷款业务 全年累计发放国家储备化肥贷款31.94亿元、农业生产资料贷款2.46亿元，支持企业开展国家储备化肥信贷业务和农药等农业生产资料购销业务。

政策性中长期信贷业务 聚焦棚户区改造、水利、生态等薄弱环节，合规提供金融服务。全年，城乡融合发展贷款净增56.27亿元，改善人居环境贷款投放1.52亿元。截至年末，中长期贷款余额为117.9亿元，比年初增加41.22亿元。

投资业务 全力满足企业多元融资需求，提供全方位金融服务。截至年末，农发重点建设基金累计投放236.93亿元，累计收回75.79亿元，本年度收回40.82亿元，年末余额为161.14亿元，实现投资收益2.33亿元。

票据业务 全年累计办理票据交易981.43亿元，年末转贴现资产余额为461.01亿元。

国际业务 全力服务农业企业“走出去”战略，支持农业技术和机械设备进出口，鼓励企业向精深加工化、特色化、品牌化方向发展。全年共办理国际结算业务822笔，金额129 091.37万美元，同比增长143.85%；共办理贸易融资业务29笔，金额1 550.34万美元，为减免保证金开证和100%保证金开证业务。

扶贫贷款业务 以东西部扶贫协作、“万企帮万村”为平台，全力服务脱贫攻坚，全年累计发放扶贫贷款11亿元，年末扶贫贷款余额为19.45亿元。

创新业务 全力支持农业农村现代化，聚焦服务乡村振兴，促进林业、种植业、养殖业和农村流通体系建设，支持农业科技创新和涉农小微企业发展，全年累计发放贷款85亿元。截至年末，农村流通体系建设贷款余额为58.44亿元，农村土地流转及规模经营贷款余额为21.75亿元，产业化龙头企业贷款余额为31.65亿元，农业生产资料贷款余额为17.95亿元，农业科技贷款余额为6.35亿元，农业小企业贷款余额为0.78亿元。

（赵敏岑）

中国工商银行股份有限公司北京市分行

2020年末，中国工商银行股份有限公司北京市分行（以下简称工商银行北京市分行）本外币总资产为5.09万亿元，比上年增加3 813.99亿元。实现营业收入869.07亿元、本外币账面拨备前利润706.08亿元、净利润513.24亿元，同比分别增加3.35亿元、5.1亿元、2.38亿元，分别增长0.39%、0.73%、0.47%。实现中间业务收入128.12亿元，同比增加1 253万元。

截至年末，工商银行北京市分行下设37家二级分行（含分行营业部），563家营业网点，530家自助银行；共有员工19 040人。

存款业务 深化“重日均、稳时点、求实效”经营理念，强化政务、产业、消费（GBC）三端资金闭环管理，加强量价协调，存款业务经营管理水平持续提升。截至年末，本外币存款余额和人民币全部存款余额分别为4.95万亿元、4.72万亿元，分别比上年增加3 708.43亿元、3 170.21亿元。其中，人民币对公存款余额、人民币储蓄存款余额分别为3.04万亿元、1.06万亿元，分别比上年增加1 520.58亿元、1 074.96亿元；同业存款余额为6 214.08亿元，比上年增加575.36亿元。外币全部存款余额为340.66亿美元，比上年增加98.02亿美元。

融资业务 积极支持京津冀协同发展、雄安新区建设、首都“四个中心”建设和北京非首都核心功能疏解，做好对重点领域、薄弱环节的精准支持，开展“春润行动”，助力疫情防控、企业复工复产和“六稳”“六保”，支持经济恢复增长，提升优质市场融资份额、服务实体经济质效和投融资业务经营能力。截至年末，本外币各项贷款余额和人民币各项贷款余额分别为1.07万亿元、1.02万亿元。其中，人民币公司贷款余额、个人贷款余额分别为7 600.69亿元、2 227.79亿元，分别比上年增加967.75亿元、57.69亿元。中国银保监会、中国人民银行口径的普惠贷款均增加96亿元，任务完成率均为107%。制造业贷款和民营企业贷款分别比上年增加148亿元、105亿元；新动能贷款和科技文化类贷款分别比上年增加130亿元、125亿元；发放抗疫贷款91亿元。外币贷款余额为72.94亿美元。落实中央减费让利要求，新发放贷款利率同比下降56个基点。

经营转型 完善产品服务策略，挖掘产品线增长潜力，提升可持续发展能力和精细化管理水平。截至年末，个人金融资产总额为1.73万亿元，比上年增加1 695亿元；个人客户总量为3 242万户，比上年增加84万户，其中，私人银行客户和资产规模分别为2.23万户和2 516亿元。优化“全行办外汇”经营机制，提升本外币一体化运营质效，增强外汇全产品线服务能力。截至年末，一般性外汇存款余额为177亿美元，外汇贷款余额为73亿美元；国际结算量为3 578亿美元；跨境人民币结算量为2.11万亿元，比上年增长140%；连续十一年获得北京外汇管理部年度辖区内银行外汇业务合规与审慎经营评估评级A类银行。资产管理等重点业务持续巩固，截至年末，托管规模为5.11万亿元，养老金受托规模为293亿元，投融资业务余额为3 751亿元。

渠道服务 密切跟进北京城市发展规划，保持布局调整与经济发展同向运行，积极对接中国（北京）自由贸易试验区规划，成立两家规划片区支行。推动网点智慧转型，丰富设备功能，加快推广非接触服务，线上线下一体化运营服务已支持资信证明等27类业务，主要场景替代率超过80%；网点无介质服务已覆盖近140项高频交易；落地“智慧政务”服务平台，投产63项政务金融查询服务功能，网点覆盖率达100%；强化对“银发族”智能服务力度，投产“智能服务老年关爱版”智能柜员机。健全网点公共卫生体系，加大金融服务供给。打造“工行驿站”2.0，累计在北京地区500余家网点完成“工行驿站”挂牌；建立“金融+泛金融”生态化服务体系，推出共享母婴室、爱心歇脚站、敬长关爱区、书香加油站、拥军示范区、校园互动区六大类场景，以优质金融服务满足首都百姓需求。

助力脱贫攻坚战 助力脱贫攻坚战，超额完成扶贫任务。全年，行内扶贫采购额为5 100余万元；帮助销售扶贫产品2.75亿元，是上年的8.8倍；精准扶贫贷款净增1.15亿元，任务完成率为230%。

风险防控 坚持“从严治行”理念，主动适应监管要求、市场变化、业务发展和风险管理需要，强化内部控制与合规管理工作，扎实筑牢“三道防线”，依法合规开展各项业务。始终保持对各类重大风险的高压态势，系统推进反洗钱工作，市场乱象综合整治和“8+2领域”风险治理取得实效，全行可控风险暴露水平同比压降21.11%，操作风险损失率同比压降21.95%。构建行政线、合规线、纪委线“三线合一”案防工作机制，突出网格化管理，强化警示教育，加强员工排查，提高案防管控水平。建立健全全面风险管理体系，统筹抓好各类风险防控，紧盯风险高发领域和关键环节，提升对风险的前瞻性管控和化解能力，推进存量业务风险排查化解，提升信用风险管控水平。截至年末，资产质量保持稳定，不良贷款额为24.13亿元，不良率为0.23%。

（宋鹏）

中国农业银行股份有限公司北京市分行

2020年末，中国农业银行股份有限公司北京市分行（以下简称农业银行北京市分行）本外币总资产为11 319亿元，比上年减少32亿元，下降0.28%；本外币各项存款余额为10 474亿元，比上年增加1 044亿元，增长11.07%；本外币各项贷款余额为4 577亿元，比上年增加411亿元，增长9.87%；实现中间业务收入32.99亿元，同比增加1.06亿元，增长3.32%。

截至年末，农业银行北京市分行共有正常营业网点308家，在岗员工8 208人。

疫情防控 建立健全疫情防控领导和工作机制，织密织牢联防联控、群防群控网络，牢牢守住疫情防控底线，确保疫情防控无漏洞、无死角、无盲区，全年实现“三零”目标，即员工、员工家属、服务外包人员疑似或确诊病例均为零。密切关注首都疫情发展态势和社会经济运行状况，有效对接抗疫企业和复产复工金融需求，满足民生领域企业生产经营需要。制定“普惠十条”，全力推广线上融资产品，引导客户线上申贷、用款、还款，降低疫情传播风险。严格落实小微企业“不抽贷、不断贷、不压贷”的要求，积极采用无还本续贷等方式，全力支持受疫情影响严重、经营暂时困难的小微企业，全年累计向39家抗疫重点企业发放贷款66.6亿元，为民生领域企业投放贷款30余亿元。积极做好减费让利，减免各类服务收费3.95亿元。

服务实体 围绕京津冀协同发展、北京城市规划落地、北京“两区”建设和“三城一区”发展，抓好首都重大战略对接，设立中国农业银行北京自贸试验区分行，加大信贷投放、扩大内部授权、强化资金保障、完善渠道布局、充实人员队伍和开展专属考核等，服务“两区”建设。支持高端制造业、新经济新动能行业发展，为北京汽车集团有限公司、京东方科技集团股份有限公司等制造业龙头企业提供信贷支持超过30亿元；成立科创金融服务中心，创立“筑梦未来”服务品牌，为京东方科技集团股份有限公司武汉LCD项目和重庆AMOLED项目提供150亿元资金支持。支持“无废城市”建设，与北京经济技术开发区管理委员会签署绿色金融全面战略合作协议，参与北京城市副中心国际绿色金融中心建设有关工作，为基础设施、园区运营、产业集群、营商环境、职住平衡等提供综合金融服务，绿色贷款年末余额比上年增加55.92亿元。推进零售业务和网点转型，构建以客户为中心、以科技为支撑的新型消费金融服务模式，全年累计开展“数字人”项目79个，实现数字化销售额270亿元。

普惠金融 制定普惠金融年度专项评价方案，加强工作推进、业务研讨和专项培训，提升普惠金融综合服务水平。深化小微融资产品创新，狠抓“保理e融”“抵押e贷”“资产e贷”“增信e贷”等重点线上产品，年末“小微e贷”法人贷款余额比上年增加72.17亿元，普惠型小微企业法人贷款线上化率为111.29%，其中，“链捷贷”比上年增加34.78亿元。实施“智慧乡村”工程，构建首都特色“三农”业务发展新模式，涉农贷款年末余额比上年增加21亿元。上线“乡村振兴e贷”，填补“三农”领域互联网小额信贷业务空白，全年累计实现贷款投放1 601万元；加大“惠农e贷”投放力度，年内投放“惠农e贷”6 346万元，其中，创新产品“果蔬e贷”投放2 139万元。扎实推进脱贫攻坚，联动企业做好资金帮扶，为北京二商肉类食品集团有限公司发放2亿元带动贫困人口产业贷款，向河北省武强县推荐中国中化集团有限公司河北粮食基地项目、内蒙古汇能煤电集团有限公司液化天然气项目和北京大北农科技集团股份有限公司生猪养殖项目，开展“扶贫爱心购、我为农产品代言”活动，直接采购贫困地区农产品568万元，推动93家共建单位入驻农业银行“扶贫商城”，全年实现销售额7 286万元。

数字化转型 落地全国公安系统内首个“智慧看守所”项目，新增二级账簿5 000余个。上线“云电商场景”，成为同业和中国农业银行系统内首家实现工业互联网平台云电商场景落地、上线跨行保付功能的商业银行。打造数字化印鉴库房，实现18余万张传统印鉴卡片的批量移库和智能管理，提升客户资金支付的安全管理水平。上线“微银行+平台”，线上综合获客能力显著。

（魏晋）

中国银行股份有限公司北京市分行

2020年末，中国银行股份有限公司北京市分行（以下简称中国银行北京市分行）本外币总资产为12 226.17亿元；本外币各项存款余额为8 274.70亿元，比上年增加595.41亿元，增长7.75%，其中，人民币各项存款余额为7 630.01亿元，比上年增加731.07亿元，增长10.60%；本外币汇各项贷款余额为5 732.63亿元，比上年增加623.37亿元，增长12.20%，其中，人民币贷款余额为5 503.29亿元，比上年增加640.22亿元，增长13.16%。实现净利润39.71亿元，同比减少96.58亿元，下降70.87%。

截至年末，中国银行北京市分行共有营业机构279家，其中，分行2家、管辖/直管支行30家、经营性支行246家、分理处1家；在职正式员工有10 241人。

公司金融业务 紧抓京津冀协同发展、大兴新机场、北京冬奥会、“两区”建设机遇，主动服务重点客户，支持首都基础设施建设、北京城市副中心建设、民营企业、涉农和扶贫贷款、绿色信贷、高新制造业等领域发展。截至年末，累计支持京津冀项目170个，贷款余额超过千亿元；基础设施及交通领域核定授信总额为3 044亿元；累计为42个北京城市副中心项目提供授信支持740.43亿元；民营贷款余额为569.38亿元，较年初增加120.45亿元；涉农贷款余额较年初增加9.61亿元，增长11.52%；精准扶贫贷款余额较年初增加2.14亿元，增长9.75%；绿色贷款余额为1 220.21亿元，较年初增加174.73亿元，增长16.71%；制造业中长期贷款余额较年初增加77.77亿元，增长350.47%。为“一带一路”沿线重点项目提供结构化融资、贸易结算、增信担保等一揽子金融服务。完善以客户为中心的营销服务体系，发挥总分支一体化、海内外联动效应，加大力度参与重点客户项目融资、海内外发债、上市承销、海外并购等业务活动，打通海内外融资渠道，助力我国企业“走出去”。全年债券承销总额为4 651.99亿元，同比增长25%，全口径分销业务量为1 308.37亿元，同比增长69%。夯实客户基础，加强业务联动，提升金融市场经营业绩。全年，实现全口径金融市场业务交易量3.58万亿元，代客结售汇履约量715.53亿美元。发挥跨境业务优势，全年国际贸易结算量稳居市场首位，跨境人民币结算量首次突破万亿元。助推贸易投资便利化惠及地区实体企业，率先实现对外承包工程跨境人民币便利化结算，并在北京地区率先突破便利化结算量百亿美元大关。响应北京“两区”建设，实现区内国际结算业务、跨境人民币业务市场首发落地。紧跟行政事业客户改革进程，推进场景建设，深化与重点客户的合作关系，有效稳定主力行业存款。依托多样化的全球现金管理平台，为重点客户提供银企直连、环球同业银行金融电讯协会（SWIFT）直连、银银直连等资金管理服务和境内本外币现金池、跨境本外币现金池、跨境信息查询等多产品组合，并利用“全球视通”、跨境资金调拨等产品为“走出去”的跨国企业集团建设海外资金中心提供综合金融服务，截至年末，现金管理平台日均存款余额较上年增长12.9%。紧抓金融开放机遇，发挥区域优势，拓展跨境机构客户和境内特许机构客户，实现金融机构、托管业务重点领域重点突破。截至年末，金融机构本外币日均存款余额为6 797.21亿元，较年初增加560.50亿元；金融机构人民币资产余额为2 495.20亿元，较年初增加230.30亿元。托管运营资产规模为20 344.43亿元，同比增长13.09%。完善服务体系建设，在辖内支行设立普惠金融事业部；通过“中银信贷工厂”业务模式，累计支持小微企业15 045家，发放授信逾776亿元；借助“中关村模式”，累计服务科技型小微企业3 122家，提供授信支持超过374亿元；为疫情重点防控小微企业提供信贷支持，累计发放抗疫贷款368笔，金额为95.39亿元；推动供应链业务、“中银通宝”系列、线上贷款产品的落地与推广，为小微企业提供全方位的金融支持；强化稳企业保就业支持政策，通过贷款延期、展期、变更还款计划、延期支付利息、适时调整利率定价等方式，解决小微企业“过桥”“倒贷”问题，进一步降低融资成本。

个人金融业务　全面落实数字化战略，不断优化客户体验，实现全量金融资产、全量客户、全量收入较快增长。加强开发商分级管理及优质开发商评定工作，支持重点开发商优质项目，提高个人住房贷款市场份额及项目风险控制能力；调整现有审批标准，优化产品操作流程，简化放款环节，高效满足个人贷款客户资金需求；扩大“中银E贷—个人网络消费贷款”产品适用客群范围，推广个人普惠类贷款业务，为个体工商户及小企业主解决融资难等问题。截至年末，个人贷款余额为940.63亿元，较上年增加48.63亿元。借记卡业务通过第三方平台开展场景化营销，直达需求客户。全年，借记卡发卡71.54万张，实现消费额2 317亿元。信用卡业务依托优质商户及商圈消费场景，推进获客数字化转型；优化消费分期产品体系及渠道建设；依托“中银智慧付”品牌核心，做好收单及支付市场布局，开展便民支付环境建设，提升用户体验。全年，新增信用卡客户12.93万户，实现消费额553.93亿元。

中间业务收入 全年实现中间业务收入55.14亿元，其中，个人数字金融、银行卡、交易银行条线分别实现中间业务收入11.55亿元、10.46亿元、9.63亿元。充分发挥托管中心职能，拓展托管业务，实现托管费收入6.85亿元；强化营销机制建设，主动挖掘客户需求，保障债券承分销市场占有率，实现债券承分销手续费3.8亿元。夯实理财客户基础，加强产品创新，拓展理财业务规模，实现对公表外理财销售规模834.95亿元，实现中间业务收入1.67亿元。资产证券化业务累计发行427.38亿元，实现中间业务收入3 723万元。

渠道建设 丰富线下智能服务体系，截至年末，投产智能柜台（厅堂版）832台、智能柜台（移动版）113台，试点投产“外币智取通”设备2台，便携式智能柜台2台。完善手机银行功能，打造云缴费平台，拓展代缴费合作商户、代缴费项目种类，上线水费、电费、燃气费、供暖费、歌华有线电视和宽带、本地交通罚款、话费充值、就医挂号、房屋租赁费、学费等20余种缴费项目。拓展线上金融服务渠道，以供应链金融平台为依托，为核心企业供应链条上中小微型企业供应商提供资金支持。加快数字化转型步伐，成功落地企业网银线上担保业务模式与自助结汇专项拓展，实现商户银企直连以及跨境电商合作。在冬奥场景下开展数字人民币试点推广工作，跟进中赫集团太子城冰雪小镇项目，成立冰雪运动俱乐部，合作举办“镌刻时光　冰舞冬奥”文化推广活动暨冰雪摄影大赛启动仪式。

互联网金融 坚持“移动优先”理念，聚焦手机银行、场景拓展，创新利用互联网模式推动产品创新、发展场景金融、深化数据应用、拓展跨行业合作、加强市场宣传、提升风控能力，加快发展网络金融业务。全年，手机银行注册客户为556万户，交易客户为202万户。建设线上营销专区，通过专属化、趣味化提升客户参与感。丰富手机银行商户，建立疫情专区，为客户提供免费问诊、同行程查询、疫情捐款等服务。强化数据赋能，基于客户金融资产、代发薪数据、快捷支付、手机银行交易历史数据建立大数据评分模型，筛选营销目标客户并开展精准营销。开展新媒体业务宣传，通过微信渠道做好客户服务工作，年末分行微信粉丝数量达到199万人。企业网银以转账汇款、理财、税费缴纳、跨境汇款、代发薪功能拓展等产品为引导，做好线下客户向线上迁移工作，全年企业网银交易客户超过6.5万户。推进移动支付便民示范工程建设，全力做好银联标准二维码受理环境建设，开展餐饮、超市、公园等二维码支付优惠活动，提升客户移动支付便利性和使用率。推广中国银行 B2C 网关支付和借记卡快捷支付产品，全年实现线上交易1 619亿元。推广“报关即时通”、B 类支付、跨境电商等业务，全年“报关即时通”交易额为1 194.79亿元，B2B 商户交易额达639.89亿元。

风险管理 全面统筹授信风险管理，建立条线风险内控评价体系，强化二级及以下机构的风险内控管理，深化信用风险有效性评估，提升授信管理精细化水平。完善预警监控机制，加强重点领域日常监控摸排，主动参与高风险客户风险化解工作，落实大户信贷经营管理责任制，强化集团客户管控。加大不良资产清收和处置力度，压实公司类客户信贷经营主体责任，细化经营主责任人管理要求；疫情期间制定应急方案，采取“现场 + 远程”方式，支持防疫和复产复工，保障授信业务顺畅运行。全年，化解不良资产18.75亿元，其中，现金清收1.93亿元，呆账核销15.75亿元，分类上调1.07亿元；不良率为0.51%。

（陈锐）

中国建设银行股份有限公司北京市分行

2020年末，中国建设银行股份有限公司北京市分行（以下简称建设银行北京市分行）本外币总资产为21 899.52亿元，比上年增加2 423.29亿元，增长12.44%。本外币全口径存款余额为20 515.41亿元，比上年增加2 026.40亿元，增长10.96%，其中，人民币全口径存款余额为19 262.32亿元，比上年增加1 673.57亿元，增长9.51%。本外币贷款余额为9 800.84亿元，比上年增加1 155.04亿元，增长13.36%，其中，人民币贷款余额为9 541.29亿元，比上年增加1 240.39亿元，增长14.94%。实现账面利润156.45亿元。

截至年末，建设银行北京市分行共有营业机构449家，其中，一级分行1家，二级分行2家，支行440家（综合型支行22家，单点型支行15家，网点型支行403家），储蓄所6家；在职员工有11 611人。

公司金融业务 出台24项对公条线“战疫”金融服务措施，为疫情防控保障企业、机构提供包括但不限于各类贷款、结算等金融和非金融专项服务；向中国人民银行全国性、北京市地方性名单中的疫情防控重点保障企业发放贷款200亿元，支持企业复工复产。推送防疫客户营销清单，强化“医疗防疫专区”需求对接。通过信贷支持租赁住房建设，盘活市场存量房资源，增加租赁住房供给，平抑租金价格，促进住房供给侧改革。制定《北京市分行科创业务推进实施方案》等文件，推出“双创云贷”（2020年版）和“科技创业贷”（2020年版），累计签署投贷联动协议550份。制定《2020年乡村振兴营销图》，对接北京银保监局“银农对接信息共享平台”客户，加大向优质涉农龙头企业的贷款投放，保障社会稳定和民生需求；有序推进农村集体经营性建设用地项目贷款，对大兴区旧宫镇、采育镇、长子营镇集体经营性建设用地入市试点项目给予贷款融资支持。加强信贷基础管理，制订2020年信贷退出计划，拟订“公司业务部风险预警客户名单”，主动退出潜在风险客户。截至年末，本外币企业存款时点余额为9 757亿元，比上年增加552亿元，日均余额为9 752亿元，比上年增加1 043亿元；对公贷款余额为7 355亿元，比上年增加1 019亿元；实现中间业务净收入8.3亿元，比上年增加0.77亿元。关注央企改革热点项目，为中国国新控股有限责任公司发放并购贷款386亿元；成功营销国家石油天然气管网集团有限公司、中国南水北调集团有限公司、融通集团商业有限公司等重量级客户开户。落实中国建设银行国际业务发展行动方案，秉承新金融理念，实现国际业务高质量发展。截至年末，外汇全口径存款余额为192.54亿美元，外汇贷款余额为40.03亿美元，实现国际业务中间业务收入10.77亿元，实现外汇账面利润0.35亿美元。

个人金融业务 践行企业社会责任，依托“裕农通”服务点动员广大业主及农户助力乡村防疫，试水直播带货，解决平谷区农民大桃销售难题；在2 126台自助柜员机上线燃气CPU卡购气功能，为客户提供24小时燃气购买便利；借助网点“劳动者港湾”，为4 004名快递员赠送保险。助力乡村振兴战略，“裕农通”服务点共计3 843家，签约农户6.7万人，全年累计交易92.17万笔；在中国建设银行系统内首发“乡村振兴·裕农通”借记卡，累计发卡30.74万张。开放共享网点服务资源——“劳动者港湾”406个，形成银医、扶贫、金融消费者教育、志愿者服务等特色港湾134个，线下累计服务超过850万人次，线上App注册用户超过25万人。强化金融宣教普及，组织“全民反诈首都无诈”“3·15消费者权益保护日”等7个金融宣教活动。推进数字化经营，客户经理全部开通“云工作室”，累计触达客户601万人。截至年末，本外币个人存款时点余额为6 141.12亿元，比上年增加1 313.61亿元；日均余额为5 413.94亿元，比上年增加1 061.74亿元。私人银行业务开展线上培训、产品路演、客户交流会、客户营销活动，加强私募净值产品、家族信托、信托、建信理财等产品销售，推进“家族办公室”顶端客户服务，举办“家族办公室”签约仪式。开展私人银行综合营销竞赛活动，通过培训、专题研究等方式，提升队伍专业能力；开发私人银行客户生日礼遇线上领取平台，开展大数据项目研究，应用于员工业绩计量系统、“建行e私行”、客户经理“云工作室”；建立联动拓展客户机制，落实首席客户经理制；加强业务合规经营，完善内部控制建设，落实反洗钱和消费者权益保护。截至年末，管理资产在600万元以上的私人银行客户11 671人，金融资产达1 227亿元。

授信审批业务 严格执行全行统一的信贷政策和底线标准，落实“一票否决制”要求，优化专业审批小组、建立多元化沟通机制、建立风险客户化解会商决策机制，统一风险偏好，严守授信审批关口。全年，审批对公客户信贷业务45 246笔，金额为19 253.47亿元，同比增长12.91%；审批个贷业务7 227笔，金额为129.03亿元。年末，综合授信客户为227户，综合授信覆盖率达100%；全球授信客户为82户；集团授信客户为225

户，比上年增加9户。规范客户评级管理，全年共审定客户评级2 701笔，比上年增长14.99%，评级推翻率为4%，同比下降12.66%。强化项目评估传统优势，加强重点项目库建设，实践和创新评估流程，全年完成各类项目评估共165个。承担新农村建设专题研究，形成《北京市农村集体土地综合开发项目授信策略研究》等各类研究成果40篇。

信用卡业务 深化新金融行动，推出“高端配”等大数据产品及“云聘客”智能营销服务平台，提升营销效能；全面对接政融支付平台；参与“政府消费券”发放工作；助力抗疫防疫和企业复工复产，推进“六稳”“六保”工作。截至年末，实现中间业务净收入9.05亿元，信用卡贷款余额为208.4亿元。年内，新增客户22.5万户，累计客户量为395万户；“北京消费扶贫爱心卡”新增发卡54.3万张；消费交易额新增743亿元；分期交易额新增132亿元，其中，“随付贷”分期交易额为12.2亿元；新增信用卡POS机商户10 057户；线下POS机收单交易额为644.6亿元；特惠商户新增1 972户。

现金中心 天宁寺建行代理发行库零差错完成发行基金回笼投放、调入调出合计944.21亿元，同比增长14%；完成中国建设银行16家省市分行代理外币出运、回运、调剂折合1.15亿美元；完成422个网点现金、重要空白凭证、贵金属集中配送，660台自助设备集中维护、260个上门收款点的集中服务；金库调入调出现金3 227亿元，同比增长20%。为北京民航机场巴士有限公司、徽商银行北京分行办理对公客户“现金异步”业务，解决网点柜台低效占用难题。研发“现金备付”管理工具，实现对全行现金备付、现金周转率、营业网点柜面现金周转率的全方位监测。推进现钞自动化管控，完成全部网点上线工作，实现收付现金冠字号码关联、网点鉴伪设备冠字号识别、统计及自动配款等功能。依托建行大学和中国建设银行学习网站，组织现金条线3 000人开展5期反假货币政策培训，考核16 190人次。组织辖内384个现金网点对周边2 578户商户开展反假货币宣传、残损人民币及零钱兑换等“一对一”服务。加强现金服务示范区建设，为22家示范点配齐出纳机具等硬件，开展业务培训，打造区域一流现金服务银行。严格执行疫情监测、员工排查、风险预警、安全保护等工作要求，启动柜台现金收支两条线，为网点配置人民币点钞机防尘罩1 232个，完成现钞消毒463.07亿元，应急交取款12 015次，涉及金额204.9亿元。

资产托管业务 深化托管业务横向联动机制，聚焦资源互换与业务撮合，建立托管业务常态化联动模式；开展托管与养老金业务专项营销活动，打造“+托管”协同模式，提升托管业务协同效能。明确保险公司和保险资产管理公司类、养老金类（企业年金和养老保险公司）、专户和资产管理计划类、客户委托投资类、企业资产证券化类、产业（引导）基金类、信托公司类和其他类为业务发展重点。坚持金融科技赋能与产品创新，自主研发“托得易”报表系统，提升“智托管”差异化竞争优势。制定2020年版托管业务内部操作流程，细化员工行为管理规范，防范和化解业务风险。坚持疫情防控和日常经营“两手抓”，严格执行人员AB班轮班制度，保障托管业务在疫情期间平稳运行。截至年末，实现中间业务收入12.724亿元，比上年增加1.822亿元；

托管运营规模为47 869亿元，比上年增加6 153亿元；托管时点存款余额为1 287亿元，日均存款为1 390亿元。

普惠金融业务 统筹推进人民银行营业管理部组织的“零信贷企业银企对接活动”，累计走访企业31 811户，其中，已放款企业768户，已放款金额为88.39亿元。全力推进北京市首贷服务中心建设，通过该中心接受客户咨询98人次，受理业务1 465笔，金额为32.08亿元，实现放款1 438笔，金额为31.42亿元。加大北京市企业续贷受理中心推广力度，受理续贷申请366笔，金额为161 915万元，审批完成366笔，完成续贷金额156 575万元。稳步推进“应收账款融资平台”登记工作，盘活存量应收账款，提高资金流转效率，推动应收账款业务模式创新，解决中小企业融资难问题。截至年末，普惠贷款（1 000万元以内）余额为526.30亿元，比上年增加198.50亿元；普惠客户有38 071户，比上年增加9 353户。其中，法人贷款余额新增139.20亿元，客户新增8 783户；个人贷款余额新增59.3亿元，客户新增570户。开辟金融市场同业业务“绿色通道”，推动抗疫特别国债分销工作，累计营销客户参与投标9.8亿元，中标4.1亿元。支持小微企业发展，截至年末，普惠口径直贴业务累计投放13.34亿元，同比增长34%，余额为4.33亿元；普惠口径小微贴现客户346户，同比新增85户。

金融科技与数据业务 发挥“智慧政务”平台优势，引导社会公众线上办理政务事项，引导企业使用线上征信查询系统，建立特殊时期的单笔异议处理“绿色通道”，共计上报473笔。完善京津冀一体化项目、指尖行动项目、北京市智慧政务（大兴试点）和西城区区块链项目的服务功能，与人民银行营业管理部合作研发小微企业全流程线上融资产品——“创信云贷”，助推小微企业创新发展。截至年末，自主研发完成的需求有65项，总分协同完成的需求有108项，完成大数据原创项目45项。

营运管理 推进智能运营体系建设项目的推广应用，印发《中国建设银行北京市分行2020年智能运营体系建设项目推广应用方案》，成立智能运营建设领导小组。推进“掌上网点”建设，为客户提供基于位置和场景服务的交互、展示平台；通过网点或线上受理、后台集中服务的模式，将网点业务向线上迁移，提供“智慧刷脸办”“智慧扫码办”提升客户数字化服务体验；推进物理网点网格化管理、网点设备物品线上化以及建立“乐高式”智能综合柜台，提升网点的数字化统筹管理能力；运用端到端客户旅程方法重构业务流程，推广上线私人银行卡签约申请产品，形成全渠道协同的多服务融合。上线智能授权审核项目，将图像识别（ICR）、人脸识别、生物识别界面输入控制等技术引入授权审核平台，完成身份核验嵌入流程机控、线上审批及智能授权三项核心功能，实现网点审批智慧转型。

内部管理 成立疫情防控工作领导小组，下设应急工作团队，设立24小时值守电话，全力以赴做好新冠肺炎疫情联防联控工作；组织全行职工参加“同心抗疫情，我们一定赢”爱心捐款活动，共有8 850人捐款，合计金额2 047 519.74元。开展“合规建行 人人尽责”教育活动，组织全行员工签署《合规承诺书》；开展银行业市场乱象整治“回头看”及“金融放贷”领域涉黑涉恶专项整治，完成屡查屡犯问题专项治理和违规收费问题整改自查；完善分行反洗钱管理架构和机制流程，加强反洗钱智能化模型建设，推进客户身份信息完整率和可疑交易报告质量大幅度提升；印发《员工业务禁止性规定》，开展重点领域案件风险专项整治，常态化开展警示教育与风险排查；成立分行认责委和问责委，严肃做好违规处置工作。加快选育高素质人才，印发《优秀年轻干部挂职锻炼管理办法》，选拔首批 15 人跨机构挂职锻炼；印发《北京市分行内部人才市场管理办法》并搭建配套系统，印发《分行优化基层员工职业发展和激励保障制度实施意见》及配套制度，促进优秀人才和特殊技能人才快速成长。加强优秀年轻干部选拔任用，新提拔“七职等”副职平均年龄明显降低。建立网点负责人后备队伍。新建网点理财经理专业技术职务序列。成立建行大学北京市分行分校，开展线上培训 330 期，累计参训 11.3 万人次，并为北京地区社会公众提供 38.6 万人次、2 363 期的公益培训服务。与清华大学、中央财经大学、对外经济贸易大学签署培训框架协议，开展合作办学。加大员工关爱力度，为工资级别达到封顶线且考核优秀的员工增设年功工资项。扎实推进安保工作智能化转型，360 个重点部位上线中国建设银行物联网管理平台，大力开展安全宣传教育，组织年度“119”消防宣传月暨安全生产大检查。

（何冰）

交通银行股份有限公司北京市分行

2020 年末，交通银行股份有限公司北京市分行（以下简称交通银行北京市分行）按照中国银保监会统计口径，本外币资产总规模为 9 628.67 亿元，比上年增加 1 591.63 亿元，增长 19.8%；本外币各项存款余额为 8 071.8 亿元，比上年增加 1 031.75 亿元，增长 14.66%；本外币各项贷款余额为 3 865.51 亿元，比上年增加 361.43 亿元，增长 10.31%；实现利润 106.37 亿元，比上年增加 12.05 亿元，增长 12.77%。

截至年末，交通银行北京市分行机构网点总量为 130 家，其中，二级分行 1 家，分行营业部 1 家，一级支行 39 家，二级支行 80 家，普惠支行 9 家；共有员工 4 426 人，其中，正式员工 4 422 人，派遣制员工 4 人，平均年龄为 36.7 岁。

公司金融业务 实行亏损限额和负债成本分类管控，压降高成本负债占比，存款净收益比上年提升 30% 以上。加大重点客群营销力度，瞄准财政、军队、教育、医疗等机关团体客户，争揽财政源头资金。通过“一链两平台”深化银企合作，扩大产业链融资和结算规模，实现资金闭环运行，活期低成本负债日均增量为 219 亿元。对接医疗设备、防护用品、民生保障等相关企业，发放防疫专项贷款 20.56 亿元。通过“绿色通道”、减费让利、调整还款付息安排、续贷、展期等方式，全力驰援企业渡过难关。抓住支持民营企业和制造业、发展普惠金融、"两新一重"等热点，创新融资模式、完善信贷产品，推动贷款增长。加大资产业务储备力度，推进"总分行领导+分支行专项小组"联合营销，积极对接区域经济重点项目。借助考核挂钩、计价激励、产品带动等措施，以"银校通""银卫安康""党费管家"等产品为抓手，加强市场营销，推动重点领域对公客户规模提升。拓展政府合作渠道，与北京市经济和信息化局、市税务局等部门加强合作，为"专精特新"中小企业、优质纳税人等政策重点扶植的客群提供普惠融资服务。针对特定发展阶段、特定产业、特定区域的小微客群，开发"起点贷""智融通""科创快贷""租金贷"等个性化融资产品，形成小微金融特色信贷产品体系，普惠两增贷款余额、普惠降准口径贷款余额实现"当年倍增"。确定以超短期限券种为主的营销策略，根据北京地区市场特点，优化发行定价，债券承销业务市场排名稳步提升。关注国有资本投资公司试点企业、行业龙头企业等客户群，加强"点对点"主动营销和专业支持力度，落地多个并购项目且为新客户在交通银行的首笔授信。

个人金融业务 把握有利时机增加源头资金，看准窗口压降成本，人民币储蓄存款日均增加144亿元，全部由低成本负债拉动，高成本负债存量占比降至8.5%。推动个人客户资产管理由传统储蓄向多元化配置转型，以客户为中心推动资产配置下的财富管理产品销售，提高财富管理产品客户覆盖率。全年重点基金销量为427亿元，带动21只基金托管账户落地，零售财富管理收入比上年同期增加4.5亿元。成立线上金融业务中心，打造特色营销助手——"张小姣"，强化与集团内软件开发中心（北京）的协同联动，依托各类线上渠道，开展基础客群拓展和重点产品营销。加强场景建设与市场推广，完善手机银行领券中心模块、在线教育专区及公积金专属页面，开展线上"企业行"试点，批量联系代发客户。设立私人银行专区和集中管理客户试点，在净值型理财产品的基础上，以"沁享""乐享"系列等专户为提升抓手，拉动客户及资产稳步增长。对接现有网点、集团客户和商圈资源，瞄准五类客户开展信用卡融合营销。精选"买单吧"优质商户，通过满减和折扣券形式促进持卡客户消费。开展"新手5分购""最红星期五"等品牌宣传活动，提升交易流量。与北京京东三佰陆拾度电子商务有限公司合作推出京东PLUS联名信用卡。推出"资源行+操作行"联合投放模式，实现商业贷款、公积金贷款、组合贷款的全品种经营。加大全线上小额消费贷款——"惠民贷"宣传力度，针对代发工资客群、房贷客群、优质借记卡客群等，借助电话、手机短信、消息盒子开展精准营销，个人金融资产业务全年净增40亿元。

同业业务 从同业存单及活期同业存款入手，夯实同业负债基础。以拆借回购交易增强客户互信，借助线上资金业务，拓展包括银行、保险公司、证券公司、基金管理公司、财务公司、资产管理公司等同业客群，坚持对目标客户每日报价，摸排重点客户资产配置节奏，定期了解各类客户资产配置偏好，同业存单年化年末日均余额为702.69亿元。分层分类做好存量客户活期存款转化营销，把握利率下调时机，"一户一策"制定利率调控方案，活期同业存款年内增加510.29亿元，活期账户加权平均利率比上年末下降29个基点。推出视频见证、无接触开户、全线上三方存管签约等方案，主经纪商（PB）业务市场占有率达70%，息差收入同比增长145%。拓展产业链项下直贴业务，利用首都区域经济和总部经济优势，支持实体经济和中小微企业复工复产，全年办理产业链项下直贴业务39.11亿元，累计服务60家核心企业及586家供应商企业，办理“两增”口径直贴业务43.32亿元，累计服务792家小微企业。采取“基本面—政策面—资金面—市场情绪”多因子分析法，按月制定精细化交易策略，在市场利率大幅波动下有效控制回撤，债券交易净收入较上年提升13%。将公募基金托管业务作为重要增长点，建立代销基金托管户的综合收益支行分配机制，提高营销合力，实现托管规模12 383亿元。

国际业务 为重点客户提供“汇增利”、大额协定存款等多种产品，助推外币存款增长，外币各项存款比年初增加34.06亿美元。建立专属境内外联动团队，加强境内外市场分析，逐一排摸客户跨境融资需求，通过海外银团贷款、双边贷款等业务匹配客户个性化融资需求。助力某医药企业争揽世界卫生组织在华采购防疫物资业务，成为采购协议下世界卫生组织指定的唯一收汇行，成功办理首笔“出口订单融资”业务，金额为5 700万美元。为中小微企业提供“出口订单融资”“出口发票融资”“政保贷”等融资产品，扩大国内保理各产品在第三方供应链平台的应用，落地某出口型普惠企业“政保贷”——信保项下发票融资，开启中国出口信用保险公司保单、担保公司担保与银行国际贸易融资三方合作新模式。在国际油价大幅调整和疫情全球暴发的形势下，精准指导客户进行汇率避险，提升大宗商品和汽车类企业国际收支及结售汇业务份额。推广国际业务线上产品，通过新型交易渠道推动国际业务客群结构调整。做大国际国内信用证等结算业务、争揽涉外担保业务、拓展财务公司集中式信用证业务，实现新增国际业务动户901户。重点关注“一带一路”沿线六大经济走廊建设进程，参与电站、采矿、电信网络、城市建设等基建领域海外工程承包和投建营一体化项目，境外大型项目融资获批额度近10亿美元，正式签约4个项目，其中，埃及新首都中央商务区第三期买方信贷项目为交通银行参与的埃及首个项目。

风险管理 组建重大潜在信用风险事件处置化解专项小组，以项目制形式处置重大潜在信用风险事件。建立疫情防控期间风险管理工作机制，梳理“可能受疫情影响需重点关注企业名单”，全面筛查、及时纾困，做好风险预案。抓实临期管理，按月滚动摸排预测未来3个月存在逾期风险隐患的项目情况，逐月形成专题报告，逐户制定应对措施，专人督促经营单位及时落实还款资金。组建跨部门专职贷（投）后管理团队，牵头全行公司客户信用风险管理工作。通过整合设立“集中监测类客户名单”、创新设置关键前置性风险因子预警模式、优选配置外部风险监测工具、建立部门间联动管理机制等手段，动态筛查风险隐患。针对存量风险贷款进行梳理并逐户排摸，确定重点突破对象，综合运用诉讼、重组、核销、不良资产转让等方式推进对公高风险资产清收处置，加大不良个人贷款压降力度。强化操作风险管控，组织开展80项重要业务和41家经营机构操作风险初评估、重点流程操作风险与控制评估、网点转型操作风险评估、信息科技系统软件管理专项风险评估、防范和打击非法集资与非法放贷金融诈骗等多项风险评估。

基础管理 推进机构精简整合，开展大客户营销管理体制改革，优化巡察管理架构，实施营运与渠道管理、资产负债与预算管理构架改革，完善全面风险管理体系。实行“1+1”经营管理责任制，促进管理责任和经营责任“双落实”。建立资产负债管理会议、分支行业务汇报会和重点工作汇报会等会议机制，理顺部门协同和经营决策督导机制。完善机关服务基层评价机制，按季度组织实施评价，并将结果作为2020年“模范部门”创建活动主体得分指标的依据之一。开展优化“两纵”（分支行纵向的业务流程和检查上报）、强化“一横”（部门间横向的沟通协调）、完善“一配套”（配套政策）的“211行动”，提升经营合力。探索组建前台板块产品经理队伍，构建产品经理计价分配体系，将其业绩挂钩业务产品推动情况、经营效果评价等。建立员工绩效考核、职级升降、奖金兑现“一体化”机制，并结合条线特点健全完善员工“能上能下”动态评聘机制。围绕产品、流程、制度创新，跨单位、跨条线成立37个专项业务小组，合力攻坚重点业务。上线“智慧案防”系统，开展员工异常行为预警监测，开展“五大领域”专项治理，针对发现的33个问题，逐一建立台账督促整改。制定全面从严治党主体责任清单及2020年度任务，细化24项重点任务。将“清廉文化我践行”与持续改进工作作风、建设清廉金融文化相结合，营造廉洁自律的工作氛围。

（何华伟）

招商银行股份有限公司北京分行

2020年末，招商银行股份有限公司北京分行（以下简称招商银行北京分行）表内总资产为10 170亿元，比上年增加2 056亿元，增长25.3%；全折自营存款余额为8 454亿元，比上年增加1 405亿元，增长19.9%；全折自营贷款余额为3 544亿元，比上年增加356亿元，增长11.2%；实现利润总额128亿元，与上年持平。资产质量持续保持优质，不良贷款率为0.19%。

截至年末，招商银行北京分行共有营业机构107家，员工5 141人。

公司金融业务 批发业务以客户分层、分类经营管理为根基，深抓央企、国有企业、上市公司、“新动能”企业客群经营和资产在50万元以上客户的合作；以公司金融数字化转型为重心，打造公司金融新优势。对公负债业务保持稳健增长态势，人民币对公自营存款年日均余额为5 403亿元，比上年增加980亿元；人民币对公核心存款年日均余额为4 207亿元，比上年增加926亿元；对公客户融资总额为6 221亿元；人民币对公信贷规模为2 123亿元，是招商银行系统内唯一一家对公信贷规模超越2 000亿元的分行；客户结构进一步优化，日均存款50万元以上价值客户突破3万户，同比增长11.01%，占全部对公客户的10.4%。交易银行业务在 2020 年度执行外汇管理情况考核中获得 A 类评级。机构业务实现与东城区、通州区、顺义区人民政府战略合作签约，开立北京市财政局外债转贷款财政专户，实现分行市级财政专户零的突破。票据业务创设央企清欠商票保贴新模式并成功落地全国首单业务。

零售金融业务 全年，实现零售营业净收入 135.6 亿元，其中，非利息净收入为 57.9 亿元，管理总资产突破 1.5 万亿元，人民币储蓄存款余额突破 3 000 亿元，人民币储蓄存款时点余额在北京同业市场的占有率提升至 7.0%；强化 App 用户和客户拓展，线上与线下协同经营，零售客群稳步增长，年末存量客户突破 1 000万户，其中，非零售客群有 883 万户，资产在 5 万元以上的客户有 142.4 万户；提升零售贷款服务能力，零售信贷资产年末余额为 1 490.5 亿元，比上年增加 167 亿元；小微贷款年末余额为 520.9 亿元，比上年增加 98.1 亿元。

投行资管业务 坚持“投商行”一体化经营思路，在努力补足业务短板的同时，探索并打造具有北京分行特色的发展道路。全年，投行与金融市场条线实现总收入 38.45 亿元，实现非利息收入 20 亿元，成功落地京沪高铁并购、中国建筑限制性股票激励等国有企业混合所有制改革项目，落地“金石半年”“国电投 ABCP”等创新产品，投商行一体化经营不断体系化；市场交易业务实现投放规模 200.25 亿元，实现收入 2 528 万元；实现对公理财销售中间业务收入 1.64 亿元，公司理财产品日均余额为 1 175 亿元，对公财富管理客户数（合并口径）有 10 555 户；实现对公代销中间业务收入 2.19 亿元，同比增长 93.81%；托管资产年末规模为 2.75 万亿元，比上年增加 4 716 亿元，增长 20.69%；实现托管业务总收入 15.59 亿元，其中，非利息收入 6.62 亿元。

（肖楚璇）

上海浦东发展银行股份有限公司北京分行

2020 年末，上海浦东发展银行股份有限公司北京分行（以下简称浦发银行北京分行）资产总额为 5 102.77 亿元。按照中国人民银行统计口径，本外币一般性存款余额为 3 894.00 亿元，其中，非银行金融机构存款余额为 414.00 亿元。本外币各项贷款余额为 2 032.05 亿元。实现经济利润（EVA）33.33 亿元。

截至年末，浦发银行北京分行共设有营业机构 76 家，其中，综合性支行 40 家（含营业部），零售型专业支行 16 家，小微支行及社区支行 20 家；有正式员工 1 892人，派遣制员工 36 人。

支持抗疫复产 成立疫情防控专项工作小组，制订工作方案，协调推动各项措施落到实处；对疫情防控重点保障企业实施名单制管理，在行业限额及授权方面予以支持；对因疫情暂时受困的企业，尤其是重点疫区的实体企业，不盲目抽贷、断贷、压贷，主动了解企业合理需求，提前商讨接续方案，细化应急处置预案；通过完善续贷政策、增加信用贷款和中长期贷款等方式，为企业纾困解难。满足疫情防控领域信贷需求，为防疫企业和转产企业提供抗疫专项贷款与优惠贷款利率，满足其扩大产能的临时性资金需求；综合考虑客户与项目具体情况，设置合理的担保方式、贷款期限与还款模式，在满足监管机构相关规定的基础上，合理进行产品设置；协助客户选择多样性还款方式，为受疫情影响的客户提供还款计划变更服务，通过采取期供延后本息的方式，帮助客户解决临时资金周转困难；优化展期、无本续贷、借新还旧等相关制度中对客户准入的要求，本着“能续则续”的原则，帮助客户渡过难关。科学统筹信贷资金投放，通过建立绿色通道、简化办理流程等措施，合理满足企业的资金需求，为内蒙古西贝餐饮集团有限公司等上百家企业提供信贷支持，累计发放贷款200多亿元，为北京首农食品集团有限公司、龙源电力集团股份有限公司等企业发行疫情防控债提供承销服务。

公司银行业务 建立重点客户穿透经营模式，逐户制订拓展计划，制订综合金融服务方案，深化对公客户经营。下发目标客户清单和营销指引，指导支行拓展战略客户，全年新增综合贡献在20万元以上的战略客户115户。调整负债业务结构，拓展低成本负债，压降结构性存款，做好结构性存款的承接转化工作。加大授信客户储备，推进资产业务营销，召开资产投放督导会，加快资产投放落地。推进重大项目落地，中标国道109新线高速公路政府和社会资本合作（PPP）项目银团贷款业务，投放天然气开发银团贷款3.18亿元等。加大对首都制造业的金融支持力度，为中国化工集团有限公司等百余家企业提供融资支持。发挥内外联动优势，支持外贸企业融资，全年为20家外贸企业提供国际业务信贷服务。试运行绿色金融管理系统，开辟审批“绿色通道”，支持节能减排项目，年末绿色信贷余额为184.57亿元，比上年增加24.58亿元。

截至年末，按照中国银保监会统计口径，本外币一般对公存款余额为2 884.00亿元，比上年增加155.00亿元；人民币对公贷款余额为1 449.00亿元，比上年增加507.00亿元；实现净营业收入46.49亿元，实现净中间业务收入11.56亿元。

投资银行业务 制定《上海浦东发展银行北京分行产城融合贷款业务管理办法》，服务北京市各级产业园区、开发区、科技园区、自贸区、保税区内指定项目的开发、建设和经营。服务央企、国有企业混合所有制改革及满足降负债需求，制定债转股创新试点方案，与中国华电集团有限公司落地浦发银行系统内首单债转股业务，发放专项贷款6亿元。拓展多元化融资渠道，落地浦发银行首单结构调整型资产支持票据（ABN）业务——北京金隅集团股份有限公司结构调整型ABN业务；为帮助企业降低资产负债率、优化债务结构和税务结构，解决低成本权益融资痛点，分别落地总额均为8亿元的北京首农食品集团有限公司、中国电子信息产业集团有限公司创新型并表ABN项目。支持民营企业发展，落地浦发银行首单民营企业债务融资工具（DFI）——新希望集团有限公司2020—2022年度DFI牵头注册。挖掘客户需求，为北京二商肉类食品集团有限公司落地北京金融资产交易所永续债权融资计划，金额为5亿元，期限为16个月+N期。作为联合牵头行参与中国国新控股有限责任公司、中国诚通控股集团有限公司的并购银团，为国家石油天然气管网集团有限公司的增资并购提供55亿元融资，支持国家石油天然气体制改革和资产重组整合。抓住债券市场流动性充裕的时机，分别与中石油集团有限公司、中国石化股份有限公司合作发行100亿元、50亿元中期票据，满足企业融资需求。

零售银行业务 制定《北京分行零售客户经营管理办法（试行)》，厘清理财经理管户边界、压实管户责任，从管户和产品销售两方面进行考核。围绕客户的全生命周期，按不同层级客户的不同经营阶段，投入活动资源，促进客户金融资产进阶提升。以“汇理财”“安享赢”、大额存单、净值理财等产品为营销抓手，按季度开展销售竞赛，拓展新客户和新增资金。开展私人银行客户特色活动，推动私人银行客户数量和金融资产规模持续增长。组建代发市场经理专业队伍，确立代发重点项目，公私联动、分支行协同营销，上线海外代发薪酬模式，全年代发金额为540.8亿元。年内交易资金监管合作中介渠道新增100家，交易资金监管规模为200亿元。扩展银证对接渠道，推动三方存管客户和三方存管资金稳步增长。通过搭建抵押贷款渠道、推进公积金贷款系统上线，稳步推进抵押贷款业务。聚焦装修、教育等生态场景，设计消费贷款产品组合，推出消费贷款客户场景经营新模式。以普惠金融服务实体经济为依托，加强市场、园区、商会等自拓渠道建设，提升经营性贷款的市场占有率和竞争力。推进互联网贷款渠道建设，加快互联网贷款项目上线。优化零售信贷体制机制，年内成立11家个贷经营中心。

截至年末，按照中国银保监会统计口径，本外币个人金融资产余额为1 583.00亿元，比上年增加251.40亿元；本外币储蓄存款余额为596.00亿元，比上年增加25.59亿元；个人贷款余额（不含信用卡）为572.74亿元，比上年增加11.83亿元；实现零售营业净收入32.40亿元，零售中间业务净收入17.50亿元。

金融市场业务 充分挖掘金融要素市场客户的财务、平台和牌照价值，累计获得业务资格13个，年内新增4个。抢抓业务窗口期，与网联清算有限公司合作落地理财代销业务，实现平台获客。推进属地大型保险集团客户经营，与中国人寿保险（集团）公司等新增现金管理产品合作规模734亿元，保险行业托管规模为1 241亿元。优化集约经营体系，增强同业合作黏性，与网联清算有限公司、嘉实基金管理有限公司、中国东方资产管理股份有限公司签订战略合作协议。拓展合格境内机构投资者（QDII）项下汇率套期保值业务规模，全年落地交易规模总计超过40亿元。与北京银行合作开展“浦银通”业务，全年业务规模超过400亿元。加强与重点证券公司的业务合作，与中国银河证券股份有限公司等合作开展贵金属租借业务18亿元。开展利率期权业务，全年共落地17笔贷款市场报价利率（LPR）项下利率期权业务，帮助融资客户锁定利率波动风险。与开源证券股份有限公司、光大证券股份有限公司、平安银行等合作开展债券借贷业务，合计规模130亿元。票据业务稳步推进，全年银行票据直贴发生额为102.55亿元。支援中国石油天然气集团有限公司生产聚丙烯、次氯酸钠等抗疫物资，承接作为昆仑银行主要支付结算行的工作，为其申请100亿元活期存款头寸。深化与各类财务公司的合作，与北京地区28家财务公司合作开展负债业务。

截至年末，按照中国银保监会统计口径，本外币同业存款余额为2 872.85亿元，同业借款余额为1 968.41亿元，实现净营业收入25.71亿元，净中间业务收入10.61亿元，资产托管规模为1.87万亿元，实现托管收入2.94亿元。

合规与风险管理 加强客户授信管理，强化真实性审核，把好客户入口关。建立联动、联防、联控机制，做好投前、投中、投后全流程风险防控。密切监控存在风险隐患的客户，做好按季度收息和到期业务管理，严防新增逾期贷款和欠息。加大对贷后质量的过程监控，动态把握客户的生产经营和押品情况，制定风险应对预案。加强对受疫情影响较大的行业、计息方式调整的企业的风险排查，密切关注信用卡、网贷等领域的风险趋势。强化全口径信用风险的统一管理，深化重点领域风险管控，实施名单制与会诊制。加大风险化解力度，完成不良资产现金清收13.35亿元、已核销贷款现金清收1 053万元，以80%回收率完成打包转让不良资产3.58亿元，回吐风险成本1.21亿元。树立敬畏制度意识，实施精准问责，落实尽职免责。明确合规内控治理的重点领域，强化对案件风险源头的回溯管理，消除各类风险隐患。认真落实中国银保监会关于开展市场乱象整治“回头看”的各项要求，深挖彻查经营管理中存在的问题和风险隐患，做到即查即纠、立查立改。强化反洗钱考核管理，提升反洗钱工作质量。

（王国文）

广发银行股份有限公司北京分行

2020年末，广发银行股份有限公司北京分行（以下简称广发银行北京分行）总资产为3 065.97亿元，实现报表营业收入32.4亿元，实现净利润8.84亿元。

截至年末，广发银行北京分行设有营业网点53家；在岗人数有1 666人，其中，正式在编1 653人。

公司业务 加强金融服务和市场营销，克服新冠肺炎疫情给业务经营带来的不利影响，努力提升负债规模，做大资产规模，各项重点指标实现逆势增长。截至年末，公司业务条线实现营业收入22.81亿元（广发银行考核口径，下同），同比增长11.1%；实现净利润9.41亿元，同比增长9.9%；日均公司存款同比增长20.8%，日均公司贷款同比增长20.8%；净增公司有效客户800户。

零售业务 抢抓理财净值化转型契机，以基金、保险产品作为业务营销的主导方向，带动关键业务指标增长。截至年末，日均储蓄存款同比增长43.6%，日均个人贷款同比增长11.2%，净增零售基础客户、财富管理客户、私人银行客户共计8 723户。

金融战疫 加强疫情防控组织领导，从严落实各项防控措施，严格按照规范流程做好营业场所消毒和员工、客户的防疫检测工作，针对部分关停网点向社会公众做好公示、解释、咨询和引导工作，未发生因疫情引发的投诉事件。针对受疫情影响暂时存在还本付息困难的零售普惠小微贷款客户不抽贷、不断贷，做到“应延尽延”，全年累计涉及借款人 1 067 名、贷款余额 17.41 亿元。根据小微客户复工复产资金需求，大力推广个人经营性贷款——“复工贷”，截至年末，共对近 2 000户发放“复工贷”，累计金额 54.25 亿元。向在广发银行北京分行开户的小微企业免费提供保险产品——“安复保”，为肩负抗疫使命企业紧急办理出账手续，为负责防疫物资采购的公司在外汇市场休市日办理结售汇业务等。

金融创新 成立“创新实验室”，开展互联网数据中心新型基础设施收益权资产支持专项计划、落地广发银行首单并表型资产支持票据托管业务等，其中，8 月落地的优质央企、国有企业供应链间接融资业务，年内即为 10 家核心企业实现出账 7.47 亿元，开发上游供应商 138 家，有效地支持了实体经济的发展。

服务国家发展战略 推进京津冀及黄河流域区域协同发展，筛选重点客户和重点项目，投放 10 亿元中国国新控股有限责任公司银团专项贷款以支持天然气管网建设，获批乌兰察布风电基地 170 亿元银团贷款项目；服务实体经济，对公小微企业表内一般贷款较年初增加 3.21 亿元；小企业授信客户数比年初增加 54 户；助力脱贫攻坚，全年累计发放扶贫贷款 8.15 亿元。

（陈悦喆）

兴业银行股份有限公司北京分行

2020 年末，兴业银行股份有限公司北京分行（以下简称兴业银行北京分行）总资产为 6 633.82 亿元，比上年增加 801.42 亿元，增长 13.74%；总负债为 6 620.51亿元，比上年增加 837.08 亿元，增长 14.47%；实现营业收入 65.64 亿元，比上年减少 9.49 亿元，下降 12.63%；实现利润 13.21 亿元，比上年减少 37.56 亿元，下降 73.98%；本外币存款余额为 4 227.33 亿元，比上年增加 509.47 亿元，增长 13.70%；本外币贷款余额为 2 112.95 亿元，比上年增加 333.04 亿元，增长 18.71%。

截至年末，兴业银行北京分行共有营业网点 76 家，其中，综合性支行 67 家、分行营业部 1 家、社区支行 8 家；共有正式员工 2 209 人，编外员工 60 人。

企业金融业务 围绕北京市“四个中心”战略发展定位，加大信贷投放，强化金融对实体经济支持力度。聚焦首都高精尖产业发展布局，优化信贷业务流程，提升审批效率。截至年末，贷款发放超过 1 200 亿元，比上年增加 247.95 亿元。压实主体责任，做好疫情防控金融服务，通过强化组织推动、主动让利实体、优化作业流程等举措，加大对普惠小微企业的信贷投放，年末普惠贷款余额突破 60 亿元，户数突破 1 000 户，向疫情防控及经营受困、民生保障类企业发放贷款 270 亿元。做强做优表外业务，加大新经济客户代销产品销售、战略客户理财定制和小微客户“添利”系列产品销售，落地兴业银行首单净值型专户定制理财产品。截至年末，理财产品余额为 613 亿元，占兴业银行的 33%。启动“商行 + 投行”战略，全年，落地权益投资 21.35 亿元，成功投资中信戴卡股份有限公司、北京世纪互联宽带数据中心有限公司、软通动力信息技术（集团）股份有限公司等优质项目；承销绿色债券 44 亿元，发行疫情防控证券化项目，入选 2020 年中国银行间市场交易商协会十大创新案例。截至年末，本外币对公存款余额为 3 822 亿元，比上年增加 515 亿元，增长 15.6%；对公贷款余额为 1 386.45 亿元，比上年增加 247.95 亿元，增长 21.8%。

零售业务 以财富业务、私人银行与互联网银行为转型重点，促进规模、客户和效益的协调发展，推动绿色化转型、数字化转型。围绕网点打好阵地战，主推养老金融，提升营销服务质量，促进流量客户的价值提升；以金融知识宣传、垃圾分类等公益服务为抓手，通过线上线下方式与社区居民建立紧密联系，把握时机适度营销。全面贷后检查保优质退风险，挖掘转介绍营销的机会，推动各类存量客户的交叉营销，聚焦产业园区、商会、协会、市场、社区等特定客群，根据调研情况设立符合客户需求的专案，实现批量获客。利用兴业银行多元金融平台，与 32 家企业开展线上业务合作。截至年末，实现综合金融资产年日均 1 572 亿元，比上年增加 184 亿元，其中，财富类综合金融资产年日均为 1 167 亿元，比上年增加 146 亿元；个人贷款余额超过 610 亿元，基本与上年持平；个人存款年日均为 405 亿元，比上年增加 38 亿元；零售考评 VIP 客户新增 19 758 户，私人银行客户新增 466 户，信用卡“T + 6”生息客户新增 13.6 万户。

金融市场业务 全面落实各项监管要求，优化调整资产负债结构，提升客户服务水平。截至年末，同业存款余额为 2 294 亿元，比上年增加 305 亿元，增长 15.33%；资产托管业务规模为 17 227 亿元，比上年增加 2 301 亿元，增长 15.42%。

绿色金融 通过异地银团联动，成功投放北控水务集团内蒙古赤峰“母亲河”修复项目等重点绿色项目 4 笔，合计投放金额 27 亿元。以绿色资产证券化、绿色资产支持商业票据（ABCP）等创新产品为抓手，精准匹配绿色客户和项目的多元化融资需求，为华电国际电力股份有限公司发行全国首只绿色疫情防控债券，募集资金 15.51 亿元，支持疫情地区的电力供应和保障。截至年末，绿色融资余额超过 750 亿元，服务绿色客户超过 1 000 户。

中小企业业务 加大对普惠金融重点领域的资源倾斜力度，深化与北京市首贷服务中心、北京市企业续贷受理中心业务合作，推进无还本续贷业务，通过建立中小企业专属营销组织、专属业务流程、专属风险技术、专属产品序列、专属激励约束机制和专属资源配置体制机制，形成一整套中小企业运营体系。截至年末，企业金融普惠小微余额新增超过 30 亿元。

（张晨）

平安银行股份有限公司北京分行

2020年末，平安银行股份有限公司北京分行（以下简称平安银行北京分行）资产总额为2 774.35亿元，负债总额为2 744.49亿元。本外币一般性存款余额为2 477.21亿元，其中，公司存款余额为1 940.30亿元，零售存款余额为536.91亿元。本外币存款日均为2 382.23亿元，其中，公司存款日均为1 986.81亿元，零售存款日均为395.43亿元。贷款余额（含贴现）为1 162.53亿元，其中，公司贷款余额为593.42亿元，零售贷款余额为553.97亿元，贴现余额为15.14亿元。

截至年末，平安银行北京分行共有机构网点51家；员工人数为2 649人，其中，正式员工1 950人，劳务派遣员工64人，外包人员635人。

公司业务 加大信贷业务拓展力度和资金投放，并购贷款业务快速增长，全年累计新增投放144.87亿元。加大对实体经济的支持力度，资金投向制造业、基础设施、科技创新等重点领域与薄弱环节，助力企业复工复产。全年向制造业企业投放资产合计228亿元，向中长期制造业企业投放资产59亿元，其中投放贷款（不含离岸）33.25亿元。扩大承销银行间债务融资工具规模，助力区域内企业复工复产以及京津冀经济发展，截至年末，债券承销规模突破1 000亿元，较上年实现翻番。合理有效配置信贷资源，严控对高污染、高耗能及产能过剩行业的信贷投放，形成银行内部支持绿色信贷的激励机制和抑制高污染、高耗能和产能过剩行业贷款的约束机制，助力绿色经济发展。

零售业务 通过自建及整合平安集团内子公司资源，构建“私行+投行”“境内外一体化”的产品服务体系；升级产品销售平台、智能运营平台及队伍展业平台，提高科技赋能及线上化运营能力，为客户提供差异化金融服务。针对受新冠肺炎疫情影响的零售贷款客户，采取延迟还本付息、利息减免、征信维护等措施，重点关注因疫情管控无法正常经营、收入大幅下降的小微企业主及个体工商户，积极落实“应延尽延”政策，缓解其经营周转压力。全年对累计超过35亿元的零售贷款实施了延迟还本付息政策，惠及客户5 980名。加强客户资金状况排查，充分了解大额延期客户实际情况，“一户一策”明确化解方案，并安排专人跟进；对还款仍有困难的客户予以不同程度的利息减免；对受疫情影响时间较长的客户，结合具体情况予以继续延期或利息减免。截至年末，延期还款贷款的化解率超过85%，零售资产质量平稳、关键指标优于全行平均水平。

合规内控 开展案防合规风暴、雷霆行动和正风肃纪专项活动，营造案防合规高压态势。建设基层单位网格，形成负责人与员工、员工与员工的交叉监督关系。关注员工在工作和8小时外生活的异常。构建群防群控、联防联控，常态化日常监督和精准监督有机结合的纪检监督体系。以强排查、强考核、强问责为抓手，案防和合规内控机制进一步完善。清收问题授信盘活资产，截至年末，全口径不良贷款余额为2.2亿元，比上年减少6.87亿元，下降75.74%；全口径不良率为0.19%，与上年的0.93%相比大幅下降，实现了不良贷款的“双降”。大力核销不良资产，累计核销对公不良资产73.77亿元。

（杨春）

中信银行股份有限公司北京分行

2020年末，中信银行股份有限公司北京分行（以下简称中信银行北京分行）资产总额为11 675.88亿元，比上年增加2 816.75亿元，增长31.8%。负债总额为11 596.89亿元，比上年增加2 816.92亿元，增长32.1%。存款余额为10 849.89亿元，比上年增加2 415.47亿元，增长28.6%。贷款余额为2 176.14亿元，比上年增加132.21亿元，增长6.5%。不良贷款余额为8.87亿元，不良率为0.41%。实现净利润67.09亿元。

截至年末，中信银行北京分行共有机构网点75家，员工3 067人。

公司银行业务 负债业务。搭建优质批量获客渠道，深化与战略客户、机构客户的合作，通过产品赋能，对公负债业务实现快速发展。截至年末，本外币公司一般性存款时点余额为6 472.18亿元，比上年增加1 087.25亿元。

资产业务。落实党中央“六稳”“六保”工作方针，助力企业复工复产，加大防疫贷款、制造业贷款及民企贷款的投放力度，支持实体经济发展，累计发放防疫贷款超55.67亿元。截至年末，人民币公司一般性贷款余额为1 218.50亿元，比上年增加213.96亿元。

投资银行业务。全年发行债券161只，实现债券融资规模1 975.59亿元，比上年增长20%。其中，超短期融资券99只，短期融资券3只，中期票据42只，定向工具7只，资产支持票据10只。成功落地全国银行间市场首只“疫情防控专项债”、首只“集体租赁住房专项债”、首单消费金融类资产证券化业务。通过投资债转股专项债的方式投资84.23亿元，累计投资总额为133.23亿元。

交易银行业务。全年供应链金融项下商业承兑汇票贴现总额为95.14亿元，比上年增长99.87%。供应链金融上游非票据业务中，“信e链”产品融资额为9亿元，比上年增长1 025%；供应链金融下游业务推出“信e销”产品，业务保持稳定增长。

普惠金融业务。按照“应延尽延”原则，通过续贷、变更还款计划等方式，全力支持小微企业复产复工，累计为受疫情影响出现还款困难的小微企业办理延期还本业务12笔，金额共计1 241.46万元。截至年末，普惠型小微企业法人贷款业务余额为26.80亿元，比上年增加20.32亿元；贷款户数为737户，比上年增加576户。

零售银行业务 管理资产。落实零售“四三三”转型发展思路，坚持做大规模、做强客户、做佳体验。截至年末，零售管理资产时点余额为3 486.00亿元，其中，私人银行客户管理资产余额为1 130.99亿元。

个人存款。截至年末，个人存款时点余额为1 243.17亿元。

个贷资产。全年累计发放个人信贷类贷款219.81亿元，其中，住房抵押贷款68.04亿元，普惠型个体工商户、小微企业主贷款90.98亿元，信用贷款52.61亿元。年末个人信贷类贷款余额为831.32亿元，其中，住房抵押贷款比上年增加14.79亿元，普惠型个体工商户、小微企业主贷款比上年增加31.55亿元，信用贷比上年增加13.66亿元。

客户经营。截至年末，零售客户数为743.32万户。其中，私人银行客户为8 619户，有效客户为65万户，贵宾客户为13.36万户。

产品销售。全年零售理财销量为5 861.24亿元，基金销量为484.14亿元，保险销量为43.45亿元。

手机银行。全年，移动银行登录客户数为164.80万户，净增客户44.51万户，实现交易1 966.81万笔；移动银行月均登录客户数为84.88万户，月均交易客户数为38.21万户。

移动支付。截至年末，快捷支付签约客户数为284.78万户，年交易客户数为118.19万户，实现交易1.51亿笔、金额793.23亿元。

党费通。贯彻“互联网+党建”战略，持续为各级组织党员提供标准化党建金融服务。截至年末，“党费通”已为392家党组织共计7.1万名党员提供党费缴纳服务。

服务品质。大力推动线上化经营，开辟多项金融服务“绿色通道”，做好辖区内金融服务和应急保障工作。京城大厦支行、观湖国际支行获评中国银行业文明规范服务千佳示范单位。

金融市场业务 同业业务。截至年末，同业负债日均规模为3 347亿元，比上年增长32%；存放同业日均规模为170.57亿元，比上年增长61.96%；同业存单日均规模为304.65亿元，比上年增长6倍。同业资金业务共实现营业收入10.33亿元。全年共完成五个批次、195亿元的同业借款流转。参与企业类ABS投资31笔，总金额为73.25亿元。完成22笔二级市场ABS投资业务，规模合计97.1亿元。票据业务全年累计贴现量超过750亿元，同比增长5%。

国际业务。优化业务结构，拓展国际业务线上化和资本及服务贸易项下客户群，推动新市场环境下国际业务的稳步过渡。全年，收付汇量为595亿美元；结售汇量为160亿美元，其中，资本项下即期交易规模为56亿美元，同比增长50%；国内证业务开证规模为89.3亿元，同比增长近37%；衍生品业务交易规模为11.6亿美元，同比增长59%；网银国际业务跨境汇出汇款890笔，合计约6.09亿美元，在线结汇118笔，合计约0.81亿美元。

托管业务。截至年末，资产托管规模为2.68万亿元，实现轻资本收入16.02亿元。助力企业复工复产，完成自营业务清算操作1 440余笔，总行理财项目3 185笔，为23名年金客户完成27 895笔待遇支付，完成1 011只估值产品、1 038只非估值产品的账务处理工作。

风险控制 信贷管理。加强信息化风险监测，开展专项风险排查，提高贷款审核能力，提升系统信息质量。通过机构考核、政策制定、资本管理等举措推动金融支持实体经济、普惠业务发展，加强北京城市副中心、北京新机场、北京非首都功能疏解等领域的授信引导。截至年末，不良贷款余额为8.87亿元，不良贷款率为0.41%。

会计运营。按照“特事特办、急事急办、随申随办”原则，密切关注捐款、防疫资金划拨业务，做好现金备付、回笼及消杀管理；开辟“绿色通道”，做好疫情防控期间金融服务保障。开展网点运营工作调研，分类整理并推动解决网点反馈的问题；开展单位账户开户质量重检、涉案账户倒查及延伸排查等专项排查，防范电信网络诈骗；升级出纳机具，开展业务培训，保障2020年版第五套人民币5元纸币顺利发行。

风险管理。推进风险管理模板化，提升全面风险管理的规范性；加强风险合规文化建设，开展形式多样的风险管理培训；保障各特殊场景下业务平稳开展，提升业务连续性管理能力；加强组织建设和工具应用，完善操作风险管理；通过“风险信息速递”等形式，及时高效传导风险信息。

合规经营。完善案防管理体系，搭建由业务运营线、行政保障线、纪检合规线组成的“三线”合一案防工作机制。加强条线融合协同，建立多层级、立体化案防及检查体系。夯实合规责任体系，明确“双管”责任，强化合规履职清单制管理。落实整治市场乱象“回头看”，开展制度治理、问题治理、信贷业务和员工行为攻坚战四项合规工程。完善反洗钱内控制度，强化洗钱风险协同防范体系建设，打击洗钱犯罪活动。创办《合规之声》月刊，深入开展风险合规文化季活动。

（佟瑶）

中国光大银行股份有限公司北京分行

2020年末，中国光大银行股份有限公司北京分行（以下简称光大银行北京分行）资产总额为5 847亿元，比上年增加469亿元。一般存款时点余额为5 271亿元，比上年增加822亿元，增长18%，其中，核心存款时点余额为4 639亿元，比上年增加1 582亿元，增长52%，同比多增1 138亿元；一般存款日均余额为5 243亿元，比上年增加809亿元，增长18%，其中，核心存款日均余额为4 045亿元，比上年增加1 082亿元，增长37%，同比多增645亿元。实现营业收入112.1亿元，同比增加5.02亿元，其中，中间业务净收入为26.92亿元，同比增加1.01亿元。风险调整后利润为66.21亿元，同比增加4.35亿元。不良贷款余额为2.51亿元，比上年减少0.22亿元，不良贷款率为0.2%，比上年下降0.03个百分点；关注类贷款余额比上年减少0.66亿元，关注类贷款率为1.46%，比上年下降0.16个百分点。

截至年末，光大银行北京分行设有营业网点69家，共有员工2 800余人。

公司金融业务 以对标同业为经营核心，研究制订市场开发计划，实施集中分层专业化营销管理；绘制客户家族图谱，推动公司客户视图系统应用；深耕场景运营，线上线下联动，通过网点营销和线上引流获得客户。截至年末，对公存款时点余额为4 210亿元，比上年增加672亿元，其中，核心存款时点余额为3 735亿元，比上年增加1 293亿元；对公存款日均余额为4 236亿元，比上年增加656亿元，其中，核心存款日均余额为3 316亿元，比上年增加908亿元。实现对公存款收入40.27亿元，同比增加5.07亿元。发展低资本消耗金融产品总量（Financial Product Aggregate，FPA）业务，丰富服务实体经济工具箱，推进投行承销、同业投资、资管业务发展，制造业贷款、民营企业贷款余额双增，普惠金融贷款再创新高。截至年末，FPA余额为4 119亿元，其中，投行债券承销1 584亿元，同比增加773亿元，增长95%。同业投资余额为425亿元，同比增加181亿元，增长85%。支持北京市“三个一百”重点项目，投放21亿元，制造业贷款年末余额为167亿元，制造业中长期贷款年末余额为118亿元，民营企业贷款年末余额为165亿元，普惠金融贷款年末余额为92.35亿元。

零售金融业务 建立基于战略导向和价值创造的资源配置和业绩考核体系，坚持以客户为中心，以市场为导向，强化数字化转型和价值创造能力。截至年末，零售存款日均余额为1 008亿元，其中，零售核心存款时点余额为904亿元，比上年增加288亿元，增长47%。零售客户资产管理规模为2 811亿元，比上年增加423亿元，增长17.7%。零售贷款规模为454亿元，比上年增加67亿元，增长17%，同比多增67亿元；零售贷款时点余额占全部贷款的35.3%，同比提升2.6个百分点，贷款点差提升53个基点至105个基点。实现零售条线营业收入40.99亿元，同比增加2.86亿元，增长8%；零售营业收入占全部营业收入的36.6%，同比提升1个百分点。实现零售条线净中间业务收入12.61亿元。其中，财富管理收入为8.32亿元，同比增加1.9亿元；代理业务收入为2.99亿元，同比增加1.0亿元，增长50%。私人银行客户为6 507户，比上年增加1 381户，增长27%；手机银行、云缴费、“阳光惠生活”月活客户为277万户。

创新金融科技 全年，金融科技研发投入3 700万元，完成开发项目471项。实现中间业务平台横向扩容，开发零售信贷移动作业平台和金融专网不动产抵押登记系统，打造5G智慧网点。聚焦渠道平台和产业互联，推进企业端（B端）、政务端（G端）金融产品开发和市场营销，完善线上账户、支付、结算及网络融资。银联代付业务交易4 186万笔、金额为51 402亿元，电子支付线上交易5 246万笔、金额为640亿元，托管业务25 474笔、金额为950亿元，引入零售客户32.6万户；云缴费交易3.08亿笔、金额为1 025亿元。

集团协同联动 践行“光大一家”发展理念，建立协同联动工作长效机制，推动“光大超市”服务更新升级，创新充实财富E－SBU生态圈合作模式。全年，协同发展业务规模超6 000亿元，实现协同业务收入2.9亿元；代销集团企业基金、信托、保险等产品近60亿元；托管集团企业产品874只、金额6 128亿元；向光大证券有限公司、光大金融租赁有限公司等企业推荐项目50余个，合作规模超过160亿元；为嘉事堂药业有限公司、中青旅控股股份有限公司、光大实业有限公司授信 52 亿元；累计发放中青旅联名借记卡 15.6 万张，中青旅控股股份有限公司、光大永明保险有限公司联名信用卡 175 万张；新增拓展证券第三方客户 2.1 万户。

新冠肺炎疫情防控 根据中国光大集团、中国光大银行工作部署，全员投入抗击疫情，确保全体员工“零感染”；8 次升级《疫情防控工作方案》，及时采购发放防疫物资，为全体员工投保新冠病毒意外伤害保险，组织全员进行核酸检测，爱心捐款 82 万元，编印《战“疫”中的雷锋日记》系列书籍。支持企业复工复产，下发防控疫情企业名单，对相关企业表内外授信 35 笔、金额为 145 亿元，向 34 家名单企业投放贷款 74 亿元。云缴费平台为 30 个省份 620 个项目的线上生活缴费提供保障，共计缴费 1.46 亿笔、金额为 279 亿元。为实体经济企业减费让利超过 13 亿元，为中小微企业办理延期还本付息 7 亿元。

风险防控 制定区域信贷投向政策，强化信用风险监控。建设智能风险控制体系，完善统一授信管理。针对特殊资产经营工作，主动作为，推动大额风险化解，加大处置力度，实现不良现金清收 2.23 亿元、核销处置不良资产 7.3 亿元。不良贷款额、不良贷款率、关注类贷款余额、关注类贷款率全部下降。拨备覆盖率为 1 057%，比上年提高 173 个百分点。

渠道管理 成立渠道管理部/消费者权益保护部。该部整合了原网点建设办公室、消费者权益保护办公室的相关职能、架构，并将运营管理部的部分智能柜台管理职能、零售金融部社区支行建设、零售金融部、基础客户部自助设备管理职能划归至渠道管理部。推进网点建设，构建“大服务”格局，天宁寺支行、海淀支行获评中国银行业协会文明服务规范“千佳网点”单位。打造“拥军银行”，组织“八一拥军优抚”等主题品牌宣传，承办中国光大银行消费者权益保护品牌创建活动，在人民银行营业管理部消费者权益保护评估工作中，名列北京股份制商业银行第一位。

企业管理与队伍建设 组织制度巡检，实施分级授权管理，梳理业务及管理流程 669 条，审查修订制度 263 项。加大预警信息核查与内控监测，加强员工异常行为监督排查，推进违规积分管理。接受国家审计署、中国银保监会、人民银行营业管理部、中国光大银行南部审计中心的审计，并对照审计意见逐条梳理问题，分析成因，立行立改。紧扣财富管理指标体系，优化考核指标，推进末位淘汰机制。重视人才梯队建设，组织 7 次行内公开竞聘，选拔干部员工 352 人，对符合条件的 637 名员工晋升职级、职档。全年处理反馈基层意见建议 450 余条。支持扶贫和公益事业，采购发放扶贫产品，为“幸福工程”捐款 19.5 万元。光大银行北京分行荣获中央国家机关“首都文明单位”称号，“舒昕劳模创新工作室”被中国金融工会命名为“全国金融系统劳模和工匠人才创新工作室”。

（潘远发）

中国民生银行股份有限公司北京分行

2020年末，中国民生银行股份有限公司北京分行（以下简称民生银行北京分行）本外币总资产余额为8 153.77亿元，比上年下降2.47%。各项存款余额为7 472.01亿元，比上年增长4.7%，其中，人民币存款余额为6 791.1亿元，比上年增长1.42%。各项贷款余额为3 124.78亿元，比上年增长5.44%。实现营业收入129.59亿元，营业支出73.97亿元，实现营业利润55.63亿元。

截至年末，民生银行北京分行下设二级分行1家、支行89家、便利型网点76家（社区支行71家、小微支行5家），有正式员工3 502人。

公司业务 启动对公业务改革，完善规则和机制，加大资源支持力度，提升客户综合化服务水平。坚持“民营企业的银行”战略定位，着力构建战略民营企业、中小企业的分层服务框架，提升金融服务质量。围绕金融支持企业复工复产，对受疫情影响较大的企业提供差异化金融服务，合理支持企业授信延续、应贷尽贷，为防疫重点企业发放贷款金额合计77亿元。加大对制造业的信贷投放，全年新增贷款28亿元。多措并举降低企业融资成本，年内发放贷款平均成本比上年降低约80个基点。通过资产证券化、贸易融资、保理、供应链金融、场景结算等业务，为京津冀协同发展重大工程建设项目提供全流程金融服务，为北京城市副中心主要建设单位投放贷款49亿元，为朝阳区重点棚户区改造项目投放贷款20亿元，积极跟进“三城一区”重点园区建设和企业服务，全年债券承销规模突破823亿元，资产证券化产品投资257亿元，累计认购北京市政府债券42亿元。聚焦高端装备制造、新一代信息技术、生物医药三大行业，设立11家特色业务机构，推出中小科创企业服务工具包，提供开户费减免、网银汇划手续费减免等优惠政策，利用现金管理产品提高企业结算效率，强化国际业务单一窗口及政策咨询服务，引导中小企业使用自助贴现的线上服务产品，针对硬科技企业开展“科创贷”及投贷联动服务，截至年末，中小企业客户数为2.2万户，信贷投放余额为28亿元。

零售业务 推出零售改革2.0版本，销售营运渐成体系，团队活力进一步释放，经营业绩实现较大幅度提升。截至年末，储蓄存款余额为1 180.6亿元，年内新增142亿元；零售金融资产余额为2 786亿元，年内新增156亿元；非货币基金销售实现中间业务收入1.9亿元，比上年翻倍；贵宾客户数为34.46万户，比上年增加1.56万户；私人银行客户突破6 000户，比上年增加660户。网络金融业务健康发展，零售网金平台用户数为410.48万户，比上年增加55.69万户。参与北京市首贷服务中心、北京市企业续贷受理中心建设工作，为小微企业办理延期还本付息18.31亿元，通过无还本续贷发放小微贷款303.47亿元，无还本续贷率为76%。优化业务流程，创新服务方式，提升线上化全流程服务客户能力，小微贷款年末余额为 439.49 亿元，比上年增加 16 亿元。

金融市场业务 调整经营思路，向客群经营和资金交易转型。截至年末，同业资产业务余额为 1 838 亿元，同业负债业务余额为 3 087 亿元。重点发展资产托管业务，年末存量托管规模为 2.03 万亿元，全年新增 1 400 亿元，其中，保险资金及公募基金托管规模分别增长 78% 和 27%。票据直贴全年累计发生额为 294 亿元，中小企业线上自助贴现业务累计签约客户数突破 2 588 户，累计获批人民银行营业管理部再贴现规模 42 亿元。

风险管理 建立中心支行风险内控管理委员会机制，制定专项管理办法；明确风险合规总监考核办法和履职清单，完善信息交流共享机制，向中心支行派驻 12 名风险合规总监。改革对公清收模式，成立问题资产处置领导小组；将资产保全部由二级部升级为一级部，强抓零售资产贷后基础管控。强化内控合规工作，全年开展 91 项内控合规检查，完成对 9 家支行的飞行检查和专项检查。建立洗钱风险预防、预警、处置和问责机制，完善“一体化”反洗钱管理履职体系。认真做好消费者权益保护工作，全年未发生有责投诉。

党建工作 强化党建引领作用，党、工、团组织积极开展抗疫捐款活动，全体员工累计捐款约 227 万元；推进党组织标准化、规范化建设，持续抓好各层级党组织的理论学习，全年开展党委中心组学习研讨 13 次，25 家基层党总支（党委）同步开展中心组理论学习 244 次，参与人数达 1 500 余人次；推进党建扶贫工作，向河南省滑县老店镇卢外村党支部和马兰村党支部各捐款 10 万元，向贵州省龙场镇美满村和猫场镇龙潭居村各捐赠 6 万元物资；开展“青春在线　使命担当”青年与行长面对面主题座谈会，畅通党委领导与青年员工的交流与沟通，组织“青春献民生”系列活动，充分调动青年员工的积极性和创造性。

（周含）

华夏银行股份有限公司北京分行

2020 年末，华夏银行股份有限公司北京分行（以下简称华夏银行北京分行）资产总额为 3 192.96 亿元，比上年增加 355.98 亿元，增长 12.55%，其中，各项贷款余额为 2 001.05 亿元，比上年增加 305.61 亿元，增长 17.92%；负债总额为 3 145.46 亿元，比上年增加 352.45 亿元，增长 12.62%，其中，一般性存款余额为 3 057.43 亿元，比上年增加 347.97 亿元，增长 12.35%；实现利润总额（考核口径）64.77 亿元，同比增加 7.14 亿元，增长 12.39%；不良贷款余额为 4.71 亿元，比上年减少 4.63 亿元，下降 49.57%，不良贷款率为 0.24%，比上年下降 0.31 个百分点。

截至年末，华夏银行北京分行设有综合性支行 63 家，有正式在册员工 2 187人。

公司金融业务 年内，共参与 9 个批次政府债发行，累计承销规模为 71.8 亿元。支持北京新机场临空经济区建设，为北京兴福临空产业发展有限公司提供城镇化建设贷款 19.5 亿元，用于大兴区世界月季洲际大会项目。助力北京非首都功能疏解，为北京燕房新城投资有限公司提供 7.5 亿元授信支持。服务北京冬奥会建设，给予北京国家高山滑雪有限公司 5.73 亿元授信支持，推动北京市冰雪运动文化建设；给予北京演艺集团有限责任公司 6 000 万元授信支持，用于国家体育馆冬奥场馆改建。助力北京城市副中心高质量发展，向通州投资发展有限公司授信 100 亿元，支持集体产业用地腾退、经营权租赁及台湖演艺小镇、张家湾设计小镇等重点项目；向环球主题公园及度假区提供信贷支持近 6 亿元，助力文化旅游产业发展。服务首都民生发展，完成手机银行电子医保凭证展码全流程测试及正式上线，独家代理试点区长期护理险收缴及退费业务，上线长期护理保险征收及发放系统。开展中企云链再保理业务，以线下和线上方式，全年累计为 12 个核心客户的近 1 000 家上游供应商提供融资 19.43 亿元。以永定河流域投资有限公司为核心客户的华夏银行北京分行首个反向保理业务实现投放 1 050 万元，助力京津冀晋四省市人民政府协同治理的永定河流域国家级重点项目落地。采用汽车供应链金融业务，加强对市属国有企业的支持力度，全年累计为北京汽车股份有限公司、北京现代汽车有限公司、北京福田汽车股份有限公司的下游经销商提供融资 34.08 亿元。

个人金融业务 截至年末，个人存款日均为 469.90 亿元，比上年增加 46.63 亿元；个人存款余额为 494.81 亿元，比上年增加 62.31 亿元。推动开展个贷业务集中作业模式，实施集约化、标准化、专业化、模块化和流水化的全流程管理，线下个人贷款年末余额比上年增加 43.32 亿元。全年，信用卡发卡量为 3.70 万张；新增 ETC 签约客户 16 690 户，累计突破 74 万户，“华夏速通卡”微信公众号关注客户突破 22 万户。

普惠金融业务 深化“中小企业金融服务商”战略，贯彻落实“六稳”“六保”政策，服务首都实体经济。截至年末，小微企业贷款余额为 424.66 亿元，比上年增加 45.74 亿元；小微企业贷款客户数为 10 165 户，比上年增加 5 547 户，增长 120%，小微企业“两增”贷款全面完成监管指标。入驻北京市首贷服务中心、北京市企业续贷受理中心，截至年末，通过北京市首贷服务中心受理了 168 家小微企业的 10.88 亿元贷款授信申请；在北京市企业续贷受理中心续贷 199 笔，完成续贷金额 14.6 亿元。推出“华夏众志贷”“抗疫人才贷”“中小企业复苏振兴百亿资金支持计划”等产品及服务，截至年末，“华夏众志贷”共为 1 056 家企业提供 86.18 亿元的授信支持。对涉及小微企业的 25 项收费项目实施减免政策，落实小微企业贷款应延尽延，不抽贷、不断贷、不压贷，累计为 521 户、587 笔、43.35 亿元贷款实施延期付息，为 342 户小微企业的 394 笔、30.09 亿元贷款办理无还本续贷。设立 18 个小微企业金融服务中心，提升对小微民营企业的服务和支持力度。成功接入中国人民银行征信中心牵头组织建设的应收账款融资服务平台，并实现业务落地。

科技金融业务 依托中关村管理部，成为与北京知识产权运营管理有限公司合作开展知识产权质押融资业务规模最大的金融机构；与担保公司合作开展特色产品

"高新易贷""创业易贷"；与中国投融资担保股份有限公司合作开展房产抵押贷款业务，为7户提供授信支持，审批金额3 705万元，其中，已为6户发放贷款，金额为3 085万元。截至年末，累计服务科技型企业816户，比上年增加39户；累计投放金额469.77亿元，比上年增长23.26%。科技型贷款客户为147户，在对公贷款客户中占比超过55%；科技型贷款余额为43.5亿元，占对公贷款总额的31.8%。

文创金融业务 大力支持文创企业融资需求，截至年末，北京文创产业管理部下辖支行文创用信户为94户，比上年增加18户。作为北京市国有文化资产管理中心下属"文创金服""文创板"两大补贴平台的重要合作机构，累计为文创企业客户申请补贴310笔，累计金额9 824.37万元，累计争取政府文创贷款补贴1 191.01万元，年内净增"投贷奖"补贴开户109户。

（车喆）

渤海银行股份有限公司北京分行

2020年末，渤海银行股份有限公司北京分行（以下简称渤海银行北京分行）总资产为783.74亿元；各项存款余额为587.04亿元，各项贷款余额为662.89亿元；实现营业收入24.38亿元，实现净利润19.49亿元，成本收入比为29.56%，人均创收335.87万元；不良贷款率为0.49%，资产质量保持优良。

截至年末，渤海银行北京分行设有营业机构21家，其中，二级分行1家，支行18家，社区支行2家；员工总数为726人，其中，正式员工720人，派遣制员工6人。

公司业务 以金融支持实体经济为契机，加大对国家重点建设项目、"一带一路"倡议、科创行业以及新型服务业等领域的信贷支持；夯实对公业务基础客户群，深化对央企和市属国有企业二级、三级子公司的营销，以结算、贸易融资、发债、托管、理财等产品为依托，开展上下游企业金融服务。年内，向"新基建"类企业投放贷款3.21亿元，向制造业类企业投放贷款3.27亿元，向民营类企业投放贷款167.85亿元，投放绿色信贷5.30亿元。

零售业务 大力推动金融生态平台建设，经北京市公安局治安管理总队授权为全市保安员发放"中华人民共和国保安员资格证"联名卡，上线"百川信代发工资平台"和"保安员信息采集系统"，截至年末，累计发放保安联名卡58 320张。财富资产年末余额为244.8亿元，比上年增加19.0亿元；储蓄存款年末余额为69.0亿元，比上年增加29.3亿元。

普惠金融业务 把握新旧动能转换机遇，着力支持实体经济发展，将普惠金融业务确立定为全行战略性业务，重点推动、分类发展、综合经营。截至年末，有贷款余额的普惠客户数为1 285户，比上年增加335户，增长35.26%，全面完成了"两增两控"目标。

（王军）

浙商银行股份有限公司北京分行

2020年末，浙商银行股份有限公司北京分行（以下简称浙商银行北京分行）本外币各项存款余额为1 727亿元，比上年增加16亿元，增长4.3%；本外币各项存款日均余额为1 669亿元，比上年增加28亿元，增长4.4%。实现营业净收入45.7亿元，比上年增加3.96亿元，增长9.48%；实现利润24.2亿元，比上年增加5.4亿元，增长9%。

截至年末，浙商银行北京分行设有职能部门（不含行长室）22个、营销部门17个，营业网点19家（支行17家、通州二级分行、分行营业部）；员工总数为874人。

公司业务 围绕企业“降低融资成本、提高服务效率”两大核心需求，以池化融资平台、易企银平台、应收款链平台为核心，形成多类型的产品体系，将融资与服务嵌入企业经营管理和商业模式中，帮助企业降杠杆、降成本、增效益。截至年末，平台化项目落地1 365个，服务用户2 269户，融资余额为726.27亿元。

债券发行业务 全年债券承销规模为507亿元。其中，非金融企业债务融资工具为234亿元，金融债券为140亿元，地方政府债为34亿元，ABN及债权融资计划为99亿元。债券发行规模增长65%，实现营业增加值2.8亿元；承销2020年度中央汇金投资有限责任公司第七期中期票据52.5亿元，创造浙商银行单笔债券发行规模最高纪录。

资产托管业务 紧抓公募基金托管传统优势，首次以“托管+代销”模式引入公募基金；与投行、发债部门联动，抓牢行内业务的派生托管机会，破除与非银行金融机构合作壁垒；根据行内客户融资需求，撮合银证、银保合作，落地外部机构的发债业务托管，推动存款和中间业务收入增长。全年托管规模为1 997亿元，实现托管收入5 351万元，派生低成本日均沉淀资金34.1亿元，折合内部资金转移价格（FTP）收入约5 010万元。

国际业务 加大对资本项目跨境金融、跨国企业跨境资金集中运营等项目的推动，打造国际业务第二发展曲线。截至年末，实现营业增加值1.99亿元，实现中间业务收入1.08亿元，实现国际结算量142亿美元，对客外汇资金交易70.14亿美元。

金融机构和票据业务 全年，金融机构业务实现营业增加值1.06亿元，其中，公募基金投资增加值为3 550.79万元，同业负债增加值为5 731.55万元，销售区块链应收款增加值为1 342.12万元；票据业务实现营业增加值约1.07亿元，贴现发生额为22.41亿元，再贴现余额为16.36亿元，完成转贴现票据交易量5 229余亿元。

零售业务 落地浙商银行首单和第二单保险金家族信托业务，个人存款年日均余额比上年净增73.9亿元，个人优质客户当年净增2 890户。

小企业业务 通过产品应用、FTP转化、集群业务拓展等方式，确保完成收益指标。截至年末，浙商银行口径小企业贷款余额为129.75亿元（含ABS余额），客户数为2 924户，分别比上年增加11.5亿元、268户。普惠口径贷款余额为111.18亿元，比上年增加16.52亿元（含ABS余额），完成监管全年考核任务的106.31%。

网络金融业务 积极探索依托池化融资平台、易企银平台、应收款链平台辅助营销和公私联动服务新模式，为零售条线基础客群建设、公司条线的存款吸收、小贷条线批量信贷项目开发提供解决方案。截至年末，落地15个有效项目，完成全年计划的125%。

风险管理 成立制度梳理小组，设置制度管理专岗，全年对159项制度开展审查。建立“三线合一”（运营线、行政线、纪检线）案防工作机制，开展为期4个月的“屡查屡犯重点问题”专项治理，发布检查周志44期、《内控合规与法律工作简报》11期，整理发布《警示教育案例》10期。加强市场分析和研判，引导业务投放。借助大数据与智能风控平台，通过现场走访、经营财务分析、同业交流等及时发现风险隐患，对线上预警覆盖不到的地方进行查漏补缺。对授信客户实施分层管理，重点关注重点行业、重点客户，定期组织风险排查。综合运用现金清收、转让、核销等方式和途径，进行不良资产处置。从严从实发挥执纪问责职能作用，确保全年重大案件和重大操作风险“零发生”。

社会责任 积极为疫情防控企业纾困解难，通过“疫采贷”服务平台提供优惠金融产品，加大对民营及小微企业项目融资的支持力度；向武汉大学捐赠500万元防疫物资，全体员工累计捐款37万余元、捐赠防疫物资2万余件。

（陆炜）

北京银行股份有限公司

2020年末，北京银行股份有限公司（以下简称北京银行）资产总额为2.9万亿元，比上年增长5.95%；实现营业收入642.99亿元，同比增长1.85%；实现拨备前营业利润494.06亿元，同比增长3.15%；不良贷款率为1.57%，拨备覆盖率为216%，拨贷比为3.38%；实现归属于母公司股东净利润214.84亿元，同比增长0.20%。北京地区贷款增长800亿元，被誉为首都银行业稳企业保就业的主力军。营业收入、净利润均保持正增长，成本收入比为22%。品牌价值为597亿元，居中国银行业第7位；在2020年英国《银行家》杂志发布的全球千家大银行排名中，按照一级资本排名第62位，连续七年跻身全球百强银行。

截至年末，北京银行设有分支机构683家，其中，北京地区总分支机构274家；有从业人员15 490人，其中，北京地区从业人员7 959人。

公司业务 支持疫情防控和企业复工复产。全年，首贷累计支持小微企业4 687家、金额642.6亿元，累计办理小微企业无还本续贷1 000笔、金额为69.9

亿元，累计办理小微延期还本付息4 308笔、金额为381.7亿元，发行抗疫主题小微金融债券400亿元，累计发行疫情防控债券57.5亿元。服务首都重大战略建设，全年北京地区人民币公司贷款累计投放3 272亿元，比上年增加436亿元；全面对接北京市重点建设项目，累计投放贷款71亿元；总分行联动支持中国（北京）自由贸易试验区建设，发布金融服务方案。机构业务合作持续深化，中标北京市住宅专项维修资金业务代理银行，获得全国医保电子凭证资质，开立北京市城乡居民养老保险基金账户，参与首批中央国家机关事业单位工作人员社会保障卡发行工作，推动“校园缴费”产品在59家教育机构落地。完善交易银行生态建设，支付结算、贸易金融、跨境金融、网络金融、财资管理五大板块转型初见成效。加快投行业务创新转型，举办“政策引领·共生共荣——北京银行与实体企业合作发展研讨会”，推出“机构易淘金”系列机构理财、金融债承销、标准化票据、公募基础设施领域不动产投资信托基金等产品。

小微业务 聚焦抗疫服务保障，制定《北京银行关于落实〈北京市人民政府办公厅关于应对新型冠状病毒感染的肺炎疫情影响 促进中小微企业持续健康发展的若干措施〉的16条举措》《北京银行关于进一步强化中小微企业金融服务支持实体经济高质量发展的落实举措》《北京银行进一步强化金融服务支持民营企业健康发展的指导意见》，落实金融支持小微、民营企业发展政策。首批入驻北京市首贷服务中心，制定《北京银行普惠小微企业阶段性延期还本付息操作和管理指引》，提高普惠小微信用贷款规模占比。加快普惠小微线上转型，与市税务局签署“线上银税互动”合作协议，上线对公“银税贷”产品，推出“流水贷”“房抵贷”特色产品；上线“银担在线”系统，提升银担合作质效。着力文化金融、科技金融推广，参加中共北京市委宣传部2020年度北京市级文化产业园区授牌活动，发布“京彩文园”服务方案；与北京市广播电视局签署300亿元的支持北京视听产业发展战略合作协议，与北京市文创板发展有限公司签署200亿元的全面战略合作协议，与北京市国有文化资产管理中心签署北京市文化产业“投贷奖”风险补偿金意向合作协议；升级知识产权质押贷款产品——“智权贷”，研发适合文化产业园区的专属信贷产品——“文园贷”；作为独家银行战略合作伙伴，支持“2020中关村论坛”成功举办；支持《夺冠》《金刚川》《紧急救援》《送你一朵小红花》等多部优秀影视作品的拍摄。截至年末，中国人民银行单户授信1 000万元（含）以下的普惠小微公司贷款余额为429亿元，比上年增长39.4%，达到定向降准二档要求；中国银保监会单户授信1 000万元（含）以下的小微企业公司贷款余额为471.7亿元、数量为12 567户，完成“两增”监管指标；普惠小微不良贷款实现“双降”。荣获人民银行营业管理部“2019年度信贷政策导向效果评估”小微企业、文化金融、科技金融单项一等。在2020年度外汇业务合规与审慎经营评估中获得“双A”评级。

零售业务 推动零售业务战略转型，超额完成各项监管指标及盈利、规模、客户、资产质量指标。截至年末，零售客户资金量规模为7 748亿元，增量突破600亿元；储蓄存款规模为3 925亿元，比上年增加404亿元；零售贷款规模为5 050

亿元，比上年增加623亿元，增长14.1%；零售客户为2 357.9万户，比上年增加163.7万户，增长7.4%。推出“赢疫宝”贷款方案，落实“六稳”“六保”工作，全面完成普惠信用贷和延期还本等监管指标，个人普惠贷款年末余额突破500亿元；推出线上经营贷——“银税贷”，缓解小微企业主融资难题；升级自有线上消费贷——“京e贷”，累计发放额突破20亿元。各类财富管理产品全年累计销售额超过7 500亿元，年末净值类产品占比达81%，保本理财实现压降清零；基金销量同比增长104%，手续费收入同比实现翻番。手机银行推出APP5.0版本，功能不断完善、体验大幅优化，移动用户突破1 000万户，同比增长39%；发行首张DIY信用卡——“Me钥主题信用卡”、健康主题信用卡“乐卡”等五款特色产品，信用卡新增客户数量同比增长66%，网上申请累计拓客同比翻番，推出“掌上京彩”APP5.0。服务社保、医疗、教育、公积金等民生政务领域，“校园缴费”已落地57所院校机构，推出北京市工会会员“十全服务”体系，开展“爱心扶贫·共享健康”消费扶贫活动以及“大爱基金”慈善捐赠，擦亮普惠金融特色品牌。

金融市场业务 优化业务结构，公募ABS投资、证券投资基金投资规模同比分别增长21%、61%，标准型、流转型资产占比持续提升；黄金租借、公募基金托管规模比上年分别增长80%、44%，融出利率债1 170.33亿元，同比增长12.1%；国际单证、结售汇、国内证及福费廷等轻资本业务加快发展，实现中间业务收入同比增长13%。坚持产品转型创新，开展再贴现、转贷款业务68余亿元，累计服务小微企业1 260家。上线“国际在线”多个子项目，全面提升移动金融外汇业务服务能力。搭建“托管家”业务运营系统，实现托管业务系统全行共享。加强品牌建设，获得十余项市场交易类奖项，获得人民银行营业管理部首批6家“京创通”再贴现新产品试点银行业务资质，当选中国银行业协会托管业务专业委员会第五届常委单位，成为目前唯一一家入选常委会的城市商业银行。

风险管理 全面落实从严治党、从严治行的总体要求，组织召开风险管理条线警示教育会议，重塑风险管理文化；坚持稳健经营，实施分类管理，有序压降，严格执行“控大额、控累加、控占比、控限额”的管理要求，实现对大额风险暴露的有效管控；积极应对经济环境变化和疫情考验，严格业务准入，强化风险排查，严格资产分类，加大不良处置力度，资产质量保持平稳可控；制定授权“白名单”、主动授信“白名单”，引导信贷结构调整；坚持科技赋能，强化信息系统建设，上线财务预警系统、全面风险预警系统，增强风险的精准识别、有效防控和及时化解能力；以制度重检为核心，以反洗钱自查整改为推力，以法律事务服务为依托，持续夯实合规管理基础；坚持源头治理，持续推动安保及案防工作规范化、科技化、专业化建设，为安全平稳运营提供坚实的保障。

（王钰娜）

大连银行股份有限公司北京分行

2020年末，大连银行股份有限公司北京分行（以下简称大连银行北京分行）资产总额为426.99亿元，比上年减少94.63亿元，下降18.14%。各项存款余额为399.43亿元，比上年减少105.24亿元，下降20.83%。各项贷款余额为190.03亿元，比上年减少29.97亿元，下降13.06%。

截至年末，大连银行北京分行共设有营业机构（含分行营业部）6家，共有员工283人。

公司银行业务 践行社会责任，落实减费让利政策，降低文创类企业融资成本；落实疫情期间政策指引，简化线下业务办理流程，“一户一策”做好企业金融服务；推出沙盘营销计划，明确行业、客群投向，优化资源配置，为中关村科技园区、北京经济开发区及周边地区的上市公司和拟上市公司提供优质服务；构建客户储备“双百计划”、基础客户扩量新增、战略客户提质增效等客户分层管理体系，组织总、分、支三级机构对优质重点客户共同营销，提升银企合作黏性；运用“商行+投行”模式，打造综合化金融服务体系，加快向专业化、集约化、一体化金融服务提供商转变，提高资本回报水平。

零售银行业务 大力发展财富管理、消费金融等轻资产业务，降低成本，扩大收益。采用“线上+线下+开放+融合”的营销方式，打造非金融服务、社交、电商、生活服务、社区外循环生态圈；构建客户获取、经营、服务新模式，聚合零售各类业务资源，公私联动，提升客户黏性。举办“舰群行动”“银行那些事儿”等员工竞赛活动，根据客群体量制定任务目标；开展“3·15消费者权益保护”、“普及金融知识 守住‘钱袋子’”等活动，通过深入街道社区、线上微信群等方式，宣传消费者权益保护知识，强化消费者风险意识和依法、理性维权意识，提升民众正确使用金融产品、享受金融服务和防范金融风险的能力。

普惠金融业务 推动普惠小微企业经营发展，贷款优先向生产经营、生活服务、贸易经营、住宿餐饮等行业的客户投放，满足企业复工复产需求；针对疫情期间经营出现阶段性困难的存量客户，在贷款利率方面进行调整，普惠业务利率水平较上年平均下降了1.4个百分点，降低了企业融资成本；加大对“零信贷”企业和“续贷”企业的信贷支持；加大考核力度，实现有效投放，将分支行经营单位绩效考核指标中普惠金融考核权重调整至10分，上限1.2倍。截至年末，普惠贷款余额为73 069万元，比上年增加15 074万元。

（于涵）

天津银行股份有限公司北京分行

2020年末，天津银行股份有限公司北京分行（以下简称天津银行北京分行）资产总额为638亿元，其中，各项贷款余额为157亿元，渠道投资业务（含入池资产）为147亿元；负债总额为517亿元，其中，各项存款余额为285亿元。实现账面利润6.81亿元。

截至年末，天津银行北京分行设有营业机构（含分行营业部）17家；共有员工406人，其中，派遣制员工5人。

公司金融业务 按照对公存款客户“四个一批”提质增效总体方案，收集北京市、区两级重点项目名录和重点科技型企业、上市公司、定向增发企业等企业名单，明确客户选择和营销方向，有针对性地开展营销；强化风险把控力度，做好准入阶段风险控制；加大小微贷款投放力度，制定《开展小微企业信用贷款营销工作的指导意见》，充分利用“商超e贷”等信用贷款产品优势，通过优化流程与技术，将扶持小微的优惠措施落到实处；制定《公司业务综合考评实施细则》《客户经理管理细则》等业务规范，明确以经济增加值（EVA）定级、存款调节的考核体系，引导机构加大服务实体经济力度。投行业务快速发展，全年实现债券承销规模91.6亿元，落地天津银行首单统一注册债务融资工具（TDFI）大型央企10亿元中期票据、首单资产支持商业票据（ABCP）4亿元、首单独立主承销超短期融资券20亿元。

个人金融业务 面对新冠肺炎疫情突发形势，调整发展重心及思路，开展线上金融产品营销，推进零售“云工作室”金融服务模式，优化业务结构及资源配置，满足社会公众的金融需求。推动“支付+场景+金融”生态圈建设，通过“天天惠——周二我做主”等场景活动，提升获客能力。开展“开门红旺季营销”等系列活动，举办零售贵宾、钻石客户答谢，深入社区、学校、企业进行宣传，夯实客户基础，助推零售业务发展。年内储蓄存款余额与信用卡中间业务收入均创历史新高。

国际业务 以利润为核心，紧跟市场走势，加大对国内信用证及项下福费廷产品的营销力度，抓住交易银行业务产品特点，在符合监管要求的同时有效带动指标的增长。全年，实现交易银行资产规模39.87亿元，其中，交易银行小微企业资产规模为8.94亿元；新增交易银行有效客户17户，其中，交易银行小微有效客户有11户；累计实现交易银行中间业务净收入2 026.21万元；完成自由贸易试验区特色业务量8.43亿元，累计完成国际结算量12.02亿美元。

资产保全 成立资产保全部，以法律诉讼和申请强制执行作为对不良资产的主要清收措施。梳理年度重点清收台账，约见处置进展缓慢的长期不良客户，沟通解决方式，采取“一户一策”的清收政策；加强与代理律师事务所的沟通，全面分析案情，制定工作方向和推动方案；实时对接法院，助推司法处置进度。针对重点、难点存量案件，尝试联络、协调公检法等外部资源，寻找案件突破口，推进处置化解进展。全年实现表内不良资产余额及不良率较年初的双降。

内控合规 开展“运营委派主管履职行为”专项检查及其“回头看”检查、“现金等操作风险业务”专项检查等，及时发现操作环节存在的问题，发挥第二道防线职能作用。健全反洗钱工作机制，通过尽职调查，年内拒绝12个客户开户，堵截1起疑似他人组织开卡事件。借助非现场预警信息平台系统，强化对行内经营活动的监督，防范操作风险。推动对内外部检查中发现的问题的整改工作，落实问题整改追踪机制，加大问责力度。强化员工行为管理，开展人员行为排查及评估工作，建立“扫黑除恶”长效机制。

（王京）

杭州银行股份有限公司北京分行

2020年末，杭州银行股份有限公司北京分行（以下简称杭州银行北京分行）资产总额为866.96亿元。各项存款余额为832.19亿元，比上年增加157.76亿元，增长23.39%；各项贷款余额为364.44亿元，比上年增加20.58亿元，增长5.99%；实现营业收入12.55亿元，实现利润8.29亿元，比上年增长43.92%。

截至年末，杭州银行北京分行设有16家经营机构（含分行营业部），共有员工624人。

业务发展 公司业务结合名单制管理拓户增存，优化公司信贷流程，加强交易银行产品运用，探索科技金融赋能，推进转型发展。零售业务着力推进“场景×平台×体验”的新型零售模式转型，以信用贷款“公鸡贷”为拳头产品，以增存为核心发展财富业务，批量营销与白名单营销取得成效。小微业务坚持“线下+线上”两轮驱动，以拓展无贷客户、小微客户抵押贷为业务方向，加强公私联动。文化金融业务聚焦符合国家导向的高新技术与文化创意中小企业，创新产品服务体系，打造“投贷联动”产品链，建立健全科技企业评价体系和信贷辅助决策模型，推进科技企业数据库及评估模型建设；建立客户准入体系、专项风险政策、信用授信政策三道风险控制防线；成立科技文创金融审批中心，形成差异化的授信评审机制，采取单独的风险容忍政策，探索银行对文化企业的增值服务模式。

（刘钰颖）

南京银行股份有限公司北京分行

2020年末，南京银行股份有限公司北京分行（以下简称南京银行北京分行）资产总额为809.39亿元，比上年增加136.10亿元，增长20.21%。各项存款余额为685.54亿元，比上年增加108.82亿元，增长18.87%；各项贷款余额为405.92亿元，比上年增加60.94亿元，增长17.66%。

截至年末，南京银行北京分行下设营业网点（含分行营业部）15家，共有员工704人。

公司业务 深入挖掘战略客户，加强基础客群黏度，提高客户结算资金的沉淀，对公存款年末余额为560亿元。贯彻总行公司业务实体转型“1+3”行动计划，以高质量储备为目标，加快从做业务向做客户转型，实现客户有效增长。与海淀区人民政府达成战略合作，积极推进政府重点合作项目。丰富外币资产运用渠道，实现境外债券投资业务的突破。

零售业务 认真做好厅堂及网点设备卫生防疫工作，坚持网点照常营业，为行动不便或防疫隔离的客户出台国债延期兑付、定期存款延期兑付、贷款逾期减免等保障政策，满足个人客户金融服务需求。积极开拓“你好e贷”营销渠道，实现投放6.7万笔，金额为71.7亿元。

普惠金融 持续做好普惠型小微企业信贷服务工作，实现贷款余额与户数同步增长。加大零信贷企业走访力度，全年累计走访零信贷名单企业13 499家；创新产品类型，加大信用、续贷类产品投放；主动减费让利，全年降低企业综合融资超0.5个百分点。做好疫情下稳企业保就业工作，落实中国人民银行两项货币政策工具，对普惠到期贷款“应延尽延”，对符合条件的企业加大信用贷款支持，全力支持企业渡过疫情难关。

（王培）

盛京银行股份有限公司北京分行

2020年末，盛京银行股份有限公司北京分行（以下简称盛京银行北京分行）资产总额为770.96亿元，其中，各项贷款余额为167.41亿元；负债总额为766.39亿元，其中，各项存款余额为745.85亿元；实现利润4.56亿元。

截至年末，盛京银行北京分行设有营业网点（含分行营业部）9家；共有正式员工329人，劳务派遣2人。

公司金融业务 调整优化业务结构，落实差异化信贷政策，加大对小微企业等经济社会重点领域和薄弱环节的信贷资金投向，加大对战略新兴、科技创新等产业升级领域，现代服务、文化创意等消费升级领域，以及节能环保、低碳排放等绿色环保领域的营销及信贷投放力度。推出结构融资业务、理财直接融资工具、非金融企业债务融资工具、并购贷款、银团贷款、可转换/可交换债投资、企业资产证券化等创新融资业务。为大中型企业集团提供现金管理服务，包括集团内部账户管理、流动性管理、投融资管理等工具，以及附属账户管理、票据池、招标通、预售房资金管理等特色产品。优化组织架构，设立财务公司业务部及五个公司业务直营机构，拓展主流行业的主流客户，推动对公负债规模提升及业务结构转型。

普惠金融业务 坚持有效服务优质民

营和普惠型小微企业，提升金融服务专业水平，包括产品研发、优惠定价、专项信贷额度等；推出“经营贷”“商圈贷”“租金贷”“续贷通”“助保贷”“采购贷”“科技贷”“税贷通”等产品，缓解小微企业融资难、融资贵的问题。截至年末，普惠型小微企业贷款（授信金额在1 000万元及以下）余额为4.17亿元，比上年增加2.56亿元，增长159%；普惠型小微企业户数为112户，比上年增加77户，增长220%。

零售金融业务 完善个人金融产品，推出个人大额存单转让业务，实现资金快速变现，减少客户利息损失；加快理财产品的净值化转型，推出“添天好”系列、“添益”系列理财产品。截至年末，个人贷款户数为812户，比上年增加691户；贷款笔数为1 284笔，比上年增加1 152笔；零售信贷规模为9.05亿元，同比增长63.4%。

贸易金融业务 坚持“条线资产表外化、条线中间业务收入最大化”的经营策略，抓住辖内经营机构条线业务潜在机会，全力完成中间业务收入经营指标、做大结算规模，带动其他效益类指标的完成；严守合规底线，践行贸易金融专业化，助力分行向“轻资产、轻资本”经营模式转变。全年共实现结算量93.74亿元。

电子银行业务 疫情期间，增加手机银行线上渠道服务，上线“在线问诊”服务模块，新增“交易流水打印”“交易口令”“党费缴费”“采暖费缴费”等功能，满足用户在各类场景下的金融服务需求。针对高端财富客户，上线定制化手机银行财富版，实现双版运行，提升电子渠道的差异化服务能力。优化手机银行整体页面布局，完成手机银行5.1版本升级，适配最新手机系统，满足新款手机和新版本系统使用要求。扩大移动服务覆盖范围，适配低系统版本手机，解决老手机用户服务需求，推出H5页面版手机银行。

金融抗疫 贯彻落实党中央、国务院关于疫情防控、复工复产的决策部署，为关系抗击疫情、百姓生活的企业以及民营、小微企业提供贷款支持，成立疫情防控领导小组，逐户了解客户信贷需求，助力企业复工复产；全面摸排存量客户，针对部分出现资金紧张、流动性困难情况的企业，采取延期支付利息、减免罚息、调整结息方式等措施，坚持不抽贷、不断贷、不压贷，帮助企业解决融资困难。全年，延期还本付息涉及贷款金额合计8.69亿元，支持企业家次数34次。

（刘一璇）

上海银行股份有限公司北京分行

2020年末，上海银行股份有限公司北京分行（以下简称上海银行北京分行）总资产规模为2 399.4亿元，本外币各项贷款余额为786.43亿元，本外币各项存款余额为1 076.86亿元。

截至年末，上海银行北京分行设有营业网点（含分行营业部）12家；共有员工832人，其中，正式员工669人。

个人金融业务 推进零售业务转型发展，在营业网点推广九项免费服务承诺、柜面服务时效承诺等特色化服务项目，搭建“消保空中课堂”，开展线下集中性公众教育活动，在北京银保监局举办的2020年北京地区“3·15”消费者权益保护教育宣传周活动中荣获“优秀组织单位”和“优秀联合宣教单位”称号。截至年末，个人存款余额为54.42亿元，比上年增加22.22亿元，增长69%。

公司金融业务 服务首都经济发展，与通州区人民政府、顺义区人民政府签署全面战略合作协议，加强与朝阳区、大兴区、丰台区等区人民政府合作，为城区疏解整治、功能提升提供全方位的金融服务，截至年末，累计投放政府合作项目资金近300亿元。建立上海银行北京分行“普惠信贷工厂”，落实营销、产品、审批、放款、贷后五项机制保障，打造小微企业“滴灌”式服务，截至年末，普惠贷款户数同比增长475%。建立供应链金融作业中心，加快供应链金融发展，供应链贷款年末余额同比增长120%。设立企业上市服务中心，围绕科创板、创业板拟上市及已上市企业开展专业化资本市场金融服务，助力北京地区优质企业登陆沪深两市。

金融同业业务 借助北京区域优势，搭建同业合作平台，与多家大中型金融机构签订战略合作协议，建立长期合作关系。完善同业客户分类营销、分层经营工作体系，提升对客户“端到端”的服务能力。积极满足客户避险对冲、快速交易等业务需求，提升对金融市场各类交易的判断决策能力和实际操作能力。截至年末，同业资产余额为1 086.80亿元，比上年增加213.61亿元；同业负债余额为1 033.19亿元，比上年增加76.56亿元。

投资银行业务 结合商业银行传统优势与资本市场特点，加快投资银行业务全面转型，业务领域涵盖债券承销、股权及并购、非标准化债权投资、ABS、财务顾问等。加大金融反哺实体经济力度，针对防疫企业发行疫情防控债务融资工具，助力多家特大型中央企业复工复产，并通过银团贷款方式参与地方经济发展和民生建设。截至年末，债务融资工具承销规模为1 191亿元。

跨境业务 积极响应“一带一路”倡议，通过组合运用跨境银团贷款、买方信贷、代客衍生品等产品，为“一带一路”相关企业提供跨境结算、融资、信用支持和风险防范等一揽子服务方案。聚焦“独角兽”或有“独角兽”潜质的目标企业，为其搭建人民币跨境资金池，提高资金使用效率。截至年末，外汇存款余额为39.74亿美元。

互联网金融业务 深化金融科技创新应用，丰富线上特色产品与服务，推进与各类互联网流量平台在“存、贷、汇”等领域合作，提供场景化的线上金融服务。已建成包含支付结算、财富管理、互联网资金管理、新型业务等在线金融产品及服务体系，并通过“上行快线”App、“上行普惠”App等直销银行渠道，以开放银行形式向C端和B端用户提供银行在线服务。截至年末，互联网客户数为1 131.14万户，比上年增加267.81万户，增长31.02%。

（张尤佳）

江苏银行股份有限公司北京分行

2020 年末，江苏银行股份有限公司北京分行（以下简称江苏银行北京分行）资产总额为 832.4 亿元，比年初增加 165.15 亿元，增长 24.75%，其中，各项贷款余额为 658.86 亿元，比年初减少 6.79 亿元，下降 1.02%。不良贷款余额为 26.33 亿元，比年初下降 19.23%。表外资产余额为 134.44 亿元，比年初减少 21.68 亿元，下降 13.88%。负债总额为 819.41 亿元，其中，各项存款余额为 791.49 亿元，比年初增加 140.01 亿元，增长 18.36%。

截至年末，江苏银行北京分行设有营业网点（含分行营业部）22 家，正式员工共计 666 人。

公司业务 聚焦重点产业发展和新型城镇化建设，与朝阳区人民政府签署战略合作协议。全年对北京市区属政府背景公司项目投放资金 83.08 亿元，比上年增加 49.38 亿元，增长 10%。优化资产投向，创新供应链产品，解决民营企业融资难、融资贵问题，全年对供应链金融云平台业务投放资金 1.59 亿元。多元化发展绿色金融业务，全年新增绿色客户 9 户，新增绿色信贷投放 7.9 亿元，落地“固废贷”“低排贷”绿色金融产品。

国际业务 依托中国（上海）自由贸易试验区平台建设，通过“定活通”“现金宝”等特色产品吸收外币存款。截至年末，外汇存款总额为 41.44 亿美元，比年初增长 18.37%；国际业务结算量连续 5 年突破百亿美元；跨境投融资规模为 33.8 亿美元，比上年增长 46.57%；参投海外债 13 笔，同比增长 85.7%，参投金额共计 3.08 亿美元，同比增长 50.79%。

投资银行业务 全年，投资银行业务投放规模为 933.23 亿元，实现中间业务收入 10.72 亿元；债务融资工具承销规模为 466.56 亿元，比年初增长 109.69%；资产证券化业务投放规模为 412.82 亿元，比年初增长 603.15%。落地全国首单储架系列知识产权资产证券化产品、全国首单并表基金型资产支持票据业务、江苏银行首单 10 年期中期票据承销业务。

零售业务 开展社区化营销，全年举办“党员进社区”活动 322 场，参与人数共计 17 237 人次，有效带动储蓄存款及个人客户数量增长。截至年末，储蓄存款余额为 77.12 亿元，比年初增加 23.96 亿元；财富管理客户比年初增加 240 户，理财客户比年初增加 3 355 户。与瓜子融资租赁有限公司合作开展消费贷款平台业务，年末贷款余额为 4.5 亿元。加强信用卡业务风险管理，全年大额消费分期累计投放 18.18 亿元。

小微业务 加快发展普惠金融，年末普惠户数净新增 148 户，贷款余额为 25 亿元，比年初提升 26%，其中，普惠信用贷款比年初提升 182.1%。以产品创新服务科创类小微企业，推动“金文三宝”系列特色小微金融服务落地，全年累计投放 520 万元。入驻北京市首贷服务中心，累计登记 227 笔，放款 9.25 亿元。

（铁晨曦）

宁波银行股份有限公司北京分行

2020年末，宁波银行股份有限公司北京分行（以下简称宁波银行北京分行）资产总额为1 020.67亿元，负债总额为1 016.02亿元，各项一般性存款余额为876.94亿元，各项贷款余额（含贴现）为250.06亿元，不良贷款率为1.04%。

截至年末，宁波银行北京分行设有13家支行（含分行营业部），员工总数为1 393人。

零售公司业务 坚持区域特色化经营，以产品和服务为北京市的中小企业提供优质的普惠金融服务。推出“税务贷”“二十年贷”“科技贷”等产品，切实解决中小企业融资难、融资贵等问题。截至年末，存款余额为173.04亿元，比上年增加66.03亿元；一般贷款与小微贷款余额为38.72亿元，比上年增加1.72亿元。

个人银行 在全城防疫管控下，线上线下访客相结合，为首都居民提供全面的财富管理服务；公私联动，为优质企业客户提供贴身定制化财富管理方案；深入社区，服务进万家，为居民提供金融知识和金融产品。截至年末，个人储蓄存款余额为47.20亿元，比上年增长33.98%；各类理财保有量合计66.5亿元，同比增长14.66%；借记卡月均余额为5万元及以上的客户（非零户）增加10 435户。

国际业务 依托金融科技，为跨境经营企业提供全方位的远程外汇服务；推进线上线下同步营销，普及汇率避险理念；对接跨境区块链平台、海关单一窗口、跨境电商平台，便利中小企业结算融资；开通贸易企业“绿色通道”，为符合规定的企业提供单证优化审核服务，支持企业贸易、资本业务便利化。全年累计完成国际结算量338亿美元，实现收益2.3亿元。

资产托管 积极拓展银行、信托、保险、基金、证券公司及资产管理子公司等重点客户，培育托管核心客户群；以客户为中心，深化行内资源整合和交叉营销，提升专业服务能力。截至年末，托管规模为4 068亿元，外包规模为520亿元。

金融市场 以“提升区域覆盖，打造企业外汇交易主办行”为目标，运用金融科技全力支持涉外企业复工复产；“外汇金管家”系统可支持业务全流程线上操作，企业足不出户即可完成外汇交易；精准把握市场波动机会，主动承担向企业普及汇率避险知识的社会责任，切实推进业务落地。全年累计实现代客交易77.47亿美元，实现总利润1.21亿元。

（赵芳青）

徽商银行股份有限公司北京分行

2020年末，徽商银行股份有限公司北京分行（以下简称徽商银行北京分行）资产总额为313.52亿元，其中，各项贷款余额为85.31亿元。负债总额为316.81亿元，其中，各项存款余额为295.68亿元。

截至年末，徽商银行北京分行共有16家支行，其中，社区支行7家、小微支行1家；共有员工228人。

顺利开业 2020年4月30日，根据包商银行接管组《关于包商银行股份有限公司转让相关业务、资产及负债的公告》，徽商银行收购承接原包商银行股份有限公司北京、深圳、成都、宁波四家分行的相关业务、资产及负债。5月25日，徽商银行北京分行对外营业，全面受理各项金融业务。

数据迁移 2020年9月18日18时至9月21日8时，徽商银行北京分行将原包商银行北京分行的存量业务及客户数据迁移至徽商银行核心业务系统等信息系统，共迁移存量对公结算账户1 901户，零售结算账户128 851户。

公司银行业务 积极搭建银政、银企交流平台，开展公司业务客户经理储备池活动，充分发挥大客户经理作用，带动业务发展。截至年末，公司类贷款余额为28.90亿元，一般性对公存款余额为192.8亿元，累计发放公司贷款18.98亿元。

零售银行业务 开展系列客户服务和宣传活动，有序推进消费者权益保护工作，提升客户满意度；服务小微企业，落实“六稳”“六保”工作要求，助力企业复工复产，对受疫情影响的年内到期小微企业贷款客户，按照“应延尽延”政策，积极采取延长期限还息或还本措施。

内控合规 建立决策审批、分级授权、部门岗位、制度流程、信息系统和监督纠正六大内控管理机制，根据徽商银行制度建设清单、各业务条线管理规章及风控要求，逐步建立健全制度管理体系，梳理操作流程，确保业务操作有制可依、有章可循；规范和排查分支行员工因私出国（境）管理，审核中层管理人员个人事项报告并进行风险提示；加强落实重点人员交流轮岗、强制休假、“不相容岗位”及“员工履职回避”制度，控制操作风险。

（周威威）

中国邮政储蓄银行股份有限公司北京分行

2020年末，中国邮政储蓄银行股份有限公司北京分行（以下简称邮储银行北京分行）资产规模为4 334.64亿元，比上年增长18.2%；各项贷款余额为

1 970.51亿元，比上年增长 12.94%；各项存款余额为 2 782.52 亿元，比上年增长 11.64%；实现收入 70.17 亿元，实现利润 40.1 亿元；不良贷款率为 0.38%。

2020 年，邮储银行北京分行获得人民银行营业管理部 2019 年度金融消费权益保护工作评估 A 档，获得北京银保监局“3·15”消费者权益保护教育宣传周活动优秀组织单位称号，获得 2020 年度中国交通企业管理协会全国交通运输廉政文化建设优秀单位称号。

截至年末，邮储银行北京分行下辖一级支行 19 家，营业网点 569 家，其中，自营网点 138 家、邮政代理网点 431 家；有在岗员工 3 734 人，其中，合同工3 495 人，劳务派遣 239 人。

零售业务 储蓄存款由规模扩张向量质并举转型，全年新增储蓄存款 72.9 亿元，其中，新增活期存款 34.96 亿元，占比提升 37%。加强财富管理，聘任财富顾问 10 名，年末理财经理有 227 人，比上年增加 24 人；全年，新增主题卡 15.24 万张，新增 VIP 客户 2.52 万户，理财业务保有量新增 10.5 亿元，非货币基金销售量为 27.8 亿元，资产管理及信托产品销售量为 40.25 亿元。消费信贷年内净增 54.21 亿元，同比增长 20.72%，年末余额为 315.79 亿元，其中，非住房贷款规模占比 28.63%，同比提升近 10 个百分点。优化信用卡收入结构，逐步实现消费和分期双轮驱动，增强盈利能力。全年，累计新增客户 35 347 户，消费规模同比增长 16.73%，拉动信用卡中间业务收入同比增长 28.81%，累计分期金额为 4.93 亿元，同比增长 63.85%。

公司业务 服务京津冀协同发展、首都经济社会发展和北京城市副中心建设，全年，为北京新机场等 33 个重点项目提供融资支持 75 亿元，为 47 个北京市重点项目提供融资支持 254.91 亿元，承销北京市地方债 69.3 亿元。加强银政合作，与石景山、通州、顺义 3 个区人民政府签署战略合作协议，全年，新增机构存款 134.4 亿元，新增机构客户 329 户。狠抓客户拓展，年内新增公司客户 5 410 户。优化业务结构，年末，活期存款占公司存款总额的 51.32%，高于北京地区金融机构 23.39 个百分点，中长期贷款占公司贷款总额的 58.8%，债券承销中长期业务在债券承销业务中的比重从 12.25% 升至 54.96%。全年债券承销规模为 666.6 亿元，实现中间业务收入 9 718.4 万元。交易银行业务取得突破，实现首笔跨境欧元贷款和首笔外币债券投资，金额合计 1.6 亿美元；累计开立保函 52.70 亿元，年末余额为 132.24 亿元；交易银行现金管理客户结算量为 51.5 万亿元，实现手续费收入 930.5 万元；银企直联上线 19 户客户，衍生存款 175.6 亿元。供应链业务年末余额为 45.33 亿元。

资金资管业务 同业投资、同业融资、债券投资发展成效显著，截至年末，同业融资余额比上年增长 67.6%，同业投资余额比上年增长 1 183.8%。年内，联动托管业务规模新增 210.86 亿元；落地首笔个人住房抵押贷款资产支持证券（RMBS）承销业务，规模为 32.54 亿元；债券投资带来公司存款沉淀 63 亿元；发行北京地区专属高净值理财产品 1.5 亿元。年末，托管运营规模为 1.38 万亿元，比上年增加 1 627.2 亿元，增长 13.3%，其中，自营托管项目规模为4 657.8亿元，比上年增加 928.7 亿元，增长 24.9%。

普惠金融与精准脱贫 设立 10 家

“三农”金融服务站，打通“三农”金融服务“最后一公里”；参与北京市首贷服务中心、北京市企业续贷受理中心筹建并首批入驻，开发专属产品——“税贷通”。截至年末，涉农贷款余额为102.51亿元，比上年增加30.25亿元，增长41.86%；金融精准扶贫贷款余额为6.72亿元，比上年增加2.78亿元；普惠型小微企业贷款余额为109亿元，比上年增长31%，高于各项贷款平均增速18个百分点。压降贷款成本，小微企业放款平均利率比上年下降61个基点。围绕“六稳”“六保”，多措并举服务实体经济和社会民生，发放抗疫贷款18.5亿元，对364家小微企业、14.1亿元贷款采取风险缓释措施，帮助企业渡过难关。

转型创新 研发推广“邮储安心借”“保险开门红蓄客”小程序等产品和服务10余项，拉动存款14.26亿元，带来收入1 200万元；加快网络金融发展，全年，手机银行新增激活客户23万户，新增无实体介质Ⅱ类户16万户，新增快捷绑卡27.26万张，实现电子支付收入7 100万元，同比增长13%。建成风险信息共享平台，运行16大类100个细项预警模型，实现风险控制自主预警，减少临时性逾期及减值计提。推出微信公众号、微银行、企业微信、小程序、网点微信客户群、官方抖音线上生态矩阵，启动“双屏”工程，打造“YOU商街—双屏”商户收单运营模式、网点“同心圆”微商圈，形成“线上+线下”生态营销矩阵，“邮储食堂”会员新增130万户。推进网点转型，完成辖内117家营业网点转型导入工作，“理财+代销”业务人均产能为1 096.97万元；成立客户体验提升领导小组，组建兼职客户旅程体验队伍；推广柜面管理平台，实现“无纸化”办理业务；整合丰台、西城、朝阳3家现金中心，组建丰台新现金中心，形成现金中心“一南一北”（丰台、海淀）的格局。

机构改革 2020年4月12日，邮储银行北京分行调整机关部室组织架构，设立个人金融部、信用卡部、网络金融部、代理金融管理部、小企业金融部、金融同业部、托管业务部、安全保卫部、计划财务部（三农计划财务管理中心）、人力资源部（党委组织部、三农人力资源管理中心）、审计部、运营管理部、工会；撤销三农金融部/零售信贷部，分设消费信贷部、三农金融事业部，消费信贷部下设零售信贷作业中心；撤销公司业务部下设的票据中心，公司业务部更名为公司金融部，下设机构客户部；撤销国际业务部，调整设立交易银行部；撤销金融同业部下设的资产管理中心，设立票据业务中心；调整设立风险管理部（三农风险管理中心），下设资产保全部；撤销授信管理部，调整设立信用审批部；法律与合规部（消费者权益保护工作办公室）更名为法律与合规部（消费者权益保护部）；信息科技部更名为信息科技管理部，下设管理信息部、软件研发中心；办公室（党委办公室）/新闻中心更名为办公室（党委办公室），计划财务部下设的工程建设部调整至办公室（党委办公室）；党委党建工作部更名为党建工作部；撤销监察部，设立纪委办公室；新楼办（临时机构）更名为基建办（临时机构）；原直属单位营运中心更名为运营中心。

队伍建设 强化专业团队建设，设立46支机关部室专业团队。打造内训师队伍，新增分行级内训师147名，总数达233名。鼓励员工参加行内外各类岗位资格认证，柜员双持证率达100%，持有社会职业资格证书的人员达463人次。完善员工职级晋升管理制度，全年职级晋升1 161人，薪档晋升3 327人。制定“人才发展三年规划”《领导班子和领导人员综合考评办法》《员工行为管理实施细则》《员工招聘管理办法》等，分层建立“能上庸下”的干部员工动态评价体系，考核模式同步延伸至二级支行行长、支行部室经理等基层管理人员。

（王晓静）

北京农村商业银行股份有限公司

2020年末，北京农村商业银行股份有限公司（以下简称北京农商银行）资产总额为10 292.84亿元，同比增加706.94亿元，增长7.37%；资本充足率为15.89%；实现净利润74.15亿元。在2020年英国《银行家》杂志发布的全球千家银行排名中，北京农商银行按照一级资本排名第176位。

截至年末，北京农商银行共有管辖支行22家，分行1家，机构网点641家；有从业人员9 472人。

贷款业务 截至年末，一般贷款余额为2 795.24亿元，比上年增加69.94亿元，增长2.57%；小微企业贷款余额为47.01亿元，比上年增长86.99%，小微企业贷款户数为2 165户，比上年增加806户。

负债业务 截至年末，各项存款余额为6 717.57亿元，比上年增加329.31亿元，增长5.15%，其中，储蓄存款余额为3 547.70亿元，比上年增加363.06亿元，增长11.40%。

普惠金融 主动让利实体经济，帮助复工企业降本增效、纾困解难，从组织推动、支付结算、资金支持、渠道覆盖、服务延伸、产业扶植等方面，支持疫情影响下的普惠金融发展，助力中小微企业战疫渡困；推动金融支持乡村振兴和精准扶贫，围绕农村基础设施建设、农业稳定发展、农民增收和农村改革等环节，加大涉农金融创新与投入力度，加快推广生猪养殖贷、惠农快贷、民俗旅游贷、福农卡等产品。全年累计投放监管涉农贷款304.89亿元，比上年增长23.46%，增速创近三年最高水平。聚焦全面建成小康社会和脱贫攻坚任务目标，通过党支部共建、产业扶贫、公益扶贫、消费扶贫及金融支持，加大对口扶贫力度，帮助延庆区庙梁村实现全面脱低目标，向河北省保定市捐赠300万元产业扶贫资金，累计采购对口省区扶贫产品713.04万元，产业带贫4 000余人。加强农村地区支付环境建设，截至年末，乡村便利店、助农取款服务点、乡村自助店总规模达1 852家，覆盖1 030个金融空白行政村。

民生金融 全力打造惠民金融服务体系，“银政惠民”业务覆盖90余种，为1 400余万个人客户提供更有温度的金融服务。坚持传统服务与非接触式服务相结合，构建并不断完善集账户、理财、支付、消费等功能为一体的全渠道养老金融服务平台，在近400个街乡镇建立“一对一”养老金融专属服务通道，金融服务进驻养老服务驿站达 1 100 余家。截至年末，累计发放养老助残卡 474.94 万张，养老金代发 1 460.93 万笔，累计金额为 137.88 亿元。实现城乡居民养老保险和养老助残等民政社保资金代发全覆盖，发挥全市特别是农村地区现金投放主要渠道作用，疫情期间为 194 家基层和社区医疗机构提供现金服务，为首都群众提供“干净钱、放心钱”。

绿色金融 立足“碳中和”和绿色北京战略，健全绿色信贷管理机制，强化绿色信贷业务管理，丰富绿色企业融资渠道，重点支持生态体系保护和修复工程、节能减排重点工程项目，加强绿色农业、循环生态农业领域金融支持，加大对京津冀重点绿色项目的金融支持力度。截至年末，绿色贷款余额近 300 亿元。全年共计支持各类节能环保项目 18 个，投资的绿色金融债券余额为 37.6 亿元。推行绿色运营，鼓励党员干部下沉社区参与“桶前值守”，助力垃圾分类；推进“光盘行动”，引导督促员工形成浪费可耻、节约光荣的就餐习惯；倡导绿色办公，推进办公系统与设备改造，主动降低办公能耗；坚持节能减排，减少公车使用，鼓励绿色出行。

风险管理 紧密围绕宏观经济金融政策、“六稳”“六保”任务目标，制定 2020 年度风险偏好策略，出台金融支持疫情防控专项信贷政策、强化中小微企业金融服务政策等。建立和完善以风险偏好为核心、限额量控等计量工具为辅助、报告路线清晰的风险治理体系，确保各项政策精准落地。推动新会计准则高效实施，建立金融资产减值与估值系统，提升风险计量水平。探索应用大数据，实现更加科学有效的风险管理，创新提出风险管理五大功能主题，建立适应业务特点和发展规模的风险管理标准化体系，完善业务层面风险管理功能。依托外规内化、流程管控、检查监测、评价改进与员工异常行为管理等举措，深化合规风险的全周期管理，促进合规管理要求向经营管理与业务运行渗透落实，提升合规文化与合规管理意识，有效支持资产规模破万亿元的经营发展需要，在合规风险管理方面连续 8 年实现业内“零案件”工作目标。

（李昊喆）

北京密云汇丰村镇银行有限责任公司

2020 年末，北京密云汇丰村镇银行有限责任公司（以下简称北京密云汇丰村镇银行）各项存款余额为 10 117 万元，比上年增加 312 万元，增长 3.18%；各项贷款余额为 17 704 万元，比上年增加 4 611万元，增长 35.22%；资本充足率为 58.26%，流动比率为 141.14%，均高于监管要求；资产质量优良，不良贷款率为零，比年初降低 0.06%。

2020 年 10 月，香港上海汇丰银行有限公司为北京密云汇丰村镇银行增加注册资本金 6 000 万元，北京密云汇丰村镇银行累计注册资本为 11 000 万元。

截至年末，北京密云汇丰村镇银行内

设管理部、业务部、营运部、风控部、合规部、财务部，员工总数为35人。

稳企业保就业 针对新冠肺炎疫情，响应稳企业保就业号召，支持企业复工复产。对贷款企业进行无条件展期、延期，做到应展尽展，应延尽延；按照特事特办的原则，为客户提供远程业务服务；将贷款业务目标客户群投向密云地区建材家居、民俗旅游、烟酒批发零售、农副产品采购销售、小商品批发、品牌商城等行业，支持区域经济发展。整合小微企业贷款，对于经营良好的客户给予一定的风险敞口；完善个人经营性贷款产品手册，扩大了借款人主体范围，最长贷款期限可达5年，提高抵押率，统一授信模板，设定各环节时效，简化审批手续。严格内部控制和案件防范，实现了建行以来连续12年无案件、无营运损失、无重大差错事故的安全记录。

社会责任 严格执行疫情管理的各项要求，派出志愿者支持社区疫情防控工作。向密云区新农村中学6名贫困学生、东菜园小区2名贫困学生捐赠电脑，解决其学习难题。走进东菜园社区，为居民讲解人民币防伪、非法集资、电信诈骗、存款保险等方面的金融知识。参加防范非法集资和反电信诈骗现场宣传，为社区居民普及金融知识，提高金融风险防范意识。

（南全喜）

北京延庆村镇银行股份有限公司

2020年末，北京延庆村镇银行股份有限公司（以下简称延庆村镇银行）资产总额为118 448.79万元，比上年增加14 818.02万元，增长14.30%。负债总额为106 140.32万元，比上年增加14 213.82万元，增长15.46%。实现营业收入3 506.11万元，比上年减少1 410.91万元，下降28.69%。实现利润总额1 009.50万元，比上年减少1 115.67万元，下降52.50%。所有者权益为12 308.47万元，比上年增加604.20万元，增长5.16%。贷款余额为55 377.86万元，比上年增加346.88万元，增长6.30%，贷款不良率为2.54%。

截至年末，延庆村镇银行共有员工34人。

资产业务 落实稳企业保就业政策，强化对中小微企业的精准金融服务和支持。全年，办理延期还本付息共158笔、金额为6 460.35万元。其中，延期还本95笔、金额为6 360万元；延期付息63笔、金额为100.35万元。得到人民银行营业管理部的专项激励52.76万元。截至年末，各项贷款余额为55 377.86万元，其中，普惠小微企业信用贷款余额为3 133万元，占各项贷款余额的5.65%，同比提升3.68个百分点。首贷客户共计116户，金额为14 216万元，首贷率为26.04%；续贷客户为400户，金额为40 375万元，续贷率为73.96%。现金及存放中央银行款项为8 724.19万元，比上年增加252.26万元，增长2.83%。存放同业款项为55 515.31万元，比上年增加17 321.34万元，增长7.62%。

负债业务 截至年末，存款余额为100 769.94万元，比上年增加13 201.89万元，增长15.08%。

（张帆）

中国华融资产管理股份有限公司北京市分公司

2020年末，中国华融资产管理股份有限公司北京市分公司（以下简称中国华融北京市分公司）总资产为396.50亿元，同比增加53.24亿元，增长15.51%。其中，商业化项目资产389.57亿元，商业化项目资产减值准备－13.87亿元，政策性资产4.75亿元，货币资金1.36亿元，固定资产0.29亿元，抵债资产0.35亿元。全年共收购不良资产包12个，收购金额合计40.39亿元。

截至年末，中国华融北京市分公司有正式员工82人。

业务创新 采用债券回售转售实现债券收购并通过非现金交易申请债券注销实现债务重组的模式，完成中国华融资产管理公司首单上市公司违约债“15华联债”的收购重组业务，有效化解存量债券违约风险。积极营销银行等金融机构，锚定优质企业的问题资产和问题企业的优质资产，采取反向组包的模式进行收购，再根据包内不同资产的特征采取债务更新、资产转让、诉讼追偿、谈判和解等方式进行处置，实现不良资产处置收益。通过上市公司股票质押结合不动产抵押、专利质押等创新担保措施，对具有国家战略意义的钛合金材料项目、光刻胶项目，以及具有民生公共服务价值的燃气项目及焦化工项目的不良债权进行收购重组，支持民营企业和实体经济发展。

风险管理 落实客户限额管理、大额风险暴露等制度，对存续项目持续监测、分析、报告、提示风险，对项目投中、投后的监管执行、押品动态管理等实施全方位监控预警。通过做实资产风险分类，准确反映资产质量，足额计提减值准备，缓释风险。明确考核激励机制，推进项目风险防控化解的上下联动、协同处置、监督管理。认真执行检查监督职能，利用系统对业务部门后期管理工作进行督查、评价，及时发现问题并提醒业务部门进行修改或完善。扎实开展各项内部审计工作，全年共开展项目跟进审计102次，自主开展经济责任审计12人次，配合总部按照干部管理权限开展经济责任审计6人次，并完成了年度财务专项审计工作。

（吕莉）

中国长城资产管理股份有限公司北京市分公司

2020年末，中国长城资产管理股份有限公司北京市分公司（以下简称中国华融北京市分公司）资产余额为205.68亿元，同比增长16.57%；实现考核利润

6.35 亿元，同比下降 0.31%。

截至年末，中国华融北京市分公司员工总数为 61 人。

重点项目的收购与处置 完成中国铁路物资股份有限公司实质性重组项目重组上市阶段的工作。以基金模式联合北京翰德资产管理有限公司收购中国民生银行上海分行单户金融不良债权资产，出资总金额为 82 600 万元。收购北京市国通资产管理有限责任公司挂牌转让的不良债权 4.8 亿元，并根据资产回现情况制定债务重组方案；与长城（天津）股权投资基金管理有限责任公司设立基金平台，受让北京远洋一品房地产开发有限公司 30% 股权，并通过修改该公司章程对重大事项实施“金股”权利，对项目欠付工程款、续建工程乃至在销售不畅时的利息支出提供流动性资金支持。

（李首峰）

中国东方资产管理股份有限公司北京市分公司

2020 年末，中国东方资产管理股份有限公司北京市分公司（以下简称东方资产北京市分公司）管理资产总规模 292.73 亿元，实现预算利润 11.02 亿元，完成预算任务的 122.44%。

截至年末，东方资产北京市分公司有在职正式员工 44 人。

（段文静）

中国信达资产管理股份有限公司北京市分公司

2020 年，中国信达资产管理股份有限公司北京市分公司（以下简称信达资产北京市分公司）实现税前考核利润 8.67 亿元，年末经营性资产余额为 484.56 亿元。

截至年末，信达资产北京市分公司共有正式员工 89 人。

业务经营 立足北京区域，深耕传统不良资产市场，先后收购了五矿国际信托有限公司、北京银行北京分行、北京银行城市副中心分行、华润银行、国家开发银行北京市分行的传统不良资产包，收购本金 49.12 亿元。贯彻落实中央关于金融支持复工复产要求，加大金融扶持力度，成功收购北京市供销合作总社 7.5 亿元不良资产，助力该企业复工复产，筹集防疫物资驰援武汉及保障北京防疫物资供应；投放 7 亿元资金支持亿利资源集团有限公司下属 3 家医药企业、1 家物流企业复工复产。优化资产结构，盘活存量资产，东直门项目正式复工。

（李苏轩）

北京国际信托有限公司

2020 年，北京国际信托有限公司（以下简称北京信托）实现营业收入 16.5 亿元，实现利润总额 12.9 亿元，同比增长 11.5%；实现净利润 9.9 亿元，同比增长 13.7%；累计结束项目 131 个，规模为 1 033 亿元，向受益人分配信托收益 112 亿元。年末资产总额为 145.2 亿元，净资产为 99.1 亿元。

截至年末，北京信托共有部门 43 个，下设二级公司 2 家，其中，全资子公司 1 家，控股公司 1 家；共有员工 288 人。

主要业务 截至年末，北京信托受托管理的实收信托规模为 1 909 亿元。其中，集合信托规模为 1 302.16 亿元，占比为 68.21%；单一信托规模为 486.93 亿元，占比为 25.21%；财产权信托规模为 119.91 亿元，占比为 6.28%。从管理方式上看，主动管理类规模为 1 329.88 亿元，占比为 69.66%；被动管理类规模为 579.12 亿元，占比为 30.34%。按照功能分类，融资类项目资产余额为 617.17 亿元，占比为 31.96%；投资类项目资产余额为 729.76 亿元，占比为 37.79%，事务管理类项目资产余额为 584.02 亿元，占比为 30.25%。从信托资金主要投向看，房地产类项目存续实收信托规模为 775.64 亿元，占比为 40.63%；工商企业类规模为 437.79 亿元，占比为 22.93%；证券投资类规模为 353.21 亿元，占比为 18.5%；基础产业类规模为 209.78 亿元，占比为 10.99%；金融资产规模为 126.63 亿元，占比为 6.63%；其他类为 5.95 亿元，占比为 0.31%。信托财产投向主要集中于京津冀、长三角、中原城市带，分别为 673.14 亿元、338.92 亿元、120.46 亿元，总计约 1132.52 亿元，占公司实收信托规模的 59.33%。

业务特色 服务首都经济社会发展新格局，服务京津冀协同发展。全年新成立 30 个项目，其中，新增投向京津冀地区的信托规模 162.76 亿元。助力首都疏解整治促提升建设，支持怀柔区刘各长村、朝阳区石佛营东里 129 号院、朝阳区亮马住宅小区 J 地块等棚户区改造项目共计 172.6 亿元。服务首都文化中心、科技创新中心建设，与北京市广播电视局签署战略合作协议，设立北京信托首单真实股权投资军工类企业的项目。服务北京城市副中心建设，成立 3 个信托项目，规模共计 5 亿元。助力北京冬奥会建设，为崇礼·太舞四季文化旅游度假区建设运营提供 7.5 亿元资金支持。加强与市属国有企业的深度合作，截至年末，存续的信托项目共 23 个，存续信托规模为 296.12 亿元。打赢疫情防控阻击战，为企业疫情防控和复工复产提供资金支持 70.72 亿元。编制完成北京信托“十四五”发展规划，提出了“十四五”时期发展战略目标、主要任务和业务策略，推动北京信托从资产驱动向资产与资金双轮驱动转变。研究制订《关于推进公司与市属企业、各区合作的工作方案》，累计为合作企业提供数十亿元规模的资金支持。

（高源）

中国银联股份有限公司北京分公司

2020 年，中国银联股份有限公司北京分公司（以下简称北京银联）树立市场化、价值化导向和团队协同意识，强化能力建设；深入开展重点场景、核心商圈建设；构建本地用户运营体系，全力推进公交地铁等重点民生项目，拓展对公支付场景；加强队伍能力建设，着力提升内部管理水平。

2020 年，北京地区累计实现跨行清算交易 133 720.30 万笔、清算金额为 26 392.81亿元，同比分别下降 31.88% 和 21.88%。其中，ATM 清算交易 2 489.01 万笔、清算金额为 938.84 亿元，线下渠道（POS 机、移动 POS 机、MPOS 机、电话终端等）清算交易 32 140.53 万笔、清算金额为 21 939.12 亿元，线上渠道（互联网、手机）清算交易 98 988.92 万笔、清算金额为 3 536.39 亿元。

2020 年，北京地区累计完成手机闪付、二维码及“云闪付”App 交易等移动交易 1.76 亿笔，实现贷记业务交易 74 219万笔、交易金额为 93 207.76 亿元，同比分别增长 12.3% 和 9.65%。

2020 年，北京地区银标信用卡月均活卡量为 777.4 万张，比上年减少 79 万张；银标信用卡月均活卡占比 74.60%，比上年增长 1.98%。

截至年末，北京银联下设商户与用户运营部、行业合作部、企业与平台合作部、机构合作部、产品部、业务技术部和综合部 7 个部门，有在岗职工 69 人。

一、推动移动支付便民工程向纵深推进，发挥各方合力，做实做透受理市场

组织辖内 28 家单位对北京地区核心区域的特约商户、重点地区和重点场景的银行卡、移动支付受理环境开展摸排梳理；推动北京市支付清算协会组织开展移动支付受理软环境建设专项行动，共收集 25 家单位全部存量 12.34 万家商户信息；推动部署管理信息系统（Management Information System）的商户改造，年内新增验收 20 个品牌、1 132 家门店，累计已拓展 1 754 个品牌、共计 14 209 家门店。以北京冬奥会为契机，持续优化完善境外银联卡在境内受理环境。聚焦“食、住、行、游、购、娱”等重点场景，着力完善银行卡和移动支付受理环境建设；协助人民银行营业管理部组织辖内中国建设银行北京市分行和上海浦东发展银行北京分行试点日本、韩国游客短期入境移动支付项目，推动境外人士身份验证功能输出至“云闪付”App，形成银联的差异化竞争优势。

二、着力构建商户运营基础能力，开展重点场景、核心商圈建设，实现精细化运营

搭建真实有效的商户数据库，建构数据逻辑和标签体系，建立基本属性、位置属性、交易特征、关联的用户特征、营销活动特征、单日交易特征等多角度、多层次的商户标签，为受理环境的持续优化和营销活动的有效开展奠定基础。以餐饮、零售为核心场景，建立核心商户资源池，拓展本地知名品牌，新增北京 7－11、庆丰包子铺、吉野家等重点商户开通受理银联二维码，并深化单品、券码类的增值合作；围绕地铁站点加强重点商圈建设，对接前门天街、华熙 LIVE 等标志性商圈的运营管理集团，突破收单局限；积极争取“云闪付”App 参与北京市、海淀区、西城区消费券项目。与 16 家服务商建立对接合作关系，推动 4 家重点合作服务商开展银联移动支付受理拓展，积极构建“云闪付”App 平台优质内容资源，开通数字礼券专区，引入饿了么、哈罗单车、奈雪的茶等 20 个品类礼券，与美团外卖、青桔单车、58 到家等达成合作意向并实现上线；加速推进线上 App 商户拓展、小程序接入工作，与年内新增接入的快手 App、每日优鲜 App、马蜂窝 App 等超过 80 个 App 商户以及 25 个小程序达成合作签约。

三、以强场景营销及基于大数据的精细化活动运营为抓手，构建本地用户运营体系，提升“云闪付”App 用户拉新及促活效果

重点围绕公共交通和零售两个核心场景，策划开展了北京公交及地铁场景营销活动、银联 62 节、北京消费季、铺底及小额高频等活动。制定北京地区“云闪付”App 内容封装策略，充分运用 App 内 Banner、本地专区等资源及 H5、小程序、落地页等工具，向用户展示各类本地营销活动信息；设计并推出京城 U 惠、优惠地图、裂变助力等营销工具，打造北京地区本地优惠信息入口，放大营销效果；建立“云闪付”本地人卡关系库，促进用户运营质量提升。优化营销活动整体流程及内控管理，建立本地防“黄牛”监控模型。完善内部营销管理办法并形成指引性文件，细化营销项目评审流程并引入非现场评审机制；梳理内外部营销活动配置流程，扎口化管理全部营销参数配置及营销数据的提取和分析。

四、全力推进公交地铁等重点民生项目，补齐场景短板

深化与北京市交通委员会在公共交通领域的合作，组织各商业银行开展北京公交、地铁场景联合共建，实现了“云闪付”App 乘车码及“云闪付”乘坐北京地区地铁、公交，并支持使用“云闪付”App 在北京地铁售票终端扫码购票功能；完成“云闪付”无感免密支付和银联卡支付通道与“北京公交”“亿通行”以及“北京一卡通”三款 App 对接，实现北京公共交通支付应用 App 的银联通道全覆盖；通过试点内测的方式验证了地铁首都机场线、大兴机场线人脸识别过闸业务。积极参与北京民生一卡通项目，协助北京市经济和信息化局起草该项目电子卡及受理环境等技术标准；为北京市人力资源和社会保障局财政资金发放提供跨行代付业务解决方案支撑。依托央行移动支付便民工程，推动辖内商业银行及收单机构完成 30 余家三甲医院线下窗口银联二维码受理改造，及 10 家连锁品牌药店的 300 余家门店银联二维码受理改造；推动北京市医疗保障局向“云闪付”App 开放医保电子凭证展码服务。联合辖内银行、收单机构完成 544 家品牌连锁酒店、三星及以上星级酒店的银联移动支付受理改造，以及八达岭野生动物园、金海湖风景区等 30 余家景区的银联移动支付受理改造。联合北京农商行、北京银联商务有限公司拓展国网北京市电力公司及北京新城热力有限公司的电费和供暖费业务在“云闪付”App 中开通缴费功能，并推动北京农商行将信用卡账单分期业务输出至“云闪付”App。

五、稳住线上业务收入，拓展对公支付场景，积极寻找新的业务增长点

推动商业银行和支付机构拓展新增的、有场景的线上商户使用银联全渠道业务，稳定和巩固网银在线、钱袋宝等支付机构使用全渠道业务，促进交易和收入增长；推动银行代付业务发展，巩固中信银行北京分行、光大银行北京分行、平安银行北京分行、浦发银行北京分行、恒丰银行北京分行的货币基金赎回代付业务；深入挖掘民生银行北京分行、华夏银行北京分行、百信银行的潜力，推动基金赎回等代付场景业务增长。着力拓展商旅用餐、补助福利、企业采购、薪资发放等企业内支付场景。推动企业差旅对公支付项目落地，实现“云闪付”个人账户通过电子记账簿与对公支付账户关联，实现个人差旅支付转换为企业支付；拓展烟草行业线上线下场景，推动北京市烟草专卖局辖内新商盟线上订烟系统完成新老网银业务切换，推动烟草云 POS 机具推广。积极推动京东、滴滴等平台型企业的二清解决方案、企业对公账户预授权、移动对公支付、Ⅱ类及Ⅲ类账户合作等对公业务合作，寻找新的业务收入增长点；推动北京农商银行、北京中关村银行等区域银行做好支付标记化改造、贷记业务以及新无卡业务通道质量提升、分行小程序开发等工作。

六、持续赋能自建创新平台，提升多模型创新产品能力

开展“云闪付”本地专区产品建设，使用“云闪付”数字商城工具制作本地活动专区页面，支撑北京银联“62”营销、政府消费券等活动运营；开发 Minisite 产品，完成相关产品“云闪付”接口对接等功能并发布；设计用户裂变产品，实现用户基于外部链接进入活动页面，通过分享好友裂变的形式传播；对标美团点评，设计优惠地图产品，形成个性化的本地营销封装和用户找店平台，初步建成北京地区本地化营销集成平台和面向 C 端的本地化统一入口；设计实现运用准实时流水对辖内指定场景消费发生消费的用户进行跨场景引流，分析数据初步探索用户的精准营销的方式方法；设计实现“云闪付”本地专区特色账单“我的 2020 京城记忆”。夯实数据基础能力，开展商户位置、交易情况等多维度验证，设计商户基础信息表、交易统计汇总表等，为商户精准运营奠定基础；整理辖内存量用户，以及新增的用户数据、绑卡信息，设计用户信息表，对相关交易数据进行匹配和统计分析，为之后用户精准营销及用户画像奠定基础。加强数据模型能力建设，建立防“黄牛”套利监测模型，增加交易笔数类、交易金额类、交易时间类、交易卡类、异常薅羊毛类等进行异常监控，根据市场变化优化调整模型参数，在消费季等营销活动中成功识别“黄牛”套利情况。开展自动化工具建设，研发并投产“探店侠”产品，实现对商户巡检工作的电子化处理；部署上线交易、地址等信息自动化验证工具；实现重要报表自动处理。

七、加强业务风险管理，持续做好受理市场秩序规范工作

加强业务风险管理，推动 27 家商业银行签署收单责任主体确认书，对涉及的问题立查立改、应改尽改；梳理、排查业务风险，制定并印发《2020 年度风险管理工作指引及业务风险策略》。做好反洗钱疑似案件协查，向辖内成员机构发送反洗钱风险提示2 375份，对辖内16家成员机构进行客户身份持续识别工作；做好司法查询工作，协助公安等有权机关查询受理案件726起。制定《2020特殊价格商户入网审核工作管理办法》，梳理入网流程，确保入网商户质量和入网审核通过率；按月核查北京地区违规商户情况，开展存量特殊计费、零扣率商户价格排查并建立商户模型，监控并督促收单机构进行商户名称及费率整改；持续做好客服转递业务处理、为辖内机构差错争议提供业务咨询、差错争议案件及新修订业务规则的宣贯培训等工作。

（张会芳）

北京高华证券有限责任公司

2020年末，北京高华证券有限责任公司（以下简称高华证券）总资产为32.70亿元，比上年增长5%；总负债为5.23亿元，与上年持平；所有者权益为27.47亿元，比上年增长6%。全年实现营业收入7.76亿元，比上年增长30%；营业支出为4.95亿元，比上年增长23%；实现净利润2.08亿元，比上年增长45%。在中国证监会组织的2020年证券公司分类评价中与高盛高华证券有限责任公司合并获得A类评级。

2020年，高华证券的证券成交数量为6 814.80亿元，比上年增加2 526.77亿元，增长58.93%；客户结算资金为3 001.45亿元，比上年增加1 146.60亿元，增长61.82%。

截至年末，高华证券设有3家证券营业部、2家子公司；共有员工348人，其中，有正式员工207人，外聘人员140人，实习生1人。

东兴证券股份有限公司

2020年末，东兴证券股份有限公司（以下简称东兴证券）总资产为863.75亿元，比上年增加88.31亿元，增长11.39%；净资产为211.85亿元，比上年增加8.56亿元，增长4.21%；净资本为178.64亿元，风险覆盖率为277.78%。报告期内，实现营业收入56.87亿元，同比增长27.10%；实现归属于母公司股东的净利润15.40亿元，同比增长26.13%；每股收益为0.558元/股。在中国证监会组织的2020年证券公司分类评价中获得A类A级评级。

截至年末，东兴证券设有17家分公司、72家证券营业部、4家子公司，共有正式员工3 015人（含子公司）。

财富管理业务　东兴证券的财富管理业务主要包括证券经纪业务、信用业务等。全年，财富管理业务实现营业收入

19.77 亿元，占公司营业收入的 34.77%。

证券经纪业务。根据交易所统计数据，全年，东兴证券股票基金代理买卖累计成交金额为 32 051.19 亿元，同比增长 45.25%；累计实现证券经纪业务净收入（含席位租赁）8.97 亿元，同比增长 38.42%。完善分支机构管理体系和组织架构，推进青岛、重庆、深圳、南京、盐城、北京六地，共 7 家营业部的新设工作，报告期内已有 3 家取得经营许可证。金融产品销售实现突破，全年实现代销金融产品收入 4 692.96 万元，同比增长 645.10%。推进东兴 198 综合 App 功能拓展，理财客户数量同比增长 104.10%，交易金额比上年增长 33.67%。

信用业务。全年实现信用业务收入 12.14 亿元。截至年末，融资融券本金余额为 171.46 亿元，同比增长 37.72%；实现利息收入 10.41 亿元，同比增长 41.48%；两融业务的整体维持担保比例为 256.27%。自有资金股票质押业务余额为 24.13 亿元，实现利息收入 1.72 亿元；股票质押式业务（表内自营）的整体维持担保比例为 145.12%。

自营业务 东兴证券的自营业务主要包括权益类投资业务和固定收益类投资业务。全年，自营业务实现营业收入 13.69 亿元，占公司营业收入的 24.07%。

投资银行业务 东兴证券的投资银行业务主要包括股权融资业务、债券融资业务和财务顾问业务。全年，投资银行业务实现营业收入 11.00 亿元，占公司营业收入的 19.35%。

股权融资业务。全年，实现投资银行业务净收入 12.84 亿元，比上年增长 31.72%。根据万得资讯发行日统计口径，截至年末，东兴证券共完成首次公开募股（IPO）项目 12 个、股权再融资项目 14 个，其中，可转债项目 7 个。积极推进创业板业务，成功保荐 3 家企业登陆创业板。

债券融资业务。根据万得资讯发行日统计口径，全年，东兴证券主承销 62 只公司债、12 只金融债。

财务顾问业务。全年，实现财务顾问净收入 1.36 亿元。根据万得资讯统计数据，东兴证券年内完成并购重组财务顾问项目 2 个。

资产管理业务 东兴证券的资产管理业务主要包括证券公司资产管理业务和公募基金管理业务。全年，资产管理业务实现营业收入 5.28 亿元，占公司营业收入的 9.28%。

证券公司资产管理业务。作为管理人发行了 89.29 亿元的疫情防控 ABS——如日 2020 年第一期资产支持专项计划。全年实现资产管理业务净收入 2.21 亿元；年末资产管理受托规模为 600.42 亿元，其中，资产证券化业务管理规模为 276.11 亿元，集合资产管理业务规模为 177.55 亿元。

公募基金管理业务。年内，东兴基金发行 1 只摊余成本法 20 亿元以上的定期开放债券基金，东兴中证消费 50 指数基金的年收益率超过 60%。截至年末，公募基金管理非货币基金规模为 41.28 亿元，比上年增长 129.08%。

其他业务 东兴证券的其他业务主要包括期货业务、另类投资业务、私募基金管理业务和境外业务。全年，4 家子公司实现营业收入 7.13 亿元，占公司营业收入的 12.53%。

期货业务。2020 年，东兴期货有限责任公司实现日均权益 38.21 亿元，权益峰值达到 53.92 亿元；年末共管理 10 只资产管理产品，总规模为 22.98 亿元；金融期货成交量和成交金额分别同比增长 200.24%、231.03%。

另类投资业务。2020 年末，东兴证券投资有限公司共有股权投资项目 18 个，累计投资规模为 12.90 亿元，其中，科创板跟投项目有 5 个，投资规模为 1.97 亿元。

私募基金管理业务。2020 年末，东兴资本投资管理有限公司共存续管理私募股权基金 5 只，并通过这 5 只基金投资 10 余个项目，其中 1 个项目于 2020 年 7 月完成科创板上市。

境外业务。2020 年，东兴证券（香港）金融控股有限公司完成 2 个主板、1 个转板及 1 个香港创业板独家保荐上市项目，年末在香港中央结算所的港股托管市值为 83.6 亿港元（不含停牌股票市值）。

电子化建设 加大对信息技术的投入，充分利用金融科技手段，完善客户服务体系、改进业务运营模式、提升内部管理水平、增强合规风控能力，助力公司各项业务发展。全年，信息技术投入总额为 22 681.38 万元，占上一年度母公司营业收入的 6.65%。

第一创业证券承销保荐有限责任公司

2020 年末，第一创业证券承销保荐有限责任公司（以下简称一创投行）资产总额为 6.98 亿元，比上年增长 37.62%；净资产为 5.51 亿元，比上年增长 21.08%。全年实现营业收入 3.49 亿元，比上年增长 48.05%；实现净利润 9 589.37万元，比上年增长 198.27%。

截至年末，一创投行共有正式员工 169 人。

投资银行业务 全年，完成 IPO 项目 3 个、定向增发项目 6 个、可转债项目 1 个，总承销金额为 1 168 617 万元；完成公司债项目 23 个，总承销金额为 1 396 833 万元；完成财务顾问项目 23 个。

（郑闯）

方正证券承销保荐有限责任公司

2020 年末，方正证券承销保荐有限责任公司（以下简称方正承销保荐）资产总额为 34.66 亿元，总负债为 3.17 亿元，所有者权益为 31.49 亿元。全年实现营业收入 7.16 亿元，营业支出为 6.03 亿元，实现利润总额 1.33 亿元，净利润 1.01 亿元。在中国证监会组织的 2020 年证券公司分类评价中获得 A 类 A 级评级。

截至年末，方正承销保荐无证券营业部及子公司，共有员工 366 人。

投资银行业务 全年，投资银行业务累计实现营业收入 6.04 亿元，实现营业利润1.85亿元。其中，股权业务收入为1.54亿元，比上年增长43%；债券业务收入为4.50亿元，比上年增长49%。“新三板”业务持续督导企业148家，其中，精选层1家、创新层13家；债券业务累计完成公司债、企业债、非政策性金融债、地方政府债等各类债券233只，承销规模为750.34亿元，其中，公司债、企业债承销规模逾650亿元。

国都证券股份有限公司

2020年末，国都证券股份有限公司（以下简称国都证券）资产总额为322.27亿元，同比增长10.34%；负债总额为223.53亿元，同比增长11.71%；归属于母公司的所有者权益为97.02亿元，同比增长7.36%。全年实现营业收入17.69亿元，同比增长18.17%；归属于母公司的净利润为8.29亿元，同比增长55.55%，净资产收益率为8.84%。在中国证监会组织的2020年证券公司分类评价中获得B类BBB级评级。

截至年末，国都证券设有56家证券营业部、4家分公司、4家子公司，共有员工1 071人。

2020年，国都证券经纪业务实现手续费及佣金净收入同比增长20.71%，其中，证券经纪业务净收入同比增长48.01%，代理买卖证券业务净收入（含席位租赁）同比增长42.36%。融资融券业务利息收入同比增长13.39%，融出资金同比增长22.41%；股票质押业务利息收入同比增长32.08%，业务规模同比下降29.97%。证券投资收益同比增长100.98%。资产管理业务开发数只“固收+打新”产品，完成1只老产品的转型。期货业务实现营业收入同比增长18.28%。信息化项目建设支出涉及9个重大项目的新建改造，主要信息系统升级18次，灾备演练3次。优化组织机构，成立企业文化建设工作办公室，调整投资银行总部的二级部门，撤销机构销售与交易部、海外业务部；新设2个专业委员会。完成郑州分公司工商变更，国都证券股份有限公司郑州分公司正式设立。

（李岩）

国开证券股份有限公司

2020年末，国开证券股份有限公司（以下简称国开证券）总资产为440.74亿元，比上年增加64.91亿元，增长17.27%；总负债为281.15亿元，比上年增加65.93亿元，增长30.63%；所有者权益为160.61亿元，比上年减少1.02亿元，下降0.64%。全年实现营业收入17.36亿元，比上年增加0.92亿元，增长5.60%；实现净利润1.21亿元。在中国证监会组织的2020年证券公司分类评价中获得A类A级评级。

截至年末，国开证券设有23家分公司、1家证券营业部，控股国开泰富基金管理有限公司、国开证券投资有限公司；共有员工554人。

投资银行业务 参与发行科创板募资规模最大的中芯国际项目，参与通富微电非公开发行、弘信电子可转债等项目，助力科技创新和产业升级。推进地方政府融资平台转型财务顾问业务，完成醴陵渌江、永州城投、邵阳城投等项目，助力地方政府债务化解。

债券承销业务 全年承销金额1 143亿元。完善业务结构，地方债中标量同比增长250%。

证券经纪业务及信用交易业务 抢抓科创板、创业板注册制、可转债等证券市场改革机遇，全年实现收入1.21亿元，同比增长13.08%。稳妥推进信用业务开展，截至报告期末信用交易业务余额为44.05亿元。

资产管理业务 创新业务模式，落地权益型保险债权融资计划，满足国家开发银行重点客户的权益性资金需求，业务规模为44.75亿元，同比增长130%；完善主动资产管理产品体系，发行国开证券首只“利率债+国债期货”产品。截至期末，资产管理业务规模为665亿元。

社会责任 服务基础设施“补短板”，累计融资规模为1 908亿元；牵头8期铁道债中的4期，融资1 600亿元，支持铁路基础设施建设；承销南京地铁、武汉地铁等债券，融资240亿元，支持城市交通基础设施建设。服务科技创新与产业升级，承销浙江吉利、比亚迪等债券，累计融资273亿元，支持制造业高质量发展。服务重大区域战略，全年实现支持长江经济带融资规模393亿元，粤港澳大湾区融资规模205亿元，京津冀区域融资规模105亿元。对口帮扶贵州省务川县、湖北省蕲春县等4个贫困县，打好精准扶贫组合拳。全力支持疫情防控和复工复产，向湖北省捐赠300万元；发行全国首只疫情防控企业债等11只债券，融资137亿元。

高盛高华证券有限责任公司

2020年末，高盛高华证券有限责任公司（以下简称高盛高华证券）总资产为35.85亿元，比上年增长103%；总负债为4.71亿元，比上年增长100%；所有者权益为31.14亿元，比上年增长104%。全年实现营业收入4.26亿元，比上年下降18%；营业支出为3.46亿元，比上年下降20%；实现净利润0.58亿元，比上年下降11%。在中国证监会组织的2020年证券公司分类评价中与北京高华证券有限责任公司合并获得A类评级。

截至年末，高盛高华证券未设立证券营业部或子公司，共有员工104人。

投资银行业务 全年完成3个股票与债券承销项目，承销总金额为12.72亿元，承销项目类型包括非公开发行债券和可转换债券；作为配售代理完成了1笔A

股股份转让的大宗交易服务。

股权变更 根据中国证监会《关于核准高盛高华证券有限责任公司变更控股股东的批复》（证监许可〔2020〕466号）、股东大会相关决议，高盛集团成为持有高华高盛证券51%股权的控股股东。2020年12月3日，高盛集团与北京高华证券有限责任公司签署协议，收购北京高华证券有限责任公司所持有的高盛高华证券剩余股权；12月9日，高盛集团向中国证监会提交股权变更备案材料。

瑞信方正证券有限责任公司

2020年末，瑞信方正证券有限责任公司（以下简称瑞信方正证券）总资产为154 394.21万元，比上年增加53 260.79万元，增长52.66%；负债总额为7 314.22万元，比上年减少12 630.77万元，下降63.33%；所有者权益总额为147 080.00万元，比上年增加65 891.56万元，增长81.16%。全年实现营业收入28 305.80万元，比上年增加12 968.55万元，增长84.56%；实现营业利润1 647.70万元。在中国证监会组织的2020年证券公司分类评级中获得A类A级评级。

2020年，瑞信方正证券股票基金债券交易量约为10 961亿元，实现代理买卖证券业务净收入18 463.74万元；投资银行业务完成8个主承销项目，总承销金额为59.57亿元。

截至年末，瑞信方正证券设有1家证券营业部，共有员工150人。

（李梦丽）

瑞银证券有限责任公司

2020年末，瑞银证券有限责任公司（以下简称瑞银证券）总资产为4 492 647 792.79元，比上年增长25%；总负债为2 499 186 645.71元，比上年增长51%；所有者权益为1 993 461 147.08元，比上年增长3%。全年实现营业收入867 194 259.94元，比上年增长7%；营业支出为740 674 940.14元，比上年下降8%；实现利润总额88 230 472.71元，比上年增长491%；实现净利润54 014 789.85元，比上年增长520%①。在中国证监会组织的2020年证券公司分类评价中获得A类A级评级。

截至年末，瑞银证券设有4家证券营业部、3家分公司及1家子公司；共有正式员工361人，其中，子公司有正式员工25人。

---

① 财务数据为母公司口径。

首创证券股份有限公司

（原首创证券有限责任公司，2020 年 8 月更名）

2020 年末，首创证券股份有限公司（以下简称首创证券）总资产为 261.97 亿元，比上年增加 59.52 亿元，增长 29.40%；总负债为 172.49 亿元，比上年减少 14.98 亿元，下降 9.51%；所有者权益为 89.48 亿元，比上年增加 44.54 亿元，增长 99.11%。全年实现营业收入 16.58 亿元，比上年增加 3.18 亿元，增长 23.76%；营业支出为 8.63 亿元，比上年增加 1.08 亿元，增长 14.23%；实现净利润 6.11 亿元，比上年增加 1.78 亿元，增长 40.91%。

截至年末，首创证券设有 12 家分公司、53 家证券营业部，共有员工 1 619 人（含经纪人 389 人）。

资产管理业务 聚焦主动管理，提升投研与风控能力，提高资产质量、优化资产结构，资产管理规模实现了逆势增长。截至年末，资产管理规模为 812.60 亿元，其中，主动管理规模为 805.17 亿元（含专项资产管理规模 182.39 亿元），占资产管理总规模的 99.09%，同比增长 83.41%。

“新三板”做市业务 优化做市股票组合结构，新增投资项目主要投向新能源、医药生物、高端制造等新兴行业，为做市企业的交易提供流动性支持。截至年末，累计为 57 家挂牌企业提供做市报价服务。

股权融资业务 服务实体经济，保荐的同兴环保 IPO 项目成功上市，辅助浙江华铁应急设备科技股份有限公司完成非公开发行。夯实全国中小企业股份转让系统业务基础，积极培育精选层企业。报告期末，累计完成 114 家公司推荐挂牌项目（含已摘牌公司 37 家），累计持续督导 145 家挂牌公司。

债券承销业务 年内，协助北京首都创业集团有限公司及其子公司、首钢集团有限公司、北京市基础设施投资有限公司、北京汽车集团有限公司、浙越资产管理有限公司、江苏金坛国发国际投资发展有限公司等企业发行债券约 175 亿元。其中，作为主承销商发行的北京首创股份有限公司 2020 年公开发行公司债券（第一期）（疫情防控债），为全国首只水务行业疫情防控债；作为主承销商发行的北京首都创业集团有限公司 2020 年公开发行住房租赁专项公司债券，为全国首只集体土地住房租赁专项债券；作为主承销商发行的北京首创大气环境科技股份有限公司 2020 年非公开发行创新创业公司债券，为全国首只大气污染防治行业创新创业公司债券；作为主承销商发行的首创环境控股有限公司 2020 年公开发行公司债券（第一期），获得 Treasury Today Asia · 2020 亚当 · 斯密亚洲区最佳融资方案奖。

结构化融资业务 年内，作为计划管理人为京东数字科技控股股份有限公司、国药集团融资租赁有限公司、天津京津高速公路有限公司等 10 余家企业发行了 14 个 ABS 项目，新增管理规模约 180 亿元；

销售京东白条应收账款债权资产支持专项计划、国药租赁第六期资产支持专项计划（疫情防控 ABS）、京津高速通行费收费收益资产支持专项计划等项目，销售规模约 110 亿元。

（高文斌、卢慧洋）

信达证券股份有限公司

2020 年末，信达证券股份有限公司（以下简称信达证券）总资产为 473.19 亿元，比上年增加 20.12 亿元，增长 4.44%；总负债为 356.86 亿元，比上年减少 0.98 亿元，下降 0.27%；所有者权益为 116.34 亿元，比上年增加 21.10 亿元，增长 22.16%。全年实现营业收入 31.62 亿元，比上年增加 9.40 亿元，增长 42.26%；实现净利润 8.56 亿元，比上年增加 6.70 亿元，增长 359.56%；归属于母公司股东的净利润为 8.20 亿元，比上年增加 6.10 亿元，增长 290.20%。在中国证监会组织的 2020 年证券公司分类评价中获得 A 类 A 级评级。

截至年末，信达证券设有 87 家证券营业部（含 1 家撤销中）、14 家分公司、5 家子公司；共有员工（含子公司）2 575人，其中，正式员工 2 532 人，劳务派遣员工 43 人。

证券经纪业务 全年，股票基金交易额为 24 115.93 亿元，比上年增长 43.54%；债券交易额为 634.83 亿元，比上年增长 125.81%；年末经纪业务客户数为 181.34 万名；实现经纪业务营业收入 16.39 亿元，比上年增加 3.03 亿元，增长 22.65%，占公司营业收入的 51.84%；实现营业利润 9.98 亿元，比上年增加 3.38 亿元，增长 51.12%，营业利润率为 60.90%。其中，代理买卖证券业务净收入为 6.71 亿元，比上年增加 1.54 亿元，增长 29.85%；代销各类金融产品规模 52.81 亿元，实现代销金融产品业务收入 0.49 亿元，比上年增加 0.30 亿元，增长 161.80%；融资融券业务收入为 5.90 亿元，比上年增加 1.31 亿元，增长 28.60%；股票质押式回购交易业务收入为 0.44 亿元，比上年减少 0.94 亿元，下降 68.26%。截至年末，共有 71 家分支机构参与中间介绍业务（IB 业务），客户数量为 6 471 户，其中，介绍证券公司客户的开户数量为 5 151 户，期货客户期末权益为 1.95 亿元。

证券自营业务 全年，自营业务投资规模为 135.98 亿元，比上年增加 22.19 亿元，增长 19.50%；实现营业收入 4.16 亿元，比上年增加 0.09 亿元，增长 2.27%，占公司营业收入的 13.14%；实现营业利润 3.75 亿元，比上年增加 0.28 亿元，增长 8.02%，营业利润率为 90.17%。

投资银行业务 全年，投资银行业务实现收入 5.42 亿元，比上年增加 3.18 亿元，增长 135.43%，占公司营业收入的 17.14%；实现营业利润 4.75 亿元，比上年增加 3.54 亿元，增长 290.90%，营业利润率为 87.72%。股票主承销金额为 28.33 亿元，实现股权融资业务收入 1.09 亿元；债券主承销金额为 420.80 亿元，

ABS 承销金额为 978.34 亿元，实现债券融资业务收入 3.89 亿元。

资产管理业务 全年，实现资产管理业务收入 1.41 亿元，比上年增加 0.60 亿元，增长 73.22%。截至年末，资产管理计划共计 76 只，管理规模为 1 407.80 亿元，比上年增长 33.21%。其中，集合资产管理计划 29 只，管理规模 41.70 亿元；定向资产管理计划 24 只，管理规模 224.61 亿元；专项资产管理计划 23 只，管理规模 1 141.49 亿元。

期货业务 2020 年，信达期货有限公司实现营业收入 1.54 亿元，占公司营业收入的 4.88%，其中，期货经纪业务手续费及佣金净收入为 0.82 亿元；商品期货成交金额为 18 992.04 亿元，金融期货成交金额为 10 377.22 亿元；年末客户数量为 45 066 户。

境外业务 2020 年，信达国际控股有限公司实现营业总收入 2.50 亿元，比上年增加 0.41 亿元，增长 19.86%，占公司营业收入的 7.91%；实现净利润 0.75 亿元，比上年增加 0.29 亿元，增长 62.18%。

其他业务 2020 年，信达证券通过子公司信达澳银基金管理有限公司、信风投资管理有限公司和信达创新投资有限公司分别从事基金管理业务、私募投资基金业务和另类投资业务。全年，信达澳银基金管理有限公司实现管理费净收入 3.11 亿元，比上年增加 2.13 亿元，增长 218.07%，占公司营业收入的 9.83%；信风投资管理有限公司实现私募投资基金管理费收入 0.62 亿元，比上年增加 0.33 亿元，增长 116.49%，占公司营业收入的 1.96%；信达创新投资有限公司实现投资收入 0.98 亿元，比上年增加 0.69 亿元，增长 243.65%，占公司营业收入的 3.09%。

增资扩股 年内，信达证券完成增资扩股，注册资本从 25.687 亿元增至 29.187 亿元；完成上市辅导，公司 IPO 申报获中国证监会正式受理。

新时代证券股份有限公司

2020 年末，新时代证券股份有限公司（以下简称新时代证券）总资产为 16 687 499 432.82 元，比上年减少 5 144 571 963.74 元，下降 23.56%；总负债为 7 244 539 531.75 元，比上年减少 5 022 060 971.42 元，下降 40.94%；所有者权益为 9 442 959 901.07 元，比上年减少 122 510 992.32 元，下降 1.28%。全年实现营业收入 786 000 375.38 元，比上年减少 272 283 309.33 元，下降 25.73%；营业支出为 581 701 207.68 元，比上年减少 81 222 185.84 元，下降 12.25%；实现利润总额 198 186 942.66 元，比上年减少 183 168 823.95 元，下降 48.03%；实现净利润 166 914 141.59 元，比上年减少 127 047 023.17 元，同比下降 43.22%。在中国证监会组织的 2020 年证券公司分类评价中获得 C 类 CCC 级评级。

截至年末，新时代证券设有 63 家证券营业部、3 家控股子公司、5 家分公司，共有员工 1 338 人。

2020 年 7 月 17 日起，中国证监会对新时代证券实施接管。接管期间，中国证监会组织成立接管组，行使公司的经营管理权，接管组组长行使公司法定代表人职权，公司股东大会、董事会、监事会及经理层停止履职。接管期限自 2020 年 7 月 17 日起至 2021 年 7 月 16 日。

证券经纪业务　全年，经纪业务实现营业收入 70 137.12 万元，比上年增长 4.87%；业务成本为 34 137.09 万元，比上年增长 1.67%；实现营业利润 36 000.03 万元，比上年增长 8.09%。各营业部实现股基交易量 9 716.07 亿元，比上年增加 2 318.37 亿元，增长 31.34%；累计新开户 111 400 户。年末，客户结存 1 116 908 户，比上年增长 10.62%；客户托管资产（含“新三板”）766.45 亿元，上年增长 4.94%。

融资融券业务　全年，信用账户开户数为 1 639 户，合格信用账户结存数为 24 083户；信用业务实现收入约 3.88 亿元，占经纪业务线营业收入的 55.4%，占公司总营业收入的 49.4%。截至年末，融资融券余额为 40.23 亿元，比上年增长 17.70%；信用账户担保资产 128.14 亿元，比上年增长 23.58%；信用账户交易额约为 2 403.90 亿元，比上年增长 23.67%；融资融券业务整体维持担保比例为 303.76%，存续的股票质押式回购业务已全部了结，信用业务未发生重大风险事件。

投资银行业务　全年，债券融资业务发行公募债券 2 只、私募公司债券 18 只，融资总规模达 166.92 亿元；如期兑付 17 只债券；积极开展 5 只债券的违约处置工作，切实履行受托管理义务；债券业务实现业务收入 4 424.26 万元，业务成本为 2 916.43万元，实现利润 1 507.83 万元。“新三板”业务完成定向发行项目 3 个，年末持续督导的非上市公众公司为 83 家，有 3 个定向发行项目在审，实现业务收入 844.65 万元，业务成本为 537.05 万元，实现利润 307.60 万元。“新三板”做市业务减持 37.5 万元，计提减值 2 846.87 万元，年末持有 20 只“新三板”做市业务股票，持有净值为 3 170.13 万元。

IB 业务　截至年末，新时代证券参与 IB 业务的营业部共有 31 家，具有期货从业资格的人员数量为 133 人，参与 IB 业务的投资者共 264 户。全年实现 IB 业务的佣金收入 19.87 万元。

资产管理业务　全年，资产管理业务实现营业收入 3 704.73 万元，业务成本为 2 694.51 万元，实现营业利润 1 010.22 万元。年末，资产管理业务存续规模为 461.98 亿元，其中，集合资产管理存续规模为 3.84 亿元，单一资产管理存续规模为 458.14 亿元。

自营投资业务　新时代证券自营投资业务包括固定收益类投资和权益类投资两大类。全年，自营投资业务实现营业收入 130.26 万元，比上年下降 99.61%；业务成本为 2 426.84 万元，比上年下降 66.28%；实现营业利润 -2 296.58 万元，比上年下降 108.67%。

投顾签约　截至年末，共有投资顾问岗位人员 95 人，比上年增加 5 人；签约客户数量为 279 户，比上年减少 47 户；签约客户资产为 1.79 亿元，比上年减少 0.26 亿元，下降 12.68%。全年，投资顾问人员综合创收合计 518.18 万元，占营业部净手续费收入的 1.53%。

研究机构业务　年内，研究业务申请并完成 2020 年中国证券业协会课题《资本市场深层次的结构性体制机制性问题研究》；组织召开近百场线上会议，业务范围覆盖17个行业（含总量行业）、602家A股和港股（“陆港通”标的）上市公司，出具1 714篇研究报告，通过全方位的研究服务为公募基金管理公司、保险公司、私募基金等机构投资者提供专业的研究咨询服务。

中德证券有限责任公司

2020年末，中德证券有限责任公司（以下简称中德证券）总资产为1 356 089 500元，总负债为135 147 909元，所有者权益为1 220 941 591元。全年实现营业收入437 640 331元，营业支出为377 998 232元，实现净利润41 626 533元。在中国证监会组织的2020年证券公司分类评价中获得A类A级评级。

截至年末，中德证券共有正式员工260人。

投资银行业务 全年，完成投行项目57个，其中，IPO项目6个，配股项目1个，定向增发项目3个，并购重组项目4个，债券项目43个；实现投行业务净收入394 883 017元，同比增长14%。

中国国际金融股份有限公司

2020年末，中国国际金融股份有限公司（以下简称中金公司）总资产为2 860.94亿元，比上年增长65.84%；总负债为2 257.74亿元，比上年增长71.52%；净资产为603.20亿元，比上年增长47.53%。全年实现营业收入112.59亿元，比上年增长38.75%；营业支出为84.56亿元，比上年增长46.93%；实现利润25.90亿元，比上年增长26.93%；客户保证金规模为207.45亿元，比上年增长36.54%。在中国证监会组织的2020年证券公司分类评价中获得A类AA级评级。

2020年11月2日，中金公司在上海证券交易所主板挂牌上市，完成首次公开发行4.59亿元A股股票，注册资本和股本增加至48.27亿元。

截至年末，中金公司在上海、深圳、厦门、成都、杭州、济南设有分公司，在国内28个省份设有200多个营业网点，在中国香港、美国纽约、英国伦敦、新加坡、美国旧金山和德国法兰克福、日本东京设有分支机构；中金集团拥有员工9 372人，其中，境内员工8 678人。

投资银行业务 股权融资。全年，作为主承销商完成A股IPO项目32个，主承销金额为624.2亿元；作为主承销商完成A股再融资项目19个，主承销金额为404.3亿元；为保荐人主承销港股IPO项目13个，主承销规模为54.4亿美元；作为全球协调人主承销港股 IPO 项目 29 个，主承销规模为 62.2 亿美元；作为账簿管理人主承销港股 IPO 项目 33 个，主承销规模为 40.1 亿美元；作为账簿管理人主承销港股再融资及减持项目 22 个，主承销规模为 28.2 亿美元；作为账簿管理人主承销中资企业美股 IPO 项目 7 个，主承销规模为 13 亿美元；作为账簿管理人主承销中资企业美股再融资项目 6 个，主承销规模为 30 亿美元。

债务及结构化融资。全年，累计完成固定收益项目 821 个，同比增长 52.0%。其中，境内债券承销项目 696 个，承销规模约为 6 541.1 亿元；境外债券承销项目 125 个，承销规模约为 69.9 亿美元。

财务顾问服务。根据 Dealogic 数据，全年中金公司已公告并购交易 90 笔，涉及交易总额约 1 871.5 亿美元。其中，境内并购交易 78 笔，涉及交易总额约 1 755.5亿美元；跨境及境外并购交易 12 笔，涉及交易总额约 116 亿美元。

固定收益及自营业务 全年，中金公司银行间做市业务规模为 16 864.94 亿元，银行间回购业务交易量为 2.18 万亿元，拆借业务交易量为 1.06 万亿元。“债券通”业务成交总量为 495.62 亿元，境内参与债券融资规模为 44 119 万亿元，境内债券承销规模为 6 789 亿元。利率业务全年现券交易量为 10 861.85 亿元，利率衍生品交易量为 5 166.19 亿元；利率双边做市、请求做市和匿名点击成交总量为 5 207.49 亿元。信用业务双边做市、请求做市和匿名点击成交总量为 21 369.41亿元。结构化业务全年共投资普惠、小微类资产支持证券 662 笔，金额为 367 亿元；投资疫情防控债 12 只，金额为 5.54 亿元。商品业务通过对金融衍生工具的规范合理利用，开展大宗商品的价格管理和投资业务。外汇自营业务通过中国外汇交易中心共计达成外汇交易 1 647笔，交易种类涵盖即期、远期、掉期、期权和外币拆借，名义本金合计 351.85 亿美元。

财富管理业务 截至年末，财富管理客户数量为 3 694 107 户，比上年增长 12.9%（按可比口径，下同）；客户账户资产总值为 25 782.8 亿元，比上年增长 40.2%。其中，高净值个人客户数量为 25 625 户，比上年增长 32.1%；高净值个人客户账户资产为 6 725.2 亿元，比上年增长 46.1%。

融资融券业务。全年，融资买入累计成交额为 272.91 亿元，同比增长 72%；融券卖出累计成交额为 0.17 亿元，同比增长 7%。期末融资融券余额为 32.05 亿元，同比增长 65.29%，期末平均维持担保比例为 359.54%。

行权融资业务。年内新增 2 家上市公司员工行权融资激励计划，累计投放资金 0.68 亿元，同比增长 127%。

股票质押回购业务。全年累计投放资金 42.8 亿元，同比增长 145%；年末合约平均履约保障比例为 354.66%，比上年提升 83.85%。

基金投顾业务。2020 年 9 月 9 日，正式上线 A + 基金投顾业务。截至年末，共服务客户 16 805 人，账户数量为25 929 个，客户账户资产规模为 8 亿元。

资产管理业务 截至年末，资产管理业务规模为 5 353.3 亿元，比上年增长 75.86%。其中，集合资产管理计划规模为 1 658.9 亿元，单一资产管理计划（含社保、企业年金、职业年金及养老金）规模为 3 694.4 亿元。管理产品数量1 224

只，绝大部分是主动管理产品。

公募基金业务 2020 年，中金基金管理有限公司资产规模为553.0 亿元，同比增长 98%。其中，公募业务资产规模为539.9 亿元，同比增长 127%；私募资产管理计划规模为13.0 亿元。

私募投资基金业务 2020 年末，中金资本运营有限公司管理资产规模约3 022亿元。10 月 30 日，中金公司在上海设立第二家私募子公司——中金私募股权投资管理有限公司，主要管理中金公司注册在长三角区域（含上海、江苏、浙江、安徽等）的基金。

研究业务 全年，中金公司的研究团队发表中英文研究报告超过 15 000 篇，出版了《数字经济：下个十年》《2021：虚实收敛》《中国大消费：优势赛道，谁主沉浮》《春风化雨　点石成金：中国基础设施 REITs 系列研究》等专题报告。

创新业务 年内，中金公司获得中国证监会开展基金投资顾问业务试点资格与并表监管试点资格、国家外汇管理局结售汇业务经营资格与代客外汇业务资格、中国外汇交易中心开展利率期权业务试点资格、上海期货交易所热轧卷板期货做市商资格并向其发函说明能完成做市品种基础双边报价义务，以及中国银行间市场交易商协会可独立开展非金融企业债务融资工具主承销业务资格，成为深圳证券交易所信用保护凭证创设机构。

（胡月）

中国银河证券股份有限公司

2020 年末，中国银河证券股份有限公司（以下简称银河证券）合并资产总额为4 457.30 亿元，比上年增加1 300.64 亿元，增长 41.20%；合并负债总额为3 637.22亿元，比上年增加 1 199.78 亿元，增长49.22%；合并所有者权益总额为 820.08 亿元，比上年增加 100.86 亿元，增长14.02%。全年，实现合并营业收入 237.49 亿元，同比增长 39.37%；实现合并净利润 73.12 亿元，同比增长52.50%。

2020 年，银河证券股票基金交易量（不含租赁席位）为16.40 万亿元，比上年增加 5.59 万亿元，增长 51.63%。截至年末，托管客户证券资产约 3.15 万亿元，比上年增加 0.31 万亿元，增长 9.83%；客户资金余额为 698.54 亿元，比上年增加 122.57 亿元，增长 21.28%。

截至年末，银河证券设有 491 家证券营业部、5 家子公司，共有员工 11 545 人（含销售类客户经理）。

经纪业务 积极应对市场变化，零售业务采取线上线下互补、网络网点并重的策略，以精准分析助力分支机构经营展业；创新服务模式，采取深耕存量客户、线上经验分享等举措，助力精准服务客户。全年实现证券经纪业务净收入 69.21 亿元，同比增长52.07%。

投行业务 积极落实金融工作“三大任务”，扎实做好“六稳”工作，全面落实“六保”任务，紧抓多层次资本市场改革机遇。全年实现投资银行业务净收入7.97亿元，同比下降66.0%。股权融资业务累计股票主承销项目17个，主承销金额为418.23亿元，同比增长362.80%。债券融资业务累计完成债券主承销项目735个，主承销金额为1 206.72亿元，同比增长85.05%。

资产管理业务 积极适应监管变化趋势，通过资源配置优化业务结构，增强综合金融服务能力。全年实现资产管理业务净收入6.04亿元，同比下降12.05%。年末，资产管理业务管理产品数量为276只，受托规模为1 533.12亿元，比上年增长28.25%。

证券投资业务 持续推进自营及其他证券交易服务的体制、机制和业务的系统性改革，增强分散化投资，丰富投资品种，降低风险敞口，稳定收益水平，全年实现投资收益（含公允价值变动）48.88亿元，同比下降0.4%。

信用业务 按照“调结构、保收益、控风险”的总体思路稳健发展，严控业务集中度，提高风险管理能力，妥善化解风险。全年实现融资业务利息收入62.04亿元，同比下降6.97%。

国际业务 全年实现并表收入16.18亿元，实现净利润1.98亿元。境外业务收入在集团占比达6.81%，比上年提高0.74个百分点。

业务创新 2020年，银河证券开展信用衍生品业务创新，进行信用保护合约核心交易商申请备案，获得中国金融期货交易所国债期货业务首批做市商等业务资格。

中信建投证券股份有限公司

2020年末，中信建投证券股份有限公司（以下简称中信建投证券）集团资产总额为3 712.28亿元，比上年增长29.95%；负债总额为3 031.57亿元，比上年增长32.51%；归属于本公司股东的权益为677.35亿元，比上年增长19.71%。全年实现总收入及其他收入233.51亿元，比上年增长70.53%；归属于本公司股东的净利润为95.09亿元，比上年增长72.85%；每股收益为1.20元，比上年增长79.10%；加权平均净资产收益率为18.18%，比上年增加6.67个百分点。在中国证监会组织的2020年证券公司分类评价中连续11年获得A类AA级评级。

截至年末，中信建投证券设有5家子公司、37家分公司、276家证券营业部；共有正式员工9 994人。

投资银行业务 全年完成2 446个股票及债券主承销项目，主承销金额为13 730.75亿元。

证券经纪业务 截至年末，代理股票基金交易额为12.93万亿元，比上年增长13.68%；销售标准化产品1 114亿元，比上年增长39.40%；新增资金账户66万户，客户资金账户总数达899.94万户；客户托管证券市值为4.31万亿元，其中新增客户资产为14 887.86亿元。

资产管理业务 截至年末，受托管理资产规模为4 902.82亿元，其中主动管理型受托资产管理规模为3 366.61亿元。年内新增规模1 043.47亿元，同比增长44.92%。

托管业务 截至年末，资产托管及运营服务总规模为4 044.35亿元，同比增长34.81%。资产托管产品2 589只，同比增长42.96%；运营服务产品2 454只，同比增长48.10%。

研究业务 中信建投证券研究业务分为10个研究大组，涵盖34个研究领域。截至年末，研究及销售团队共有172人，共完成各类研究报告5 077篇，为机构客户提供线上线下路演25 497次，调研570次，成功组织了包括“资本市场峰会”“名家专场”“上市公司交流会”等大型会议及其他各类专业研究服务活动。

期货业务 2020年，中信建投期货有限公司（以下简称中信建投期货）实现代理交易额11.43万亿元，同比增长45.52%；新增客户23 795户，同比增长44.17%；年末客户权益规模为142.52亿元，比上年增长107.36%。截至年末，中信建投期货设有25家分支机构，在重庆设有1家风险管理子公司。

私募股权投资业务 2020年，中信建投资本管理有限公司（以下简称中信建投资本）完成项目投资近16亿元，已投项目IPO过会6个，其中，科创板5个、创业板1个。截至年末，中信建投资本在管基金41只，在管备案规模372.14亿元，年内新增备案规模65.61亿元；累计投资企业158家，其中，被投企业主板上市10家、中小板上市3家、创业板上市8家、科创板上市7家；“新三板”挂牌25家；完成并购重组项目6个，包括跨境并购项目1个；项目退出的平均投资收益率达108%。

境外业务 2020年，中信建投（国际）金融控股有限公司累计代理股票交易金额为432.16亿港元，同比增长76.03%；新增客户2 899户，同比增长81.19%；累计客户数为12 757户，客户托管股份总市值为201亿港元；孖展融资业务余额为1.09亿港元，同比增长65%；在中国香港市场共参与并完成IPO项目2个，股权融资规模为29亿港元；参与并完成5个并购项目、2个香港二级市场融资项目及6个财务顾问类项目；在离岸市场参与并完成45个公开债券发行项目及2个私募债券发行项目，承销金额约为179亿美元；实现债券交易量371亿港元，同比增长101%。

基金管理业务 2020年末，中信建投基金管理有限公司资产管理规模为553.17亿元。其中，公募产品管理规模为266.87亿元，同比增长55.17%；专户产品管理规模为278.73亿元，同比下降55.19%（主动管理规模为194.46亿元，同比下降43.37%；通道业务规模为84.27亿元，同比下降69.75%）；ABS产品管理规模为7.57亿元，同比下降8.24%。

另类投资业务 2020年，中信建投投资有限公司完成投资62笔，其中科创板IPO跟投11笔；投资金额为14.97亿元。

中国银河证券股份有限公司北京分公司

2020年，中国银河证券股份有限公司北京分公司（以下简称银河证券北京分公司）所辖营业部实现营业收入8.17亿元，实现税前利润5.59亿元。

截至年末，银河证券北京分公司下辖38家营业部，共有员工近500人。

证券经纪业务 截至年末，辖区营业部客户数量为113.22万户，年内新开客户数为14.84万户，客户总资产为18 658.58亿元。

主经纪商（PB）业务 2020年银河证券北京分公司存续（在运行）PB产品179只，产品年末总规模为119.0亿元，当期实现收入5 129.2万元。

IB业务 辖区内共有1家营业部获得IB业务资格，IB客户总数为4 417户，期末客户权益为5.32亿元，实现IB业务收入253.18万元。

融资融券业务 积极组织辖内营业部开展融资融券开户业务，年内新开有效户524户，实现收入33 710万元，融资融券期末余额为100.51亿元。

金融产品 全年，辖区营业部累计销售金融产品165.45亿元，实现销售收入19 797万元，比上年增长16.52%。

（李莹）

北信瑞丰基金管理有限公司

2020年末，北信瑞丰基金管理有限公司（以下简称北信瑞丰）总资产为21 442.92万元，比上年增加960.81万元，增长4.69%；总负债为3 054.46元，比上年增加158.16万元，增长5.46%；所有者权益为18 388.46万元，比上年增加802.65万元，增长4.56%。全年实现收入10 277.75万元，比上年增加45.66万元，增长0.45%，其中管理费收入为7 330.92万元；营业支出为9 482.45万元，比上年增加647.55万元，增长7.33%；实现净利润802.65万元，比上年减少572.69万元，下降41.64%。

2020年，北信瑞丰公募基金完成股票交易108.53亿元，比上年增加32.12亿元，增长42.03%；交易所回购交易832.69亿元，比上年增加317.80亿元，增长61.72%；银行间回购交易1 516.40亿元，比上年增加55.90亿元，增长3.83%；交易所债券交易22.45亿元，比上年增加22.45亿元，增长336.08%；银行间债券交易245.66亿元，比上年增加42.85亿元，增长21.13%。专户产品完成股票交易137.32亿元，比上年增加25.73亿元，增长23.06%；交易所回购交易143.02亿元，比上年减少14.76亿元，下降9.35%；银行间回购交易213.92亿元，比上年增加60.84亿元，增长39.74%；交易所债券交易23.32亿元，比上年增加20.55亿元，增长741.88%；银行间债券交易50.04亿元，比上年增加19.27亿元，增长62.26%。

截至年末，北信瑞丰设有1家子公司、1家分公司；共有员工127人，其中，北信瑞丰103人，子公司24人。

公募基金业务 全年，公募基金业务实现管理费收入4 716.05万元；新发行公募基金2只，募集资金4.63亿元，比上年增加2.29亿元，增长97.86%。截至年末，存续公募基金19只，管理规模为88.96亿元，比上年减少14.55亿元，下降14.06%；管理份额共计80.34亿份，比上年减少22.11亿份，下降21.58%。

特定客户资产管理 全年，特定客户资产管理计划共计实现管理费收入2 614.87万元；新增特定客户资产管理计划19只，规模为52.53亿元。截至年末，存续资产管理计划67只，规模为160.72亿元，其中，“一对一”专户产品63只，受托规模为153.86亿元；“一对多”产品4只，受托规模为6.86亿元。

（朱婧倩）

长盛基金管理有限公司

2020年末，长盛基金管理有限公司（以下简称长盛基金）资产总额为12.68亿元，净资产为11.7亿元，管理资产规模为800.44亿元。全年实现营业收入3.98亿元，同比增长13.68%；实现净利润0.75亿元，同比增长38.54%。

截至年末，长盛基金设有2家子公司、4家分支机构，共有员工168人（含子公司）。

2020年末，长盛基金公募基金资产管理规模为462.79亿元，比上年增加133.71亿元；社保类资产合计管理规模为298.26亿元；特定客户资产管理规模为39.39亿元（专户与专户子公司），其中，专户类与子公司资产管理规模分别为21.89亿元、17.5亿元，受制于通道业务的压缩，同比分别下降7.28亿元与26.39亿元。

（龚建华）

东方基金管理股份有限公司

2020年末，东方基金管理股份有限公司（以下简称东方基金）总资产为10.52亿元，比上年增长25.58%；总负债为2.66亿元，比上年增长70.23%；所有者权益为7.85亿元，比上年增长15.32%；归属于母公司股东权益为5.91亿元，比上年增长19.03%。全年实现营业收入4.62亿元，同比增长56.03%；营业支出为3.9亿元，同比增长49.94%；实现净利润0.6亿元，比上年增长131%。

截至年末，东方基金设有5家分公司、1家专户子公司；共有员工164人。

公募基金业务 截至年末，共管理公募基金49只，资产管理总规模为503.59亿元，比上年增加282.45亿元，增长127.72%。其中，非货币基金保有规模为432.93亿元，比上年增加271.16亿元，增长167.62%；货币基金规模为70.66亿元，比上年增加11.29亿元，增长19.02%。

受托投资管理业务 全年，新成立私募资产管理计划13只，初始募集总规模为2.27亿元；终止产品3只；实现受托投资管理业务收入0.23亿元。截至年末，存续专户产品34只，规模为362.82亿元，其中，清算中专户产品2只，资产净值为1.37亿元。

（杨笑尘）

方正富邦基金管理有限公司

2020年末，方正富邦基金管理有限公司（以下简称方正富邦）总资产为497 472 067.44元，总负债为53 654 425.54元，所有者权益为443 817 641.90元。全年实现营业收入132 163 028.36元，比上年增加43 576 992.33元，增长49.19%；营业支出为149 893 160.27元，比上年增加30 602 084.36元，增长25.65%；亏损17 019 080.32元，比上年增加13 162 114.20元，增长43.61%。

2020年，方正富邦股票交易量为13 547 210 258元，比上年增加6 740 913 451.29元，增长99.04%，交易所市场债券交易量为1 221 002 583.00元，比上年增加874 402 416.64元，增长252.28%，银行间市场债券交易量为81 206 638 301.00元，比上年增加30 695 754 543.13元，增长60.77%；年末，客户数量为5 559 211户，比上年增加684 933户，增长14.05%。

截至年末，方正富邦设有1家子公司；有员工129人，其中，有正式职工123人、外聘人员6人。

公募基金业务 截至年末，方正富邦旗下已成立基金29只，资产管理规模合计315.73亿元。其中，货币基金规模为202.23亿元，非货币基金规模为113.50亿元，比上年增加49.29亿元。从产品结构看，指数类规模为31.48亿元，主动权益类规模为36.08亿元，债券类规模为45.94亿元，货币类规模为202.23亿元。年内，新发公募基金8只，募集规模为56.14亿元，其中，方正富邦策略精选首发规模为18.35亿元、最大单只固收产品首发规模为23.50亿元；与方正证券合作推广的深100交易型开放式指数基金（ETF）联接基金定投业务，年末累计定投户数为88 620户，累计定投金额为11.69亿元；天天基金、蚂蚁金服平台基金持有人户数增至23万户，非货币基金保有规模分别增长185%、566%。

特定客户资产管理业务 截至年末，方正富邦基金专户存续产品15只，管理规模为60.57亿元，其中，固定收益类产品9只（集合资产管理计划2只、单一资产管理计划7只），规模合计为56.15亿元，占专户产品总规模的91.87%。年内，新增产品7只，新增规模为32.30亿元，其中，新增混合类产品2只，规模合计为0.61亿元；终止产品2只。

专项资产管理业务 2020年末，北京方正富邦创融资产管理有限公司管理专项资产管理计划10只，比上年减少9只；规模合计为25.97亿元，比上年减少77.97亿元。

（郭畅研）

格林基金管理有限公司

2020年末，格林基金管理有限公司（以下简称格林基金）总资产为5 092.36万元，比上年减少15.06万元，下降0.29%；总负债为868.50万元，比上年增加367.40万元，增长73.32%；所有者权益为4 223.86万元，比上年减少382.46万元，下降8.30%。全年实现营业收入3 391.49万元，比上年增加1 670.04万元，增长97.01%；营业支出为5 453.95万元，比上年减少225.04万元，下降3.96%；亏损2 082.46万元，比上年减少1 828.59万元，减亏46.75%。

截至年末，格林基金设有3家分公司，共有正式员工61人。

公募基金业务 年内，格林基金成功发行格林泓裕一年定期开放债券型证券投资基金，募集规模为6.00亿元；格林泓安63个月定期开放债券型证券投资基金，募集规模为57.00亿元；格林泓远纯债债券型证券投资基金，募集规模为8.00亿元；格林泓利增强债券型证券投资基金，募集规模为2.20亿元；格林中短债债券型证券投资基金，募集规模为16.75亿元；格林稳健价值灵活配置混合型证券投资基金，募集规模为4.51亿元。截至年末，格林基金共有公募基金产品12只，其中，货币基金1只，债券基金7只，混合型基金4只；总规模为109.62亿元，比上年增加92.61亿元，增长544.44%。

私募资产管理业务 截至年末，格林基金共运作管理23只私募资产管理计划，管理规模合计为148.53亿元，比上年增长136.21%。

（李遥）

国金基金管理有限公司

2020年末，国金基金管理有限公司（以下简称国金基金）资产总额为3.16亿元，比上年增加0.24亿元；负债总额为0.64亿元，比上年增加0.14亿元；所有者权益为2.52亿元，比上年增加0.10亿元，增长4.29%。全年实现营业收入1.69亿元，比上年减少0.01亿元，下降0.24%；实现净利润1 037.81万元，比上年增加 901.39 万元，增长 660.72%；公募基金及特定客户资产管理计划规模合计为 381.10 亿份，管理资产净值为 387.29 亿元。

截至年末，国金基金设有 2 家子公司，共有正式员工 124 人。

公募基金 截至年末，国金基金共有公募基金 23 只，其中，货币型基金 3 只、债券型基金 9 只、混合型基金 7 只、指数型基金 3 只、股票型基金 1 只；公募基金管理规模约为 364.80 亿元。

特定客户资产管理 截至年末，由国金基金担任管理人的专户产品总计 36 只，专户管理规模合计为 22.49 亿元。

（马正一）

国开泰富基金管理有限责任公司

2020 年末，国开泰富基金管理有限责任公司（以下简称国开泰富基金）合并总资产为 347 656 865.16 元，比上年增加 10 714 408.68 元，增长 3.18%；合并总负债为 65 883 601.34 元，比上年增加 20 704 754.98 元，增长 45.83%；所有者权益为 281 773 263.82 元，比上年减少 9 990 346.30元，下降 3.42%。全年实现营业收入 27 240 812.4 元，比上年减少 5 011 186.24元，下降 15.54%；营业支出为 35 183 293.32 元，比上年减少 10 417 771.23元，下降 22.85%；净亏损 9 990 346.3 元，比上年减少 5 776 833.08 元，下降 36.64%。

2020 年末，国开泰富基金管理公募基金资产份额为 103 323 203.6 份，比上年减少 155 720 357.98 份，下降60.11%；管理公募基金资产净值为105 287 494.27元，比上年减少 163 075 661.79 元，下降 60.77%。管理私募资产管理计划资产份额为 650 177 308.95 份，比上年减少 531 469 838.52份，下降 44.98%；管理私募资产管理计划资产净值为692 053 059.07 元，比上年减少431 355 614.6元，下降 38.4%。客户数量为 3 004 户，比上年减少 1 294 户，下降 30.11%。

截至年末，国开泰富基金设有 1 家子公司，共有员工 47 人。

公募基金业务 截至年末，国开泰富基金发行并管理公募基金 2 只，管理规模为 1.05 亿元，其中，非货币基金规模为 0.022 亿元。年内清盘基金 2 只，无新发基金，无申报新基金。

私募资产管理业务 截至年末，国开泰富基金发行并管理资产管理计划 5 只，管理规模为 6.92 亿元。年内清盘资管计划 2 只，无新发行资管计划。

（刘欣灿）

国融基金管理有限公司

2020年末，国融基金管理有限公司（以下简称国融基金）总资产为4 581.76万元，总负债为347.84万元，所有者权益为4 233.92万元。全年实现营业收入1 301.54万元，营业支出为3 460.58万元，营业亏损2 159.04万元。

2020年末，国融基金资产管理总份额为28.76亿份。其中，公募基金份额为0.71亿份，专户产品份额为28.05亿份。资产管理总规模为29.72亿元，比上年减少6.36亿元，下降17.63%。其中，6只公募基金规模为1.07亿元，比上年减少7.06亿元，下降86.84%；11只专户产品规模为28.65亿元，比上年增加0.7亿元，增长2.5%。总客户数为55 275户，比上年增加13 964户，增长25.26%；持有份额客户数量为7 260户，比上年减少9 451户，下降56.56%。其中，持有公募基金的客户数量为7 227户，比上年减少9 422户，下降56.59%；持有专户产品的客户数量为33户，比上年减少29户，下降46.77%。年内，国融基金新发“一对一”专户产品2只，未新发公募基金；与3家机构建立代销合作关系，下线1家代销机构，正常运作的代销机构总数达37家。

截至年末，国融基金设有1家分支机构，有在册员工34人。

基金销售 全年，国融基金共认购0.20亿元、申购47.27亿元、赎回51.90亿元。其中，公募基金认购零亿元、申购2.09亿元、赎回9.71亿元；专户认购0.20亿元、申购45.18亿元、赎回42.19亿元。

受托管理业务及投资咨询业务 截至年末，国融基金投资顾问产品规模合计为83 120万元，实现投资咨询服务费收入587 660.98元；存续特定客户资产管理计划11只，资产净值为2 865 331 504.95元，实现管理费收入3 513 044.49元；存续证券投资基金6只，资产净值为107 327 499.71元，实现管理费收入4 255 344.37元。

固有资金投资 截至年末，国融基金固有资金投资规模为34 955 145.90元，主要投资于银行理财产品、资产管理计划及银行存款。其中，理财产品投资规模为26 450 000.00元，资产管理计划投资规模为8 004 264.55元，银行存款投资规模为500 881.35元。全年获得收益1 987 188.10元。其中，理财产品获得收益1 450 642.41元，资产管理计划获得收益500 221.67元，银行存款获得收益36 324.02元。

（刘海月）

国寿安保基金管理有限公司

2020年末，国寿安保基金管理有限公司（以下简称国寿安保）总资产为23.53亿元，比上年增加2.42亿元，增长11.44%；总负债为3.99亿元，比上年增加0.10亿元，增长2.45%；所有者权益为19.55亿元，比上年增加2.32亿元，增长13.47%。全年实现营业收入9.21亿元，比上年增加1.87亿元，增长25.51%；营业支出为6.09亿元，比上年增加0.64亿元，增长11.77%；实现净利润2.32亿元，比上年增加0.81亿元，增长53.71%。

截至年末，国寿安保设有2家分公司、1家子公司；共有正式员工244人。

公募基金 截至年末，国寿安保旗下共有72只公募基金产品，资产规模为2 296.28亿元，比上年增长29.31%，其中，非货币基金规模为1 461.40亿元，比上年增长36.05%。

特定客户资产管理 截至年末，国寿安保旗下共有79只专户产品，资产规模为700.38亿元，比上年增长14.30%。

（厉现芳）

工银瑞信基金管理有限公司

2020年末，工银瑞信基金管理有限公司（以下简称工银瑞信）管理164只公募基金以及专户、年金社保、专项等各类非公募组合603个；资产管理总规模为14 121.07亿元，比上年增加1 239亿元，增长9.6%；服务客户数量达4 630万户，比上年增加1 175万户，增长34.0%。全年，实现营业收入44.60亿元，比上年增加7.57亿元，增长20.4%；实现净利润19.73亿元，比上年增加4.37亿元，增长28.4%；归属于股东的所有者权益为113.03亿元，比上年增加19.63亿元，增长21.0%。

截至年末，工银瑞信设有3家分公司、2家子公司，共有员工697人。

公募业务 全年共发行新基金25只，合计募集规模为621亿元，产品体系已全面涵盖股票型、混合型、债券型、货币型、QDII型等类型。截至年末，公募基金管理规模为5 912.85亿元，比上年增加514亿元，增长9.5%。其中，非货币基金规模为3 242.18亿元，比上年增加1 236亿元，增长61.6%（其中股票类基金规模为1 545.57亿元，比上年增加785亿元，增长103.2%）。

养老金业务 年内，管理的社保境内外组合和基本养老保险基金组合规模合计为1 954.41亿元，比上年增加435亿元，增长28.7%。管理的企业年金规模为1 572.72亿元，比上年增加318亿元，增长25.3%；服务职业年金改革，管理资产规模为770.61亿元，比上年增加483亿元，增长168.1%；管理的标准化年金产品规模为868.03亿元，比上年增加364亿元，增长72.4%。完善养老目标基金产品线，年内新布局2只产品，累计布局产品数量达6只，基本实现对主要年龄段投资者的需求覆盖。截至年末，各类养老金资产管理规模合计为5 274.01亿元，比上年增加1 616亿元，增长44.2%。

特定资产管理业务 专户业务有序压降存量资产，发挥投研专业能力，加快推进与银行理财子公司、保险公司等机构开展委外合作，新成立组合19个，合计规模为136亿元。专项业务有序推动存量非标通道业务到期退出，积极推动ABS、跨市场资产配置、主动管理的股权/债权投资等新业务发展，全年新增主动管理业务规模300亿元。

投资管理 优化投研管理体系，加强投研能力建设，强化研究分析和精选资产，实现良好的业绩表现。主动管理的股票基金业绩快速提升，全年平均收益率达80.3%，收益率翻倍的股票基金有10只；债券基金平均收益率为4.8%，年金社保等养老金投资管理保持稳健良好的业绩表现。全年，工银瑞信管理的公募基金和非公募产品合计为客户创造投资回报超1 000亿元。

（邓青松）

汇安基金管理有限责任公司

2020年末，汇安基金管理有限责任公司（以下简称汇安基金）总资产为321 338 840.30元，比上年增加211 417 536.28元，增长192%；总负债为216 135 664.28元，比上年增加168 774 489.91元，增长356%；所有者权益为105 203 176.02元，比上年增加42 643 046.37元，增长68%。全年实现营业收入301 793 564.01元，比上年增加165 816 472.89元，增长127%；营业支出为249 110 974.65元，比上年增加130 253 230.83元，增长110%；实现净利润42 688 850.89元，比上年增加27 937 980.11元，增长189%。

2020年末，汇安基金管理的公募基金份额总额为28 265 009 509.40份，比上年增加12 156 143 556.86份，增长75.46%；基金净值总额为31 225 483 246.91元，比上年增加14 279 151 269.15元，增长84.26%。资产管理计划份额总额为36 103 467 720.27份，比上年增加9 736 064 336.89份，增长36.92%；资产净值总额为42 495 040 765.74元，比上年增加13 466 732 539.76元，增长46.39%。

截至年末，汇安基金设有2家分公司；共有员工109人，其中，有正式职工103人，外聘人员6人。

（赵庆玲　刘思宇）

泓德基金管理有限公司

2020年末，泓德基金管理有限公司（以下简称泓德基金）总资产为10.96亿元，总负债为3.59亿元，所有者权益为7.37亿元。全年实现营业收入10.38亿元，比上年增加7.32亿元，增长238.96%；营业支出为5.05亿元，比上年增加3.00亿元，增长146.74%；税后净利润为4.56亿元，比上年增加3.7亿元，增长428.58%。

2020年末，泓德基金资产管理总份额为838.92亿份，管理规模为1 442.31亿元，比上年增加816.94亿元，增长130.63%。其中，公募基金总份额为727.05亿份，管理规模约为1 168.60亿元，比上年增加789.39亿元，增长208.17%；共计管理公募基金产品31只，其中，主动偏股型公募基金20只、债券型基金9只、货币基金2只。专户管理份额为111.88亿份，管理规模约为273.71亿元，比上年增加27.55亿元，增长11.19%。

2020年，泓德基金公募基金和特定客户资产管理产品股票交易量为1 039.65亿元，比上年增加608.25亿元，增长140.99%；债券交易量为405.89亿元，比上年增加322.63亿元，增长387.50%；基金交易量为36.37亿元，比上年减少2.06亿元，下降5.36%。期货交易量为15 296手，比上年增加4 764手，增长45.23%；期货交易额为182.76亿元，比上年增加74.24亿元，增长68.41%。年末客户数为1 095 560户，比上年增加891 280户，增长436.30%。

2020年，泓德基金在渠道发行成立4只公募偏股混合型基金，其中，2只为有锁定期的3年持有期产品；特定客户资产管理业务完成3只渠道集合资产管理计划的开放和持续营销，新募集成立4只渠道集合资产管理计划、2只单一资产管理计划。

截至年末，泓德基金设有1家分支机构；共有员工113人，其中，派遣员工5人。

（王天骄）

华融基金管理有限公司

华融基金管理有限公司（以下简称华融基金）前身为华融证券基金业务部，于2019年3月1日成立，是行业内第一家由部门转为独立法人的公募基金管理人。

2020年末，华融基金共管理公募基金5只，产品线覆盖货币型、债券型和偏股混合型，资产管理规模为50.35亿元。其中，非货币型基金管理规模为27.74亿元，同比增长近30倍。华融基金成立后发行的首只产品“华融雄安建设发展三年定期开放债券基金”，是国内第一只以雄安新区建设为主题的公募基金。华融基金客户总数约56万户；日均管理规模超过23亿元，已同21家代销渠道建立了销售合作关系。

截至年末，华融基金共有正式员工44人。

（张传文）

华商基金管理有限公司

2020年末，华商基金管理有限公司（以下简称华商基金）总资产为1 241 727 392元，比上年减少13 556 818元，下降1.08%；总负债为144 873 820元，比上年增加20 671 113元，增长16.64%；所有者权益为1 096 853 572元，比上年减少34 227 931元，下降3.03%。全年实现营业收入351 661 480元，比上年减少61 168 193元，下降14.82%；营业支出为395 791 136元，比上年增加52 233 130元，增长15.20%；实现净利润－34 227 931元，比上年减少85 792 389元，下降166.38%。

截至年末，华商基金设有2家分公司，共有员工160人。

公募资产管理业务 年内，华商基金申报并获批两只采用摊余成本法进行估值的、仅投资利率债的债券型基金，其中，华商鸿畅39个月定期开放利率债债券基金年末资产规模为40.36亿元，华商鸿盈87个月定期开放利率债债券基金12月1日取得注册批文，尚在发行中未成立；旗下基金分红共计11次，金额8.88亿元，历年累计分红156.70亿元[①]。截至年末，公募基金数量共计56只，其中，股票型基金7只、混合型基金36只、债券型基金12只、货币市场型基金1只；受托管理资产规模为397.66亿元[②]，主动管理资产规模占比达100.00%。

私募资产管理业务 年内，华商基金首次尝试引入券商交易结算模式，3只产品分别为华商基金乐天优选7号单一资产管理计划、华商基金成长优选鑫享8号单一资产管理计划、华商基金成长优选鑫享9号单一资产管理计划；华商基金日日鑫1号集合资产管理计划首次引入投顾机构为资产管理人提供投资建议，并在产品运作中设立份额转让条款，实现委托份额的转让。截至年末，私募产品共计28只，私募受托管理资产规模为78.91亿元，其中，主动管理资产规模为39.91亿元，占比为50.58%。

社会责任 年内，华商基金向武汉市慈善总会捐款100万元，党员捐款16 750元，支持抗击新冠肺炎疫情；开展“大手拉小手　圆梦科巴”助学活动，捐款51 600元，资助贫困大学生；向汾西贫困学校提供1间“梦想教室”，资助5年，共捐款20万元，受益学生将达1 400余人。

（韩兵）

① 数据来源：Wind数据库。

② 数据来源：中国银河证券股份有限公司。

华夏基金管理有限公司

2020 年末，华夏基金管理有限公司（以下简称华夏基金）合并总资产为136.95 亿元，合并负债总额为 36.89 亿元，合并所有者权益总额为 100.06 亿元。全年实现合并营业收入 55.39 亿元；营业支出为 33.98 亿元；归属于母公司的净利润为 15.98 亿元。

2020 年末，华夏基金整体资产管理规模为 15 924.08 亿元（含联接基金、子公司），其中，本部资产管理规模为14 611.42亿元，比上年增长 41.6%。华夏基金（香港）有限公司管理规模为533.68 亿元，华夏资本管理有限公司管理规模为 778.98 亿元。

2020 年，华夏基金共成立 40 只公募产品。截至年末，公募基金规模为8 046.36亿元，比上年增长49.4%，其中，非货币非理财基金规模为 5 391.97 亿元（偏股型基金规模为 4 295.92 亿元，比上年增长67.23%），全国社保管理规模为 868.63 亿元。企业年金运作规模为1 264.39 亿元；在已经完成职业年金招标的中央直属单位及31 个省份中全部中标，中标组合 70 个，启动运作组合 67 个，管理规模为 563.25 亿元。基本养老业务规模为 411.77 亿元。境内专户理财规模为 2 010.91 亿元。

截至年末，华夏基金设有 8 家分公司、3 家子公司，共有员工 1 083 人（含子公司）。

（常悦）

惠升基金管理有限责任公司

2020 年末，惠升基金管理有限责任公司（以下简称惠升基金）总资产为12 055万元，比上年增加 1 422 万元，增长 13%；总负债为 1 775 万元，比上年增加 1 178 万元，增长 197%；所有者权益为 10 281 万元，比上年增加 245 万元，增长 2%。全年实现营业收入 6 238 万元，比上年增加 5 801 万元；营业支出为5 737 万元，比上年增加 2 945 万元，增长105%；实现净利润 245 万元。

截至年末，惠升基金设有分公司 2 家，共有员工 43 人。

公募基金业务 截至年末，公募基金份额合计 203.56 亿份，基金净值合计217.48 亿元。年内共成立 8 只公募基金产品，其中，债券型基金 4 只，混合型基金 4 只。

私募资产管理业务 截至年末，特定资产管理计划共计 4 只，年内新发行产品6 只，终止产品 3 只。

（刘晓龙）

九泰基金管理有限公司

2020年末，九泰基金管理有限公司（以下简称九泰基金）资产总计248 573 710.43元，比上年增加9 526 933.19元，同比增长3.99%；负债合计67 243 827.45元，比上年增加10 497 615.79元，同比增长18.50%；所有者权益合计181 329 882.98元，比上年减少970 682.60元，下降0.53%。全年实现营业总收入154 319 155.59元，比上年增加33 849 772.61元，增长28.10%；营业总支出为146 341 739.37元，比上年增加8 959 060.14元，增长6.52%；净亏损970 682.60元，比上年减少8 336 710.32元，下降89.57%。

2020年末，九泰基金存续的公募基金共28只；基金份额为7 936 471 541.01份，比上年增加1 847 260 022.24份，增长30.34%；基金资产净值为10 669 567 333.19元，比上年增加4 216 494 959.09元，增长65.34%。存续的专户产品共21只；份额为3 318 235 415.49份，比上年减少7 304 030 291.46份，下降68.76%；资产净值为4 173 894 632.34元，比上年减少5 531 343 628.40元，下降56.99%。基金和专户合计份额为11 254 706 956.50份，比上年减少5 456 770 269.22份，下降32.65%；合计资产净值14 843 461 965.53元，比上年减少1 314 848 669.31元，下降8.14%。

2020年，九泰基金证券交易金额（股票、基金、债券等）为72 338 142 110.00元；期货交易量为5 258手，交易金额为6 281 587 960.00元。

截至年末，九泰基金设有3家分公司、1家子公司，合计员工人数177人。

公募基金 年内，九泰基金取得准予注册批复的公募基金11只，新成立公募基金14只。截至年末，存续公募基金28只，合计资产规模106.70亿元。

特定客户资产管理 截至年末，九泰基金存续基金专户产品21只，资产规模为41.74亿元，年内，成立9只基金专户产品，年末资产规模为6.95亿元。

（郝旭奇）

嘉实基金管理有限公司

2020年末，嘉实基金管理有限公司（以下简称嘉实基金）总资产为107.88亿元，实现营业收入58.18亿元，实现净利润16.90亿元。

2020年末，嘉实基金共管理205只开放式证券投资基金，资产管理规模为7 174.18亿元，比上年增加2 052.42亿元；非公募资产管理规模超过4 853.33亿元，比上年增加755.54亿元。

截至年末，嘉实基金设有北京、深

圳、成都、杭州、青岛、南京、福州、广州、武汉分公司以及北京怀柔分公司，旗下现有嘉实资本管理有限公司、嘉实财富管理有限公司、嘉实国际资产管理有限公司、嘉实远见科技（北京）有限公司等持牌与非持牌业务公司；共有员工852人。

（吴怡）

建信基金管理有限责任公司

2020年末，建信基金管理有限责任公司（以下简称建信基金）总资产为79.41亿元，比上年增长13.50%。全年实现营业收入27.72亿元，实现净利润11.19亿元。

截至年末，建信基金设有分公司和营销中心共11家、境内控股子公司1家，境外设全资控股子公司1家，共有员工618人。

2020年末，建信基金资产管理总规模为1.36万亿元，其中，公募基金产品131只，规模为4 655.29亿元；专户业务规模为4 469.14亿元；建信资本管理有限责任公司管理规模为4 511.29亿元。客户总量突破4 462万户，比上年增长20%。年内，新发公募基金产品14只，合计规模248亿元。

业务创新 年内，建信基金获得管理人中的管理人基金、上海金ETF等创新产品试点；专户战略性业务抓住两融打新、摊余成本法等业务机遇，大力拓展行外战略客户，落地业务规模93亿元，为上年的25倍；两次获得QDII额度，新增额度4.5亿美元，为海外业务发展奠定基础；建信资产管理（香港）有限公司取得中国香港证监会第4号、第9号牌照，完成产品申报并获得QFII/RQFII资格。

（王斌）

江信基金管理有限公司

2020年末，江信基金管理有限公司（以下简称江信基金）总资产为20 868.56万元，比上年减少1 853.14万元，下降8.16%；总负债为1 161.14万元，比上年减少818.42万元，下降41.34%；所有者权益为19 707.42万元，比上年减少1 034.73万元，下降4.99%。全年实现营业收入7 423.84万元，比上年减少596.10万元，下降7.43%；营业支出为8 533.36万元，比上年增加996.53万元，增长13.22%；实现净利润-1 034.73万元，比上年减少1 077.23万元，下降2 534.09%。

截至年末，江信基金设有1家分公司，共有员工72人。

公募基金业务 截至年末，江信基金共有9只公募基金产品，其中，混合型基金2只，债券型基金6只，货币市场基金1只；管理规模为21.32亿元，比上年下降3.62%。

（姜晓娟）

南华基金管理有限公司

2020年末，南华基金管理有限公司（以下简称南华基金）总资产为12 696.39万元，同比增加2 202.44万元，增长21%；总负债为1 028.42万元，同比增加370.99万元，增长56%；所有者权益为11 667.96万元，同比增加1 831.44万元，增长19%。全年实现营业收入4 034.43万元，比上年减少261.58万元，下降6%；营业支出为5 206.04万元，比上年增加472.20万元，增长10%；亏损1 168.56万元，比上年增加730.73万元，增长167%。

截至年末，南华基金设有2家分公司，共有正式员工64人。

公募基金业务 截至年末，南华基金共有10只公募产品成立并稳健运营，公募产品总规模为35.20亿元。

特定客户资产管理业务 年内共成立16只专户产品。年末，运营中的专户产品共19只，总管理规模为21.19亿元，客户数量共计34名（含机构投资者及自然人）。

业务创新 2020年4月23日，南华中证杭州湾区ETF联接基金发行成立。5月，南华基金获得上海期货交易所螺纹钢标的指数与螺纹钢期货ETF产品开发授权。6月，南华基金接受上海证券交易所商品期货ETF的专项检查，相关螺纹钢商品期货ETF的产品方案正在进行持续完善。

（姜婷婷）

鹏扬基金管理有限公司

2020年末，鹏扬基金管理有限公司（以下简称鹏扬基金）总资产为528 529 232.53元，比上年增加254 722 495.33元，增长93.03%；总负债为271 817 646.13元，比上年增加145 979 789.31元，增长116.01%；所有者权益为256 711 586.40元，比上年增加108 742 706.02元，增长73.49%。全年实现营业收入547 662 986.93元，比上年增加257 187 080.59元，增长88.54%；营业支出为401 430 887.34元，比上年增加142 663 339.11元，增长55.13%；实现净利润107 990 785.58元，比上年增加84 846 978.54元，增长366.61%。

截至年末，鹏扬基金设有3家分公司，共有正式员工180人。

公募基金 年内，鹏扬基金获得15只产品注册许可；共有17只产品发行成立，其中，债券型基金7只、混合型基金10只。截至年末，共成立公募基金39只；基金份额合计61 055 055 421.02份，比上年增加19 691 843 595.17份，增长47.61%；基金净值合计66 016 516 076.25元，比上年增加22 661 929 530.96元，增长52.27%。

特定客户资产管理 年内，鹏扬基金共成立49只私募资管计划。截至年末，专户资产管理规模为49 919 307 629.35元，比上年增加20 157 592 066.98元，增长67.73%。其中，单一专户规模为11 240 435 811.14元，集合专户规模为38 678 871 818.21元。专户产品的存量机构客户数量为277户。运作中的受托管理保险资金业务共计2项，均为单一专户产品。

（吉瑞）

泰达宏利基金管理有限公司

2020年末，泰达宏利基金管理有限公司（以下简称泰达宏利基金）资产总额为9.03亿元，比上年末的8.39亿元增加0.64亿元，增长7.63%；负债总额为1.26亿元，比上年末的0.91亿元增加0.35亿元，增长38.46%；所有者权益总额为7.76亿元，比上年末的7.48亿元增加0.28亿元，增长3.74%；全年实现营业收入2.97亿元，比上年的2.65亿元增加0.32亿元，增长12.08%；营业支出为2.45亿元，比上年的2.22亿元增加0.23亿元，增长10.36%；利润总额为0.52亿元，比上年的0.42亿元增加0.10亿元，增长23.81%。

2020年末，泰达宏利基金公募基金认购119.63亿元，比上年增加96.06亿元，增长407.55%；申购485.14亿元，比上年减少86.21亿元，下降15.09%；赎回581.76亿元，比上年增加35.63亿元，增长6.52%；公募及专户基金份额为555.19亿份，比上年减少29.81亿份，下降5.1%；公募及专户基金净值为607.23亿元，比上年增加27.06亿元，增长4.66%；公募基金客户数为860 773户，比上年增加19 482户，增长2.32%。

截至年末，泰达宏利基金设有3家分公司；共有正式员工140人，外聘员工10人。

公募基金业务 年内，共募集发行公募基金产品8只，募集规模合计为119.4亿元。截至年末，共管理公募基金56只，其中，股票型基金8只、混合型基金27只、债券型基金13只、货币市场基金3只、QDII基金1只、基金中基金（FOF）4只；公募基金规模为471亿元，其中，非货币基金规模为325.4亿元。

特定客户资产管理 年内，新设立资产管理计划16只，到期清算资产管理计划37只。截至年末，存续资产管理计划31只，其中，单一资产管理计划24只，集合资产管理计划7只；资产规模总计103.82亿元。

（薛涛）

先锋基金管理有限公司

2020年末，先锋基金管理有限公司（以下简称先锋基金）总资产为6 776.13万元，比上年减少2 845.96万元，下降29.58%；总负债为830.18万元，比上年减少928.77万元，下降52.80%；所有者权益为5 945.95万元，比上年减少1 917.19万元，下降24.38%。全年实现营业收入4 757.39万元，比上年减少2 044.36万元，下降30.06%；营业支出为6 706.06万元，比上年减少2 007.92万元，下降23.04%；亏损1 917.19万元，比上年减少77.01万元。

2020年末，先锋基金管理公募基金9只，管理规模合计17.01亿元，比上年增加8.27亿元，增长94.62%；存续私募资产管理计划16只，管理规模合计27.69亿元。

截至年末，先锋基金设有1家分公司，共有正式员工44人。

（欧阳晓辉）

新沃基金管理有限公司

2020年末，新沃基金管理有限公司（以下简称新沃基金）总资产为4 876.30万元，比上年减少1 184.85万元，下降19.55%；总负债为685.70万元，比上年减少1 103.16万元，下降61.67%；所有者权益为4 190.59万元，比上年减少81.69万元，下降1.91%。全年实现营业收入1 367.94万元，比上年减少445.25万元，下降24.56%；营业支出为3 218.58万元，比上年减少356.60万元，下降9.97%；实现净利润－1 851.69万元，比上年亏损额增加89.71万元，增长5.09%。

截至年末，新沃基金设有分支机构1家，共有正式职工38人。

公募基金业务 截至年末，新沃基金存续的公募基金产品共有4只。其中，新沃通宝货币市场基金规模为2.93亿元；新沃通盈灵活配置混合型证券投资基金规模为0.13亿元；新沃通利纯债债券型证券投资基金规模为0.17亿元；新沃创新领航混合型证券投资基金于2020年12月24日正式成立，募集规模为4.40亿元，该基金是新沃基金第一只采用券商结算模式的偏股混合型证券投资基金。

特定客户资产管理业务 年内，新沃基金专户产品整体运作平稳，多只不符合“资管新规”的专户产品完成终止清算。年末存续的特定客户资产管理计划共4只。

（吕茵）

英大基金管理有限公司

2020年末，英大基金管理有限公司（以下简称英大基金）资产总额为91 762.80万元，比上年增加62 688.29万元，增长215.61%；负债总额为1 947.28万元，比上年增加1 001.56万元，增长105.90%；净资产为89 815.52万元，比上年增加61 686.73万元，增长219.30%。全年实现营业收入10 244.12万元，比上年增加4 444.50万元，增长76.63%；营业支出为8 176.91万元，比上年增加2 237.86万元，增长37.68%；实现净利润1 743.33万元，比上年增加1 640.34万元，增长1 592.69%。

截至年末，英大基金设有1家分公司、1家全资子公司，共有正式员工79人。

公募基金业务 截至年末，英大基金共管理12只产品，资产管理规模为3 984 157.98万元，比上年增加2 978 981.38万元，增长296.36%；实现管理费收入5 648.13万元，比上年增加3 930.04万元，增长228.74%。

特定客户资产管理 截至年末，英大基金共管理专户产品3只，资产管理规模为605 952.12万元，比上年增加287 446.44万元，增长90.25%；实现管理费收入171.49万元，比上年增加155.99万元，增长10.07倍。

专户子公司业务 2020年末，北京英大资本管理有限公司共管理资管产品21只；资产管理规模为611 310.60万元，比上年减少15 522.01万元，下降2.48%。全年实现业务收入122.69万元，比上年减少646.24万元，下降84.04%。

银华基金管理股份有限公司

2020年末，银华基金管理股份有限公司（以下简称银华基金）（合并口径）总资产为530 270.31万元，同比增长35.71%；总负债为206 602.58万元，同比增长75.90%；所有者权益为323 667.73万元，同比增长18.44%；资产管理规模（含子公司）为9 121.58亿元，比上年增加2 932.41亿元，增长47.38%。全年实现营业收入32.56亿元，同比增长45.94%；实现利润总额11.12亿元，同比增加43.31%。

截至年末，银华基金设有3家分公司、2家全资子公司，共有员工520人。

公募基金业务 年内，银华基金共发行新基金24只，新产品首发规模为742.05亿元。截至年末，共管理公募基金133只，管理基金份额为3 338.88亿份，同比增长43.12%；管理基金资产净值4 864.24亿元，同比增长61.78%。

（张欣）

益民基金管理有限公司

2020 年末，益民基金管理有限公司（以下简称益民基金）资产合计 46 275.06 万元，比上年增加 8 043.18 万元，增长 21.04%；负债合计 11 479.16 万元，比上年增加 3 132.19 万元，增长 37.52%；所有者权益合计 34 795.90 万元，比上年增加 4 910.99 万元，增长 16.43%。全年实现营业收入合计 12 375.61 万元，比上年增加 5 529.33 万元，增长 80.76%，营业支出合计 5 440.93 万元，比上年减少 7.38 万元；实现营业利润 6 934.68 万元，比上年增加 5 536.71 万元，增长 396.05%。

截至年末，益民基金设有 3 家分公司、1 家子公司；母公司有员工 51 人，子公司有员工 17 人。

公募基金业务 截至年末，益民基金有公募基金产品 6 只，其中，偏股混合型基金 2 只、灵活配置混合型基金 4 只；管理资产规模合计 18.25 亿元。全年实现管理费收入 2 166.38 万元。

私募资产管理业务 截至年末，益民基金私募资产管理产品管理规模合计 2.76 亿元，存续的私募资产管理计划有 6 只，均为单一私募资产管理计划。全年实现管理费收入 181.20 万元。

（卢再兴）

中航基金管理有限公司

2020 年末，中航基金管理有限公司（以下简称中航基金）单体口径资产总额为 31 475.02 万元，比上年增加 15 269.72 万元，增长 94%；负债总额为 290.65 万元，比上年减少 7 012.13 万元，下降 96%；所有者权益总额为 31 184.37 万元，比上年增加 22 281.86 万元，增长 250%。全年单体口径实现营业收入 3 506.79 万元，比上年增加 431.31 万元，增长 14%；营业支出为 3 197.61 万元，比上年增加 805.98 万元，增长 34%；利润总额为 309.08 万元，比上年减少 371.41 万元，下降 55%。客户数量为 9 428 户，比上年增加 2 339 户，增长 32.99%。

截至年末，中航基金未设立分支机构，共有员工 66 人。

公募基金 年内，向中国证监会新申报基金产品 5 只，成立新基金 3 只。截至年末，公募基金份额总额为 10 252 787 218.26 份，比上年增长 933.07%；公募基金净值总额为 10 482 324 772.17 元，比上年增长 917.85%。

私募资产管理业务 截至年末，已备案且在运作过程中的私募资产管理计划共 38 只，资产净值总额为 8 145 430 785.25 元，比上年增长 118.19%。其中，权益类资产管理计划7只，混合类资产管理计划10只，固收类资产管理计划21只。年内，新成立资产管理计划23只，实现业务收入5 793 458.86元。

（于代佳）

中加基金管理有限公司

2020年末，中加基金管理有限公司（以下简称中加基金）资产总计14.98亿元，比上年增加1.50亿元，增长11.13%；负债总计4.66亿元，比上年增加0.35亿元，增长8.12%；所有者权益总计10.32亿元，比上年增加1.15亿元，增长12.54%。全年实现营业收入4.30亿元，比上年增加0.5亿元，增长13.16%；营业支出为2.52亿元，比上年增加0.13亿元，增长5.44%；实现净利润14 326.76万元，比上年增加3 076.76万元，增长27.35%。

截至年末，中加基金共有正式员工139人。

公募基金业务 年内共成立公募产品15只。年末在管公募基金产品有53只，管理总规模为1 055.52亿元，其中，非货币公募基金总规模为885.29亿元。

特定客户资产管理 年内发行5只专户产品。年末存量私募资产管理计划有27只，管理总规模为226.94亿元。

（王金州）

中金基金管理有限公司

2020年末，中金基金管理有限公司（以下简称中金基金）总资产为4.04亿元，比上年减少0.05亿元，下降1%；总负债为1.38亿元，比上年增加0.38亿元，增长39%；所有者权益为2.67亿元，比上年减少0.43亿元，下降14%。全年实现营业收入1.62亿元，比上年增加0.48亿元，增长42%；营业支出为2.05亿元，比上年增加0.53亿元，增长35%；净亏损0.43亿元，比上年增加0.15亿元，增长51%。

2020年，中金基金新发行公募基金9只。其中，股票型基金1只，债券型基金5只，混合型基金3只。截至年末，运作中公募基金共37只，规模为539.94亿元，比上年增长127.02%。

2020年末，中金基金共有私募资产管理计划7只，规模为13.04亿元，比上年下降68.08%。

截至年末，中金基金设有2家分公司，共有正式员工104人。

（李秀秀）

中融基金管理有限公司

2020年末，中融基金管理有限公司（以下简称中融基金）总资产为108 098.23万元，同比减少31 053.92万元，下降22.32%；股东权益为102 343.01万元，同比减少34 424.79万元，下降25.17%；总资产和股东权益减少的主要原因是为了提高资金使用效益和开展股权激励，年内实施减资40 000.00万元。全年实现营业收入39 689.07万元，同比增加9 386.82万元，增长30.98%；利润总额为6 707.90万元，同比增加2 360.35万元，增长54.29%；资产负债率为5.32%，比期初增加3.61个百分点。

截至年末，中融基金设有1家分公司、1家子公司；共有正式员工186人。

公募基金业务 截至年末，中融基金共管理股票型证券投资基金9只、债券型证券投资基金25只、货币型证券投资基金3只、混合型证券投资基金23只、FOF 1只；管理规模为1 186.60亿元，比上年增加322亿元，增长37.24%。其中，货币基金规模为428.40亿元，比上年增加23.18亿元，增长5.72%；非货币基金规模为758.20亿元，比上年增加298.82亿元，增长65.05%。

特定客户资产管理业务 截至年末，有专户产品23只，总规模为264.75亿元，比上年增加142.20亿元，增长116.02%。其中，主动管理类产品占比从上年末的93.69%上升至100%，实现了规模和质量的同步增长。

（马孟）

中信建投基金管理有限公司

2020年末，中信建投基金管理有限公司（以下简称中信建投基金）总资产为69 820.11万元，比上年增加7 180.67万元，增长11.46%；总负债为10 527.24万元，比上年增加2 427.93万元，增长29.98%；所有者权益总额为59 292.87万元，比上年增加4 752.75万元，增长8.71%。全年实现营业收入30 016.00万元，同比增加6 167.72万元，增长25.86%；营业支出为23 629.62万元，同比增加6 726.24万元，增长39.79%；实现利润总额6 245.96万元，同比减少728.96万元，下降10.45%；实现净利润4 752.75万元，同比减少446.96万元，下降8.60%。

截至年末，中信建投基金设有子公司1家；共有员工145名，其中，正式员工139名、外聘员工6名。

公募基金业务 年内，新成立公募基金5只，其中，混合型2只，债券型2

只，股票型 1 只；中信建投稳裕、中信建投稳祥、中信建投稳瑞、中信建投稳悦债券和中信建投稳丰 63 个月债向投资人分配收益 1.62 亿元，中信建投货币、中信建投凤凰货币、中信建投添鑫宝合计向投资人分配收益 2.78 亿元；各公募基金共实现净利润 14.51 亿元。截至年末，共管理公募基金 22 只；管理规模为 266.87 亿元，同比增长 55.17%。

特定客户资产管理业务 截至年末，共管理专户产品 122 只，规模为 286.3 亿元，同比下降 54.57%。其中，母公司有产品 84 只，规模为 207.58 亿元，同比下降 58.92%；子公司有产品 38 只（含资产支持专项计划），规模为 78.72 亿元，同比下降 36.96%。

业务创新 2020 年 6 月，中信建投基金发行中信建投桂企债 10 亿元，支持广西地方经济发展。

（武菲菲）

中邮创业基金管理股份有限公司

2020 年末，中邮创业基金管理股份有限公司（以下简称中邮基金）资产规模为 248 916 万元，同比增加 13 542 万元；负债规模为 21 756 万元，比上年增加 9 054 万元。全年实现营业收入62 291 万元，比上年增加 1 351 万元，增长 2.22%；营业支出为 42 518 万元，比上年增加 1 919 万元，增长 4.73%；归属于母公司的营业净利润为 12 779 万元，同比增长 5.01%。

截至年末，中邮基金设有 2 家子公司、1 家分公司，共有正式员工 195 人。

公募基金业务 截至年末，公募基金管理规模约为 428.62 亿元。其中，权益类公募基金管理规模为 279.5 亿元，同比增加 77.08 亿元，增长 38.08%；固定收益类公募基金管理规模为 149.12 亿元，同比增加 11.2 亿元，增长 8.12%。

特定客户资产管理业务 截至年末，特定客户资产管理业务管理规模约为 356.47 亿元，比上年减少 300.23 亿元，下降 45.72%。年内成立特定资产管理计划产品 19 只。

（王丛莉）

北京首创期货有限责任公司

2020 年末，北京首创期货有限责任公司（以下简称首创期货）总资产为 4 280 854 256.99 元，总负债为 3 974 219 198.77元。全年实现营业收入 141 997 063.6元，营业支出为104 266 084.56 元，实现利润 37 730 979.04 元。在中国证监会组织的 2020 年期货公司分类评价中获得 B 类 BBB 级评级。

截至年末，首创期货设有 18 家期货营业部，共有员工 219 人。

期货经纪业务 全年，期货交易量为4 454.82万手，实现经纪业务收入79 280 065.68元，比上年增长21.95%。年末，客户数量为33 948户，比上年增长4.29%；客户保证金为39.04亿元，比上年增长35.6%。

资产管理业务 截至年末，资产管理在运行产品有4只，存续规模约为75 517 495.39元，其中“首创期货明微8号资产管理计划”累计净值为1.8172元。

IB业务 加强与股东单位国融证券股份有限公司的深度合作。截至年末，期货交易额为14 546 375 035元，客户数量总计331户，资金总额为5 067 472.96元。

第一创业期货有限责任公司

2020年末，第一创业期货有限责任公司（以下简称第一创业期货）总资产为84 905.28万元，总负债为69 804.13万元，所有者权益为15 101.15万元。全年实现营业收入2 139.71万元，比上年减少139.26万元，下降6.11%；营业支出为2 086.20万元，比上年减少118.54万元，下降5.38%；实现净利润60.29万元，比上年增加31.04万元，增长106.10%。在中国证监会组织的2020年期货公司分类评价中获得B类BB级评级。

2020年，第一创业期货的期货交易量为2 970 777手，比上年增加630 383手，增长26.93%；代理成交金额为4 671.26亿元，比上年增加979.29亿元，增长26.52%。年末，客户数量为8 918户，比上年增加604户，增长7.26%；客户权益为6.89亿元，比上年增加2.76亿元，增长67.00%。

截至年末，第一创业期货未设分支机构，共有员工42人。

方正中期期货有限公司

2020年末，方正中期期货有限公司（以下简称方正中期期货）资产合计1 292 568.03万元，比上年增加234 286.45万元，增长22.14%；负债合计1 154 235.97万元，比上年增加241 367.27万元，增长26.44%；所有者权益合计138 332.06万元，比上年减少7 080.81万元，下降4.87%。全年实现营业收入64 607.23万元，比上年增加10 931.85万元，增长20.37%；营业支出为47 574.95万元，比上年增加6 831.27万元，增长16.77%；实现净利润12 919.19万元，比上年增加2 896.95万元，增长28.91%。在中国证监会组织的2020年期货公司分类评价中获得A类AA级评级。

2020年，方正中期期货的期货代理成交量为27 038.10万手，比上年增加6 224.19万手，增长29.90%；成交额为1 921 105 388.09万元，比上年增加549 347 148.83万元，增长40.05%。年末，总客户数为182 069户，新增客户17 527户，比上年增加1 953户，增长12.54%；客户保证金为1 126 662.68万元，比上年增加265 206.26万元，增长30.79%。

截至年末，方正中期期货设有36家分支机构、1家风险管理子公司，共有员工700人。

期货经纪业务 全年，期货经纪业务实现手续费收入45 971.79万元，比上年增加13 580.63万元，增长41.93%；客户日均权益为104.74亿元，同比增长18.23%；期末权益为112.58亿元，同比增长30.72%。

IB业务 全年，IB业务日均权益为12.28亿元，成交量为3 315.78万手，留存手续费为6 163.77万元，累计客户数量为55 048户，比上年增加6 107户，增长12.48%。

资产管理业务 截至年末，累计发行资产管理产品164只，受托资产规模为27.84亿元，其中，自主管理产品规模为26.68亿元，占总管理规模的95.81%（个人客户占比16.72%、机构客户占比83.28%），主要资金来源为金融机构，占总规模的74.17%。全年资产管理业务实现手续费收入748.25万元。

股票期权业务 全年，股票期权业务累计开户97户，成交量为767.46万张，同比增长23.35%；日均客户权益为2.21亿元，同比增长0.78%。

风险管理业务 2020年，上海际丰投资管理有限责任公司实现营业收入5 789.42万元，利润总额为2 551.20万元，净利润为2 212.11万元，同比增长1 110.62万元；场外衍生品成交1 752笔，名义成交本金108.97亿元，同比增长416%；共参与24个期货品种、4个期权品种的做市业务，交易量超过846.76万手，月均成交量超过70.56万手。

国都期货有限公司

2020年末，国都期货有限公司（以下简称国都期货）总资产为88 244.82万元，比上年增加27 715.76万元，增长45.79%；负债总额为67 194.89万元，比上年增加26 846.14万元，增长66.54%；所有者权益为21 049.93万元，比上年增加869.62万元，增长4.31%；净资本为11 206.60万元，比上年减少665.29万元，下降5.60%。全年实现营业收入5 167.11万元，同比增加798.4万元，增长18.28%；营业支出为4 034.43万元，同比减少85.93万元，下降2.09%；实现净利润869.62万元，同比增加658.98万元，增长312.85%。在中国证监会组织的2020年期货公司分类评价中获得B类BB级评级。

截至年末，国都期货在上海、合肥设有营业部，共有员工87人。

经纪业务 全年，经纪业务实现手续费收入2 011.53万元，同比增长8.13%；成交量为584.89万手，同比下降3.58%；交易额为4 359.47亿元，同比增长5.58%。年末客户权益为6.43亿元，比上年增长68.09%。法人客户日均持仓1 371手，日均权益为1.95亿元，同比增长25.81%。

IB业务 全年，IB客户日均权益为24 879.68万元，同比增长126.10%；新增客户158户，同比下降22.55%；净留存手续费收入为232.50万元，同比增长24.50%。

国元期货有限公司

2020年末，国元期货有限公司（以下简称国元期货）资产总额为394 739.60万元，比上年增长25.58%；日均客户权益为30.53亿元，比上年增长64.23%；期末客户权益为31.70亿元，比上年增长36.46%；累计营业收入为37 020.79万元，比上年增长167.47%；累计净利润为4 892.61万元，比上年增长82.03%；累计成交量为7 696.13万手，比上年增长78.58%；累计成交额为5.05万亿元，比上年增长81%。在中国证监会组织的2020年期货公司分类评价中获得B类BBB级评级。

截至年末，国元期货设有5家分公司、6家营业部，有正式员工258人。

经纪业务 全年，成交金额为2.53万亿元，比上年增长81.09%；成交量为3 850万手，比上年增长79.67%；新增开户17 176户，比上年增长56.7%，其中，金融期货新开户1 126户，比上年增长66.8%，能源期货新开户2 669户，比上年增长283%。年末，存量客户数共计55 819户，比上年增长44.8%。

IB业务 截至年末，IB业务日均权益为3.32亿元，比上年增长31%，期末权益为3.33亿元，比上年增长16%；累计新增开户1 242户，入金2.36亿元；累计存量客户为9 571户，占公司全部客户的17%；累计留存手续费684万元，比上年增长16%。

资产管理业务 全年，新发行1只FOF产品。年末，续存产品4只，续存规模为8 000万元。

风险子公司业务 全年，场外衍生品业务共开展13个项目，名义本金合计11.54亿元，实现盈利124.28万元。主导或参与开展了4个贫困地区、14个非贫困地区的共计18个“保险+期货”项目，累计标的品种数量为90 325吨，涉及名义本金总额3.23亿元，共赔付1 254万元，整体平均赔付率为81.88%，最高赔付率达280.45%。开展棉花、橡胶和原油等9个品种的合作购销、仓单融资和期现套利等业务，销售金额达5 103.77万元，实现盈利72.96万元。做市业务取得突破，共获得8个商品期货的做市资格。

格林大华期货有限公司

2020年末，格林大华期货有限公司（以下简称格林大华期货）总资产为62.03亿元，比上年增加15.43亿元，增长33.11%；总负债为52.47亿元，比上年增加14.97亿元，增长39.92%；所有者权益为9.56亿元，比上年增加0.46亿元，增长5.04%。全年实现营业收入22 251.66万元，比上年增加3 063.92万元，增长15.97%；营业支出为15 483.89万元，比上年增加1 109.62万元，增长7.72%；实现营业利润6 767.77万元，比上年增加1 954.30万元，增长40.60%；实现净利润5 140.16万元，比上年增加1 437.38万元，增长38.82%。在中国证监会组织的2020年期货公司分类评价中获得A类A级评级。

期货经纪业务 全年，期货交易量为5 847.94万手，同比增长56.65%；成交金额为41 506.91亿元，同比增长47.37%。年末，客户权益为50.64亿元，同比增长39.34%；客户数量为53 205户，同比增长10.3%。

资产管理业务 年内，共发行2只资产管理产品，合计资产管理规模为2 815万元。

冠通期货股份有限公司

2020年末，冠通期货股份有限公司（以下简称冠通期货）总资产为161 983.55万元，总负债为135 639.38万元，所有者权益为26 344.17万元。全年实现营业收入6 477.45万元，营业支出为6 033.73万元，利润总额为443.72万元，实现净利润324.81万元。在中国证监会组织的2020年期货公司分类评价中获得B类BB级评级。

截至年末，冠通期货设有15家分支机构，有正式员工141人。

期货经纪业务 全年，累计代理成交量为11 358.91万手，比上年增加4 988.98万手，增长78.32%；累计代理成效金额为52 222.46亿元，比上年增加19 726.04亿元，增长60.7%。年末，客户数量为2.02万户，比上年增加0.2万户，增长10.99%；客户保证金为131 843.07万元。

资产管理业务 全年，新发行资产管理计划2只，共募集资金4 637万元。

宏源期货有限公司

2020年，宏源期货有限公司（以下简称宏源期货）实现营业收入89.3亿元，比上年增长22.71%；实现利润总额1.68亿元，比上年增长55.67%；日均客户权益为72.91亿元，比上年增长27.87%。在中国证监会组织的2020年期货公司分类评价中获得A类A级评级。

截至年末，宏源期货设有18家营业部、7家分公司、1家子公司，有在职员工459人。

风险管理子公司业务 2020年，宏源恒利（上海）实业有限公司实现营业收入85.43亿元，实现利润总额5 993万元；基差贸易涉及品种46个，仓单服务摘得热轧卷板、不锈钢、淀粉仓单交易首单，首批参与上海期货交易所标准仓单交易线上质押业务和国际铜交易。

资产管理业务 截至年末，存续资产管理产品21只，业务规模为8.7亿元，同比增长75.05%。

金鹏期货经纪有限公司

2020年末，金鹏期货经纪有限公司（以下简称金鹏期货）资产总额为103 090.14万元，比上年增长7.6%；负债总额为60 186.85万元；所有者权益为42 903.29万元，比上年增长23.32%；客户数量为9 376户，比上年增长2.9%，客户保证金为57 256.75万元。全年实现营业收入11 302.88万元，比上年增长32.46%；实现利润8 114.36万元，比上年增长25.59%；期货交易量为6 848 982手，比上年增长18.51%；交易额为46 809 406.07万元，比上年增长14.43%。

截至年末，金鹏期货设有分支机构7家，员工总数为66人。

九州期货有限公司

2020年末，九州期货有限公司（以下简称九州期货）资产总额为64 346.89万元，负债总额为33 713.94万元。全年实现营业收入8 977.51万元，实现利润总额826.92万元，实现净利润625.28万元。在中国证监会组织的2020年期货公司分类评价中获得B类BB级评级。

截至年末，九州期货设有2家分支机构。

期货经纪业务 截至年末，客户总数为 19 154 户。其中，无居间客户 4 372 户，客户权益为 2 424.82 万元；居间客户 14 782 户，客户权益为 28 317.91 万元。年内新开客户 3 464 户。

资产管理业务 截至年末，已累计向中国证券投资基金业协会备案资产管理计划 21 只，已到期终止（含提前终止）资产管理计划 15 只（其中 2020 年终止 3 只），存续资产管理计划 6 只。

民生期货有限公司

2020 年末，民生期货有限公司（以下简称民生期货）总资产为 1 682 734 375.93 元，总负债为 1 264 193 986.46 元，所有者权益为 418 540 389.47 元。全年实现营业收入 83 185 223.68 元，营业支出为 79 698 501.57 元，实现营业利润 3 486 722.11元。

截至年末，民生期货设有 9 家营业部、7 家分公司、1 家子公司，共有员工 153 人。

经纪业务 截至年末，客户总数为 17 768 户，其中，机构客户数为 274 户，客户权益为 581 532 773.55 元，占总权益的 47.19%。全年实现经纪业务收入 13 001 475.03元。

IB 业务 全年实现 IB 业务收入 2 400 319.45元，占公司全年经纪业务收入的 18.46%。

首创京都期货有限公司

2020 年末，首创京都期货有限公司（以下简称首创京都期货）资产总额为 152 151 万元，比上年末的 58 278 万元增加 93 873 万元，增长 161%；负债总额为 91 755 万元，比上年末的 38 226 万元增加 53 529 万元，增长 140%；所有者权益为 60 396 万元，比上年末的 20 051 万元增加 40 345 万元，增长 201%。全年实现营业收入 3 334 万元，实现利润总额 436 万元，实现净利润 344 万元。在中国证监会组织的 2020 年期货公司分类评价中获得 B 类 B 级评级。

截至年末，首创京都期货正式员工共计 59 人，无分支机构。

经纪业务 全年，交易量为 389.86 万手，同比下降 14.66%；交易金额为 3 392.78亿元，同比下降 6.87%；实现手续费及佣金净收入 855 万元，同比下降 6.25%。年末，客户数量为 5 169 户，同比增加 268 户，增长 5.47%；客户权益为 8.39 亿元，同比增加 5.35 亿元，增长 176%。

资产管理业务 年内，新增备案产品 4 只，清算产品 1 只。年末，正常存续运作产品 11 只，其中，集合产品 2 只，单一产品 9 只；日均资产管理规模为 25.44 亿元，实现管理费收入 1 248 万元。

IB 业务 截至年末，首创京都期货完成IB业务资格备案的证券营业网点共有46家，IB客户数量为3 182户，客户权益规模为1.03亿元；IB客户期货交易金额为1 441.06亿元，交易量为150.92万手，在公司交易规模中的占比分别为42%和39%。

（刘永红）

银河期货有限公司

2020年末，银河期货有限公司（以下简称银河期货）实现营业收入72.29亿元，同比增加37.07亿元，增长105.27%；营业支出为67.44亿元，同比增加35.37亿元，增长110.28%；实现利润总额4.82亿元，同比增长56.34%。在中国证监会组织的2020年期货公司分类监管评级中获得A类AA级评级。

截至年末，银河期货设有11家分公司，38家营业部。

经纪业务 全年，累计交易量为1.50亿手，同比增长65.13%；累计交易额为11.12万亿元，同比增长59.85%。日均客户权益为256.66亿元，同比增加85.91亿元，增长50.31%。

期权业务 全年，实现金融期权经纪业务总收入1 875.16万元，比上年增长50.95%；上海证券交易所、深圳证券交易所期权保证金为16.72亿元，比上年增长41.36%；中国金融期货交易所沪深300指数期权累计成交265.02万手。

资产管理业务 全年，实现资产管理业务收入2 400多万元，比上年增长71.03%；月均规模为35.27亿元，同比增长60%。年末，自主管理业务规模为4.4亿元，同比增长44.8%。

IB 业务 全年，IB业务客户共成交2 326.70万手，同比增长21.44%；成交额超过2.15万亿元，同比增长29.51%。

投资咨询业务 全年，共开展16项新业务，4项存续业务，共计20项业务；年末尚存12项业务。

“保险+期货”业务 全年，成功立项“保险+期货”项目24个，其中，交易所项目16个，地方政府项目8个；涉及名义本金合计17.67亿元，同比增长14%；权利金收入为5 730.08万元，同比增长59.57%。

风险管理子公司业务 2020年，银河德睿资本管理有限公司实现净利润1.10亿元，同比增长207%。

英大期货有限公司

2020年末，英大期货有限公司（以下简称英大期货）资产总计308 471.91万元，所有者权益为75 608.92万元。全年实现营业收入13 378.29万元，同比增长 15.04%；营业支出为 11 367.53 万元，同比增长 11.78%；实现利润 1 446.73 万元，同比增长 35.19%。在中国证监会组织的 2020 年期货公司分类评价中获得 B 类 BBB 级评级。

截至年末，英大期货设有 10 家分支机构，共有员工 162 人。

经纪业务 全年，期货成交量为 2 602万手，比上年增长 15.87%；成交金额为 1.67 万亿元，比上年增长 20.93%。年末，客户权益为 19.51 亿元，比上年增长 59.05%。

资产管理业务 全年，资产管理业务实现营业收入 384 万元，实现利润 203 万元。

中钢期货有限公司

2020 年末，中钢期货有限公司（以下简称中钢期货）总资产为 181 356 万元，比上年增加 27 902 万元，增长 18.18%；总负债为 143 717 万元，比上年增加 40 745 万元，增长 39.57%；所有者权益为 37 639 万元，比上年减少12 843 万元，下降 25.44%。全年实现营业收入 7 194 万元，营业支出为 4 321 万元，实现营业利润 2 873 万元，比上年增加 929 万元，增长 47.84%；实现净利润 2 259 万元，比上年增加 502 万元，增长 28.54%。在中国证监会组织的 2020 年期货公司分类评价中获得 B 类 BBB 级评级。

2020 年，中钢期货的期货交易量为 1 100万手，比上年减少 176 万手，下降 13.8%；交易额为 8 444 亿元，比上年减少 646 亿元，下降 7.11%。年末，客户数量为 7 654 户，比上年增加 355 户，增长 4.87%；客户保证金为 127 502 万元，比上年增加 27 619 万元，增长 27.66%。

截至年末，中钢期货设有 7 家期货营业部、2 家分公司，共有员工 108 人。

资产管理业务 截至年末，正在运行的资产管理计划共有 3 只，存续产品规模（按期末资产净值）为 3 294.72 万元，产品投资标的涉及股票、基金、证券公司集合资产管理计划等。

中国国际期货股份有限公司

2020 年末，中国国际期货股份有限公司（以下简称国际期货）总资产为 68.61 亿元，比上年增加 8.49 亿元，增长 14.12%；总负债为 54.12 亿元，比上年增加 8.47 亿元，增长 18.55%；所有者权益为 14.50 亿元，比上年增加 0.02 亿元，增长 0.13%。全年实现营业收入 2.31 亿元，营业支出为 1.28 亿元，实现利润 0.80 亿元。在中国证监会组织的 2020 年期货公司分类评价中获得 A 类 A

级评级。

截至年末，国际期货设有24家分支机构、2家子公司，共有正式员工246人。

期货经纪业务 全年，国际期货在国内四大期货交易所代理交易量为0.59亿手，代理交易额为4.10万亿元，共有客户6.82万户。客户保证金规模为48.92亿元，实现手续费收入0.61亿元。

资产管理业务 截至年末，国际期货共有4只资产管理产品，管理资产总额为2 241.91万元。

其他业务 截至年末，股票期权业务新开户31户，成交额为75 114.18万元；商品期权业务新开户1 186户，成交额为88 473.43万元；原油期货业务新开户1 150户，成交额为10 156 771万元。

中粮期货有限公司

2020年末，中粮期货有限公司（以下简称中粮期货）净资本为121 836.99万元，净资本与净资产比率达36.17%。全年实现营业收入21.93亿元，同比增长167%；实现利润总额2.58亿元，同比增长26%；实现净利润2.08亿元，同比增长36%。在中国证监会组织的2020年期货公司分类评价中获得A类AA级评级。

截至年末，中粮期货设有13家营业部、4家分公司，共有员工356人。

经纪业务 客户日均权益为130亿元，同比增长59%。年内机构客户净增超过180户，同比增长229%。年末共有客户53 880户。

国际业务 全年，实现营业收入1 527万元，同比增长21%；实现净利润435万元。年末客户权益同比增长80%。

风险管理业务 全年，风险管理业务实现营业收入15.86亿元，同比增长367%；实现净利润3 730万元，同比增长71%。期现业务品种从上年的单农产品类扩展至农产品、化工及有色金属三大类共13个品种，全年实现营业收入15.33亿元，同比增长421%。“保险+期货”业务共开展项目42个，业务规模为22.63万吨，同比增长650%。

投资咨询业务 全年，开展投资咨询业务18笔，实现收入41.66万元，比上年下降63.7%。

中天期货有限责任公司

2020年末，中天期货有限责任公司（以下简称中天期货）总资产为110 610.2万元，比上年增加40 999.86万元，增长58.9%；总负债为89 203.73万元，比上年增加39 436.99万元，增长79.2%；所有者权益为21 406.47万元，比上年增加1 562.87

万元，增长7.9%；总客户数为16 410户，比上年增加1 727户，增长11.8%。全年实现营业收入6 980.54万元，比上年增加1 781.13万元，增长34.3%；营业支出为5 287.97万元，比上年增加1 113.17万元，增长26.7%；实现净利润1 562.87万元，比上年增加752.7万元，增长92.9%。在中国证监会组织的2020年期货公司分类评价中获得B类BB级评级。

截至年末，中天期货设有2家期货营业部、6家分公司，共有员工106人。

期货经纪业务 全年，经纪业务净开户1 727户，比上年增长62.92%；期末客户权益为8.35亿元，比上年增长86.7%；累计交易量为2 295万手，比上年增长81.5%；交易额为13 004亿元，比上年增长78.7%。

中衍期货有限公司

2020年末，中衍期货有限公司（以下简称中衍期货）资产总额为215 712.94万元，比上年增加71 676.14万元，增长49.76%；扣除客户保证金后的资产为58 927.27万元，比上年增加2 549.60万元，增长4.52%。全年实现营业收入14 750.88万元，营业支出为12 458.57万元，实现税前利润总额2 179.42万元。在中国证监会组织的2020年期货公司分类评价中获得B类BBB级评级。

截至年末，中衍期货设有4家分支机构、1家风险子公司，共有员工115人。

期货经纪业务 全年，交易量为3 970万手，交易额为23 501亿元，新开户6 353户，年末客户数量为66 079户，客户保证金为15.68亿元。

中国人民财产保险股份有限公司北京市分公司

2020年，中国人民财产保险股份有限公司北京市分公司（以下简称人保财险北京市分公司）累计实现保费收入154.6亿元，市场占有率为29.6%；累计提供风险保障56.3亿元，同比增长8.9%；累计支付赔款103.79亿元，同比下降3.9%。

截至年末，人保财险北京市分公司设有分支机构73家，有从业人员3 534人。

车险 响应国家对金融支持疫情防控和稳经济、促发展的要求，为受疫情影响停驶的车辆延长保险期限，为出租车等营运企业延期交纳保费；加强人保财险北京市分公司微信公众号建设，提升线上服务能力，保障客户在疫情期间的权益不受影响。有效应对车险综合改革，提升交强险保障水平，拓展和优化商业险保障服务，健全商车险条款费率市场化形成机制，实现“降价、增保、提质”的阶段性目标。配合交管部门开展车管服务优化工作，增加“车驾管”服务项目，推动“车驾管”服务在各网点上线，打造云端线上与线下相结合的服务生态。充分发挥专业优势，做好2022年北京冬奥会和北京冬残奥会的保险定价、承保及理赔服务方案设计工作。

财产险 深化政商融合，助力企业“抗疫”，推出北京市重点工程复工复产综合保险，推广“小微卫士”产品，免费延长中小企业和工程保险期限，制定综治保险疫情专属方案；推动产品创新，完善应急保险，开发网络安全保险，推进巨灾保险制度建立；主动融入国家发展战略和国内国际业务双循环，促进业务发展；加大对中小企业和工程保险的营销，突出个险业务和重点险种发展，优化结构提升质量；建立与完善全过程风险管控体系，推进风控技术应用，形成风控制度保障。

船货险 强化业务精细化管理，推动产品保障、业务结构、销售模式转型升级，试水远洋船队、风电平台等业务，扩大船舶险保障覆盖领域；持续为原油、矿石、粮油、贵金属等重要商品运输提供风险保障。聚焦新经济、新业态、新模式，围绕小微企业、文化产业等的保障需求，创新产品、升级模式，承保多个艺术品运输与展览项目，互联网业务保费规模实现新突破，累计为民营、小微企业提供超过4 000亿元的风险保障。

特险 全面落实“六稳”“六保”工作要求，助力企业复工复产，及时为客户赠送防疫物资、减免保费、扩展责任。服务国之重器，为军机项目、空间基础设施卫星项目、“一带一路”沿线能源类项目提供风险保障。深耕航天首台套和新材料、网络安全保险、新能源业务领域，为国家能源战略、航天战略的创新发展提供保险保障。

责任信用险 升级产品供给，创新风险解决方案，通过社会捐赠、减免保费、扩展保险责任、保期延长等方式，在医疗责任保险、安全生产责任保险、养老机构责任保险、旅行社责任保险、民生保险、道路承运人责任保险等领域，全力服务疫情防控和企业复工复产。围绕首都“四个中心”功能定位、服务北京“两区”建设要求，完善产品体系，创新商业模式，加强政企互动，在建筑、知识产权、民生保障、安全生产、绿色金融、司法保护等多个领域取得成效。加快互联网业务发展，推进创新驱动发展战略，线上线下双轮驱动，发展产业保险。强化重点领域专业团队建设，打造专业技术能力，推动责任信用保险业务转型发展。

意外健康险 创新产品供给，积极探索商业保险作为政策补充的发展模式，为残疾人、低收入人群、失独家庭等民生类特殊群体提供风险保障；丰富文化产业保险产品供给，为影视演艺人员提供专业风险保障；作为2022年北京冬奥会和北京冬残奥会官方合作伙伴，做好落地服务工作，并以此为契机，发展专业体育类意外健康保险；加快专业队伍建设，强化健康管理服务，打造产品供给与服务平台，发展互联网百万医疗保险、医疗意外保险等险种，配合政府主管部门筹备北京地区普惠商业健康保险，发挥商业保险在多层次医疗保障体系建设中的作用。积极部署应对疫情，快速设计并发布针对医务人员及其家属的专属保险方案，在费率权限范围内提供最高的风险保障；向涉及保障公共事业运行必需、疫情防控必需、群众生活必需的相关法人客户提出法定传染病保险建议，提供“约定法定传染病保险”保障方案，满足企事业单位的疫情相关保障需求。全年，共为192家企业提供了170亿元的疫情专属健康风险保障，为18.05万名个人客户提供了个性化风险保障。

农业保险 坚持创新引领，延伸产业链保障，强化产品开发，全年政策性及商业性农业保险产品136个。服务稳价保供，助力复工复产，把解决好“三农”问题作为农业保险发展的重中之重；优化承保理赔系统，提升农业保险承保电子化水平；强化科技赋能和数字化转型，利用卫星遥感技术、远程电子查勘设备等信息化手段，为农业保险服务提供科技支撑；推动农村保险业务区域广覆盖、渠道多元化、产品多层次，开辟农村业务高质量发展的新路径。

（李璐）

中国平安财产保险股份有限公司北京分公司

2020年，中国平安财产保险股份有限公司北京分公司（以下简称平安产险北京分公司）实现保费收入114亿元，其中，车险保费收入为65亿元，非车险保费收入为49亿元，为社会提供超过18万亿元的风险保障；累计承接理赔案件88万件，赔付金额超过51亿元，为近50万客户提供理赔服务；拥有339万名线上用户，253万名个人客户，超过16万户的团体客户。

截至年末，平安产险北京分公司设有15家支公司；员工总数为2 179人，其中，在岗职工为2 163人。

车险业务 持续推动车险综合改革，开展产品解读、系统开发等工作，确保新产品落地；强化与同业沟通，参与各项综改调研，就综合改革后附加机动车增值服务特约条款落地细则向北京保险行业协会、中保研汽车技术研究院提供建议。依托“平安好车主”App，为客户提供80余项功能服务和20余项增值服务。截至年末，北京地区有注册用户327万人，月活用户超过70万人；全年车险理赔接报案量47万笔，累计为36万名客户提供车险理赔服务，车险理赔结案率为92.44%。

非车险业务 围绕国家战略，推出相关保险方案，为小微企业、中大客户、重要客户等提供全面风险管理保障。开发团体创新型产品，共计服务317户客户，提供风险保障金额94.5亿元，产品主要集中在责任险、企财险、货运及意外险。依托“企业宝”App，实现在线报案、案件查询、重案提醒、在线交单等理赔功能，及单证下载、灾害预警、防灾指引等服务。年初完成首次视频查勘，制作视频查勘、客户线上指引，开通7×24小时线上服务；主动关怀客户278次，涉及14个行业和23个业务渠道。全年为16 918家团体客户提供财产理赔支持，线上化报案率为58%；线上查勘率为76%；全流程线上化率达62.8%。

重大承保与理赔 作为主承保人承保北京电力设备总厂的张北柔性直流断路器首台套保险项目。该项目涉及2台设备，价值1.49亿元，保费规模为268万元，平安产险北京分公司主承保份额为60%。赔付江苏太古可口可乐饮料有限公司因产品瓶底爆裂事故造成的经济损失800万元。

（杨蕾）

华泰财产保险有限公司北京分公司

2020 年，华泰财产保险有限公司北京分公司（以下简称华泰财险北京分公司）实现保费收入 62 338. 93 万元。其中，车险保费收入为 21 761. 77 万元，非车险保费收入为 40 577. 16 万元。

截至年末，华泰财险北京分公司共有 5 家支公司，在编员工 218 人。

业务发展 车险业务加大对高成本渠道业务的管控力度，在业务入口端把控风险，保证车险综合成本率可控，积极拓展业务资源，挖掘保费增长点；对各渠道实行差异化管理，重点发展优质渠道，提高费用投放率，实现保费规模目标；EA 门店根植社区开展业务，为周边居民提供优质保险保障服务。商业保险业务与境内 200 多家经纪公司开展合作；电商业务嵌入约 10 家互联网平台并具备全闭环的线上保险服务能力；巩固在轨道交通、海外项目、电厂及上游能源险等领域的良好发展势头，积极开拓海外市场，在中亚市场上为中资企业顺利出海保驾护航；以新《证券法》颁布实施为契机，为 200 余家企业提供董事、监事保险保障方案，最终成功为 30 余家企业出具董事、监事保险责任保单。

重大理赔 2020 年 4 月 15 日，会泽泰合风力发电有限公司 14 号风机因齿轮断齿停止运行。华泰财险北京分公司接到报案后，即安排人员赴场查勘，并根据实际损失情况，建议返厂检查、检测，最终赔付金额总计 113. 99 万元。8 月 6 日，北京经纶全讯科技有限公司进口的印刷机运输途中翻倒，经鉴定全损，扣除残值后华泰财险北京分公司赔付约 516. 32 万元。

（童文静）

中国太平洋财产保险股份有限公司北京分公司

2020 年，中国太平洋财产保险股份有限公司北京分公司（以下简称太平洋财险北京分公司）实现全险种保费收入 69. 28 亿元。其中，车险保费收入为 42. 92 亿元，非车险保费收入为 26. 36 亿元。

截至年末，太平洋财险北京分公司设有 19 家分支机构，其中，支公司 14 家、营业部 1 家、营销服务部 4 家，共有正式员工 1 492 人。

服务社会民生 助力疫情防控，支持企业复工复产，制订针对抗击新冠肺炎医务人员的医护保险保障计划，向北京友谊医院援鄂医疗队、北京儿童医院等医院的医护人员免费赠送疫情保险，为钟南山团队提供新冠肺炎新药临床试验责任险，为顺义区后沙峪镇 3 万余名居民提供新冠肺炎传染病救助责任险，为工业和信息化部重点支持企业、京港地铁等提供防疫保险方案，签发“商户保2.0”综合保险保单；作为中国国际服务贸易交易会战略合作伙伴和唯一指定的保险服务商，打造专属保险方案，提供风险查勘服务、志愿服务、物资赞助等；加强“警保合作”，在石景山区、北京城市副中心和北京经济技术开发区开设交管服务站，打通“车驾管”业务便民服务“最后一公里”；助推扶贫工作，组建直播团队，为宁夏回族自治区西吉县的野生艾草、艾叶、艾饼直播带货。

客户服务创新 加强产品创新，签发中国太平洋财产保险公司首份并购损失补偿保险、太平洋财险北京分公司首份影视数据企业职业责任险；发布京津冀区域个人产品——“盛世飞扬誉满京津冀”，保障范围覆盖财产险和人身险，实现“一张保单保全家”；农业保险领域创新开发医用酒精价格保险及商业性犬养殖保险。推广针对企业端的“太好赔”，提供线上、智能、一键式服务体验；持续回访新车、次新车客户等7类客户，提高主动触客频次；推送“太好保”“会员保”等小程序，将增值服务线上化运营，推广“太贴心”线上授权。

（孟宪斌）

太平财产保险有限公司北京分公司

2020年，太平财产保险有限公司北京分公司（以下简称太平财险北京分公司）实现保费收入14.34亿元，比上年增加2.89亿元，增长25.25%。其中，车险保费收入为3.11亿元，非车险保费收入为11.23亿元。赔付支出3.48亿元，比上年增加0.13亿元，增长3.94%；综合赔付率为47.92%。

截至年末，太平财险北京分公司设有分支机构5家，员工数量为289人。

业务发展 推进机动车辆保险业务多元化发展，优化业务结构，企业客户团单车险业务拓展成效显著，车险综合改革期间实现平稳过渡。非车险业务增强战略客户开拓能力，政策性保险业务在首台（套）重大技术装备综合保险领域取得突破，中标2020—2022年北京市义务兵父母综合医疗保险项目，拓展互联网第三方平台业务，深挖水滴保、惠军工程军人家庭医疗保障卡项目等平台业务资源。

重大承保与理赔 承保国家电力投资集团有限公司、中国大唐集团公司和国家能源投资集团有限责任公司、中国神华能源股份有限公司保险项目，实现保费收入9 000余万元。完成长三乙火箭发射失利火箭三级及卫星坠落案、中国海洋石油总公司因恶劣天气导致海上石油平台受损失案赔付，赔付共计1 200余万元。

（马赫）

中华联合财产保险股份有限公司北京分公司

2020年，中华联合财产保险股份有限公司北京分公司（以下简称中华财险北京分公司）累计实现保费收入11.52亿元，同比增长20.83%。其中，车险保费收入为4.92亿元，同比增长6.92%；非车险保费收入为6.6亿元，同比增长70.98%。

截至年末，中华财险北京分公司设有分支机构15家，共有员工512人。

服务“六稳”“六保” 从服务保障民生、扩展保险保障等方面入手，用实际行动对冲疫情影响，维护经济平稳运行。自2020年2月10日起，针对抗风险能力较弱的中小微企业，延长保险期限1～3个月，惠及160余家企业。入围市政府主导的重点建筑工程复工防疫综合保险，作为7家共保体成员之一，为北京市88个重点工程提供综合保障；参与北京市住宅工程质量潜在缺陷保险项目，涵盖昌平、大兴、海淀、怀柔等12个区。加快首台套、重点新材料首批次应用综合保险业务发展，满足新形势下重大技术装备创新发展需求，助力制造业高质量发展。服务“一带一路”倡议，完成巴基斯坦、老挝、厄瓜多尔等11个海外项目的水电站运营期保险、炼油厂工程险，为沿线国家建设和发展提供风险管理服务。

服务首都“三农”发展 创新发展模式，探索构建全链条农业保障机制。6月，中华财险北京分公司桃种植保险附加产量损失保险获得北京市农业农村局创新产品试点批准，为平谷区桃种植户构筑产量损失防护网，推动北京市政策性农业保险由“保成本”向“保产量”转型。

重大理赔 2018年9月26日，天津市捷威动力工业有限公司锂电池老化车间发生火灾事故，中华财险北京分公司根据被保险人的要求及恢复生产情况，在2018—2019年三次预付赔款。该案于2020年5月结案，总计赔款金额为1.16亿元。6－8月，中华财险北京分公司承保的桃、苹果、玉米等农作物因汛期受灾累计面积超过2.78万亩，累计支付赔款1 593.85万元。

机构网络 2020年9月7日，中华财险北京市丰台支公司获批成立。

（袁婕）

华安财产保险股份有限公司北京分公司

2020年，华安财产保险股份有限公司北京分公司（以下简称华安保险北京分公司）实现保费收入24 508.52万元，比上年减少1 055.89万元，下降4.13%。其中，车险保费收入为11 440.29万元，非车险保费收入为13 068.23万元。累计支付赔款14 035.75万元。

截至年末，华安保险北京分公司设有

5 家支公司；有在职员工 105 人，其中，劳务派遣人员 3 人。

重大承保与理赔 年内，承保某航空公司机队飞机保险，实现保费收入 32.91 万元；赔付某航空公司投保的卫星因电能系统故障失联造成的损失 323.09 万元。

（朱奕璇）

天安财产保险股份有限公司北京分公司

2020 年，天安财产保险股份有限公司北京分公司（以下简称天安财险北京分公司）实现保费收入 26 157.29 万元，同比增加 222.79 万元，增长 0.86%。其中，车险保费收入为 5 569.38 万元，同比增加 3 090.49 万元，增长 124.67%；非车险业务保费收入为 20 587.92 万元，同比减少 2 867.69 万元，下降 12.23%。非车险业务中，责任险业务实现保费收入 9 585.78 万元，占总保费收入的 36.65%，同比增加 5 081.44 万元，增长 112.81%。全年赔款支出 3 173.02 万元，比上年增加 1 574.59 万元，增长 98.51%；综合赔付率为 58.85%，同比下降 27.60%。

截至年末，天安财险北京分公司设有 1 家支公司、5 家营销服务部，共有正式员工 123 人。

重大承保与理赔 年内，某医疗责任保险项目累计实现保费收入 3 959 万元；赔付某船厂因事故死亡的两名员工每人 120 万元，为天安财险北京分公司当年最大的人伤赔付案件。

（陈思思）

中国大地财产保险股份有限公司北京分公司

2020 年，中国大地财产保险股份有限公司北京分公司（以下简称中国大地保险北京分公司）实现保费收入 6.27 亿元，比上年下降 24.9%。其中，车险业务收入为 1.75 亿元，比上年下降 20.52%；财产险业务收入为 3.07 亿元，比上年增长 1.63%；意外险、健康险业务收入为 1.45 亿元，比上年下降 53.57%。

截至年末，中国大地保险北京分公司设有 7 家支公司、1 家营销服务部，有在编员工 261 人。

保险抗疫 坚持在常态化疫情防控中利用保险功能协助企业解决复工复产遇到的难题，统筹做好疫情应对和安全生产。大力投放“复工安行保”“防疫保”“复工保”“企福保”等产品，为全国各地数千家企业复工复产提供风险保障。全年，向 180 家企业提供保险，涉及保额共计 22 137.60万元，其中，“复工保”“企福保”为 150 多家中小微企业提供超过 3 500 万元的保险保障。针对北京新发地疫情，中国大地保险北京分公司等 7 家保险公司升级复工综合险责任，出台六项措施，为北京参保单位免费延长保险期限60天，支持参保单位应对新冠肺炎疫情。向11家学校提供“复教园丁保”，保额共计485 258.40万元，为学校复课提供保险支持。

业务创新 有效落实金融扶贫，履行社会责任，中国大地保险北京分公司、江西分公司联合永安期货股份有限公司、江西瑞奇期货有限公司在江西省赣州于都县开展肉鸡养殖饲料“保险+期货”金融项目创新，共计为该县67家肉鸡饲养合作社及企业的超过582万羽肉鸡提供超过6 100万元的风险保障，惠及当地建档立卡贫困户7 436人。积极对接政府部门，密切关注房企需求，参加石景山区住房和城乡建设委员会召开的工程质量潜在缺陷保险业务推动会，协助进行政策解读和制订具体实施方案，落地中海地产集团有限公司在北京的首单工程质量潜在缺陷保险，金额为2 600万元。

重大理赔 年内，赔付北京电力设备总厂有限公司因强气流天气造成的房屋及设备损失90万元。

（肖帅）

中国人寿保险股份有限公司北京市分公司

2020年，中国人寿保险股份有限公司北京市分公司（以下简称中国人寿北京市分公司）实现总保费收入115.4亿元，同比增长24.2%。新单保费收入为40.16亿元，同比增长49.0%；首年期交保费收入为21.79亿元，同比增长18%；10年期及以上首年期交保费收入为8.64亿元，同比增长11.1%；短期险保费收入为18.02亿元，同比增长126%。全年处理各类赔付、给付金额共计26.68亿元。

截至年末，中国人寿北京市分公司内设18个部门，下辖分支机构73家，共有员工1 000余人、保险销售人员近11 000人。

首都抗疫一线医护人员捐赠保险项目 年内，向东城区、昌平区、门头沟区、延庆区、大兴区、怀柔区、通州区、平谷区、密云区的3.5万名抗疫一线医护人员赠送每人50万元（拓展新冠肺炎责任）的身故保险保障，累计风险保额达175亿元。

北京市朝阳医院光明天使项目 年内，向北京市红十字基金会与北京朝阳医院共同发起的“红十字彩虹志愿服务队之北京市朝阳医院光明天使项目”中的近100名志愿者赠送专属保险保障，承担被保险人在参与北京市红十字基金会开展或者组织的志愿服务活动过程中，因意外伤害所致身故及残疾赔偿责任，以及参加志愿服务活动往返途中乘坐交通工具发生意外所致身故及残疾赔偿责任。

北京市老年人意外伤害保险项目 11月，与北京市民政局续签“老年人意外伤害保险”合同，为7.5万北京市户籍60周岁及以上城乡特困人员、城乡最低生活保障待遇人员、优抚对象及无赡养人的老年人提供意外风险保障，并取消了“特定场所、特定活动和特定交通工具”的限制。

（夏海）

中国平安人寿保险股份有限公司北京分公司

2020年，中国平安人寿保险股份有限公司北京分公司（以下简称平安人寿北京分公司）实现规模保费收入258.94亿元，同比增长1.84%。其中，个险总保费为245.32亿元，同比增长1.50%；银保总保费为13.51亿元，同比增长8.45%；团险总保费为0.11亿元。年末客户数量超过642万人，累计为北京市民提供人身保障27 237亿元；有效保单为5 421 298件，累计办理个人理赔78 275件，赔款、死伤医疗给付累计12.57亿元，年金及满期给付26.83亿元。

截至年末，平安人寿北京分公司设有17个职能部门，34个营销服务部；有在职员工1 000人，保险代理人30 511人。

个人营销业务 运用总部科技力量抵御疫情影响，通过“知鸟”平台进行包含日常管理、前端触客、理赔年报解读、销售技巧等专题直播。依托“口袋E”“掌上保”“金管家”平台，打造包含展业触客、培训、日常管理的线上化经营模式，引导保险代理人通过“智能拜访助手”“空中会客厅”功能，完成线上展业全流程。聚焦保障型产品及年金产品，充分发挥保险的保障功能。开展“抗击疫情 平安守护”“服务进万家”等大型主题拓展活动11次，服务客户148万人。加强保险代理人队伍建设，根据不同层级绩优需求倾斜资源，打造高产能绩优团队。

银行代理业务 推动标准控制、以收定支的业务进程，发展直营团队与高端客户突击队，利用“线上+线下”启动银保经营新模式，开展多场景协同化的营销活动；深化与平安银行、外部银行的合作，以专业的产品、服务与营销体系，为客户提供优质、全面的保障和服务。截至年末，银行代理业务年度首年期交规模保费达成59 736万元，同比增长65%，其中，外部渠道年度首年期交规模保费达成16 011万元，同比增长20%。

重大承保与理赔 全年，发生个人理赔案件78 275件，总赔付金额为12.57亿元。提升“闪赔”服务，共2.7万起案件在30分钟内完成处理，合计金额为4 210.7万元，最快用时1.95分钟。推出“智能预赔”服务，为符合条件的客户在住院治疗过程中，提前赔付部分理赔款用于疾病治疗。年内共计完成预赔案件32件，预赔金额为11万元。客户G先生投保“颐享世家”，累计承保保额1亿元，成为平安人寿北京分公司当年累计最高的人身险保额承保新契约。客户R女士投保“守护百分百”，累计承保保额1 170.5万元，成为平安人寿北京分公司当年累计最高的重疾险保额承保新契约。客户L女士因多发性骨髓瘤身故，获赔身故理赔金331.3万元，为平安人寿北京分公司当年理赔金额最高的案件。

客户服务 依托“金管家”平台，推出“服务宝”在线应用，提供“一对一”私家医生在线免费问诊、线下医院专家门诊挂号协助、VIP陪诊等服务。全年共有152.3万人次客户使用健康管理服务，38.5万名客户新增绑定免费的家庭医生，66.5万人次客户使用在线问诊，11万名客户领取了“就医绿通”。举办“平安守护者行动”“故宫600年特展巡游”等近百场精品线上、线下活动，参与客户累计67.2万人，互动频次为201万次。

社会公益 通过北京地铁各线路LED屏及西单、金宝街等户外LED屏开展“众志成城 中国平安”“万众一心 中国平安”等抗疫公益宣传，通过“北京头条”App发布平安人寿北京分公司客户服务24小时在线不打烊等服务信息；招募保险代理人志愿者服务队，共有56位志愿者奔赴“核酸检测”“社区防疫”等岗位，开展为期10天的志愿者防疫工作；分公司党委共计募捐13万元捐赠至社区、公安等战疫一线。与中国妇女发展基金会共同发起“平安社区公益项目”，为社区居民公益活动提供志愿服务。联合北京电视台生活频道推出10期保险业大型访谈类系列节目《平安守护人》。围绕“一起学习 希望同行”支教主题，通过微信公众号发起社会招募，组成7人的支教志愿者队伍走进蒲洼乡平安希望小学。开展消费扶贫工作，从对口帮扶企业采购十八洞村灵犀茶油、阴山优麦燕麦米等11种扶贫物资，共计64万元。

（戴书敏）

中国太平洋人寿保险股份有限公司北京分公司

2020年，中国太平洋人寿保险股份有限公司北京分公司（以下简称太平洋寿险北京分公司）实现保费收入55.72亿元，同比下降4.56%。其中，个人业务实现保费收入为53.95亿元，同比下降2.59%；团体业务实现保费收入为1.76亿元，同比下降41.06%。全年共处理各种赔付、给付53.83万件，金额为25.25亿元。

截至年末，太平洋寿险北京分公司设有12家支公司、4个营销服务部；有在职员工529人，其中，内勤员工444人，外勤员工85人，个人营销员9 182人。

个人业务 执行集团和总公司“转型2.0”战略部署，加强绩优文化引导，开展分层客户经营，提出“产品+服务”理念，打造“北京蓝本”服务，为客户提供全面健康医疗保障服务。个人业务13个月累计保费继续率为87.87%，25个月累计保费继续率为84.91%。

团体业务 渠道业务以“稳渠道、抓主力、共创新、细管理”为经营理念，积极寻求突破路径。对出行类业务维护与既有合作渠道的关系，探索景区合作可能，为疫情防控常态化时期的业务合作做好铺垫；实现北京燃气公司业务新突破；作为唯一的特约支持单位，出席中国人口与发展论坛，开展“优生优育进万家赠险活动”。健康养老业务以转型2.0为工作主线，探索法人客户BBE业务模式，推进团险产品策略落实和优化。打造“五福临门”团体客户服务体系，利用“保险+养老服务”的创新模式，推动健康服务和产品销售进一步融合。团险业务

13 个月累计保费继续率为 55.96%，25 个月累计保费继续率为 81.49%。

中介机构管理 认真履行对中介机构资质的审核职责，规范签订代理协议，加强与代理公司的沟通，确保合作的中介机构符合行业合规要求。年内，团险业务部组织开展的中介机构扩面签约活动触达中介机构 223 家，成功签约 13 家，洽谈中的意向机构有 30 余家。

重大理赔 年内，客户 F 先生因意外“深度昏迷”，获得“金佑人生”提前给付重大疾病保险金 353.8 万元，为太平洋寿险北京分公司年度单笔重大疾病最高赔付。

科技赋能 配合总公司提升科技工作管理效率和科技核心设计能力，实现远程双录——“智云录”，打造线上增员平台——“智云增”，上线基于远程视频交互服务的“云柜面”，启动团体业务数字化核心系统建设，全面赋能业务数字化经营；上线寿险代理人一期项目，完成数据中台数据链路的验证；推进数据标准编制，推动监管数据治理。完善全链路新系统监控，加速运维服务智能化，推动分支机构应用入云。打造主要面向业务员的移动赋能工具——“太管家”。严格落实监管机构和行业协会关于意健险等相关信息技术平台的有关要求。

（黄品嘉）

泰康人寿保险有限责任公司北京分公司

2020 年，泰康人寿保险有限责任公司北京分公司（以下简称泰康人寿北京分公司）实现原保险保费收入 80.87 亿元，同比增长 11.01%。其中，个人代理渠道原保险保费收入为 56.78 亿元，同比增长 13.05%；银邮代理渠道原保险保费收入为 14.20 亿元，同比增长 11.54%；公司直销渠道原保险保费收入为 7.19 亿元，同比增长 1.31%；其他渠道原保险保费收入为 2.70 亿元，同比下降 3.49%。各项赔款和给付共计 23.07 亿元，同比下降 0.53%。其中，退保金支出 3.12 亿元，占比为 13.48%；赔款支出 0.43 亿元，占比为 1.88%；死伤医疗给付 1.86 亿元，占比为 8.08%；满期给付 10.70 亿元，占比为 46.38%；年金给付 6.96 亿元，占比为 30.18%。累计服务客户 158.26 万人，年内新增 56 923 人，“泰生活”App 累计注册量为 12.85 万人次。

截至年末，泰康人寿北京分公司设有职能部门 21 个，分支机构 31 个；有在职员工 495 人，返聘 2 人。

个人营销业务 抗击疫情，通过线上线下经营相结合，销售“爱心保”3 万件，“防护疫”18 万件。以“幸福有约”系列产品为主线，提升健康险销售占比，实现保队伍助发展。年度标准保费达成 75 147 万元，销售“幸福有约”1 852 件，月均有效人力为 2 155 人，同比增长 14%，年末个险规模人力达成 12 811 人。

新业务系列业务 积极探索以创新科技为载体的移动互联及新科技平台建设，将传统的电话销售与互联网进行有机融合，建立统一的网电客服专线，利用电话、微信、互联网为客户提供便捷的服务，同时利用银行鉴权、人脸识别等新技术，构建全方位风险防范体系。全年，新业务系列业务保费达成10 973万元，同比增长34%；价值达成4 674万元，同比增长36%；实现规模人力387人，同比增长114%；13个月保费持续率为89.42%，同比增长2.6%，销售“幸福有约”172件，同比增长54%。

重大承保 推出抗击新型冠状病毒保险产品——“泰康爱心保”，在《泰康e顺短期意外伤害保险》的意外身故、意外残疾保障责任基础上，将扩展责任至因感染新冠肺炎引起的身故或伤残。截至年末，共承保“泰康爱心保”保险产品计划127 597份，覆盖客户127 556人，为客户提供了235.8亿元保额的保障。

（石岚希）

新华人寿保险股份有限公司北京分公司

2020年，新华人寿保险股份有限公司北京分公司（以下简称新华人寿北京分公司）实现规模保费收入1 049 189.98万元，同比增长4.44%。其中，新契约保费收入为214 896.54万元，续期保费收入为834 293.44万元。个人代理渠道保费收入为856 975.54万元，同比增长2.80%；银邮代理渠道保费收入为145 930.43万元，同比增长17.31%；团体渠道保费收入为32 544.34万元，同比增长1.85%；健康险渠道保费收入为13 739.67万元，同比下降5.99%①。

截至年末，新华人寿北京分公司设有机构26家，其中，支公司13家、营销服务部9家、营业部4家；共有员工14 103人，其中，内勤682人，员工制外勤828人，代理制外勤12 593人。

理赔服务 秉持“快理赔、优服务”品牌内涵，推出重疾慰问先赔服务、老产品重疾定义择优服务、医疗垫付服务、外部专家会诊服务，提升客户投保体验。全年，为75.73万人次提供保险理赔服务，比上年增长27.72%；累计赔付14.88亿元，比上年增长18.49%，每日赔付超过407.64万元。

社会责任 积极践行社会责任，完成延庆区环卫工人保险赠送续签项目；开展环卫工人慰问、光爱学校慰问、365晨光宝贝之家慰问活动，全年共开展7次公益慰问活动。

（张晓蕾）

---

① 保费收入数据为报送北京银保监局的外部渠道口径数据。

太平人寿保险有限公司北京分公司

2020年，太平人寿保险有限公司北京分公司（以下简称太平人寿北京分公司）总保费收入为66.33亿元，同比增长0.77%；处理个险、银险理赔共计8 638件，赔款及死伤医疗给付累计为1.85亿元，满期给付及年金给付累计为5.96亿元。

截至年末，太平人寿北京分公司设有支公司8家、营销服务部2个；有在职内勤员工406人，合作银行网点1 180家，续期服务专员32人，个人代理8 975人，银保代理657人。

个人营销业务 截至年末，个险业务新契约保费为5.08亿元，同比下降45.83%；续期保费为38.35亿元，同比增长12.69%；个险业务13个月累计保费继续率为97.8%，个险业务25个月累计保费继续率为97.8%。

银行保险业务 截至年末，银保业务新契约保费为4.63亿元，同比上升18.19%；续期保费为17.92亿元，同比下降1.31%；银保业务13个月累计保费继续率为93.2%，银保业务25个月累计保费继续率为98.5%。

重大承保与理赔 年内，承保客户贾某“太平臻爱金生终身寿险”，保额共计2 809万元；客户王某分别为自己和子女购买了600万元保额和1 000万元保额的“太平耀世金生终身寿险”保险。客户樊某因病身故，其保险受益人获得420万元的赔付金。

客户服务 甄选优质服务资源，拓展服务项目，为客户提供优质服务体验。疫情期间以检测盒邮寄上门的形式为客户提供常卫清—肠癌筛查服务检测服务；升级体检服务，精心挑选检查项目，客户可在原有体检套餐基础上进行升级；举办“国潮少年”双语演讲大会，以“2020·小家与大家”为主题，带领广大青少年回顾中国在抗疫中取得的成就；精心策划“北平的秋——天空之城动漫经典作品音乐会”专场活动，600余位客户参加。启动“为爱，让星火燎原”公益活动（第三季），举办“太平步数星球”公益活动、太平人寿中心城市区域尊享会，组织客户及代理人为河北省丰宁县小川小学捐赠书籍、文体用品及衣物等。

（尹茗媛）

民生人寿保险股份有限公司北京分公司

2020年，民生人寿保险股份有限公司北京分公司（以下简称民生保险北京分公司）实现规模保费3 437万元，同比增长19.61%；办理理赔案件688件，赔付金额1 269万元，最快结案时间为1.5小时。

截至年末，民生保险北京分公司设有10家机构；共有内勤员工57人，个险在职代理人146人，其中，营销渠道105人，收展渠道41人。

社会公益 积极履行社会责任，全力为疫情防控提供保险保障。启动紧急预案，落实10项服务举措，开通24小时报案“绿色通道”；推出公众知识宣导、健康管理服务、7×24小时的在线义诊等多项服务；扩展31款重疾类产品和1款意外类产品责任。举行“一书一世界阅读推广”活动，向偏远乡村地区的儿童捐赠图书；开展“送温暖献爱心”捐款活动，捐助微医互联网总医院“新冠肺炎实时救助平台”，支持医生开展义诊行动。

（安然）

六、文件与规章

北京市地方金融监督管理局
中国人民银行营业管理部
中国银行保险监督管理委员会北京监管局
中国证券监督管理委员会北京监管局

北京市地方金融监督管理局
中国人民银行营业管理部
中国银行保险监督管理委员会北京监管局
中国证券监督管理委员会北京监管局
关于印发《关于加大金融支持科创企业健康发展的若干措施》的通知

京金融〔2020〕7号

各区人民政府，各有关部门，各有关机构：

《关于加大金融支持科创企业健康发展的若干措施》已经市政府同意，现印发给你们，请认真贯彻落实。

附件：关于加大金融支持科创企业健康发展的若干措施

二零二零年一月十日

关于加大金融支持科创企业健康发展的若干措施

为深入贯彻落实中央经济工作会议精神，深化金融供给侧结构性改革，增强金融服务实体经济能力，大力推进科创金融建设，优化科创企业融资环境，更好服务全国科技创新中心建设，推动首都经济高质量发展，特制定本措施。

一、扩大信贷融资规模

（一）增加信贷投放

持续加大对科创类企业信贷投放，鼓励辖区内银行2020年科创类企业贷款同比增长不低于15%，有贷款余额的户数同比增长不低于15%。持续开展银行覆盖无贷款户行动，力争开拓科创类客户不低于贷款户数的15%，对符合无还本续贷政策的企业，做到应续尽续。（责任单位：人行营管部、北京银保监局）

（二）加大再贴现资金支持力度

为金融机构办理科创、民营和小微企业票据再贴现年累计不低于150亿元。推出“北京科创、民营和小微企业专项再贴现支持工具”等再贴现专项产品，进一步优化流程和使用条件，支持金融机构

提升优质科创类企业票据融资便利度。（责任单位：人行营管部）

二、优化融资担保体系

（三）增强融资担保公司服务能力

对服务科创类企业担保的政策性融资担保公司再增资20亿元。支持融资担保公司开发中小企业集合债券、集合信托、短期融资券、融资租赁、票据业务等新型担保产品和服务，更好发挥增信服务作用。（责任单位：市财政局、市金融监管局）

（四）充分发挥再担保公司作用

北京融资担保投资集团对北京再担保公司增资10亿元。建立市财政对再担保公司政策性再担保业务的风险再补偿机制。积极争取北京再担保公司成为国家融资担保基金首批股权投资机构，推进国家融资担保基金对北京再担保公司的风险分担。（责任单位：市财政局、市国资委、北京金控集团、北京再担保公司）

（五）提高担保代偿补偿资金使用效率

用好担保代偿补偿资金，将资金使用范围扩展至1 000万元以下的小微企业经营性贷款，完善代偿补偿资金补充机制。鼓励各区与市级资金池1:1配套出资，进一步放大杠杆，提高担保支持力度。（责任单位：市经济和信息化局、市财政局、市金融监管局、市科委、各区政府、北京金控集团、北京再担保公司）

三、加大资本市场支持力度

（六）支持科创类企业上市挂牌融资

启动科创类企业上市“钻石工程”，加强上市辅导支持和服务，2020年开展上市挂牌培训不少于1 500人次。加强对重点企业走访、服务，建立完善企业上市重点问题“接诉即办、未诉先办”的快速协调调度机制。充实后备企业上市挂牌数据库，加强对上市后备企业的培育、筛选，争取到2020年底实现在京境内外上市公司总量超过600家。（责任单位：市金融监管局、北京证监局、各相关部门、各区政府）

（七）加快“新三板”改革落地

建立加快“新三板”落地工作保障机制，实施专项激励和奖补政策，积极释放改革红利和示范效应，实现“储备一批，培育一批，挂牌一批，发行一批”，发挥北京市科创类企业在“新三板”挂牌、发行和交易的引领作用。进一步加强区域性股权市场与“新三板”的对接，扩大挂牌企业储备。鼓励北京地区的证券公司等中介机构积极参与“新三板”改革，引导北京地区的公募基金等机构投资者积极参与“新三板”市场投资，积极推动长期资金投资“新三板”的相关政策落地。（责任单位：全国股转公司、中关村管委会、北京证监局、市金融监管局）

（八）扩大“双创债”融资规模

加强银协企对接，对符合条件、有发债需求的科技园区和科创类企业，建立绿色通道，拓宽科创类企业资金来源，扩大“双创债”融资规模。推动通过发行双创专项债务融资工具支持中关村国家自主创新示范区等高新技术园区内企业发展，力争2020年“双创债”融资规模较2019年实现翻番。（责任单位：中关村管委会、北京证监局、人行营管部、北京银保监局）

（九）推动在京设立私募股权交易平台

依托现有交易场所开设私募股权转让平台，加强私募股权交易服务，探索完善基金份额估值、尽职调查、咨询服务体系，为私募股权市场提供专业、高效的服务，实现数字化、实体化运作。（责任单位：市金融监管局、北京证监局、北京股权交易中心）

四、加强金融机构联动

（十）增强政府资金服务科创企业能力

设立100亿元科创企业股权投资基金并引导社会资金，进一步拓宽科创企业股权融资渠道，形成政府资金、企业资金和社会资金相结合的长期投资机制。（责任单位：市财政局、市国资委、市金融监管局、各区政府）

（十一）加强金融机构的股债联动

加快推动银行、保险、证券、各类基金、担保公司以及其他专业科技金融机构之间的联动衔接，积极推广投、贷、保联动等多种服务模式创新，鼓励本市银行业金融机构大力开展股债联动业务，以投资收益对冲信贷风险，实现对科创类企业信贷投放的风险收益匹配。（责任单位：中关村银行、北京银保监局、北京证监局、人行营管部）

（十二）建立各级投资基金与科创类企业对接机制

发挥“畅融工程”平台作用，建立各级投资基金与科创类企业对接机制，及时掌握科创类企业的股权动态，鼓励政府投资基金带动股权投资基金、创业投资基金投资科创类企业，主动承接科创类股权转让。（责任单位：北京证监局、市金融监管局、各区政府）

（十三）充分发挥金融资产管理公司作用

支持金融资产管理公司与其他金融机构合作，推动设立金融稳定发展基金用于解决科创类企业流动性难题，探索联合风控、前置增信、股债联动、远期收购等创新模式，拓宽科创企业风险资产处置退出渠道。（责任单位：市金融监管局、北京金控集团）

五、加强金融服务创新

（十四）推进供应链金融发展

加快推进依托供应链的票据、订单、应收账款等动产质押融资，建立全市统一的供应链金融公共服务平台，将市、区两级政府采购和市属国企采购数据纳入平台，推动相关采购单位和国有企业等应付款方及时确认债权债务关系。在海淀区政务服务中心进行供应链金融确权集中受理试点，依托供应链金融公共服务平台建设企业线上确权系统。（责任单位：市国资委、市金融监管局、海淀区政府、北京金控集团）

（十五）推动知识产权质押融资

推动软件著作权、专利权、商标权等无形资产质押贷款，简化银行查询程序，完善评估、登记和流转机制，探索完善轻资产企业的融资渠道。银行知识产权质押融资不良率高出自身各项贷款不良率3个百分点（含）以内的，可不作为监管部门监管评级和银行内部考核评价的扣分项。推进知识产权保险业务发展。（责任单位：中关村管委会、市知识产权局、北京银保监局、人行营管部、市金融监管局、海淀区政府）

六、优化政务服务环境

（十六）推广小微企业首贷和续贷业务集中办理模式

将符合条件的科创类企业纳入小微企业首贷和续贷业务集中办理体系，北京银保监局、人行营管部、市金融监管局、市政务服务局组织金融机构在续贷中心和首贷中心提供首贷和续贷服务，加快建设小微金服平台线上系统，为科创类企业提供便捷低成本贷款、融资担保和信用信息查询服务。充分发挥“北京市银企对接系统”的作用，组织督导金融机构及时、高效对接科创类企业的首贷、续贷融资需求。（责任单位：北京银保监局、人行营

管部、市金融监管局、市政务服务局、各区政府、北京金控集团）

（十七）加大清理拖欠企业账款工作力度

本市各级政府、市属国企要依法履行与民营科创企业签订的协议和合同，不得违背企业真实意愿或在约定的付款方式之外延长付款期限，相关部门要加大清欠工作力度。（责任单位：市经济和信息化局、市财政局、市国资委、各区政府）

北京市地方金融监督管理局
中国人民银行营业管理部
中国银行保险监督管理委员会北京监管局

北京市地方金融监督管理局 中国人民银行营业管理部 中国银行保险监督管理委员会北京监管局 关于印发《关于加快优化金融信贷营商环境的意见》的通知

京金融〔2020〕31号

市政府相关部门、各相关机构：

为优化本市金融信贷营商环境，我们研究制定了《关于加快优化金融信贷营商环境的意见》。现印发给你们，请遵照执行。

附件：关于加快优化金融信贷营商环境的意见

二〇二〇年二月二十八日

关于加快优化金融信贷营商环境的意见

为进一步优化金融信贷营商环境，切实减少疫情影响，促进实体经济持续健康发展，现提出以下意见。

一、保持信贷供给稳定增长

引导辖内金融机构加大信贷投放支持实体经济发展，力争2020年新增贷款同比多增。积极营造敢贷、愿贷、能贷政策环境，力争全年普惠小微贷款增速较各项贷款增速高10个百分点，其中国有大型银行普惠小微贷款增速不低于20%。（责任单位：人行营管部、北京银保监局）

二、降低小微企业综合融资成本

推动2020年全市普惠小微贷款综合融资成本较2019年再下降0.5个百分点，政府性融资担保公司平均担保费率较2019年再下降0.5个百分点，严格执行小微企业金融服务收费的各项监管政策，切实降低小微企业综合融资成本。（责任

单位：人行营管部、北京银保监局、市金融监管局）

三、加大政策资金支持

积极提供再贴现资金支持，力争2020年办理再贴现累计不低于300亿元。其中，办理民营、小微企业再贴现金额占比不低于80%。通过人民银行支小再贷款向金融机构提供低成本资金，加大对民营、小微企业优惠利率信贷支持。（责任单位：人行营管部）

四、进一步发挥融资担保体系作用

进一步增强融资担保体系服务能力，加大对融资担保机构的监管指导和政策评估，政府性融资担保机构服务科创、民营、小微企业的业务占比不低于80%，2020年融资担保余额较2019年同比增长10%。（责任单位：市金融监管局、北京银保监局、市财政局、市经济和信息化局）

五、建立金融服务快速响应机制

建立金融服务快速响应公共服务平台，充分发挥金融科技作用，进一步加强智能金融、移动金融等服务方式，针对民营、小微、科创、文创等企业不同阶段多样化、多品种金融服务需求，补足政策短板，加强各种金融资源聚合，提供金融综合服务，实现政府引导、直接对接、精准服务、及时反馈。（责任单位：市金融监管局、人行营管部、北京银保监局）

六、畅通金融服务通道

实施“网上畅融工程”，拓展“畅融工程”微信公众号线上智能化服务，进一步推动金融机构与企业及时高效对接。建立线上续贷机制，做到能续快续、应续尽续。推动“畅融工程”与首贷中心、续贷中心、“银企对接系统”、小微企业金融综合服务平台相结合，进一步提高首贷、续贷、信用贷款和中长期贷款效能。（责任单位：市金融监管局、北京银保监局、人行营管部、北京金控集团）

七、大幅减少信贷申请材料

引导银行业金融机构优化贷款审批流程、提高贷款审批效率。积极推广金融业务电子化申请和办理，建立基于区块链的企业电子身份认证信息系统，最大程度减少信贷申请材料，推动客户申请材料互认，避免“重复证明”。（责任单位：北京银保监局、人行营管部、市金融监管局）

八、加强金融科技在信贷服务中的应用

充分发挥北京市大数据平台的支撑作用，推动与信贷密切相关的不动产登记、税务、市场监管等信息与金融管理部门、金融机构开放共享。积极探索智能审批、线上放贷等金融科技应用创新，推出一批试点项目进入“监管沙箱”。（责任单位：市经济和信息化局、市税务局、市市场监管局、人行营管部、北京银保监局、市金融监管局、北京金控集团）

九、全面推进不动产抵押登记在线办理

扩大不动产抵押登记在线办理范围，缩短抵押贷款审批周期，降低小微企业融资成本。全面推进不动产抵押贷款登记“一站式”办理，将登记服务场所持续延伸至银行网点，实现小微企业抵押贷款“一门、一次”办理。完善贷款流程，加强信息共享，进一步简化贷款申请材料。（责任单位：北京银保监局、市规划自然资源委）

十、开展财务公司供应链金融试点

依托供应链金融公共服务平台，发挥大企业集团财务公司作用，积极支持符合条件的企业集团财务公司，开展票据贴现、应收账款保理等延伸产业链金融业务，开展买方信贷等融资服务，支持实体

经济。（责任单位：北京银保监局、人行营管部、市金融监管局、北京金控集团）

十一、推广政府采购订单融资

进一步推动市区两级政府采购平台与应收账款融资服务平台、小微企业金融综合服务平台对接，支持金融机构开展基于政府采购的订单融资。督导政府采购部门配合提供融资的金融机构锁定还款来源，将财政采购款项支付到金融机构指定的供应商对公账户，并与相关金融机构及时共享政府采购款项支付进度信息。力争2020年完成政府采购订单融资100亿元。（责任单位：人行营管部、市财政局、北京金控集团、北京银保监局、市金融监管局）

十二、加大对受疫情影响企业的信贷支持力度

对受新冠肺炎疫情影响的企业，积极落实人民银行专项再贷款等金融政策，对新增贷款安排专项信贷额度、开通绿色审批通道、给予特别利率优惠，相关信贷申请“特事特办”，简化流程，尽快发放；对存续贷款安排专人对接服务，确保不抽贷、不断贷、不压贷，对到期还款困难的及时予以展期、续贷、下调利息等支持。及时总结疫情防控时期帮扶受困企业的好做法，好经验，将其固化为优化信贷营商环境的长效机制。（责任单位：人行营管部、北京银保监局、市金融监管局）

中国人民银行营业管理部
中国银行保险监督管理委员会北京监管局
北京市地方金融监督管理局
北京市发展和改革委员会
北京市经济和信息化局
北京市财政局
北京市市场监督管理局
中国证券监督管理委员会北京监管局

人行营业管理部　北京银保监局　市金融监管局　市发展改革委　市经信局　市财政局　市市场监管局　北京证监局关于印发《北京市金融支持稳企业保就业工作行动方案》的通知

银管发〔2020〕82号

各区政府，市政府相关委、办、局，相关市属机构，辖区内各金融机构：

为贯彻落实中国人民银行等八部委《进一步强化中小微企业金融服务的指导

意见》（银发〔2020〕120号）等政策文件的要求，用好多种政策工具组合，促进融资供需双方更好对接，实现稳企业保就业的目标，中国人民银行营业管理部、中国银行保险监督管理委员会北京监管局、北京市地方金融监督管理局、北京市发展和改革委员会、北京市经济和信息化局、北京市财政局、北京市市场监督管理局、中国证券监督管理委员会北京监管局等部门研究制定了《北京市金融支持稳企业保就业工作行动方案》，按照市政府专题会议精神，现予印发，请认真贯彻执行。

附件：北京市金融支持稳企业保就业工作行动方案

二〇二〇年六月三十日

北京市金融支持稳企业保就业工作行动方案

为坚决贯彻党中央、国务院关于全面落实“六保”任务决策部署，确保北京市金融支持稳企业保就业工作顺利有序推进，落实人民银行等八部委《进一步强化中小微企业金融服务的指导意见》（银发〔2020〕120号）等政策文件精神，运用好各项政策工具形成政策合力，打通融资对接渠道，提升金融支持政策传导效率，争取各项政策更好地惠及北京地区企业，特制定本行动方案。

一、工作原则和目标

以习近平新时代中国特色社会主义思想为指导，结合疫情发生以来各部门出台的一系列扩内需、助复产、保就业的政策，协调各区、相关部门和辖区内金融机构综合运用间接融资、直接融资、监管容忍、财税优惠等多种政策工具，实现结构化、精准化的政策支持，扎实做好北京地区金融支持稳企业保就业工作。

（一）工作原则。

金融支持稳企业保就业工作应坚持以下四项原则：

1. 坚持市场化、法治化原则，发挥市场在资源配置中的决定性作用，坚持救急救灾不救腐，不救该倒的企业，维护正常金融、法治秩序。

2. 坚持地方为主，根据北京实际，采取多方合作，加强金融、财税、产业、就业等政策协同。

3. 坚持因地制宜、分类施策原则，鼓励各区、相关部门自主确定重点行业和重点群体，提供个性化、差异化政策支持和金融服务。

4. 坚持科技引领、效率为先原则，加强政务信息与金融机构共享。

（二）工作目标。

落实好货币信贷政策，用好新创设金融政策工具，推动实施间接融资、直接融资、监管容忍、财税优惠等多种政策组合；加强与各级政府部门的衔接配合，促进融资供需双方更好对接，从而引导商业银行等金融机构加大对重点行业和重点群体等各类市场主体的支持力度，实现扩大企业融资覆盖面、降低企业融资成本、促进降低企业死亡率的总体目标，及以下几个基本目标：

1. 金融机构服务民营企业和中小微企业的能力持续提升，市场主体融资支持和覆盖面明显增加，小微企业信用贷、首贷、无还本续贷大幅增加，2020年实现“增量、降价、提质、扩面”目标。力争2020年普惠小微贷款大幅增长，普惠小微贷款综合成本较2019年再下降0.5个百分点。

2. 融资供需双方更加充分、有效对接，重点行业企业及重点群体的有效融资需求满足率大幅提升。加大制造业中长期融资支持力度，力争贷款增速达到20%。

3. 再贷款再贴现额度、延期还本付息、信用贷款支持计划等各项稳企业保就业政策高效落实，市场主体生存发展的金融环境显著改善。力争全年累计发放再贷款再贴现不低于600亿元；引导地方法人银行办理延期还本付息本金不少于150亿元，信用贷款增长不低于50%。

4. 各级政府部门金融配套政策落实主体责任充分发挥，信息共享、融资担保、风险分担、账款清欠等机制进一步健全。

二、支持对象

（一）企业优先序原则。

1. 优先支持受新冠肺炎疫情（以下简称疫情）影响严重行业的企业和群体。

2. 加强支持对北京市各区就业、产业竞争力、技术创新等经济贡献度高的企业。

3. 侧重支持融资需求紧迫程度高的企业。

4. 应是在疫情发生前生产经营正常、无违法违规或失信行为的企业。

对于不符合产业政策、不符合首都功能定位的企业，或疫情前已经发生债务违约不能正常经营的以及出现严重负面舆情的企业集团，暂不纳入本方案支持范围。

（二）重点行业领域企业、重点群体与重点外资企业。

1. 重点行业领域包括文化、旅游、娱乐、餐饮、住宿、外贸、交通运输、影院剧场等受疫情影响较大行业，对各区就业吸纳带动能力较强的领域以及粮食能源安全领域。

2. 重点群体包括软件和信息服务业企业、科技创新企业、高端制造业企业、行业龙头企业、挂牌上市企业及其核心配套企业、重要产业链、中小微企业、个体工商户和有一定技术和市场优势的“专精特新”企业，以及涉及民生保障领域的基本生活型服务业企业。

3. 重点外资企业，主要包括专用和通用设备、电子设备、化工、汽车等制造业关键环节外资企业，商务服务、软件和信息技术服务等服务业经营确有困难的外资企业，以及电子元器件制造业等具有较强外迁倾向的外资企业等。

（三）企业推送标准。

在符合政策支持优先序原则和重点行业群体的基础上，为高效利用行政资源，结合企业数量级把政策支持对象划分为三类，分别适用不同的信息管理、支持措施和政银企对接方式。

第一类为优先保障类企业。一般是规模较大且对产业链有重要意义的大企业和核心企业，此类企业数量有限，需通过一企一策给予对接支持。此类企业原则上应为资产总额在10亿元以上、或纳税金额在1亿元以上、或就业人数在400人以上、或在所属行业排名前100的企业。活动初期，首批拟对300家开展一企一策为主的融资对接。

第二类为重点保障类企业。一般是对产业升级、技术攻关、生态提升有关键推动作用的规模以上企业，此类企业有一定数量但可列举，需综合运用一企一策和批量对接的方式给予支持。活动初期，首批拟对3 000家开展线上批量对接为主、线下对接为辅的融资对接。

第三类为普惠保障类企业。一般是规模较小、数量众多、不便列举的符合首都功能定位或对保障民生有重要作用的小微企业和个体工商户，此类企业可自主登陆线上平台进行需求填报或通过线下批量对接的方式给予支持。

三、金融支持稳企业保就业领导小组及成员单位职责

依托北京市金融监管协调机制，成立北京市金融支持稳企业保就业领导小组，由殷勇副市长担任组长，杨秀玲副秘书长担任副组长，办公室设在人行营业管理部，人行营业管理部杨伟中主任担任办公室主任。领导小组成员由人行营业管理部、北京银保监局、市发展改革委、市经信局、市财政局、市市场监管局、北京证监局、市金融监管局、市科委、市商务局、市人社局、市文旅局、市统计局、中关村管委会、市工商联、金控公司、各区（含北京经济技术开发区，下同）共同组成。

（一）领导小组。

一是统筹推进北京市金融支持稳企业保就业各项工作，推进各成员单位部门协调和政策协同，督导各成员单位落实名单推送筛选、数据信息报送、政策举措出台等相关工作，推动配套政策尽快落地，推动有关政策执行成效的共享。

二是推动各成员单位解决市场主体反映的经营压力大等突出问题，发挥应急协调、紧急联络、企业急救功能，帮助企业渡过难关。

三是促进融资供需双方更好对接，实现扩大企业融资覆盖面、降低企业融资成本、提升企业金融服务满意度。

四是推动相关部门夯实风险分担、信息共享、账款清欠等主体责任，完善社会信用体系建设，持续优化企业营商环境。

（二）领导小组办公室。

落实好领导小组交办的各项工作，发挥好信息交流、沟通协调、落实监督、调查研究等平台的作用。为推进各项工作，领导小组办公室下设 4 个工作组，分别为：综合宏观组、市场主体组、银行督导组、政府协调组。主要工作包括但不限于：

一是负责收集汇总相关部门定期提供的数据信息、企业名单，不定期提请领导小组审议优先保障类和重点保障类企业名单，重点加强信息共享。

二是联合相关部门跟踪了解方案实施中存在的重大问题和困难，协调相关部门解决名单内企业诉求，并视情况将有关问题提请领导小组调度解决。

三是定期将银企对接结果反馈领导小组，按月汇总各成员单位报送的市场主体相关情况。

四是督导银行落实好相关政策，积极参与政银企对接活动，加大信贷投放力度。密切监测银行资产质量变化，防范金融风险。

（三）成员单位。

成员单位按照领导小组的工作部署，加快推进金融支持稳企业保就业相关政策措施出台，配合领导小组办公室做好政银企对接的名单推送（见附 1、2）、数据报送（见附 3）等工作。

1. 人行营业管理部：

一是做好货币政策工具落实工作。在做好“3 000 亿元”“5 000 亿元”专项额度使用的基础上，指导和督导相关银行运用 1 万亿元普惠性再贷款再贴现额度，重点投向涉农、外贸和受疫情影响较重的行业，鼓励中小银行加大自有资金支持力度，促进中小微企业信贷投放，降低融资成本。落实人民银行等部门新出台的普惠小微企业信用贷款支持计划和普惠小微企业贷款延期支持工具，以及后续可能出台的支持政策。同时，做好各项政策的传导、宣传和总结工作。

二是做好企业融资对接工作。联合市金融监管局、北京银保监局等相关部门通过对接洽谈会、定点联络、定向服务等形式推动优先保障类、重点保障类企业融资，通过首贷中心（含银企对接系统、小微金服平台）等渠道推动普惠保障类企业融资对接，做好名单校验和名单内企业逐户监测，制定信息统计监测表及融资对接台账。根据各区、相关部门提供有发债需求的企业名单，积极向交易商协会推荐。联合北京证监局推动符合条件的企业上市融资。

三是做好产业链金融政策的落实工作。联合北京银保监局、市金融监管局等部门推动更多核心企业接入中征平台，推动中征应收账款融资服务平台与北京小微企业应收账款确权中心的对接，力争2020年北京小微企业应收账款融资规模达300亿元；推动供应链信息平台与商业汇票基础设施互联，加快商业汇票产品规范创新，提升中小微企业应收账款融资效率。

四是做好企业融资需求情况的摸底工作。联合市金融监管局发扬“上山下乡”精神，深入基层开展“蹲点式”实地调研，摸清各类产业、企业具体情况，了解企业诉求，引导企业向小微金服平台、银企对接系统的融资需求填报系统填报融资需求。根据领导小组最终确定的企业名单，组织开展线上线下银企对接，跟踪对接成效。针对推送的有发债需求的企业，积极支持其在银行间市场发债融资。

五是督导金融机构落实相关政策。联合北京银保监局强化差异化监管考核，用好货币信贷政策工具、存款保险评级和央行内部评级，加强典型案例示范带动，实现对辖区内金融机构政策落实的强激励紧约束。联合相关部门因地制宜开展商业银行中小微企业金融服务能力提升专项行动，督促辖内银行建立金融政策落实机制，督导银行及时反馈融资对接台账，评估金融机构支持稳企业保就业成效，探索建立市级和区级中小微金融区域环境评价体系。

2. 北京银保监局：推动全国性商业银行北京分行积极向总行申请，落实内部转移定价优惠力度不低于50个基点、将普惠金融在分支行综合绩效考核中的权重提升至10%以上的政策要求。监测地方法人银行资产质量变化，推动地方法人银行及时处置不良资产，联合人行营业管理部推动地方法人银行做好资本补充工作，并做好风险应急预案。引导银行细化落实授信尽职免责制度，确保小微不良容忍度切实分解落实，合理调整绩效考核机制，培育敢贷、愿贷文化。联合人行营业管理部等部门落实延期还本付息政策，对查实的问题、举报及时反馈，继续加强续贷率考核，督导银行业金融机构落实“应延尽延”。联合人行营业管理部等部门做好信用贷款投放情况监测评估，防范政策执行中的道德风险和金融风险，推动普惠小微信用贷款占比明显提升。提供延期还本付息政策落实、部分银行普惠小微企业支持情况相关数据（见附3）。

3. 市发展改革委：梳理形成需重点支持的企业，将重点保障类企业名录提供给市经信局。汇总收集相关部门优先保障类企业名录，及时推送至领导小组办公室（见附1）。

4. 市经信局：用好用足小微企业融资担保降费奖补资金及小微企业信用担保代偿补偿资金等政策，支持相关金融机构为符合条件的企业提供优惠、便捷的融资支持。继续推进数据汇聚工作，并向金融管理部门推送政务数据，共同支持银行使用政务数据服务企业融资。负责梳理工业、软件和信息服务业重点保障类企业名录，汇总收集各区、相关部门重点保障类企业名录，推送至领导小组办公室（见附1）。通过各种渠道向市场主体宣传推广“北京市金融支持稳企业保就业企业融资需求线上填报渠道”（见附2）。提供风险补偿代偿、账款清欠相关数据（见附3）。

5. 市财政局：会同相关部门研究制定担保减费降率的奖补支持政策，进一步完善对政府性担保机构的考核机制。适当补充政府性融资担保机构的注册资本金规模，督导政府性融资担保机构进一步下降融资担保费率，对再贷款再贴现政策重点支持企业收取的融资担保费率不高于1%。指导各区出台贴息政策，支持商业银行向涉农、小微、民营企业发放贷款。根据人民银行和财政部工作部署，联合金融管理部门落实延期还本付息政策，市（区，含经济技术开发区）财政局在考核国有控股和参股的银行业金融机构2020年经营绩效时，应充分考虑阶段性延期还本付息政策对其业绩的影响。提供政府奖补相关数据（见附3）。

6. 市市场监管局：牵头做好《关于印发应对疫情影响加大对个体工商户扶持力度若干措施的通知》的工作落实。通过各种渠道向市场主体宣传推广“北京市金融支持稳企业保就业企业融资需求线上填报渠道”（见附2）。提供市场主体基本情况相关数据（见附3）。

7. 北京证监局：推动符合条件的中小企业在主板、科创板、中小板、创业板上市融资，进一步加强区域性股权市场与“新三板”对接，支持辖区企业挂牌融资。梳理形成需重点支持的上市公司、新三板挂牌公司企业名录，将优先保障类企业名录提供给市发展改革委，将重点保障类企业名录提供给市经信局（见附1）。提供发债和股权融资相关数据（见附3）。

8. 市金融监管局：加大对政府性融资担保机构服务科创、文化、民营、小微企业的业务占比的监管指导，降低反担保要求。联合市财政局尽快研究制定北京市担保和再担保机构的经营指引。指导各区金融办配合做好市级相关部门的工作安排，梳理形成需重点支持的企业名录，将优先保障类企业名录提供给市发展改革委，将重点保障类企业名录提供给市经信局（见附1）。汇总收集各区、相关部门普惠保障类企业名录，推送至领导小组办公室（见附1）。通过各种渠道向市场主体宣传推广“北京市金融支持稳企业保就业企业融资需求线上填报渠道”（见附2）。提供政府性融资担保相关数据（见附3）。

9. 市科委：充分发挥北京市科创基金的引导和带动作用，积极支持有市场、有前景、技术有竞争力、但是受疫情影响面临资金困难的科创企业获得中长期资金支持。梳理形成需重点支持的企业名录，明确优先保障类和重点保障类企业名录，将优先保障类企业名录提供给市发展改革委，将重点保障类企业名录提供给市经信局（见附1）。

10. 市商务局：积极帮扶外资、外贸、餐饮、商务服务、住宿企业等复工复产创收，重点支持制造业关键环节外资企业、有困难的外资企业以及部分有较强外迁倾向的外资企业。梳理形成需重点支持的企业名录，明确优先保障类和重点保障类企业名录，将优先保障类企业名录提供给市发展改革委，将重点保障类企业名录提供给市经信局（见附1）。

11. 市人社局：充分发挥北京市创业担保贷款政策作用，支持符合条件的小微企业和个人申请创业担保贷款。了解企业稳就业政策落实情况，按月向领导小组办公室推送稳就业政策执行不力的企业名录（负面清单）。提供社保减免相关数据（见附3）。

12. 市文旅局：积极帮扶文旅企业复工复产创收，联合人行营业管理部等部门推动东城区文化与金融合作示范区建设。梳理形成需重点支持的企业名录，明确优先保障类和重点保障类企业名录，将优先保障类企业名录提供给市发展改革委，将重点保障类企业名录提供给市经信局，将普惠保障类企业名录提供给市金融监管局（见附1）。

13. 市统计局：协助梳理相关行业和企业情况，提供区域经济数据。将第四次经济普查中北京地区企业法人单位名录及相关信息推送至领导小组办公室。提供月末规上企业经营情况相关数据（见附3）。

14. 中关村管委会：聚焦中关村一区十七园（含亦庄园），用好专项奖补资金，切实降低企业运营成本。联合人行营业管理部等部门努力创建中关村科创金融试验区。梳理形成需重点支持的企业名录，明确优先保障和重点保障类企业名录，将优先保障类企业名录提供给市发展改革委，将重点保障类企业名录提供给市经信局（见附1）。

15. 市工商联：从四个范畴梳理反馈企业名单。一是2019年推荐参选全国工商联民营企业500强的企业；二是近两年入围北京市民营企业百强的企业；三是近期申报全国工商联民营科技创新人才、科技技术人才、科技成果名单和历次申报的民参军企业；四是外向型会员企业。按照相应标准要求进行筛选，形成优先保障类、重点保障类企业名单，并组织企业根据自身融资需求进行申报。将优先保障类企业名录提供给市发展改革委，将重点保障类企业名录提供给市经信局（见附1）。通过官网、官微、官博、微信群等渠道加大对首贷、续贷中心、小微金服平台、银企对接系统、确权中心、畅融工程等融资平台的宣传，通过各种渠道向市场主体宣传推广“北京市金融支持稳企业保就业企业融资需求线上填报渠道”（见附2）。

16. 金控公司：联合人行营业管理部等部门做好平台对接、数据共享整合，提升银行走访企业的质效。运用金融大数据平台将政务数据推送至人行营业管理部，为银行业金融机构发放信用贷款提供支撑。

17. 各区：在领导小组的调度协调下，人行营业管理部、市金融监管局等部门与十六个区和经开区建立“一对一”市区两级沟通协调机制，依托各区金融办等部门，深入基层通过“蹲点”等形式推进各项工作。

一是确保政策直达。通过组织金融政策宣讲会等多种形式，及时准确传导各项政策，做好政策宣传，确保政策直达区内企业。

二是出台配套措施。根据市财政局的安排部署，结合货币政策工具的使用情况出台相应的融资担保费用贴补、贷款贴息等配套支持政策，进一步发挥财政金融协同合力，区内其他部门可视情况出台其他配套支持政策。

三是做实需求摸底。加强对首贷中心（含银企对接系统、小微金服平台）、续贷中心、确权中心等平台的宣传和推广，引导区内企业通过线上方式，将融资需求直达市级融资对接服务平台。梳理形成需重点支持的企业名录，明确重点保障类企业名录及相关信息提供给市经信局，将普惠保障类企业名录及相关信息推送市金融监管局。

四是完善信息共享。完善市区两级信息共享机制，建立健全联合调研机制，依托各区金融办等部门，人行营业管理部、市金融监管局对区内企业进行走访调研或组织银企对接座谈会。

五是落实改革措施。相关区加快推进三城一区建设、经济技术开发区制造业高质量发展，争取中关村科创金融试验区、东城区文化与金融合作示范区、绿色金融改革试验区、中国（河北）自由贸易试验区大兴机场片区外汇管理改革、金融科技创新监管等一批有利于重点行业健康发展的改革和试点在区内尽快落地实施。

四、政银企对接机制

为进一步促进融资供需对接，领导小组建立政银企对接机制，由人行营业管理部、北京银保监局、市金融监管局等金融管理部门联合相关部门负责健全政银企对接机制（见图1）、丰富对接形式，提升对接质效。依托各类系统，加强部门合作，合理制定或从其他部门接收、整合企业信息形成企业名单，及时发送给金融机构。建立名单内企业融资对接台账（以下简称融资对接台账），跟踪评估对接效率、融资获得等情况，积极协调促进解决市场主体核心诉求和问题。

（一）企业名单推送机制。

优先保障类、重点保障类和普惠保障类企业名单均由领导小组相关成员单位筛选形成，确保名单信息有效性、准确性和完整性，由市发展改革委、市经信局、市金融监管局分别汇总梳理后推送至领导小组办公室，领导小组办公室负责做好名单校验以及跟踪监测，并将融资面临问题及时反馈给相关部门。一类、二类企业后续将建立台账管理，跟踪服务，服务的家数也将根据企业实际需要进行动态调整。

（二）政银企对接模式。

在充分发挥北京市首贷中心、续贷中心功能的基础上，结合小微金服平台、金融大数据平台以及银企对接系统的功能特点，按照“线下线上结合、平台有机协作”思路建立健全银企对接机制。

线下银企对接：针对需要线下对接的优先保障类企业，以及银行线上走访中有融资需求但暂时无法提供支持的优先保障类、重点保障类企业，金融管理部门积极依托“金融服务快速响应机制”“畅融工程”等现有机制，在首贷中心或各区组织政银企对接。针对银行线上走访中有首贷、续贷需求但暂时无法提供融资支持的普惠保障类企业，积极引导其通过首贷中心、续贷中心进行融资对接。

线上银企对接：以小微金服平台和银企对接系统为依托，导入各部门推送的优先保障类、重点保障类、普惠保障类企业名录，由银企对接系统上的银行进行走访，并实时将走访结果共享至小微金服平台（含金融大数据平台）。金融大数据平台针对性地向银行推送服务，如企业信用风险评估报告、履约能力预测、履约意愿预测等功能，辅助银行更好地对企业进行授信评估。小微金服平台向银行提供企业的竞争力报告、财务分析报告等增值服务，助力银行贷款落地。

（三）反馈沟通机制。

各区、相关部门按一定条件提供企业信息及融资需求，金融管理部门根据政银企对接结果，将企业需要相关部门协调解决的融资面临问题，及时反馈给领导小组。从而加强部门间沟通协调，促进相关部门抓好放管服改革，切实提升企业融资可获得性。

1. 领导小组办公室根据融资对接台账等信息，做好动态跟踪和问题梳理。对于未完成对接融资的明确瓶颈问题，对于金融机构落实执行不到位的问题督导及时调整改正，对于企业自身的问题做好沟通解释，对于属于各区、相关部门的问题做好归类整理和反馈沟通。

2. 领导小组办公室将重大问题提请领导小组决定，并协调加以解决。定期将未能融资名单和问题反馈各区、相关部门，协调加以解决。对于难以解决，需要在国家层面协调解决的问题，通过专报等多种形式上报上级机关。

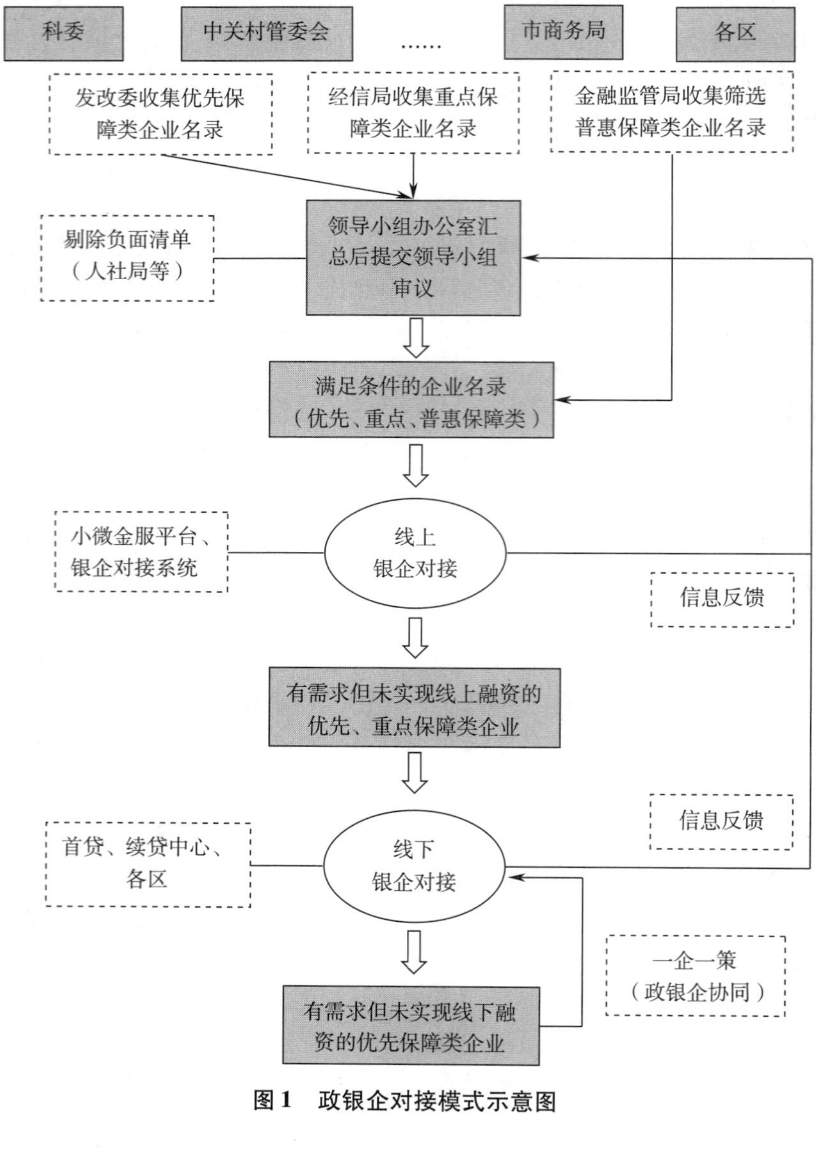

图1 政银企对接模式示意图

五、政策工具库

（一）金融政策工具。

分为货币政策工具、信贷监管政策工具、金融机构内部机制设计、金融机构内部激励约束和产品创新、债券融资政策、资本市场服务政策、产业链金融政策、外汇与跨境人民币政策等。主要由人行营业管理部联合北京银保监局、北京证监局和市金融监管局等部门指导金融机构运用管理。

1. 用好央行政策性资金，支持发放信用贷款。指导辖区内金融机构运用好3 000亿元专项再贷款额度、5 000 亿元再贷款再贴现专用额度和开发性、政策性银行3 500 亿元专项信贷额度。新增的 1 万亿元再贷款再贴现额度重点投向涉农、外贸和受疫情影响较重的行业。落实人民银行等部门新出台的普惠小微企业信用贷款支持计划，按季度向符合条件的地方法人银行，按 40% 购买 3 月至年末新发放普惠小微信用贷款，提供流动性支持。

2. 进一步做好延期还本付息，放宽小微贷款不良容忍度。落实人民银行等部门新出台的普惠小微企业贷款延期支持工具，对于 6 月至年末到期的普惠小微贷款，按照“应延尽延”要求，实施阶段性延期还本付息。通过利率互换形式，对符合条件的地方法人银行给予其办理的延期还本普惠小微贷款本金 1% 作为奖励，切实缓解小微企业还本付息压力。进一步放宽普惠型小微企业贷款不良率容忍度。

3. 督促金融机构通过机制设置，加大小微企业贷款倾斜。督促地方法人银行提升普惠金融在其分支机构综合绩效考核的权重。支持其在内部资源配置、绩效考评、风险评估、尽职免责、金融科技等政策安排上对小微企业倾斜。

4. 督促金融机构加大产品创新力度，提升金融服务水平。督促金融机构加强与互联网、大数据的融合，探索建立全流程线上贷款业务模式，多发放信用贷款。积极拓展抵押物范围，支持更多资产用于抵押。扩大分支机构审批权限，合理设置流动资金贷款期限，研发适合企业特点的中长期贷款产品。持续跟进产业链上下游企业需求，加大应收账款、仓单、存货等质押融资产品的研发推广。支持商业银行对企业的专利权、商标专用权、著作权等无形资产进行打包组合融资，扩大融资额度。加大银担合作力度，在授信额度、利率、续贷条件等方面提供更多优惠，更多发放担保贷款。

5. 积极发挥债券市场作用，拓宽企业融资渠道。一是推动支持企业扩展融资渠道，推广非公开发行可转换公司债融资工具。汇总整理相关部门希望给予支持的企业信息上报人总行。二是指导符合条件的地方法人银行发行小微企业贷款专项金融债券和创新创业金融债券，做好金融债券发行申请的初审工作，促进地方法人银行优化负债结构，扩大资金来源，提升对小微企业信贷投放能力。三是积极支持中小银行发行永续债等资本补充债券，提升风险防范能力和信贷投放能力。四是支持大型企业提升债券等直接融资比重，为小微企业腾挪更多信贷资源，开展政策、市场情况和申请程序宣讲，协助中介机构做好对接。五是强化风险监测，及时掌握发债企业情况，协调相关政府部门做好违约风险化解处置工作。

6. 发挥多层次资本市场作用，支持企业股权融资。一是推动新三板、创业板改革的政策效应更快释放，推动符合条件的中小企业在主板、科创板、中小板、创业板上市融资，符合条件的上市公司利用定向增发等工具补充股权资本。二是支持投贷联动创新，支持银行、保险等金融机构创新与创投机构的投贷联动、投保联动机制。三是推进区域性股权市场创新试点，推动北京区域性股权市场纳入制度和业务创新试点范围，加快修改交易制度、融资产品、公司治理有关政策规定。加大政策扶持力度，将区域性股权市场作为中小微企业扶持政策措施综合运用平台。

7. 积极推广供应链金融，提升应收账款融资效率。一是推动更多核心企业、财政部门接入应收账款融资服务平台，推进实现北京地区中小微企业2020年应收账款融资不低于300亿元的目标。二是提升中小微企业使用商业汇票融资效率。推动供应链信息平台与商业汇票基础设施互联，加快商业汇票产品规范创新，提升中小微企业应收账款融资效率。

8. 充分运用外汇和跨境人民币相关政策，助力企业扩大融资规模。一是鼓励净资产较高企业，调整外债管理模式，充分运用全口径跨境融资宏观审慎管理政策，提高跨境融资规模。二是推进中关村示范区外债便利化额度试点，支持示范区内符合条件的中小高新技术企业借用境外低成本资金。三是进一步提升跨境贸易便利化水平，推进贸易外汇收支便利化试点，推动承包工程企业境外资金集中管理。四是支持企业充分利用现有跨境人民币便利化政策，积极开展跨境贸易和投融资业务。

（二）协同政策工具。

包括贷款贴息和风险补偿机制、政府性融资担保、财税优惠政策、信用信息体系、企业营商环境等方面。主要由领导小组成员单位根据国家部委工作部署推动出台落实。

1. 建立风险补偿机制。推动用好中央财政特殊转移支付的1万亿元新增财政赤字和1万亿元抗疫特别国债，提高风险分担实效。推动建立风险补偿“资金池”，提供中小微企业贷款贴息和奖励。

2. 发挥政府性融资担保作用。适当增加政府性融资担保基金规模，推动完善政府性融资担保和再担保机构绩效评价机制，注重政策效益指标、经营能力指标、风险控制指标、体系建设指标考核，引导政府性融资担保和再担保机构坚守主业、聚焦支小支农、积极服务创业创新。在对政府性融资担保机构进行绩效评价的基础上，增强政府性融资担保和再担保机构担保能力，建立小微、涉农担保业务、再担保业务的奖补机制。逐步提高担保放大倍数，并将政府性融资担保和再担保机构平均担保费率降至1%以下。

3. 更好落实财税政策优惠措施。加大小微企业金融服务税收优惠和奖补措施的宣传力度，力争做到应享尽享，加强普惠金融发展专项资金保障，做好财政支持深化民营和小微企业金融服务综合改革试点城市工作。

4. 加强信用信息体系建设。市场监管、税务、征信、社保、水电气等实现数据互通，加大涉企信用信息共享力度，为金融机构开发线上信用贷款提供信息和数据支撑；推进金融信用信息基础数据库信息采集及机构接入，稳步扩大非金融信用信息采集。加强地方征信平台、公共信息共享平台和中小企业融资综合信用服务平台建设，强化失信惩戒机制。

5. 进一步优化企业营商环境。加大核心企业账款清欠力度，强化打击逃废债行为。完善“互联网 + 不动产”建设，简化抵押登记手续，压缩办理时间；优化抵押物解押、二次抵押管理，解决金融机构续贷等业务面临的抵押物“悬空”问题；拓宽抵押质押物范围，对于权属明晰、取得产权证书或证明权证的各类不动产、动产、知识产权及其他财产权利，登记部门及时办理抵押质押登记。逐步完善专利权、商标权、著作权等知识产权登记、评估、交易等平台建设，为金融机构开展知识产权质押融资提供支持。

六、金融机构落实机制

人行营业管理部联合北京银保监局强化差异化监管考核，用好货币信贷政策工具和央行内部评级，加强典型案例示范带动，实现对辖区内金融机构政策落实的强激励紧约束。督促辖区内银行建立金融政策落实机制，由银行“一把手”负责，成立工作专班，确保金融支持政策得到有效贯彻落实。金融机构应落实相关工作要求：

一是落实好各项信贷支持政策，按市场化、法治化原则，加大信贷支持力度。各银行安排好中小微企业贷款延期还本付息，加大信用贷款投放比例，落实好银担风险分担机制。辖内三家政策性银行分支机构用好用足“3500亿专项信贷额度”；五家大型国有银行分支机构普惠小微企业贷款增速力争高于40%；中小银行运用好再贷款再贴现资金；地方法人银行落实好新出台的普惠小微企业贷款延期支持工具、普惠小微企业信用贷款支持计划等工具，做好台账、数据以及各业务要素的报送工作。

二是完善内部机制提升服务能力，大幅增加信用贷款、首贷、无还本续贷。大中型商业银行北京分行做实普惠金融事业部“五专”机制，地方法人银行及时处置不良资产和补充资本；全国性商业银行北京分行争取内部转移定价优惠力度不低于50个基点；商业银行将普惠金融在分支行综合绩效考核中的权重提升至10%以上，增加小微企业信用贷款、首贷、无还本续贷，加大中长期贷款投放力度。

三是运用金融科技提升服务质效，切实满足中小微企业融资需求。商业银行积极运用大数据、云计算等技术建立风险定价和管控模型，改造信贷审批发放流程。深入挖掘整合银行内部小微企业客户信用信息，加强与征信、税务、市场监管等外部信用信息平台的对接，提高客户识别和信贷投放能力。打通企业融资“最后一公里”堵点。

四是做好各项政策组织保障工作，由银行“一把手”负责，成立行内工作专班，及时传导各项政策要求，落实好银企对接、数据报送等工作，确保金融支持政策得到有效贯彻落实。

七、组织实施

（一）强化责任担当。

各成员单位要提高政治站位，坚持底线思维与公平公正原则，防范好道德风险和金融风险，落实落细主体责任，做好工作规划，把握好工作进度，主动作为，敢于担当，坚决完成党中央、国务院、市委市政府部署的稳企业保就业任务。

（二）加快组织推动。

各成员单位确定1位分管领导和1个牵头部门，明确具体联系人，建立常态化沟通机制，按照工作行动方案协调推进相关工作，根据工作推进情况不定期召开部门协调机制会议。依托各区金融办，协调各区相关部门不定期召开工作座谈会、政策宣讲会、银企对接会等，做好市区两级联动工作。

（三）扩大政策宣传。

各成员单位通过网站、微信公众号、微博、办事大厅、媒体等方式加大政策宣传、成效宣传，积极推广北京市首贷中心、续贷中心等线下服务平台以及小微金服平台、北京市银企对接系统（企业融资需求填报系统）、畅融工程、确权中心等线上平台，提高各项支持政策、成效及线上线下平台的社会知晓度。

（四）完善信息报送。

相关参与部门根据国家相关要求及辖区工作实际，及时将相关数据和信息报送至领导小组办公室（见附3），由领导小组办公室做好信息汇总与反馈工作。

（五）做好评估总结。

2021 年 1 月对 2020 年全年工作情况进行年终总结，开展效果评估，形成总结报告报工作领导小组。

八、工作推进

（一）机制建立（2020 年 6 月）。

成立北京市金融支持稳企业保就业领导小组，明确小组成员职责和领导小组办公室职责，银企对接机制基本建立，在市政府的定期统一调度领导下，推进各项任务。各区、相关部门及时研究出台配套政策措施。

（二）企业名单和融资需求摸底（2020 年 6 月 –9 月）。

6 月，各区、相关部门基本完成本区、相关行业的企业情况摸底，搞清经营中企业的数量、类型、融资需求。6 月底前，相关部门完成首批优先保障类的名单推送，市发展改革委完成汇总并推送至领导小组办公室；7 月中旬前，各区、相关部门完成首批重点保障类企业的名单推送，市经信局完成汇总并推送至领导小组办公室。7 月 –9 月，各区、相关部门及时更新补充优先保障类和重点保障类企业名单，并推送给金融管理部门。自 7 月起，每月 5 日前市金融监管局将普惠保障类企业推送给首贷中心、银企对接系统、小微金服平台。

（三）平台功能完善与数据共享（2020 年 6 月、7 月）。

人行营业管理部、北京银保监局、市金融监管局、市经信局、金控公司等相关部门进一步完善银企对接系统的功能，加强数据信息的互联互通，为银企对接提供技术和数据支撑。

（四）按需组织线下银企对接会（2020 年 6 月 –2021 年 1 月）。

人行营业管理部会同市金融监管局、北京银保监局、中关村管委会等部门在首贷中心等场所组织开展线下银企对接会。针对重点企业、典型企业的融资诉求，组织银行、融资担保公司、企业以及相关政府部门进行座谈交流，并引导有首贷、续贷融资需求的企业积极赴首贷中心、续贷中心办理。根据企业需求，结合北京市“金融服务快速响应机制”“畅融工程”等现有机制开展现场银企对接活动。

（五）政策工具支持（2020 年 6 月 –2021 年 1 月）。

1. 货币政策操作。

地方法人金融机构分别于 6 月、7 月、10 月、次年 1 月 10 日前以正式文件形式，向人行营业管理部报送普惠小微企业信用贷款台账。人行营业管理部进行初审后，将符合条件的数据于 15 日前报送货币政策司备案，20 日前人行营业管理部与地方法人银行签订信用贷款支持计划合同，并提供 1 年期限资金支持。

地方法人金融机构自 7 月起，每月 10 日前以正式文件形式向人行营业管理部报送延期的普惠小微企业贷款本金台账。人行营业管理部进行初审后，将符合条件的数据于15日前报送货币政策司备案，20日左右人行营业管理部与地方法人银行签订利率互换协议，次月10日进行清算。

地方法人金融机构自6月起，每月5日前向人行营业管理部报送符合再贷款条件的涉农和小微企业贷款台账。人行营业管理部审核后，于15日前与地方法人银行签订再贷款合同并提供资金支持。

2. 监管政策落实。

7月前，落实提高不良容忍度等政策；7月底前，确定督导商业银行续贷的相关监管措施。

3. 财税政策落地。

7月前，财政贴息、融资担保费用降低等政策落地。

4. 数据共享实施。

7月底前，税务等数据实现对金融机构共享。

（六）定期沟通与总结（2020年6月－2021年1月）。

各部门建立定期通报、沟通、总结机制，人行营业管理部定期将银企对接成效与各部门进行通报。2021年1月召开成效总结工作会，对2020年北京市金融支持稳企业保就业的各项工作成效进行总结。

附：1. 北京市金融支持稳企业保就业企业信息表

2. 北京市金融支持稳企业保就业企业融资需求线上填报渠道

3. 金融支持稳企业保就业情况月报表

（以上附表略）

中国人民银行营业管理部

中国人民银行营业管理部
关于应对新型冠状病毒感染的肺炎疫情
全力做好辖区内金融服务和应急保障工作的通知

银管发〔2020〕12号

辖区内各银行、财务公司：

为贯彻落实党中央、国务院决策部署，根据人民银行总行、国家外汇管理局及北京市委市政府工作要求，辖区内各金融机构要提高政治站位，将疫情防控作为当前最重要的工作来抓，落实落细防控措施，加大对疫情防控和首都经济稳定的金融支持力度，切实做好金融服务和资金保障。现就积极应对新型冠状病毒感染的肺炎疫情，全力做好辖区内金融服务和应急保障工作有关事项通知如下：

一、加大对疫情防控的资金支持

一是加大对涉及疫情防控和民生领域的信贷支持。辖区内各金融机构要针对疫情防控涉及的卫生防疫、医药产品制造及采购、科研攻关等企业提供专项信贷服务，对涉及疫情防控的企业合理信贷申请“特事特办”，简化流程，尽快发放。涉及疫情防控、居民生活、交通运输等领域的企业集团财务公司要加大对成员单位的信贷支持力度。鼓励辖区内各金融机构向疫情防控一线的相关单位和工作者提供更优惠的金融服务。

二是灵活运用货币政策工具，为辖区内金融机构提供多层次流动性支持。分层次通过再贴现、常备借贷便利等货币政策工具满足辖区内金融机构的流动性需求。辖区内金融机构因支持疫情防控产生流动性需求，营业管理部将优先审批其再贴现申请，原则上不对票据类型、贴现利率、单张票面金额设置限定条件。鼓励辖区内各金融机构在线办理再贴现业务，已开通线上还款功能的机构原则上应通过线上进行还款。

三是有效利用北京市银企对接平台开展融资对接。辖区内各银行要积极通过北京市银企对接服务平台，加强与医院、医疗科研单位及受疫情影响较大行业的融资对接，加大对卫生防疫、医药产品制造及采购、科研攻关等领域及受疫情影响较大的批发零售、住宿餐饮、物流运输、文化旅游业的信贷支持力度。疫情期间，鼓励辖区内各参与银行更多通过网络、电话方式实现对接，降低交叉感染风险。

二、建立资金拨付汇划“绿色通道”，确保各项疫情防控资金快速及时到位

一是开通紧急拨付“绿色通道”，确保财政资金及时划拨。启动防疫资金拨付绿色通道，全力确保疫情防控资金快速、准确、安全拨付。中国工商银行北京市分行、中国建设银行北京市分行要做好国库代理支库的支持和保障工作，各国库代理支库要制定国库支付应急机制，开通“绿色通道”，确保区县防疫资金的及时有效拨付，各集中支付代理银行要及时汇划资金确保资金及时到账。

二是全力保障支付清算系统稳定运行，确保防控疫情各类资金汇划及时高效。开通小额支付系统“绿色通道”，春节假期放开小额支付系统业务限额，辖区内各金融机构应及时调整限额参数，保证大额救灾资金划拨到位。商业银行对抗击肺炎疫情急需开立核准类账户的，可“特事特办”，立即办理，后续向营业管理部报备。北京市实物票据交换、北京市票据交换信息管理平台将于2020年2月3日恢复运行，正常开展业务办理。

三、建立疫情防控期间外汇政策绿色通道

一是对于北京市有关部门和政府所需的疫情防控物资进口，辖区内银行可按照特事特办原则，简化进口购付汇业务流程与材料，切实提高办理效率。

二是对于境内外因支援此次疫情汇入的外汇捐赠资金，辖区内银行可直接通过受赠单位已有的经常项目外汇结算账户，便捷办理资金入账和结汇手续。暂停实施需开立捐赠外汇账户的要求。

三是企业办理与疫情防控相关的资本项目收入结汇支付时，无需事前、逐笔向银行提交单证材料，经办银行加强对企业资金使用真实性的事后抽查。

四是疫情防控确有需要的，企业借用外债限额等可取消，并可通过“国家外汇管理局政务服务网上办理系统”（http://zwfw.safe.gov.cn/asone/）线上申请外债登记，便利企业开展跨境融资。

五是各银行应当密切关注个人用汇需求，鼓励通过手机银行等线上渠道办理个人外汇业务。

六是与疫情防控有关的其他特殊外汇业务，银行可先行办理，并向北京外汇管理部报备。

四、加强疫情期间各项金融服务和安全保障工作

一是保障现金供应安全充足，提升流通中现金整洁度。合理调拨发行基金，最大限度提高流通中新券比例，减少现金传播病毒风险。辖区内各商业银行要做好现金储存、业务办理场地、ATM 机具等设备的消毒工作，鼓励对回笼现金消毒后再行配送或缴存发行库。对从北京市确定的救治定点医院及各医院发热门诊回笼的现金，切实做好防范措施，应在清点后单独保存，暂不对外支付。

二是做好疫情期间征信服务工作。鼓励和支持具备条件的银行加入企业征信服务创新试点。已启动企业征信服务创新试点的银行，应积极引导企业通过网银查询和自助查询获得征信服务。辖区内各银行要做好自助查询机的运行维护和定时消毒，保障疫情期间企业和个人征信查询服务不间断。

三是做好信息系统和网络安全保障工作。辖区内各金融机构要高度重视疫情期间信息系统运维及网络安全保障工作，确保为金融服务提供安全可靠支撑。做好应急准备，发生网络安全事件，需及时向营业管理部报告，稳妥处置。

五、其他有关事项

一是疫情期间，金融机构存款准备金足额交存的前提下，暂时延缓对金融机构考核材料报送的监督检查。

二是疫情期间金融机构可正常登陆人民银行跨境收付信息管理系统（RCP-MIS）报送信息，系统信息及时性考核将充分考虑春节延期上班的影响。

三是 2020 年 2 月初，金融机构需要报送的风险监测报表可以延后报送，具体时间另行通知。

四是各金融机构如遇特殊及紧急情况，请及时与人行营业管理部联系。

联系人及电话：祖洁　68559036；赵晓英　68559060

二〇二〇年一月二十八日

中国人民银行营业管理部关于进一步推进营商环境建设优化企业开户服务的意见

银管发〔2020〕31 号

辖区内各银行：

为贯彻落实党中央、国务院“放管服”改革部署，按照国务院《优化营商环境条例》和北京市政府优化营商环境相关工作要求，进一步推进北京市营商环境建设，持续优化企业银行账户服务，在全面做好新冠肺炎疫情防控工作基础上，积极做好迎接世行营商环境评价准备，人行营业管理部就近期优化银行账户服务相关工作提出如下指导意见。

一、工作目标

按照“两个不减、两个加强”总体要求，重塑银行账户服务管理理念，在有效识别企业身份、落实银行账户实名制、防范企业开户风险基础上，进一步优化企业开户流程，缩短企业开户时间，提高企业开户效率，全面提升金融服务实体经济水平，支持企业尤其是民营企业、小微企业高质量发展。

二、优化流程，缩短开户时间

（一）大力推广在线预约开户渠道，便利企业开户。

各银行应充分利用官方网站、网上银行、手机银行、微信公众号、企业开户在线预约系统等多种电子渠道为企业提供开户预约服务，积极引导企业线上提交开户申请，提供开户资料预审核服务，保证线上充分沟通，线下一次完成开户。其中，新设企业通过“e窗通”平台在线预约办理账户业务的，银行应及时反馈预约信息并告知企业，开户成功后，及时推送企业银行账户开户信息。

（二）进一步简化开户流程，缩短企业开户时间。

严格落实账户实名制，有效防范企业开户，持续优化开户流程。一是整合各类开户申请书和相关协议等，尽可能避免信息重复填写、资料重复提交；二是重新梳理开户审核流程，消除多余环节，及时开展核实等服务，减少客户等待时间；三是积极创新技术核验手段，鼓励在开户流程中辅助运用远程视频、人脸识别、电子证照、企业信息联网核查和大数据分析等安全有效方式，提升账户审核服务水平。

（三）积极主动公开账户开户相关事项，保障开户透明。

积极落实国务院和北京市政府优化营商环境相关工作要求，积极主动做好相关事项公开工作。一是公开服务标准，确保开户服务标准化。建立完善账户服务标准，明确客户身份识别要求、提交材料清单等开户条件、开户流程等相关事项，明确客户分类标准、服务内容等。二是公开资费标准，合理规范收取账户费用，鼓励银行减轻民营和小微企业开户费用负担。落实主管部门要求，明确账户服务资费标准，履行告知义务，充分尊重客户的知情权和选择权。不得诱导企业、捆绑销售其他服务项目，不得收取不合理账户费用，保护客户合法权益。三是公开账户办理时限。做好对开户时间、计算方法和相关依据的解释说明，普及业务知识，提升客户体验。

三、加强事中事后监测，主动承担账户管理主体责任

（一）强化企业账户管理力度，防范账户风险。

积极转变工作理念，树立以账户质量和风险防范为导向的管理理念和管理体系，结合自身情况建立有效的账户管理制度和管理框架，切实落实账户实名制，不断完善内控合规制度，提高风控管理水平。对企业真实经营情况开展实质性审核，持续开展身份识别和动态复合，严防违规代理开户、批量开户及企业出租、出借、出售账户等行为，遇有此类问题及时报告。

（二）充分利用现代科技手段，提升监测水平。

结合自身条件积极探索应用技术手段和大数据模型，加强企业银行账户开立、变更、撤销等异常行为监测和交易监测。定期开展存量账户风险排查，对可疑和异常账户，第一时间采取相应管控措施，配合防范打击不法分子利用银行账户从事电信诈骗和冒名开户等违法犯罪活动。

四、大力开展宣传培训工作，助力营商环境改善

（一）积极开展企业银行账户开户服务的宣传工作。

组织开展宣传活动，根据新冠肺炎疫情防控形势，充分发挥网站主页、微信公众号、微博、报刊、媒体等多种渠道作用，利用线上、线下宣传优势，宣传优化营商环境政策，展示优化银行账户服务新举措，公开服务标准、资费标准和办理时限，提升企业获得感。普及账户业务知识和跨境网络赌博、电信诈骗的典型案例、作案手法等内容，提高社会公众防范意识。公布投诉电话，及时妥善处理企业投诉。

（二）加强对账户业务相关人员的业务培训工作。

加强对营业网点、客户经理、大堂经理等关键岗位人员的业务培训、制度培训和营商环境政策培训，定期开展业务培训。对一线业务人员、经验薄弱或差错率偏高区域的网点人员应提高培训频率，提高相关业务和管理人员的政策水平和业务素养，准确掌握银行账户管理制度要求，避免误导客户。

五、注重贯彻落实，持续提升账户服务水平

（一）全面检视账户服务现状。

各银行应根据优化营商环境相关政策，结合本指导意见，全面检视本单位账户服务现状，针对存在的问题与不足，及时采取改进措施，确保优化营商环境相关政策落到实处，取得实效。

（二）积极准备营商环境案例。

各银行应积极组织收集整理本机构优化营商环境新举措，收集相关案例信息，做好迎接世行营商环境评价准备工作。

（三）建立营商环境督办工作机制。

人行营业管理部将会同市政府相关部门，建立信息共享与协调机制，不定期对各银行账户服务情况进行督导。

二〇二〇年三月二日

中国银行保险监督管理委员会北京监管局

北京银保监局关于加强北京地区银行业保险业消费投诉处理管理工作有关要求的通知

京银保监发〔2020〕286号

辖内各银行业保险业金融机构、北京市银行业协会、北京保险行业协会、北京保险中介行业协会、北京秉正银行业消费者权益保护促进中心：

为贯彻落实中国银保监会关于《银行业保险业消费投诉处理管理办法》（以

下简称《投诉办法》）和《关于落实〈银行业保险业消费投诉处理管理办法〉有关事项的通知》要求，进一步规范辖内银行业保险业消费投诉处理管理工作，提高消费投诉处理质效，保护消费者合法权益，现就有关事项通知如下：

一、建立健全投诉处理决策机制

（一）各银行保险机构（以下简称“各机构”）应当建立由机构主要负责人、分管消保工作的高管人员和有关职能部门负责人等组成的消费者权益保护工作委员会，统一规划、统筹部署本机构消费者权益保护工作，协调处理重大消费投诉事项、定期研判相关工作开展情况。

（二）各机构应当设立或者明确消费者权益保护职能部门，牵头开展消费投诉处理、消费者教育等各项消费者权益保护工作，提供必要的人员支持并研究建立行之有效的消费投诉处理专项经费保障制度。

（三）各机构应当建立对北京银保监局转送消费投诉的分级审签制度，对于内容较为复杂、被投诉机构未能与消费者协商一致的投诉事项，其处理意见应当由分管消保工作的高管人员审签；对于被投诉机构与消费者争议较大且未能与消费者协商一致，可能导致矛盾进一步升级的消费投诉，其处理意见应当由机构主要负责人审签。

二、有效落实投诉处理工作责任

（四）各机构主要负责人是消费投诉处理工作的第一责任人。投诉处理岗位责任人应当对监管部门转送的投诉进行跟踪和督办，并按照监管部门的统一安排，定期到北京银保监局接受消费投诉处理工作的专项短期轮训。投诉处理专员应当对监管部门转送的投诉即时与消费者联系。

各机构应当向北京银保监局报送消费投诉处理工作的责任人员名单，包括机构主要负责人、分管消保工作的高管人员、消费者权益保护职能部门负责人、投诉处理岗位责任人以及投诉处理专员等。辖内中小银行保险机构可以结合自身的部门设置及人力情况确定相应的责任人。

（五）各机构对合作的第三方机构应当加强业务品质管理，因第三方合作机构销售产品或者提供服务而引发消费投诉的，应当积极协调第三方机构配合处理。

（六）各机构应当建立健全重大消费投诉处理应急制度和预案，做好重大消费投诉的预防和应急处理工作。出现《投诉办法》规定的重大消费投诉的，各机构应当于24小时内向北京银保监局报告。

三、严格遵循投诉处理原则

（七）各机构处理消费投诉应当坚持依法、明理、共情、高效的原则。在遵照法律规定和合同约定的前提下，各机构对于合同存在瑕疵，或者销售、服务环节存在问题的消费投诉，应当在合理的范围内与消费者协商解决；对消费者诉求缺乏相关依据的，应当做好沟通解释；相关诉求涉及欺诈或者其他违法行为的，应当坚持依法处理。

（八）各机构应当在接到北京银保监局转送的消费投诉后即时与消费者取得联系，详细了解其诉求后，再按本机构内部流程办理。即时联系时间最迟不超过机构接到转送投诉后的24小时。

（九）投诉人要求机构出示其作出消费投诉处理决定所依据的业务档案、回访录音、双录视听资料等材料的，各机构应当认真对待、积极配合，但涉及商业秘密、公民个人隐私的除外。

（十）各机构在处理北京银保监局转

送的消费投诉过程中，存在下列情形的，可以在接到转送投诉的5个工作日内向北京银保监局反映：投诉主体错误的；非消费者本人或其委托人提出的；投诉的业务未真实发生的；被投诉机构因执行法律、法规及国家政策的强制性规定而无法向投诉人提供相关服务的；投诉人主张的相关事项已经公安机关立案侦查或经人民法院判决的。

四、切实发挥调处机制作用

（十一）各机构应当充分运用多元化解机制解决消费纠纷，对投诉人申请调解的，应当积极配合；达成调解协议的，应当认真履行。

（十二）各相关行业协会及北京秉正银行业消费者权益保护促进中心（以下简称“秉正中心”）负责调解消费纠纷，逐步形成纠纷处理的调解标准，建立调解案例库。

各相关行业协会及秉正中心应当加强行业调解员队伍建设；各机构应当积极配合行业调解组织，培养专业调解人才。

（十三）各相关行业协会及秉正中心应当进一步做好与辖内各级人民法院的诉调对接工作，充分发挥调处机制在化解纠纷中的作用。

五、着力开展投诉溯源整改

（十四）各机构应当及时分析研究本机构消费投诉的热点、难点问题，查找内控薄弱环节和风险隐患，不断从管理制度、运营机制、操作流程等方面予以改进，从源头上减少消费投诉的发生。

（十五）各机构应当将消费投诉处理工作纳入本机构经营绩效考评和内控评价体系，强化正向激励和负面约束，确保消费投诉处理机制的有效性。

六、及时准确报送投诉有关情况

（十六）各机构应当按照规定，及时、完整、准确向北京银保监局报送下列材料：每月10日前报送上月北京银保监局转送本机构的消费投诉月度办结情况；每年7月31日前报送本机构上半年度消费投诉情况分析，对监管转送投诉反映最为集中的事项进行分析研究，厘清其产生原因、处理标准以及溯源整改等情况；每年1月31日前报送本机构上一年度消费投诉处理及管理工作情况；本机构消费投诉处理工作的责任人员发生变动的，应当自变动之日起5个工作日内重新向北京银保监局报送。

上述报告报表均通过监管信息网报送。

七、监督管理

（十七）北京银保监局将适时对各机构消费投诉处理工作及参与多元化解的有关情况进行现场或者非现场督查、行业通报以及对外披露，并将有关情况纳入消费者权益保护工作的监管评价。

对存在消费投诉量异常波动、未按照《投诉办法》的规定办理和报告消费投诉以及隐瞒不报、编制或者提供虚假消费投诉材料等违法违规行为的机构，北京银保监局将依照相关规定对该机构采取监管措施；同时对处理投诉不力以及对投诉事项的发生负有责任的高管人员进行追责。

八、其他

（十八）本通知自印发之日起施行。《关于加强辖内银行业金融机构投诉处理工作的通知》（京银监消〔2015〕1号）、《关于北京地区保险消费投诉处理工作有关要求的通知》（京保监发〔2016〕59号）同时废止。

二〇二〇年五月十九日

北京银保监局关于健全辖内银行业保险业公司治理有关工作的通知

京银保监发〔2020〕462 号

北京银行、北京农商银行、北京中关村银行、辖内各村镇银行、各外资法人银行、辖内各信托公司、辖内各企业集团财务公司、辖内各汽车金融公司、辖内各金融租赁公司、辖内消费金融公司、辖内货币经纪公司、属地监管财产保险公司：

近年来，辖内银行保险机构坚持以习近平新时代中国特色社会主义思想为指导，不断探索将加强党的领导与建设现代企业制度有机结合，主要中资法人机构均已将加强党的领导写入公司章程，违规股权处置工作取得实效，公司治理水平显著提升。但仍有部分机构党的建设有所缺失，党的领导与公司治理结合不够到位，部分机构股权和关联交易管理仍需进一步加强。为进一步深化首都银行业保险业公司治理改革，持续提升辖内机构公司治理科学性、稳健性和有效性，切实落实《中国银保监会关于印发健全银行业保险业公司治理三年行动方案（2020—2022年）的通知》（银保监发〔2020〕40 号）文件要求，现就有关工作通知如下：

一、全面加强党的领导，充分发挥党的核心作用

各中小银行保险机构要持续加强党的领导，强化与主要股东、上级单位、地方政府的沟通，根据自身隶属关系和股权结构等实际情况建立健全党组织，做到符合建立党组织条件的应建尽建。持续规范基层党组织设置，充分发挥基层党组织战斗堡垒作用和党员先锋模范作用。切实落实全面从严治党主体责任，把全面从严治党与贯彻落实党中央关于金融工作的方针部署、落实金融管理部门工作要求、依法依规稳健经营、塑造清廉金融文化有机结合。国有、国有控股或国有参股中小银行保险机构的党组织要充分发挥把方向、管大局、保落实的领导作用，坚决贯彻党的理论和路线方针政策，设立党组织的民营资本或社会资本占主体、合资、外商独资的中小银行保险机构，党组织要积极发挥政治引领作用，宣传贯彻党的路线方针政策，团结凝聚职工群众，维护各方合法权益，建设先进企业文化，促进健康发展。

二、持续完善制度体系，推动党建与公司治理有机结合

国有、国有控股或国有参股的中小银行保险机构要认真落实两个“一以贯之”要求，把党的领导融入公司治理各个环节，把党建工作要求写入公司章程，在章程中明确约定党组织的职责权限、机构设置、运行机制和基础保障等重要事项。认真落实“双向进入、交叉任职”领导体制和“三重一大”集体决策机制，将党组织研究讨论作为董事会、经理层决策重大问题的前置程序，制定完善党委前置研究讨论的制度流程和具体清单，清单中至少应包括公司发展战略、经营目标和风险偏好等重大事项。设立党组织的民营资本或社会资本占主体、合资、外商独资的中小银行保险机构，要按照企业需要、党员欢迎、职工赞成的原则建立双向互动工作机制，把党组织活动与企业生产经营管理紧密结合起来。

三、扎实做好自评自查，持续强化股东股权管理

要高度重视公司治理评估和股权与关联交易专项整治“回头看”有关工作，实事求是做好自评自查工作，不得瞒报、漏报、错报自评自查发现问题。扎实做好自评自查与监管检查评估发现问题的整改问责工作，建立整改工作台账，明确整改责任人，定期跟进整改进展。加大问责力度，严肃追究有关人员责任，对严重违规问题的问责不得以经济处罚代替党纪政纪处分。切实落实股东股权管理主体责任，加强与股东沟通，及时核实掌握主要股东及实际控制人等的动态信息，依法及时、准确、完整地报告或披露相关信息。探索建立中小股东沟通协商机制，为股东间就行使基本权利开展正当沟通协商创造途径和条件。建立健全与股东的沟通对话机制，积极回应股东关于自身重大关切的问询。商业银行要切实规范股权质押管理，督促股东严格落实股权质押监管要求，按照银保监会关于股权托管工作要求如期完成股权托管与确权工作。保险公司应积极探索开展股权托管、主要股东评估等股权管理工作。

四、提升董监事履职效能，扎实做好履职评价

持续健全董监事履职的信息保障机制，探索监事定期与独立董事沟通机制，不得阻碍无法获得正常履职所必需信息的董监事向监管部门反映情况。探索改进董事提名和选任机制，推广累积投票制，扩大股权董事和独立董事的选聘范围。商业银行要扎实做好董监事履职评价有关工作，建立健全履职评价内部制度流程和配套体系，完善履职评价标准。推动清廉金融文化建设，将清廉金融文化建设落实情况纳入董监事履职评价体系和高管层考核体系。信托公司要全面开展董监事履职评价工作，进一步提升董监事履职能力。

五、健全激励约束机制，持续加强员工管理

严格落实绩效考评和薪酬管理相关规定，按监管规定设置风险合规、消费者权益保护等指标并赋予合理权重，切实保障党务工作、风险管理、内控内审等人员合理待遇，合理确定薪酬结构并严格落实延期支付有关规定。切实加强内部员工管理，加大对关键岗位人员监督检查频率，严格执行重要岗位人员履职回避和轮岗工作要求。持续落实员工行为规范要求，积极通过家访等途径了解员工“八小时”外行为情况，涵养风清气正的企业文化。扎实做好从业人员处罚信息报送工作，确保应报尽报，防止从业人员带病流动。

六、加强利益相关者权益保护，强化外部约束

严格落实消费者权益保护各项监管要求，建立健全消费者权益保护决策、执行和监督机制，公平对待消费者。切实落实企业民主管理要求，研究完善配套制度流程，有力支持和保障员工依法有序参与公司治理，确保消费者、员工、中小股东等利益相关者向董事会及监管部门投诉举报违法违规和违反职业道德行为的渠道畅通。落实董事会审计委员会对外部审计质量的管理职能，提高选聘外部审计机构的独立性和专业性。

本通知所称中小银行保险机构包括：城市商业银行、民营银行、农村中小金融机构、属地监管财产保险机构、信托公司和其他非银行法人金融机构。辖内各机构应对照本通知意见要求做好排查工作，并于2021年3月底前将落实情况报告报送我局。

二〇二〇年十二月二十三日

中国证券监督管理委员会北京监管局

关于做好辖区上市公司资金占用和违规担保风险化解工作的通知

京证监发〔2020〕543号

辖区各上市公司：

近年来，辖区上市公司资金占用和违规担保行为时有发生，严重影响上市公司正常经营，危害投资者合法权益，影响资本市场诚信建设和健康发展。防范和化解资金占用和违规担保风险是提高上市公司质量的重要环节。2020年11月11日，证监会下发了《关于进一步做好上市公司资金占用和违规担保监管工作的通知》（证监发〔2020〕101号，以下简称《通知》），对资金占用和违规担保风险化解进行了统一安排，现将有关要求通知如下：

一、加强学习，高度重视违规占用、担保的风险化解工作

各公司应高度重视此项工作，深入学习领会《国务院关于进一步提高上市公司质量的意见》（国发〔2020〕14号）相关内容，要清醒认识到违规占用上市公司资金及担保是侵占上市公司利益的行为，是广大股东和监管部门绝不允许的！各公司要以维护上市公司财产完整和安全，切实维护社会公众股股东合法权益为工作的出发点和落脚点，自觉杜绝此类行为的发生；对于已经发生的，要主动妥善化解违规占用、担保风险。

二、全面摸排，积极开展自查自纠工作

各公司应对与控股股东及其他关联方已经发生的资金往来、资金占用以及对外担保情况进行全面自查。对于存在资金占用及违规担保余额的，应填写附表，公司及其大股东应根据实际情况制订切实可行的整改方案，明确时间安排，按期完成整改。

各公司应于11月30日前，将自查情况及整改方案报送我局，对于瞒报、漏报、错报的公司，我局将依法从严查处。

三、限期整改，分类处置违法违规问题

对于《通知》印发之前已经存在资金占用和违规担保问题的上市公司，给予一定整改时间，要求在2020年年报披露前完成资金清偿和担保风险化解工作，并于2020年年报披露时专项披露占用担保情况及会计师事务所的专项审核意见，包括已发生的资金占用、违规担保情况，占用资金清偿情况，违规担保解除情况等。

对于限期未完成整改，以及《通知》印发之后新发生的资金占用、违规担保行为，将根据《证券法》第一百九十七条规定，先行对控股股东、实际控制人等资金占用方或被担保方进行立案，并对上市公司同步启动初步调查。后续根据初步调查情况，再行判断是否对上市公司立案及对相关责任人追究，构成犯罪的依法追究刑事责任。

各公司应切实提高思想认识，严格落实上述要求，规范公司治理和内部控制，加强治理状况信息披露，提升决策管理的科学性，杜绝上市公司资金占用和违规担保问题的再度发生，提升规范运作水平。

各公司应将此文传达至董事会成员、控股股东及实控人。

二〇二〇年十一月十七日

北京市地方金融监督管理局

北京市典当行监督管理指引（试行）

第一章 总 则

第一条 为加强典当行监督管理，规范典当行经营行为，保护当事人合法权益，促进典当行业健康发展，防范风险，根据《中华人民共和国公司法》《中华人民共和国物权法》等相关法律法规，制定本指引。

第二条 在北京市行政区域内设立典当行，从事典当活动，适用本指引。

中国银行保险监督管理委员会（以下简称银保监会）对典当行监督管理另有规定的，从其规定。

第三条 本指引所称典当行，是指依法设立的主要经营典当业务的有限责任公司或者股份有限公司。

本指引所称典当业务，是指当户将其财产或财产权利作为当物质押或者抵押给典当行，取得当金，并在约定期限内偿还当金、支付当金利息和相关费用（以下称综合费用）、赎回当物的融资活动。

第四条 典当行开展业务，应当遵守法律法规，遵循平等、自愿、公平和诚实信用原则，不得损害国家利益、社会公共利益和他人合法权益。

第五条 北京市地方金融监督管理局为典当行的市级主管部门（以下简称市主管部门），负责本市典当行的审批、监督管理和风险处置。

公安机关负责对典当行实施治安管理。

第六条 各区政府金融主管部门（以下简称区主管部门）是所在区典当行日常监督管理和风险处置的属地责任部门，负责本辖区的典当行设立、变更的初核、信息报送、日常监督管理和风险处置，并做好与市主管部门的衔接与配合工作。

第七条 北京市典当行发挥对小型微型企业、个人融资的补充作用。

第二章　设立、变更和终止

第八条　设立典当行，应当经主管部门批准。

典当行的名称中应当标明“典当”字样。

未经主管部门批准，其他任何经营性组织和机构不得以“典当”的名称或名义，经营或者变相经营典当业务。

第九条　设立典当行，应当具备下列条件：

（一）有符合法律、法规和银保监会规定的章程；

（二）有符合本指引要求的股东和注册资本；

（三）拟任董事、监事、高级管理人员熟悉与典当业务相关的法律法规，具有履行职责所需的教育背景、从业经验和管理能力；

（四）有符合要求的营业场所和办理业务必需的设施；

（五）有熟悉典当业务的鉴定评估人员；

（六）符合本指引第十四条和第十五条规定的治安管理要求；

（七）银保监会规定的其他条件。

第十条　典当行股东应当符合以下条件：

（一）社会声誉、诚信记录和纳税记录良好，最近 3 年无重大违法违规记录；

（二）法人股东最近 2 个会计年度连续盈利，纳税记录与盈利情况相匹配，且最近 2 年年末净资产不得低于总资产的 50%，权益性投资余额不超过其净资产的 50%（含本次投资资金），净流动资产（流动资产与流动负债之差）大于本次投资资金；

（三）自然人股东应为居住在中华人民共和国境内年满 18 周岁以上有完全民事行为能力的中国公民，无犯罪记录，信用良好，近 3 年年均收入不低于 40 万元人民币或者家庭金融净资产不低于 300 万元人民币，或者家庭金融资产不低于 500 万元人民币，且纳税记录与收入或财产情况相匹配；

（四）出资人应自觉遵守典当行业相关法律法规，遵守公司章程，加强监督管理，不从事非法金融活动，保证入股资金来源合法，为自有资金，不得以债务资金或委托资金等非自有资金入股；

（五）承诺 3 年内不转让所持有的股权，不将所持有的股权进行质押或设立信托，并在典当行章程中载明；

（六）有对外投资的法人股东，应承诺如实申报长期股权投资；

（七）银保监会规定的其他条件。

第十一条　典当行应当有两个以上法人股东（自然人独资公司除外），单个自然人不能为控股股东。

法人股东合计持股比例占全部股份 50% 以上，或者第一大股东是法人股东且持股比例占全部股份 1/3 以上。

第十二条　典当行的注册资本应当不低于人民币 1 亿元，且为一次性实缴货币资本。

第十三条　有下列情形之一的，不得担任典当行的董事、监事、高级管理人员：

（一）有犯罪记录的；

（二）担任因经营不善破产清算的公司、企业的董事或者厂长、经理，并对该公司、企业的破产负有个人责任的；

（三）担任因违法被吊销营业执照的公司、企业的法定代表人，并负有个人责任的；

（四）个人所负数额较大的债务到期未清偿的；

（五）被列入失信被执行人或被有关部门联合惩戒的；

（六）无民事行为能力或者限制民事行为能力的。

第十四条 典当行应当建立、健全以下安全制度：

（一）收当、续当、赎当查验证件（照）制度；

（二）当物查验、保管制度；

（三）通缉协查核对制度；

（四）可疑情况报告制度；

（五）安保人员配备制度。

第十五条 典当行房屋建筑和经营设施应当符合国家有关安全标准和消防管理规定，具备下列安全防范设施：

（一）经营场所内设置录像设备（录像资料至少保存2个月）；

（二）营业柜台设置防护设施；

（三）设置符合安全要求的典当物品保管库房和保险箱（柜、库）；

（四）设置报警装置；

（五）门窗设置防护设施；

（六）配备必要的消防设施及器材。

第十六条 设立典当行，申请人应当向主管部门提交下列材料：

（一）设立申请（应当载明拟设立典当行的名称、住所、注册资本、股东及出资额、经营范围等内容）及可行性研究报告；

（二）典当行章程、出资协议及出资承诺书；

（三）典当行业务规则、内部管理制度及安全防范措施；

（四）具有法定资格的验资机构出具的验资证明；

（五）董事、监事、高级管理人员的简历；

（六）具有法定资格的会计师事务所出具的法人股东近期财务审计报告及出资能力证明、增值税和企业所得税纳税记录、法人股东的董事会（股东会）决议及营业执照副本复印件；

（七）自然人股东简历、财产或收入证明、个人所得税纳税记录、出资来源说明；

（八）符合要求的营业场所的所有权或者使用权的有效证明文件。

第十七条 典当行可以在本市设立分支机构，但不得到外省、自治区、直辖市设立分支机构。典当行设立分支机构应当具备下列条件：

（一）经营典当业务三年以上，注册资本不少于人民币1亿元；

（二）最近两年连续盈利；

（三）最近两年无违法违规经营记录。

典当行的分支机构应当执行本指引第十四条规定的安全制度，具备本指引第十五条规定的安全防范设施。

第十八条 典当行应当对每个分支机构拨付不少于1 000万元的营运资金。

典当行各分支机构营运资金总额不得超过典当行注册资本的50%。

第十九条 典当行申请设立分支机构，应当向主管部门提交下列材料：

（一）设立分支机构的申请报告（应当载明拟设立分支机构的名称、住所、负责人、营运资金数额等）、可行性研究报告、董事会（股东会）决议；

（二）具有法定资格的会计师事务所出具的该典当行最近两年的财务会计

报告；

（三）拟任分支机构负责人的简历；

（四）符合要求的营业场所的所有权或者使用权的有效证明文件；

（五）主管部门及所在地区级人民政府公安机关出具的最近两年无违法违规经营记录的证明。

第二十条 收到设立典当行或者典当行申请设立分支机构的材料齐备后，主管部门应当在 20 个工作日内审核完毕。决定批准的，颁发《典当经营许可证》；不予批准的，应当书面说明理由。

主管部门应当向社会公布取得《典当经营许可证》的典当行名单，并报银保监会备案。

第二十一条 申请人领取《典当经营许可证》后，应当在 10 日内向所在地区级人民政府公安机关申请典当行《特种行业许可证》，并提供下列材料：

（一）申请报告；

（二）个人股东和董事、监事、高级管理人员的有效身份证件复印件；

（三）录像设备、防护设施、保险箱（柜、库）及消防设施安装、设置位置分布图；

（四）各项治安保卫、消防安全管理制度；

（五）治安保卫组织或者治安保卫人员基本情况。

第二十二条 所在地区级人民政府公安机关受理后，经对申请材料审核和实地勘验符合要求的，在 10 个工作日内审核批准完毕。经批准的，5 个工作日内颁发《特种行业许可证》。

第二十三条 申请人领取《特种行业许可证》后，应当在 10 日内到市场监督管理机关申请登记注册，领取营业执照后，方可营业。

第二十四条 典当行分立、合并、变更股东、变更名称、注册资本、法人代表、董事、监事、高级管理人员、迁移住所，应当经主管部门批准。典当行分支机构变更名称、负责人、经营场所、经营范围，应当经主管部门批准。

申请人换发《典当经营许可证》后，依照本指引第二十二条的有关规定申请换发《特种行业许可证》。

第二十五条 典当行增加注册资本、股权变更应当符合下列条件：

（一）与开业时间或者前一次增资、股权变更相隔的时间在一年以上；

（二）一年内没有违法违规经营记录；

（三）新增股东或者增资股东与新设典当行对股东的要求一致；

（四）典当行变更注册资本或者调整股本结构，新进入的个人股东和拟任董事、监事、高级管理人员应当接受资格审查；新进入的法人股东及增资的法人股东应当具备相应的投资能力与投资资格。

第二十六条 无正当理由未按照规定办理《特种行业许可证》及营业执照的，或者自核发营业执照之日起无正当理由超过 6 个月未营业或者营业后自行停业连续达 6 个月以上的，市主管部门、区级人民政府公安机关应当分别收回《典当经营许可证》、《特种行业许可证》，原批准文件自动撤销。

市主管部门收回《典当经营许可证》，或者区人民政府公安机关收回《特种行业许可证》的，应当在 10 日内通过市主管部门、市公安机关相互通报情况。

第二十七条 典当行解散应当提前 3 个月向主管部门提出申请，经批准后，应当停止除赎当和处理绝当物品以外的其他业务，并依法成立清算组，进行清算。

第二十八条 典当行清算结束后，清算组应当将清算报告经会计师事务所审计后报市主管部门确认，由市主管部门收回《典当经营许可证》，并在5日内通报同级人民政府公安机关。

市公安机关应当在5日内通知作出原批准决定的区公安机关收回《特种行业许可证》。

第二十九条 市主管部门对终止经营的典当行应当予以公告，并报银保监会备案。

第三章 经营范围

第三十条 经批准，典当行可以经营下列部分或全部业务：

（一）动产质押典当；

（二）财产权利质押典当；

（三）房地产（外省、自治区、直辖市的房地产或者未取得商品房预售许可证的在建工程除外）抵押典当业务；

（四）限额内绝当物品的变卖；

（五）鉴定评估及咨询服务；

（六）银保监会认可的其他业务。

第三十一条 典当行不得经营下列业务或有下列行为：

（一）旧物收购、销售、寄售；

（二）动产抵押业务；

（三）向除商业银行以外的单位或个人借款；

（四）与其他典当行拆借或变相拆借资金；

（五）超过规定限额从商业银行借款；

（六）集资、吸收存款或者变相吸收存款；

（七）发放信用贷款；

（八）融资融券；

（九）对外投资；

（十）未经主管部门批准的其他业务。

第三十二条 典当行不得收当下列财物：

（一）依法被查封、扣押或者已经被采取其他保全措施的财产；

（二）赃物和来源不明的物品；

（三）易燃、易爆、剧毒、放射性物品及其容器；

（四）管制刀具、枪支、弹药，军、警用标志、制式服装和器械；

（五）国家机关公文、印章及其管理的财物；

（六）国家机关核发的除物权证书以外证照及有效身份证件；

（七）当户没有所有权或者未能依法取得处分权的财产；

（八）法律、法规及国家有关规定禁止流通的自然资源或者其他财物。

第三十三条 典当行收当法律、行政法规规定的专营、专卖物品或者其他限制买卖的物品，应当经有关部门批准。

第四章 当 票

第三十四条 当票是典当行与当户之间的借贷契约，是典当行向当户支付当金的付款凭证。

典当行办理典当业务，应当向当户开具当票。严禁企业违规不开具当票、以合同代替当票、有当票无质（抵）押等违规行为。

典当行和当户就当票以外事项进行约定的，应当补充订立书面合同，但约定的内容不得违反有关法律、法规和本指引的规定。

第三十五条 当票应当载明下列事项：

（一）典当行机构名称及住所；

（二）当户姓名（名称）、住所（址）、有效证件（照）及号码；

（三）当物名称、数量、质量、状况；

（四）估价金额、当金数额；

（五）利率、综合费率；

（六）典当日期、典当期、续当期；

（七）当户须知。

第三十六条 典当行和当户不得将当票转让、出借或者质押给第三人。

第三十七条 典当行和当户应当真实记录并妥善保管当票，保存期限自典当期限届满之日起不得少于5年。

当票遗失，当户应当及时向典当行办理挂失手续。未办理挂失手续或者挂失前被他人赎当，典当行无过错的，典当行不负赔偿责任。

第三十八条 当票由市主管部门按国家规定样式监制，并实施统一编号管理。任何单位和个人不得伪造和变造当票。

第五章 经营规则

第三十九条 典当行应在其营业场所内开展收取当物、开具当票、签署协议等业务活动，不得委托其他单位和个人代办典当业务，不得向其他组织、机构和经营场所派驻业务人员从事除业务咨询之外的典当业务。

典当行股东、员工及其关联方不得作为当户的被委托人，为当户办理典当业务。

关联方是指能够对典当行法人股东的财务或者经营决策施加重大影响的自然人、法人或其他组织，包括法人股东的母公司、子公司、合营企业、与该法人股东受同一母公司控制的其他企业、对该法人股东实施共同控制或施加重大影响的投资方及该法人股东主要投资者个人、关键管理人员或与其关系密切的家庭成员控制、共同控制或施加重大影响的其他企业等；或能够对典当行自然人股东、员工的决策产生影响的近亲属及可能导致该股东或员工产生利益倾斜的人员，包括其配偶、子女、祖父母、外祖父母、孙子女、外孙子女及上述人员配偶的近亲属等。

第四十条 典当行应当在其营业场所的显著位置，公示其业务范围、业务流程、当金利率和服务项目收费标准、营业时间等事项。

第四十一条 典当行收当时，应当核对当户的身份证件。当户为单位的，应当核对单位证明和经办人的有效身份证件；委托典当的，应当核对委托书、被委托人和委托人的有效身份证件。

典当行应当查验当物并予以登记。对超过一定金额的当物，应当要求当户提供当物来源的相关证明材料；有正当理由不能提供相关证明材料的，应当作出书面说明。

典当行应当按照规定，如实记录当物和当户的相关信息，并按照所在区以上人民政府公安机关的要求报送备查。

典当行发现当物为公安机关通报协查的赃物或者当户是违法犯罪嫌疑人的，应立即向公安机关报告。

第四十二条 当物的估价金额、当金数额应当由双方协商确定。当金数额不得超过当物的估价金额。

房地产的当金数额经协商不能达成一致的，双方可以委托有资质的房地产价格评估机构进行评估，估价金额可以作为确定当金数额的参考。

典当期限由双方约定，最长不得超过6个月。

第四十三条 典当当金利率，按中国人民银行公布的银行机构6个月期基准贷款利率及典当期限折算后执行。

典当当金利息不得预扣。

第四十四条 典当综合费用包括各种服务及管理费用。收费标准由典当行与当户协商确定。

综合费用和利息收取总额应当符合国家相关法律规定。

当期不足5日的，按5日收取有关费用。

第四十五条 典当期内或典当期限届满后5日内，当户与典当行协商一致，可以续当。续当一次的期限最长为6个月。续当期自典当期限或者前一次续当期限届满日起算。续当时，当户应当结清前期利息和当期费用。典当行应为当户开具续当凭证，载明典当行与当户基本信息、原当票号、原当金数额、服务费用和当金利息、续当期限等项。

第四十六条 典当期限或者续当期限届满后，当户应当在5日内赎当或者续当。逾期不赎当也不续当的，为绝当。绝当物估价金额10万元以下（含10万元）的，典当行可以自行变卖或者折价处理，损溢自负。绝当物估价金额10万元以上的，典当行应当以符合法律规定的方式处置绝当物，也可以双方事先约定绝当后由典当行委托拍卖行公开拍卖。拍卖收入在扣除拍卖费用及当金本息后，剩余部分应当退还当户，不足部分向当户追索。

当户于典当期限或者续当期限届满至绝当前赎当的，除须偿还当金本息、综合费用外，还应当根据中国人民银行规定的银行等金融机构逾期贷款罚息水平、典当行制定的费用标准和逾期天数，补交当金利息和有关费用。

第四十七条 典当行在当期内不得出租、质押、抵押和使用当物。

质押当物在典当期内或者续当期内发生遗失或者损毁的，典当行应当按照估价金额进行赔偿。遇有不可抗力导致质押当物损毁的，典当行不承担赔偿责任。

第四十八条 典当行经营房地产抵押典当业务，应当和当户依法到有关部门先行办理抵押登记，再办理抵押典当手续。

典当行经营机动车质押典当业务，应当到车辆管理部门办理质押登记手续。

典当行经营其他典当业务，有关法律、法规要求登记的，应当依法办理登记手续。

第四十九条 典当行的合法资金来源包括：

（一）经市主管部门批准的注册资金；

（二）典当行经营盈余；

（三）从商业银行获得的一定数量的贷款。

典当行只能用上述资金开展典当业务。禁止典当行股东、员工以典当行名义为自己招揽业务，借用典当行资金违规放贷。

第五十条 典当行的资产应当按照下列比例进行管理：

（一）典当行从商业银行贷款的，贷款余额不得超过其净资产。典当行不得从本市以外的商业银行贷款。典当行分支机构不得从商业银行贷款；

（二）典当行对同一法人或者自然人的典当余额不得超过注册资本的25%；

（三）典当行净资产低于注册资本的90%时，各股东应当按比例补足或者申请减少注册资本，但减少后的注册资本不得违反本指引关于典当行注册资本最低限额的规定；

（四）典当行财产权利质押典当余额不得超过注册资本的50%。房地产抵押典当余额不得超过注册资本。房地产抵押典当单笔当金数额不得超过注册资本的10%；

（五）典当行对其股东及该股东关联方的典当余额之和不得超过该股东入股金额，且典当条件不得优于普通当户。

第六章　公司治理和内控制度

第五十一条　典当行的组织机构及其职责应按照《中华人民共和国公司法》的相关规定执行，并在其章程中明确。

第五十二条　典当行应根据其决策管理的复杂程度、业务规模和服务特点设置简洁、高效、灵活的组织机构。完善股东（大）会、董事会、监事会、高级管理层的议事制度和决策程序。

第五十三条　典当行设总经理1名，根据需要设副总经理1至3名。

典当行董事会应对总经理实施年度专项审计。审计结果应向董事会、股东会或股东大会报告，并报区主管部门。总经理、副总经理离任时，须进行离任审计。

第五十四条　典当行董事和高级管理人员对典当行负有忠实守信义务和勤勉尽责义务。

董事违反法律、法规或典当行章程，致使典当行形成严重损失的，应对公司承担相应赔偿责任。

总经理、副总经理违反法律、法规、公司章程或超出董事会授权范围做出决策，致使典当行遭受严重损失的，应对公司承担相应赔偿责任。

第五十五条　典当行应根据典当业务的性质和特点制定相应的管理规章，并针对典当业务特点建立健全相关的业务流程和操作规范，包括但不限于内控、安全、仓库管理、当票使用和管理、当户资格信用管理、风险评估、档案管理、关联交易、防欺诈和反洗钱制度。

第五十六条　典当行应当依据法律和国家统一的会计制度，建立、健全财务会计制度和内部审计制度。

第五十七条　典当行应当按照国家有关规定，真实记录并全面反映其业务活动和财务状况，登录金融监管系统，填报业务信息，编制月度报表和年度财务会计报告，并按要求向市主管部门及所在地的区主管部门报送。

典当行年度财务会计报告须经会计师事务所或者其他法定机构审查验证。

第五十八条　典当行应建立信息披露制度，按要求向市、区主管部门、向中国人民银行营业管理部、北京银保监局、向公司股东、向为其提供融资的商业银行等披露经中介机构审计的财务报表和年度业务经营情况、融资情况、大额贷款、重大事项等信息，必要时应向社会披露，并保证信息的真实准确和完整。对突发事件和突发业务风险等重大事项应及时报告主管部门。

第五十九条　典当行及其从业人员对办理典当业务中知悉的当户的商业秘密和个人隐私，应当依法保密。

第七章　监督管理

第六十条　市主管部门对本市典当行履行以下监督管理职责：

（一）制定有关规章、制度；

（二）典当行市场准入、变更和退出管理；

（三）本市典当行业务活动的监督管理、风险防范和处置；

（四）指导督促区主管部门开展具体日常监管和风险处置工作；

（五）对典当行业自律组织进行业务指导。

第六十一条 区主管部门加强对本辖区内典当行的监督检查，做好本辖区内典当行日常监管和风险防范、处置具体工作。

第六十二条 市、区主管部门应当建立健全监督管理工作制度，利用典当监督管理信息系统、大数据等现代信息技术手段实时监测风险，加强对典当行的非现场监管。

第六十三条 区主管部门应当分析评估本辖区典当行业发展和监管情况，并按年度向市主管部门和本级人民政府报告。

第六十四条 市、区主管部门根据履职要求，可以与典当行的董事、高级管理人员进行监督管理谈话，问询典当行业务活动、经营和风险管理情况，要求典当行就问询事项作出书面说明。

第六十五条 市、区主管部门对典当行进行监督检查，可以采取下列措施：

（一）进入典当行以及有关场所进行现场检查；

（二）询问相关人员，要求其对有关检查事项作出说明；

（三）查询、复制有关文件、资料，对可能被转移、销毁、隐匿或者篡改的文件、资料先行登记保存；

（四）检查相关信息系统。

进入现场检查，应当经主管部门负责人批准，现场检查时，检查人员不得少于2人，并应当出示检查证件和检查通知书，检查人员少于2人或者未出示检查证件和检查通知书的，典当行有权拒绝检查。

有关单位和个人应当配合主管部门依法进行监督检查，如实提供有关情况和文件、资料，不得拒绝、阻碍或者隐瞒。

市级层面现场检查每年抽选比例不少于20%，区级层面要对本辖区内典当行每年至少现场检查一次。

第六十六条 市、区主管部门对发现的典当行违法违规行为可采取约谈、风险提示、责令整改、下达监管函等方式依法进行处置，要求企业在限期内整改，并提交整改结果报告；区主管部门应对典当行整改情况进行验收，并向市主管部门报告。市主管部门对未按期通过整改验收的典当行名单，依法向社会公示。

典当行违反治安管理行为的，由公安机关依法给予治安管理处罚；构成涉嫌犯罪的，依法追究刑事责任。

典当行违反《反洗钱法》和中国人民银行有关反洗钱相关规定的，由中国人民银行营业管理部依法查处。

第六十七条 市、区主管部门建立典当行及其主要股东、董事、监事、高级管理人员违规经营典当业务行为信息库，如实记录相关违规行为信息，定期在行业内通报的同时，将违规典当行主要负责人及其他负有主要责任的人员纳入行业从业人员警示名单，通报有关部门、行业自律组织。

第六十八条 各级主管部门会同有关部门建立典当行重大风险事件预警、防范和处置机制、制定典当行重大风险事件应急预案。

典当行发生重大风险事件的，应当立即采取应急措施，并向区主管部门报告。

相关区人民政府应当及时进行应急处置，并在2小时内向市主管部门报告。

第六十九条 主管部门应当对典当行经营规范情况进行年审。区主管部门初审，市主管部门复审并出具最终评级意见。

第七十条 市、区主管部门应当结合当年年审情况，并根据典当行的经营质量、服务质效、内部管理水平、风险状况等对典当行实施分类分级监督管理。存在违规行为的典当行应下调监管评级，并作为重点监管对象，由市、区主管部门加强日常监管及现场检查。违规情节严重、整改不合格的典当行，不得通过年审。对于最终不能通过年审或者虽已通过年审但已被吊销营业执照的典当行，收回《典当经营许可证》正、副本，终止其经营。

第七十一条 《典当经营许可证》由市主管部门按国家规定样式统一监制并编码管理。任何单位和个人不得伪造、变造。

第七十二条 对于未经批准擅自开展典当业务的机构，依法予以取缔。

第七十三条 典当行如有违反法律法规和本指引的行为，市主管部门可依照相关法律法规对典当行进行处罚。典当行如对行政处罚不服的，可以依法申请行政复议或向人民法院提出行政诉讼。

第七十四条 主管部门及其工作人员对其监管工作中知悉的商业秘密，应当予以保密。

第八章 行业自律

第七十五条 北京典当行业协会是本市典当行业自律组织，经北京市民政部门核准登记后成立。

第七十六条 典当行业自律组织履行下列行业自律职责：

（一）组织会员签订自律公约及其实施细则，建立自律公约执行情况检查和披露制度，受理会员单位和社会公众的投诉，依法采取自律惩戒措施，督促会员依法合规经营，共同维护公平竞争的市场环境；

（二）受政府有关部门委托，组织制定行业标准，推动实施并监督会员执行，提高行业服务水平；

（三）建立健全行业诚信制度以及机构和从业人员信用信息体系，加强诚信监督，协助推进行业信用体系建设；

（四）制定行业从业人员道德和行为准则，对从业人员进行自律管理，组织从业人员的相关培训，提高从业人员素质；

（五）对于违反行业协会章程、自律公约、管理制度等致使行业利益受损的会员，可按有关规定实施自律性处罚，并及时报告市主管部门；

（六）对典当行和从业人员涉嫌违法违规的投诉件和发现的业内涉嫌违法违规的行为，要及时报告市区主管部门，并协助市区主管部门做好调查处理工作；

（七）典当行业自律组织应按照市主管部门年度现场检查工作安排，开展行业自律检查。

第七十七条 典当行业自律组织履行下列行业协调职责：

（一）协助市主管部门等落实有关政策、措施；

（二）协调会员之间的关系，建立和完善行业内部争议调解处理机制，公正、合理解决各种矛盾争端，营造良好的业内环境；

（三）协调会员与社会公众的关系，加强会员与社会公众的沟通，维护会员与客户的合法权益；提高社会公众的金融意识和风险意识；

（四）加强与新闻媒体的沟通和联系，制订实施典当行业舆情监测、引导及应对机制，正确引导社会舆论，自觉接受舆论监督，维护典当行业声誉和经营秩序。

第九章　附　则

第七十八条　本指引由北京市地方金融监督管理局、北京市公安局负责解释。

第七十九条　本指引自印发之日起施行。

北京市融资租赁公司监督管理指引（试行）

第一章　总　则

第一条　为强化对北京市融资租赁公司（以下简称融资租赁公司）的监管，促进融资租赁公司规范健康发展，防范化解相关金融风险，完善法人治理结构，根据《中华人民共和国公司法》《中华人民共和国物权法》等相关法律法规，制定本指引。

第二条　本指引所称融资租赁公司，是指依法设立的以从事融资租赁业务为主的有限责任公司或股份有限公司。

本指引所称融资租赁业务是指出租人根据承租人对出卖人、租赁物的选择，向出卖人购买租赁物，提供给承租人使用，承租人支付租金的交易活动。

第三条　北京市地方金融监督管理局（以下简称市金融监管局）是履行融资租赁公司日常监督管理职能的部门，负责审查全市融资租赁公司的设立、变更和终止，制定并组织实施本市监管工作政策、制度和工作部署；建立融资租赁公司重大事件信息通报机制、风险预警机制和突发事件应急处置预案；开展各种方式的监管、检查工作。区金融主管部门负责所在区融资租赁公司初核、日常管理、风险防范与处置等。中国人民银行营业管理部（以下简称人行营管部）、中国银行保险监督管理委员会北京监管局（以下简称北京银保监局）等部门在各自监管权限范围内予以协调配合。

第四条　市金融监管局建立风险管控为本的审慎监管框架，审慎监管框架的基本要素包括但不限于：设立条件、公司变更、公司治理、风险管控、资本充足率、财务稳健性、信息报送、法律责任等。

第二章　机构设立、变更与终止

第五条　申请设立融资租赁公司，应当经市金融监管局批准。

融资租赁公司的名称中应当标明“融资租赁”字样。

未经市金融监管局批准，任何单位和个人不得经营或变相经营融资租赁业务，不得在名称中使用“融资租赁”等可能被公众误解为其经营融资租赁业务的字样。中国银行保险监督管理委员会（以下简称银保监会）另有规定的除外。

第六条　设立融资租赁公司，应当具备下列条件：

（一）有符合《中华人民共和国公司法》和市金融监管局规定的章程；

（二）有符合本指引要求的主要股东和注册资本；

（三）拟任董事、监事、高级管理人员信誉良好，熟悉融资租赁业务相关法律法规，具有履职所需的从业经验和管理能力；

（四）建立了有效的公司治理、内部控制和风险管理制度；

（五）配备具有金融、法律、会计等方面专业知识、技能和从业经验并具有良好从业记录的从业人员；

（六）有支撑业务经营的必要、安全且合规的信息系统、保障业务持续运营的技术与措施；

（七）在注册地有与业务经营相适应的营业场所、安全防范措施和其他设施；

（八）市金融监管局规定的其他条件。

第七条 融资租赁公司的注册资本应当为一次性实缴货币资本，最低限额为2亿元人民币或等值自由兑换货币。

第八条 融资租赁公司主要股东应当为企业法人，且符合以下条件：

（一）具有良好的公司治理结构或有效的组织管理方式；

（二）有良好的社会声誉、诚信记录和纳税记录；

（三）财务状况良好，最近2个会计年度连续盈利；

（四）经营管理良好，最近3年内无重大违法违规记录；

（五）具有与所从事融资租赁产品相关联的行业背景；

（六）最近1年年末净资产不低于5亿元人民币或等值自由兑换货币，净资产占总资产的比例不低于30%，权益性投资余额原则上不超过其净资产的50%（合并会计报表口径，含本次投资资金）；

（七）入股资金为自有资金，不得以债务资金或委托资金等非自有资金入股；

（八）承诺3年内不转让所持有的股权，不将所持有的股权进行质押或设立信托，并在公司章程中载明；

（九）市金融监管局规定的其他条件。

第九条 同一投资人及其关联方、一致行动人作为主要股东参股融资租赁公司的数量不得超过2家，或控股融资租赁公司的数量不得超过1家。

第十条 融资租赁公司拟任董事应当具有大学专科以上学历，从事金融工作2年以上，或从事相关经济工作3年以上；融资租赁公司拟任高级管理人员应当具有大学本科以上学历，从事金融工作5年以上或相关经济工作10年以上，且融资租赁业从业经验不少于3年。

有下列情况之一的，不得担任融资租赁公司的董事、监事、高级管理人员：

（一）有犯罪记录的；

（二）担任因经营不善破产清算的公司、企业的董事或者厂长、经理，并对该公司、企业的破产负有个人责任的；

（三）担任因违法被吊销营业执照的公司、企业的法定代表人，并负有个人责任的；

（四）个人所负数额较大的债务到期未清偿的；

（五）被列入失信被执行人或被有关部门联合惩戒的；

（六）无民事行为能力或者限制民事行为能力的。

第十一条 申请设立融资租赁公司，

应当向市金融监管局提交下列材料：

（一）申请书（应当载明拟设立融资租赁公司的名称、住所、注册资本、股东及出资额、经营范围等内容）及可行性研究报告；

（二）融资租赁公司章程、出资协议及出资承诺书；

（三）具有法定资格的验资机构出具的验资证明；

（四）具有法定资格的会计师事务所出具的股东最近2年及近3个月的财务审计报告、董事会（股东会）决议及营业执照副本复印件；

（五）拟任董事、监事、高级管理人员的简历；

（六）融资租赁公司业务规则、内部管理制度；

（七）符合要求的营业场所的所有权或使用权的证明文件；

（八）市金融监管局规定的其他材料。

第十二条 融资租赁公司根据业务发展需要，可以设立分公司、子公司。融资租赁公司设立分公司、子公司的，应当具备以下条件：

（一）经营融资租赁业务3年以上，注册资本不少于5亿元人民币或等值自由兑换货币；

（二）最近两个会计年度连续盈利；

（三）最近两年无违法违规经营记录。

融资租赁公司应当自分公司、子公司设立之日起20个工作日内，将有关情况报告公司注册地主管部门。

融资租赁公司跨省、自治区、直辖市设立的分公司的日常监督管理，由分公司所在地主管部门负责，融资租赁公司注册地主管部门配合。

对融资租赁公司设立的子公司，不设最低注册资本限制。子公司的具体管理规则另行制定。

第十三条 融资租赁公司应当对每个分公司拨付不少于5 000万元的营运资金。

各分公司营运资金总额不得超过融资租赁公司注册资本的50%。

第十四条 融资租赁公司申请设立分公司、子公司的，应当向拟设立分公司、子公司所在地主管部门提交下列材料：

（一）设立分公司、子公司的申请报告（应当载明拟设立分公司、子公司的名称、住所、负责人、营运资金或注册资金等）；

（二）可行性研究报告、董事会（股东会）决议、拟任负责人的简历；

（三）具有法定资格的会计师事务所出具的该融资租赁公司最近两年的财务会计报告；

（四）融资租赁公司注册地主管部门出具的意见和最近两年无违法违规经营的证明；

（五）符合要求的营业场所的所有权或使用权的证明文件；

（六）拟设立分公司、子公司所在地主管部门规定的其他材料。

第十五条 市金融监管局应当自受理设立申请之日起20个工作日内作出批准或不予批准的决定。

第十六条 融资租赁公司合并、分立，变更注册资本、股东、法人代表、名称、住所以及董事、监事、高级管理人员的，应当经市金融监管局批准。

第十七条 融资租赁公司自获批之日起无正当理由超过6个月未营业，或者营业后自行停业连续达6个月以上的，市金融监管局应当收回原批准文件，原批准文件自动撤销。

第十八条 融资租赁公司解散或者被依法宣告破产的，应当依法成立清算组进行清算。清算结束后，清算组应当将清算报告经会计师事务所审计后报市金融监管局确认，由市金融监管局收回原批准文件，并及时公告终止经营。

第三章 业务范围

第十九条 融资租赁公司可以经营下列部分或全部业务：

（一）融资租赁业务；

（二）经营租赁业务；

（三）与融资租赁和经营租赁业务有关的租赁物购买、残值处理与维修、租赁交易咨询、接受租赁保证金；

（四）转让与受让融资租赁资产；

（五）固定收益类证券投资业务。

第二十条 融资租赁公司的融资行为必须符合相关法律法规规定。

第二十一条 融资租赁公司开展融资租赁业务应当以权属清晰、真实存在且能够产生收益权的租赁物为载体，并应当合法取得租赁物的所有权。

第二十二条 融资租赁公司进口租赁物涉及配额、许可等管理的，应由租赁物购买方或产权所有方按有关规定办理手续。

融资租赁公司经营业务过程中涉及外汇管理事项的，应当遵守国家外汇管理有关规定。

第二十三条 融资租赁公司应当坚守法律法规底线：

（一）不得从事吸收或变相吸收存款、发放贷款、受托发放贷款等金融业务；

（二）严禁融资租赁企业借融资租赁的名义开展非法集资等非法金融活动；

（三）不得与其他融资租赁公司拆借或变相拆借资金；

（四）不得违反国家有关规定向地方政府、地方政府融资平台公司提供融资或要求地方政府为租赁项目提供担保、承诺还款等；

（五）不得虚拟出资，不得虚构租赁物，不得以不符合法律规定的、无处分权的、已经设立抵押的、已经被司法机关查封扣押的或所有权存在其他瑕疵的标的为租赁物，租赁物合同价值不得与实际价值明显不符；

（六）不得与关联公司之间进行租赁物低值高买、高值低租等明显不符合市场规律的交易行为；

（七）不得虚假宣传或误导性宣传，不得故意虚构融资租赁项目通过公开渠道进行融资；

（八）不得以暴力或其他非法手段进行清收；

（九）不得向明显缺乏偿付能力的客户开展融资租赁业务；

（十）不得通过网络借贷信息中介机构、地方各类交易场所、资产管理机构以及私募投资基金等机构融资或转让资产；

（十一）不得有其他违反相关规定的行为。

第四章 经营规则和风险控制

第二十四条 融资租赁公司应当建立以股东会、董事会、监事会、高级管理层等为主体的组织架构，科学、高效的决策、激励和约束机制。

第二十五条 融资租赁公司应当按照

全面、审慎、有效、独立原则，建立健全内部控制制度和内部审计制度，形成良好的风险资产分类管理制度、承租人信用评估制度、事后追偿和处置制度、风险预警机制以及防欺诈和反洗钱制度等，防范、控制和化解风险，保障公司安全稳健运行。

第二十六条 融资租赁公司应当根据其组织架构、业务规模和复杂程度建立全面的风险管理体系，对信用风险、流动性风险、市场风险等各类风险进行有效的识别、计量、监测和控制，同时还应当及时识别和管理与融资租赁业务相关的特定风险。

第二十七条 融资租赁公司应建立稳健的资本管理制度及实施流程，建立可持续的资本补充机制，计提原则上不低于风险资产期末余额 1.5% 的一般风险损失准备。确保自有资本真实性和资本质量，杜绝虚假注资、循环注资等违规现象。建立以资本充足率为核心，包括资本补充、规划、内部资本评估、动态补充在内的资本约束管理体系。

第二十八条 融资租赁公司的融资租赁和其他租赁资产比重不得低于总资产的60% 。

第二十九条 融资租赁公司开展的固定收益类证券投资业务，不得超过净资产的20% 。

第三十条 融资租赁公司应当建立健全集中度风险管理体系，加强对重点承租人的管理，控制单一承租人及承租人为关联方的业务比例，有效防范和分散经营风险。

融资租赁公司对单一承租人的全部融资租赁业务余额不得超过净资产的 30%；对单一集团的全部融资租赁业务余额不得超过净资产的 50%；对一个关联方的全部融资租赁业务余额不得超过净资产的30%；对全部关联方的全部融资租赁业务余额不得超过净资产的 50%；对单一股东及其全部关联方的融资余额不得超过该股东在融资租赁公司的出资额，且应同时满足本指引对单一客户关联度的规定。

第三十一条 融资租赁公司的风险资产不得超过净资产总额的 8 倍。

第三十二条 融资租赁公司开展资产证券化业务的，应当在国务院批准的交易场所或银行间市场发行，应当面向合格投资者发行，投资者人数、投资金额等应当符合国家有关规定。

第三十三条 融资租赁公司应当按照相关规定，执行国家统一的财务会计准则和制度，真实记录和反映企业的财务状况、经营成果和现金流量。

第三十四条 为控制和降低风险，融资租赁公司应当对融资租赁项目进行认真调查，充分考虑和评估承租人持续支付租金的能力，采取多种方式降低违约风险，并加强对融资租赁项目的检查及后期管理。

第三十五条 融资租赁公司应当建立关联交易管理制度。融资租赁公司在对承租人为关联企业的交易进行表决或决策时，与该关联交易有关联关系的人员应当回避。

融资租赁公司的重大关联交易应当经董事会批准。

重大关联交易是指融资租赁公司与一个关联方之间单笔交易金额占融资租赁公司净资产 5% 以上，或融资租赁公司与一个关联方发生交易后融资租赁公司与该关联方的交易余额占融资租赁公司净资产 10% 以上的交易。

第三十六条 融资租赁公司对委托租赁、转租赁的资产应当分别管理，单独建账。转租赁应当经出租人同意。融资租赁公司和承租人应对与融资租赁业务有关的担保、保险等事项进行充分约定，维护交易安全。

第三十七条 售后回租的标的物应为能发挥经济功能，并能产生持续经济效益的财产。融资租赁公司开展售后回租业务时，应注意加强风险防控。

第三十八条 融资租赁公司应充分考虑并客观评估售后回租资产的价值，对标的物的买入价格应有合理的、不违反会计准则的定价依据作为参考，不得低值高买，应当建立健全租赁物价值评估和定价体系，根据租赁物的价值、其他成本和合理利润等确定租金水平。

第三十九条 融资租赁公司应当重视租赁物的风险缓释作用，密切监测租赁物价值对融资租赁债权的风险覆盖水平，制定有效的风险应对措施。

第四十条 融资租赁公司应当加强租赁物未担保余值的估值管理，定期评估未担保余值，并开展减值测试。当租赁物未担保余值出现减值迹象时，应当按照会计准则要求计提减值准备。

第四十一条 融资租赁公司应当加强未担保余值风险的限额管理，根据业务规模、业务性质、复杂程度和市场状况，对未担保余值比例较高的融资租赁资产设定风险限额。

第四十二条 融资租赁公司应当加强对租赁期限届满返还或因承租人违约而取回的租赁物的风险管理，建立完善的租赁物处置制度和程序，降低租赁物持有期风险。

第四十三条 按照国家法律法规规定租赁物的权属应当登记的，融资租赁公司须依法办理相关登记手续。若租赁物不属于需要登记的财产类别，融资租赁公司应当按照有关规定在中国人民银行征信中心动产融资统一登记公示系统对租赁物权利状况进行登记公示。

第五章 行业自律组织

第四十四条 北京市租赁行业协会是北京市融资租赁行业自律组织，履行自律、协调、维权、服务等职责，引导融资租赁公司诚信经营、公平竞争、稳健运行。

鼓励融资租赁公司加入融资租赁行业自律组织。

第四十五条 融资租赁行业自律组织履行下列行业自律职责：

（一）组织会员签订自律公约及其实施细则，建立健全行业统计制度，建立自律公约执行情况检查和披露制度，受理会员单位和社会公众的投诉，依法采取自律惩戒措施，督促会员依法合规经营，共同维护公平竞争的市场环境；

（二）受政府有关部门委托，组织制定行业标准、业务规范，推动实施并监督会员执行，提高行业服务水平；

（三）建立健全行业诚信制度以及机构和从业人员信用信息体系，加强诚信监督，协助推进行业信用体系建设；

（四）制定行业从业人员道德和行为准则，对从业人员进行自律管理，组织从业人员的相关培训，提高从业人员素质；

（五）对于违反行业协会章程、自律公约、管理制度等致使行业利益受损的会员，可按有关规定实施自律性处罚，并及时报告市金融监管局；

（六）对融资租赁企业和从业人员涉

嫌违法违规的投诉和发现的业内涉嫌违法违规的行为，要及时报告市金融监管局，并协助做好投诉的调查处理工作。

第四十六条 融资租赁行业自律组织履行下列行业协调职责：

（一）协助市金融监管局等部门落实有关政策、措施；

（二）协调会员之间的关系，建立和完善行业内部争议调解处理机制，公正、合理解决各种矛盾争端，营造良好的业内环境；

（三）协调会员与社会公众的关系，加强会员与社会公众的沟通，维护会员与客户的合法权益，提高社会公众的金融意识和风险意识；

（四）加强与新闻媒体的沟通和联系，制定实施融资租赁行业舆情监测、引导及应对机制，正确引导社会舆论，自觉接受舆论监督，维护融资租赁行业声誉和经营秩序。

第四十七条 融资租赁行业自律组织履行下列行业服务职责：

（一）建立会员间信息沟通机制，组织开展会员间的业务、技术、信息等方面的交流与合作；

（二）发挥行业整体宣传功能，协调、组织会员共同开展新业务、新政策的宣传和咨询活动，大力普及金融知识，提高公众的金融意识；

（三）组织开展行业内部业务竞技活动，培育健康向上的行业文化。

第六章　监督管理

第四十八条 市金融监管局作为融资租赁公司的监管部门，在国家金融监管部门的指导下，会同人行营管部、北京银保监局等有关部门建立监管协调机制、信息共享机制和重大风险事件预警、防范和处置机制，有效防范和处置融资租赁公司风险。

第四十九条 市金融监管局通过非现场监管和现场检查，持续深入了解融资租赁公司的运营状况，分析、评价融资租赁公司的风险状况，判断融资租赁公司是否符合相关法律、法规规定和满足审慎经营要求。

第五十条 市金融监管局应当不断完善融资租赁公司业务统计制度和信息化监管手段，利用大数据等现代信息技术加强非现场监管。

第五十一条 区金融主管部门负责辖区内融资租赁公司的日常监管，实行动态监管和全过程监督，及时预警和防范风险，重点监督融资租赁公司经营合规性和业务、财务数据真实性，及时防范和纠正违法违规行为，开展多种方式的监管工作。

第五十二条 融资租赁公司应当建立健全信息报送制度，应按要求登陆《全国融资租赁企业管理信息系统》，及时进行融资租赁业务登记，真实、准确、完整填报信息；应按月向市金融监管局及区金融主管部门报送上月经营业务统计报表，按季向市金融监管局及区金融主管部门报送财务报表和经营情况报告，每年 3 月 31 日前向市金融监管局及区金融主管部门提供上年度财务会计报告和审计报告。发生重大风险事件的，融资租赁公司应当立即采取应急措施同时向区金融主管部门报告，相关区人民政府应当及时进行应急处置，并在 2 小时内向市金融监管局等部门报告。

第五十三条 市金融监管局应当建立监管指标体系和监管评级体系，定期对融资租赁公司进行监管评级，并根据评级结果采取相应监管措施。存在违规行为的融资租赁公司应下调监管评级，并作为重点监管对象，由市金融监管局及区金融主管部门加强日常监管及现场检查。

第五十四条 市金融监管局及区金融主管部门根据审慎监管的需要，可以采取下列措施进行现场检查：

（一）查看经营管理场所、采集数据信息、测试有关系统设备设施；

（二）问询相关人员，要求其对有关检查事项作出说明；

（三）查阅、复制融资租赁公司与检查事项有关的文件、资料，对可能被转移、隐匿或者毁损的文件、资料予以登记并依法处理；

（四）根据实际需要，可委托符合条件的第三方机构进行检查；

（五）符合法律法规及规章规定的其他方式。

市级层面现场检查每年抽选比例不少于20%，区级层面应当对本辖区内融资租赁公司每年至少现场检查一次。

第五十五条 市金融监管局、区金融主管部门及其他相关单位实施检查的人员（以下简称检查人员）应依照法律、行政法规、规章和规范性文件确定的职责、权限和程序进行检查，应当客观公正，实事求是，忠诚履职，清正廉洁，保守秘密。

第五十六条 开展现场检查时，检查人员不得少于2人，并应当出示检查证件和检查通知书。

第五十七条 区金融主管部门应当出具本辖区融资租赁公司现场检查工作报告并提交市金融监管局，市金融监管局制作北京市融资租赁公司现场检查工作报告。

第五十八条 根据现场检查工作报告，市金融监管局及区金融主管部门应当责令违规融资租赁公司进行限期整改并可通过约谈、问询、风险提示等方式对整改过程实施监管。违规融资租赁公司完成整改后，应当向区金融主管部门提交整改报告，经区金融主管部门审核通过后提交市金融监管局。市金融监管局经验收符合有关审慎经营规则的，应当自验收完毕之日起7日内解除对其采取的有关监管措施。市金融监管局将未按期通过整改验收的融资租赁公司列入经营异常融资租赁公司名单，依法向社会公示。

第五十九条 市金融监管局及区金融主管部门建立融资租赁公司及其主要股东、董事、高管人员违规经营融资租赁业务行为信息库，如实记录相关违规行为信息，定期在行业内部通报，并将违规融资租赁公司主要负责人及其他负有主要责任的人员纳入行业从业人员警示名单，通报有关部门、行业自律组织；给予行政处罚的，依法向社会公示。

第六十条 融资租赁公司如果有违反法律法规和本指引的行为，市金融监管局可依照相关法律法规对融资租赁公司进行处置；涉嫌犯罪的，依法移送司法机关处理。融资租赁公司如对行政处罚不服，可以依法申请行政复议或向人民法院提出行政诉讼。

第六十一条 市金融监管局及区金融主管部门工作人员对其监管工作中知悉的融资租赁公司商业秘密，应当予以保密。

第七章 附 则

第六十二条 本指引由市金融监管局负责解释。

第六十三条 本指引自印发之日起施行。中国银保监会对融资租赁公司监督管理另有规定的，从其规定。

附

2020年文件与规章目录选编

中国人民银行营业管理部

1. 关于修订绿色贷款专项统计制度的通知

银管发〔2020〕2号

2. 中国人民银行营业管理部关于做好接入中央银行会计核算数据集中系统综合前置子系统有关工作的通知

银管发〔2020〕7号

3. 中国人民银行营业管理部关于应对新型冠状病毒感染的肺炎疫情全力做好辖区内金融服务和应急保障工作的通知

银管发〔2020〕12号

4. 关于进一步做好新型冠状病毒感染的肺炎疫情防控期间北京市金融服务有关工作的通知

银管发〔2020〕15号

5. 中国人民银行营业管理部关于在新型冠状病毒感染的肺炎疫情防控期间调整北京市同城票据交换工作的通知

银管发〔2020〕19号

6. 中国人民银行营业管理部关于开展2020年"金融消费者权益日"活动的通知

银管发〔2020〕28号

7. 中国人民银行营业管理部关于进一步推进营商环境建设优化企业开户服务的意见

银管发〔2020〕31号

8. 中国人民银行营业管理部关于2019年重点可疑交易报告及监测分析有关工作情况的通报

银管发〔2020〕50号

9. 关于北京市银行业金融机构2019年度人民币管理工作考核情况的通报

银管发〔2020〕54号

10. 关于做好2020年北京市人民币管理工作的通知

银管发〔2020〕61号

11. 关于印发《北京市金融服务实体经济指标统计工作制度》的通知

银管发〔2020〕53号

12. 关于进一步加强应收账款融资服务平台工作的通知

银管发〔2020〕71号

13. 中国人民银行营业管理部　中国人民银行天津分行　中国人民银行石家庄中心支行关于印发《京津冀协同发展人民银行三地协调机制2020年工作要点》的通知

银管发〔2020〕76号

14. 人行营业管理部　北京银保监局　市金融监管局　市发展改革委　市经信局　市财政局　市市场监管局　北京证监局关于印发《北京市金融支持稳企业保就业工作行动方案》的通知

银管发〔2020〕82号

15. 中国人民银行营业管理部关于开展2020年反洗钱集中宣传活动的通知

银管发〔2020〕83号

16. 中国人民银行营业管理部关于加强投保机构存款保险宣传和强化风险防控主体责任的通知

银管发〔2020〕85号

17. 关于进一步完善信贷政策支持再贷款管理的通知

银管发〔2020〕91号

18. 人行营业管理部　北京市公安局　北京银保监局　外汇局北京外汇管理部

转发中国人民银行等部门关于联合开展为跨境赌博、电信网络诈骗等违法违规活动提供支付结算服务风险排查与整治工作文件的通知

银管发〔2020〕96号

19. 中国人民银行营业管理部关于2019年度证券期货业法人金融机构洗钱和恐怖融资风险评估情况的通报

银管发〔2020〕100号

20. 中国人民银行营业管理部关于2019年度金融消费权益保护评估情况的通报

银管发〔2020〕104号

21. 中国人民银行营业管理部关于做好2020年版第五套人民币5元纸币发行相关工作的通知

银管发〔2020〕106号

22. 关于2019年度银行机构洗钱和恐怖融资风险评估及综合评价情况的通报

银管发〔2020〕110号

23. 中国人民银行营业管理部关于2020年上半年北京地区银行跨境人民币业务开展情况的通报

银管发〔2020〕116号

24. 中国人民银行营业管理部关于开展北京市电子清分服务平台主动缴费业务迁移的通知

银管发〔2020〕119号

25. 关于印发《北京支付系统参与者运行管理实施办法》的通知

银管发〔2020〕137号

26. 关于开展征信机构数据安全自查自纠工作的通知

银管发〔2020〕144号

27. 关于开展北京地区金融教育示范基地建设试点工作的通知

银管发〔2020〕155号

28. 中国人民银行营业管理部关于开展2020年度金融消费权益保护评估和培训工作的通知

银管发〔2020〕164号

29. 中国人民银行营业管理部关于做好存款保险宣传工作的通知

银管发〔2020〕168号

30. 关于印发《金融支持京津冀协同发展行动计划（2020—2022）》的通知

银管发〔2020〕184号

31. 关于做好2020年年终决算期间支付清算相关工作的通知

银管发〔2020〕187号

32. 关于做好2020年度国库各项年终工作的通知

银管发〔2020〕191号

33. 关于金融机构在“两区”开展业务中加强反洗钱工作的通知

银管发〔2020〕192号

34. 关于印发《人民银行京津冀区域联防协同机制》《中国人民银行京津冀区域联防协同工作方案（试行）》的通知

银管发〔2020〕194号

中国银行保险监督管理委员会北京监管局

1. 北京市保险支公司及以下机构和高级管理人员备案管理办法

京银保监发〔2020〕74号

2. 北京银保监局关于加强北京地区银行业保险业消费投诉处理管理工作有关要求的通知

京银保监发〔2020〕286号

3. 北京银保监局关于规范辖内银行业金融机构押品管理的通知

京银保监发〔2020〕403号

4. 关于加强北京地区非金融类车险兼业代理机构合规管理的通知

京银保监发〔2020〕404 号

5. 关于进一步明确“证照分离”改革全覆盖试点工作有关事项的通知

京银保监发〔2020〕450 号

6. 北京银保监局关于健全辖内银行业保险业公司治理有关工作的通知

京银保监发〔2020〕462 号

中国证券监督管理委员会北京监管局

1. 关于转发《证监会科技监管局关于澳洲证券交易所技术故障相关情况的通报》的通知

京证监发〔2020〕591 号

2. 关于开展北京辖区挂牌公司新《证券法》及“监管第一课”学习培训的通知

京证监发〔2020〕577 号

3. 关于做好辖区上市公司资金占用和违规担保风险化解工作的通知

京证监发〔2020〕543 号

4. 关于对新浪微博部分用户进行处置并加强证券类微博信息合规审核的通知

京证监发〔2020〕516 号

5. 关于开展打击和整治“杀猪盘”投资者教育工作的通知

京证监发〔2020〕488 号

6. 关于转发《中国人民银行办公厅 中国银行保险监督管理委员会办公厅 中国证券监督管理委员会办公厅关于开展2020 年度金融领域企业标准“领跑者”活动的通知》的通知

京证监发〔2020〕487 号

7. 关于转发《东京证券交易所等国际交易所重大交易事故情况通报及有关工作要求》的通知

京证监发〔2020〕473 号

8. 关于开展 2020 年“金融知识普及月 金融知识进万家 争做理性投资者 争做金融好网民”专项活动的通知

京证监发〔2020〕408 号

9. 关于做好投资者维权救济渠道宣传工作的通知

京证监发〔2020〕263 号

10. 关于印发贾文勤同志及林雯同志在 2020 年北京辖区机构监管工作会上讲话的通知

京证监发〔2020〕146 号

11. 关于继续加强近期疫情防控工作的紧急通知

京证监发〔2020〕159 号

12. 关于持续开展“诚实守信 做受尊敬的上市公司”投资者保护专项行动宣传工作的通知

京证监发〔2020〕134 号

13. 关于保障“两会”网络安全运行环境有关事项的通知

京证监发〔2020〕131 号

14. 关于开展 2020 年防范非法证券期货暨防范非法集资宣传月活动的通知

京证监发〔2020〕123 号

15. 关于开展第二届“5・15 全国投资者保护宣传日”专项活动的通知

京证监发〔2020〕122 号

16. 关于配合全国股转公司做好新三板改革相关准备工作的通知

京证监发〔2020〕59 号

17. 关于启动辖区挂牌公司公开发行辅导验收工作的通知

京证监发〔2020〕21 号

18. 北京证监局关于 2020 年期货监

管工作的总结报告

京证监字〔2020〕397号

19. 关于北京辖区推进行业文化建设和反洗钱工作的报告

京证监字〔2020〕383号

20. 北京辖区2020年证券经营机构现场检查情况及2021年现场检查计划的报告

京证监字〔2020〕381号

21. 关于提请北京市政府会议审议《关于进一步推动提高北京上市公司质量的若干措施》的请示

京证监字〔2020〕385号

22. 北京证监局关于“股市黑嘴”“非法荐股”“场外配资”及相关“黑群”“黑APP”专项整治工作报告

京证监字〔2020〕373号

23. 北京证监局关于2020年工作总结和2021年重点工作安排的报告

京证监字〔2020〕361号

24. 关于北京辖区证券公司2020年度公司债券和资产证券化业务专项现场检查情况报告

京证监字〔2020〕362号

25. 关于组织北京辖区证券经营机构落实廉洁从业相关规定情况的报告

京证监字〔2020〕352号

26. 关于开展“诚实守信　做受尊敬的上市公司”专项投保宣传活动的报告

京证监字〔2020〕340号

27. 关于开展“创业创新　共迎发展”创业板投资者教育工作的总结报告

京证监字〔2020〕330号

28. 关于进一步优化信访举报流程切实提高投资者保护工作的报告

京证监字〔2020〕328号

29. 关于第十三届中国期货高管年会有关观点建议的报告

京证监字〔2020〕321号

30. 北京证监局关于财务造假案件调查经验总结的报告

京证监字〔2020〕298号

31. 北京证监局关于“保护中小投资者”指标国内营商环境迎评工作总结

京证监字〔2020〕259号

32. 关于北京辖区外国证券公司、境外证券交易所驻华代表机构2019年度工作报告的汇总分析报告

京证监字〔2020〕260号

33. 北京证监局关于利用REITs服务首都经济高质量发展加快北京全球资产管理中心建设的报告

京证监字〔2020〕236号

34. 关于北京辖区外国资产管理类机构北京代表处2019年度工作报告的汇总分析报告

京证监字〔2020〕229号

35. 北京证监局“七五”普法工作总结报告

京证监字〔2020〕197号

36. 北京辖区科创板上市公司2019年年报分析报告

京证监字〔2020〕162号

37. 北京证监局关于《北京市优化营商环境条例》宣传培训进展情况的报告

京证监字〔2020〕161号

38. 北京证监局关于行政许可受理及审查工作的分析评估报告

京证监字〔2020〕157号

39. 北京证监局关于推进基础设施REITs试点工作情况的报告

京证监字〔2020〕148号

40. 北京证监局关于瑞幸咖啡事件对辖区关联公司影响情况的报告

京证监字〔2020〕142 号

41. 北京证监局关于落实“总对总”机制工作情况的报告

京证监字〔2020〕64 号

北京市地方金融监督管理局

1. 关于印发《关于加快优化金融信贷营商环境的意见》的通知

京金融〔2020〕31 号

2. 北京市地方金融监督管理局关于印发《北京市典当行监督管理指引（试行)》《北京市融资租赁公司监督管理指引（试行)》《北京市商业保理公司监督管理指引（试行)》《北京市地方资产管理公司监督管理指引（试行)》的通知

京金融〔2020〕69 号

七、专题与调研

北京地区落实金融支持稳企业保就业工作情况报告

中国人民银行营业管理部　货币信贷管理处

2020年，中国人民银行营业管理部（以下简称人民银行营业管理部）坚决贯彻落实党中央、国务院关于“六稳”“六保”决策部署，根据中国人民银行和北京市委、市政府工作要求，结合地区实际，通过搭建市区联动机制和打造企业融资综合服务体系的“两创新”，狠抓重点领域和政策落地的“两聚焦”，多措并举为首都抗疫情、促发展、保市场主体提供坚强“金融后盾”。截至年末，北京地区人民币贷款余额为8.1万亿元，同比增长10.4%。贷款利率为4.17%，创历史新低。金融业向市场主体减负让利约1 100亿元，支持了22.6万户市场主体。全年新增首次授信户、首次贷款户分别为10.3万户、7.8万户。

一、创新搭建市区联动机制，定点联系推动政策落实落细

一是因地制宜，建立市区联动机制。在市级层面成立由北京市副市长任组长的专项领导小组的基础上，针对北京地区特点，人民银行营业管理部创新建立“处室对口联系各区”机制，积极对接北京市11个主要行政区，建立工作专班，“上山下乡”，“蹲点”推动政策落实。全年85次深入一线，摸需求，讲政策，送服务，促对接。

二是问题导向，查实情解难题。人民银行营业管理部依托市区联动机制，高频度、深层次开展实地调研58次，深入了解基层政府、银行网点、市场主体诉求，梳理出信用贷款发放受制约、融资对接效率不高等5大方面、14项主要问题，着力推动解决。

三是加强协作，充分发挥市区两级合力。在市级层面，加强与财政、就业政策的协同配合，人民银行营业管理部联合相关部门出台加大创业担保贷款贴息力度、中小微企业首贷贴息等配套政策，从财政贴息、降低利率、提高贷款额度等多方面为企业提供融资支持。在区级层面，推动各区出台相关文件34项、核心配套支持政策80条，从贴息、降担保费率、风险分担等方面为企业纾困解难。

二、创新打造“3+3+2”企业融资综合服务体系，打通企业融资痛点堵点

一是问题导向，“三中心”着力解决企业融资难题。在全国率先打造“首贷中心”“续贷中心”“确权中心”三个中心，配套出台财政奖补、贷款贴息、降低担保费等措施，解决企业首贷难、续贷难、应收账款融资难问题。

二是有机整合，“三平台”扩大金融惠企覆盖面。“北京市银企对接系统”银行督导优势及“小微金服平台”“畅融工程网上平台”企业触达面优势互为补充，形成“广覆盖、快响应”的线上融资服务体系。

三是科技赋能，“两支撑”提升贷款落地质效。充分发挥数据驱动和科技支撑作用，在全国率先建设集“金融大数据+金融科技+政府政策配套”三位一体的企业融资综合信用服务“创信融”平

台，推动金融机构落地纯信用、线上化贷款。积极推进“北京金融大数据平台”建设，着力缓解信息不对称问题。

四是精准对接，着力推动企业融资落地。依托“3+3+2”企业融资综合服务体系，人民银行营业管理部线上批量对接与线下重点对接相结合，推动“300”“3 000”“上万”数量级规模的“优先保障类”“重点保障类”“普惠保障类”企业融资落地 3 638 亿元。

三、聚焦重点领域，切实提升金融支持实体经济力度精度

一是针对受疫情影响较大的行业，加大金融纾困力度。人民银行营业管理部协调辖内金融机构对北京地区受疫情影响较大的文旅、餐饮、家政、批发零售、外贸类市场主体实行“一企一策”，提供延期还本付息、优惠利率贷款、优质贸易融资服务等支持。

二是立足首都城市发展定位，对科创文化企业提供全方位的金融支持。出台《关于加大金融支持科创企业健康发展的若干措施》（京融〔2020〕7 号）、《关于加强金融支持文化产业健康发展的若干措施》（京文领办发〔2020〕2 号）等文件，加快推动中关村科创金融试验区创建和东城区文化和金融合作示范区建设。针对科创企业和文化企业先后创新性推出“京创通”“京文通”专项再贴现产品，实现产业政策、信贷政策和货币政策有机融合。全年，辖内中资银行发放高新技术产业贷款 5 580.6 亿元，同比增长 20%，惠及企业 16 487 户，同比增长 27%；发放文化及相关产业贷款 1 577 亿元，惠及企业 1.5 万户，同比增长 42.2%。北京地区高新技术企业发债融资 3 280 亿元。

三是突出新业态新模式，着力培育新经济增长点。围绕集成电路、新材料等战略性新兴产业及疫情防控催生的疫苗、检测、数字消费等业态，积极对接企业融资需求。截至年末，北京市中资银行高端装备制造业、新能源产业、新材料产业贷款同比分别增长 97.8%、75.4%、96.3%。

四、聚焦政策落地，着力推动各项政策工具精准直达

一是雪中送炭，3 000 亿元专项再贷款发放金额居全国前列。加强调度，严格管理，确保银行尽贷快贷，精准放贷。推动辖内 12 家银行为疫情防控重点企业发放优惠利率贷款 426.9 亿元，加权利率为 2.58%，有力支持医疗防控物资和生活必需品的生产供应。

二是精准滴灌，再贷款再贴现政策用好用足。发放支农支小再贷款 235 亿元，是 2019 年全年发放量的 87 倍；办理再贴现 859 亿元，同比增长 81%，超过七成投向民营小微企业。

三是突出直达，两项直达实体经济的货币政策工具取得明显成效。加大对金融机构落实政策的督导力度，先后多次现场约谈重点银行，切实压实责任。12 月，地方法人银行普惠小微贷款延期率为 67.4%，新发放普惠小微贷款中信用贷款占比大幅提升至 26.9%。

四是拓宽渠道，企业融资“量增、价降、结构优”。全年，北京地区社会融资规模增加 1.6 万亿元，同比多增 2 029.9亿元。普惠小微贷款、制造业中长期贷款分别增长 30.4%、58.9%，较贷款平均增速高 20 个、48.5 个百分点。普惠小微贷款利率同比下降 0.96 个百分点，降幅远超“较 2019 年再下降 0.5 个百分点”的政策目标。

（赵小英）

金融助力北京市 CCER 市场建设的建议

中国人民银行营业管理部　金融研究处

我国碳市场由碳排放权交易市场和自愿减排（CCER）交易市场两部分组成。当前，北京正在积极进行全国自愿减排碳交易中心建设的各项准备工作。为做好金融支持碳市场建设的工作，人民银行营业管理部分别对兴业银行北京分行和北京绿色交易所进行了调研。调研显示，当前，金融支持碳市场建设宜从 CCER 市场入手，通过支持 CCER 市场，激励参与主体主动减排促进碳中和目标如期实现，推动能源和产业结构转型，确保碳减排约束下经济高质量发展，完善 CCER 价格机制倒逼碳配额价格逐步回归碳真实价格，加强与国际碳市场的连通，推动北京国际交往中心功能建设。建议从制度建设、基础设施建设、市场准入、金融产品与服务创新、配套措施等多方面支持，共同促进 CCER 市场建设。

一、我国 CCER 市场发展现状

（一）CCER 市场是我国碳市场的重要组成部分，通过抵消机制实现与配额市场的连通

碳配额市场是强制性交易市场，解决碳排放总量控制问题，交易产品为碳配额（CEA）；CCER 市场通过市场化机制鼓励更多行业、企业主动减排，交易产品为国家核证自愿减排量。两个市场通过抵消机制相互衔接，碳配额市场中重点排放单位每年可使用 CCER 抵消碳排放配额的 5% ~10%。

（二）CCER 市场交易活跃，潜在需求大，具有较大的发展空间

截至 2020 年底，全国各试点碳市场配额累计成交量为 4.34 亿吨，其中，CCER 市场为 2.7 亿吨，虽然受到抵消比例限制，但 CCER 成交量占比仍达 38.4%，排名前三位的分别为上海、广东和北京，成交量分别为 1.1 亿吨、5 535 万吨和 2 608 万吨。全国碳排放权交易市场开启后，碳配额市场对 CCER 需求量约为每年 1.5 亿 ~2 亿吨，远高于目前5 300万吨的存量①。

（三）北京 CCER 交易稳定，项目集中在清洁能源领域，九成以上为协议成交

自 2015 年 CCER 启动交易至今，北京碳市场 CCER 累计成交 2 608 万吨，成交额为 1.84 亿元，占比分别为 38.35% 和 9.49%。2018—2020 年 CCER 成交量基本维持在每年 200 万吨左右。受碳配额价格上涨以及 CCER 存量下降的影响，CCER 成交均价有所上涨。从成交方式来看，协议转让在 CCER 全部成交量、成交额中的占比均超过 94%，主要原因是全国各试点市场对履约抵消 CCER 设置了不同条件，导致不同项目 CCER 内在价值和适用性不同，而协议转让方式有助于交易参与人具

① 电力行业的预计配额为 35 亿 ~40 亿吨，按 5% 的抵消比例测算所需 CCER 抵消量为 1.5 亿 ~2 亿吨，数据来自华宝证券研究报告《全国碳市场落地在即，企业 CCER 价值有望重估》。

体了解项目信息。从项目类型看，2020年，北京碳市场成交的CCER项目以清洁能源领域为主，主要涵盖风力发电、生物质发电等，其中，风力发电CCER成交量占比最高，为31%。从项目来源地看，项目覆盖了全国18个省份，其中，来自江西、辽宁、青海、甘肃等地的CCER，占全部CCER成交量的61.7%。

二、金融支持CCER有助于实现碳中和、经济高质量发展和碳价格真实发现

（一）金融支持CCER市场有利于促进碳中和目标如期实现

我国从碳达峰到碳中和的时间短、难度大①，目前纳入全国碳交易市场的减排量占全部碳排放的四成左右②，即使未来钢铁、建筑等八大高碳排放行业纳入全国市场后，仍有大量无法参与配额市场交易的行业、企业需要减排的平台和工具，CCER市场正好可以满足其需要。一是CCER项目覆盖范围广，可产生于制造业、可再生能源等十多个行业领域。金融支持CCER项目，可充分发挥其资源配置功能，引导资金流向更多低碳减排、清洁能源等绿色领域；二是金融支持CCER交易，可以做大CCER市场规模，同时，CCER属于正向激励，价格相对稳健，不会推高自愿减排成本，有利于促进企业自主减排；三是金融能为二氧化碳捕集、封存与利用（CCUS）等负排放技术提供资金投入和金融服务支持，有利于直接推动以技术创新实现碳中和目标。

（二）金融支持CCER市场有利于推动能源和产业结构转型，确保碳减排约束下经济高质量发展

从碳达峰到碳中和，我国经济发展对能源增长的需求与减排降碳的双重压力更为突出，倒逼能源体系加速低碳转型。CCER项目大多是非化石能源等国家鼓励的绿色低碳项目，并主要聚焦在风电、光伏、水电等可再生能源领域。金融支持CCER项目，一是能够有效促进可再生能源等绿色低碳新兴产业发展，优化产业结构和能源结构；二是能够催生低碳技术创新，形成绿色增长点，弥补碳减排给短期产出带来的下行压力；三是能够通过对降碳负碳技术研发、成果转化和推广应用的支持，使更多企业增强减排质效，提高要素使用效率，减少碳达峰、碳中和对潜在增长率的影响。

（三）金融支持CCER市场有利于碳价格形成机制的完善，倒逼碳配额价格逐步体现减排真实成本

CCER交易有助于通过影响碳配额市场的价格预期促进形成全国统一的碳市场价格，并通过影响配额价格和供需，使碳配额价格趋于体现真实减排成本。此外，CCER市场交易规模相对较小，但市场活跃度高，便于金融在这个市场先行先试，并发挥金融的风险管理功能。

（四）金融支持CCER市场建设有助于我国与国际碳市场对话与合作

从国际碳交易看，自愿减排市场活跃度正在提高。截至2020年，登记在册碳信用项目共计逾14 500个，累计减排近40亿吨二氧化碳当量，有效促进气候行动。2020年3月，国际航空碳抵消与减排计划（CORSIA）宣布可以使用CCER

① 据清华大学测算，我国2030年碳达峰值为110亿~120亿吨（欧盟碳达峰值45亿吨、美国59亿吨）。

② 数据来源：中节能咨询公司座谈会反馈；同时以北京为例，重点碳排放企业碳排放量仅占全部碳排放的40%左右。

进行抵消，为我国碳市场与国际对接提供了重要途径。金融支持北京建设全国CCER交易中心，符合北京“四个中心”功能定位，有助于北京国际交往中心功能建设。

三、金融支持CCER市场面临的主要问题

当前全国统一的CCER市场尚未形成，交易分割在七个试点地区，市场割裂、容量较小，例如，北京CCER累计交易额仅占总成交额的9.5%，CCER市场还存在诸多问题，制约了金融支持空间。

一是CCER市场政策支持力度不足，市场容量增长受限。CCER项目从立项到最终签发减排量需8~10个月之久，不确定性因素较多，影响金融机构支持CCER项目开发的积极性。全国统一碳排放权交易市场和各区域试点市场规定，CCER仅可抵消5%~10%的履约义务，限制了CCER的发展。

二是缺乏明确的金融机构准入标准。金融机构参与碳市场交易的合法性尚不明确，难以培育专业化的市场参与主体。个别区域市场虽然允许金融机构直接在交易所开户参与CCER市场交易，但金融机构参与的空间有限。

三是CCER市场交易机制不完善，金融功能发挥受限。从交易方式看，缺乏全国统一的CCER交易市场和定价体系，交易多采用协议转让方式，阻碍了金融机构为碳金融产品进行估值和定价。从交易产品看，缺乏碳期货等风险对冲工具，不能有效缓释履约机构的市场风险，也使金融投资机构难以深度介入开展规模化交易。例如，兴业银行北京分行参与北京碳市场的主要方式仍以为参与主体提供碳交易服务为主。

四、CCER市场建设的政策建议

（一）完善CCER市场相关制度，拓宽CCER市场容量，为金融支持提供有利条件和制度保障

一是适当扩大CCER在北京市碳配额市场的抵消比例、放宽CCER的抵消条件限制。二是鼓励各类自愿减排主体通过购买CCER主动实现碳中和，增加CCER的市场需求。

（二）加快CCER基础设施建设

一是推动北京绿色交易所建设全国性的CCER交易中心，成为权威的CCER定价交易平台、覆盖CCER项目全周期的专业服务平台、对接多元化金融产品的CCER综合金融服务平台。二是加强绿色项目库建设。优先将CCER项目纳入绿色项目库，完善企业环境信息披露制度。三是建设碳交易市场第三方中介机构，加强碳核算、减排效果等量化评估。

（三）允许金融机构参与CCER市场交易

一是允许银行、证券、基金、碳资产管理公司等机构开展CCER交易。二是加强CCER金融产品体系建设，引入碳期货、碳远期等金融产品。三是加强为市场参与主体提供结算、融资、中介、碳资产管理等碳金融服务。

（四）加强对金融机构的激励约束机制，鼓励金融积极支持CCER项目

一是通过再贴现、货币政策直达工具等引导资金向CCER项目及企业倾斜。二是适时将CCER的支持情况纳入绿色金融信息披露和业绩考核体系中。三是鼓励商业银行积极开展CCER项目的金融产品和服务创新，如碳资产质押融资、保理、保函等创新。

（五）配套政策与措施

一是通过财政贴息和奖补加大对 CCER 项目的财政支持力度。二是建立跨部门的碳金融市场监管框架和协调机制，推动碳金融市场的协调、健康及可持续发展。

（钱珍　刘弘）

北京辖内城商行、民营银行绩效管理发展与优化路径研究

中国银行保险监督管理委员会北京监管局

近期，中国银行保险监督管理委员会北京监管局对辖内城市商业银行（以下简称城商行）、民营银行十年来绩效考评体系建立和发展情况进行了深入调研，发现考核体系同质化、指标设置短期化、考核唯利化特征凸显，考核过程易受人为因素干扰，信息科技支持力度不足，非财务性指标难量化等问题。建议督导机构加快构建以价值管理为核心的考核模式，树立发展型考核理念，提升信息技术化水平，加强考核结果的反馈与辅导，完善绩效文化体系。

一、辖内城商行及民营银行绩效考核发展历程

（一）起步阶段："规模红利"驱动

成立初期，城商行经历了较长时段的粗放式规模扩张阶段。2007 年至 2011 年短短 4 年间，北京辖内陆续成立 11 家异地城商行北京分行，为解决在北京市场起步、立足的问题，规模类指标的考核压力较大。多数银行设立以存贷规模为主的时点性指标考核，引导经营机构做大、做快业务，以获得较优且直观的业绩表现。2012 年 6 月，发布的《银行业金融机构绩效考评监管指引》（以下简称《指引》），首次对银行业金融机构绩效考评原则、指标设置、考评机制等提出了原则性要求及部分限制性规定，同时严禁各行设立时点性规模考评指标，在一定程度上对商业银行的无序竞争进行了规范，各行规模类指标逐渐向阶段增量、日均规模等转变。

（二）发展阶段：成本效益管控

2014—2016 年，"大而快"发展模式难以为继，城商行考评重心由规模向效益转变。伴随着市场竞争压力日益显著、资本管制与规模管控日趋严格，城商行营运成本不断增加，仅依靠规模扩张难以获取持续的利润增长。在此环境下，城商行对考核指标设置与管理作出了相应调整。一是考核业务范围有所增加，各行在传统存贷考核的基础上增加了多条线的业绩考核指标。二是成本管控重视程度逐渐提升。各行吸取了早期对成本、风险、资本等管控不足而引发大量风险问题的教训，在经营利润、中间业务收入、资产收益率等绝对效益类考核的基础上，增设了经济利润、成本收入比、风险资本回报率等考核指标，加大了对于成本费用等指标的管控力度。三是由总量考核向人均贡献转变。早期，各行普遍设置年度目标值、目标完成率等总体考核指标，规模不同的经营机构甚至承担相同的绩效任务，目标值设置缺乏合理性与公平性，更有部分机构不断扩招人员以完成考核任务，逐渐出现

"增员不增效"的问题。为此，各行加大对人均产能、人均利润等指标的考核力度，以不断提高机构经营效率。

（三）分化阶段：价值管理探索

2017年至今，城商行的经营发展出现了明显的分化，各行开启了价值管理的探索之路。近年来，面对经济下行、利率市场化、"资产荒"的多重冲击，各行净息差逐步收窄，规模与利润增速不断下降，城商行转型发展迫在眉睫。部分经营较为稳健的城商行抓住机遇，顺势调整业务结构，战略重心逐渐向大零售、财富管理、交易银行等特色化方向转变，绩效管理的精细化水平随之逐步提升，考核重点由结果导向向注重过程转变，通过综合考评引导机构兼顾短期效益和中长期发展，积极探索价值管理的转型之路。但与此同时，仍有部分城商行前期累积的风险处置化解压力较大，考核管理仍相对粗放，转型发展起步难、阻力多。

二、监管持续引导城商行绩效管理日趋成熟

（一）管理架构逐步统一

城商行普遍成立绩效考核领导小组并下设考核工作办公室，由计财部门牵头负责考核方案建设、组织实施、日常协调等，并协同人力部门、各业务条线根据方案细化考核指标设置，共同进行考核原始数据的统计、计分等工作，最终汇总至人力部门进行考核结果的运用与反馈。考核对象一般分为三类：一是机构考核，即银行针对经营部门、中后台部门以及下级分支机构进行考核；二是条线考核，即业务部门根据自身条线业务目标对下级部门或经营机构的相关业务进行考核；三是人员考核，按照不同的角色可分为管理类、操作类、营销类等。

（二）FTP得到不同程度建设与应用

内部资金转移定价（Funds Transfer Pricing，FTP）是由总行司库部进行资金的统一调配与定价，通过锁定利差的方式剥离利率风险、优化资源配置，进而为产品、条线、分支机构的经营绩效考核提供公平的数据支持，在一定程度上提高了机构的管理效率。辖内城商行已全部取消上存下贷利息核算，并引入FTP考核应用。目前，各行在FTP体系建设与运用方面进度不一，可概括为以下三个阶段（见表1）。

表1　FTP体系建设与运用进度

阶段类型	发展特点
起步期	近两年纳入考核体系、手工测算、取数颗粒度大（部分城商行依照业务品种定价）、未搭建模型或模型参数调整频率较低
成长期	运用3~5年、初步上线系统测算、依照科目取数定价（部分城商行处于科目向账户转化过程）、模型参数精细化程度不高
成熟期	运用5~10年、系统测算、账户级逐笔定价、业务领域与机构条线全覆盖、模型参数调整频率较高

在实践中，各行FTP的运用成熟度与自身业务模式和发展阶段密切相关。一是管理信息系统建设现状决定FTP测算颗粒度。信息系统建设越完善，测算越精细，从针对业务种类定价向针对科目、账户逐笔定价过渡。二是业务发展策略精细程度决定FTP范围。业务发展越均衡、条线管理越精细，定价涵盖范围越广。多

数机构已实现资产负债定价实施全覆盖，不仅包括传统存贷款业务，还包括同业、投资、票据等业务。三是数据治理能力决定 FTP 精确度。由于 FTP 基准价格取自市场收益率曲线，且需要机构运用自身数据库开展数据管理与校验，基础数据的完整性、准确性与及时性对于 FTP 基准定价影响较大。

（三）经济增加值评价体系逐步形成

FTP 的推广使用为商业银行经济增加值（Economic Value Added，EVA）考核核算搭建了可行基础，目前，各行逐步加大对资本成本和费用管理的重视，由对收入、利润等绝对值指标考核过渡至以 EVA 为核心的利润考核，信息科技在绩效考核工作的重要性更加凸显。辖内城商行均已开始构建 EVA 评价体系，基于 EVA 的考核指标个数及权重逐年上升。大多银行在原收入利润指标、成本费用控制指标的基础上新增了经济增加值、人均经济利润、经济资本回报（收益）率等资本约束型指标，将风险拨备成本、经济资本成本纳入对利润指标的考核，通过目标完成率、增加值、增长率、贡献度等进行多维度考核管理。多数银行 EVA 指标权重设置达 20%，更有个别城商行该指标权重高达 30%。但 EVA 考核理念的深入运用对银行战略、人才、科技等多方面水平要求较高，各行在 EVA 相关考核指标设置的科学性及运用的有效性等方面仍存在一些问题。例如，在经济利润指标设置中未考虑风险拨备成本；管理会计系统参数调整不及时，导致经济利润计算数值为负，指标运用有效性不足；未上线系统，实际手工计算效率较低等。

（四）考核手段日趋完善

当前，各行普遍采取的考核手段包括关键业绩指标（KPI）、平衡计分卡。按照《指引》要求，各行 KPI 指标主要可归纳为合规经营、风险管理、经营效益、发展转型和社会责任五大类。从结果考核来看，辖内城商行将 KPI 考核融入战略目标管理，将年度工作计划从业务板块（公司、零售、投行等）及指标种类（如效益类、规模类、风险类）等维度进一步拆分为二级甚至三级子指标，并通过分支机构、业务条线进行层层分解。从过程管理来看，除完成 KPI 等量化、财务性指标外，多数银行引入了平衡计分卡理念，在以 EVA 为核心的财务考核基础上，增设员工培训、内部管理、基层党建、客群培育等非财务指标，在定性考核基础上细化定量标准，整体指标设置由侧重财务向系统性、平衡性、全面性发展。

（五）考核结果应用多元

近年来，辖内城商行平均考核周期逐步缩短、考核频次逐渐加大，当前各行基本实行季度考核、年度统算的考核方式，个别城商行甚至按月进行考核。其中，季度（或月度）考核结果主要用于通报反馈与绩效跟进，年度考核结果则与绩效薪酬相挂钩。在相应绩效激励方面，过去“唯业绩”的粗放模式有所改善。一是探索分层激励，鼓励员工成长。部分银行在制定指标体系时，会根据员工的成熟程度、发展水平，分层级制定指标体系，不同发展水平的员工有不同的层级标准，各层级之间的指标相互衔接，并对各层级员工的发展具有引导作用。二是扩大延期支付范围，实现激励长期化。个别银行将中长期资产收益的考核激励纳入绩效奖励适度递延发放的范畴，以合理评价中长期资产业务贡献度，进一步提升对长期、大额资产的风险管控水平。三是考核结果运用广泛，激励形式多样化。从机构考核层面来看，考核结果除了与分支机构工资总额挂钩之外，还运用于机构费用额度、业务授权、信贷资源分配等管理中。从人员考核方面来看，在作为计算绩效薪酬依据的基础上，各行还将考核结果运用于职工年度晋升、岗位调动、业务培训、评优评先等方面，以实现多样化、多维度的激励与运用。

三、城商行绩效管理精细化、科学化程度仍显不足

（一）考核体系“三化”特征凸显

一是考核指标设置同质化，差异化激励成效不佳。目前，大多数城商行总行虽对分支机构设立分层考核的要求，但分层考核标准过于笼统。分层标准主要基于地理区域、所在地经济发展水平等因素，且不同层级分行的考核指标内容基本一致，仅在指标权重方面有一定的区别；均未能够充分考虑地区经济环境、资源禀赋、同业竞争以及市场需求等方面的差异。同时，考核目标设置以由上至下为主，分行在考核实施中仅将总行任务指标进行简单的分解，部分分行在北京设立了小微、科技、文化等特色专营支行，但对专营支行未设置差异化考核指标或差异化考核指标权重不足以扭转银行的惯性业务思路，难以有效引导各行紧扣首都市场特色做好差异化发展。

二是考核指标设置短期化，发展转型引导不力。调研发现，部分城商行针对经营发展所设置的考核指标颗粒度较大，大多仅包含利润和各项存款规模两大类，体现出部分银行过于依赖负债推动发展的粗放经营思路。与之相比，部分管理细致的银行，则能够构建横向覆盖各业务条线，纵向涵盖效益、发展、客户、质量等多维度的细致指标体系。此外，在考核指标向分支机构、职能部门逐层分解的过程中，部分银行仅对指标的权重进行调整，未对指标内容进行细化，对各经营单位缺乏必要的指导，导致经营单位难以精准把握银行整体的战略方向和发展思路。

三是多数银行考核唯利化，激励导向存在偏差。调研发现，大多数银行只是按照合规经营、风险管理、经营效益、发展转型和社会责任等大项分类体现对考核内容的多维度要求。总体考核思路仍沿袭业绩至上的导向。近年来，各行风险及合规管理类指标占比逐步上升，各行形式上已基本满足监管关于“合规经营类指标和风险管理类指标权重应当明显高于其他类指标”的要求，但在实际执行过程中，部分银行对风险管理、社会责任类指标所设置的达标门槛较低，且大多是基于结果导向，例如，是否形成不良、是否受到内部处分或外部行政处罚、是否发生案件等，此类指标的触发通常会有一定的滞后性，导致激励效果不如经营发展类指标等短期绩效指标。即使有少部分银行会增加一些过程类的指标，但也多局限于业务执行的细节和程序，仅是对业务流程的完整性、规范性等方面进行评估，对提升实质风险管控水平的指导性有限。

（二）考核过程易受人为因素干扰，弱化绩效引领作用

在对考核结果进行评估的过程中，部分银行透明程度不高，人为调整的现象时有发生，影响了考核工作的公信力。而最终核定绩效工资时，多数银行授予了分行负责人、部门负责人、支行负责人等多层级管理人员对绩效工资的二次分配权，此举虽在一定程度上可弥补定量指标过于僵化的缺陷，理论上有利于全面反映员工的

工作贡献，但在实际执行过程中，由于二次分配比重设置不合理或缺乏分配调整标准等原因，容易导致过于依赖主要负责人个人偏好或“大锅饭”等现象，影响了绩效考核指标对于基层员工的权威性，不利于绩效考核理念的深入传导。

（三）信息系统支持力度不足，考核结果准确性有待提升

一是模型研发进程较为缓慢。目前多数城商行有关经济资本和EVA的核算基本上仅靠公式测算，难以准确反映区域、行业、客户、产品等的细化差别，一些银行采用以监管资本代替经济资本核算EVA，这既不能真实反映被考核单元的资本占用和风险承担，也不能体现银行对不同业务的战略倾向，使资本金分配和绩效评价的效力降低。即使少数银行已实现可利用系统模型测算，实践中也暴露出测算结果准确性较低、对绩效考核借鉴效果有限等问题，难以实现对各级机构和个人的收益、成本等核心数据的精确归集和分配。

二是系统支持力度不足。相对于商业银行的会计核算系统、业务管理系统，绩效考核信息系统的应用具有明显的局限性，支持力度不足。大部分中小商业银行绩效考核系统仅整合了存贷款等主要业务系统基础数据，其他数据均需人工从其他业务系统获得，或者纯手工统计，再按照既定考核规则，通过EXCEL表格人工计算。部分城商行甚至没有绩效考核系统，未建立相应的考核模型，对机构、员工的绩效考核基础数据均需要人工从不同的业务系统中去获取，通过人工计算形成结果，导致考评计算效率低、出错率高。

（四）非财务性指标管理不细致，考核内容难监控量化

一是缺少明确量化的衡量标准。对于中后台管理部门，由于不参与一线经营活动，事务性工作较多，考核评价多以定性指标为主，考核有效性问题尤为凸显。当前，各行中后台管理部门考核主要由全行任务目标和综合评价指标两部分构成，在进行综合评价时，往往存在“评价内容笼统，打分主观，碍于情面”的现象，难以准确衡量员工的工作表现及实际贡献度。

二是定量数据“难获取”。中后台部门工作内容较为琐碎、量化程度较低，对于定量指标缺乏系统的记录，考核数据一般由被考核者提供，致使考核结果存在不准确的情况。

三是考核结果“难激励”。由于中后台部门绩效不够直接，工作难以分解到独立个体，导致最终人员绩效薪酬差异不大，后台管理人员的主观能动性得不到激发，绩效评价体系也无法发挥最大的效能。

四、监管建议

（一）加快推动战略转型，构建以价值管理为核心的考核模式

近年来，城商行板块的风险加速暴露，反映出单纯追求规模收益的粗放型经营思路已难以为继。各行迫切需要加快转型步伐，积极向重视质量效益的集约型模式转变。绩效考核体系核心也需从“以利润最大化为核心”的盈利能力考核，逐步转变为“以价值管理为核心”的综合效益考核。在新的考核思路下，银行绩效考核的核心任务是在合理运用资本的基础上，统筹考虑短期收益与长期战略，成为银行实施发展战略、规范内部管理、获取良好业绩及可持续发展的核心动力机制，引导银行最终实现整体的价值最大化。

（二）完善考核方式，推动考核理念由评估型考核向发展型考核转变

各行目前的考核理念以评估型考核为主，即主要基于对过往业绩、预定目标的评价，多为“硬性”要求。在评估型考核理念下，易导致重财务性指标、轻非财务性指标，重短期业绩结果、轻长远战略实施等后果。在新常态下，静态、粗放、滞后的考核理念已无法充分适应竞争需求。而发展型的考核理念将机构和员工未来的发展纳入考量，致力于为更好的发展前景制定相应的考核计划。在发展型考核理念下，绩效管理需提升对企业文化、员工态度、职业能力等“软性”指标的考核力度，关注指标体系的动态性，强调指标体系对机构和员工的促进价值，构建多维度的考核评价体系。

（三）提升信息技术化水平，探索利用科技手段破解绩效管理难点

建议各行积极探索利用信息技术化手段解决数据获取难、管理难等当前绩效管理质效的突出难点。一是利用移动化终端工具扩展考核空间。将手机等移动终端广泛运用至绩效考核工作中，对日常工作的流程监控无需受办公场所的限制，能够使业务操作和绩效管理随时随地进行。二是利用大数据挖掘，提高绩效考核的科学性。将互联网管理运用延伸到工作流程、行为规范、社交互动等非定量领域，运用大数据技术对所有财务数据、非财务数据、员工管理信息等进行深度发掘和管理，有效改善当前绩效管理工作对部分考核指标评估随意、公信力不足等问题。此外，大数据运用不仅局限于指标考评，还可扩展运用于进一步改进绩效管理，例如，通过分析员工在处理业务流程各环节的中间数据和结果数据，发现流程中的制约因素，继而找到提高效率的关键点，从而更好地提高工作实效。三是加大科技信息的投入力度，提升模型测算的科学性。价值考核理念的推广对各行的科技信息水平提出了较高要求。各行需结合业务实质情况加大对 EVA 测算等信息模型的研发力度，不断修正和完善模型的方法论、取数范围，提升模型测算结果的科学性、有效性，为绩效考核工作提供更为准确的支持。

（四）加强考核结果的反馈与辅导，完善绩效文化体系

绩效管理工作不能仅局限于单纯的绩效考评，还需要更加关注绩效实施过程中的绩效对话和辅导，使各级被考核机构及员工积极参与，通过绩效双向沟通反馈、辅导，提升员工能力。积极探索采取反馈更为灵活、及时的绩效管理运营方式，如开展绩效计划沟通会、推行实时业绩查询、高频次的绩效分析会等，有效增加管理者与员工在绩效对话中的互动频率和持续性绩效辅导，使绩效管理嵌入日常运营之中，有效帮助管理者进行及时的监督与控制，确保个体与组织发展方向的一致性。

（崔真　王洁）

车险欺诈与反欺诈现状、问题及监管建议

中国银行保险监督管理委员会北京监管局

《2019 年中国保险行业智能风控白皮书》显示，“根据国际保险监管者协会测算，全球每年有 20% ~30% 的保险赔款涉嫌欺诈，而保守估计，我国车险欺诈渗漏占理赔金额比例至少达 20%”。2019 年我国车险理赔支出合计 4 613.38 亿元，据此推算，保险公司车险欺诈渗漏损失可达 900 亿元。近年来，车险欺诈案件频发，欺诈人员呈现专业化、规模化趋势，欺诈手段更加隐蔽和多样化，需要引起高度关注，并采取有效措施应对。

一、车险欺诈类型和趋势特点

实施车险欺诈的人员包括职业欺诈者、提供便利的上下游机构和个人（主要指汽修从业人员、鉴定机构、诉讼“黄牛”等）、临时起意的投保人、被保险人和少数保险从业人员等。根据作案动机，可分为职业型欺诈和机会型欺诈。职业型欺诈指作案人员具有通过制造事故获取不当利益的主观动机，多为职业团伙作案，熟悉车辆构造、保险理赔流程、投诉方式及监管要求，常通过监管投诉举报向保险公司施压，更有部分团伙已形成拉拢客源、编造事故、专业碰撞、办理理赔等流水线操作。主要作案手法有低值高保、拼凑、扩损、谎报事故等。此类欺诈社会危害大，隐蔽性强，反欺诈应对难度高。机会型欺诈则指保险合同当事人为避免经济损失，在事故发生后有实施欺诈的客观行为，采用虚构或隐瞒事实真相的方式骗取赔款，多为偶发个案。主要作案手法有换驾、倒签单、改变车辆使用性质等。由于部分驾驶员不配合调查，加之交通事故的快处快赔压力，以及保险公司理赔人员经验、成本等因素影响，此类欺诈很难被发现并确认追责。

以北京市 5 家大中型财险公司分公司为样本，该 5 家公司车险市场份额超过北京市车险市场份额的 85%，分析 2017 年至 2019 年相关数据，发现车险欺诈具有以下特点。

（一）欺诈案件风险形势依旧严峻

一是车险欺诈事件（包括保险公司已确认的欺诈案件和疑似欺诈案件）逐年上升（见图 1），5 家公司车险欺诈数量与金额年均增长率分别为 36.0% 和 26.8%。

二是机会型欺诈占比较高，连续三年占比均超过 90%，但有逐年下降的趋势。职业型欺诈占比则从 2017 年的 4.0% 上升到 2019 年的 8.5%，上升态势明显（见图 2）。

三是机会型欺诈案金额平均为 2.93 万元，远高于职业型欺诈案平均金额 1.6 万元，可见北京地区职业欺诈团伙多采取小额多件的作案手法，以免引起警方的关注。

（二）职业型欺诈以拼凑扩损、异地出险为主要手段

一是通过拼凑事故或扩大损失实施欺诈是职业团伙作案的惯用手法，每年此类欺诈占比均高于 70%（见图 3）。

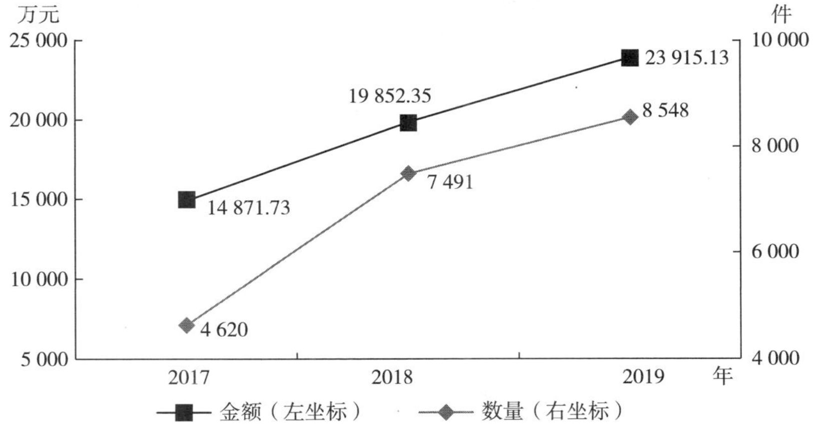

图 1　2017—2019 年北京地区主要保险公司欺诈事件总量

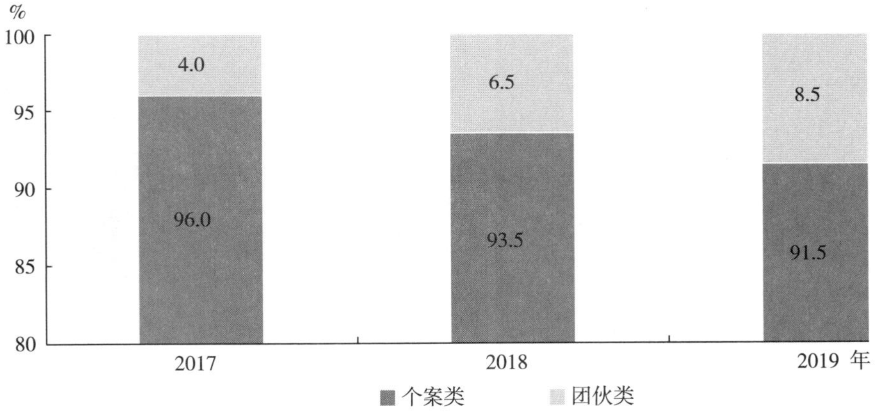

图 2　2017—2019 年北京地区主要保险公司欺诈事件类型

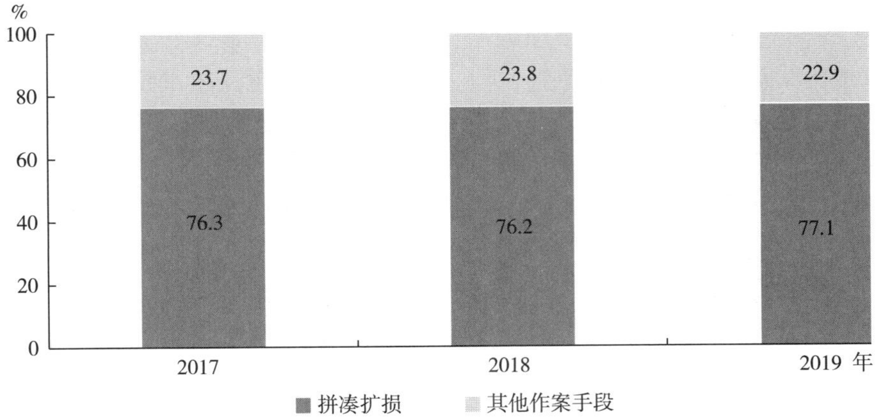

图 3　2017—2019 年北京地区主要保险公司职业拼凑扩损欺诈事件占比

二是因车辆异地出险后调查取证难度大，信息沟通成本高，欺诈人员多利用二手高端车异地出险、理赔修车的方式骗取保险金。例如，某公司2019年涉及全损、诉讼高端二手车欺诈事件共173件、金额为4 297.54万元，其中，出险地在京外的有157件、金额为3 835.54万元，占比分别为90.75%和89.25%。

（三）机会型欺诈多表现为更换驾驶员、改变车辆使用性质

一是与酒驾、毒驾等相关的换驾欺诈在机会型欺诈中占比一直最高（见图4），因监控装置数量增多，此类欺诈行为易被发现。

二是随着网约车产业迅速发展，改变车辆使用性质的欺诈风险猛增。例如，将个人家庭自用车用于网约车运营，但未按规定购买营运类车辆保险（营运车辆因行驶频次、时长、出险概率明显高于家庭自用车辆，保费也相对较高），出险后选择隐瞒营运事实以获取保险金赔偿。近三年5家公司此类欺诈涉及金额分别为640.25万元、1 805.65万元和3 234.74万元，年均增长124.8%；占机会型欺诈的比例分别为11.2%、23.5%和29.8%，年均增长9.3个百分点。

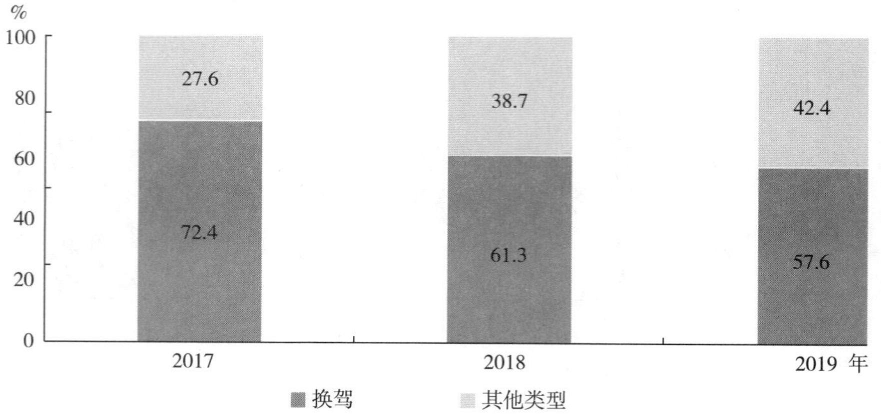

图4　2017—2019年北京地区主要保险公司机会型换驾欺诈事件占比

（四）车险人伤欺诈风险值得关注

北京地区车险人伤赔案整体平稳，但个别公司占比持续提升。例如，某公司近三年车险人伤事件数量占比分别为3.22%、4.33%和7.61%，赔款金额占比分别为15.5%、17.02%和24.58%。车险人伤理赔涉及的法律政策多、医疗处理环节复杂，给“人伤黄牛”和不良鉴定机构提供了可乘之机。目前大部分公司的车险人伤反欺诈工作均处于起步阶段，缺乏对历史数据的收集、分析、总结，需进一步完善反欺诈方法、手段和技术。

二、车险反欺诈面临的主要问题

（一）保险公司反欺诈能力不足，员工道德风险突出

一是承保端受市场竞争推动，存在重业务发展、轻合规管理的现象，对欺诈风险防范缺乏足够重视。

二是理赔端识别欺诈风险能力不强，反欺诈信息系统建设滞后，查勘定损人员经验不足、取证手段有限。

三是个别保险从业人员参与欺诈屡有

发生，需进一步强化反舞弊工作。

（二）欺诈人员反调查能力提升，欺诈手段更加隐蔽

欺诈人员熟悉保险条款，通过使用不同车辆、驾照、电话等实施欺诈，使欺诈行为更加隐蔽。有组织、有预谋的团伙欺诈上升明显，甚至形成了以二手车商、保险公司内部员工、个别公职人员、鉴定机构和诉讼“黄牛”共同参与的车险欺诈“一条龙”模式。车险反欺诈迫切需要大数据、互联网等信息技术的支撑。

（三）车险数据共享范围有限，预警提示功能未发挥

一是车险反欺诈系统数据共享的全面性有待提升，全损车辆、理赔从业人员名单等关键信息未纳入采集和共享系统。

二是全国性反欺诈行业信息平台主要聚焦于理赔端欺诈风险识别和线索串并，还不具备承保端欺诈风险识别、预警功能。

（四）部分消费者法制观念和自我保护意识淡薄，反保险欺诈意识不强

一些消费者默许或配合欺诈行为，以获得免费修车、免费喷漆、修车返利等利益。一些消费者认为任何损失都应当得到保险赔偿，一旦未从保险公司获得足额补偿，就会产生“投保易、理赔难”的错误认知。还有人认为，保险欺诈是欺诈人员与保险公司的事情，与自身利益无关。这些不当观念都在一定程度上助长了欺诈行为。

（五）车险欺诈立案难，欺诈人员违法成本低

一是保险欺诈直接受损人是保险公司，单案金额相对较低，社会影响小，能获取的公安侦办资源有限。

二是基层公安机关缺少应对复杂保险欺诈案件的经验。例如，北京地区公安机关改革后，侦查权直接下放至派出所，而车险欺诈多为团伙作案，专业化明显，涉及复杂的利益链，对于基层派出所而言侦查难度较大。

三是多数欺诈因证据不足难以立案。例如，某公司近三年车险欺诈事件分别为1 390 件、2 246 件和 2 650 件，而成功立案的仅为 2 件、5 件和 5 件。立案难致使欺诈人员违法成本低，对欺诈行为不能形成有效震慑，还易产生不良“示范效应”。对于有确凿证据的，行为人一般也只需退还所骗取的保险金，而不需承担其他责任。

（六）保险欺诈类犯罪量刑偏轻，且惩处标准不统一

一是保险欺诈类犯罪较其他金融诈骗犯罪量刑明显偏轻。例如，同为“诈骗活动数额较大”，保险诈骗罪处“一万元以上十万元以下罚金”，金融票据等诈骗罪处“二万元以上二十万元以下罚金”；“数额特别巨大或者其他严重情节的”，保险诈骗罪为“十年以上有期徒刑，并处二万元以上二十万元以下罚金并没收财产”，金融票据等诈骗罪为“十年以上有期徒刑或者无期徒刑，并处五万元以上五十万元以下罚金或者没收财产”。

二是主体不同导致惩处标准不同，诈骗罪比保险诈骗罪所受刑事处罚轻。保险诈骗罪的主体是投保人、被保险人或受益人，而由非上述人员实施的保险欺诈则属于诈骗罪。两项罪名量刑标准不一。在诈骗金额数额较大的情况下，保险诈骗罪为五年以下有期徒刑或拘役，罚金一万元以上十万元以下，而诈骗罪为三年以下有期徒刑、拘役或管制，罚金金额则无明确参考意见。目前，保险业外人员围绕车险欺

诈已形成损失鉴定、车辆维修、残值拍卖、索赔诉讼等一整条产业链，实施欺诈的主观恶性和社会影响更大。但由于此类行为主体并非法律规定中保险诈骗罪的主体，在司法实践中可能受到较轻的处罚。

三、下一步监管建议

（一）督导保险公司转变发展观念，健全欺诈风险管控制度机制，严把车险反欺诈的第一道防线

一是加强车险反欺诈信息系统数据治理，提升基础数据的准确性、全面性和及时性。

二是动态分析总结欺诈风险变化趋势和应对策略，把控承保端风险。

三是转变发展理念，注重员工管理，强化合规意识，加强岗位之间的监督与制衡。

四是完善内部举报、抽查、稽核机制，利用各类信息系统和科技手段对欺诈分子实施精准打击。

（二）指导中国银行保险信息技术管理有限公司牵头完善和优化车险高风险信息库，从源头控制风险

一是完善车险高风险信息库，通过区块链技术与保险公司核保核赔系统对接，探索对高损赔付车辆等进行承保端风险提示。

二是建立健全保险行业信用管理机制。以车险反欺诈信息系统“从业不良记录人员名单”对接保险公司人员管理系统，健全从业人员和消费者双模块备案系统。向司法征信机构通报失信人名单，增加失信成本，遏制机会型欺诈。

三是升级完善现有信息系统，增加关键信息采集，提升数据共享效率。深化京津冀车险数据共享，时机成熟时推广至全国，推动跨地区跨部门车险反欺诈协作。

（三）引导保险行业协会搭建沟通桥梁，促进行业交流，构筑共同防线

一是建立车险反欺诈联席会议机制，定期交流风险动态，总结经验教训，将典型案件处置经验固化并加以推广。

二是对反欺诈新技术应用、车辆新知识新技术新规定等开展行业培训，邀请业内外专家学者和公检法专家分享经验、进行办案指导。

三是充分借助各类媒体开展案例通报、警示教育，大力宣传保险欺诈的危害性，提高消费者法律意识、诚信意识和反欺诈意识，营造诚信守法的社会环境。

（四）推进与相关部门的监管合作，深入调查研究，推动车险反欺诈工作取得新突破

一是深化与公安、交管等执法部门的协调合作，搭建信息沟通平台，加大案件侦办力度和惩处结果曝光度，对不法分子形成有效震慑。

二是呼吁司法部门从立法层面取消对主体身份的限制，将保险诈骗罪的犯罪主体扩展为一般主体。推动将保险欺诈人员信息纳入司法征信机构失信人名单管理，强化惩戒效果。

三是加强对新情况、新问题的调查研究，推动大数据技术在保险反欺诈领域的应用，全面提升欺诈风险防控水平。

（曹媛　谭锐）

首都资本市场发展情况专题调研报告

中国证券监督管理委员会北京监管局

为贯彻落实党中央、国务院关于北京“四个中心”和“国家金融管理中心”建设特别是“两区”建设任务要求，更好推动相关工作，中国证券监督管理委员会北京监管局（以下简称北京证监局）组织专门力量，对照上海、深圳、广东、江苏、浙江等资本市场发达的省份，系统地梳理了北京市资本市场发展情况，并研究和提出相关建议，以期为首都经济高质量发展特别是北京辖区多层次资本市场建设作出更大贡献。

一、首都资本市场主要特点

（一）境内外市场齐头并进，央企民企共同支撑，北京是国内直接融资最发达的区域

一是全国直接融资“主阵地”。截至2020年6月末[①]，北京市有境内外上市公司574家，“新三板”挂牌公司1 117家，均居全国第一位；境内外上市挂牌公司总市值为20.3万亿元，占全国的21.7%，居全国第一位。2010年至2019年，北京市企业实现境内股票融资1.9万亿元，占全国的26.4%，境内债券融资24.9万亿元，占全国的33.0%，均居全国第一位。

二是在京央企在全国市场占据重要地位。2020年6月末，在京央企境内总市值为9.8万亿元，占全国的15.1%。2010年至2019年，在京央企境内首次公开募股（IPO）融资2 551亿元，占全国的12.7%；境内债券融资20.6万亿元，占全国的27.3%。

三是对海外资本市场利用充分。2020年6月末，北京有港股上市公司152家、总市值为5.1万亿元，美股上市公司95家、总市值为2.6万亿元；数量均居全国第一位，远超其他省份，总市值均居全国第二位。

四是拥有全国核心科技创新资源和最大的私募股权市场。北京在高校科研院所及其人才资源方面远超其他城市，且以中关村为轴心的科技创新资源集聚北京。同时，为培育和孵化创新创业产业，私募股权市场更是全国首屈一指。2010年至2020年6月，北京市企业接受私募股权投资1.64万家次，投资金额为1.81万亿元，分别占全国的27.6%和31.6%，均居全国第一位[②]。私募市场已助推北京成为“独角兽之城”，北京共有93家“独角兽”企业，总估值为2.65万亿元，占全国的44.4%[③]。

（二）充分发挥辖区资源禀赋优势，紧密贴合辖区企业融资需求，北京是国内资本市场服务业主要聚集城市

近年来，全国资本市场服务业加速向北京、上海、深圳等地集聚，与沪深相比，北京方面呈现以下特点。

① 除特殊说明外，本报告数据均来自Wind数据库。

② 数据来源：清科私募通。

③ 数据来源：《苏州高新区·2020胡润全球独角兽榜》，截至2020年3月31日。

一是北京证券基金期货业起步早、样本多元、业态丰富。北京是最早一批证券、期货、基金经营机构的诞生地，目前形成了业态丰富、股东多元、结构均衡的机构体系，股东不仅有央企、地方国企、民企，也有银行、保险机构、四大资产管理公司、外资金融机构等金融系统机构。

二是拥有最强大的资本市场服务业产业链。除证券、基金、期货经营机构等市场服务主体外，在京的会计师事务所、律师事务所、资产评估机构、资信评级机构等市场配套服务机构类型齐全、竞争力强，行业占比均超过50%。

三是与本地融资需求深度融合。依托国内最大的直接融资市场和私募市场，北京证券公司投资银行业务能力强而精，营业收入中投行业务收入占比自2013年起均高于沪深；北京私募股权、创业投资机构队伍全国领先，2020年6月末管理规模为2.6万亿元，分别为沪深的1.6倍、1.9倍。

（三）具备相对完整的多层次资本市场体系

全国股转系统即“新三板”地处北京，自2013年正式运营以来，坚持服务创新型、创业型、成长型中小企业发展的市场定位，已成为全球挂牌企业数量最多的证券市场，累计为1.3万余家企业提供挂牌服务，精选层等“新三板”改革持续推进，市场环境持续改善。“四板”市场也在积极有序发展。

（四）是国家金融管理中心和主要金融基础设施所在地

国家经济管理部门特别是金融监管部门、除证券交易所和期货交易所外的主要金融基础设施、国家级行业自律组织均集聚北京。中国证券监督管理委员会系统大多数会管单位（除证券期货上市基金四大协会外，包括全国中小企业股份转让系统有限责任公司等）均在北京，使北京成为资本市场基础设施最为集聚的重点城市之一。

二、影响未来发展的主要问题

从全国范围来看各经济带区域中心建设，北京所在京津冀与上海所在长三角、深圳所在珠三角大湾区，客观上在经济总量和区域协同特别是在产业集群、依托对接、承载能力等方面存在一定的差异。当前，除上述三个区域外，海南、成渝及武汉、西安等区域中心建设也在加速推进。上述地区或城市，大多采取同质化的税收优惠、财政支持、人才落户、办公便利等强大的吸引政策，对北京形成巨大竞争。同时，北京贯彻落实疏解非首都功能、减量发展，对自身产业优化升级及营商政策环境提出更高要求，确实也加大了未来发展的格局性、结构性压力。这些因素的叠加影响直接或间接反映到包括资本市场在内的各类金融资源竞争加剧上来，对首都资本市场未来发展带来相当大的挑战。

（一）首都直接融资体系的相对影响力下降

一是融资规模、市值规模全国占比有所下降。虽然北京企业融资规模和市值规模呈增长态势，但非金融企业境内股票融资全国占比从2010年至2015年的15.9%，下降到2016年至2020年上半年的12.6%，非金融企业境内债券净融资全国占比从20.7%下降到16.5%；北京上市公司境内总市值全国占比从2010年末的33.1%下降至2020年6月末的21.2%。

二是IPO表现及后备资源潜在问题值得关注。北京IPO企业家数从2010年至

2015 年的 133 家减少到 2016 年至 2020 年上半年的 94 家，而同期上海由 69 家增加到 92 家，深圳由 94 家增加到 108 家。截至 2020 年 7 月末，北京辅导备案拟上市公司 163 家，少于江苏的 278 家、浙江的 235 家和上海的 187 家。

三是私募股权市场活跃度下降。2020 年上半年，北京企业获得私募股权投资额 733.4 亿元，只有高峰期（2017 年）全年的 15%，全国占比也由高峰期（2017 年）的 40.2% 下降至 2020 年上半年的 27.5%。

四是头部企业发展落后于兄弟省份。剔除央企和大型国有银行，2020 年 6 月末境内外市值排名前 10 位的内地企业中，北京 2 家（美团、京东），总市值为 1.7 万亿元，大幅落后于深圳 2 家（腾讯、平安）总市值 5.7 万亿元和浙江 2 家（阿里、网易）总市值 4.5 万亿元；排名前 50 位的公司中，北京 9 家，少于深圳的 12 家；排名前 100 位的公司中，数量（20 家）虽居第一位，但平均市值仅居主要省份第五位。

五是地方国企利用资本市场活跃程度相对较低。目前，北京国资 A 股上市公司总资产、总市值均不到上海的一半。2010 年至 2019 年，仅 7 家 IPO，IPO 融资 57.4 亿元，融资规模仅为上海的1/10，并购重组规模仅为上海的 41%。与上海相比，北京上市国企利用资本市场主动性不够、资源整合能力动力不足。

六是民营上市公司、债券发行人风险不容忽视。上市民企盈利能力与主要省份存在差距，亏损企业占比较高。上市民企中高股票质押公司比例、被国企（主要是京外省份国企）收购比例、退市比例，以及违约民企债券发行人家数、违约率等风险指标，均居主要省份第一位。

（二）辖区市场服务业发展水平与首都地位不完全匹配

一是新增机构数量少于沪深。2011 年至 2019 年，北京新增证券公司、基金管理公司、期货公司共 13 家，少于上海的 45 家和深圳的 24 家；新设公募基金管理子公司和期货风险管理子公司数量也远少于沪深。截至 2020 年 6 月末，北京共有证券公司、基金管理公司、期货公司 56 家，少于上海的 119 家和深圳的 67 家，主要原因在于各类公司受外地优惠政策及当地市场环境吸引。

二是机构实力与沪深存在不小差距。证券、基金、期货三个行业的总资产分别只有上海的 64%、38% 和 43%。头部机构发展落后于沪深，头部机构业务规模行业占比均只有沪深的一半；2019 年度总资产排名前 20 位的证券公司中，北京 3 家，少于沪深的各 5 家；2019 年末管理规模排名前 20 位的基金管理公司中，北京 3 家，少于上海的 8 家和深圳的 6 家。

三是资管业务落后于上海。除公募基金存在较大差距外，2019 年，北京证券公司资管业务净收入为 25.1 亿元，只有上海的 27.2%；北京近年来无新设证券公司资产管理子公司，而上海新设 9 家；北京私募证券投资基金数量、管理规模仅为上海的 40%；32 家外资私募证券投资基金管理人中，上海 29 家、北京没有①。当前资管产品增值税贡献较大，大力吸引

① 2020 年 8 月，首家外资公募基金贝莱德基金管理有限公司获批在上海成立，反映外资资管机构先注册私募、后申请公募可能成为趋势。

各类资管机构落地北京是重中之重。

四是异地经营问题突出。由于北京是全国宏观决策、金融监管、高端业务、重点客户和专业人才等各类核心资源的主要聚集地，较多京外机构在京设点展业。以北京证监局掌握数据的公募基金、私募基金为例，目前，异地经营基金管理公司15家，多于上海的7家、深圳的3家；管理规模是北京注册公司的49.2%。异地经营私募基金管理人有1 561家、管理规模为1.9万亿元，管理规模是北京注册公司的58.3%。

五是市属国资布局资本市场服务业偏少。目前，北京国资仅控股1家证券公司，参股3家，只有参股的中信建投证券股份有限公司是头部机构；而深圳国资控股了3家、参股2家，控股的国信证券股份有限公司是头部机构；上海国资控股5家、参股3家，控股的国泰君安证券股份有限公司、海通证券股份有限公司、东方证券股份有限公司均是头部机构。除证券公司外，基金、期货经营机构等也存在类似情形。同时，北京国资股权集中、分散度低，机构活力发挥不够充分。

六是营商环境支持因素对机构绩效影响大。2016年至2019年，北京3家上市证券公司获政府补贴2.8亿元，而上海5家上市证券公司获补贴70.9亿元，深圳5家上市证券公司获补贴11.4亿元，补贴差距加大了经营绩效差距，同时增加了机构外迁动力。受落户、个税等人才政策影响，北京机构吸引高素质人才难度加大，对机构实力的影响日趋明显。

（三）“新三板”的关键要素市场枢纽作用有待进一步发挥

北京的证券交易场所建设存在一定的短板，这一关键要素市场“南强北弱”局面尚待破局。目前“新三板”改革创新力度空前，但与沪深证券交易所相比，三者市场空间重叠加大且具有一定的同质竞争性，“新三板”作为关键要素市场所承载的枢纽功能作用有待进一步发挥。“新三板”如何具备证券交易所实质性功能价值，在当前及未来服务国家“两个大局”乃至在全球金融竞争格局中独具特色，特别是在我国多层次资本市场体系中，与沪深证券交易所形成各自功能定位的基础上的错位发展、良性互动格局，打造差异化核心竞争优势，应是重点需要研究考虑的问题。

三、相关政策建议

（一）持续巩固国际一流营商环境高地优势

一是形成差异化特色性区域发展竞争格局。更充分利用科技、央企、人才、资本等首都资源优势，对各部门、各区强化考核督查和支持激励，扶植北京国资更大、更广的战略布局，激发各方面推动发展能动性，在功能疏解与减量发展中形成“有压有保、有出有进”的良好局面。

二是以人才落户为重点集聚各相关资源。用好用足沪深等地无法比拟的首都教育医疗资源雄厚的优势，与税收贡献或产业贡献等核心指标挂钩，在金融科创、上市公司、“独角兽”公司等重点企业落地，人才落户，个税奖补及子女教育等方面出台更有效吸引政策以“拴心留人”。

三是提供更精准到位的政商服务环境。完善“服务管家”机制，拓宽企业服务包覆盖面，做好口袋政策、项目资金清理，抓好各项惠企政策落地落实落细。

（二）积极助力首都直接融资更大发展

一是做好政策落实。做好各项扶持政

策的宣传推介和落地执行，加强上市挂牌后备资源培育，推动各类市场主体用好用足各类直接融资工具。继续利用好包含美国市场在内的境外资本市场，积极推动中概股回归港股或A股形成两地或三地上市。及时出台更具力度、更加精准的资本市场激励政策，保持与沪深等地同等的政策环境。

二是完善政府引导基金体系。合理统筹整合市区引导基金，成立更具代表性、专注细分领域的政府引导基金。加大创投基金支持力度。增加头部企业风险投资（Corporate Venture Capital）参与深度。

三是缓解民营和初创企业融资难题。加强金融支持，做好存量民企上市公司的质量提升和优化发展工作。稳妥发展中小科技型金融机构，有序开展知识产权质押融资。充实政府担保机构资本金，完善考核机制。

四是利用资本市场深化地方国资改革。加强宣传培训、科学考核，利用现有上市平台进行资产整合，加快优质资产上市。加快利用股权激励、员工持股等工具，深入推进混合所有制改革。更好地利用基础设施领域不动产投资信托基金等金融工具，拓宽融资渠道。

五是提高融资相关主体的资本市场素养。构建定期化多层次培训交流机制，推进中国证监会等金融监管部门及证券期货交易所等关键市场主体以及证券、基金、期货行业人才和北京市区党政国企干部的双向任职挂职交流。

（三）推动资本市场服务业赶超式发展

一是做实做细机构服务机制。参考沪深经验设立金融业发展专项基金，优化办理程序，降低补助门槛，细化补贴条件，建立长效激励机制。关注行业整合、银行进入资本市场服务业和对内对外开放等新动向，做好机构落地引导。强化精准服务，鼓励通过在京设立子公司、分公司、合理分税实现部分回归，更有效地化解异地经营问题。

二是建设国际财富管理中心。发挥服务业开放试点优势，增强资本账户便利度，更好吸引外资。培育私募股权二级市场基金（Secondary Funds）发展，吸引社保、养老等长线资金落地投资，吸引各类新设资管机构在京落地。明晰市内各区主体功能定位，提高机构聚集度。

三是打造北京国资金融资本品牌。灵活选择控股参股方式，从数量和质量、所在地和所有权等方面全面增加北京国资行业参与度。优化市属国资机构法人治理结构，适当调整股权结构。

四是大力发展金融科技。比照科技企业试点行业信息技术投入进行税前加计扣除。推动在京科技企业与行业机构交叉持股或合设金融科技公司。推动在京率先开展资本市场金融科技创新监管试点。

（四）不断深化多层次资本市场体系建设

一是用好用足国家支持政策。以北京在国家支持政策水平上不低于沪深等地为基础条件，以“两区”建设涉及的相关政策落地见效为重大契机，更好地发挥国家金融管理中心功能，推动更多资本市场重大改革措施在京先行先试。同时，深入贯彻落实《国务院关于进一步提高上市公司质量的意见》，切实推动辖区上市企业更好地服务北京发展。

二是积极推动“新三板”深化改革。加强对中国证监会等金融监管部门的沟通交流和工作支持，按照中央要求，持续深入推进“新三板”改革，不断完善基础制度和市场功能，持续强化市场服务，打造差异化竞争优势。

三是积极稳妥有序推进其他各类市场建设。抓紧抓实抓好中国证监会已原则同意的私募股权交易平台、知识产权交易所、绿色交易所等重大政策支持举措的落地见效，补齐要素市场短板。加强与中国证监会系统在京单位的沟通对接，推动全国性证券期货仲裁机构、私募基金份额登记平台和证券借贷运营管理平台等业务实体和基础设施在京落地。

此外，在推动发展的同时，也需要高度关注北京辖区资本市场风险防控工作，确保首都金融安全。建议加强央地协同联动，充分发挥地方政府属地风险处置和市区司法机关机制体制优势作用，在上市公司风险、债券违约风险、私募基金风险、非法证券期货活动等特别是私募基金风险处置方面，进一步加强行政监管与公安、司法刑事处罚衔接协调，形成强大的工作合力，切实维护首都资本市场正常秩序。

（贾文勤　吴运浩　金义　唐诗磊　惠聪　李梦洁等）

北京市发展金融基础设施的经济效应研究

北京市地方金融监督管理局

一、金融基础设施国际范畴与国内范畴

2008 年国际金融危机之后，国际社会反思认为，金融基础设施或支付清算体系失灵或遭到破坏时，会产生或明显增加流动性风险、产生信贷问题，并在金融机构和市场之间传染，由此会威胁到金融体系稳定，由此开始高度重视金融基础设施。国际清算银行在 2012 年 4 月发布的《金融市场基础设施基本原则》中提出，金融基础设施是一个多边运行体系，用于清算、结算或记录包括支付、证券、衍生品和其他金融交易等信息，金融市场基础设施应遵循 24 个原则、履行 5 个职责。

国际上广义金融基础设施涉及金融稳定运行的各个方面，包括金融市场硬件设施以及金融法律法规、会计制度、信息披露原则、社会信用环境等制度安排。狭义金融基础设施则主要侧重于金融市场交易的硬件设施，尤其是支付清算基础设施。国际清算银行界定的范畴相对狭义，主要基于防范系统性风险视角。

2020 年 3 月，中国人民银行、国家发展和改革委员会等六部门联合印发《统筹监管金融基础设施工作方案》。结合中国金融体系发展实际，该工作方案拓展了我国金融基础设施基本范畴，包括金融资产登记托管系统、清算结算系统（包括开展集中清算业务的中央对手方）、交易设施、交易报告库、重要支付系统、基础征信系统六类设施及其运营机构。在国内各大自由贸易试验区竞争式发展推动下，跨境支付相关金融基础设施进展很快。上海市于 2018 年出台了《自由贸易账户业务同业操作指引（第一批试行）》，对引入自由贸易账户之后的跨境支付账户设定了新的管理规则。中国（广东）自由贸易试验区也在本位币一体化跨境支付

平台建设方面有了实质性进展，并依此推动跨境贷款、跨境债券发行等领域发展。

比较北京与上海的金融基础设施，可以发现：一是支付清算、证券结算和存管等基础设施主要分布在北京，金融市场基础设施主要分布在上海，中央对手方、交易报告库相对分散，集中在北京、上海以及深圳、大连等城市；二是总体而言，北京和上海平分了全国最重要的22个金融基础设施，不同类别的金融基础设施都很重要，没有绝对的优劣之分，因此，二者地位均很重要；三是北京和上海在金融基础设施领域势均力敌的地位对比提示，北京应利用自身已有的优势领域如支付清算、证券结算和存管等，抓住金融科技、数字货币等新的发展领域的窗口期，在金融基础设施领域开辟新的发展方向，引领数字经济及其治理。

二、北京市发展金融基础设施的理论依据

无论是狭义的金融基础设施（支付清算体系等），还是广义的金融基础设施（支付清算、交易所等硬件设施以及定价、交易规则等软件制度），都具有不同程度的公共产品性质，属于公共产品或俱乐部产品。这两类产品天然具有一定的正外部性，其产生的社会收益通常高于私人收益，社会成本通常低于私人成本，政府推动发展金融基础设施是自身职责之一。

发展金融基础设施是防范系统性风险的天然屏障。金融基础设施对系统性风险的重要影响在于：系统性风险不仅来自传统观点即银行业倒闭的传染风险，也来自金融基础设施的监测缺位。作为系统性风险的直接承担者——政府，理应是系统重要性金融基础设施建设的主导者。

发展金融基础设施是国家金融治理的现实需求。近年来，将个别国家或者银行从环球同业银行金融电信协会（SWIFT）中除名，也成为美国日益重视和强化运用的金融制裁战略工具。借助金融霸权、长臂管辖权的法理依据以及对SWIFT和纽约清算所银行同业支付系统的控制与影响，美国才肆意运用金融制裁手段。中美贸易摩擦日趋严重，应对潜在的金融制裁风险，是发展本外币跨境支付平台等金融基础设施的现实意义之一。

三、北京发展本外币一体化跨境支付平台具有现实意义

本外币一体化跨境支付平台是中国（北京）自由贸易试验区（以下简称北京自贸区）的发展需要。北京自贸区承担着建成全球高质量科技创新中心的重任，而国内目前银行主导型金融结构支持创新的力度有限。自贸区内的金融体系必须大胆改革，在政策边界之内，全力打造以风险投资基金为主要组成部分的多层次金融体系，充分利用国际资本支持本地科技企业发展。建设本外币一体化跨境支付平台是破除跨境融资障碍、引进国际资本的重要制度创新方式。

本外币一体化跨境支付平台是提升首都金融治理的现实需要。首先，各大金融机构总部云集北京、北京的金融服务业总体量足够大，完善金融基础设施能带来足够的规模效应，社会收益会超过社会成本。Wind统计数据显示，截至2019年，有14家全国性商业银行总部落户北京，工商银行、农业银行、中国银行、建设银行四大国有商业银行注册地也均为北京；同时北京还有18家证券公司总部、59家保险公司总部、20家公募基金总部、12家信托机构总部、71家财务公司总部、19家期货公司总部、数千家私募基金总部以及超过100家金融科技企业总部。从金融服务业自身发展体量来看，北京金融服务业自身有大量的跨境金融需求，这是发展本外币一体化跨境支付平台的现实需求。

北京理应在国家金融治理、防范系统性风险方面发挥应有的核心作用。全国主要的核心金融基础设施均在北京，中国人民银行以及各监管机构也云集首都，核心基础设施是抵御金融系统性风险的屏障，首都自身的金融基础设施发展水平应有足够的抗风险能力，成为维护国家金融稳定的保障。

总之，无论是从理论视角、功能视角，还是现实发展视角，强化核心金融基础设施建设都是维护国家金融安全、提升北京作为首都的金融治理水平、提高国内金融行业发展效率的必然选择。

四、本外币一体化跨境支付平台建设的经济效应

从微观视角来看，本外币一体化跨境支付平台具有积极作用。一方面，其整合了企业的人民币账户和离岸账户，减少账户之间原来诸多的交易环节，简化了流程。企业只要发出一个支付指令，银行就可以根据账户协议，自动为企业人民币或者所需兑换的外币进行支付，由此大大提高了自贸区内企业使用资金的效率和快捷程度。另一方面，本外币一体化跨境支付平台降低了企业和金融机构面临的汇率波动风险和利率波动风险。在本外币基本匹配的原则下，允许自由贸易账户持有人自由选择交易和结汇币种，企业和机构可以根据不同的汇率波动预期，规避风险。从宏观效应来看，本外币一体化跨境支付平台及支付、结算规则的逐步放松，意味着资本项目可自由兑换程度的提高，这将对人民币国际化产生实质性影响。总之，本外币一体化跨境支付平台能通过降低企业跨境支付成本、跨境融资成本等直接给自贸区内企业带来经济效益。但开放自由贸易账户只是第一步，最终能为企业具体带来多大的经济效益，取决于后续的监管政策和规则的设定。就间接效益而言，其有利于推进资本项目可自由兑换和人民币国际化，宏观影响深远。

从宏观视角来看，一方面，可以通过本外币一体化跨境支付平台可以推动建立更高的资本市场开放标准，对全国资本市场开放服务起到示范作用。中美第一阶段经贸协议的核心内容之一就是继续开放资本市场。如何在开放和风险之间保持平衡？通过自贸区内的资本市场开放，可以兼顾二者。借助自贸区内的本外币一体化跨境支付平台，北京可以构建高标准体系，对全国资本市场开放服务起到示范作用。另一方面，持有自贸区本外币一体化账户的个人和企业，通过人民币存款、发行人民币债券、出口贸易、投资境内金融市场、人民币直接投资、合格境外机构投资者等途径，以及自贸区内企业之间的跨境人民币贷款（即境内企业从境外企业在自贸区内借入人民币贷款）等经济、金融交易，可以大大丰富人民币的回流机制，塑造人民币国际化的完整循环机制。

五、全球跨境支付市场发展现状、模式与基础设施安排

在国际上，跨境支付主要涵盖个人、企业和政府机构相互之间的跨境资金流动（商业支付、个人汇款、跨国公司商业支付、政府关税等），按付款主体和收款主体划分，主要包括9类：P2P、P2B、P2G、B2P、B2B、B2G、G2P、G2B、G2G。根据国际清算银行的数据估算，全球每年跨境支付规模为100亿笔至150亿笔。美联储估算2019年全球跨境支付的市场规模大约为29万亿美元（Federal Reserve，2020）。网经社“电数宝”电商大数据库监测数据显示，2019年中国跨境支付交易规模达7 500亿元，同比增长51.69%。

与高度发达的各国国内支付相比，当前全球跨境支付普遍存在成本高、时间长、不透明、风险高等问题，这些问题也成为各国竞相发展跨境支付的切入点。以个人跨境汇款为例，成本主要用于商业银行手续费、外汇成本、电信成本、银行卡交换费以及其他费用，当前全球平均成本约为6.5%，高于二十国集团在2009年制定的全球跨境支付平均成本（5%），也远高于联合国确定的至2030年将跨境支付费率降低至3%的可持续发展目标。

从结算和清算的主体和机制来区分，跨境支付目前有四种典型模式：代理行模式、跨国界专有闭环模式、联通国内基础设施模式和点对点模式，主要模式依然是传统的代理行模式。国内由商业银行主导的B2B跨境支付，2018年占总跨境支付规模的比例为85%，2019年占比为80.5%。微信、支付宝和银联国际主导的B2C跨境支付，2018年占比为15%，2019年占比为19%。（1）代理行模式涉及付款人、付款行、收款人、收款行四方。代理行模式存在的主要原因是，外国银行不能在本国央行的清算体系中开户，只能依赖对方央行清算体系中的结算行，信息传递则大多通过SWIFT系统。（2）跨境专有闭环模式指的是付款人和收款人在同一闭环系统中开立账户或以其他方式使用同一闭环系统，中央支付服务机构为付款人和收款人双方服务，并控制端到端付款。典型的跨境闭环模式服务机构包括Western Union、MoneyGram等。（3）基础设施区域一体化模式。该种模式涉及构建区域性的支付系统或将不同国家和地区的支付清算基础设施连接起来，以推动区域内不同币种交易的跨境支付。典型的案例包括用于ACHs之间互联的欧洲自动清算所协会框架、阿拉伯区域支付系统、2003年成立的墨西哥Directo a México等系统。（4）点对点模式。基于区块链技术（DLT）的点对点模式解决方案处于新生阶段。DLT应用于中央银行和其他机构已出现几个案例，例如加拿大银行的Jasper项目（2017年）、新加坡金融管理局的Ubin项目（2017年）、日本银行和欧洲央行的Stella项目（2017年）。

国家之间的跨境支付清算机制目前有两类运行方式。第一种方式，本国货币本身就是国际关键货币，所有其他国家的银行都可以直接或者通过母国代理银行的方式，参与清算和结算。这些国家的货币已经完全可自由兑换，其国内金融中心和基础设施本身具有开放性、国际性。因此，央行可以不就跨境支付清算和结算作特殊规定，由国内的国际性支付清算机构如VISA等，安排跨境支付，如美国、英国。也有国际关键货币的央行自主统筹安排了跨境支付清算体系，如欧盟区。第二种方式，本国货币尚未实现自由兑换，资本账户没有完全开放。本币跨境支付需要本国央行进行安排。央行可以自主设计或选择跨境支付清算机制。可以与国际性支付清算网络和机构合作，可以与其他国家的央行合作，也可以鼓励本国商业银行提供跨境支付结算服务等，如加拿大。国际上典型的跨境清算系统包括纽约清算行同业银行支付系统、SWIFT的结算系统、持续联结清算系统、欧洲银行业协会系统、欧元实时收付系统等；以及以VISA、万事达卡、中国银联为代表的银行卡转接清算机构。

六、北京本外币一体化跨境支付平台发展展望

（一）国内主要自贸区跨境金融服务比较

国内不同自贸区的跨境金融服务之间存在竞争关系，谁的政策更优惠、开放程度更大，谁就可以更多地吸引企业和资金。在未来，北京的本外币一体化跨境支付平台建设也将是一个循序渐进的发展过程，一线账户在有真实贸易背景的情况下可全面放开，二线账户面临反洗钱、反恐怖融资等政策要求，仍需保持高度监测。以本外币一体化跨境支付平台为基础，逐步全面放开跨境金融服务，为企业提供优质的跨境贷款、跨境股权投资、跨境债券发行和交易，以及跨境资产转让等服务。

（二）北京本外币一体化跨境支付平台硬件设施和软件设施建设内容

本外币一体化跨境支付平台硬件设施建设内容包括本外币一体化跨境支付平台的核心是新增自有贸易账户及其与原有的跨境账户、人民币账户之间资金往来的管理。软件设施建设内容包括：建立规则统一的本外币自由贸易账户体系即FT账户；对跨一线账户（自由贸易账户之间、同户名自由贸易账户不同币种之间交易）、跨二线账户（同户名自由贸易账户和境内人民币账户之间、异户名自由贸易账户和境内人民币账户之间）等设立不同程度的统一管理规则；对金融机构而言，本外币一体化账户意味着其后台支持系统需要设立分账核算系统，与境内账户相隔离，以控制风险。最终，FT账户形成本外币合一的多币种的账户，基本实现不同货币之间的可自由兑换。任何账户的跨境资金必须遵守反洗钱、反恐怖融资、反逃税政策要求。

（三）北京本外币一体化跨境支付平台的定位

鉴于FT账户管理系统建立的成本以及未来多个自贸区FT账户的统一和规范，北京的FT账户的监管很有可能也归属于中国人民银行上海总部管理。但从北京本地的金融基础设施发展视角来看，这样的安排对提升本地金融基础设施发展水平无益，也会继续拉大北京和上海的金融基础设施已有的发展差距。北京作为首都，在自贸区FT账户建设方面，完全可以探讨新的思路。从目前的账户建设和管理的主体来看，目前自贸区内的FT账户与国内原有的本外币账户形成的跨境支付清算系统是相对独立的，与内地—香港的区域金融合作系统也没有关联。在支持自贸区内金融深化开放、提高自贸区内跨境贸易便利的同时，进一步加剧了国内银行账户、支付清算系统的碎片化和重复建设。对于银行而言，加重了其账户监测和管理的难度。因此，北京的FT账户建设和管理可以直接在原有的跨境支付清算系统内部进行微调，整合管理，这样做可以最大限度地模拟人民币国际化之后的支付清算系统管理，并节省成本。同时，北京可以和上海、深圳前海、香港等联合打造区域性跨境支付平台，开创区域金融合作新模式，降低国内不同城市之间的离岸金融交易壁垒，从而在有限竞争之下实现共赢。如此，一方面可以整合以往金融开放、离岸金融发展的成果，提高北京自贸区的发展起点，另一方面可以推动国内跨境支付系统管理效率，为人民币国际化做好准备。

北京自贸区同时承担着数字经济试验区的发展任务，可以深入探讨“数字货币+跨境支付”的新发展模式。已有的解决方式之一是电子钱包跨境支付商业模式，主要应用在小额、高频、线上交易、期待低成本的 C2C、B2C 以及 B2B 跨境交易中，清算模式各不相同。另一种建议的新模式是创建不同于一般加密货币的稳定币。如果设计合理，稳定币可能能够更好地满足跨境支付的明确需求，但也会带来风险。由此，第三种新模式即央行数字货币模式被寄予厚望。在全球在研的央行数字货币中，部分央行数字货币发展的基本方向之一就是跨境支付，如加拿大央行、英格兰银行和新加坡金融管理局等。中国商业数据中心可以点对点或通过中介进行转移，中介可以是中央银行、商业银行或第三方代理。这些模式都可以作为北京自贸区跨境金融服务的未来发展方向进行深入探讨。

附

2020 年专题与调研目录选编

中国人民银行营业管理部 2020 年优秀调研报告

一等奖

1. 国际油价大跌的快速调查：协议未达成源于四方面深层原因油企部分境外项目可能再次进入亏损状态（资本项目管理处）

2. 国民收入分配现状及其对经济内循环的影响——以北京地区为例（货币信贷管理处）

3. 中小微企业复工不复产现象凸显 多数企业营收利润双降 企业资金压力值得关注（调查统计处）

4. 北京地区房地产开发企业融资压力分析（金融稳定处）

二等奖

1. 西方国家对我国有企业若干指责的辨析及应对（金融研究处）

2. 北京、上海及全国金融业增加值比较分析（调查统计处）

3. 中国银行“原油宝”事件暴露出的问题及启示（金融研究处）

4. 关于促进自贸区大兴片区数字贸易发展的国内外经验借鉴和政策建议（跨境办）

5. 调研显示：文娱企业复工难点较多 呼吁加强产业支持政策（调查统计处）

6. 疫情期间北京地区拒收现金现象有所抬头 五种拒收原因、四大执法问题值得关注（货币金银处）

7. 银行个人外汇服务现状、主要梗阻与完善建议（经常项目管理处）

8. 关于北京市融资担保体系的运行情况、困难及政策建议（金融稳定处）

9. 数字银行发展现状、问题及建议（金融研究处）

10. 2020 年中国国际服务贸易交易会北京参展企业调研（经常项目管理处）

11. 借鉴全球资管经验 加快北京国际资管中心建设（资本项目管理处）

12. 关于北京地区中资法人银行资本充足情况和信贷投放能力的分析（金融稳定处）

13. 企业融资综合信用服务平台比较研究及新模式探索——北京“创信融”打通小微企业融资梗阻（征信管理处）

14. 营业管理部2020年干部职工思想状况动态分析调研报告（宣传群工部）

15. 新冠疫情下北京地区产业链发展挑战与机遇并存（国际收支处）

16. 北京地区P2P网贷机构接入征信系统存在的主要问题及建议（征信管理处）

17. 京沪深三地近五年服务贸易比较研究（经常项目管理处）

18. 支付机构开展跨境电子商务业务跨境结算的风险及监管政策建议（跨境办）

19. 非法资金借信托QDII“通道”业务跨境风险值得关注（外汇检查处）

20. 从传统军工到新基建 谨防美国透过不断扩围的“实体清单”打压中国高科技领域的快速发展（国际收支处）

三等奖

1. 中央银行运用特殊目的实体（SPV）的国际经验及启示（会计财务处）

2. 跨单位性质混合会计主体合并财务报表研究——基于中央银行的实践（会计财务处）

3. 对打击地下钱庄跨境洗钱监管方式的探讨（外汇检查处）

4. 关于反洗钱举报处理工作的分析及思考（反洗钱处）

5. 以“矩阵”监管体系破解支付机构监管难题——以北京地区非银行支付机构监管为视角（支付结算处）

6. 中央银行会计核算流程转变后监督业务的思考（事后监督中心）

7. 以“五聚焦”构建科技金融工作长效机制“四促进”提升服务科创水平（中关村中心支行）

8. 外资证券公司资本金结汇管理政策现状、问题和相关建议（资本项目管理处）

9. 居民现金使用现状及影响因素分析——基于北京市现金使用调查问卷实证（货币金银处）

10. 基于数据治理视角的数字对象体系架构（DOA）及其金融科技应用启示研究（清算中心）

11. 从国库数据看北京市经济复苏情况和稳企业保就业政策落地效果（国库处）

12. S－CAD政策评估法对重大政策落实审计的启示和思考（内审处）

13. 金融科技领域应用区块链技术所面临问题的分析与思考（科技处）

14. 关于支付领域“先行赔付”监管职责边界的分析与思考（支付结算处）

15. 澳大利亚国库现金管理的做法与启示（国库处）

16. 人民银行管理会计应用环境分析（会计财务处）

17. 区块链技术在支付清算领域的应用探索研究（中关村中心支行）

18. 新冠疫情后美国量化宽松政策对我国跨境资本流动的影响及对策（中关村中心支行）

19. 营业管理部关于重大政策落实审计的做法与思考（内审处）

20. 英国监管科技政策工具TechSprint及其启示（清算中心）

21. Wirecard财务造假事件的影响及启示（支付结算处）

22. 全球负利率趋势对我国货币政策的溢出效应研究——基于开放经济的两国DSGE模型（国际收支处）

23. 银行业金融科技发展及其监管的思考（清算中心）

24. 金融消费权益保护产品评估与专项评估体系的构建与有效性研究（法律事务处（金融消费权益保护处））

25. 房地产金融宏观审慎管理监测体系及工具研究（跨境办）

26. 我国货币经纪公司外汇经纪业务发展现状及建议（外汇检查处）

27. 北京地区金融支持制造业高质量发展情况调研报告（货币信贷管理处）

28. 关于金融支持科创中心建设的调研报告（办公室）

29. 北京市现金流通与地区经济及产业发展关联分析（货币金银处）

30. 跨境资本流动宏观审慎实践探索——基于亚太地区国家宏观审慎管理的有效性评估（外汇综合业务处）

31. 银行小微贷款损失准备会计与监管关系研究（营业室）

32. 我国电力行业发展与融资情况调研报告（货币信贷管理处）

33. 新冠疫情对营管部应急采购工作的启示（后勤服务中心）

34. 浅谈公共安全危机下如何开展人民银行保卫工作（保卫处）

35. 央行基层工会经审工作的现状、问题及建议（工会办公室）

36. 疫情防控下离退休干部工作方式优化逻辑及需求（离退休干部处）

八、统计资料

（一）金融业务综合统计

表 1.1　北京市金融机构（含外资）本外币信贷收支统计

单位：亿元

项目名称	余额	比年初	项目名称	余额	比年初
一、各项存款	188 082	16 667	一、各项贷款	84 309	7 609
（一）境内存款	185 479	16 167	（一）境内贷款	82 499	7 400
1. 住户存款	44 486	5 622	1. 住户贷款	20 339	1 222
（1）活期存款	16 986	1 951	（1）短期贷款	2 877	357
（2）定期及其他存款	27 500	3 671	消费贷款	1 588	116
2. 非金融企业存款	66 021	5 740	经营贷款	1 290	242
（1）活期存款	21 053	1 084	（2）中长期贷款	17 462	865
（2）定期及其他存款	44 968	4 655	消费贷款	14 765	607
3. 机关团体存款	41 932	1 570	经营贷款	2 697	259
4. 财政性存款	1 713	140	2. 企（事）业单位贷款	61 810	6 455
5. 非银行业金融机构存款	31 328	3 096	（1）短期贷款	23 094	2 008
（二）境外存款	2 602	500	（2）中长期贷款	34 292	3 920
二、金融债券	1 489	－1	（3）票据融资	3 911	580.2
其中：境外发行			（4）融资租赁	458	－15
三、卖出回购资产	8	1	（5）各项垫款	55	－38
四、借款及非银行业金融机构拆入	519	－349	3. 非银行业金融机构贷款	349	－277
五、联行往来（净）			（二）境外贷款	1 810	208
六、应付及暂收款	3 808	656	二、债券投资	9 721	5
七、各项准备	1 923	304	其中：境外债券	17	－1
八、所有者权益	5 740	240	三、股权及其他投资	7 063	－2 767
其中：实收资本	1 476	67	四、买入返售资产	602	109
九、其他	15 259	1 476	五、存放非银行业金融机构款项	39	－10
			六、联行往来（净）	112 845	13 638
			其中：境内存放二级准备金	1 930	－1 514
			七、金银占款		
			八、外汇占款		
			九、应收及预付款	1 569	560
			十、投资性房地产	30	2
			十一、固定资产	650	23
资金来源总计	216 828	18 994	资金运用总计	216 828	18 994

注：各项贷款、企（事）业单位贷款比年初数据进行了可比口径调整，因此细项加总不等于资金运用总计。

表1.2　北京市中资金融机构本外币信贷收支统计

单位：亿元

项目名称	余额	比年初	项目名称	余额	比年初
一、各项存款	185 027	16 436	一、各项贷款	82 942	7 781
（一）境内存款	182 679	15 951	（一）境内贷款	81 220	7 589
1. 住户存款	44 167	5 626	1. 住户贷款	20 123	1 237
（1）活期存款	16 822	1 931	（1）短期贷款	2 866	360
（2）定期及其他存款	27 345	3 695	消费贷款	1 587	115
2. 非金融企业存款	63 583	5 529	经营贷款	1 279	244
（1）活期存款	20 419	934	（2）中长期贷款	17 257	878
（2）定期及其他存款	43 164	4 595	消费贷款	14 568	623
3. 机关团体存款	41 931	1 570	经营贷款	2 689	254
4. 财政性存款	1 713	140	2. 企（事）业单位贷款	60 748	6 628
5. 非银行业金融机构存款	31 285	3 085	（1）短期贷款	22 509	2 174
（二）境外存款	2 348	485	（2）中长期贷款	33 845	3 920
二、金融债券	1 489	-1	（3）票据融资	3 882	587
其中：境外发行			（4）融资租赁	458	-15
三、卖出回购资产	8	1	（5）各项垫款	55	-37
四、借款及非银行业金融机构拆入	518	-341	3. 非银行业金融机构贷款	349	-277
五、联行往来（净）			（二）境外贷款	1 722	192
六、应付及暂收款	3 774	664	二、债券投资	9 717	6
七、各项准备	1 905	311	其中：境外债券	14	
八、所有者权益	5 376	215	三、股权及其他投资	7 063	-2 767
其中：实收资本	1 476	67	四、买入返售资产	602	109
九、其他	15 355	1 554	五、存放非银行业金融机构款项	32	-6
			六、联行往来（净）	110 869	13 299
			其中：境内存放二级准备金	1 928	-1 512
			七、金银占款		
			八、外汇占款		
			九、应收及预付款	1 548	567
			十、投资性房地产	30	2
			十一、固定资产	648	23
资金来源总计	213 451	18 838	资金运用总计	213 451	18 838

注：各项贷款、企（事）业单位贷款比年初数据进行了可比口径调整，因此细项加总不等于资金运用总计。

表 1.3　北京市外资银行本外币信贷收支统计

单位：亿元

项目名称	余额	比年初	项目名称	余额	比年初
一、各项存款	3 070	139	一、各项贷款	1 548	-197
（一）境内存款	2 815	124	（一）境内贷款	1 460	-213
1. 个人存款	319	-4	1. 短期贷款	694	-134
其中：活期储蓄存款	164	19	（1）个人贷款及透支	11	-2
定期储蓄存款	66	-29	其中：个人消费贷款		
结构性存款	53	-2	（2）单位贷款及透支	586	-166
2. 单位存款	2 438	211	经营贷款及透支	409	-137
其中：活期存款	634	150	固定资产贷款	23	4
定期存款	562	2	并购贷款		-5
保证金存款	41	4	贸易融资	154	-28
结构性存款	164	-258	（3）非存款类金融机构贷款	97	35
3. 国库定期存款			2. 中长期贷款	736	-71
4. 非存款类金融机构存款	58	-83	（1）个人贷款	204	-13
（二）境外存款	255	15	其中：个人消费贷款	197	-17
二、代理财政性存款			（2）单位贷款	447	
三、金融债券			经营贷款	162	-21
其中：境外发行			固定资产贷款	219	12
四、卖出回购资产			并购贷款	10	
五、向中央银行借款			贸易融资	56	9
六、银行业存款类金融机构往来	35	-35	（3）非存款类金融机构贷款	84	-59
七、借款及非存款类金融机构拆入	5	-4	3. 票据融资	29	-7
八、联行往来（净）			4. 融资租赁		
九、应付及暂收款	34	-8	5. 各项垫款	1	-1
其中：应付利息	16	-7	（二）境外贷款	89	16
十、其他负债	509	-16	二、债券投资	4	-1
十一、所有者权益	364	25	三、股权及其他投资		
其中：实收资本			四、买入返售资产		
			五、存放中央银行存款	18	-3
			六、缴存中央银行财政性存款	0	0
			七、银行业存款类金融机构往来	55	-26
			八、存放非存款类金融机构款项	7	-4
			九、联行往来	1976	340
			十、库存现金	1	
			十一、应收及预付款	21	-7
			其中：应收利息	11	-6
			十二、投资性房地产		
			十三、固定资产	2	
			十四、其他资产	401	-7
			十五、减：各项准备	17	-7
			其中：贷款减值准备	17	-7
资金来源总计	4 017	101	资金运用总计	4 017	101

表 1.4　北京市金融机构（含外资）人民币信贷收支统计

单位：亿元

项目名称	余额	比年初	项目名称	余额	比年初
一、各项存款	181 106	16 404	一、各项贷款	81 035	7 635
（一）境内存款	180 424	16 324	（一）境内贷款	80 951	7 632
1. 住户存款	42 889	5 580	1. 住户贷款	20 336	1 226
（1）活期存款	16 138	1 844	（1）短期贷款	2 875	361
（2）定期及其他存款	26 751	3 736	消费贷款	1 585	119
2. 非金融企业存款	63 793	6 034	经营贷款	1 290	242
（1）活期存款	19 835	820	（2）中长期贷款	17 461	865
（2）定期及其他存款	43 957	5 214	消费贷款	14 764	607
3. 机关团体存款	41 762	1 724	经营贷款	2 697	259
4. 财政性存款	1 551	−22	2. 企（事）业单位贷款	60 266	6 682
5. 非银行业金融机构存款	30 430	3 007	（1）短期贷款	22 181	2 178
（二）境外存款	682	81	（2）中长期贷款	33 663	3 976
二、金融债券	1 489	−1	（3）票据融资	3 911	580
其中：境外发行			（4）融资租赁	458	−15
三、卖出回购资产	8	1	（5）各项垫款	54	−37
四、借款及非银行业金融机构拆入	363	−36	3. 非银行业金融机构贷款	349	−277
五、联行往来（净）			（二）境外贷款	84	3
六、应付及暂收款	3 821	723	二、债券投资	9 689	8
七、各项准备	1 785	280	其中：境外债券	2	−3
八、所有者权益	5 623	293	三、股权及其他投资	6 918	−2 728
其中：实收资本	1 474	67	四、买入返售资产	602	109
九、其他	10 543	184	五、存放非银行业金融机构款项	17	1
			六、联行往来（净）	104 273	12 406
			其中：境内存放二级准备金	1 924	−1 492
			七、金银占款		
			八、外汇买卖		
			九、应收及预付款	1 526	568
			十、投资性房地产	30	2
			十一、固定资产	649	23
资金来源总计	204 739	17 848	资金运用总计	204 739	17 848

注：各项贷款、企（事）业单位贷款比年初数据进行了可比口径调整，因此细项加总不等于资金运用总计。

表 1.5　北京市中资金融机构人民币信贷收支统计

单位：亿元

项目名称	余额	比年初	项目名称	余额	比年初
一、各项存款	178 755	16 339	一、各项贷款	79 809	7 807
（一）境内存款	178 137	16 259	（一）境内贷款	79 734	7 804
1. 住户存款	42 704	5 574	1. 住户贷款	20 121	1 241
（1）活期存款	16 057	1 846	（1）短期贷款	2 863	363
（2）定期及其他存款	26 647	3 728	消费贷款	1 585	119
2. 非金融企业存款	61 722	5 985	经营贷款	1 279	244
（1）活期存款	19 499	790	（2）中长期贷款	17 257	878
（2）定期及其他存款	42 223	5196	消费贷款	14 568	624
3. 机关团体存款	41 761	1724	经营贷款	2 689	254
4. 财政性存款	1 551	−22	2. 企（事）业单位贷款	59 264	6 839
5. 非银行业金融机构存款	30 399	2 997	（1）短期贷款	21 635	2 331
（二）境外存款	618	80	（2）中长期贷款	33 236	3 974
二、金融债券	1 489	−1	（3）票据融资	3 882	587
其中：境外发行			（4）融资租赁	458	−15
三、卖出回购资产	8	1	（5）各项垫款	53	−37
四、借款及非银行业金融机构拆入	363	−36	3. 非银行业金融机构贷款	349	−277
五、联行往来（净）			（二）境外贷款	75	3
六、应付及暂收款	3 725	717	二、债券投资	9 688	8
七、各项准备	1 770	286	其中：境外债券	2	−3
八、所有者权益	5 355	269	三、股权及其他投资	6 918	−2 728
其中：实收资本	1 474	67	四、买入返售资产	602	109
九、其他	10 473	264	五、存放非银行业金融机构款项	17	1
			六、联行往来（净）	102 716	12 219
			其中：境内存放二级准备金	1 923	−1 493
			七、金银占款		
			八、外汇买卖		
			九、应收及预付款	1 512	574
			十、投资性房地产	30	2
			十一、固定资产	648	23
资金来源总计	201 939	17 839	资金运用总计	201 939	17 839

注：各项贷款、企（事）业单位贷款比年初数据进行了可比口径调整，因此细项加总不等于资金运用总计。

表 1.6　北京市外资银行人民币信贷收支统计

单位：亿元

项目名称	余额	比年初	项目名称	余额	比年初
一、各项存款	2 366	-28	一、各项贷款	1 403	-187
（一）境内存款	2 302	-28	（一）境内贷款	1 394	-187
1. 个人存款	184	6	1. 短期贷款	652	-115
其中：活期储蓄存款	81	-1	（1）个人贷款及透支	11	-2
定期储蓄存款	23		其中：个人消费贷款		
结构性存款	44	1	（2）单位贷款及透支	546	-153
2. 单位存款	2072	49	经营贷款及透支	378	-138
其中：活期存款	337	30	固定资产贷款	23	4
定期存款	496	-39	并购贷款		-5
保证金存款	41	5	贸易融资	146	-14
结构性存款	164	-258	（3）非存款类金融机构贷款	94	40
3. 国库定期存款			2. 中长期贷款	713	-65
4. 非存款类金融机构存款	46	-83	（1）个人贷款	204	-13
（二）境外存款	64	1	其中：个人消费贷款	196	-17
二、代理财政性存款			（2）单位贷款	427	2
三、金融债券			经营贷款	156	-15
其中：境外发行			固定资产贷款	207	10
四、卖出回购资产			并购贷款	10	
五、向中央银行借款			贸易融资	54	7
六、银行业存款类金融机构往来	24	-24	（3）非存款类金融机构贷款	82	-55
七、借款及非存款类金融机构拆入	4	4	3. 票据融资	29	-7
八、联行往来（净）			4. 融资租赁		
九、应付及暂收款	96	6	5. 各项垫款		
其中：应付利息	15	-6	（二）境外贷款	9	
十、其他负债	2 226	469	二、债券投资	1	
十一、所有者权益	268	24	三、股权及其他投资		
其中：实收资本			四、买入返售资产		
			五、存放中央银行存款	13	-6
			六、缴存中央银行财政性存款		
			七、银行业存款类金融机构往来	16	-2
			八、存放非存款类金融机构款项		
			九、联行往来	1558	187
			其中：境内存放二级准备金	1	
			十、库存现金		
			十一、应收及预付款	14	-6
			其中：应收利息	11	-6
			十二、投资性房地产		
			十三、固定资产	1	
			十四、其他资产	1993	458
			十五、减：各项准备	15	-6
			其中：贷款减值准备	15	-6
资金来源总计	4 984	451	资金运用总计	4 984	451

表 1.7　北京市金融机构（含外资）外币信贷收支统计

单位：亿美元

项目名称	余额	比年初	项目名称	余额	比年初
一、各项存款	1 069	107	一、各项贷款	502	29
（一）境内存款	775	28	（一）境内贷款	237	-18
1. 住户存款	245	22	1. 住户贷款		-1
（1）活期存款	130	24	（1）短期贷款		
（2）定期及其他存款	115	-2	消费贷款		
2. 非金融企业存款	342	-20	经营贷款		
（1）活期存款	187	50	（2）中长期贷款		
（2）定期及其他存款	155	-70	消费贷款		
3. 机关团体存款	26	-20	经营贷款		
4. 财政性存款	25	25	2. 企（事）业单位贷款	237	-17
5. 非银行业金融机构存款	138	22	（1）短期贷款	140	-15
（二）境外存款	294	79	（2）中长期贷款	96	-2
二、金融债券			（3）票据融资		
其中：境外发行			（4）融资租赁		
三、卖出回购资产			（5）各项垫款		
四、借款及非银行业金融机构拆入	24	-43	3. 非银行业金融机构贷款		
五、联行往来（净）			（二）境外贷款	265	47
六、应付及暂收款	-2	-10	二、债券投资	5	
七、各项准备	21	5	其中：境外债券	2	
八、所有者权益	18	-6	三、股权及其他投资	22	-4
其中：实收资本			四、买入返售资产		
九、其他	723	232	五、存放非银行业金融机构款项	3	-1
			六、联行往来（净）	1314	262
			其中：境内存放二级准备金	1	-3
			七、应收及预付款	7	-1
			八、投资性房地产		
			九、固定资产		
资金来源总计	1 853	284	资金运用总计	1 853	284

表 1.8　北京市中资金融机构外币信贷收支统计

单位：亿美元

项目名称	余额	比年初	项目名称	余额	比年初
一、各项存款	961	76	一、各项贷款	480	27
（一）境内存款	696	1	（一）境内贷款	228	-16
1. 住户存款	224	22	1. 住户贷款		-1
（1）活期存款	117	20	（1）短期贷款		
（2）定期及其他存款	107	2	消费贷款		
2. 非金融企业存款	285	-47	经营贷款		
（1）活期存款	141	30	（2）中长期贷款		
（2）定期及其他存款	144	-77	消费贷款		
3. 机关团体存款	26	-20	经营贷款		
4. 财政性存款	25	25	2. 企（事）业单位贷款	227	-16
5. 非银行业金融机构存款	136	21	（1）短期贷款	134	-14
（二）境外存款	265	75	（2）中长期贷款	93	-2
二、金融债券			（3）票据融资		
其中：境外发行			（4）融资租赁		
三、卖出回购资产			（5）各项垫款		
四、借款及非银行业金融机构拆入	24	-42	3. 非银行业金融机构贷款		
五、联行往来（净）			（二）境外贷款	252	43
六、应付及暂收款	7	-7	二、债券投资	5	
七、各项准备	21	5	其中：境外债券	2	1
八、所有者权益	3	-8	三、股权及其他投资	22	-4
其中：实收资本			四、买入返售资产		
九、其他	748	233	五、存放非银行业金融机构款项	2	-1
			六、联行往来（净）	1249	236
			其中：境内存放二级准备金	1	-3
			七、应收及预付款	6	-1
			八、投资性房地产		
			九、固定资产		
资金来源总计	1 764	257	资金运用总计	1 764	257

表 1.9 北京市外资银行外币信贷收支统计

单位：亿美元

项目名称	余额	比年初	项目名称	余额	比年初
一、各项存款	108	31	一、各项贷款	22	
（一）境内存款	79	27	（一）境内贷款	10	-3
1. 个人存款	21		1. 短期贷款	6	-2
其中：活期储蓄存款	13	4	（1）个人贷款及透支		
定期储蓄存款	7	-4	其中：个人消费贷款		
结构性存款	1		（2）单位贷款及透支	6	-2
2. 单位存款	56	27	经营贷款及透支	5	
其中：活期存款	46	20	固定资产贷款		
定期存款	10	6	并购贷款		
保证金存款			贸易融资	1	-2
结构性存款			（3）非存款类金融机构贷款		-1
3. 国库定期存款			2. 中长期贷款	4	-1
4. 非存款类金融机构存款	2		（1）个人贷款		
（二）境外存款	29	4	其中：个人消费贷款		
二、代理财政性存款			（2）单位贷款	3	
三、金融债券			经营贷款	1	-1
其中：境外发行			固定资产贷款	2	
四、卖出回购资产			并购贷款		
五、向中央银行借款			贸易融资		
六、银行业存款类金融机构往来	2	-2	（3）非存款类金融机构贷款		-1
七、借款及非存款类金融机构拆入		-1	3. 票据融资		
八、联行往来（净）			4. 融资租赁		
九、应付及暂收款	-10	-3	5. 各项垫款		
其中：应付利息			（二）境外贷款	12	3
十、其他负债	-38	-28	二、债券投资		
十一、所有者权益	15	1	三、股权及其他投资		
其中：实收资本			四、买入返售资产		
			五、存放中央银行存款	1	
			六、缴存中央银行财政性存款		
			七、银行业存款类金融机构往来	6	-3
			八、存放非存款类金融机构款项	1	
			九、联行往来	64	26
			其中：境内存放二级准备金		
			十、库存现金		
			十一、应收及预付款	1	
			其中：应收利息		
			十二、投资性房地产		
			十三、固定资产		
			十四、其他资产	-19	-24
			十五、减：各项准备		
			其中：贷款减值准备		
资金来源总计	77	-2	资金运用总计	77	-2

表 1.10　北京市金融机构本外币存贷款总量情况

单位：亿元、亿美元、%

项目名称	本期余额		比年初增减	
	2020 年	同比增长	2020 年	2019 年
一、金融机构存款				
（一）本外币存款	188 082	9.9	16 667	13 922
（二）人民币存款	181 106	10.2	16 404	13 875
其中：中资金融机构	178 755	10.3	16 339	13 883
外资金融机构	2 366	-1.2	-28	-6
（三）外币存款	1 069	11.1	107	-9
其中：中资金融机构	961	8.6	76	-4
外资金融机构	108	39.9	31	-5
二、金融机构贷款				
（一）本外币贷款	84 309	9.9	7 609	6 233
（二）人民币贷款	81 035	10.4	7 635	6 654
其中：中资金融机构	79 809	10.8	7 807	6 501
外资金融机构	1 403	-11.8	-187	-52
（三）外币贷款	502	6.1	29	-69
其中：中资金融机构	480	6.0	27	-65
外资金融机构	22	0.3	0	-11

表 1.11　北京市金融机构存贷款总量全国占比情况

单位：亿元、亿美元、%

项目名称	北京		全国		占比	
	比年初增减	余额同比增长	比年初增减	余额同比增长	余额占比	增量占比
本外币存款	16 667.3	9.9	201 615.6	10.2	8.6	8.3
人民币存款	16 404.1	10.2	196 457.3	10.2	8.5	8.4
外币存款	106.9	11.1	1 314.7	17.4	12.0	8.1
本外币贷款	7 608.6	9.9	198 025.2	12.5	4.7	3.8
人民币贷款	7 634.6	10.4	196 340.4	12.8	4.7	3.8
外币贷款	28.7	6.1	802.5	10.2	5.8	3.6

表 1.12　北京市银行业（含外资）人民币房地产信贷情况

单位：亿元、%

项目名称	余额		比年初增减	
	2020 年	同比增长	2020 年	2019 年
合计	**19 150.6**	**5.9**	**1 063.2**	**785.3**
一、房地产开发贷款	6 868.2	10.4	649.4	424.4
1. 地产开发贷款	2 166.1	-0.2	-3.3	95.2
其中：政府土地储备机构贷款	1.9	-77.8	-6.5	-3.3
2. 房产开发贷款	4 702.1	16.1	652.6	329.1
（1）住房开发贷款	3 275.9	23.7	628.3	358.7
其中：保障性住房开发贷款	1 345.8	21.9	241.9	101.1
（2）商业用房开发贷款	1 420.8	2.5	34.5	-18.5
（3）其他房产开发贷款	5.4	-65.6	-10.3	-11.1
二、购房贷款	12 130.3	3.6	415.4	322.9
1. 企业购房贷款	694.9	-2.6	-18.8	-19.0
（1）商业用房贷款	600.7	-3.7	-22.9	-27.5
（2）住房贷款	94.1	4.5	4.1	8.4
2. 机关团体购房贷款				
（1）商业用房贷款				
（2）住房贷款				
3. 个人购房贷款	11 435.5	4.0	434.2	342.0
（1）个人商业用房贷款	463.9	-23.2	-139.9	-145.2
（2）个人住房贷款	10 971.5	5.5	574.1	487.2
a. 新建房贷款	4 281.8	3.8	157.6	58.6
其中：抵押贷款	4 250.8	4.0	162.5	60.1
b. 再交易房贷款	6 689.8	6.6	416.5	428.6
三、证券化的房地产贷款	152.1	-1.0	-1.5	38.0
1. 证券化个人住房贷款	152.0	-0.9	-1.4	39.1
2. 其他证券化房地产贷款	0.1	-51.8	-0.1	-1.1
附：个人购买保障性住房贷款	67.5	0.5	0.4	-0.5
附：企业收购、租赁保障性住房贷款	55.7	19.7	9.2	13.6

表 1.13　北京市小额贷款公司情况统计

机构数量（家）	从业人员数（人）	实收资本（亿元）	贷款余额（亿元）
105	935	140.65	131.95

注：1. 由于批准设立与正式营业并具备报数条件之间存在时滞，统计口径小额贷款公司数量与北京市公布的小额贷款公司批准设立数量有差别。

2. 以上统计表由中国人民银行营业管理部调查统计处提供。

表 1.14　北京辖区直接外债余额

单位：亿美元、%

年份	总计	为上年	中长期债务	占总计	短期债务	占总计
2008	1 332	105.22	889	66.74	443	33.26
2009	1 443	108.33	972	67.36	471	32.64
2010	1 950	135.14	1 027	52.67	923	47.33
2011	3 114	159.69	1 154	37.06	1 960	62.94
2012	3 299	105.94	1 257	38.10	2 042	61.90
2013	4 922	149.21	1 205	24.49	3 717	75.51
2014	5 956	121.01	1 309	21.98	4 647	78.02
2015	4 142	69.55	1 276	30.81	2 866	69.20
2016	4 218	101.83	1 533	36.34	2 685	63.66
2017	5 467	129.61	1 904	34.83	3 563	65.17
2018	5 904	107.99	1 906	32.28	3 998	67.72
2019	6 043	102.35	2 443	40.43	3 600	59.57
2020	6 894	114.08	2 709	39.30	4 185	60.70

注：本表由国家外汇管理局北京外汇管理部资本项目管理处根据外汇局资本项目信息系统数据提供。

表 1.15　2020 年北京地区储蓄国债统计（凭证式）

单位：亿元

期数	金额
一期	49.45
二期	40.00
三期	49.10
四期	40.98
合计	179.53

表 1.16　2020 年北京地区储蓄国债统计（电子式）　　单位：亿元

期数	金额
一期	65.72
二期	67.36
三期	52.99
四期	67.55
合计	253.62

注：以上统计表由中国人民银行营业管理部国库处提供。

表 1.17　北京辖区上市公司情况统计（2016—2020 年）　单位：亿元、家

项目	2016 年	2017 年	2018 年	2019 年	2020 年
股票市价总值	122 303.34	137 764.24	115 833.86	139 278.59	151 721.16
其中：股票流通市值	107 584.5	122 448.64	103 081.93	119 457.95	124 557.14
境内上市公司数	281	306	316	346	381
其中：A 股	255	278	285	311	345
A + B 股	1	1	1	1	1
A + H 股	25	27	30	34	35

表 1.18　北京地区基金管理公司业务综合统计

指标	2020 年		2019 年		2018 年	
	绝对值	同比增长（%）	绝对值	同比增长（%）	绝对值	同比增长（%）
主要经营地在辖区基金管理公司数（家）	36	5.88	34	6.25	32	0.00
其中：中外合资基金管理公司数（家）	11	0.00	11	0.00	11	0.00
辖区法人基金管理公司数（家）	21	10.53	19	0.00	19	0.00
其中：中外合资基金管理公司数（家）	8	0.00	8	0.00	8	0.00
辖区法人基金管理公司管理基金数（只）	985	21.76	809	13.62	712	14.10
其中：封闭式基金数（只）	8	14.29	7	0.00	7	−22.22
开放式基金数（只）	977	21.82	802	13.76	705	14.63
辖区法人基金管理公司管理基金季度末总规模（亿份）	20 441.66	13.17	18 062.31	−7.39	19 502.95	17.73
其中：封闭式基金总规模（亿份）	246.77	46.11	168.89	10.20	153.26	192.93
开放式基金总规模（亿份）	20 194.89	12.86	17 893.42	−7.53	19 349.69	17.18
辖区法人基金管理公司管理基金资产季度末净值（亿元）	23 844.31	21.93	19 555.79	−1.12	19 776.74	14.29
其中：封闭式基金资产净值（亿元）	308.45	64.40	187.62	25.35	149.68	184.73
开放式基金资产净值（亿元）	23 535.86	21.52	19 368.17	−1.32	19 627.06	13.77
辖区法人基金管理公司 QDII 总规模（亿份）	141.85	−7.94	154.08	38.61	111.16	−9.71
辖区法人基金管理公司 QDII 总净值（亿元）	205.24	78.47	115.00	−7.25	123.99	−21.17
辖区法人基金管理公司当年新发基金数（只）	40	−72.22	144	−38.98	236	81.54
辖区法人基金管理公司新发基金首次募集规模（亿份）	1 021.03	−38.78	1 667.77	−29.81	2 376.03	42.30
辖区法人基金管理公司新发基金首次募集金额（亿元）	1 021.03	−38.78	1 667.77	−29.81	2 376.03	42.30
辖区法人基金管理公司新发基金年末净值（亿元）						

注：以上统计表由中国证券监督管理委员会北京监管局提供。

表 1.19　2020 年北京市保险业务统计

单位：万元、%

指标项目	2020 年	2019 年	增长率
一、原保险保费收入	**23 029 099.98**	**20 764 542.52**	**10.91**
1. 财产保险	4 413 570.65	4 548 285.46	-2.96
其中：机动车辆保险	2 516 552.07	2 682 485.34	-6.19
2. 意外伤害保险	664 876.93	583 436.63	13.96
3. 健康保险	4 615 453.79	4 006 536.69	15.20
4. 人寿保险	13 335 198.61	11 626 283.74	14.70
二、赔付支出	**7 506 013.87**	**7 189 534.77**	**4.40**
1. 财产保险	2 624 948.90	2 693 052.26	-2.53
其中：机动车辆保险	1 541 308.45	1 709 928.17	-9.86
2. 意外伤害保险	255 105.14	147 153.78	73.36
3. 健康保险	1 935 916.12	1 145 478.56	69.01
4. 人寿保险	2 690 043.71	3 203 850.17	-16.04

注：1. “原保险保费收入”为按《企业会计准则（2006）》设置的统计指标，指保险企业确认的原保险合同保费收入。

2. “原保险赔付支出”为按《企业会计准则（2006）》设置的统计指标，指保险企业支付的原保险合同赔付款项。

3. 原保险保费收入、原保险赔付支出为本年累计数。

4. 上述数据来源于各公司报送的保险数据，未经审计。

表 1.20　北京市各财产保险公司业务统计（按公司）

单位：万元、%

保费收入	公司简称	本年累计			
		原保险保费收入	同比增长	赔款支出	同比增长
中资	人保股份京分	1 545 722.93	-6.79	948 337.22	-12.92
	平安财京分	1 138 348.87	0.00	603 205.48	1.14
	太保财京分	692 839.64	1.73	437 495.11	9.67
	国寿财产京分	249 574.79	-0.59	158 138.76	1.29
	安心财产京分（虚拟）	170 425.83	52.09	29 542.83	24.45
	太平保险京分	134 993.74	21.92	34 649.75	7.17
	中华联合京分	115 190.64	20.83	72 079.42	12.09
	阳光财产京分	108 721.02	18.29	50 848.76	10.69
	英大财产京分	66 661.67	2.26	26 914.38	5.99
	大地财产京分	62 717.67	-24.90	34 879.15	7.57
	中石油专属保险京分（虚拟）	54 996.65	11.02	33 544.18	23.83
	国任财险京分	52 336.23	217.16	10 490.77	10.36
	众安财产京分（虚拟）	37 497.15	14.98	24 397.36	23.65
	亚太财险京分	29 823.37	-26.16	23 132.07	168.53
	建信财产京分	27 816.06	-21.81	21 322.68	48.77
	天安京分	26 157.29	0.86	12 387.71	-12.80
	众惠相互京分（虚拟）	25 674.65	252.39	3 564.23	24.88
	华安京分	24 508.52	-4.13	14 035.75	1.41
	泰康在线京分（虚拟）	24 258.64	125.56	12 784.91	148.04
	永诚京分	22 116.18	8.84	14 246.07	-10.93

续表

保费收入	公司简称	本年累计			
		原保险保费收入	同比增长	赔款支出	同比增长
中资	汇友互助京分（虚拟）	15 707.52	65.82	383.16	331.97
	珠峰财险京分	14 488.61	-22.27	11 188.76	14.02
	中铁自保京分（虚拟）	14 399.82	131.27	4 124.41	42.56
	长安责任京分	12 737.26	83.58	5 299.20	-18.67
	易安财产京分（虚拟）	12 685.10	-26.74	2 133.32	193.78
	黄河财险京分	10 061.37	163.94	2 629.06	712.55
	渤海京分	9 725.61	-20.03	6 124.53	-6.49
	永安京分	8 762.40	-23.08	4 440.36	-31.91
	大家京分	7 901.54	0.00	3 686.58	0.00
	紫金财产京分	6 993.78	-8.49	4 528.54	-20.32
	华农京分	6 197.07	24.14	4 063.18	-16.54
	安华农业京分	5 618.56	6.12	2 880.67	-42.98
	都邦京分	4 956.21	1588.96	647.92	-63.16
	富德财险京分	4 734.23	-15.63	1 425.09	-60.25
	长江财险京分	3 119.63	14.85	1 319.60	7.60
	合众财产京分（虚拟）	3 055.61	-45.55	3 043.80	-30.14
	阳光信用京分（虚拟）	1 657.07	-65.29	8 322.69	195.22
	泰山财险京分	1 434.94	-72.32	2 514.69	59.52
	浙商财产京分	703.07	-21.54	503.90	-28.21
	安诚京分	543.79	58.08	306.44	-82.30
	安邦京分	0.00	-100.00	23.53	-99.46
	中银保险京分	-2 321.57	-102.55	18 366.32	-10.24
小计		4 753 543.15	-1.93	2 653 952.33	-3.03
外资	京东安联京分	224 960.18	145.45	84 704.08	117.73
	华泰京分	62 338.93	-7.93	34 544.93	-30.06
	利宝保险京分	47 780.06	-24.08	46 531.60	-8.92
	苏黎世京分	26 688.77	-13.16	19 575.70	-11.48
	中意财产京分	24 997.36	-6.06	10 552.94	-12.60
	国泰财产京分	21 509.65	297.20	14 099.43	581.05
	安盛天平京分	16 739.68	145.43	4 284.63	-47.52
	现代财产京分（虚拟）	12 688.89	35.13	1 909.82	-23.96
	美亚京分	7 600.06	-26.91	1 254.97	-53.06
	三星京分	7 305.00	-1.59	7 523.57	75.15
	史带财产京分	7 244.26	20.63	2 450.52	27.54
	三井京分	6 267.05	-3.40	2 174.55	-3.03
	东京海上京分	5 621.51	-19.08	2 939.95	-0.11
	中航安盟京分	2 440.04	23.33	1 402.03	2.78
	安达保险京分	1 774.90	26.76	80.03	-49.04
	日本财产京分	1 282.55	-10.01	229.86	-75.73
	瑞再企商京分	788.23	-42.30	150.04	-40.38
	劳合社京分	1.68	2.36	0.00	-100.00
小计		478 028.81	72.58	234 408.65	52.49
合计		5 231 571.96	2.10	2 888 360.98	-0.08

注：虚拟指在北京开展业务但未设立北京分公司的保险公司，或未在北京设立分公司其互联网业务计入北京范围的保险公司。

表 1.21　北京市各财产保险公司业务统计（按险种）

单位：万元、%

险种名称	原保险保费收入	同比	赔款支出	同比
1. 企业财产保险	431 664.12	1.63	197 242.07	14.55
2. 家庭财产保险	30 729.92	-57.81	18 773.96	-47.92
其中：投资型家财险	149.76	-0.20	16.31	869.28
3. 机动车辆保险	2 516 552.07	-6.19	1 541 308.45	-9.86
其中：交强险	495 233.04	2.24	231 929.49	-4.38
4. 工程保险	105 536.00	-7.10	47 291.32	0.95
5. 责任保险	649 022.34	20.70	277 238.47	7.46
6. 信用保险	-6 045.93	-104.43	64 149.74	26.86
7. 保证保险	192 044.17	4.19	145 871.74	44.69
其中：机动车辆消费贷款保证保险	-0.57	-100.15	566.39	-84.77
个人贷款抵押房屋保证保险	-27.97	31.08	12.68	-11.91
8. 船舶保险	8 993.74	30.69	11 046.68	78.75
9. 货物运输保险	120 051.96	2.84	46 988.57	7.12
10. 特殊风险保险	134 242.87	13.23	103 294.49	-19.65
11. 农业保险	100 194.84	25.78	87 593.64	16.50
12. 健康险	541 273.89	68.94	156 034.52	38.03
其中：投资型健康险				
13. 意外伤害保险	276 727.43	8.36	107 377.57	26.97
其中：投资型意外险	0.32		1 479.59	18.52
14. 其他险	130 584.54	75.93	84 149.78	29.73
合计	5 231 571.96	2.10	2 888 360.98	-0.08

表 1.22 北京市各人身保险公司业务统计（按公司）

单位：万元、%

公司简称	原保险保费收入	同比	退保金	同比	赔款支出	同比	死伤医疗给付	同比	满期给付	同比	年金给付	同比
平安寿京分	2 589 385.99	1.84	204 075.30	16.91	5 639.42	-12.81	120 021.59	-2.15	185 037.12	5.52	83 241.98	-22.98
国寿股份京分	1 154 001.40	24.24	49 681.99	-32.01	142 535.53	135.22	29 265.25	16.03	60 680.77	-52.95	34 272.83	-0.05
新华京分	1 049 189.98	4.44	89 905.25	-24.27	36 297.41	-2.88	52 283.57	7.50	212 044.40	-21.44	111 667.08	-5.23
华夏人寿京分	1 032 414.70	2.51	253 693.45	12.99	10 241.71	8.37	11 878.39	23.61	1 322.74	-8.98	29 656.73	-3.01
友邦京分	951 881.67	24.65	16 936.11	24.79	26 022.27	7.72	29 398.71	24.77	10 512.70	99.29	22 331.43	10.00
泰康京分	808 664.15	11.01	31 105.68	-67.75	4 340.90	27.85	18 630.92	-1.32	106 990.62	152.13	69 612.46	-1.61
太平人寿京分	663 328.40	0.77	55 005.77	37.26	3 935.73	7.27	14 515.31	4.79	8 435.72	-67.45	51 194.80	-4.12
君康人寿京分	631 519.34	20.33	-23 364.01	-158.81	92.82	134.40	1 663.10	67.75	52.13	-54.35	1 541.10	-4.71
中信保诚京分	577 297.55	-5.87	12 671.87	-2.60	21 812.41	-1.36	11 184.01	-3.61	12 306.85	56.28	1 274.61	28.49
太保寿京分	557 160.12	-4.56	38 902.87	-8.58	7 005.96	-12.80	26 984.47	0.69	162 979.12	6.43	55 499.03	-14.85
工银安盛京分	516 655.31	-3.45	34 569.79	-48.48	24 099.25	19.54	5 894.12	44.01	96 702.34	-48.59	3 170.45	-8.39
人保寿险京分	451 218.86	-6.91	203 815.07	-22.93	69 879.36	43.41	41 922.79	-47.26	38 148.08	-35.92	8 673.13	-21.56
大家人寿京分	389 864.14	249.68	117 162.37	-93.03	91.46	-91.13	2 121.52	-26.00	488 862.40	-37.06	314.26	-91.23
招商信诺京分	355 626.94	12.66	31 538.45	-60.81	15 749.56	-25.83	3 649.84	2.86	9 090.50	18.25	4 984.50	40.42
天安人寿京分（虚拟）	343 457.44	12.86	108 302.29	-64.89	178.73	-74.14	5 541.95	8.09	5 232.94	-58.28	46 182.39	-0.81
信美人寿京分（虚拟）	337 895.01	68.02	12 413.53	418.02	399.76	-91.40	530.96	1.70			5.13	161.60
中意京分	331 975.11	37.33	6 473.99	-46.06	38 198.99	-9.14	4 166.72	17.65	29 916.71	322.98	175 938.38	5.02
中美联泰京分	320 565.61	-4.15	27 750.35	18.63	2 296.25	-3.96	15 206.15	4.70	13 988.67	-51.53	2 753.49	38.56
交银康联京分	293 083.50	110.24	34 495.43	2.31	1 067.35	1690.65	1 122.52	-12.20	2 019.27	-31.14	467.95	114.61
弘康人寿京分（虚拟）	287 608.81	-8.37	38 072.50	-33.38	9.60	10038.23	7 088.22	38.38	1 351.59	-74.11	140.76	248.44
信泰京分	260 475.24	40.06	5 065.10	-1087.25	30.54	1049.24	699.26	524.07	677.44	22.48	110.54	-23.22
中荷人寿京分	253 251.48	26.53	10 453.05	20.48	134.50	-7.31	1 512.76	4.89	60 162.58	-0.55	5 643.05	33.18
北京人寿京分	231 070.22	81.99	4 894.31	760.25	18 841.01	70.57	771.65	73.58				
百年人寿京分	208 793.01	9.69	6 757.38	-35.95	986.10	-29.05	3 283.61	153.45	2 019.28	-61.39	5 460.42	1.72
平安养老京分	195 875.84	2.86	857.17	111.08	118 785.85	-8.78	6 042.81	-5.58			269.60	-8.96
阳光人寿京分	191 118.48	53.23	9 503.15	-69.46	11 805.87	3.70	4 393.01	13.24	31 412.55	-40.61	36.24	
泰康养老京分	186 524.10	9.17	3 479.64	84.02	29 543.97	-7.44	7 665.20	17.05	640.49	-1.60	929.57	13.37
中邮人寿京分	179 829.52	21.04	16 910.11	-39.32	2 239.43	-64.97	662.84	60.22	13 686.09	0.59	3 169.60	34.53
爱心人寿京分	169 999.27	150.67	2 474.25	279.43	5 938.92	22.74	770.95	128.37				
昆仑健康京分	164 523.67	166.39	2 862.37	427.47	6 519.33	18.16	4 162.93	513.95	64.20	13.56		
国华人寿京分	143 769.46	-43.82	13 562.60	-130.93	12.12	1774.49	1 131.51	74.07	1 315.26	-77.19	4 903.66	4.66
中华人寿京分	127 559.06	54.08	1 972.51	-91.89	3 880.29	19.73	678.29	-78.80			201.00	-10.98
光大永明京分	126 991.11	20.00	7 003.46	-8.43	15 147.16	0.83	2 624.17	-0.63	13 658.50	456.97	1 945.08	-4.28
平安健康京分	125 740.40	40.40	31.85	109.07	36 498.75	2.24	1 410.69	206.66				

续表

公司简称	原保险保费收入	同比	退保金	同比	赔款支出	同比	死伤医疗给付	同比	满期给付	同比	年金给付	同比
富德生命人寿京分	117 838.69	31.65	51 052.17	-81.93	4 247.43	53.94	1 995.38	32.37	32 522.52	157.76	9.84	373.72
中英人寿京分	107 695.69	8.50	5 241.15	-67.83	7 680.50	-36.73	3 444.81	-7.97	19 898.88	178.15	3 482.60	2.26
渤海人寿京分（虚拟）	99 886.38	1813.67	1 019.35	10323.58	10.45	873.04	49.52					
农银人寿京分	95 652.76	-1.85	26 509.34	-57.67	201.33	-7.55	607.65	15.04	43 994.37	-1.71	1 183.47	20.17
英大人寿京分	91 048.88	-2.84	3 121.61	-43.22	2 734.89	-15.78	320.77	-15.34	11 838.71	115.65	1 455.31	10.19
中融人寿京分	86 341.69	332.73	-4 888.75	-64.11	27.14	126.38	27.95	-63.65	782.33	-23.89		-100.00
汇丰人寿京分	80 052.80	7.30	1 986.16	-25.48			100.11	-82.17			4 529.45	25.09
中德京东安联京分	79 127.16	0.68	2 462.47	-17.20	1 449.42	-58.05	580.89	15.73	110.59	400.33	5 261.85	12.68
复星保德信京分	73 814.49	-11.71	1 081.22	36.75	53.13	-83.09	257.99	-36.95			593.24	0.58
建信人寿京分	69 133.74	57.20	78 660.68	141.25	13 826.75	110.65	532.88	-41.88	14 769.11	-35.76	1 273.33	-7.01
同方人寿全球京分	66 322.21	4.87	1 460.95	-11.21	17 716.12	-9.52	2 426.83	-0.83	1 476.46	-73.99	954.82	12.26
中银三星京分	62 323.69	8.53	2 139.92	-40.74	2 843.13	-19.39	697.13	-12.02	2 934.81	-18.93	954.65	-13.15
利安人寿京分	54 128.08	14.73	819.88	1.86	2 388.60	101.58	297.77	213.01			71.49	-77.95
中宏人寿京分	49 559.76	25.43	1 260.48	60.06	1 465.27	-10.84	836.74	23.19	70.00	-88.10	1 972.41	65.09
太平养老京分	49 257.18	27.82	679.29	-71.53	23 054.31	2.28	1 852.84	-50.42	4.22		25.84	0.31
长城京分	45 713.19	34.73	5 477.25	-30.07	797.90	-26.90	649.43	-2.89	2 448.20	-47.42	3 424.97	-9.46
瑞泰人寿京分（虚拟）	41 921.36	13.26	1 040.74	130.76	3 057.44	13.83	2 380.21	175.68	250.61	32.05	8.96	-26.32
复星联合健康京分	40 665.21	82.49	183.87	133.92	11 370.17	47.21	864.71	135.71				
恒安标准京分	37 196.70	62.58	872.64	-2.13	1 806.30	-3.93	1 198.13	52.52	2 453.67	-61.23	743.74	-7.14
人保健康京分	33 933.56	-4.67	1 700.44	-47.76	12 941.47	-28.67	821.62	4.38	5 117.30	-41.90		
合众人寿京分	30 729.75	-6.02	3 076.86	-80.62	943.32	23.00	1 386.16	88.67	1 155.00	-72.41	1 682.22	-19.27
珠江人寿京分	29 051.46	15.20	6 132.56	-61.13	5 389.10	51.42	103.17	71.70			47.33	-90.63
长生人寿京分	25 951.95	42.63	1 034.71	-93.43	999.19	-8.79	417.47	418.91	379.49	-84.69		
幸福人寿京分	24 384.30	-3.42	78 623.05	533.33	3 083.52	-31.44	402.05	-41.67	46 094.51	-35.61	7 869.04	660.90
民生人寿京分	21 891.92	1.35	1 761.46	-27.59	170.56	21.07	1 071.04	2.34	9 037.14	67.98	2 057.81	-4.40
华泰人寿京分	20 606.66	26.50	1 547.37	29.94	481.00	-20.65	570.21	98.85	440.28	-1.89	537.18	1.46
陆家嘴国泰人寿京分	18 051.72	-16.96	909.42	61.00	1 487.87	6.05	146.28	3.32			63.25	-12.96
北大方正人寿京分	14 029.16	-60.24	2 253.14	540.86	4 698.12	-3.89	192.35	13.09			243.97	34.14
太保安联健康京分	12 948.95	-19.69			8 553.70	-24.14	1.53	-98.51				
鼎诚人寿京分（虚拟）	6 110.82	94.03	349.34	-69.66	10.66		274.17	-19.31	1 015.03	-78.33	200.15	-47.65
和谐健康京分	2 755.19	116.44	21 018.83	-82.56	91.56	-32.33	1 916.57	-44.84	773 140.90	17095.85		
国寿存续京分	882.99	-15.81	1 241.98	-45.27	25.42	-45.70	4 993.17	-3.60	4 726.39	-31.01	44 251.25	-9.17
大家养老京分	198.18	2299.21	1 453.56	-95.79	10.17		164.45				136.93	
中法人寿京分	6.85	39.03	140.90	-48.56	0.24	-50.57	10.42		697.63	153.08	10.65	-40.18
合计	17 797 528.01	13.79	1 730 459.03	-57.52	793 874.47	11.78	470 472.20	-2.51	2 544 669.20	12.34	808 637.02	-3.84

注：虚拟指在北京开展业务但未设立北京分公司的保险公司。

表 1.23 北京市各人身保险公司业务统计（按险种）

单位：万元

险种名称	原保险保费收入	赔款支出	死伤医疗给付	满期给付	年金给付	退保金
一、寿险小计	13 335 198.61		115 735.22	1 765 671.48	808 637.02	1 568 636.07
1. 普通寿险	7 616 714.90		72 020.65	502 116.87	320 170.25	1 020 657.80
（1）定期寿险	163 173.16		21 997.68	54.20		4 952.56
（2）两全寿险	775 523.25		16 751.25	494 267.61	24 646.16	152 013.16
（3）终身寿险	1 880 212.52		17 442.37	936.46		61 198.04
（4）年金保险	4 797 805.97		15 829.34	6 858.60	295 524.10	802 494.04
2. 分红寿险	5 671 766.10		37 444.96	1 255 773.70	488 666.39	547 937.00
（1）定期寿险						
（2）两全寿险	2 610 489.24		22 442.65	1 121 114.71	81 152.86	367 845.56
（3）终身寿险	394 635.27		4 586.15	29.16		25 574.73
（4）年金保险	2 666 641.58		10 416.17	134 629.83	407 513.53	154 516.71
3. 投资连结保险	4 222.94		397.76	4 017.99		10.69
4. 万能保险	42 494.66		5 871.85	3 762.93	－199.63	30.58
二、意外伤害险小计	388 149.50	147 727.57				
1. 一年期以内业务	32 015.70	6 854.82				
2. 一年期业务	255 212.33	140 872.74				
3. 一年期以上业务	100 921.47					
三、健康险小计	4 074 179.91	646 146.90	354 736.98	778 997.72		161 822.97
1. 短期业务	991 491.56	646 146.90				
2. 长期业务	3 082 688.35		354 736.98	778 997.72		161 822.97
合计	17 797 528.01	793 874.47	470 472.20	2 544 669.20	808 637.02	1 730 459.03

注：以上统计表由中国银行保险监督管理委员会北京监管局提供。

表 1.24 中国人民银行对金融机构存款利率

单位：年利率%

时间	2002－02－21	2003－12－21	2005－03－17	2008－11－27	2020－04－28
一、金融机构存款					
准备金存款	1.89	1.89	1.89	1.62	1.62
超额准备金	1.89	1.62	0.99	0.72	0.36
欠交准备金①	按日利率万分之六计收利息	同前			
二、保险公司存款	1.89	1.89	1.89		
三、邮政储蓄转存款②	4.347	4.131			

注：① 2004 年 12 月 30 日银发〔2004〕302 号文，规定金融机构未按照中国人民银行规定交存存款准备金的，按照相关法规规定处罚；依法减轻处罚的，对其欠交存款准备金不足部分按每日万分之六的比例处以罚款。

② 2002 年 12 月 31 日银发〔2002〕393 号文，规定从 2003 年 1 月 1 日起邮政储蓄转存款利率暂调整为 4.131%。2003 年 9 月 1 日银发〔2003〕177 号文，规定自 2003 年 8 月 1 日起，邮政储蓄新增存款转存人民银行的部分，按照金融机构准备金存款利率（年利率为 1.89%）计息；此前的邮政储蓄在人民银行的转存款暂按现行转存款利率计息（年利率为 4.131%）。

表1.25　中国人民银行对金融机构贷款利率

单位：年利率%

项目①	2010－12－26	2014－03－20	2014－12－19	2015－05－28	2015－11－05	2018－06－23	2020－02－16	2020－07－01
一、流动性再贷款②								
1个月	3.25				2.9			
3个月	3.55				3.2			
6个月	3.75				3.4			
1年	3.85				3.5			
二、信贷政策支持再贷款								
（一）支农再贷款③								
3个月	3.05		2.8	2.55	2.45		2.2	1.95
6个月	3.25		3.0	2.75	2.65		2.4	2.15
1年	3.35		3.1	2.85	2.75		2.5	2.25
（二）支小再贷款								
3个月		3.7	3.3	3.05	2.95	2.45	2.2	1.95
6个月		3.9	3.5	3.25	3.15	2.65	2.4	2.15
1年		4.0	3.6	3.35	3.25	2.75	2.5	2.25
三．再贴现	2.25	同前	同前	同前	同前	同前	同前	2.0
四、逾期贷款	按日利率万分之五计收利息	同前	同前	同前	同前	同前	同前	同前

注：① 2014年2月7日银发〔2014〕36号文对再贷款分类予以调整，将流动性再贷款划分为流动性再贷款和信贷政策支持再贷款，金融稳定再贷款和专项政策性再贷款分类总体不变。流动性再贷款利率执行人民银行确定的流动性再贷款利率，信贷政策支持再贷款执行人民银行确定的信贷政策支持再贷款利率。

② 2014年2月7日银发〔2014〕36号文指出，人民银行对全国性存款类金融机构发放的流动性再贷款，期限设置为1个月、3个月、6个月、1年四个档次。在此之前流动性再贷款期限为20天以内、3个月以内、6个月以内和1年。

③ 该时点利率为对农村信用社再贷款（不含紧急贷款）利率。2014年12月29日银发〔2014〕396号文指出，将正常支农再贷款各期限档次利率分别下调0.25个百分点，贫困地区支农再贷款利率再调整后的正常支农再贷款利率基础上下调1个百分点。

表 1.26　金融机构存款利率

单位：年利率%

项目	2002-02-21	2004-10-29	2006-04-28	2006-08-19	2007-03-18	2007-05-19	2007-07-21	2007-08-22	2007-09-15	2007-12-21	2008-10-09	2008-10-30	2008-11-27	2008-12-23
一、活期存款	0.72	0.72	0.72	0.72	0.72	0.72	0.81	0.81	0.81	0.72	0.72	0.72	0.36	0.36
二、定期存款														
1. 整存整取														
3个月	1.71	1.71	1.71	1.8	1.98	2.07	2.34	2.61	2.88	3.33	3.15	2.88	1.98	1.71
6个月	1.89	2.07	2.07	2.25	2.43	2.61	2.88	3.15	3.42	3.78	3.51	3.24	2.25	1.98
1年	1.98	2.25	2.25	2.52	2.79	3.06	3.33	3.6	3.87	4.14	3.87	3.6	2.52	2.25
2年	2.25	2.7	2.7	3.06	3.33	3.69	3.96	4.23	4.5	4.68	4.41	4.14	3.06	2.79
3年	2.52	3.24	3.24	3.69	3.96	4.41	4.68	4.95	5.22	5.4	5.13	4.77	3.6	3.33
5年	2.79	3.6	3.6	4.14	4.41	4.95	5.22	5.49	5.76	5.85	5.58	5.13	3.87	3.6
2. 零存整取、整存零取、存本取息														
1年	1.71	1.71	1.71	1.8	1.98	2.07	2.34	2.61	2.88	3.33	3.15	2.88	1.98	1.71
3年	1.89	2.07	2.07	2.25	2.43	2.61	2.88	3.15	3.42	3.78	3.51	3.24	2.25	1.98
5年	1.98	2.25	2.25	2.52	2.79	3.06	3.33	3.6	3.87	4.14	3.87	3.6	2.52	2.25
3. 定活两便	按一年以内定期整存整取同档次利率60%执行	按一年以内定期整存整取同档次利率60%执行	同前	同前	同前	同前	同前	同前	同前	同前	同前	同前	同前	同前
三、协定存款	1.44	1.44	1.44	1.44	1.44	1.44	1.53	1.53	1.53	1.53	1.53	1.53	1.17	1.17
四、通知存款														
1天	1.08	1.08	1.08	1.08	1.08	1.08	1.17	1.17	1.17	1.17	1.17	1.17	0.81	0.81
7天	1.62	1.62	1.62	1.62	1.62	1.62	1.71	1.71	1.71	1.71	1.71	1.71	1.35	1.35

续表

项目	2009－12－31	2010－10－20	2010－12－26	2011－02－09	2011－04－06	2011－07－07	2012－06－08①	2012－07－06	2014－11－22②	2015－03－01③	2015－05－11④	2015－06－28	2015－08－26⑤	2015－10－24⑥
一、活期存款	0.36	0.36	0.36	0.40	0.50	0.50	0.40	0.35	0.35	0.35	0.35	0.35	0.35	0.35
二、定期存款														
1. 整存整取														
3个月	1.71	1.91	2.25	2.60	2.85	3.10	2.85	2.60	2.35	2.10	1.85	1.60	1.35	1.10
6个月	1.98	2.2	2.5	2.80	3.05	3.30	3.05	2.80	2.55	2.30	2.05	1.80	1.55	1.30
1年	2.25	2.5	2.75	3.00	3.25	3.50	3.25	3.00	2.75	2.50	2.25	2.00	1.75	1.50
2年	2.79	3.25	3.55	3.90	4.15	4.40	4.10	3.75	3.35	3.10	2.85	2.60	2.35	2.10
3年	3.33	3.85	4.15	4.50	4.75	5.00	4.65	4.25	4.00	3.75	3.50	3.25	3.00	2.75
5年	3.6	4.2	4.55	5.00	5.25	5.50	5.10	4.75						
2. 零存整取、整存零取、存本取息														
1年	1.71	1.91	2.25	2.60	2.85	3.10	2.85	2.60	2.35	2.10	1.85	1.60	1.35	1.10
3年	1.98	2.2	2.5	2.80	3.05	3.30	3.05	2.80	2.55	2.30	2.05	1.80	1.55	1.30
5年	2.25	2.5	2.75	3.00	3.25	3.50	3.25	3.00						
3. 定活两便	同前	同前	同前	同前	同前	同前	同前	同前	同前	同前	同前	同前	同前	同前
三、协定存款	1.17	1.17	1.17	1.21	1.31	1.31	1.21	1.15	1.15	1.15	1.15	1.15	1.15	1.15
四、通知存款														
1天	0.81	0.81	0.81	0.85	0.95	0.95	0.85	0.80	0.80	0.80	0.80	0.80	0.80	0.80
7天	1.35	1.35	1.35	1.39	1.49	1.49	1.39	1.35	1.35	1.35	1.35	1.35	1.35	1.35

注：①自2012年6月8日起，金融机构存款利率浮动区间由基准利率的（0，1］倍调整为（0，1.1］倍。

②自2014年11月22日起，存款利率浮动区间的上限由基准利率的1.1倍调整为1.2倍，并且人民银行不再公布人民币5年期定期存款基准利率。

③自2015年3月1日起，人民币存款利率浮动区间的上限由基准利率的1.2倍调整为1.3倍。

④自2015年5月11日起，存款利率浮动区间上限由基准利率的1.3倍调整为1.5倍。

⑤自2015年8月26日起，1年以上（不含1年）定期存款利率浮动上限放开，其余期限品种存款利率浮动上限仍为基准利率的1.5倍。

⑥自2015年10月24日起，活期存款、1年以内（含）定期存款、协定存款、通知存款利率上限放开。

表 1.27 金融机构贷款利率

单位：年利率%

项目	2002－02－21	2004－10－29	2005－03－17	2006－04－28	2006－08－19	2007－03－18	2007－05－19	2007－07－21	2007－08－22	2007－09－15	2007－12－21	2008－09－16	2008－10－09	2008－10－30	2008－11－27	2008－12－23
一、短期贷款																
6个月以内（含6个月）	5.04	5.22	5.22	5.4	5.58	5.67	5.85	6.03	6.21	6.48	6.57	6.21	6.12	6.03	5.04	4.86
6个月至1年（含1年）	5.31	5.58	5.58	5.85	6.12	6.39	6.57	6.84	7.02	7.29	7.47	7.2	6.93	6.66	5.58	5.31
二、中长期贷款																
1至3年（含3年）	5.49	5.76	5.76	6.03	6.3	6.57	6.75	7.02	7.2	7.47	7.56	7.29	7.02	6.75	5.67	5.4
3至5年（含5年）	5.58	5.85	5.85	6.12	6.48	6.75	6.93	7.2	7.38	7.65	7.74	7.56	7.29	7.02	5.94	5.76
5年以上	5.76	6.12	6.12	6.39	6.84	7.11	7.2	7.38	7.56	7.83	7.83	7.74	7.47	7.2	6.12	5.94
三、贴现	在再贴现利率基础上，按不超过同期贷款利率（含浮动）加点	在再贴现利率基础上，按不超过同期贷款利率（含浮动）加点	同前	同前	同前	同前	同前	同前	同前	同前	同前	同前	同前	同前	同前	同前
四、个人住房贷款																
1. 个人住房公积金贷款																
5年以下（含5年）	3.60	3.78	3.96	4.14	4.14	4.32	4.41	4.5	4.59	4.77	4.77	4.59	4.32	4.05	3.51	3.33
5年以上	4.05	4.23	4.41	4.59	4.59	4.77	4.86	4.95	5.04	5.22	5.22	5.13	4.86	4.59	4.05	3.87
2. 自营性个人住房贷款①																
5年以下（含5年）	4.77	4.95	取消优惠利率，改按商业性贷款利率执行	同前	同前	同前	同前	同前	同前	同前	同前	同前	同前	同前	同前	同前
5年以上	5.04	5.31														

续表

项目	2009－12－31	2010－10－20	2010－12－26	2011－02－09	2011－04－06	2011－07－07	2012－06－08②	2012－07－06③	2013－07－20④	2014－11－22⑤	2015－03－01	2015－05－11	2015－06－28	2015－08－26	2015－10－24
一、短期贷款															
6个月以内（含6个月）	4.86	5.1	5.35	5.60	5.85	6.10	5.85	5.60	同前	5.60	5.35	5.10	4.85	4.60	4.35
6个月至1年（含1年）	5.31	5.56	5.81	6.06	6.31	6.56	6.31	6.00		5.60	5.35	5.10	4.85	4.60	4.35
二、中长期贷款															
1至3年（含3年）	5.4	5.6	5.85	6.10	6.40	6.65	6.40	6.15	同前	6.00	5.75	5.50	5.25	5.00	4.75
3至5年（含5年）	5.76	5.96	6.22	6.45	6.65	6.90	6.90	6.40		6.00	5.75	5.50	5.25	5.00	4.75
5年以上	5.94	6.14	6.4	6.60	6.80	7.05	6.80	6.55		6.15	5.90	5.65	5.40	5.15	4.90
三、贴现	同前	同前	同前	同前	同前	同前	同前	同前	改变贴现利率在再贴现利率基础上加点确定的方式，由金融机构自主确定④	同前	同前	同前	同前	同前	同前
四、个人住房贷款															
1. 个人住房公积金贷款															
5年以下（含5年）	3.33	3.5	3.75	4.00	4.20	4.45	4.20	4.00	同前	3.75	3.50	3.25	3.00	2.75	2.75
5年以上	3.87	4.05	4.3	4.50	4.70	4.90	4.70	4.50		4.25	4.00	3.75	3.50	3.25	3.25
2. 自营性个人住房贷款①															
5年以下（含5年）	同前	同前	同前	同前	同前	同前	同前	同前	同前	同前	同前	同前	同前	同前	同前
5年以上															

注：①自2006年8月19日起，商业银行个人住房贷款利率的下限扩大为贷款基准利率的0.85倍，自2008年10月27日起，商业银行个人住房贷款利率的下限扩大为贷款基准利率的0.7倍，其他商业性贷款利率下限仍保持0.9倍不变。

②自2012年6月8日起，金融机构贷款利率的下限由基准利率的0.9倍调整为0.8倍。

③自2012年7月6日起，金融机构贷款利率的下限由基准利率的0.8倍调整为0.7倍。

④自2013年7月20日起，取消金融机构贷款利率0.7倍的下限，个人住房贷款利率仍保持原区间不变；取消票据贴现利率管制，改变贴现利率在再贴现利率基础上加点确定的方式，由金融机构自主确定；取消农村信用社贷款利率2.3倍的上限。

⑤自2014年11月22日起，贷款基准利率期限档次简并为1年以内（含1年）、1至5年（含5年）和5年以上三个档次。

以上统计表由中国人民银行营业管理部货币信贷管理处提供。

表 1.28　2020 年中国人民银行发行普通纪念币一览

名称	发行日期	材质	样式	规格	面值（元）	图案		发行数量
						正面	背面	
2020 年贺岁普通纪念币	2020－01－17	双色铜合金	圆形	直径 27mm	10	正面图案为“中国人民银行”“10元”字样、汉语拼音字母“SHIYUAN”及年号“2020”，底纹衬以团花图案	背面主景图案为一只中国传统剪纸艺术与装饰年画元素相结合的小花鼠造型，衬景图案为花灯和葡萄，币面左侧刊“庚子”字样	2.5 亿枚
世界文化和自然遗产——武夷山纪念币	2020－12－21	黄铜合金	圆角正方形	外接圆直径 30mm	5	正面图案为中华人民共和国国徽，国徽上方刊“中华人民共和国”国名，下方为装饰风格的武夷山图案并刊年号“2020”字样	背面主景图案为武夷山玉女峰，以及九曲溪、金斑喙凤蝶、茶叶、竹排、武夷精舍、石刻等，主景图案下方刊“世界文化和自然遗产——武夷山”字样，右侧刊面额“5元”字样	1.2 亿枚

注：1. 普通纪念币发行日期为首次对公众办理预约兑换日期。
2. 本表由北京市钱币学会提供。

（二）机构、人员统计

表2.1　北京辖区内金融管理机构数量与从业人员数量统计

（2020年12月31日）

单位：家、人

机构名称	机构数量	职工人数
中国人民银行营业管理部	1	688
中国银行保险监督管理委员会北京监管局	1	367
中国证券监督管理委员会北京监管局	1	118
北京市地方金融监督管理局	1	91
合计	4	1 264

注：表中数据由表中各部门提供。

表2.2　北京辖区内银行及其他金融机构数量与从业人员数量统计

（2020年12月31日）

单位：家、人

机构名称	机构数			从业人员数	营业员工数
	法人机构	分行级（含总行营业部、办事处、代表处）	支行及支行以下营业网点		
国家开发银行在京营业机构		2		365	
政策性银行合计		3	13	543	313
中国进出口银行北京分行		1		75	6
中国农业发展银行在京营业机构		2	13	468	307
国有商业银行合计		12	1 766	53 274	33 569
工商银行北京市分行		1	562	19 084	11 587
农业银行北京市分行		4	352	8 183	5 388
中国银行北京市分行		2	277	10 241	6 347
建设银行北京市分行		3	446	11 344	6 940
交通银行北京市分行		2	129	4 422	3 307
股份制商业银行合计		18	800	25 982	17 784
中信银行北京分行		1	74	3 006	1 987
光大银行北京分行		1	91	2 812	1 961
华夏银行北京分行		2	70	2 185	1 447
广发银行北京分行		1	52	1 653	1 245
平安银行北京分行		1	53	1 967	1 438
招商银行北京分行		2	102	4 907	3 612
上海浦东发展银行北京分行		1	77	1 892	1 354
兴业银行北京分行		1	75	2 209	1 626
民生银行北京分行		2	165	3 502	2 125

续表

机构名称	机构数			从业人员数	营业员工数
	法人机构	分行级（含总行营业部、办事处、代表处）	支行及支行以下营业网点		
浙商银行北京分行		2	19	833	442
渤海银行北京分行		2	17	721	416
恒丰银行北京分行		2	5	295	131
城市商业银行合计	1	17	414	13 160	8 402
北京银行	1	6	268	7 156	5 108
天津银行北京分行		1	17	404	267
大连银行北京分行		1	6	228	107
杭州银行北京分行		1	16	588	324
南京银行北京分行		1	15	558	354
盛京银行北京分行		1	9	327	67
上海银行北京分行		1	11	669	316
江苏银行北京分行		1	22	665	454
宁波银行北京分行		1	13	1 393	688
徽商银行北京分行		1	16	228	157
锦州银行北京分行		1	7	223	129
厦门国际银行北京分行		1	14	721	431
民营银行	1			283	5
北京中关村银行	1			283	5
农村金融机构合计	12	12	669	10 297	9 986
北京农商银行	1	1	638	9 472	9 387
村镇银行	11	11	31	825	599
邮政储蓄银行北京分行		1	569	3 495	1 540
卡中心		14	1	5 529	32
外资银行	9	47	58	5 710	1 352
外资银行代表处		57		151	
外资非银行代表处		58		142	
非银行金融机构合计	100	6		13 729	13 729
资产管理公司		4		291	291
企业集团财务公司	74	2		5 419	5 419
信托公司	12			4 336	4 336
金融租赁公司	3			406	406
汽车金融公司	7			2 532	2 532
消费金融公司	3			529	529
货币经纪公司	1			216	216
合计	123	247	4 290	132 660	86 712

注：1. 营业员工数指营业网点的所有员工数。

2. 中国工商银行票据营业部北京分部的数据计入“中国工商银行北京市分行”。

3. 本表由中国银行保险监督管理委员会北京监管局提供。

表 2.3　北京辖区内证券机构数量与从业人员数量统计

（2020 年 12 月 31 日）

单位：家、人、万户

机构类别	机构数量	从业人员数量	投资者开户数
证券公司	17	33 786	2 566.75
证券分公司	105	2 662	268.5
证券营业部	524	8 227	1 380.56
基金管理公司	36	7 219	55 004
基金分公司	84	1 740	
期货经纪公司	19	4 171	91.28
期货营业部	116	917	21.71
证券投资咨询公司	15	2 887	130.3
上市公司	381		
外资代表处	47		

注：1. 基金分公司投资者开户数不含异地基金管理公司在京分公司。

2. 本表由中国证券监督管理委员会北京监管局提供。

表 2.4　北京辖区内保险机构数量与从业人员数量统计

（2020 年 12 月 31 日）

单位：家、人

机构类型	总公司	分公司	支公司	营业部	营销服务部	专属机构（电销中心）	公司职工	保险营销员
中资产险	11	31	142	35	65		11 276	4 828
中资寿险	22	33	109	24	151	4	11 319	114 301
中资再保险								
外资产险	2	17	9		3		968	333
外资寿险	9	31	6		41	3	3 044	26 912
外资再保险								
政策性保险				3			133	73
资产管理公司								
保险集团								
相互保险组织								
合计	44	112	266	62	260	7	26 740	146 447
中介法人机构								
其中：代理公司	169	388					183 358	
经纪公司	174	142					120 794	
公估公司	47	17					2 416	
合计	390	547					306 568	

注：本表由中国银行保险监督管理委员会北京监管局提供。

九、大 事 记

1月

1月5日　中国农业银行北京市分行上线国际业务系统跨行电子国内信用证功能，实现了国内信用证报文收发、资金清算等业务的系统自动处理，提升了跨行国内信用证业务的处理效率和安全指数。

1月16日　中国银行保险监督管理委员会北京监管局（以下简称北京银保监局）召开2020年北京银行业保险业监督管理工作会议，传达贯彻全国银行业保险业监督管理工作会议精神，总结回顾2019年各项工作，研究分析当前面临的形势和风险，全面部署2020年各项重点工作。

1月24～25日　北京市地方金融监督管理局（以下简称市金融监管局）与交通银行北京市分行现场联合办公，解决物美南方发展有限责任公司紧急采购防护用品的跨境结算需求。

1月27日　中国人民财产保险公司北京市分公司向北京协和医院赴鄂从事医疗援助的医疗人员、坚守在北京协和医院发热门诊参与抗击新冠肺炎疫情的医务人员及其家属捐赠保险及相关服务，每人保障额度为50万元，保障总额度达2 000万元。1月30日，中国人民财产保险公司北京市分公司向医责险客户捐赠“医务人员特定疾病的风险保障”，涉及全市百余家医院。

1月28日　中国人民银行营业管理部（以下简称人民银行营业管理部）向辖内银行业金融机构印发《关于应对新型冠状病毒感染的肺炎疫情　全力做好辖区内金融服务和应急保障工作的通知》，国家外汇管理局北京外汇管理部转发《国家外汇管理局关于建立外汇政策绿色通道支持新型冠状病毒感染的肺炎疫情防控工作的通知》，要求辖内各银行业金融机构加大对疫情防控的资金支持，建立资金拨付汇划和外汇政策“绿色通道”，加强疫情期间各项金融服务和安全保障，全力打好疫情防控阻击战。

2月

2月7日　由中信银行作为独家主承销商的“物美科技集团有限公司2020年度第二期超短期融资券（疫情防控债）”成功发行，金额为3亿元，期限为231天，票面利率为2.95%，募集资金全部用于补充抗击新型冠状病毒疫情的民生保障和采购各类防护用品等。该只债券是全市场首单募集资金全额驰援疫情防控的“疫情防控专项债”，也是北京市首只疫情防控专项债券。

2月8日　太平财产保险公司北京分公司向北京市96家医院的18 500名医务人员（含援鄂医疗队人员）捐赠“医务人员特定传染病风险保障”，提供风险保障5 000万元。

2月10日　中国工商银行北京市分行联合工银金融资产投资有限公司、中国工商银行湖北省分行共同设立20亿元支持疫情防控专项基金，为抗击疫情相关企业提供股权融资支持。该基金主要投资于湖北等疫情严重地区和北京等重点防控地区，重点支持医药和医疗器械生产流通，与疫情防控相关的信息技术、制造业、物流运输、环保产业、生活必需品保障，以及防疫体系建设相关领域的企业。

2月16日　北京银保监局向辖内各银行保险机构印发《北京银保监局关于

首都银行业保险业坚决打赢疫情防控阻击战　全力以赴做好金融服务工作的通知》。

北京银行通过境外战略合作伙伴荷兰国际集团（ING），在荷兰采购的180余万只医用口罩顺利抵京。

2月18日　中国太平洋财险保险公司北京分公司签发临床试验责任保险保单，为浙江海正药业股份有限公司仿制药“法匹拉韦”提供临床试验保障。该药是疫情期间全国首个批准上市的对新冠肺炎具有潜在疗效的药物。

2月19日　天津银行北京分行推出零售业务“云工作室”金融服务模式，为客户提供在线服务，以满足市民非常时期的金融需求。“云工作室”以天津银行北京分行官方微信服务号为载体，为该行17家经营机构近20位零售财富管理经理设立个人服务专区，涵盖个人资质、隶属机构、联络方式、个人微信等多方面信息。

3月

3月12日　人民银行营业管理部、北京银保监局联合举办“金融支持北京中小微企业抗击疫情复工复产系列政策解读会”，就相关金融政策进行解读，并回答了媒体的提问。

3月17日　市金融监管局、北京市财政局、北京银保监局、北京市住房和城乡建设委员会共同制定了《北京市复工复产企业疫情防控综合保险管理办法》《北京市复工复产企业疫情防控综合保险实施方案》，发布了北京市复工综合险政策，助力重点工程项目复工复产。

3月20日　中国银行北京市分行采购医用外科口罩10万只、呼吸机50台，通过意大利驻华大使馆转赠至意大利红十字会，支持意大利疫情防控。

中国人民财产保险公司北京市分公司签发北京市复工复产企业疫情防控综合保险第一单，为首都医科大学附属北京朝阳医院建设工程、国家会议中心二期项目提供各300万元保险保障，并提供线上疫情防控培训等服务，北京市人民政府“加强企业复工复产风险保障”举措正式落地。

3月　中信银行北京分行联合华夏人寿保险公司北京分公司，为包括北京市属医院在内的各类企事业单位赠送新冠肺炎保险，累计保障企业200余家，保障人数9.4万人，保额达188亿元。

4月

4月1日　全国首家首贷服务中心——北京市首贷服务中心在北京市政务服务中心正式运行。该中心是由政府引导、市场化运作的企业融资服务平台，旨在有针对性地解决零信贷小微企业首贷难问题，22家银行、3家小额贷款机构和3家担保机构进驻。北京市不动产登记中心于当日进驻，并通过数据共享通道和工作机制，实现与不动产登记、税务等相关信息共享，可现场为企业提供零距离的信息查询服务及房产抵押业务办理的“绿色通道”，以提高融资效率。

4月8日　上海浦东发展银行北京分行上线“政采e贷”在线融资服务，成为北京市首家与北京政府采购信息服务平台实现对接的金融机构，将根据政府采购项目的中标公告、合同公告等各交易环节信息，为供应商提供线上信用融资服务。

4月23日 北京市召开文化产业“投贷奖”风险补偿金启动仪式暨金融机构（首批）意向出资仪式，北京市国有文化资产管理中心与北京银行等16家金融机构签署首批金融机构出资意向协议书，包括9家银行、5家担保机构、2家融资租赁机构。

4月30日 根据包商银行接管组发布的《关于包商银行股份有限公司转让相关业务、资产及负债的公告》，徽商银行收购承接原包商银行股份有限公司北京分行的相关业务、资产及负债。5月25日，徽商银行北京分行正式对外营业，全面受理各项金融业务。9月18日18时至9月21日8时，徽商银行北京分行在总行的统一安排部署下，将原包商银行北京分行的存量业务及客户数据全面迁移至徽商银行核心业务系统等信息系统，完成全部承接工作。

中华联合财产保险公司北京市延庆支公司签订延庆地区露地花卉种植保险第一单，承保北京妫洲牡丹农业科技有限公司种植的80亩牡丹花，实现北京郊区此项农业保险业务全覆盖。

5月

5月8日 华夏银行北京城市副中心分行成立，成为入驻北京城市副中心的第二家一级分行机构。

5月15日 中国证券监督管理委员会北京监管局（以下简称北京证监局）开展第二届“5·15全国投资者保护宣传日”专项活动，向辖区各上市公司和证券、基金、期货经营机构及投资者教育基地下发通知，明确活动要求。

5月20日 北京地铁售票终端“云闪付”扫码购票业务上线。8月30日，北京地铁乘车码业务上线、如易行App接入银联无感免密及绑卡支付通道业务上线。9月10日，北京市区公交乘车码业务上线。9月22日，北京一卡通App接入银联绑卡支付通道业务上线，12月实现无感免密支付通道业务上线。11月30日，北京地铁闪付过闸业务全面上线，地铁首都机场线、大兴机场线人脸识别过闸试点业务通过内测。

5月21日 北京农商银行发行“金色时光”信用卡，以满足老年人的实际金融需求。

6月

6月4日 在第256场银行业保险业例行新闻发布会上，北京银保监局党委书记、局长李明肖就贯彻中国银保监会各项工作部署、引导辖内银行业保险业全力支持企业复工复产、加快推进金融支持小微企业政策精准落地、深入推进“六大治理”防范化解金融风险等有关工作进行发布并答记者问。

6月10日 北京农商银行第一家分行—通州分行正式揭牌。通州分行共设立营业网点35家，金融便利店、服务点146个，布放自助机具600台，金融服务覆盖通州区100多个行政村。

6月12日 人民银行营业管理部、北京银保监局、北京市发展和改革委员会、北京市经济和信息化局、北京市财政局、北京市市场监督管理局、北京证监局、市金融监管局、北京市科学技术委员会、北京市商务局、北京市人力资源和社会保障局、北京市文化和旅游局、北京市统计局、中关村科技园区管理委员会、北京市工商联合会、北京金融控股集团有限公司、各区（含北京经济技术开发区）共同成立北京市金融支持稳企业保就业领导小组，北京市副市长殷勇任组长，市政府副秘书长杨秀玲任副组长，办公室设在人民银行营业管理部。6月30日，人行营业管理部联合相关部门出台《北京市金融支持稳企业保就业工作行动方案》。

6月18日 针对北京新发地疫情，中国人民财产保险公司北京市分公司、中国人寿财产保险公司北京市分公司、中国太平洋财产保险公司北京分公司、太平财产保险公司北京分公司、中国平安财产保险公司北京分公司、中华联合财产保险公司北京分公司和中国大地财产保险公司北京分公司七家北京复工综合险服务机构联合出台六项措施支持参保单位应对疫情，切实降低重点工程项目因疫情带来的影响。

6月23日 中国人民财产保险公司北京市分公司与北京市志愿服务指导中心签订2020—2021年度志愿者意外伤害保险项目协议，继续为北京市440余万名实名注册志愿者提供意外伤害保险服务。

7月

7月17日 兴业银行北京分行手机银行端上线城市服务功能。兴业银行北京分行城市服务是集金融和非金融生活场景服务的开放平台，通过移动定位服务（LBS）技术，面向北京地区客户提供北京城市服务入口，内含多种金融业务功能和本地专属服务。

7月22日 北京银保监局向辖内各相关机构印发《北京银保监局关于落实六稳六保要求 进一步加强小微金融服务支持复工复产的通知》。

7月23日 中国建设银行北京科创支行在中关村成立。

7月27日 “新三板”精选层正式设立并开市交易，全国共有32家企业首批晋层，其中，北京辖区共有6家，晋层企业数量居全国第一位。辖区6家晋层企业合计募集资金20.41亿元，占全国总数的21.6%。

7月28日 上海浦东发展银行北京分行与北京金融控股集团有限公司签署战略合作协议，双方将携手以“互联网+金融”为深度融合着力点，合作开发应用于科创、民营、小微企业的金融产品和服务，为科创企业提供融资，助力普惠金融数字化、智能化发展。

7月 华泰财险保险公司北京分公司中标《国家能源投资集团有限责任公司所属企业2020—2021年保险统保服务供应商采购项目》。

8月

8月18日 北京银行与海淀区人民政府签订新一轮战略合作协议，持续服务首都“四个中心”建设。

8月26日 由北京市人民政府外事办公室、西城区人民政府、中信银行北京分行主办的北京市预防性领事保护新渠道启动仪式在中信银行北京分行举行。本次北京市预防性领事保护新渠道包括在中信银行北京分行74家网点设置“领事保护宣传专区”，并定期开展“领事保护大讲堂”“领事保护宣传日”“行前交流会”等一系列活动，中信银行北京分行成为北京地区首家领事保护宣传合作银行。

北京农商银行发布“影视宣发贷”

特色金融产品。“影视宣发贷”旨在为小微型电影发行公司解决影片宣传发行过程中的资金需求，具有授信额度灵活、担保方式多样、利率政策优惠和审批流程高效等诸多优势，有效缓解北京市文化企业融资难问题。

8月28日 平安银行北京分行上线以企业纳税及纳税行为数据为授信依据的互联网信用贷款——“税金贷”。该产品具有额度高、申请易、用款快、无抵质押、还款灵活等优点。客户在完成线上申请后，系统审批最快3个工作日放款；线上最高额度为100万元，循环使用；可通过增加担保等措施进一步提升额度。

8月 中国平安人寿保险公司北京分公司承接平安集团北京地区项目，与中国妇女发展基金会共同发起“平安社区公益项目”，为社区居民公益活动提供志愿服务支持。首场活动落地北京“天鹅湾”社区，后续还组织开展了“平安社区公益项目——汽车家族探秘之旅”“公益家庭成长计划”社区图书角建设等活动。

9月

9月7日 人民银行营业管理部联合辖内金融监管部门召开“金融支持稳企业保就业 助力企业留青山赢未来”专题政策宣传会，介绍金融支持稳企业保就业的相关政策、机制、成效和产品，发布文化企业专项再贴现工具“京文通”，举行支小再贷款、延期支持工具合作意向书签订仪式。

9月16日 中国民生银行北京分行举办“八大学院”成立授牌仪式。“八大学院”包括领导力学院、金融科技学院、公司金融学院、零售金融学院、风险合规学院、运营管理学院、专业管理学院及青苗学院，院长分别由中国民生银行北京分行相关部室的负责人担任。

9月18日 中国农业银行北京市分行自主研发的面向涉农小微企业和农民专业合作社的线上可循环贷款产品——“乡村振兴e贷”正式投产上线。该产品是农业银行系统内首个“三农”对公线上融资产品，有效填补了北京地区“三农”领域互联网小额贷款业务的空白。

9月19日 太平财产保险公司北京分公司签发车险综合改革后第一张交强险保单和商业险保单。

9月28日 北京银行北京区域运营中心揭牌成立。

10月

10月10日 中国邮政储蓄银行北京分行保险箱业务落地北京丰台区右安南桥支行。作为首家开办此项业务的支行，右安南桥支行共设置了2 000门保管箱，分为小箱、中箱、大箱、超大箱四种箱型，客户可根据存放物品大小自由选择合适的箱型，满足保存贵重物品和重要物件的需求。

10月20日 北京市知识产权保险推进暨政银保企签约活动在京召开，142家科技型企业参与了北京市知识产权保险试点工作，投保1 660件知识产权保险，涉及专利执行保险及专利被侵权损失险，并获得政府保费补贴。当日还举行了北京市知识产权保险签约仪式，11家制造业单项冠军企业和11家重点领域中小微企业代表与中国人民财产保险北京市分公司完成投保签约，并领取了保费补贴；北京市知识产权局与北京农商银行签订了合作协议，交通银行北京市分行、北京银行中关村分行等机构联合发布了北京市知识产权金融合作倡议书，倡议携手推动北京知识产权金融创新服务生态建设。

10月21～23日 2020金融街论坛年会在北京金融街成功举办。本届论坛年会的主题为“全球变局下的金融合作与变革”。

10月23日 中国进出口银行北京分行联合北京经济技术开发区营商合作局、商务金融局共同举办“支持高端产业区银企对接会——中国进出口银行专场”活动。

10月30日 北京农商银行与北京市农业融资担保公司签署《服务首都“菜篮子”稳产保供金融业务合作协议》，未来五年内，双方在推进首都“菜篮子”稳产保供金融服务方面，增加涉农金融产品和资金供给，意向持续投入担保信贷资金50亿元，保障民生需求，共同履行好“三农”金融服务者职能。

11月

11月6日 中国农业银行北京市分行举办“筑梦未来”科创金融服务品牌发布会暨“科创金融服务中心”揭牌仪式，建立了涵盖“一个中心、两个平台、十项拳头服务”的全生命周期综合服务体系，全面对接首都科创企业金融需求，为客户提供惠利兼备、高效灵敏的专属产品和咨询顾问等增值服务。

11月9日 浙商银行北京通州分行正式开业。

11月15日 人民银行营业管理部、北京银保监局、北京证监局、市金融监管局等部门联合发布《金融支持北京市制造业高质量发展的指导意见》，并于当日联合相关部门组织开展“金融支持北京制造业高质量发展政策发布暨学术研讨会”，对各项政策措施进行发布解读。

11月19日 市金融监管局、香港财经事务及库务局联合举办第二十三届京港洽谈会京港金融合作专题活动。市金融监管局与中国工商银行北京市分行签署《北京自贸区金融保障合作备忘录》，围绕高质量服务北京自贸区建设，提升多领域金融供给等方面提出“十项举措”，为探索商业银行与监管机构建立信息资源互通、金融创新支持、银政沟通协调等领域的合作机制提供若干新思路。

11月22日 中国建设银行北京市分行上线北京地区医保电子凭证展码业务，市民通过建设银行手机银行申领激活医保电子凭证，在医院就诊时无须再携带医保卡，直接用手机扫码即可完成实时结算。

11月27日 中国银行北京市分行作为在华外籍人才薪酬购汇汇出便利化试点银行，营销某德国籍客户叙做北京地区首笔薪酬购汇便利化业务。

11月30日 西城区人民政府、北京证监局、市金融监管局、北京金融街服务局联合主办第二届西城区企业上市工作交流活动。本次活动以“百舸争流 乘风破浪——借力首都多层次资本市场，赋能新经济高质量发展”为主题，旨在重点打造资本市场改革动向与最新政策解读平台、西城区服务模式创新推广发布平台、企业新技术新装备展示平台、市场机构新业务模式与合作交流平台，营造良好的上市环境。

11月 中国人寿保险公司北京市分公司继续承保北京市老年人意外伤害保险项目，为北京市户籍60周岁以上共计7.5万余名城乡特困人员、城乡最低生活保障人员、优抚对象及无赡养人（或赡养人无赡养能力）的独居老年人提供为期一年的人身意外伤害保险保障服务，并取消了“特定场所、特定活动和特定交通工具”的限制。

12 月

12 月 4 日 北京农商银行运行维护中心通过中国网络安全审查技术与认证中心的现场审核，完成 ISO/IEC 20000－1：2018 信息服务管理体系新版认证。

12 月 10 日 中国证监会正式批复同意在北京股权交易中心开展股权投资和创业投资份额转让试点。该项试点率先落地北京，标志着北京“两区”建设又一重点任务取得突破性进展。

中国银行北京市分行与北京市民政局签署养老领域战略合作协议，双方将在支持养老行业复工复产持续发展、推动养老服务升级、开展“时间银行”项目合作、打造养老特色服务标准、推进养老产业国际交流合作、增加养老领域教育供给、共建京津冀区域养老一体化合作等方面深化合作，共同推动“养老＋金融”深度融合，促进北京市养老产业发展。

12 月 15 日 北京银保监局与北京市高级人民法院、人民银行营业管理部共同签署《金融纠纷多元化解机制合作备忘录》，以持续推进北京地区金融纠纷多元化解机制建设。

由海淀区委区政府主办，中信银行北京分行承办的“财金协同、互利共赢”海淀融资担保基金、海淀区财金协同平台、中小微企业贷款贴息政策发布会在中关村东升科技园举办。海淀融资担保基金总规模为 20 亿元，首期基金规模为 10 亿元，由中信银行联合海淀区人民政府投资引导基金、北京中技知识产权融资担保有限公司、北京华海恒泰投资管理有限公司共同出资设立，专项用于为银行发放的普惠金融贷款提供再担保。

12 月 16 日 中国民生银行首家“智慧银行体验店”正式发布。该体验店位于北京中关村科技园核心区域，是民生银行践行科技金融战略的关键举措，应用八类新兴主流技术、聚焦六维智能设计，为客户提供三重全新金融服务体验。

12 月 17 日 北京市金融工会、中国金融工会北京工作委员会与北京保险行业协会分别代表北京保险行业职工方、北京保险行业行政方开展了行业集体协商工作，签订了北京保险行业 2020 年度集体合同。这是北京保险行业签订的首份集体合同，形成了本地区行业协商标准和制度框架，覆盖北京地区 126 家保险企业 2 万余名职工，开创了全国保险行业集体协商的先河。

12 月 28 日 中国农业银行股份有限公司北京自贸试验区分行成立，这是国务院批复同意设立中国（北京）自由贸易试验区以来的首家自贸业务专营银行机构。

十、附　　录

（一）北京市金融机构名录

（2020 年 12 月 31 日）

1. 金融管理机构

机构名称	地　址	邮　编	电　话
中国人民银行营业管理部	西城区月坛南街 79 号	100045	68559550
（国家外汇管理局北京外汇管理部）	（海淀区莲花池东路 39 号西金大厦）	100036	68559550
中国银行保险监督管理委员会北京监管局	西城区金融大街 20 号交通银行大厦 B 座	100033	58391797
中国证券监督管理委员会北京监管局	西城区金融街 26 号金阳大厦 6 层	100033	88088060
北京市地方金融监督管理局	西城区槐柏树街 2 号市府大楼 2 号楼	100053	63020601

2. 银行业机构

（1）中资银行

机构名称	地　址	邮　编	电　话
国家开发银行战略客户部	西城区太平桥大街 16 号丰融国际大厦 11 层	100032	68307631
国家开发银行北京市分行	西城区复兴门内大街 158 号远洋大厦 8 层	100031	63223057
中国进出口银行北京分行	东城区北河沿大街 77 号	100009	64099688
中国农业发展银行总行营业部	西城区月坛北街甲 2 号月坛大厦南楼	100045	68081194
中国农业发展银行北京市分行	丰台区南四环西路 186 号一区 1 号楼 5 层	100060	68081840

中国工商银行股份有限公司北京市分行	西城区复兴门南大街2号天银大厦B座	100031	66410579
中国农业银行股份有限公司北京市分行	东城区朝阳门北大街13号	100027	68365208
中国银行股份有限公司北京市分行	东城区朝阳门内大街2号凯恒中心C座、E座	100010	85121717
中国建设银行股份有限公司北京市分行	西城区宣武门西大街28号楼4门	100053	63603682
交通银行股份有限公司北京市分行	西城区金融大街22号	100033	88669795
中国邮政储蓄银行股份有限公司北京分行	丰台区北甲地路2号院6甲1	100067	86353872
中国建设银行股份有限公司北京中关村分行	海淀区知春路96号	100086	82118322
中国农业银行股份有限公司北京中关村分行	海淀区知春路6号	100091	82270080－1038
中国建设银行股份有限公司北京通州分行	通州区玉带河西街25号	101100	69546921
中国农业银行股份有限公司北京城市副中心分行	通州区八里桥南街1号院9号楼	101199	69542656
中国银行股份有限公司北京通州分行	通州区车站路44号	101100	80506514
交通银行股份有限公司北京通州分行	通州区九棵树街1层187号、191号、195号，2层185号、189号、193号	101100	81511871
中国农业银行股份有限公司北京经济技术开发区分行	北京经济技术开发区中和街3号	100176	86382946
中信银行股份有限公司北京分行	东城区朝阳门北大街8号富华大厦C座	100027	65558007
中国光大银行股份有限公司北京分行	西城区宣武门内大街1号	100031	66567699
华夏银行股份有限公司北京分行	西城区金融大街11号	100033	58598600
广发银行股份有限公司北京分行	西城区菜市口大街1号院2号楼	100053	65169365
平安银行股份有限公司北京分行	西城区复兴门内大街158号远洋大厦F5	100031	66292349
招商银行股份有限公司北京分行	西城区复兴门内大街156号A座	100031	66426889
上海浦东发展银行股份有限公司北京分行	西城区太平桥大街18号丰融国际大厦	100032	57395588
兴业银行股份有限公司北京分行	朝阳区朝阳门北大街20号兴业银行大厦	100020	59886666－100112
中国民生银行股份有限公司北京分行	西城区复兴门内大街2号	100031	58560736

渤海银行股份有限公司北京分行	西城区复兴门内大街28号凯晨世贸中心东座F1层	100031	86000000
浙商银行股份有限公司北京分行	东城区朝阳门南小街269号	100033	88006088
恒丰银行股份有限公司北京分行	西城区复兴门内大街156号招商国际金融中心C座4层	100031	58932515
华夏银行北京城市副中心分行	通州区新华东街11号院2号楼3层3001室	101100	80887876
北京银行股份有限公司	西城区金融大街丙17号	100033	66426500
北京中关村银行股份有限公司	海淀区知春路65号院1号楼中国卫星通信大厦	100190	83023264
北京银行股份有限公司中关村分行	海淀区彩和坊路6号朔黄发展大厦4层	100080	60190019
北京银行股份有限公司北京分行	西城区复兴门内大街156号D座8层	100031	66420125
北京银行股份有限公司城市副中心分行	朝阳区广渠路28号甲201号楼3层	100022	67743610
天津银行股份有限公司北京分行	西城区东河沿胡同73号宣武门大厦	100052	83175899
大连银行股份有限公司北京分行	朝阳区建国路93号万达广场B座	100022	65812731
杭州银行股份有限公司北京分行	东城区建国门内大街26号新闻大厦11层	100005	64088100
盛京银行股份有限公司北京分行	朝阳区光华路4号院4号楼	100026	85597777－5035
南京银行股份有限公司北京分行	海淀区阜成路101号B座	100092	56879595
上海银行股份有限公司北京分行	朝阳区建国门外大街丙12号宝钢大厦1层、8～10层	100020	57610049
江苏银行股份有限公司北京分行	朝阳区光熙家园1号楼	100028	56986006
宁波银行股份有限公司北京分行	海淀区西三环北路100号1～2层、11～15层	100037	53266188
徽商银行股份有限公司北京分行	朝阳区北四环东路115号	100101	64816089
锦州银行股份有限公司北京分行	东城区建国门北大街5号	100005	85072111
厦门国际银行股份有限公司北京分行	西城区三里河东路5号中商大厦	100045	68533333－200
北京农村商业银行股份有限公司	西城区月坛南街1号院2号楼	100031	63229157
北京延庆村镇银行股份有限公司	延庆区高塔街73号	102199	69178738
北京密云汇丰村镇银行有限责任公司	密云区新东路126－1号	101500	58120710

北京怀柔融兴村镇银行有限责任公司	怀柔区南华园二区甲41号楼	101400	61620106
北京大兴九银村镇银行股份有限公司	大兴区西红门镇欣荣北大街18号院3号	100162	80255566
北京昌平发展村镇银行股份有限公司	昌平区水南路9-22号商业1层底商	102200	60783888
北京大兴华夏村镇银行股份有限公司	大兴区康庄路52号院14号楼	102600	69221122
北京顺义银座村镇银行股份有限公司	顺义区西辛南区乙62号	101300	61408713
北京通州中银富登村镇银行股份有限公司	通州区杨庄南里甲66号	101121	52998500
北京门头沟珠江村镇银行股份有限公司	门头沟区永定镇石龙南路8号	102308	60865137
北京房山沪农商村镇银行股份有限公司	房山区良乡拱辰北大街1号2号楼	102488	61378796
北京平谷新华村镇银行股份有限公司	平谷区迎宾花园4号楼1~3层	101200	89999790

（2）中资银行分支机构

中国农业发展银行北京市分行

机构名称	地　址	邮　编	电　话
分行营业部	丰台区南四环西路186号汉威国际广场1区1号楼5层	100060	68081051
天坛支行	东城区广渠门内大街11号	100062	87103181
西三环支行	海淀区西三环北路87号国际财经中心1层	100089	88568363
门头沟支行	门头沟区滨河路87号	102300	69828640
房山区支行	房山区良乡西路28号	102488	69373003
通州区支行	通州区新华北路55号	101100	69518973
昌平区支行	昌平区北环路4号	102200	89784518
顺义区支行	顺义区新顺南大街27号	101300	69449488
大兴区支行	大兴区黄村西大街51号	102622	69209352
平谷区支行	平谷区平谷镇太和园甲7号楼	101200	69980042

怀柔区支行	怀柔区后横街15号	101400	69684840
密云区支行	密云区新南路73号	101500	69043434
延庆区支行	延庆区妫水南街33号1幢-1至3层102室	102100	69188337

中国工商银行股份有限公司北京市分行

机构名称	地址	邮编	电话
分行营业部	西城区复兴门南大街2号	100031	66410055
宣武支行	西城区广安门内大街116号	100053	63264148
东城支行	东城区东四十条24号	100007	81026157
新街口支行	西城区西直门内大街143号	100035	62218008
崇文支行	东城区永定门外大街86号	100075	87205462
海淀西区支行	海淀区北四环西路65号	100080	82886359
广安门支行	西城区广外南滨河路3号楼	100055	63480656
朝阳支行	朝阳区朝外大街1号	100020	65993578
丰台支行	丰台区文体路19号	100071	63815968
石景山支行	石景山区政达路2号	100043	68874128
海淀支行	海淀区中关村东路100号	100190	82625799
门头沟支行	门头沟区新桥大街16号	102300	69844598
南礼士路支行	西城区月坛南街1号院1号楼1~3层、5号楼9层	100045	68030535
珠市口支行	东城区珠市口东大街15号	100052	67197611
长安支行	西城区宣内大街乙6号	100031	66031114
房山支行	房山区良乡西潞北大街32号	102488	89350798
九龙山支行	朝阳区广渠路甲40号	100022	67720366
昌平支行	昌平科技园区综合办公楼	102200	69744966

顺义支行	顺义区石园西路	101300	69468260
通州支行	通州区新华西街47号	101100	69547015
大兴支行	大兴区兴政街24号	102600	69269131
平谷支行	平谷区府前西街14号	101200	69961425
怀柔支行	怀柔区商业街23号	101400	69648423
密云支行	密云区鼓楼南大街	101500	69067176
延庆支行	延庆区东大街37号	102100	69141243
西客站支行	海淀区什坊院3号西金大厦	100036	63955342
亚运村支行	朝阳区慧忠北里407号楼	100012	64863543
方庄支行	丰台区方庄小区芳城园三区18号楼	100078	67690060
翠微路支行	海淀区阜成路79号	100142	88131790
中关村支行	海淀区上地信息路2号	100085	82896252
望京支行	朝阳区酒仙桥路10号	100015	64372346
王府井支行	东城区金宝街18号	100008	65273513
自贸试验区国际商务服务片区支行	朝阳区东环南路2号	100022	65669958
和平里支行	东城区安定门东大街28号雍和大厦1～3层	100007	64216766
地安门支行	西城区德胜门外大街77号	100088	82251116
金融街支行	西城区丰汇园11号楼	100032	58362270
自贸试验区支行	北京经济技术开发区荣昌东街甲5号A座101单元	100176	67863557

中国农业银行股份有限公司北京市分行

机构名称	地址	邮编	电话
东城支行	东城区金宝街58号华丽大厦	100005	65283536
西城支行	西城区车公庄北街16号院1号楼	100044	88319655

崇文支行	东城区珠市口东大街1号新阳商务楼A座	100062	67091344
宣武支行	西城区宣武门外大街甲1号环球财讯中心D座	100052	53266781
朝阳支行	朝阳区朝外工体路东2号	100020	65522914
海淀支行	海淀区海淀大街37号	100080	62533651
丰台支行	丰台区东大街9号	100071	63811911
石景山支行	石景山区八角南路18号	100043	68885947
万寿路支行	海淀区西四环中路16号院6号楼	100039	88209625
亚运村支行	朝阳区安定路33号化信大厦A座	100029	64411280
经济技术开发区分行	北京经济技术开发区中和街3号	100176	56965304
海淀东区支行	海淀区学院路丁11号	100083	82376481
朝阳东区支行	朝阳区建外大街8号IFC大厦B座31层	100022	85660026
城市副中心分行	通州区八里桥南街1号院9号楼	101100	80509939
顺义支行	顺义区府前西街2号	101300	69444435
昌平支行	昌平区西环路25号蓝郡嘉苑13号楼	102200	69740107
大兴支行	大兴区兴丰南大街128号	102600	69264906
房山支行	房山区良乡拱辰北大街19号	102488	81389558
怀柔支行	怀柔区青春路39号	101400	69644982
平谷支行	平谷区府前街23号	101200	69961393
密云支行	密云区滨河路24号	101500	69041923
延庆支行	延庆区东外大街73号	102100	69141625
自贸试验区分行	海淀区知春路6号锦秋国际大厦A座3层	100191	82961104
分行营业部	东城区朝阳门北大街13号	100010	68358266

中国银行股份有限公司北京市分行

机构名称	地址	邮编	电话
分行营业部	东城区朝阳门内大街2号凯恒中心大厦	100010	85121491
雅宝路支行	朝阳区雅宝路8号	100020	85662950
王府井支行	东城区东长安街1号	100738	85190600
奥运村支行	朝阳区北辰东路8号院1号楼	100101	64818079
金融中心支行	西城区金融大街7号英蓝国际中心1层	100033	66555033
中银营业部	西城区复兴门内大街1号1层	100818	66596688
中银大厦支行	西城区复兴门内大街1号1层G区	100818	66591141
石景山支行	石景山区八角西街57号	100043	68864969
国际贸易中心支行	朝阳区建国门外大街1号	100004	65058027
使馆区支行	朝阳区三里屯路5号	100027	84429005
世纪财富中心支行	朝阳区建国门外大街光华东里8号院1号楼	100020	85875213
中关村支行	海淀区海淀大街8号中钢国际广场	100080	62687060
方庄中心支行	丰台区南三环东路23号	100078	59763751
东城支行	东城区交道口东大街81号	100007	64065271
西城支行	西城区阜外大街5号	100037	68001383
崇文支行	东城区广渠门内大街47号	100062	87550686
宣武支行	西城区南新华街1号	100052	63916155
朝阳支行	朝阳区东三环北路霞光里18号佳程广场A座	100027	59207001
商务区支行	朝阳区北三环东路8号	100028	64689535
海淀支行	海淀区北四环西路58号	100080	82607380
丰台支行	丰台区西三环南路14号院1号楼	100073	53256988

房山支行	房山区良乡拱辰北大街 3 号	102488	89354126
首都机场支行	顺义区首都机场四纬路 9 号 C 区	100621	64558010－156
通州分行	通州区车站路 44 号	101100	80506514
经济技术开发区支行	北京经济技术开发区荣京东街 3 号 1 层、2 层 2－201 号	100176	67825908
大兴支行	大兴区黄村镇兴丰大街（三段）199 号	102600	81291679
昌平支行	昌平区南环路 57 号	102200	69745394
顺义支行	顺义区府前西街 4 号	101300	69420847
平谷支行	平谷区林荫北街 11 号	101200	69973914
密云支行	密云区密云镇鼓楼南大街 24 号	101500	69043791
怀柔支行	怀柔区开放路 33 号	101400	69658329
延庆支行	延庆区延庆镇庆园街 12 号	102100	69144079

中国建设银行股份有限公司北京市分行

机构名称	地　址	邮　编	电　话
分行营业部	西城区闹市口大街 1 号院 1 号楼	100033	63603260
中关村分行	海淀区知春路 96 号	100086	51998353
通州分行	通州区玉带河西街 25 号	101100	69546921
东四支行	东城区美术馆后街 8 号	100010	51997802
西四支行	西城区阜外大街甲 26 号	100037	51999817
前门支行	东城区西打磨厂街 1 号	100062	67083819
城建支行	丰台区方庄蒲芳路 28 号	100078	51999175
宣武支行	西城区广内大街 314 号	100053	63553958
铁道专业支行	丰台区莲花池东路 114－1 号	100055	51996539

朝阳支行	朝阳门外大街乙 10 号	100020	51995613
丰台支行	丰台区西四环南路 54 号	100161	63818306
石景山支行	石景山区石景山路 22 号	100043	51993506
长安支行	海淀区复兴路 33 号翠微大厦西配楼	100036	68151160
开发区支行	北京经济技术开发区景园北街 2 号 55 栋	100176	67881039
安华支行	朝阳区安定路 35 号	100029	51993358
西单支行	西城区西单北大街 34 号	100032	66035636
安慧支行	朝阳区北辰东路 8 号汇欣大厦 B 座 1 ~2 层	100101	84970820
光华支行	朝阳区光华路 7 号汉威大厦	100004	65613608
月坛支行	西城区金融大街 19 号富凯大厦 B 座	100033	66573046
鼎昆支行	西城区黄寺大街 23 号	100120	51996260
苏州桥支行	海淀区北三环西路 99 号西海国际中心 118 号	100086	82194459
阜成路支行	海淀区阜成路 19 号	100048	68726207
东大街支行	丰台区东大街 25 号	100071	63818305
望京支行	朝阳区花家地北里 1 号	100102	64729808
华贸支行	朝阳区建国路 89 号院 18 号楼北座	100025	51996592
地坛支行	东城区安定门外大街 138 号皇城国际大厦 1 层	100011	64268439
科创支行	海淀区苏州街 3 号	100080	82684252
房山支行	房山区良乡拱辰北大街 1 号	102488	81389590
门头沟支行	门头沟区双峪路 22 号	102300	69835874
顺义支行	顺义区府前中街 7 号	101300	69443295
昌平支行	昌平区东环路 95 号	102200	69742953
延庆支行	延庆区东外大街 97 号	102100	69103211
怀柔支行	怀柔区南大街 22 号	101400	69644594
密云支行	密云区新南路 71 号	101500	69044996

平谷支行	平谷区文化南街19号	101200	69961565
大兴支行	大兴区兴政街25号	102600	69244497

交通银行股份有限公司北京市分行

机构名称	地　址	邮　编	电　话
通州分行	通州区九棵树街	101100	81511871
通州梨园支行	通州区九棵树东路156号	101100	60553287
台湖支行	通州区东石东五路2号院6号楼	101116	21725074
临河里支行	通州区临河里53号楼1层116~118室	101101	81595602
营业部	西城区金融大街33号	100033	66102323
金融大街支行	西城区金融大街20和22号1层	100033	88668030
东单支行	东城区大雅宝胡同8号	100005	65125868
东单北大街支行	东城区东单北大街乙112号	100005	65274814
王府井支行	东城区王府井大街200号	100005	65289470
工体北路支行	东城区新中街68号	100027	65521157
东大桥支行	朝阳区工体东路20号百富国际大厦南侧1层	100020	65862053
建国门支行	朝阳区雅宝路8号南华声国际大厦首层	100020	65125868
亚运村支行	朝阳区安慧里二区4号楼	100101	64912548
惠新支行	朝阳区惠新东街5号	100029	84624402
慧忠北里支行	朝阳区慧忠北里小区111号	100012	64800993
亚北支行	朝阳区安立路60号院润丰花园6号楼X座西段	100101	64820724
北苑支行	朝阳区北苑6号院一区102号楼公建04号房天怡家园底商首层	100012	84945329
媒体村支行	朝阳区北辰绿色家园天朗园C座1层西侧	110107	84932021

和平里支行	朝阳区外馆东街51号柳清居裙房	100011	64408085
胜古园支行	朝阳区胜古西庄胜古家园3号楼	100029	64426223
兴化路支行	东城区和平里兴化路11号	100013	64283083
中轴路支行	朝阳区安贞西里三区26楼	100029	84134538
西坝河支行	朝阳区西坝河西里28号英特公寓首层及3层南侧	100028	64476041
太阳宫支行	朝阳区太阳宫火星园10号楼	100028	84158643
阜外支行	西城区车公庄大街9号院1号楼	100044	88395396
西直门支行	海淀区高梁桥斜街59号院2号楼09号	100044	62239929
百万庄支行	西城区百万庄大街11号1层	100037	68342240
三里河支行	西城区三里河一区5号院8号楼首层	100034	68028553
官园支行	西城区车公庄路新华里16-3号京侨国际公馆	100044	88359267
海淀支行	海淀区苏州街16号神州数码大厦	100080	82608175
双榆树支行	海淀区中关村东路123号都市网景E座首层南侧	100086	62142618
中关村支行	海淀区成府路蓝旗营高校住宅楼首层西端	100084	62768691
蓟门桥支行	海淀区西土城路1号院6~8号1~2层	100191	82589337
万柳支行	海淀区长春桥路11号万柳亿城大厦B座北侧1~2层	100089	58816704
西区支行	海淀区复兴路40号中国铁道建筑总公司综合办公大厦1~5层东侧	100039	52689830
永定路支行	海淀区永定路66号	100039	68230978
翠微路支行	海淀区翠微路12号1~2层西侧	100036	68250874
定慧寺支行	海淀区定慧寺恩济庄二区北3号楼	100142	88119807
丰台东路支行	丰台区万芳园一区1号楼1层02号	100070	83683722
三元支行	朝阳区曙光西里28号中冶大厦	100028	84493935
团结湖支行	朝阳区农展馆南路13号瑞辰国际中心F1-1号	100125	85983575

麦子店支行	朝阳区农展馆北路甲5号	100125	65935314
水碓子支行	朝阳区水碓北里19号楼	100026	85960974
东润支行	朝阳区南十里居28号东润枫景底商首层	100016	64361088
天坛支行	东城区天坛东里北区12号	100061	67197198
华威路支行	朝阳区华威北里20号楼	100021	67785143
崇文门支行	东城区崇文门东兴隆街56号北京商界1层	100062	67022908
东方庄支行	丰台区芳城东里9号楼1层	100078	87623896
西单支行	西城区西长安街甲17号	100031	66229928
北蜂窝路支行	海淀区北蜂窝路乙15号	100038	63985269
经济技术开发区支行	北京经济技术开发区隆庆街3号	100176	67883551
东高地支行	丰台区南苑路警备东路6号方仕国际酒店1~2层北端房屋	100076	67063671
文化园西路支行	北京经济技术开发区文化园西路8号院30号楼1层108室	100176	87220063
旧宫支行	大兴区旧宫镇旧桥路1号院1号楼103室	100163	56407580
望京支行	朝阳区望京街9号	100102	59203677
望京中环路支行	朝阳区望京西园3区304楼	100102	64756837
望京南湖中园支行	朝阳区望京南湖中园K3-301号楼	100102	84713883
望京西园支行	朝阳区望京西园四区416号楼	100102	64713569
酒仙桥支行	朝阳区酒仙桥路10号星城国际大厦C座	100016	64350991
望京东路支行	朝阳区望京东园四区13号楼1层109室	100102	84294760
顺义支行	顺义区仓上街AMB大厦B区1层	101300	89448050
顺义天竺支行	顺义区天竺花园天韵广场109-4商铺	101312	64577282
顺义石门支行	顺义区石门街6号顺义供销社大厦	101300	60416538
东区支行	朝阳区广渠路21号	100124	58202964

广渠路支行	朝阳区双井1号优仕阁大厦B座和C座首层	100022	58614207
东三环中路支行	朝阳区东三环中路61号商用物业	100022	59037431
林萃路支行	朝阳区林萃路倚林家园24号楼108-1号	100192	82724866
安翔里支行	朝阳区安翔里1号	100101	64853141
清河支行	海淀区龙岗路清景园4号楼1层	100192	52718580
西三旗支行	昌平区建材城西路87号院8号楼新龙大厦	100096	82969332
建材城西路支行	海淀区建材城西路27号1层116室	100096	82463362
丰台支行	丰台区南四环西路188号5区24号楼	100070	63705569
玉泉营支行	丰台区草桥欣园一区6号楼1层102号	100070	87584450
长辛店支行	丰台区张郭庄南路16号	100072	83880276
丰台北路支行	丰台区丰台北路36号	100071	83897709
丰台科技园支行	丰台区汽车博物馆东路1号院4号楼南座	100160	57327656
西三环支行	海淀区西三环北路89号	100089	88825870
紫竹桥支行	海淀区紫竹院路1号人济山庄D座裙房103号、203号	100044	88556270
阜成路支行	海淀区阜成路14号1层	100048	68768149
车公庄西路支行	海淀区车公庄西路20号	100044	68411979
世纪城支行	海淀区蓝靛厂世纪城小区金夕园甲1号楼四段	100097	88467105
闵庄路支行	海淀区闵庄南路9号玉泉馨苑服务楼首层	100195	88403062
田村路支行	海淀区畅茜园景宜里7号楼	110143	88181633
青年路支行	朝阳区青年路27号院1号楼	100025	56089566
常营支行	朝阳区丽景园底商6号楼	100024	56303350
朝阳北路支行	朝阳区朝阳北路99号楼	100123	85526505
朝阳路支行	朝阳区八里庄西里99号	100025	85795583
宣武支行	西城区广安门内大街319号1层、2层东侧	100055	83131682

马连道支行	西城区广外大街 248 号机械大厦	100055	63327912
右安门支行	西城区白纸坊东街 10 号	100054	63513255
西便门支行	西城区宣武门西大街甲 129 号	100031	66410239
政务中心支行	丰台区西三环南路 1 号	100161	89151024
东直门支行	东城区东直门外大街 48 号东方银座大厦	100027	84476501
春秀路支行	朝阳区春秀路甲 1 号	100027	64152845
和平里东街支行	东城区和平里东街民旺园 31 号楼 1 层南侧	100013	84252417
国土房管局大厦支行	东城区和平里北街 6 号	100013	64409445
上地支行	海淀区上地科技路甲 2 号	100085	62964297
北清路支行	昌平区北清路 1 号院 5 号楼	102209	80700789
永丰支行	海淀区丰豪东路 9 号院 2 号楼 2 单元 108 ~109 号	100085	60603286
北三环中路支行	西城区北三环中路 29 号院 2 号楼 1 层	100029	82251033
马甸支行	西城区德胜门外大街 5 号	100088	62381996
北太平庄支行	海淀区花园东路 32 号	100191	62352647
德胜门支行	西城区德外关厢地区中交大厦 1 ~2 层 11 ~14 轴房	100088	82015220
大望路支行	朝阳区西大望路 3 号蓝堡北区写字楼 101 ~103 号	100026	85997420
光华路支行	朝阳区光华路甲 8 号	100026	65832085
建国路支行	朝阳区建国路 90 号	100022	85891257
大兴支行	大兴区龙河路 97 ~131（单）号、109 -1 号 1 ~3 层 119 室	102600	69206535
兴华大街支行	大兴区兴华大街二段 13 号院 3 号楼 -2 号	102600	80220731
西红门支行	大兴区西红门北一街 1 号院 3 号楼 106 号	100162	80220725
清城支行	大兴区富强路 106 号	102600	89293108
中关村园区支行	海淀区中关村新科祥园甲 6 号楼 1 ~2 层东南侧	100190	82523200
五棵松支行	海淀区复兴路 69 号 A1 -02 号房	100036	88213725

公主坟支行	海淀区复兴路甲 14 号		
西长安支行	西城区二七剧场路西侧 1～3 层	100045	63969655
慧忠里支行	朝阳区慧忠北里 413 号楼	100012	64924239
宝盛里支行	海淀区黑泉路 8 号 1 幢康健宝盛广场 A 座 1 层 1002 号	100192	62999986
来广营支行	朝阳区来广营西路 7 号院 18 号楼 1～2 层 111～112 号	100012	84363511
芳群园支行	丰台区芳群园四区 23 号	100078	67672631
东三环支行	朝阳区东三环北路 19 号嘉盛中心 B2 座中青大厦 1～2 层	100020	65869818
朝外支行	朝阳区朝阳门外大街 16 号	100021	85253857
天通苑支行	昌平区天通苑小区 203B－4 单元	102218	84826491
石景山支行	石景山区石景山路 29 号京燕饭店东配楼 2 层	100043	68871196
苹果园支行	石景山区海特花园 57 号楼 1 层	100041	68800612
永安里支行	朝阳区建外永安东里甲 3 号通用时代国际中心首层	100022	65699303
回龙观支行	昌平区回龙观镇天龙苑 25 号 1 层 01 房屋	102208	81748371
育惠东路支行	朝阳区小营路 12 号亚运花园 1 层	100101	84624402
农科院支行	海淀区学院南路 55 号 6 号楼	100081	62119831
松榆里支行	朝阳区弘燕路周庄山水文园 201 号楼 103 号	100022	67328200
木樨园支行	丰台区东木樨园 9 号	100075	87299717
彩虹城支行	丰台区光彩路 65 号 1 号楼 101－C 底商	100075	87866609

招商银行股份有限公司北京分行

机构名称	地　址	邮　编	电　话
分行营业部	西城区复兴门内大街156号A座	100031	66426622
甘家口支行	西城区百万庄大街甲39号	100037	68365433
宣武门支行	西城区宣外大街30号	100052	63164385
金融街支行	西城区金融大街35号	100033	88091265
德胜门支行	西城区德胜门外大街81号	100088	82065228
阜外大街支行	西城区阜成门外大街22号外经贸大厦1层	100037	68784023
金融街中心支行	西城区金融大街16号	100033	66290749
陶然亭支行	西城区南纬路39号-1至3层3单元商业601室	100050	59362234
月坛支行	西城区月坛南街1号院1号楼4-101号	100045	86493169
广安门支行	西城区手帕口南街1-1号	100055	63259849

上海浦东发展银行股份有限公司北京分行

机构名称	地　址	邮　编	电　话
分行营业部	西城区太平桥大街18号丰融国际大厦	100032	57395588
金融街支行	西城区金融大街35号国际企业大厦A座	100033	88091847
宣武支行	西城区广安门内大街316号	100053	63585776
雍和支行	东城区和平里东街11号1-C1号	100013	84138423
中关村支行	海淀区海淀南路15号	100080	62550747
朝阳支行	朝阳区朝阳门外大街18号丰联广场大厦1层122单元、22层2201单元	100020	65888121

建国路支行	朝阳区建国路99号中服大厦	100020	65819177
万寿路支行	海淀区万寿路西街2号	100036	68233372
安外支行	东城区安外大街甲88号	100011	64264903
阜成支行	西城区车公庄大街3号	100044	88383590
崇文门支行	东城区东兴隆街56号1层106室、2层202室	100062	65676188
海淀园支行	海淀区北四环西路62号中国化工集团公司大厦1层	100080	82660900
西直门支行	西城区西直门外大街18号楼金贸大厦1单元	100044	88026239
东三环支行	朝阳区静安里26号通成大厦1层	100028	84584729
亚运村支行	朝阳区媒体村天畅园8号楼底商1~2层	100107	84891031
知春路支行	海淀区知春路9号蓟门坤讯大厦	100083	82319520
安华桥支行	朝阳区安贞西里3区15号凯康海油大厦	100029	64417341
东长安街支行	东城区建国门内大街28号民生金融中心B座1~2层	100000	85116060
电子城支行	朝阳区酒仙桥路10号	100016	64350556
经济技术开发区支行	北京经济技术开发区荣华南路10号院2号楼1~2层	100176	67890993
永定路支行	海淀区永定路甲51号	100039	68152005
复兴路支行	海淀区北蜂窝路5号1号楼	100038	51932666
花园路支行	海淀区花园东路10号高德大厦C座1层南侧	100191	82030630
莱户营支行	丰台区丽泽路1号院16号楼北侧1~2层	100073	63470661
紫竹院支行	海淀区紫竹院路116号嘉豪国际中心C座	100097	51709797
通州宋庄支行	通州区小堡村南3号楼1号院	101118	56673335
和平里支行	朝阳区和平西苑20号楼B座101-1室、101-2室	100013	52081598
马家堡支行	丰台区马家堡西路15号时代风帆大厦	100068	67562966

世纪城支行	海淀区蓝靛厂晨月园甲1号楼	100097	88895800
清华园支行	海淀区中关村东路1号院5号楼文津国际酒店1层	100084	62618572
三里屯支行	朝阳区工体北路甲6号中宇大厦	100027	59752555
望京支行	朝阳区望京花园西区101号楼	100102	84780661
北沙滩支行	朝阳区北沙滩1号院31号楼B座	100083	64866883
德胜支行	西城区德胜门外大街乙10号1层、2层南侧	100088	82063208
东四支行	东城区东四十条68号平安发展大厦	100007	84086436
富力城支行	朝阳区东三环中路61号万丽酒店	100022	59037768
通州支行	通州区梨园镇云景东路432号隆孚大厦	101101	57902222
广渠门支行	东城区广渠门内大街27号1层101室	100062	87102681
通惠支行	朝阳区广渠路17号院1号楼-3至14层101内1层102室	100022	85997995
慧忠支行	朝阳区慧忠北里小区214号楼北京中奥华美达酒店	100012	64872366
金台路支行	朝阳区六里屯北里18号楼A座西侧1层、3层	100026	65088998
丰台支行	丰台区汽车博物馆西路8号院华夏幸福创新中心1号楼	100070	63259702
方庄支行	丰台区紫芳园四区5号楼5-1室	100078	87557088
顺义支行	顺义区怡馨家园1号楼	101300	61429550
大兴支行	大兴区兴华大街2号1幢1层	102600	80220031
天华园支行	北京经济技术开发区天华园二里19号	100176	67891180
昌平支行	昌平区南环东路24号1~3层	102200	69741599
回龙观支行	昌平区回龙观镇龙域北街8号院1号楼112室、113室	100085	82830359

陶然亭支行	西城区陶然亭路2号9号楼1层111室	100050	83989166
石景山支行	石景山区玉泉西里二区1号楼	100040	88682992
南湖支行	朝阳区湖光北街9号1层101内1521室	100102	64729337
玉带河支行	通州区玉带河东街348号1层	101101	56866550
西红门支行	大兴区宏福路3号院1号楼1层102室	100162	60259972
黄村支行	大兴区兴华大街三段25号1~2层	102699	69261809
姚家园支行	朝阳区星火西路19号楼1~2层	100016	85828819
双清路支行	海淀区月泉路八家嘉园南1门底商23-1号	100091	62918533
远洋自然小微支行	丰台区马家堡东路108号院10-108号	100068	58032620
赛洛城小微支行	朝阳区百子湾东里110号楼1层104室	100124	87776557
雍景四季社区支行	石景山区西黄村西里7号商业楼	100144	88701778
雅世合金小微支行	海淀区永定路2号院6号楼1层6-1号	100039	57797199
科南路小微支行	海淀区科学院南路55号	100086	62566775
龙跃苑社区支行	昌平区回龙观东大街336号院2号楼1层101室	102208	80746853
橡树湾小微支行	海淀区学府家园二区7-1号至7-20号1层7-15室	100085	82156706
今典花园小微支行	海淀区文慧园北路9号今典花园9号楼空间蒙太奇1层部分区域	100082	62235088
科兴佳园小微支行	丰台区靛厂路26号12号楼底商10-1号	100036	68260095
彩虹城小微支行	丰台区光彩路65号楼1~2层商业03号	100075	87260629
华业东方玫瑰小微支行	通州区临河里33号楼106号	101100	56865787
远洋一方社区支行	朝阳区双桥东路5号院1号楼1层103第1层	100121	56649255
华贸天地小微支行	朝阳区清河营南街7号院7号楼-1层136号	100012	84870781
万年花城小微支行	丰台区樊羊路15号院11号楼1层	100070	63760266

北工大软件园小微支行	北京经济技术开发区地盛北街1号院43号楼1层101市	100176	67896090
融泽嘉园社区支行	昌平区回龙观镇回龙观村龙域中路1号院7号楼105号	100085	82817820
增光路小微支行	海淀区增光路37号中海馥园3号楼108号	100037	88586283
胜古誉园社区支行	朝阳区安贞胜古中路胜古誉园3号楼	100029	64450550
大成路小微支行	丰台区大成南里三区4号楼1层02号	100141	68165060
融科橄榄城小微支行	朝阳区望京东园513号楼20号	100102	84781956

广发银行股份有限公司北京分行

机构名称	地　址	邮　编	电　话
分行营业部	西城区菜市口大街1号1层105单元	100053	65169365
中关村支行	海淀区中关村大街45号	100086	62510817
月坛支行	西城区月坛北街2号	100045	68083560
亚运村支行	朝阳区北辰东路8号	100101	84980397
建国路支行	朝阳区建国路99号楼中服大厦1层	100010	65360977
新外支行（在车公庄支行临时营业）	海淀区车公庄西路乙19号	100044	88018708
朝阳门支行（在东二环支行临时营业）	东城区南竹杆胡同2号	100010	65253518
西三环支行	海淀区西三环北路72号A座1层	100037	88415116
国展支行（在亚运村支行临时营业）	朝阳区北辰东路8号	100101	84603160
西客站支行	西城区广莲路1号	100055	63954696
魏公村支行	海淀区中关村南大街甲18号院A座2层	100081	82481600
东直门支行	东城区东中街9号东环广场A座首层	100027	64182979
车公庄支行	海淀区车公庄西路乙19号	100044	88018708

科学园支行	海淀区科学院南路2号院1号楼融科资讯中心B座1层	100190	82169897
方庄支行	丰台区方庄路5号	100078	87681131
安贞支行	朝阳区安定路39号	100029	64445675
太阳宫支行（在东直门支行临时营业）	东城区东中街9号东环广场A座首层	100027	64253709
金融街支行	西城区金融大街16号	100033	88088122
京广支行	朝阳区朝外大街甲6号万通中心1层	100020	59070619
知春路支行	海淀区知春路希格玛大厦49号	100190	88099481
王府井支行	东城区王府井大街301－1号	100006	65271106
奥运村支行	朝阳区北沙滩甲1号中科电大厦首层	100083	64838714
黄寺支行	西城区德外大街12号	100011	62039096
天通苑支行	昌平区天通苑北1区甲6号楼	102218	81758583
翠微支行	海淀区翠微路甲10号1幢1层1－1－03号	100036	68230632
大望路支行	朝阳区西大望路15号4号楼外企大厦B座	100022	87723502
望京支行	朝阳区阜荣街10号1层1层商业147号、148号	100028	64717609
青年路支行	朝阳区青年路7号院2号楼1层	100123	85823640
上地支行	海淀区农大南路1号院4号楼	100190	82349382
东四环支行	朝阳区慈云寺北里118号楼1层	100025	85787133
中轴路支行（在安贞支行临时营业）	朝阳区安定路39号	100029	64445675
广渠门支行	东城区广渠门内大街27号	100062	87103071
五棵松支行	海淀区西四环中路16号院1号楼	100039	68285062
广渠路支行	朝阳区建国路93号B座	100022	59693929
宣武门支行	西城区宣武门外大街甲1号	100052	83153358
清华东路支行	海淀区清华东路25号	100083	61196193
海淀支行	海淀区海淀大街27号8号楼	100097	62622950

日坛支行	朝阳区建国门外大街丁12号楼英皇集团中心1层	100020	56916498
西单支行	西城区复兴门内大街45号1号楼西南侧配楼	100801	88088330
丰台支行	丰台区育仁南路3号院3号楼金诚信大厦首层	100052	83609002
万柳支行	海淀区长春桥路5号10号楼	100097	62571889
安立路支行	朝阳区慧忠北里105号楼B段	100012	84504207
东二环支行	东城区南竹杆胡同2号	100010	65206682
石景山支行	石景山区实兴大街30号院15号楼1层102室	100144	68809123
西直门支行	西城区西直门外大街112号1层101A	100044	68104188
工体支行	朝阳区新东路12号院3号楼1层	100027	84004983
世纪城支行	海淀区远大路1号居然之家1层	100097	88875611
朝阳北路支行	朝阳区朝阳北路99号1层107室	100123	85512950
顺义支行	顺义区仁和镇新顺南大街8号院1幢	101300	61429590
双井支行	朝阳区广渠门外大街9号3号楼1层裙房西部	100022	67711601
玉泉路支行	石景山区鲁谷路74号1层	100040	68547678
来广营支行	朝阳区来广营西路5号院3号楼	100012	84369935
朝外支行	朝阳区朝外大街16号1幢1层107室	100020	85728830

兴业银行股份有限公司北京分行

机构名称	地　址	邮　编	电　话
分行营业部	朝阳区朝阳门北大街20号	100020	59886666
积水潭支行	西城区新街口外大街冰窖口胡同8号院首层	100088	66035292
广安门支行	西城区广安门内大街315号信息大厦A座首层	100053	63691537
西单支行	西城区宣武门内大街甲6号	100031	66035292

月坛支行	西城区车公庄大街9号院五栋大楼A－A03室	100044	88395672
丽泽支行	西城区马连道中新佳园二区商业楼南侧1层、2层	100055	59560221
金融街支行	西城区金城坊街1号C106室	100033	63134483
东城支行	东城区鼓楼外大街26号荣宝大厦1层、2层	100120	84110095
东单支行	东城区东单3条8－2号	100005	65212373
永定门支行	东城区永定门外大街101－3号楼1层	100077	87803747
崇文门支行	东城区珠市口东大街5号首层	100062	67016186
东四支行	东城区朝阳门北大街5号第五广场B座	100010	64088698
东长安街支行	东城区灯市口大街50号1层底商B单元	100005	65980023
朝阳支行	朝阳区朝外大街22号2层及首层西侧03单元	100020	65883385
朝外支行	朝阳区朝外大街77号	100020	65522429
亚运村支行	朝阳区亚运村安慧里16号楼	100101	84885261
东外支行	朝阳区东直门外大街23号	100600	64688102
安华支行	朝阳区北三环安华桥福建大厦	100029	64450941
三元桥支行	朝阳区霄云路21号1层、4层	100027	84540815
光华路支行	朝阳区东三环中路25号住总大厦1层、2层	100020	65082570
望京支行	朝阳区望京阜荣街15号院3号楼首层	100102	68638798
海淀支行	海淀区海淀南路30号东侧1～3层	100080	82607709
甘家口支行	海淀区三里河路19号甘家口大厦1层北侧	100037	88392787
中关村支行	海淀区中关村南大街32号中关村科技发展大厦A座1层、11层	100081	62140577
上地支行	海淀区农大南路1号院2号楼B座102室、103室	100084	62960282
西客站支行	海淀区复兴路12号恩菲科技大厦1层	100038	63959951

长安支行	海淀区复兴路65号北京电信实业大厦首层	100036	68130944
西直门支行	海淀区学院南路62号中关村资本大厦	100083	83020157
知春路支行	海淀区北四环西路9号	100080	62616265
花园路支行	海淀区花园东路19号配楼1层、3层	100191	82247800
世纪坛支行	海淀区复兴路甲1号水利指挥中心南1层南	100038	68525871
中关村西区支行	海淀区丹棱街3号1层	100080	82607656
金源支行	海淀区蓝靛厂东路2号院金源时代商务中心2号楼	100080	88894051
首体支行	海淀区首体南路9号主语商务中心2号楼1层、2层东侧	100048	68790567
魏公村支行	海淀区中关村南大街17号韦伯时代中心首层	100081	88571330
丰台支行	丰台区方庄路5号	100078	87527090
丽泽商务区支行	丰台区丰北路18号恒泰中心A座	100071	67617607
石景山支行	石景山区玉泉西里二区1号楼-1至2层商业05号	100040	68638798
鲁谷支行	石景山区政达路6号院2号楼1层117~118号	100043	57796805
经济技术开发区支行	北京经济技术开发区荣京东街3号1幢1层102号	100040	67870507
大兴支行	大兴区黄村镇兴华中路9号1~2层	102600	81297431
房山支行	房山区长阳镇昊天北大街15号1幢1~2层	102041	89363966
大兴瀛海支行	大兴区瀛海镇南海家园六里5号楼101室、102室	100076	50927003
通州支行	通州区车站路39号1栋、2栋	101100	69530061
顺义支行	顺义区仁和地区裕龙花园西区9号楼1~2层	101300	64583310
通州运河支行	通州区玉带河东街2号院1号楼明珠大厦1层	101100	80542072
顺义天竺支行	顺义区天竺地区小天竺路1号埃力生商厦甲2首层	100621	64571358
昌平支行	昌平区城南街道龙水路26号龙水路22号院1号楼	102200	57700011
怀柔支行	怀柔区青春路4号楼1层1062号、2层2107号	101499	69640988
万柳支行	海淀区万泉庄路21号1层	100089	58297260

大兴庞各庄支行	大兴区庞各庄镇御园小区民生路2号院1号楼底商	102601	89258603
大兴礼贤支行	大兴区礼贤镇拆迁综合指挥部大楼1层及2层	102604	89290107
大兴榆垡支行	大兴区榆垡新城嘉园D区1层	102602	89290015
西城支行	西城区西直门南大街6号国二招宾馆1层	100035	66001882
望京南湖支行	朝阳区南湖南路15号院甲2号楼1~2层2-1-105室	100028	56923523
化工路支行	朝阳区化工路59号焦奥中心1号楼底层	100124	87399664
安立路支行	朝阳区慧忠北里309号楼104~106室	100101	64837802
陶然亭支行	西城区陶然亭路2号9号楼1层108室	100050	83953697
白纸坊支行	西城区右安门内大街28号院5号楼1层112号商铺	100054	83557758
国瑞城社区支行	东城区珠市口东大街5号首层	100062	67116791
新奥洋房社区支行	朝阳区东直门外大街23号	100075	87863968
旧宫社区支行	大兴区旧宫镇旧忠路12号院2号楼底商	100076	87153142
酒仙桥支行	朝阳区酒仙桥路6号院7号楼1层101内103室	100016	50868308
大成郡支行	丰台区大成南里四区2号楼101号	100141	68291031
怡海花园支行	丰台区怡海花园内怡海路3号四区6号铺位	100070	63710071
海户路社区支行	丰台区骏景园中区10号楼4-106室	100068	87870237
珠江帝景社区支行	朝阳区广渠路28号院401号楼106室	100022	58633151
广渠路社区支行	朝阳区广渠路36号院乙6号楼22号	100022	87789986
橡树湾社区支行	海淀区学府树家园二区橡树湾二期底商7-13号	100085	82815766
宋家庄社区支行	丰台区宋庄路26号院10号楼102	100079	87165805
龙域支行	昌平区回龙观镇龙域北街五号院2号楼11~14号商铺	100085	57049992
通州北苑支行	通州区万达金街C区110号	101199	60560312

玉泉路支行	海淀区玉泉北里一区 9 号玉泉新城 A9 楼	100049	68107847
双井支行	朝阳区东三环南路 1 号院 2 号楼 1 层 102 室	100022	87797912
玲珑路支行	海淀区玲珑路 9 号院 5 号楼 106 室	100097	88400593
平谷支行	平谷区迎宾街一号院 9 号楼 1 层 101 室	101299	69986967

平安银行股份有限公司北京分行

机构名称	地　址	邮　编	电　话
分行营业部	西城区复兴门内大街 158 号首层	100031	66292375
神华支行	东城区安定门外大街 208 号 1F－05 室	100011	64485661
花园路支行	海淀区花园东路 11 号泰兴大厦首层	100029	57625289
中关村支行	海淀区苏州街 1 号首层	100080	62547455
三元桥支行	朝阳区新源南路 9 号首层	100027	84538105
朝阳门支行	朝阳区关东店北街国安宾馆首层	100020	65061188
官园支行	西城区车公庄大街乙 1 号首层	100044	68334240
宣武门外支行	西城区宣武门外大街 32 号 1 幢 1 层 1－06 号	100050	63017220
知春路支行	海淀区知春路 113 号首层	100086	62637549
海淀支行	海淀区中关村南大街甲 32 号首层	100081	62185355
东直门支行	东城区东直门外大街 48 号首层	100027	84477761
东城支行	东城区金宝街 58 号首层	100005	65127792
和平支行	东城区和平里 9 区甲 4 号首层	100013	64464970
亚运村支行	朝阳区安立路 66 号 1 号楼首层	100101	64907719
万柳支行	海淀区万柳中路 35 号万柳蜂鸟家园 2 号楼首层	100089	82871700
德胜门支行	西城区安德路 81 号首层	100011	82061004
光华路支行	朝阳区光华路 4 号东方梅地亚中心 A 座首层	100026	65832350

望京支行	朝阳区望京新城南湖西园125号首层	100101	84721377
花园桥支行	海淀区西三环北路87号首层	100089	88825851
东四环支行	朝阳区八里庄西里99号1层105室、2层205～206室	100102	85866189
开阳桥支行	丰台区开阳路1号瀚海花园大厦首层	100069	83973756
亚奥支行	朝阳区北辰东路8号5号楼2层	100101	84982996
清华园支行	海淀区成府路113号首层	100084	62760580
丰台支行	丰台区华源四里甲4号楼首层	100073	63252082
常营支行	朝阳区常惠路6号楼1层118室、2层214室	100024	50950866
朝外支行	朝阳区朝外大街18号首层	100020	65881991
广渠门支行	东城区广渠家园5号楼首层	100022	87512336
方庄支行	丰台区紫芳园四区5号楼5－03号首层	100078	87669591
世纪金源支行	海淀区蓝靛厂东路2号院2号楼首层	100097	88877366
天通苑支行	昌平区东小口镇立汤路186号甲5幢首层	102218	84675783
亦庄支行	北京经济技术开发区文化园西路6号院18号楼首层	100176	87927816
总部基地支行	丰台区南四环西路188号16区18号楼首层	100028	50949301
大红门支行	丰台区石榴庄西街232号1幢首层	100075	87862752
北苑支行	朝阳区天畅园5号楼首层	100107	84829006
金融街支行	西城区金融大街23号首层	100033	50949295
十里河支行	朝阳区周庄山水文园202号楼105室	100021	87667376
石景山支行	石景山区石景山路2号北京台湾街C－02－10号楼首层	100040	66171701
崇文门支行	东城区崇文门外大街7号、9号1幢南段首层	100062	67085906
大兴新航城支行	大兴区榆垡镇南十路3号首层	102602	89219451

上地支行	海淀区上地西路41号院1号楼首层	100085	50960878
通州支行	通州区临河里33号楼首层	101101	50838739
东三环支行	朝阳区新源南路1号首层	100027	57309415
大兴支行	大兴区兴华大街3段25号1层101号	102600	81290306
西三环支行	丰台区丰台北路18号院2号楼1层101室	100061	83733646
房山支行	房山区月华大街3号1层西侧	102488	60305185
武定侯街支行	西城区武定侯街6号608室	100033	86412271
平谷支行	平谷区迎宾街1号院21号楼	101200	50981183
旧宫东路支行	大兴区旧桥路1号院3号楼1~2层106室	100076	50868333
顺义支行	顺义区站前街3号院1号楼	101300	57784128
密云支行	密云区新南路21号1~5层	101500	61093012
怀柔支行	怀柔区兴怀大街17号1幢1层	101400	60639759

中信银行股份有限公司北京分行

机构名称	地　址	邮　编	电　话
分行营业部	东城区朝阳门北大街8号富华大厦E座1层、F座1层A室	100027	65558398
清华科技园支行	海淀区中关村东路1号院9号楼1层01~02单元	100084	58722194
朝阳支行	朝阳区农展馆南里12号	100125	65389375
上地支行	海淀区上地东里1区4号楼科贸大厦1层	100085	62969970
金运大厦支行	海淀区西直门北大街甲43号1号楼101室	100044	62294421
中粮广场支行	东城区建国门内大街8号	100005	65227593
万达广场支行	朝阳区建国路93号北京万达广场东区商业B座	100022	58208411
西单支行	西城区复兴门内大街45号	100801	66035603

崇文支行	东城区东花市南里富贵园三区底商裙房	100062	67151822
酒仙桥支行	朝阳区酒仙桥路14号兆维大厦1层	100015	64364850
交大支行	海淀区上园村3号交大科技大厦1层南侧102室	100044	66579710
奥运村支行	朝阳区大屯路慧忠北里309号楼D首层	100012	64802811
首体南路支行	海淀区首体南路22号国兴大厦首层	100044	88354580
京城大厦支行	朝阳区新源里南路6号	100004	84865389
国际大厦支行	朝阳区建国门外大街19号	100004	65122233
望京支行	朝阳区望京利泽中园2区208号院内B座1层	100102	64391219
广渠路支行	朝阳区广渠路36号院首城国际中心26号楼	100022	87768428
安贞支行	朝阳区安定路5号院4号楼1层101A单元、2层	100029	64417162
新兴支行	海淀区西三环中路17号新兴宾馆写字楼首层	100036	68217396
知春路支行	海淀区知春路14号	100191	62379747
东大桥支行	朝阳区工体东路18号	100020	65944945
海淀支行	海淀区海淀北一街2号1层东侧、3层	100190	62613877
广安门支行	西城区广安门外南滨河路1号	100055	63288396
中关村支行	海淀区中关村南大街1号友谊宾馆苏园公寓13单元1328号	100086	62178384
经济技术开发区支行	北京经济技术开发区天华园一里三区14号楼1层	100176	67868169
三元桥支行	朝阳区曙光西里甲1号首层	100028	58222277
世纪城支行	海淀区蓝靛厂世纪城三期垂虹园甲2号	100097	88862208
尚都国际中心支行	朝阳区东大桥路8号尚都国际中心	100020	58700922
紫竹桥支行	海淀区北洼路9号世纪新景园7号楼	100089	88583610
花园路支行	海淀区塔院志新村2号飞利信大厦1层、2层部分区域	100191	66271586

万柳支行	海淀区万柳星标家园 5－32 号、5－31 号、5－217 号	100089	82568872
财富中心支行	朝阳区东三环中路 7 号北京财富中心 1 期商铺 E101 号、E205 号	100020	64008190
长安支行	朝阳区广渠路 23 号院 6 号楼	100124	65309353
北辰支行	朝阳区慧忠里 320 号住总大厦	100101	58690296
福码大厦支行	朝阳区广顺路北大街 33 号院 1 号楼福码大厦 B 座 1 层 102 室	100102	84729726
出国中心支行	朝阳区小亮马桥西路 6 号院	100125	84551558
太阳宫支行	朝阳区夏家园 12 号半岛国际公寓 12 号楼 102 号	100028	84419893
观湖国际支行	朝阳区姚家园路 105 号 3 号楼 1 层 101～102 室、2 层 202 室	100025	59623221
来福士支行	东城区东直门南大街 1 号来福士中心 1 层 01 单元、2 层 01～02 单元	100007	64008190
富力支行	朝阳区双花园南里二区 13 号楼 1～2 层	100022	87516217
媒体村支行	朝阳区红军营南路北辰绿色家园天朗园 C 座 1 层	100107	84910728
国奥村支行	朝阳区林萃东路 2 号院甲 3 号楼 1 层 F101 室、2 层 F201 室	100101	84378722
金泰国际支行	朝阳区广渠路 11 号院 1 号楼	100022	87213973
北苑支行	朝阳区水岸南街 8 号院 6 号楼 1 层	100012	84360166
通州支行	通州区翠景北里 7 号楼底商	101121	81593096
丰台支行	丰台区华源四里甲 7 号楼	100073	63252031
瑞城中心支行	朝阳区亮马桥路 48 号院 4 号楼	100125	60837015
顺义支行	顺义区双裕东区丁 1 号楼	101300	60416939
回龙观支行	昌平区回龙观西大街北店时代广场宜尚百货 1 层	102208	60728356

中信城支行	西城区菜市口大街甲2号院6号楼	100052	83194408
房山支行	房山区西潞街道良乡西路26号	102488	69389307
珠市口支行	东城区珠市口东大街5号楼	100062	67029851
密云支行	密云区鼓楼东大街19号院19－10号	101500	61094696
方庄支行	丰台区方庄紫芳园四区3号楼	100164	87153940
怀柔支行	怀柔区青春路21号	101400	60685785
石景山支行	石景山区政达路6号4号楼、5号楼	100040	68705649
和平里支行	东城区和平里6区8号1段	100013	84504889
德外支行	西城区德胜门外大街甲10号中轻大厦1层、2层	100011	62426981
八里庄支行	朝阳区八里庄东里1号A区1号楼	100025	85792181
三里屯支行	朝阳区新东路8号院3号楼	100027	84185550
大兴支行	大兴区金星西路6号及6号院1号楼	102600	80225353
高碑店支行	朝阳区高碑店兴隆西街2号兴隆小区综合楼潮青汇百货商城1层东侧	100025	85765711
十里河支行	朝阳区周庄山水文园201号楼101室	100122	67480452
天桥支行	西城区天桥南大街1号北京天桥艺术大厦B座1层04～05单元	100050	83139281
翠微路支行	海淀区复兴路20号二期铺面房－01号	100840	68267230
中信大厦支行	朝阳区光华路10号院1号楼B1	100010	89936588
西红门支行	大兴区西红门鸿坤广场购物中心F1－18C、F2－16C	100162	80250621
橡树湾支行	海淀区学府树家园3号楼3－1号至3－12号1层3－3号、3－9号	100085	62845290
宝盛广场支行	海淀区黑泉路8号宝盛广场A座1001室	100192	62740781
西山壹号院支行	海淀区德惠路1号院13号楼1层2－101室	100094	62730767

门头沟支行	门头沟区石龙工业区18号骏洋国际大厦主楼首层东侧	102300	60865857
枫丹壹号支行	大兴区鹿华路5号院13号楼109室、110室	100076	87927508
望京银峰支行	朝阳区阜通东大街1号院3号楼1层1109～1110号、2层1205号	100020	64717703
金融街支行	西城区金融大街27号投资广场1层	100027	66293012
陶然亭社区支行	西城区陶然亭路2号8号楼1层106室	100050	83910268

中国光大银行股份有限公司北京分行

机构名称	地　址	邮　编	电　话
分行营业部	西城区宣武门内大街1号	100031	66567688
朝内支行	东城区朝阳门北大街17号人保大厦1层	100010	65279078
宣武支行	西城区广安门外大街1号深圳大厦1层	100055	63271188－8697
德胜门支行	西城区黄寺大街23号北广大厦1层	100011	82236900
海淀支行	海淀区中关村大街18号科贸电子城1层	100190	82598021－800
朝阳支行	朝阳区朝外大街16号中国人寿大厦1层	100020	85252009
建国门支行	朝阳区建国门外大街甲6号中环世贸中心D座1层	100022	65630255
复兴路支行	海淀区复兴路47号天行建商务大厦	100036	51921033
学院路支行	海淀区西直门北大街56号生命人寿大厦1层	100082	63018827
天宁寺支行	西城区莲花池东路1号	100045	63489739
西城支行	西城区车公庄大街甲4号－1物华大厦	100044	68002194
中关村支行	海淀区知春路63号	100190	62563410
东城支行	东城区东四北大街337号	100010	64079747
新源支行	朝阳区新源西里中街12号	100027	64648252

安定门支行	东城区安定门外大街208号中粮置地广场1层	100011	64280003
礼士路支行	西城区南礼士路66号建威大厦	100045	68025382
亚运村支行	朝阳区惠忠路5号远大中心C座1层	100101	84891160
交大支行	海淀区西直门外上园村3号交大知行大厦	100044	62249612
阜成路支行	海淀区西三环北路100号金玉大厦1层	100037	68727490
花园路支行	海淀区花园东路10号高德大厦B段1层	100191	82038352
三里河支行	西城区月坛南街71号1层配楼1～3层	100045	68519372
工体路支行	东城区东中街46号鸿基大厦	100027	64171771
首体南路支行	海淀区首体南路甲20号7号楼1层	100044	88577896
西直门支行	西城区德宝新园22号德宝饭店1层	100044	68332338
方庄支行	丰台区方庄芳古园1区29号楼－5号	100078	87673414
长安支行	西城区复兴门外大街6号光大大厦	100045	68561246
长虹桥支行	朝阳区农展馆南路13号瑞辰国际中心1层	100125	65958221
世纪城支行	海淀区板井路59号	100097	88508844
万柳支行	海淀区万柳中路11号	100089	82362712
北太平庄支行	海淀区北太平庄路18号城建大厦B座1层	100088	62091421
惠新西街支行	朝阳区安外小关东里14号	100029	64417446
望京支行	朝阳区望京中环南路花家地街花家地商业1号楼	100102	84723281
金源支行	海淀区蓝靛厂垂虹园甲5号	100097	88878901
光华路支行	朝阳区光华路2号阳光100G座	100026	65063528
亦庄支行	北京经济技术开发区天宝园5里2区1－C2号	100176	67820492
金融街支行	西城区金融大街28号院2号楼1层	100032	66578055
石景山支行	石景山区阜石路166号泽洋大厦北座1层	100043	52638610
京广桥支行	朝阳区东三环中路7号北京财富中心写字楼A座1层E108室	100020	65309889

崇文支行	东城区广渠门内大街27号	100062	87103728
苏州街支行	海淀区苏州街18号长远天地D座1层	100080	82609760
丰台支行	丰台区南四环西路168号汉威国际广场4区6号楼1层	100070	83368199
劲松桥支行	朝阳区东三环南路甲52号-1	100022	67727118
清华园支行	海淀区双青路88号华园世纪商务楼1层	100083	82527673
上地支行	海淀区上地三街9号嘉华大厦B座1层	100085	62978318
顺义支行	顺义区站前西街3号顺鑫国际商务中心1层	101300	61409500
东高地支行	丰台区东高地万源西里36栋-甲44栋航天万源广场1层	100076	68753688
东长安街支行	朝阳区建国门外大街乙12号LG双子座大厦	100022	51208555
西坝河支行	朝阳区西坝河北里23号恒川广场1层	100028	64473806
丽泽支行	丰台区丰台北路18号恒泰中心C座1层	100071	83733385
金融街丰盛支行	西城区太平桥大街25号	100032	63639100
奥运支行	朝阳区南沙滩66号院1号楼1-2-1号	100101	84097001
五棵松支行	海淀区复兴路69号院11号楼1层	100039	68266156
望京西支行	朝阳区望京新城南湖西园125号楼	100102	64751830
和平里支行	东城区和平里东街10号院1号楼	100013	64212258
姚家园路支行	朝阳区星火西路19号楼	100025	85855778
马连道西支行	丰台区华源四里甲4号楼	100073	63259978
经济技术开发区支行	北京经济技术开发区景园北街2号59幢	100176	87163918
安慧支行	朝阳区安慧北里逸园29号楼	100101	84860620
宣武门外支行	西城区宣武门外大街32号富卓商厦1层	100052	63189602
大兴金星路支行	大兴区金星路12院3号楼	102628	69221131
大兴支行	大兴区兴华南路1号	102628	81281531

通州支行	通州区新华东街296号1层	101100	80882801
双井桥支行	朝阳区广渠路39号院2号楼汉督国际中心1层02单元	100022	87759599
科技园支行	丰台区科学城恒富街2号院5号楼阳光四季1层	100070	63712533
顺义后沙峪支行	顺义区后沙峪镇安富街8号院1号楼1层103号	101300	60408695
学清路支行	海淀区学清路10号院学清嘉创大厦B座1层	100083	82170737
西客站支行	西城区莲花池东路甲5号院白云时代大厦1层	100045	63385690
怀柔支行	怀柔区南大街3号	101400	56877454
陶然亭支行	西城区太平街6号1－2层110号	100050	59362250

华夏银行股份有限公司北京分行

机构名称	地　　址	邮　编	电　话
石景山支行	石景山区石景山路66号	100041	88294148
和平门支行	西城区前门西大街14号	100052	63163290
紫竹桥支行	海淀区广源闸5号	100081	68703275
东四支行	东城区东四十条21号北京一商集团大厦1层	100007	64019779
长安支行	西城区三里河东路5号	100045	68535115
中关村支行	海淀区北四环56号	100080	62695278
知春支行	海淀区知春路111号理想大厦1层	100086	82665348
灯市口支行	东城区灯市口大街33号	100006	65261075
安定门支行	东城区安定门外大街甲68号	100011	84287858
建国门支行	东城区建国门内大街5号	100005	65132004
朝阳门支行	朝阳区工体西路18号光彩国际公寓S107号	100020	65536200
京广支行	朝阳区东三环中路7号北京财富中心	100020	65330559

首体支行	海淀区西直门外大街168号腾达大厦1层	100044	88576283
东直门支行	朝阳区东土城路14号	100013	85271101
中轴路支行	东城区鼓楼外大街45号	100011	62361848
奥运村支行	朝阳区慧忠北里410号楼1层	100101	64858139
万柳支行	海淀区万柳中路29号	100089	82577095
两广支行	东城区东珠市口1号	100062	67086078
国贸支行	朝阳区双花园南里三区合生国际花园24号楼1～2层	100022	65667131
光华支行	朝阳区光华路8号	100026	65832410
魏公村支行	海淀区中关村南大街甲12号	100081	62109308
东单支行	东城区建内大街22号	100005	85237918
北沙滩支行	朝阳区德胜门外北沙滩1号	100083	64848676
德外支行	西城区德外大街3号	100088	82011388
西直门支行	海淀区西直门北大街60号	100088	82295260
分行营业部	西城区金融大街11号	100034	58598428
望京支行	朝阳区望京广顺大街222号	100102	84725997
世纪城支行	海淀区蓝靛厂2号金源时代商务中心2号楼A座	100089	88861768
车公庄支行	西城区车公庄大街12号核建大厦首层	100037	88306398
东外支行	东城区东外大街35号	100027	84511042
上地支行	海淀区信息路甲28号科实大厦	100085	82771598
丰台科支行	丰台区航丰路1号时代财富天地大厦	100070	58090566
广外支行	西城区广安门外大街甲397号	100055	63328322
青年路支行	朝阳区青年路雅成一里19号世丰国际大厦1层	100025	85521533
通州支行	通州区梨园北杨洼25号商务楼	101100	81537960
北三环支行	西城区北三环中路6号	100011	58572871

亦庄支行	北京经济技术开发区荣昌东街甲5号隆盛大厦A座1层	100176	67806862
顺义支行	顺义区石园南区33号楼首层	101300	89443092
房山支行	房山区良乡苏庄东街9号	102488	69369931
怀柔支行	怀柔区青春路26号工会综合楼	101400	61604075
大望路支行	朝阳区百子湾南2路70号1层102室	100124	87724593
天通苑支行	昌平区天通苑北一区甲4号	102218	80782905
玉泉路支行	石景山区鲁谷路74号中国瑞达大厦1层	100040	68608568
方庄支行	丰台区方庄芳古园一区28号楼-2号	100078	84827482
菜户营支行	丰台区菜户营58号	100054	63356771
姚家园支行	朝阳区姚家园路105号观湖国际大厦	100025	59282276
学院路支行	海淀区学院路30号科技园大厦	100083	62660706
媒体村支行	朝阳区红军营南路媒体村天畅园8号楼1层	100107	84827683
新发地支行	丰台区新发地锦程园19号楼	100045	83790335
四道口支行	海淀区四道口2号	100081	82481231
陶然支行	西城区太平街8号院朱雀门30号	100050	83197751
永安支行	朝阳区建国门外大街3号京伦饭店1层	100020	56765757
朝内支行	东城区朝内大街南竹杆胡同2号银河SOHO1层	100010	56765293
西客站支行	丰台区广安路9号国投财富广场1号楼1~2层	100055	83665598
大兴支行	大兴区金星西路绿地中央广场D座1层	102600	59513215
门头沟支行	门头沟区大峪新桥大街57号	102300	61807782
运河支行	通州区通胡大街1号院2号楼武夷花园商业楼	101199	56760055
惠新西街支行	朝阳区安苑路18号1层	100029	64920832
丰体北路支行	丰台区西四环南路35号1层101室	100071	57784123
长阳支行	房山区长政南街6号院一里13号1层101东侧	102445	59724205

密云支行	密云区鼓楼东大街密东广场 19－8 首层	101599	89690176
十里堡支行	朝阳区十里堡乙 2 号院 5 号楼 1 层 501 内 F102 室	100027	50873539
昌平支行	昌平区城北街道鼓楼南街 37 号北侧 1～2 层	102299	89760056

中国民生银行股份有限公司北京分行

机构名称	地　址	邮　编	电　话
中关村分行	海淀区海淀大街 5 号 1 层 EF1－01、2 层 EF2－01	100080	86401812
木樨地支行	海淀区复兴路甲 3 号	100038	68579345
阜成门支行	西城区阜外大街 2 号万通新世界广场 B 座	100037	68588449
建国门支行	朝阳区建国门外大街 21 号国际俱乐部	100020	65325937
中关村支行	海淀区知春路 113 号银网中心	100086	62619096
丽都支行	朝阳区丽都花园路 5 号东方金融中心	100016	64473910
工体北路支行	朝阳区工体北路 9 号	100027	64155280
安定门支行	朝阳区安外大街 1 号信义大厦	100011	58295809
万寿路支行	海淀区复兴路甲 65 号	100036	68169091
西客站支行	丰台区西客站南广场中盐大厦	100055	63485530
正义路支行	东城区正义路 3 号共青团中央综合楼	100006	65262023
上地支行	海淀区上地东里一区 4 号楼科贸大厦	100085	62971290
国贸支行	朝阳区建国路 128 号一航大厦	100022	65676300
首体支行	西城区西直门外大街甲 143 号凯旋大厦	100044	68310386
金融街支行	西城区金融街 33 号通泰大厦 B 座	100140	88087334
什刹海支行	东城区地安门东大街 56 号	100009	84050115
北太平庄支行	西城区新街口外大街 2 号金辉科技楼	100088	62382766
广安门支行	西城区广内大街 338 号港中旅大厦	100053	83512515

方庄支行	丰台区芳古园一区28－3号通润会馆	100078	67670385
朝阳门支行	朝阳区朝外大街22号泛利大厦	100020	65884529
紫竹支行	海淀区紫竹院路31号华澳中心嘉慧苑	100089	88510821
魏公村支行	海淀区中关村南大街16号科技出版社	100081	68937489
东单支行	东城区金鱼胡同18号丽苑公寓	100006	85110682
亚运村支行	朝阳区北四环东路131号中国藏学研究中心院内中国西藏博物馆	100101	64916864
苏州街支行	海淀区海淀南路32号中信国安数码港	100080	62526249
西直门支行	海淀区西直门大街45号时代之光名苑	100044	62266015
和平里支行	东城区青龙胡同1号歌华大厦B座	100007	84186208
崇文门支行	东城区崇外大街9号正仁大厦	100062	67089851
奥运村支行	朝阳区北辰西路8号院2号楼北辰世纪中心A座2层	100101	84377376
三元支行	朝阳区东三环北路甲2号京信大厦西南配楼	100027	84489520
西单支行	西城区西单北大街107号北京电信综合楼	100032	58503909
劲松支行	朝阳区劲松三区甲302号华腾大厦	100021	87730408
成府路支行	海淀区成府路298号中关村方正大厦	100080	82529408
德胜门支行	西城区德外大街新风街2号天成科技大厦	100088	82271439
电子城支行	朝阳区酒仙桥路14号兆维大厦	100015	58671027
首都机场支行	朝阳区航安路首都机场职工之家综合楼	100621	64595916
西二环支行	西城区平安里西大街26号新时代大厦首层101－01室	100034	88009826
空港支行	顺义区天竺空港工业区经纬四街9号院办公楼	101318	64595916
复兴门支行	西城区太平桥大街111号1～2层	100032	66178450
南二环支行	东城区永定门外大街101号百荣世贸商城A区	100077	87804382

建国门外支行	朝阳区建国门外大街甲 12 号新华保险大厦	100022	65693081
京广支行	朝阳区西大望路 3 号院 2 号楼	100026	65974216
航天桥支行	海淀区西三环北路 100 号 1 层	100048	88516466－600
双清路支行	海淀区双清路 77 号院 1 号楼 1 层 101 号	100085	62684317
望京支行	朝阳区南湖东园 122 号博泰国际 B 座	100102	64755278
环保园支行	海淀区地锦路 5 号中关村环保园原动力空间 1 号楼	100095	59738716
首体南路支行	海淀区首体南路 9 号中国电工大厦	100048	68790947
大兴支行	大兴区欣雅街 16 号院 7 号楼 101 室	102600	80258280
东二环支行	东城区东直门南大街甲 3 号居然大厦	100007	64012217
顺义支行	顺义区仁和镇顺平东路 7 号院 1 号楼 1～2 层	101300	81487783
总部基地支行	丰台区丰台镇富丰路 2 号星火科技大厦 2－6 幢	100070	83739712
世纪金源支行	海淀区蓝靛厂垂虹园甲 4 号楼	100097	88877430
国奥支行	朝阳区安立路 66 号 4 号楼	100101	64906808
朝阳北路支行	朝阳区朝阳北路 107 号院 58 号楼	100025	58626018
亦庄支行	北京经济技术开发区隆庆街 7 号 1 幢	100076	67879915
通州支行	通州区九棵树西路京洲园 195 号楼 1～2 层	101121	81595959
长椿街支行	西城区宣武门西大街 97 号 2 号楼	100031	88086601
光华支行	朝阳区金桐西路 10 号 01 层 102 室、02 层 202 室	100020	85906828
华威支行	朝阳区松榆南路 38 号院 1 号楼 1 层 101 室、2 层 201 室	100122	87328256
顺义新城支行	顺义区顺安南路 68 号首层	101300	56360188
万柳支行	海淀区万柳中路 6 号院 2 号楼	100089	82362533
广渠门支行	东城区广渠家园 10 号楼 1 层 101 室	100022	85003233
昌平支行	昌平区白浮泉路 26 号院 2 号楼	102200	80112288－8018
房山支行	房山区拱辰街道政通路 12 号 1 号楼首层	102488	60305550

陶然桥支行	东城区永定门西滨河路8号院7楼101室	100077	57837821
石景山支行	石景山区银河南街2号院1号楼1层2单元	100040	68633588
西大望路支行	朝阳区西大望路19号院1号楼	100022	87756735
回龙观支行	昌平区回龙观西大街16号院1号楼A107室、A203室	102208	60779375
媒体村支行	朝阳区天朗园C座1层01商业	100107	84923352－600
亮马桥支行	朝阳区亮马桥路48号院4号楼1层101室	100125	84401191
万丰路支行	丰台区万丰路303号梦都酒家首层	100161	63858550
林萃路支行	朝阳区林萃西里16号楼1层F1－27号	100085	50866206
常营支行	朝阳区常惠路4号楼1～2层122号	100024	65774955
杏石口支行	海淀区杏石口路80号益园文化创意产业基地A区1号楼108号	100095	65884508
东坝支行	朝阳区朝新嘉园东里六区1号楼1～2层112室、3层306室	100018	65676308
大兴新城支行	大兴区枣园东巷1号院1号楼	102611	60280088
榆垡支行	大兴区榆垡镇今荣街9号首层、2层	102602	89210011
香山支行	海淀区闵庄路3号清华科技园玉泉慧谷二期1号楼1层	100097	88405400
望京科技园支行	朝阳区望京东园五区502号楼1～2层精品店－2至－6号	100102	64799009
东四支行	东城区东四北大街265号	100007	64025688
南苑支行	丰台区马家堡东路189号院2号楼首层	100077	56678898
天通苑支行	昌平区东小口镇立汤路181号院6号楼1层	102218	62382704
知春路支行	海淀区知春路13号航南大厦首层	100083	82310055
中关村软件园支行	海淀区西北旺东路10号院16号楼1层102号	100094	56647098

太阳宫支行	朝阳区太阳宫中路16号院1号楼冠捷大厦101室	100028	84629097
丽泽商务区支行	丰台区丽泽路5号1层101号－2室	100073	63384900
门头沟支行	门头沟区滨河路115号滨河大厦1层西北侧	102399	61809096
新源里支行	朝阳区新源南路8号院4号楼1层103单元	100027	85952619
东三环支行	朝阳区东三环北路甲26号楼	100026	85952689
新街口支行	西城区新街口北大街3号1层103～104室，2层201室	100035	62269792

渤海银行股份有限公司北京分行

机构名称	地　址	邮　编	电　话
通州分行	通州区新华西街60号院1号楼	101100	50952500
分行营业部	西城区复兴门内大街28号凯晨世贸中心东C座1～3层	100031	66270902
魏公村支行	海淀区中关村南大街31号神州科技大厦东侧1层	100081	68729028
商务中心区支行	朝阳区光华路15号院泰达时代中心1号楼	100026	85885416
亚运村支行	朝阳区慧忠里318号	100101	64953901
万柳支行	海淀区长春桥路11号亿城中心4号楼	100089	62416665
望京支行	朝阳区广顺南大街21号	100102	64775011
德胜门支行	西城区德外大街36号德胜凯旋大厦A座	100088	82069650
京广支行	朝阳区呼家楼京广中心商务楼	100020	65973520
东二环支行	东城区南竹杆胡同2号银河SOHO	100010	65206625
航天桥支行	海淀区西三环北路100号光耀东方中心	100055	63943100
西客站支行	西城区莲花池东路106号汇融大厦	100048	68729121
总部基地支行	丰台区南四环西路188号一区31号楼	100070	83203087

首体南路支行	海淀区首体南路20号4号楼、5号楼	100044	88357178
安贞支行	朝阳区安定路35号	100029	64443055
万寿路支行	海淀区万寿路西街2号	100036	88175373
经济技术开发区支行	北京经济技术开发区天华北街11号院2号楼	100176	67866885
东单支行	东城区建国门内大街28号1幢	100005	85175051
奥体支行	朝阳区清林东路4号院6号楼商铺6106号、6107号	100107	84943763
橡树湾社区支行	海淀区学府树家园二区7-1号至7-20号7-5室	100085	82815613
广顺北大街社区支行	朝阳区利泽西园306号楼1层109号室	100102	64190260

浙商银行股份有限公司北京分行

机构名称	地　　址	邮　编	电　话
通州分行	通州区北皇木厂北街5号院3号楼1层商业3-1号	101149	86600633
中关村支行	海淀区丹棱楼1号院1号楼互联网金融中心大厦1层	100081	86600660
丰台支行	丰台区汽车博物馆东路2号院1号楼	100070	86600736
五方支行	朝阳区王四营甲2号观音堂文化大道观68号	100023	86600765
十里河支行	朝阳区大洋坊路闽龙广场	100122	86600802
朝阳支行	朝阳区朝新嘉园东里东区18号楼D101室	100018	86600830
大兴支行	大兴区兴华大街三段25-1号	102600	61210030
长虹桥支行	朝阳区工人体育场北路甲2号盈科中心	100027	86600884
通州支行	通州区中山大街59号楼1号楼1层102室	101149	86600912
金宝街支行	东城区金宝街2号雅安国际公寓底商	100005	86600941
顺义支行	顺义区站前东街2号	101300	59725356

方庄支行	丰台区方庄南路 2 号 1 层	100078	59544137
石景山支行	石景山区银河南街 2 号院 1 号楼	100040	68606090
西直门支行	西城区西直门外大街 18 号金茂大厦 C1 座	100044	88380410
望京支行	朝阳区望京园 301 号楼	100102	50911778
天通苑支行	昌平区天通中苑 62 号楼 101 室	102218	84934097
亦庄支行	北京经济技术开发区荣华中路 22 号院 2 号楼	100176	67850012
魏公村支行	海淀区中关村南大街甲 12 号寰太大厦 1 层	100081	86600711
分行营业部	东城区朝阳门南小街 269 号	100005	86600150

北京银行股份有限公司

机构名称	地　址	邮　编	电　话
广源支行	西城区广安门外大街 305 号院 7 号楼 1 层	100055	63458690
北三环支行	西城区北三环中路 6 号 1 幢 1 ~2 层	100120	82087500
车公庄支行	西城区车公庄大街乙 8 号	100044	68341546
官园支行	西城区平安里西大街 22 号国家京剧院大厦 1 层	100035	66110674
右安门支行	西城区右内大街 65 号	100054	63514476
西四支行	西城区西单北大街 30 号	100032	66034712
阜成支行	西城区阜外大街 2 号	100037	68038920
复兴支行	西城区月坛南街 14 号	100045	68576085
三里河支行	西城区月坛南街 85 号	100045	68577081
展览路支行	西城区西直门外南路 8 号	100044	68362807
西直门支行	西城区冠英园西区 31 号楼	100035	66537790
月坛支行	西城区阜外大街 27 号敦煌大厦 1 层	100034	68104632
琉璃厂支行	西城区南新华街 48 号	100052	63181647

广安支行	西城区广安门外大街乙6号	100055	63264141
前门支行	西城区前门西大街正阳市场1号楼	100051	63048577
天宁支行	西城区核桃园西街36号	100053	63041992
滨河路支行	西城区枣林前街119号	100053	63545695
白云支行	西城区广莲路甲5号1幢101-01室	100055	63443075
宣武门支行	西城区广内大街6号枫桦豪景东侧	100053	83529118
燕京支行	西城区复外大街甲19号	100045	68561704
总行营业部	西城区金融大街甲17号1~2层	100033	66225097
金融街支行	西城区金融大街丁26号	100033	88087435
陶然支行	西城区永定门内西街5号	100050	83162549
西单支行	西城区复兴门内大街156号B座1层	100031	66426677
长安街支行	西城区真武庙路1号中国职工之家C座首层	100045	68563182
北京分行	西城区复兴门内大街156号D座、B座	100031	66420125
马连道支行	西城区马连道南街1号院2号楼	100055	63287090
陶然亭路支行	西城区陶然亭路45号	100052	83555569
报国寺支行	西城区广安门内大街甲306-3号	100053	63546867
永定门支行	西城区天桥南大街1座1单元1号	100050	67275011
南纬路支行	西城区南纬路35号	100050	83150491
华安支行	西城区地安门西大街171号	100034	66559087
车公庄大街社区支行	西城区车公庄大街9号五栋大楼A座底商	100044	88312862
德外支行	西城区德外新风街2号天成科技大厦A座1层	100120	82029815
慧园支行	西城区教场口街9号院7号楼及乙9号楼1层	100120	82061216
北京自贸试验区城市副中心运河商务区支行	通州区通胡大街11号	101100	80853088
通州支行	通州区中山大街59号院1号楼1层101-F1-27~F1-29号	101100	89501228

瑞都支行	通州区九棵树街 165 号	101100	60553323
光机电园区支行	通州区次渠镇次渠西口次二村南 1 幢 1 层	101111	81509316
马驹桥支行	通州区马驹桥镇 245 号院 12 号商业楼 105 号	101102	80840720
国际新城支行	通州区梨园南里 326 号	101121	81533588
新华联家园社区支行	通州区杨庄南里 8 号楼 −1 号	101121	81511819
梨园西里社区支行	通州区梨园西里 27 号楼 1 层 1 单元 01 室	101121	81531896
玉桥西里社区支行	通州区玉桥西里 72 号 21 号楼商 8 号	101121	81521808
城市副中心分行	通州区梨园南街 326 号 2 层	100121	67743600
车站路支行	通州区车站路 22 号	101199	80881993
宋庄支行	通州区小堡村南 3 号院 1 号楼 1 ~4 层 101 室	101118	80859772
潞城支行	通州区潞城镇古月佳园 27 号楼	101117	80859632
运河东大街支行	通州区潞城镇运河东大街 57 号 1 号楼 B1 层	101117	80855808
后沙峪支行	顺义区后沙峪镇双裕街 45 号地上 1 层 1 −10 号	101318	80478816
天竺支行	顺义区天竺镇府前一街 38 号天韵阁 103 号	101312	64561937
石园支行	顺义区仁和镇石园南区 33 号楼 102 号	101300	89452680
首都国际机场支行	顺义区北京首都国际机场 T3 航站楼国内到达 A 口旁	100621	64532592
北京自贸试验区临空经济核心区支行	顺义区天竺空港工业园区 B 区融慧园 4 号楼	101318	80470186
绿港国际中心支行	顺义区首都机场四纬路 2 号绿港国际商务中心 1 层	100621	84169618
石门支行	顺义区前进花园石门苑甲 13 号宏城国泰 1 层	101300	89418302
金汉绿港支行	顺义区绿港家园四区 8 号楼 1 ~2 层 1088 室	101399	69479535
裕龙支行	顺义区裕龙花园三区 7 号楼 1 层 5 号	101300	89430810
顺义新城支行	顺义区马坡佳和宜园 1 号楼 101 室	101300	56441347
顺义支行	顺义区站前街粮食局商办楼	101300	81482121
南彩支行	顺义区顺平辅线 177 号 15 幢 1 层 101 号	101300	60418827

杨镇支行	顺义区杨镇阳洲鑫园二区21号1~3层21-14室	101399	61419020
东方太阳城社区支行	顺义区东方太阳城万晴园101号楼107号	101300	89428214
石景山支行	石景山区石景山路54号院3号楼	100043	88706585
京源路支行	石景山区石景山路23号中础大厦首层	100049	88706621
远洋山水支行	石景山区玉泉西里二区18号楼1层	100040	68547511
银河大街社区支行	石景山区双锦园16号楼1层1-3号	100043	68635090
杨庄中区社区支行	石景山区杨庄中区21号楼3单元101号	100043	88706368
景阳东街社区支行	石景山区景阳东街66号院3号楼102室	100043	68640650
中关村石景山园支行	石景山区实兴大街30号院16号楼	100043	68868994
时代花园社区支行	石景山区时代花园东街8号院1号楼1层109室	100043	68809010
府前街支行	平谷区平谷镇新平东路13号	101200	61995896
平谷支行	平谷区紫贵庄园小区9号楼	101200	89999950
马坊支行	平谷区马坊镇金河街106号院6号楼1~2层6-5室	101204	56877235
季庄支行	密云区果园新里北区综合楼1层	101500	69026927
密云支行	密云区鼓楼东大街19-5	101500	69087741
华远澜悦社区支行	密云区铁西路6号院4号楼1层106室	101500	57815711
门头沟支行	门头沟区双峪路5号	102300	69862658
石龙经济开发区支行	门头沟区石龙经济开发区永安路20号3号楼1层	102308	69802619
惠民家园支行	门头沟区惠民家园二区29号楼1~2层102-5号	102300	69856906
西长安街支行	门头沟区石龙南路1号骏洋国际大厦首层106号	102300	60802789
怀柔支行	怀柔区龙山东路2号院2号楼1层104室	102308	69697033
杨宋支行	怀柔区杨宋镇杨宋镇怀耿路120号院5号楼1~3层101室	101400	56449065
中关村分行	海淀区彩和坊路6号首层	100080	60190019

北清路支行	海淀区永丰路9号院1号楼	100094	82789960
新华支行	海淀区万柳中路15号	100089	82565337
双榆树支行	海淀区双榆树东里甲22号	100086	82118771
翠微路支行	海淀区复兴路33号翠微大厦1层	100036	68172288
中关村支行	海淀区中关村科学院南路12号住宅	100086	62563804
魏公村支行	海淀区西三环北路甲2号院3号楼1层	100081	68937792
学院路支行	海淀区学院路30号	100083	62313296
燕园支行	海淀区颐和园路2-1号硅谷电脑大厦1层	100080	82852397
清华园支行	海淀区双清路同方大厦A座1层	100084	62770461
万寿路支行	海淀区万寿路17号	100036	68162761
西客站支行	海淀区羊坊店路21号瑞海大厦	100038	63953594
永定路支行	海淀区复兴路40号中铁建科研大厦首层	100039	52689307
白石桥支行	海淀区中关村南大街48号九龙商务中心A座1层	100081	62196712
北太平庄支行	海淀区北三环中路戊40号	100088	62043336
北洼路支行	海淀区北洼路28号	100089	68451673
四道口支行	海淀区学院南路62号中关村资本大厦1层	100081	83020071
航天支行	海淀区海淀南路30号航天精密大厦1层	100080	82671123
阜裕支行	海淀区阜成路101号北京永兴花园饭店1~2层	100142	68411877
双秀支行	海淀区北三环中路31号	100088	82005324
甘家口支行	海淀区三里河路39号	100037	68349787
清华大学支行	海淀区清华大学照澜院商业楼1层	100084	62788734
海淀路支行	海淀区中关村大街22号中科大厦B座首层	100190	62628358
北京大学支行	海淀区成府路298号方正大厦1层北侧	100871	82529701
金运支行	海淀区西直门北大街甲43号金运大厦A座1层	100044	62295223
中关村科技园区支行	海淀区中关村大街甲28号海淀文化艺术大厦B座	100086	82533000

上地支行	海淀区上地信息路1号院3号楼首层东部	100085	82895594
世纪城支行	海淀区板井路69号世纪金源国际公寓东区首层	100097	88462505
友谊支行	海淀区中关村南大街3号海淀科技大厦1层	100081	68945858
紫竹支行	海淀区紫竹院路69号兵器大厦1层	100089	58830099
北航支行	海淀区学院路35号世宁大厦首层102室	100191	82338398
四季青支行	海淀区时雨园甲1-1号	100097	88892385
永丰支行	海淀区西北旺德政路南茉莉园甲19号	100094	82402152
万泉路支行	海淀区新建宫门路1号	100091	62872154
中关村海淀园支行	海淀区海淀北一街2号爱奇艺创新大厦1~2层	100080	62699713
清河支行	海淀区清河清景园5号商业楼地上1层	100192	62995878
田村支行	海淀区田村路圣华里小区畅茜园9号楼1层	100049	68162290
橡树湾支行	海淀区学府树家园二期1号楼1-1~1-4号	100085	82816756
五棵松支行	海淀区复兴路75号1幢101号东北角	100850	56765771
温泉支行	海淀区温泉路临58号	100095	62407990
东升科技园支行	海淀区西小口路66号中关村东升科技园B-2楼1层	100096	82830283
互联网金融中心支行	海淀区丹棱街1号院1号楼101号	100080	82362456
玉渊潭支行	海淀区彰化南路美丽园中路16号院5号楼裕友大厦1层	100097	88509001
国兴家园支行	海淀区首体南路20号5号楼	100044	88355019
中关村创业大街小微支行	海淀区海淀西大街29号院1层115~121室	100080	61934677
苏家坨支行	海淀区凤仪佳苑七里8号楼	100194	57809308
学知支行	海淀区知春路7号致真大厦B座	100191	62074986
大钟寺支行	海淀区皂君庙路5号	100081	62153742
万柳支行	海淀区万柳中路7号万柳医院医疗辅楼	100089	82560162

新街口北大街支行	海淀区德胜门西大街15号远洋风景小区首层	100082	82293543
中关村软件园支行	海淀区西北旺东路10号院东区1号楼106室	100193	83057623
八家嘉园社区支行	海淀区八家嘉园小区商业配套22–5号	100084	62946150
东高地支行	丰台区东高地万源西里41栋	100076	88524555
丰台支行	丰台区东安街1号	100071	63836243
西罗园支行	丰台区洋桥12号综合楼1层101室	100068	67253444
成寿寺支行	丰台区南三环四方景园二区配套商业1–5号	100164	87647377
两桥支行	丰台区西四环南路31号	100071	63825046
玉泉营支行	丰台区南三环西路16号3号楼1层101室	100068	87576165
总部基地支行	丰台区南四环西路188号三区5号101室、102室	100070	63702466
方庄支行	丰台区芳星园2区甲3号院6号	100078	67642846
三环新城支行	丰台区丰桥路7号院8号楼28号	100070	83631804
金融港支行	丰台区南四环西路188号十七区15号1层101室	100070	63298500
马家堡支行	丰台区星河苑2号院9号楼	100068	67500773
太平桥支行	丰台区华源四里甲2号	100073	63380829
丰体南路社区支行	丰台区丰体南路3号	100166	63876516
政务中心支行	丰台区西三环南路1号政务服务中心大厦1层	100073	89151001
光彩路社区支行	丰台区贾家花园3号院13号楼101室	100075	87822559
长辛店支行	丰台区杜家坎南路9号	100072	83872032
科兴佳园社区支行	丰台区靛厂路26号院12号楼底商	100039	68271040
马家堡东路社区支行	丰台区马家堡东路101号院4号楼	100077	57703880
西马场路社区支行	丰台区西马场路6号院3号楼1层105室	100068	51223602
美域家园社区支行	丰台区美域家园北区8号楼底商	100166	88609078
青塔西路社区支行	丰台区青塔西路52号院底商	100141	63878178
风荷曲苑社区支行	丰台区万丰路68号和谐广场1层	100161	63453250

木樨园小微支行	丰台区骏景园北区30号楼102号	100068	87866760
草桥东路社区支行	丰台区草桥东路14号楼1层商业1A	100068	87587790
加州水郡支行	房山区长阳镇昊天北大街48号加州水郡东区商业楼A座106室	102445	80393723
良乡支行	房山区良乡西潞街道长虹西路71号	102488	60330532
燕山支行	房山区燕山岗南路东一巷6号C座1层	102500	69344836
房山支行	房山区良乡月华大街3号龙建大厦首层	102488	81388150
窦店支行	房山区窦店镇大窦路257号院21号楼105~107室	102402	80320110
城关支行	房山区城关东大街4号院1号楼102房	102400	61375251
长阳支行	房山区长阳镇广阳新路7号院3号楼3－101室	102445	69381270
沙滩支行	东城区北河沿大街97号	100006	65286241
东单支行	东城区建内大街19号	100005	65262730
工体北路支行	东城区新中街西里13号巨石大厦首层	100027	64165520
和平里支行	东城区和平里东街1号	100013	84232288
建国支行	东城区建内大街乙18号	100005	65265285
东四支行	东城区东四北大街303－6号	100007	64062934
长城支行	东城区金鱼胡同18号丽苑公寓首层	100006	65258088
灯市口支行	东城区灯市口大街50号	100006	65232533
安定门支行	东城区交道口南大街16号	100007	64075243
中轴路支行	东城区安德路16号	100011	84882626
东直门支行	东城区东直门南大街9号船检大厦1层	100007	84098610
天桥支行	东城区珠市口东大街14号C座1层	100050	67075133
天坛支行	东城区天坛东路72号	100061	67169114
花市支行	东城区东花市北里中区甲27楼	100062	67189320
光明支行	东城区光明路13－3号	100061	67189883

广渠门支行	东城区夕照寺街2号	100061	67153212
雍和文创支行	东城区东直门北小街青龙胡同1号歌华大厦首层	100007	84186329
广渠门外大街支行	东城区广渠家园5号首东国际大厦1层101室	100022	87518755
景山支行	东城区东四十条24号青蓝大厦1层西侧	100007	64016958
磁器口支行	东城区珠市口东大街3号	100062	67087810
海运支行	东城区东直门南大街5号中青旅大厦1层	100007	58156081
新怡家园社区支行	东城区新怡家园5号楼1层2单元	100062	67085615
黄村支行	大兴区兴华路212号	102600	69238897
经济技术开发区支行	大兴区经济技术开发区宏达北路12号	100176	67873397
西红门支行	大兴区西红门北一街1号院24号楼1层103号	100162	80258221
亦庄支行	北京经济技术开发区文化园西路8号院25号楼1层108室	100176	87927933
大兴经济开发区支行	大兴区金星路12号院2号楼1层西侧	102600	69221707
魏善庄支行	大兴区魏善庄镇魏北路28号院18号楼	102611	89235088
大兴支行	大兴区永华南里1号楼	102600	69261010
富强西路社区支行	大兴区黄村镇富强路155号1层155室	102604	89295219
利民西巷社区支行	大兴区黄村镇利民西巷5号1层5号	102308	81299378
兴华大街社区支行	大兴区黄村镇兴华大街二段19号院16号楼1层102室	102600	80250351
大兴国际机场支行	大兴区北京大兴国际机场1层国际到达区东侧S－AR01－007号	102604	81699715
骏城社区支行	大兴区黄村镇兴盛园13甲号楼首层南侧	102600	80220266
丽园路社区支行	大兴区黄村镇丽园路30号院25号楼1层105室	102600	60217685
双桥支行	朝阳区双柳北街39号	100024	65734009
奥运村支行	朝阳区北辰西路8号院2号楼	100101	84378380

南磨房支行	朝阳区南磨房路16号院甲1号楼1~2层107~108室	100025	85865177
红星支行	朝阳区朝外大街20号	100020	65885739
北辰路支行	朝阳区北辰东路8号汇珍楼1层	100101	84977980
朝外支行	朝阳区朝外大街12号	100020	65993342
惠新支行	朝阳区惠新东街4号	100029	84663956
东大桥支行	朝阳区新东路甲5号	100027	64167514
酒仙桥支行	朝阳区酒仙桥路6号院5号楼	100015	84564649
九龙山支行	朝阳区农光里117楼劲松大厦首层	100021	67342062
东长安街支行	朝阳区建国门外大街乙12号双子座大厦西塔1层	100022	65683696
芳草地支行	朝阳区东大桥路10号	100020	85952968
金台路支行	朝阳区团结湖路52号	100026	85985183
亚运村支行	朝阳区慧忠北里天创世缘309楼A座首层	100012	64802929
青年路支行	朝阳区青年路7号院1号楼	100123	85565375
新源支行	朝阳区北三环东路6号	100028	64643177
安华路支行	朝阳区安华里五区配套商业楼1号101室	100011	64408272
樱花支行	朝阳区北三环东路15号北京化工大学校门旁	100029	64418052
孙河支行	朝阳区康营家园小区KY15区D8R号楼	100015	84354895
富力又一城支行	朝阳区黄厂南里2号院31号楼1层	100121	59643825
金海国际支行	朝阳区广渠路21号2号楼1层04号	100023	58906488
望京支行	朝阳区望京西园429号楼底商101~102号	100102	64775720
商务中心区支行	朝阳区光华路丙12号首层	100020	65083280
北苑路支行	朝阳区北苑路172号万兴苑11号楼1层04室	100101	84854735
健翔支行	朝阳区安翔北里甲11号	100101	64889928
大望路文创支行	朝阳区广渠路28号甲201号楼1层	100022	57528600

望京科技园支行	朝阳区望京西园一区134号楼101号	100102	64789797
奥北支行	朝阳区红军营南路天乐园小区1号楼1－6室	100107	84921829
奥东支行	朝阳区惠新西街19号	100029	51300083
朝阳北路支行	朝阳区朝阳北路102号楼青年汇101室、125～128室	100123	85790016
姚家园支行	朝阳区星火西路19号1层	100025	85855636
太阳宫支行	朝阳区夏家园11号底商	100028	84298352
芍药居支行	朝阳区芍药居16号楼16－2－3号	100029	84610650
常营支行	朝阳区朝阳北路17号楼－1至3层109号	100024	50866270
华侨城支行	朝阳区金蝉欢乐园2号院甲1号楼	100023	67366850
高碑店支行	朝阳区高碑店北路5号－1	100123	85776819
东一时区社区支行	朝阳区双桥东路10号院1号楼1层8008室	100024	65736716
西坝河支行	朝阳区太阳宫火星园1号楼1层	100028	84299756
现代城支行	朝阳区建国路88号SOHO现代城D座0101室	100022	85803048
力源里社区支行	朝阳区力源里北街2号院5号楼108室	100025	85757767
崔各庄支行	朝阳区崔各庄乡京旺家园一区8号楼3－6门底商	100015	64354880
东四环支行	朝阳区慈云寺北里210号楼1层102室	100025	85886441
松榆南路社区支行	朝阳区松榆南路38号院	100021	87351792
新城国际小微支行	朝阳区朝阳门外大街6号院22号楼1层商业103号	100020	65089280
燕莎支行	朝阳区东方东路19号亮马桥外交办公大楼1层东侧LG08～F116号	100125	85322807
北京自贸试验区支行	朝阳区关东店17号新瑞大厦1层	100020	65062512
电子城支行	朝阳区来广营西路5号院诚盈中心6号楼1层101～102室	100012	64384806
向军北里社区支行	朝阳区向军北里6号楼1层103室	100020	65915062

瞰都国际社区支行	朝阳区东四环北路10号1号楼1层商业01号、02号	100015	64346701
东坝支行	朝阳区朝新嘉园东里七区4号楼	100018	85095592
松榆里支行	朝阳区周庄山水文园202号楼	100023	67278353
将府家园社区支行	朝阳区将府家园北里202号楼1层2单元105室、106室	100015	64363672
青年路西里社区支行	朝阳区青年路西里5号院100幢等6幢1号楼1层104第11号	100123	85816818
百环家园社区支行	朝阳区广渠路36号院乙6号楼1层23号	100022	67742822
国贸支行	朝阳区西大望路甲3号蓝堡国际中心2座1层	100004	85950817
北七家支行	昌平区北七家镇立汤路58号王子大厦瑰宝商业中心1楼	102209	89756452
昌平支行	昌平区政府街2号	102200	80103925
天通苑支行	昌平区东小口镇立汤路188号北方明珠大厦首层06B	102218	58608601
回龙观支行	昌平区回龙观镇北店时代广场商业综合楼E段1层	102208	80746492
昌平区科技园支行	昌平区振兴路39号	102200	69711931
西三旗支行	昌平区西三旗建材城西路87号2号楼1层	100096	82969620
宏福科技园支行	昌平区宏福创业园商业街D栋	102209	81775199
双创支行	昌平区回龙观东大街338号回龙观创客广场B1－049号	100085	82984280
新龙城社区支行	昌平区回龙观昌平路380号院12号楼4单元102室	100096	82962732
东关支行	昌平区府学路9号	102200	80103702
延庆支行	延庆区延庆镇高塔街67号2幢	102100	61125600
世园支行	延庆区延庆镇湖北西路5号1号楼1～2层	102100	61125810

天津银行股份有限公司北京分行

机构名称	地　址	邮　编	电　话
分行营业部	西城区东河沿胡同73号宣武门大厦	100052	83175930
朝外支行	朝阳区朝外大街乙6号朝外SOHOD座0185号、1133号	100020	59004326
三元桥支行	朝阳区东三环北路乙2号圣元中心A	100027	84471038
中关村支行	海淀区海淀中街15号远中悦来1－E、1－F	100080	58730423
新兴桥支行	海淀区复兴路21号1幢底商	100036	68573491
丰台支行	丰台区石榴庄西街232号商业楼1层1F01号、2层2F01号	100075	63706631
金融街支行	西城区二龙路甲33号新龙大厦B座	100032	66227910
西直门支行	海淀区西直门北大街52号	100082	82206898
东城支行	东城区朝阳门内大街8号底商105号、106号	100010	57929206
广渠门支行	东城区广渠家园3楼1层101－02室	100022	50831630
东直门支行	东城区东直门外大街46号1号楼1层101室、2层201室	100027	84608982
航天桥支行	海淀区西三环北路100号	100048	68456337
房山支行	房山区良乡地区政通西里小区1号楼、2号楼南侧	102488	60309553
大兴支行	大兴区兴业大街32号－3－2北侧	102600	89293614
通州支行	通州区新华西街61号	101100	56865717
顺义支行	顺义区站前街1号院1号楼1层103室、2层203室	101300	81487825
昌平支行	昌平区城南街道龙水路12号2号楼1层西侧、2层西北侧	102200	89787929

大连银行股份有限公司北京分行

机构名称	地　址	邮　编	电　话
分行营业部	朝阳区建国路93号万达广场B座	100022	65813121
西城支行	西城区金融大街甲9号	100033	66016356
海淀支行	海淀区中关村南大街6号中电信息大厦1层	100086	62308121
经济技术开发区支行	北京经济技术开发区宏达北路16号	100176	87220795
丰台支行	丰台区科学城中核路1号院	100070	63713132
朝阳支行	朝阳区阜通东大街10号楼1层102室、2层2-001室	100102	86409353

杭州银行股份有限公司北京分行

机构名称	地　址	邮　编	电　话
分行营业部	东城区建国门内大街26号新闻大厦1层南侧	100005	64088117
安贞支行	朝阳区安定路10号中国有色大厦1层	100029	64423711
顺义支行	顺义区府前东街10号	101300	60417021
朝阳支行	朝阳区甜水园东街10号	100026	65000847
中关村支行	海淀区北四环西路52号方正国际大厦	100080	61934118
通州支行	通州区九棵树街177号	101100	89542758
丰台支行	丰台区望园东里28号楼	100161	63822337
大兴支行	大兴区兴华大街13号院2号楼-2号、-3号	102606	80255721
平谷支行	平谷区新平北路南侧紫贵庄园西侧9号楼10号	101200	61997288

房山支行	房山区良乡西潞南大街8号楼1－1号	102401	69389718
昌平支行	昌平区府学路1－3号	102200	89787271
上地支行	海淀区小营西路33号	100085	57041785
石景山文创支行	石景山区石景山路45号	100043	88951260
次渠支行	通州区次渠南里120号	101111	80823358
东城支行	东城区北花市大街4号	100062	67093183
顺义裕龙支行	顺义区裕龙四区甲5号	101300	61426870

南京银行股份有限公司北京分行

机构名称	地　　址	邮　编	电　话
分行营业部	海淀区阜成路101号B座	100092	56872008
车公庄支行	海淀区首体南路20号4号楼、5号楼	100044	88334001
万柳支行	海淀区万泉庄路28号万柳新贵大厦A座1～2层	100089	58720008
中关村支行	海淀区中关村南三街6号中科资源大厦裙楼	100080	82649800
西坝河支行	朝阳区西坝河北里23号恒川广场	100028	64473898
朝阳门支行	东城区朝阳门南小街2号	100005	65267509
呼家楼支行	朝阳区呼家楼北街7号1～2层	100026	65860699
顺义支行	顺义区南法信镇华英园9号	101300	89425691
北辰支行	朝阳区北辰东路8号汇园公寓M座首层北侧	100101	84975583
通州支行	通州区滨河中路249号1层、251号1层、253号1～2层	101101	80570207
方庄支行	丰台区四方景园二区配套商业1－3号	100078	87656026
西客站支行	丰台区华源三里1号楼首科商务酒店	100073	63254707
金融街支行	西城区金融大街10号大厦B座1层	100033	83399112

劲松支行	朝阳区劲松四区401号楼1幢1层	100021	88119870
丰体支行	丰台区西四环南路35号1号楼1层104室、105室	100070	88619369

盛京银行股份有限公司北京分行

机构名称	地　　址	邮　编	电　话
分行营业部	朝阳区光华路4号东方梅地亚中心D座	100026	85597777
中关村支行	海淀区海淀北二街8号1层108室、109室	100080	82012999
官园支行	西城区车公庄大街9号院1号楼商业5号	100044	85251177
五棵松支行	海淀区复兴路69号3号楼	100038	88199777
顺义支行	顺义区站前东街2号1幢1层102室	101300	85886222
大兴支行	大兴区兴业大街三段26号楼	102600	69267591
石景山支行	石景山区玉泉西里一区2号楼1层107室	100040	68636855
望京支行	朝阳区望京东园四区绿地中心A座D区	100102	64391577
通州支行	通州区观音庵北街3号院1号楼1层136室	101149	69513102

上海银行股份有限公司北京分行

机构名称	地　　址	邮　编	电　话
营业部	朝阳区建国门外大街丙12号1层	100022	57610001
中关村支行	海淀区北四环西路66号	100080	62418625
东城支行	东城区安定路20号	100029	84109289
海淀支行	海淀区学院南路15号	100082	82418720
西城支行	西城区鲍家街43号	100031	66411135
金融街支行	西城区金融大街甲9号	100033	66528760

高碑店支行	朝阳区建国路 27 号	100124	85763072
大兴支行	大兴区金星西路 6 号院	102627	80220182
亦庄支行	北京经济技术开发区荣华中路 22 号院	100176	59725799
西红门社区支行	大兴区西红门镇宏福路 6 号院	100162	50950688
融新支行	朝阳区创远路 34 号院	100102	58352988
顺义支行	顺义区火寺路 9 号院	101318	50934999

江苏银行股份有限公司北京分行

机构名称	地　址	邮　编	电　话
分行营业部	朝阳区光熙家园 1 号楼	100028	56986950
德胜支行	西城区德胜门外大街 36 号德胜凯旋大厦 A 座	100120	82063188
东直门支行	东城区东直门南大街甲 3 号居然大厦	100007	64025328
宣武门支行	西城区宣武门外大街甲 1 号环球财讯中心大厦	100052	63039950
西三环支行	海淀区西三环北路 87 号国际财经中心	100089	88824955
朝阳门支行	东城区朝阳门内大街 8 号朝阳首府大厦	100010	57929210
东四环支行	朝阳区百子湾东里 101 号楼首层	100124	67048235
马连道支行	西城区红莲南路 28 号楼红莲大厦 A 座	100055	63325956
安定门支行	东城区安定门外大街丁 88 号	100000	64407800
石景山支行	石景山区石景山路 31 号盛景国际广场	100043	57537005
中关村支行	海淀区中关村南三街 6 号中科资源大厦 1 层	100190	62631232
中关村西区支行	海淀区善缘街 1 号立方庭大厦 1 层	100080	82483853
亚运村支行	朝阳区安慧北里秀园 16 号楼	100101	84468312
总部基地支行	丰台区南四环西路 128 号院 3 号楼诺德中心 1 层	100070	83816960

东三环支行	朝阳区东三环北路甲26号楼博瑞大厦201～203室、103室	100011	65167590
望京支行	朝阳区望京园601号楼1层102室	100102	84766295
亦庄支行	北京经济技术开发区荣华南路10号院4号楼1层106室	100176	50949890
通州支行	通州区九棵树东路152号	101101	56175691
上地支行	海淀区马连洼北路亿城国际中心1层	100085	50955736
自贸试验区支行	朝阳区光华路5号院世纪财富中心3号楼1层、夹层103单元	100026	50953462
广渠门支行	东城区东花市南里东区8号尼奥大厦1层	100062	50955239
西城文创支行	西城区三里河东路30号院1号楼105室、106室	100045	68051080

徽商银行股份有限公司北京分行

机构名称	地　址	邮　编	电　话
分行营业部	朝阳区北四环东路115号	100101	57040582
中关村支行	海淀区中关村彩和坊路8号	100080	60190675
大红门支行	丰台区马家堡东路101号院2号楼2－9室	100070	57704118
通州支行	通州区九棵树东路150号	101100	60552383
望京支行	朝阳区望京西路47号楼	100102	64790081
劲松支行	朝阳区劲松南路1号1幢1层106室	100020	87777293
方庄支行	丰台区方庄紫芳园四区5号楼102室	100078	56175727
常营支行	朝阳区常惠路6号楼1层116室	110110	50959595
万科星园社区支行	朝阳区仰山路万科星园甲3号1层C4	110105	50953622
芍药居社区支行	朝阳区芍药居北里318号楼－1至1层318－2号	110105	50953621

惠新里社区支行	朝阳区惠新里218号楼、219号楼1层1－6号	110101	64925520
大红门服装城小微支行	丰台区骏景园北区29号楼101室	110106	87777798
嘉园里社区支行	丰台区草桥东路14号楼商业1D	110106	18610340431
三环新城社区支行	丰台区丰桥路8号院甲14号1层16号	110106	57854264
乔庄北街社区支行	通州区乔庄北街228号1层	110112	60552099
华纺易城社区支行	朝阳区青年路29号院20号楼1层20－7室	100101	59294021

宁波银行股份有限公司北京分行

机构名称	地　址	邮　编	电　话
分行营业部	海淀区西三环北路100号	100037	53266393
中关村支行	海淀区海淀大街1号1层、6层	100080	53239636
丰台支行	丰台区万丰路300号	100161	53239556
东城支行	东城区东兴隆街58号06室	100062	53239518
望京支行	朝阳区酒仙桥中路26号院1号楼1层	100015	53231700
亚运村支行	朝阳区慧忠北里214号	100012	53272233
石景山支行	石景山区石景山路2号北京台湾街B区1号楼	100040	53272323
顺义支行	顺义区怡馨家园1号楼1层	101300	53272282
通州支行	通州区车站路40号、42号	101199	53871168
西城科技支行	西城区北三环中路3号1幢1层101室、5层	100029	86333089
海淀科技支行	海淀区中关村南大街甲27号1层、6层	100089	86332817
光彩支行	丰台区光彩路66号院1号楼1~2层01室	100079	86332900
朝阳支行	朝阳区东三环南路甲52号楼商1号	100022	86332153

北京农村商业银行股份有限公司

机构名称	地址	邮编	电话
总行营业部	西城区月坛南街1号院1号楼5－102室、5－203室	100045	63229001
朝阳支行	朝阳区北苑路90号	100101	64945340
朝阳支行青年北路分理处	朝阳区姚家园西里1号院1号楼1层底商	100012	85569487
朝阳支行奥园分理处	朝阳区京奥家园326号楼1层108号	100016	85300980
朝阳支行绿色家园分理处	朝阳区朝来绿色家园广华居小区15号楼1层	100018	84952013
朝阳支行望京分理处	朝阳区望京南湖中园130号	100102	64759036
朝阳支行北花园分理处	朝阳区京通辅路北侧内蒙古饭店东侧	100025	65751256
朝阳支行广渠东路分理处	朝阳区广渠东路1号1层	100103	52055066
朝阳支行南皋分理处	朝阳区崔各庄乡政府北侧50米南皋路商业街1号楼	100020	84396070
朝阳支行京旺家园分理处	朝阳区崔各庄乡京旺家园小区一期B4－3号楼1层	100027	84306826
朝阳支行东辛店分理处	朝阳区崔各庄乡东辛店村	100028	64327823
朝阳支行酒仙桥分理处	朝阳区酒仙桥南十里居14号楼1层	100025	64369892
朝阳支行康营分理处	朝阳区孙河乡康营家园E06号楼	100018	84102835
朝阳支行六里屯分理处	朝阳区水碓子北里1号楼1层5单元1－5号	100020	59079610
朝阳支行樱花园分理处	朝阳区樱花西街28楼1层	100023	64419511
朝阳支行财富嘉园分理处	朝阳区小营路19号	100076	58239039
朝阳支行亚北分理处	朝阳区安立路28号院1层F1－04号商铺	100022	84921692
朝阳支行北沙滩分理处	朝阳区德胜门外双泉堡甲4号	100021	64853909
朝阳支行民族园分理处	朝阳区北土城西路7号1层2单元101室	100022	82275696

朝阳支行北苑分理处	朝阳区北苑6号院天怡家园102号楼01号	100121	84957577
亚运村支行	朝阳区安外安立路甲56号	100023	84802802
将台支行	朝阳区酒仙桥路14号51号楼兆维华灯大厦1层A108室	100101	84799276
金盏支行	朝阳区金盏乡长店组团13号综合楼1层底商	100101	84334505
来广营支行	朝阳区望京北路18号	100101	64390756
高碑店支行	朝阳区建国路29号兴隆家园9号楼101室、201室	100101	85775446
和平支行	朝阳区来广营东路5号东郊农场综合服务楼	100101	84701595
光华路支行	朝阳区光华路甲14号诺安大厦1层	100020	51309953
新源支行	朝阳区新源里16号琨莎中心1座101室、102室、107室	100101	84682528
太阳宫支行	朝阳区西坝河北里15号楼	100101	64215209
姚家园支行	朝阳区平房乡政府北侧10米	100101	85574332
商务中心区支行	朝阳区朝阳门北大街16号1层、3层、4层	100020	85605254
商务中心区支行十里河分理处	朝阳区东三环十里河桥东综合商业楼1层	100021	87363709
商务中心区支行老君堂分理处	朝阳区十八里店乡老君堂村378路总站南侧	100023	87306948
商务中心区支行吕家营分理处	朝阳区十八里店乡吕家营村村委会对面	100023	87698644
商务中心区支行西直河分理处	朝阳区十八里店乡西直河村商业中心大厦北侧1层	100023	87301120
商务中心区支行关厢分理处	朝阳区鸿博家园A区2#楼公建1层西侧	100173	87607560
商务中心区支行中海园分理处	朝阳区成寿寺路138号院4号楼B号	100176	67697519
商务中心区支行城外诚分理处	朝阳区成寿寺路肖村3号	100176	87633368
商务中心区支行华侨城分理处	朝阳区金蝉南里14号楼	100023	51384184
商务中心区支行富华堂分理处	朝阳区双桥路2号院2号楼北门面房101号	100024	6540106
商务中心区支行温泉东里分理处	朝阳区双桥温泉东里14号楼	100024	65766782
商务中心区支行定福家园分理处	朝阳区定福家园南里2号院3号楼1~2层3-2号	100024	58791721

商务中心区支行常营分理处	朝阳区常营乡万象新天家园116号	100024	65788186
十八里店支行	朝阳区周家庄中路7号院13号楼A段	100021	67301569
小红门支行	朝阳区小红门乡少角村142号院4号楼附属商业楼	100176	67632185
南磨房支行	朝阳区大望路平乐园路口南300米	100023	67359159
双桥支行	朝阳区朝阳路27号院1号楼、2号楼	100024	65760120
京粮支行	朝阳区东三环中路16号	100020	51672165
黑庄户支行	朝阳区黑庄户乡政府旁边路南	100023	85382975
盛景园支行	朝阳区王四营乡观音景园小区双龙超市东侧	100023	87744560
丰台支行	丰台区西局南街101号	100161	63857797
丰台支行宋庄分理处	丰台区永外宋庄路73号院甲2号楼	100079	87626631
丰台支行石榴园分理处	丰台区石榴庄101号	100079	67272805
丰台支行东高地分理处	丰台区东高地南街7号	100076	67970226
丰台支行科丰桥分理处	丰台区韩庄子小区4-6号	100070	63717022
丰台支行草桥分理处	丰台区草桥欣园四区1号楼	100068	87507862
丰台支行幸福家园分理处	丰台区郭公庄北街5号院4号楼1层北侧	100070	83792760
丰台支行大红门商贸城分理处	丰台区南苑路15号	100076	87811423
丰台支行天伦锦城分理处	丰台区新发地锦城园15号楼A栋1层底商	100160	83715168
丰台支行靛厂分理处	丰台区西四环中路82号	100166	88214680
丰台支行右安门分理处	丰台区右安门外大街2号	100069	63569022
丰台支行鑫宝苑分理处	丰台区鑫宝苑小区2号楼底商	100000	87870370
丰台支行芳城园分理处	丰台区方庄路3号	100078	67686245
丰台支行马家堡分理处	丰台区角门北路3号院6号楼	100068	87561080
丰台支行大红门分理处	丰台区大红门西里19号院2号楼	100075	67253706
成寿寺支行	丰台区四方景园二区配套商业2-11号	100078	87644288
花乡支行	丰台区看丹路甲15号	100070	63727772

六里桥支行	丰台区华源一街 2 号楼	100073	63334899
世界公园支行	丰台区丰葆路富锦嘉园综合服务楼 1 层北段	100160	83623563
新发地支行	丰台区新发地京新酒店西侧	100160	83724852
政务中心支行	丰台区西三环南路 1 号	100071	89151016
三环新城支行	丰台区丰台东路 58 号院 1 号楼	100070	83293061
未来城支行	丰台区益辰欣园小区 10 号楼	100160	83706040
明春苑支行	丰台区明春苑小区向南 100 米	100160	83700759
槐新支行	丰台区槐房西路 316 号院 3 号楼	100076	67991983
卢沟桥支行	丰台区丰台体育中心北路 1 号	100070	63804182
卢沟桥支行西府景园分理处	丰台区梅市口路 15 号	100070	83658152
卢沟桥支行大成里分理处	丰台区大成南里二区 3 号楼首层	100074	68185526
卢沟桥支行长兴路分理处	丰台区长辛店镇大灰厂 14 号	100072	83801067
卢沟桥支行中体花园分理处	丰台区长辛店镇桥西崔村二里 15 号	100070	83301097
卢沟桥支行望欣园分理处	丰台区小井新村商业楼 9－50 号	100000	63826598
卢沟桥支行丰益园分理处	丰台区丰管路 1 号院 12 楼底层	100073	83663839
卢沟桥支行莱户营分理处	丰台区三路居路 88 号院 18 号楼 2 号	100000	63357709
卢沟桥支行晓月苑分理处	丰台区卢沟桥宛平小区 17 号楼	100070	83217492
卢沟桥支行丰体南路分理处	丰台区丰体南路 3 号丰体时代大厦首层	100070	83735770
小井支行	丰台区丰北路 81 号 1 层 1－4 号	100070	63814548
小屯支行	丰台区卢沟桥张仪村路 125 号院 18 号	100074	83695899
王佐支行	丰台区云岗南宫路 3 号	100072	83310529
长辛店支行	丰台区长辛店杜家坎南路甲 6 号	100055	63864195
马连道支行	西城区马连道南街 1 号院 3 号楼 1 层	100055	63342786
丽泽支行	西城区北京西站南路 80 号院 6 号楼 1 层 101 室	100000	63257536
宛平支行	丰台区卢沟桥晓月中路 5 号楼 B1、B2	100069	83896722

右安门支行	丰台区右安门外大街56号2号楼底商	100074	83974591
银河新区支行	丰台区王佐镇西王佐27号首层	100072	83818506
张郭庄支行	丰台区长辛店张郭庄南路4号	100072	83881732
石景山支行	石景山区杨庄东路78号	100043	68877815
石景山支行古城分理处	石景山区古城西路甲8号	100043	68876053
石景山支行苹果园分理处	石景山区实兴大街5号	100043	68865258
石景山支行八大处分理处	石景山区八大处路28－甲1幢1层	100043	68848241
石景山支行融玉分理处	石景山区双峪路10－5号	100043	88993137
石景山支行阜石路分理处	石景山区石门路318号	100043	88902255
石景山支行七星园分理处	石景山区七星园小区向阳综合楼1层	100043	68626320
石景山支行黄楼分理处	石景山区永乐小区62栋楼前底商	100043	68654192
八角支行	石景山区八角南路7号	100043	68872063
西山支行	石景山区西黄新村西里4号楼1层3单元103室	100043	88701303
京原支行	石景山区玉泉路玉泉大厦1层	100043	88255285
海淀支行	海淀区苏州街77号	100089	82518896
海淀支行魏公村分理处	海淀区中关村南大街24号	100081	62189150
海淀支行正白旗分理处	海淀区农大南路88号万霖商厦2号1层	100193	62985098
海淀支行塔院分理处	海淀区花园路甲2号	100191	62057411
海淀支行八家分理处	海淀区八家嘉园配套商业22－8号	100085	62840987
海淀支行宝盛里分理处	海淀区宝盛里小区2号楼3门3段	100192	62992351
海淀支行紫竹桥分理处	海淀区增光路35号1层	100037	88589520
海淀支行北洼路分理处	海淀区岭南路9号	100048	68483370
海淀支行定慧寺分理处	海淀区阜成路68号	100142	88128347
海淀支行裕惠分理处	海淀区阜成路73号裕惠大厦C座	100142	68709121
海淀支行铁家坟分理处	海淀区金沟河路10号院1号楼	100143	68134142

海淀支行五路居分理处	海淀区西四环北路136号	100142	88468490
海淀支行海淀路分理处	海淀区海淀路50号	100080	62656778
海淀支行大有庄分理处	海淀区燕北园334楼1层西大厅	100091	62863513
海淀支行双榆树分理处	海淀区科学院南路31号	100086	61934272
中关村支行	海淀区彩和坊路10号中关村瀚海国际大厦	100080	62680126
世纪城支行	海淀区蓝靛厂晴波园甲5号楼	100097	62881169
东升支行	海淀区清华东路甲1号	100083	62313172
志新路支行	海淀区志新路二里庄35号	100083	59862769
清河支行	海淀区营福路9号院2号楼	100192	62944698
玉渊潭支行	海淀区阜成路81号	100142	88152155
莲花路支行	丰台区莲花池西里10号1层西侧	100073	63957532
大钟寺支行	海淀区北三环西路甲18号中鼎大厦B座	100080	62124722
海淀新区支行	海淀区丰秀中路3号院14号楼	100094	62475676
海淀新区支行颐和分理处	海淀区西北旺镇颐和山庄云锦园1号	100094	62487914
海淀新区支行永丰路分理处	海淀区西北旺镇永丰路北京朗丽兹西山花园酒店管理公司首层	100095	62467639
海淀新区支行信息路分理处	海淀区上地信息路19－2号	100084	82783663
海淀新区支行清上园分理处	海淀区安宁庄东路7号	100085	82810346
海淀新区支行西二旗分理处	海淀区西北旺镇西二旗小区商服楼1层	100085	62843414
海淀新区支行百旺分理处	海淀区德政路夏霖园13号楼1层101室	100094	82404107
海淀新区支行马连洼分理处	海淀区马连洼梅园小区7号楼1层	100193	62810334
海淀新区支行唐家岭分理处	海淀区西北旺镇唐家岭新城	100095	82784065
海淀新区支行天秀分理处	海淀区天秀花园安和园2号楼4单元东侧至5单元西侧首层	100193	62833873
海淀新区支行白水洼分理处	海淀区上庄镇白水洼村344号	102206	62471156

海淀新区支行前章村分理处	海淀区上庄镇前章村357号	100194	62471668
海淀新区支行环山分理处	海淀区温泉镇环山村78号	100095	62461733
海淀新区支行北分厂分理处	海淀区北清路3号	100095	62480014
海淀新区支行前沙涧分理处	海淀区苏家坨镇中心区A地块经济适用房A5地块配套公建21层	100095	62455940
海淀新区支行凤凰岭分理处	海淀区苏家坨镇聂各庄路18号	100194	62481665
上地支行	海淀区上地信息路7号	100085	82782008
上庄支行	海淀区上庄镇上庄路72号	100094	62472813
温泉支行	海淀区温泉镇温泉路59号	100095	62456151
苏家坨支行	海淀区苏家坨镇西小营村东	100194	62454903
北安河支行	海淀区苏家坨镇北安河路5号	100095	62459721
四季青支行	海淀区板井路81号	100097	68854336
四季青支行京香分理处	海淀区京香花园216号	100093	62590649
四季青支行紫竹院分理处	海淀区车道沟1号	100089	68424642
四季青支行北坞分理处	海淀区北坞嘉园A地块配套公建A13号楼南侧	100195	88506709
四季青支行南辛庄分理处	海淀区北辛庄352号	100093	62591639
四季青支行四王府分理处	海淀区香山厢白旗乙15号	100093	62590279
四季青支行京粮广场分理处	海淀区田村路43号环京现代物流设施项目A－1F－103	100049	88189834
四季青支行西山分理处	海淀区杏石路48号	100195	62590935
四季青支行香山分理处	海淀区香山北辛村甲51号	100093	62593402
四季青支行曙光花园分理处	海淀区彰化路7号楼F101号	100097	88877815
军博支行	海淀区会城门北口路东	100038	63442066
杏石路支行	海淀区杏石口路甲29号	100195	88471291
门头沟支行	门头沟区滨河路115号滨河大厦1层、12层	102300	69820909

门头沟支行清水分理处	门头沟区清水镇上清水村上清水车站 50 米	102311	60855422
门头沟支行付家台分理处	门头沟区雁翅镇付家台中学对面	102305	61839764
门头沟支行何各庄分理处	门头沟区石门营新区六区 21 号楼 1 层 102 室	102308	69836344
门头沟支行潭柘寺分理处	门头沟区潭柘新区 5 号院 9 号楼 201 室、202 室	102308	60861567
门头沟支行军庄分理处	门头沟区军庄镇军庄村口南 100 米	102399	60811992
门头沟支行王平分理处	门头沟区王平镇王平大街 11 号	102301	61859457
门头沟支行妙峰山分理处	门头沟区妙峰山镇镇政府对面	102399	61881148
门头沟支行新桥分理处	门头沟区新桥大街 69 号	102399	69838944
门头沟支行梧桐苑分理处	门头沟区龙兴南二路 8 号院 4 号楼 1 层 101 号、102 号	102308	60860930
斋堂支行	门头沟区斋堂镇斋堂大街 43 号	102309	69816714
永定支行	门头沟区永兴小区 15 号楼底商	102308	69809505
城龙支行	门头沟区门头沟路 38 号	102300	69828008
龙泉支行	门头沟区滨河路 47 号 2 幢 1 层、2 层、地下 1 层	102399	69832079
昌平支行	昌平区昌平镇鼓楼南大街西侧	102200	69744185
昌平支行沙阳路分理处	昌平区沙河镇沙阳路 11 号	102206	61701262
昌平支行科技园分理处	昌平区白浮泉路 10 号	102200	80100819
昌平支行东关分理处	昌平区昌平镇南环东路 22 号	102200	69749147
昌平支行东海分理处	昌平区城关镇东关府学路建安里 7 号	102200	89731583
昌平支行桃洼分理处	昌平区南口镇后洼村南兴路中段北侧	102202	69771185
昌平支行流村分理处	昌平区流村镇北流村西科技园环岛西 500 米	102204	89771169
昌平支行龙水路分理处	昌平区城区镇龙水路 38 号院 10 号楼底商	102200	69744889
昌平支行大东流分理处	昌平区大东流村 114 号	102211	61711450
昌平支行下庄分理处	昌平区兴寿镇下庄村安泗路东侧拔丝厂北	102212	89726124
昌平支行西沙屯分理处	昌平区沙河镇西沙屯村西侧京昌路百葛桥东南	102206	80762266

昌平支行七里渠分理处	昌平区沙河镇豆各庄村10号	102206	69737514
昌平支行亭自庄分理处	昌平区马池口镇北小营村东628号	102202	60756436
昌平支行水南路分理处	昌平区昌平镇水屯村南燕龙商业大厦2号楼1层106室	102200	80105309
昌平支行长陵分理处	昌平区长陵镇政府南侧	102213	60761042
昌平支行西关分理处	昌平区城区镇西关路12号华尔森小区1号楼	102200	69708934
兴昌支行	昌平区昌平镇东环路中医院对面	102200	69744889
南口支行	昌平区南口镇东大街保温瓶厂南侧	102202	69771185
小汤山支行	昌平区小汤山镇地税所西院	102211	61781226
兴寿支行	昌平区兴寿镇兴寿村709号	102212	61726064
阳坊支行	昌平区阳坊镇南阳路大都饭店北侧	102205	69700458
沙河支行	昌平区沙河镇兆丰家园12－1号楼1层底商	102206	89700636
马池口支行	昌平区马池口镇马池口村新街347号	102200	60772425
崔村支行	昌平区崔村镇西崔村11号	102212	60721355
南邵支行	昌平区南环路南邵回迁小区11号、12号	102200	60732142
十三陵支行	昌平区十三陵镇胡庄	102200	89761489
北环支行	昌平区昌平镇北环路2号金兰大厦3单元地下1层C1、C2	102200	69709340
百善支行	昌平区百善镇政府西侧	102211	61739209
天通苑支行	昌平区东小口镇中滩村东镇政府后面	102218	84811204
天通苑支行立汤路分理处	昌平区立汤路186号甲5幢1－116号、1－117号	102218	84675196
天通苑支行回龙观西大街分理处	昌平区回龙观西大街16号院2号楼B102～B104室	102208	89777065
天通苑支行霍家营分理处	昌平区东小口镇旺龙花园底商	102208	69792040
龙禧支行	昌平区回龙观镇北店嘉园小区21号	102208	81722368
天通苑支行龙冠分理处	昌平区龙域北街8号院1号楼1层114室	102208	82170968

天通苑支行北清路分理处	昌平区北清路1号院珠江摩尔大厦5号楼5－3－107商铺	102206	69731627
天通苑支行龙华分理处	昌平区回龙观西三旗桥东育新花园北门对面	102208	82914612
天通苑支行龙兴分理处	昌平区回龙观镇二拨子村南侧物业楼	102208	80794096
燕丹支行	昌平区北七家镇燕丹村7号	102209	61758224
天通苑支行平西府分理处	昌平区北七家镇平西府村王府街5号	102209	81789774
天通苑支行望都分理处	昌平区北七家镇望都家园小区正门东侧	102209	89751194
天通苑支行宏福分理处	昌平区北七家镇郑各庄村东8－1号	102209	81777908
天通苑支行科星西路分理处	昌平区良庄街4号楼05号	102208	69798920
回龙观支行	昌平区回龙观镇政府北100米	102208	62713086
北七家支行	昌平区北七家镇政府街八仙别墅北	102209	69751141
天通苑东区支行	昌平区东小口镇天通苑东苑东三区2号楼	102218	61765593
通州分行	通州区梨园北街63号、65号	101101	80881658
永顺支行翠福园分理处	通州区安顺北里18号楼	101100	89576530
永顺支行龙旺庄分理处	通州区永顺镇龙旺庄村49号	101100	89598154
永顺支行西街分理处	通州区永顺镇永顺南街107号	101100	89532791
永顺支行潞苑分理处	通州区永顺镇陈列馆路潞苑嘉园商业服务楼4号	101100	89597344
潞城支行运河分理处	通州区乔庄路18号乔庄综合楼	101100	60555699
潞城支行甘棠分理处	通州区潞城镇食品工业园区58号	101117	61521019
梨园支行云景里分理处	通州区梨园镇车里坟村委会西50米	101100	60521201
梨园支行瑞都景园分理处	通州区九棵树街131号	101101	60527469
梨园支行玉带路分理处	通州区西营前街12号楼底商	101101	60530510
宋庄支行徐辛庄分理处	通州区宋庄镇徐辛庄村集贸市场东北	101118	89568866
宋庄支行富豪分理处	通州区宋庄镇富豪村中街西侧	101118	89551740
漷县支行郎府分理处	通州区西集镇张各庄村西	101108	61556088

漷县支行金三角分理处	通州区漷县镇金三角工贸城东北	101112	80566494
永乐店支行小务分理处	通州区永乐店镇小务村329号	101105	80551301
永乐店支行柴厂屯分理处	通州区永乐店镇柴厂屯村623号	101105	80511319
永乐店支行渠头分理处	通州区聚富苑民族产业发展基地聚富北路2号1幢	101127	80576330
永乐店支行于家务分理处	通州区于家务回族乡于家务村五街79号	101105	80533661
张家湾支行御苑分理处	通州区张家湾镇张湾村太玉园B区1090～1092号	101113	69571385
台湖支行加州分理处	通州区颐瑞西里2号楼130号	101100	69557721
台湖支行次渠分理处	通州区台湖镇次一村华馨园小区北侧	101111	69501790
马驹桥支行杜兴路分理处	通州区马驹桥镇大杜社村杜兴路西侧	101103	61585940
永顺支行	通州区新华北街31号	101100	69546729
宋庄支行	通州区宋庄文化创意产业集聚区京榆旧路南公共服务平台1层、2层	101118	69591088
潞城支行	通州区潞城镇政府东侧	101117	89581549
西集支行	通州区西集镇国防路39号	101108	61578600
漷县支行	通州区漷县镇漷兴一街北侧	101109	80586913
永乐店支行	通州区永乐店镇永乐大街54号	101105	69560337
张家湾支行	通州区张家湾镇光华路西侧	101113	69571387
台湖支行	通州区台湖北里30号楼1～2层101室	101116	61536918
晶城支行	通州区通胡大街11号-2	101100	89526078
梨园支行	通州区梨园镇九棵树大街17号	101101	81513748
翠屏北里支行	通州区翠屏北里西区商11～12号	101100	81523761
马驹桥支行	通州区马驹桥镇兴华南街245号院12号楼106号、107号	101102	60509375
光机电支行	通州区中关村科技园区通州园区光机电一体化产业基地政府路8号	101111	81500270

顺义支行建南分理处	顺义区石门街甲6号院1号楼1层101号铺位	101300	69424280
顺义支行澜西园分理处	顺义区澜西园四区6号	101300	60496937
顺义支行港馨分理处	顺义区港馨家园28号楼11号、12号	101300	89448143
顺义支行石园分理处	顺义区石园北区一居68－12号	101300	81493815
顺义支行向阳分理处	顺义区佳和宜园1号楼1层105号	101300	59392042
顺义支行板桥分理处	顺义区赵全营镇牛板路板桥段19号	101300	60442203
顺义支行北石槽分理处	顺义区北石槽镇府前街25号	101300	60422565
顺义支行北务分理处	顺义区北务镇政府街9号	101300	61421931
顺义支行张镇分理处	顺义区张镇大街7号	101300	61480761
顺义支行顺平路分理处	顺义区南彩镇顺平路俸伯段87号	101300	89472668
顺义支行李遂分理处	顺义区李遂集贸市场商业楼A段13号	101300	89481679
顺义支行龙湾屯分理处	顺义区龙湾屯镇府前街9号	101300	60461321
顺义支行木林分理处	顺义区木林镇府前街55号	101300	60456237
顺义支行大孙各庄分理处	顺义区大孙各庄镇府前东街11号	101300	61432043
顺义支行张喜庄分理处	顺义区高丽营镇张喜庄村商业街中区38号	101300	69491585
顺义支行裕龙分理处	顺义区裕龙花园三区7号楼1层	101300	69421524
顺义支行东方苑分理处	顺义区安泰大街6号院1号楼1层103室	101300	69458603
顺义支行沿河分理处	顺义区李桥镇仁李路沿河段43号	101300	69486078
仁和支行	顺义区石园南区33号楼	101300	89448105
建新东街支行	顺义区建南东街2号	101300	69443034
平各庄支行	顺义区仁和镇平各庄村顺通路27号	101300	89492041
马坡支行	顺义区马坡地区西马坡村西	101300	69402009
赵全营支行	顺义区赵全营镇政府西300米	101300	60432619
杨镇支行	顺义区双阳西区甲4号楼1～2层甲4－10～11号	101300	61451286
南彩支行	顺义区南彩镇顺平路南彩段45号	101300	89469253

北小营支行	顺义区北小营府前街11号	101300	60483641
高丽营支行	顺义区高丽营镇顺沙路高丽营段7号	101300	69455929
光明街支行	顺义区光明北街9号	101300	69429097
空港支行	顺义区天竺镇府前街37号	101300	80467224
南法信支行	顺义区南法信镇华英园9号	101300	69478100
李家桥支行	顺义区李桥中心街53号	101300	81473831
后沙峪支行	顺义区后沙峪镇双裕街15号	101300	80496703
机场南路支行	朝阳区首都机场南路3号	100621	64573633
牛栏山支行	顺义区牛栏山镇牛板路牛山段邮局东侧	101300	69411241
大兴支行	大兴区黄村东大街9号	102600	69255471
大兴支行东路分理处	大兴区旧宫镇北小红门路136－7号	100076	87963994
大兴支行宏福路分理处	大兴区西红门兴海家园日苑34号楼	100162	60243719
大兴支行临空分理处	大兴区礼贤镇小马坊村拆迁指挥部大楼1层东侧	102607	89290899
大兴支行研垡分理处	大兴区魏善庄镇政府西	102611	89201977
大兴支行长子营分理处	大兴区长子营镇政府内	102615	80265756
大兴支行新建分理处	大兴区西红门镇经济技术产业区中鼎北路1号	100076	81285183
大兴支行兴城分理处	大兴区黄村西大街6号	102600	69247786
大兴支行芦城分理处	大兴区黄村镇芦城村泰城服装厂东侧	102612	61239438
大兴支行狼垡分理处	大兴区黄村镇狼垡二村亿发公司北侧	102613	61222047
大兴支行联港嘉园分理处	大兴区罗奇营路26号1层104室	102600	61251442
大兴支行康盛园分理处	大兴区康盛园兴盛街175号	102600	60207460
旧宫支行	大兴区旧宫镇旧宫东路90号	100076	87967249
西红门支行	大兴区西红门镇政府西侧1米	100162	60253045
北臧村支行	大兴区庆丰西路1号院17号楼104～105号	102609	61253449
庞各庄支行	大兴区庞各庄镇农行分理处南1米	102601	89287419

榆垡支行	大兴区榆垡镇卫生院东侧5米	102602	89213416
安定支行	大兴区安定镇农行分理处西侧	102607	80231261
青云店支行	大兴区青云店大东新村B区47号楼	102605	80281033
清澄支行	大兴区黄村镇清澄名苑南区31号楼政府综合服务大厅内	102600	81296809
采育支行	大兴区采育镇育林街2号院5号楼1~2层1号	102606	80271469
金星支行	大兴区西红门镇金星庄村黄亦路50号1层	100162	61285905
黄村支行	大兴区黄村镇兴华路216号	102600	69266642
孙村支行	大兴区海鑫北路15号院10号楼	102600	61267484
清源支行	大兴区兴丰大街二段146号	102600	69261797
经济技术开发区支行	北京经济技术开发区荣华南路10号院2号楼	100176	87531082
经济技术开发区支行东区分理处	大兴区亦庄镇小羊坊小康家园1号楼底商	100176	87396423
经济技术开发区支行凉水河分理处	大兴区亦庄镇泰河园一里一区13号楼底商	100176	67889112
经济技术开发区支行贵园分理处	大兴区亦庄镇贵园小区南里北商服平房	100176	67876822
经济技术开发区支行天华园分理处	北京经济技术开发区康定街18号10号楼1层10号	100176	87856166
经济技术开发区支行南海家园分理处	北京经济技术开发区南海家园二里20号楼北侧商业房1层	100176	53582209
经济技术开发区支行太和分理处	北京经济技术开发区鹿海园五里1号楼1号底商	100176	69286036
经济技术开发区支行瀛祥路分理处	大兴区瀛海镇瀛海家园瀛坤路4号院1层E1-2室	100176	69289880
亦庄支行	大兴区亦庄镇政府内	100176	67881973
瀛海支行	大兴区瀛吉街8号院1号楼1~2层101室	100176	69278315
房山支行	房山区良乡长虹东路1号	102488	69367916
房山支行北关分理处	房山区城关镇北大街8号	102400	69310022
房山支行石楼分理处	房山区石楼镇石楼大街20号	102422	89300223
房山支行石化分理处	房山区城关农林路西侧	102400	69318327

房山支行周口店分理处	房山区周口店镇周口店村派出所对面	102405	69301448
房山支行坨里分理处	房山区青龙湖镇坨里村	102471	80373850
房山支行南召分理处	房山区琉璃河镇西南召村3区1号	102431	80399631
房山支行南窖分理处	房山区南窖乡政府院内	102418	60375701
房山支行史家营分理处	房山区史家营乡政府左侧	102461	60397806
房山支行佛子庄分理处	房山区佛子庄乡政府西侧	102417	60365953
房山支行大安山分理处	房山区大安山乡政府院内	102419	60373822
房山支行霞云岭分理处	房山区霞云岭乡政府院内	102421	60367334
房山支行葫芦垡分理处	房山区长阳镇葫芦垡村	102445	60352094
房山支行稻田分理处	房山区长阳镇天泰新景小区大门南侧2号	102442	80350663
房山支行碧桂园分理处	房山区长阳镇昊天北大街38号	102445	80392488
房山支行交道分理处	房山区窦店镇交道三街村	102434	80318027
房山支行十渡分理处	房山区十渡镇十渡大街91号	102411	61340742
房山支行蒲洼乡分理处	房山区蒲洼乡蒲洼大街8号	102477	61371645
房山支行大石窝分理处	房山区大石窝镇石窝大队东侧	102407	61323077
房山支行韩村河分理处	房山区韩村河镇西东村岳李路29号	102423	80389155
房山支行行宫分理处	房山区拱辰街道办事处行宫小区三里10号楼	102488	60326370
房山支行北潞园分理处	房山区西潞街道办事处北潞春家园E7号－03	102488	89394469
房山支行苏庄建鑫园分理处	房山区西潞街道办事处苏庄建鑫园大街19号	102488	61355997
房山支行官道分理处	房山区良乡镇良官大街58号	102446	60331880
燕房支行	房山区城关镇南大街16号	102400	89337649
阎村支行	房山区阎村镇紫园路115号	102412	89319361
青龙湖支行	房山区青龙湖镇豆各庄村下四区43号	102447	60322343
琉璃河支行	房山区琉璃河镇东街28号	102403	89381453
河北镇支行	房山区河北镇李各庄村	102417	60377286

长阳支行	房山区辛瓜地路 12 号院 3 号楼	102400	80351572
窦店支行	房山区窦店镇窦店村	102433	69396668
张坊支行	房山区张坊镇张坊村中二区 61 号	102409	61339993
长沟支行	房山区长沟镇长沟大街 48 号	102407	61365265
西潞支行	房山区良乡西路东里甲 1 号西潞商业大厦 1 层	102488	89368086
良乡支行	房山区良乡中路 26 号	102488	69361014
平谷支行	平谷区平乐街 8 号院	101200	89989578
平谷支行新平北路分理处	平谷区平谷镇府前街 1 号	101200	69974122
平谷支行兴谷分理处	平谷区平谷镇平翔路 2 号院 4 号楼 1 ~2 层 4 –15 号	101200	69956936
平谷支行乐政务分理处	平谷区王辛庄镇乐政务乐园路 24 号	101209	61921066
平谷支行马昌营分理处	平谷区马昌营镇古槐路 53 号院	101214	61912495
平谷支行黄松峪分理处	平谷区金海湖镇黄松峪东街 273 号	101201	60971163
平谷支行靠山集分理处	平谷区金海湖镇靠山集大街 4 号院	101202	60983104
平谷支行山东庄分理处	平谷区山东庄镇西沥津西路 85 号	101211	60937373
平谷支行桥山路分理处	平谷区山东庄镇府前路 10 号院	101211	60937524
平谷支行熊耳寨分理处	平谷区熊儿寨乡熊儿寨东路 12 号	101207	61961892
平谷支行刘店分理处	平谷区刘家店镇银店大街 13 号	101208	61972002
平谷支行镇罗营分理处	平谷区镇罗营镇镇罗营东街 15 号院	101215	61969048
平谷支行双鹿分理处	平谷区平谷镇航宇北街 6 号	101200	89991774
平谷支行文化南街分理处	平谷区平谷镇文化南街 7 号	101200	69963716
平谷支行岳阳分理处	平谷区迎宾环岛东南角 1 号楼 1 层商铺 –13 号	101200	89995891
平谷支行乐园分理处	平谷区新平北路 9 号	101200	69921934
平谷支行世纪兴分理处	平谷区平谷镇新平北路 57 号	101200	89984948
东高村支行	平谷区东高村镇东高村兴业路 6 号院	101200	69900791
王辛庄支行	平谷区王辛庄镇齐各庄前街 75 号	101209	89980549

马坊支行	平谷区马坊镇西大街 17 号	101204	60996889
金海湖支行	平谷区金海湖镇韩庄北街 160 号院	101201	69995688
南独乐河支行	平谷区南独乐河镇同乐路 128 号	101212	60920732
大华山支行	平谷区大华山镇大华山大街 136 号院	101207	61947600
峪口支行	平谷区峪口镇峪口西大街 2 号院	101205	61904035
大兴庄支行	平谷区大兴庄镇大兴庄村东	101205	89931168
新开街支行	平谷区平谷镇林荫北街 13 号 1 层、2 层东侧	101200	69975139
绿谷支行	平谷区光明西小区 5 号	101200	69961812
夏各庄支行	平谷区夏各庄镇安固村村东 6 号	110600	60913102
密云支行	密云区鼓楼南大街 25 号	101500	69045330
密云支行新农村分理处	密云区穆家峪镇新农村偏东	101500	89011014
密云支行新城子分理处	密云区新城子镇新城子村主街路东	101500	81022342
密云支行北庄分理处	密云区北庄镇北庄村委会对面	101500	81001707
密云支行双井分理处	密云区十里堡镇双井村双燕街 2 – 1 号	101500	89097786
密云支行西田各庄分理处	密云区西田各庄镇西田各庄村东南	101500	61018075
密云支行石城分理处	密云区石城镇南石城村镇政府对面	101500	61025583
密云支行大城子分理处	密云区大城子镇大城子村镇政府南侧	101500	61071419
密云支行焦家务分理处	密云区巨各庄镇前焦家务村东	101500	61031145
密云支行东邵渠分理处	密云区东邵渠镇东邵渠村东侧	101500	61061419
密云支行古北口分理处	密云区古北口镇古北口村派出所东侧	101500	81051063
密云支行不老屯分理处	密云区不老屯镇政府东侧	101500	81091586
密云支行冯家峪分理处	密云区冯家峪镇冯家峪村 40 号	101500	81060073
密云支行康居分理处	密云区康居小区新兴公司楼 1 层	101500	69021948
密云支行滨阳西里分理处	密云区新中街世纪家园小区 3 号楼底商 14 – 1 至 14 – 5 号	101500	69046577

密云支行檀城分理处	密云区密云镇金地来大酒店1层	101500	69043006
密云支行西滨河分理处	密云区果园新里中区商业楼地上1层	101500	69063510
密云支行檀西路分理处	密云区檀西路135号院3号楼南段	101500	69049420
密云支行新东路分理处	密云区百世城街8#楼北段1层	101500	69057241
密云支行水源路分理处	密云区蓝河湾37号楼1层108号	101500	81081206
密云支行鼓楼分理处	密云区鼓楼北大街13号	101500	69043454
穆家峪支行	密云区穆家峪镇南穆家峪村南侧	101500	61051833
河南寨支行	密云区河南寨镇滨河工业开发区	101500	61086033
十里堡支行	密云区十里堡镇政府东侧	101500	89096276
溪翁庄支行	密云区溪翁庄镇溪翁庄村委会北楼	101512	69012347
巨各庄支行	密云区巨各庄镇巨各庄村南侧	101501	61030163
高岭支行	密云区高岭镇高岭村政府路东侧	101507	81081281
季庄支行	密云区果园西路21号	101500	89099803
檀州支行	密云区鼓楼东大街世豪大酒店对面	101500	69043475
太师屯支行	密云区太师屯镇永安街149号1~4层149-6号	101504	69032543
怀柔支行	怀柔区迎宾北路18号	101499	69626174
怀柔支行迎宾路分理处	怀柔区北大街14号	101499	57495972
怀柔支行幸福西街分理处	怀柔区北房镇北房村幸福西街17号	101499	61683546
怀柔支行凤翔分理处	怀柔区杨宋镇杨宋庄村兴杨路22号	101499	61678464
怀柔支行辛营分理处	怀柔区渤海镇三渡河村33号	101405	57496010
怀柔支行两河分理处	怀柔区庙城镇高两河村西侧	101401	57495970
怀柔支行北宅分理处	怀柔区桥梓镇北宅村	101402	57496025
怀柔支行黄坎分理处	怀柔区九渡河镇黄坎村281号	101403	61691841
怀柔支行九渡河分理处	怀柔区九渡河镇九渡河村	101403	57496027
怀柔支行宝山寺分理处	怀柔区宝山镇宝山寺村	101411	60625654

怀柔支行喇叭沟门分理处	怀柔区喇叭沟门满族乡喇叭沟门村	101414	57496002
怀柔支行长哨营分理处	怀柔区长哨营满族乡长哨营村	101412	60621815
怀柔支行琉璃庙分理处	怀柔区琉璃庙镇琉璃庙村155号	101409	61618420
怀柔支行商业街分理处	怀柔区商业街14号	101499	69622364
怀柔支行东环路分理处	怀柔区东关一区19号	101499	69686595
怀柔支行金台园分理处	怀柔区金台园56号楼2单元101室、102室	101499	69685374
泉河支行	怀柔区迎宾北路32号	101499	69646145
杨宋支行	怀柔区杨宋镇凤翔科技开发区四园1号	101499	61679451
雁栖支行	怀柔区雁栖镇下庄村435号	101407	61641348
怀北支行	怀柔区怀北镇西庄村317号	101408	69662627
渤海支行	怀柔区渤海镇沙峪村350号	101405	61631741
庙城支行	怀柔区庙城镇庙城293号院3号楼1～2层101室、102室	101401	60693356
桥梓支行	怀柔区桥梓镇桥梓村村北	101402	57496022
汤河口支行	怀柔区汤河口镇汤河口村16号	101411	89671054
富乐支行	怀柔区富乐大街乐红园小区1号楼	101499	89688706
青春路支行	怀柔区青春路8号	101499	69642910
延庆支行	延庆区东外大街109号	102100	69189202
延庆支行百莲路分理处	延庆区百莲路12～16号	102100	61116915
延庆支行城关分理处	延庆区延庆镇西街2号	102100	69185844
延庆支行四海分理处	延庆区四海镇四海村中心	102107	60187957
延庆支行刘斌堡分理处	延庆区刘斌堡乡刘斌堡村东	102104	60181356
延庆支行大庄科分理处	延庆区大庄科乡政府院内	102106	60189104
延庆支行珍珠泉分理处	延庆区珍珠泉乡珍珠泉村西社区办公楼1层	102107	60186604
延庆支行千家店分理处	延庆区千家店镇东店村130号	102104	60188498

延庆支行康庄分理处	延庆区康庄镇商业街C区1号、2号	102101	61161215
延庆支行沈家营分理处	延庆区沈家营镇政府东侧	102100	61132755
延庆支行香营分理处	延庆区香营乡政府院内	102104	60161292
延庆支行大榆树分理处	延庆区大榆树镇大榆树村东	102100	61182033
延庆支行城东分理处	延庆区延庆镇石河营建材城西门北侧	102100	69149418
延庆支行井庄分理处	延庆区井庄镇政府南侧200米路东	102105	61192469
夏都支行	延庆区高塔路62号	102100	69141623
张山营支行	延庆区张山营镇张山营村南	102115	69111994
永宁支行	延庆区永宁镇北门口	102104	60171284
八达岭支行	延庆区八达岭镇政府院内	102102	69129421
旧县支行	延庆区旧县镇村北侧	102109	61152932
南菜园支行	延庆区延庆镇南菜园开发区17号	102100	69171149
西城支行	西城区复兴门外大街4号楼迤东1～3层	100045	68562978
鼓楼支行	西城区旧鼓楼外大街甲1号	100120	62358423－8008
陶然亭支行	西城区太平街6号1～2层	100050	59361658
北太平庄支行	西城区新街口外大街12号	100088	82083660
车公庄支行	海淀区首体南路9号主语家园17号楼	100048	68790575
宣武支行	西城区广安门南街6号广安大厦1层、4层	100054	83531956
牛街支行	西城区牛街20号、22号	100053	83521113
阜外支行	西城区车公庄大街9号院1号楼商业2号	100044	88312399
两广路支行	西城区广安门内大街311号院2号楼1层	100053	83130213
东城支行	东城区北三环东路37号A座	100013	52979432
隆福支行	东城区东四北大街526号C区1层	100010	64026712
王府井支行	东城区东单北大街3号	100005	65229768
永外支行	东城区安乐林路69甲69号	100075	67213502

工体支行	东城区工体西路工体综合楼	100027	65515361
雍和宫支行	东城区安定门东大街 28 号 2 号楼 B1、B2 号	100007	64097201
崇文支行	东城区崇文门外大街 9 号正仁大厦 1 层	100062	67092273
建国门支行	朝阳区东三环中路 39 号建外 SOHO 12 号楼 1200 商铺	100022	58696373
尚都支行	朝阳区东大桥路 8 号 SOHO 尚都南塔 2160 室	100020	59003249
广渠门支行	东城区东花市南里东区 15 号楼 2－101 号	100062	87101003
天坛支行	东城区光明路 13 号 1 层	100061	67161243
东四十条支行	东城区东四十条甲 22 号	100007	52185015

中国邮政储蓄银行股份有限公司北京分行

机构名称	地　　址	邮　编	电　话
东城区支行直属营业部	朝阳区光华路 50 号	100600	65217055
东城区建内大街支行	东城区站西路 2 号	100001	65196657
朝阳区工体东路支行	朝阳区工人体育场东路甲 2 号 1 层 101 室	100027	85871416
朝阳区双井支行	朝阳区广渠东路 48 号楼	100022	67716753
朝阳区水碓子支行	朝阳区金台北街 6 号楼	100026	65005146
朝阳区吉庆里支行	合署至工体东路支行办公	100027	85871416
东城区交道口东大街支行	东城区交道口东大街 10 号楼底商 B	100007	64003719
东城区崇文支行	东城区崇文门外大街 11 号－7、11 号－212	100078	67086253
朝阳区广渠门外大街支行	朝阳区广渠门外大街甲 28 号院 16 号楼 1 层西侧 A5	100022	67740801
海淀区支行直属营业部	海淀区圆明园西路骚子营小区内	100091	62875156
海淀区紫竹院路支行	合署至万寿寺支行办公	100089	88569680
海淀区万寿寺支行	海淀区西三环北路 25 号	100089	88569680
海淀区文慧园西路支行	海淀区文慧园小区 15 号楼、16 号楼底商 A 段 1 层	100082	62235092

海淀区世纪城支行	海淀区世纪城小区烟树园1号楼	100097	88874740
海淀区太阳园支行	合署至知春路支行办公	100083	82310721
海淀区学院路支行	海淀区成府路17号1层、2层	100083	82373385
海淀区知春路支行	海淀区知春路1号	100083	82310721
海淀区北太平庄支行	海淀区马甸村1号	100088	62029544
海淀区魏公村支行	海淀区中关村南大街17号	100081	88578918
海淀区香山支行	海淀区北辛村5号	100093	82592744
海淀区苏州街支行	海淀区厂洼2号楼	100089	68423230
西城区支行直属营业部	西城区阜成门北大街17号	100047	68334197
西城区三里河支行	西城区月坛南街65号	100045	68539131
西城区永安路支行	合署至广安门支行办公	100055	63279593
西城区南滨河路支行	合署至广安门支行办公	100055	63279593
西城区牛街支行	西城区牛街4号	100053	63572267
西城区广安门支行	西城区广安门外大街172号	100055	63279593
西城区真武庙支行	合署至广安门支行办公	100037	63279593
海淀区首体南路支行	海淀区首体南路9号主语家园17号楼底商11号、12号	100053	68790664
海淀区会城门支行	海淀区北蜂窝1号	100038	63952700
朝阳区支行直属营业部	朝阳区西大望路59号甲3号楼	100022	67753157
朝阳区常营支行	朝阳区朝阳北路万象新天家园426号楼1层C、D	100024	65431812
朝阳区三间房支行	朝阳区三间房223号	100024	65762454
朝阳区杨闸支行	朝阳区朝阳路8号杨闸环岛西南侧朗廷大厦底商	100024	85583351
朝阳区垡头支行	朝阳区垡头一区4号楼东	100023	67385807
朝阳区姚家园路支行	朝阳区姚家园路甲一号活力东方奥特莱斯购物广场首层	100123	51193713

朝阳区农光里支行	朝阳区农光里102号楼	100021	67317246
朝阳区十里河支行	合署至吕家营支行办公	100122	87641653
朝阳区双龙南里支行	朝阳区双龙南里204号楼	100021	87321621
朝阳区吕家营支行	朝阳区观筑庭园801号楼1层104室、2层204室	100122	87641653
金融大街支行直属营业部	西城区金融大街3号A座1层3－101室、2层3－201室	100808	66555336
西城区西四支行	西城区西四南大街16号	100034	66179752
西城区新街口支行	西城区西内大街32号	100035	66131033
西城区新华里支行	西城区新华里16号院2号楼103－02号	100044	88359239
西城区西外大街支行	西城区西外大街德宝新园甲22号	100044	68352749
房山区支行直属营业部	房山区良乡镇良乡西路11号	102488	89358306
房山区良乡支行	合署至政通路支行办公	102488	89352352
房山区农林路支行	房山区城关农林路燕宾鑫源商贸中心	102400	69323310
房山区城关支行	房山区兴房大街19号	102400	69314309
房山区长虹东路支行	房山区良乡地区鸿顺园商业1号楼1层	102488	69387298
房山区政通路支行	房山区拱辰街道政通路23号	102488	89352352
房山区窦店支行	房山区窦店镇山水汇豪苑66号1层底商	102433	80307698
房山区迎风街支行	房山区燕山迎风街43号	102500	69347148
丰台区支行直属营业部	丰台区西罗园一区15号楼	100077	87255517
东城区百荣支行	合署至菜户营支行办公	100073	83204657
丰台区科学城支行	丰台区帝京路5号	100070	63714433
丰台区大瓦窑支行	合署至丰台南路支行办公	100070	83712880
丰台区大红门服装城支行	合署至角门支行办公	100068	67528604
丰台区右安南桥支行	丰台区北甲地路2号院	100068	86353008
丰台区丰台南路支行	丰台区风格与林苑甲九号楼1层102室	100070	83712880

丰台区长辛店支行	丰台区长辛店大街1号	100072	83876093
丰台区方庄支行	丰台区蒲芳路22号	100078	67678476
丰台区莱户营支行	丰台区三路居路88号院18号楼1层106室	100073	83204657
丰台区公益西桥支行	丰台区角门18号枫竹苑二区1号楼1层底商	100068	67500825
丰台区丰台大街支行	丰台区西四环南路94号	100071	63816717
丰台区云岗支行	丰台区云岗南区西里2号	100074	83316121
丰台区角门支行	丰台区马家堡路120号	100068	67528604
丰台区彩虹城支行	丰台区光彩路66号院5号楼1层103号	100079	87866180
丰台区开阳里支行	丰台区开阳里五区3号楼	100069	83559587
丰台区东高地支行	丰台区东高地斜街13号	100076	83204657
丰台区金融港支行	丰台区南四环西路188号16区21号楼1层	100070	56097525
石景山区支行直属营业部	合署至海淀区晋元庄支行办公	100043	58971472
石景山区重兴园支行	石景山区重兴园甲1号	100040	68632039
石景山区新古城支行	石景山区古城南里2－3号楼	100043	68876125
石景山区鲁谷支行	石景山区鲁谷路39号	100040	88685282
石景山区金顶街支行	石景山区金顶街二区甲2栋	100041	88713519
海淀区晋元庄支行	海淀区建西苑晋元庄小区33号楼商业9号	100043	58971472
海淀区玲珑路支行	海淀区西四环北路160号1层二区105室	100039	88119067
海淀区永定路支行	海淀区永定路甲88号	100039	68231346
海淀区万寿路支行	海淀区万寿路7号	100036	68214390
望京支行直属营业部	朝阳区望京西园一区120号楼	100102	84718103
朝阳区亚运村支行	朝阳区安慧里2区11号楼	100101	64938202
朝阳区北苑支行	朝阳区朝来绿色家园赢秋苑18号楼底商	100012	84953875
朝阳区万科星园支行	朝阳区仰山路万科星园甲7号	100107	84921227
朝阳区大山子支行	朝阳区酒仙桥路13号	100015	64333112

朝阳区左家庄中街支行	朝阳区左家庄中街6号院9号楼1层111室、2层207室	100028	64628165
朝阳区南湖南路支行	朝阳区南湖南路15号院甲2号楼1~2层2-1-106室、2-1-107室	100102	59724555
朝阳区广顺北大街支行	合署至望京支行办公	100102	84718103
朝阳区花家地支行	朝阳区花家地北里1号楼	100102	64737340
大兴区支行直属营业部	大兴区黄村兴丰大街三段88号	102600	69243272
大兴区埝坛支行	大兴区天河西路19号	102629	61252695
大兴区兴华路支行	大兴区黄村镇兴华路二段6号院	102627	60243749
经济技术开发区支行	大兴区经济技术开发区隆庆街4号	100179	67880943
大兴区黄村西大街支行	大兴区兴华大街中段27号	102600	89295357
通州区支行直属营业部	通州区运河东大街64号	101100	81587584
通州区马驹桥支行	通州区马驹桥镇兴华西大街南侧潼关三区底商22~23号	101102	60597058
通州区中仓支行	通州区车站路28号	101100	80882381
通州区通胡大街支行	通州区通胡大街25号院-1至-10号	101100	89537237
通州区永顺支行	合署至通胡大街支行办公	101100	81597149
通州区新华支行	通州区新华西街57号	101100	69554110
顺义区支行直属营业部	顺义区仁和镇站前街8号院1号楼1层101号	101300	69424651
顺义区国门支行	顺义区李桥镇李天路南半壁店段11号	101300	61496917
顺义区双阳南区支行	顺义区杨镇双阳南区甲14号楼08~09号	101300	61459196
顺义区东兴路支行	合署至顺义区支行办公	101300	69424651
顺义区石园南区支行	顺义区石园南区花园路南侧新华书店1层底商	101300	89440898
顺义区双裕街支行	顺义区后沙峪镇双裕街甲7号1-2号	101300	80479883
门头沟区支行直属营业部	门头沟区河滩路2号	102300	69842927

门头沟区滨河路支行	门头沟区滨河西区皓月园6号楼底商11－3号	102300	69828692
门头沟区永定支行	合署至滨河路支行办公	102300	60804074
密云区支行直属营业部	密云区鼓楼东大街	101500	69042963
密云区果园西路支行	密云区果园西路42号、44号	101500	69099490
密云区密东广场支行	合署至密云区支行办公	101500	69042963
密云区双燕街支行	密云区双燕街6号1幢	101500	61096063
平谷区支行直属营业部	平谷区旧城街16号	101200	69962700
平谷区乐园支行	合署至紫贵支行办公	101200	69981139
平谷区紫贵支行	平谷区紫贵庄园13号楼1～2层10室～12室	101200	89979702
昌平区支行直属营业部	昌平区政府街	102200	69746413
昌平区白浮泉路支行	昌平区白浮泉路26号院3号楼－1层－102室	102200	56914918
昌平区龙水路支行	昌平区畅春阁小区龙水路22号院1号楼1层101室	102200	60741046
昌平区沙河支行	昌平区沙河镇顺沙路19号院二区底商1－2号	102206	69732648
昌平区天通北苑支行	昌平区天通北苑二区甲11号楼1门	102218	81771247
昌平区龙锦苑支行	昌平区回龙观镇龙锦苑五区	102208	80757025
昌平区昌崔路支行	昌平区昌崔路201号大厦1层	102200	80107709
昌平区北七家支行	昌平区北七家镇定泗路北侧雅安商厦C号商业1层部分底商	102209	80126276
昌平区黄平路支行	昌平区东小口镇上坡佳园黄平路202号院1号楼	102208	60788518
昌平区回龙观西大街支行	合署至龙锦苑支行办公，昌平区回龙观镇龙锦苑五区	102208	80757025
昌平区东小口支行	昌平区中滩村6号院6号楼1层101室、102室	102218	64127938
怀柔区支行直属营业部	怀柔区青春路18号	101400	69626806
怀柔区迎宾路支行	怀柔区滨湖小区1号	101400	60639503
中关村支行直属营业部	海淀区海淀路87号	100080	62610262

海淀区清河镇支行	海淀区清河三街	100085	62929688
海淀区上地信息产业开发区支行	海淀区上地信息产业开发区综合楼	100085	62976834
海淀区育新花园支行	合署至清河镇支行办公	100085	62929688
海淀区中关村南大街支行	合署至中关村西区支行办公	100080	82483432
海淀区德政路支行	合署至上地信息产业开发区支行办公	100085	62976834
海淀区上地支行	合署至上地信息产业开发区支行办公	100085	62976834
海淀区中关村西区支行	海淀区彩和坊路10号	100080	82483432
延庆区支行直属营业部	延庆区东外大街79号	102100	69172062

（3）专营机构

机构名称	地　址	邮　编	电　话
北京银行股份有限公司资金运营中心	西城区金融大街丙17号	100033	66223691
昆仑银行股份有限公司国际业务结算中心	西城区金融大街1号	100033	89026264
中国工商银行股份有限公司票据营业部北京分部	西城区西单北大街129号9号楼3层、3号楼3层	100031	83361841
北京银行股份有限公司信用卡中心	丰台区南四环西路188号17区15号楼	100070	66426500
中国工商银行股份有限公司牡丹卡中心	西城区金融大街5号新盛大厦A座	100000	66100123
中国银行股份有限公司银行卡中心	西城区宣武门内大街8号浩洋大厦	100000	83265169
中国民生银行股份有限公司信用卡中心	丰台区海鹰路6号院9号楼	100000	63628818
中国民生银行股份有限公司信用卡中心华北分中心	朝阳区惠新东街甲2号住总地产大厦2303号、2304号	100033	66223691
中国民生银行股份有限公司信用卡中心北京第一分中心	朝阳区南磨房路华腾北搪商务大厦12层	100020	53771822－7171

中国民生银行股份有限公司信用卡中心北京第二分中心	海淀区西直门北大街32号院1号楼枫蓝国际中心	100082	18603695355
中国光大银行股份有限公司信用卡中心	石景山区政达路6号院1号楼B座	100043	56963953
交通银行股份有限公司太平洋信用卡中心北京分中心	东城区和平里东街51号雍和壹中心B7	100010	56676291
华夏银行股份有限公司信用卡中心	石景山区政达路6号院6号楼	100040	63698001
华夏银行股份有限公司信用卡中心北京分中心	西城区月坛北街26号恒华国际商务中心A座706室	100045	4006695577
中信银行股份有限公司信用卡中心北京分中心	朝阳区夏家园半岛国际公寓11号楼底商6号、7号	100028	58434111

（4）外资银行

机构名称	地　址	邮　编	电　话
德意志银行（中国）有限公司	朝阳区建国路81号德意志银行大厦28层	100025	59698888
摩根大通银行（中国）有限公司	西城区金融大街7号英蓝国际金融中心	100033	59318000
法国兴业银行（中国）有限公司	朝阳区新源南路8号院4号楼12层1201内01－14单元	100027	58513888
蒙特利尔银行（中国）有限公司	朝阳区建国路77号华贸中心3号写字楼27层03B单元、05单元	100025	85881671
友利银行（中国）有限公司	朝阳区望京东园四区13号楼A座11～12层、B座1层104～106室	100102	84123000
韩亚银行（中国）有限公司	朝阳区道家园18号楼7层至11层	100025	66581111
新韩银行（中国）有限公司	朝阳区工体北路甲6号中宇大厦12层，11层1101、1102及1109单元	100027	85290101
国民银行（中国）有限公司	朝阳区建国门外大街甲6号1幢19层01～05室和08室	100022	56712801

瑞士银行（中国）有限公司	西城区金融大街7号英蓝国际金融中心1220B～1230单元	100140	58327000
德意志银行（中国）有限公司北京分行	朝阳区建国路81号德意志银行大厦26层	100025	59698899
摩根大通银行（中国）有限公司北京分行	西城区金融大街7号英蓝国际金融中心20层	100033	59318862
法国兴业银行（中国）有限公司北京分行	朝阳区新源南路8号院4号楼12层1201内15～16单元	100027	58513888
蒙特利尔银行（中国）有限公司北京分行	朝阳区建国路77号华贸中心3号写字楼27层	100025	85881688
友利银行（中国）有限公司北京分行	朝阳区建国门外大街乙12号双子座大厦西塔1层	100022	84538880
韩亚银行（中国）有限公司北京分行	朝阳区霄云路38号现代汽车大厦1层101号、9层905号	100027	84581111
新韩银行（中国）有限公司北京分行	朝阳区工体北路甲6号中宇大厦首层	100027	85235555
国民银行（中国）有限公司北京分行	朝阳区建国门外大街甲6号1幢1层06B室、11层01室、08室	100000	56712937
汇丰银行（中国）有限公司北京分行	朝阳区东三环中路5号财富金融中心	100020	59998888
渣打银行（中国）有限公司北京分行	朝阳区东三环中路1号1幢1单元	100020	59188000
东亚银行（中国）有限公司北京分行	朝阳区光华路5号院1号楼东亚银行大厦	100020	65891000
花旗银行（中国）有限公司北京分行	西城区武定侯大街6号卓著中心	100020	59376000
瑞穗银行（中国）有限公司北京分行	朝阳区东三环中路1号环球金融中心西楼8层	100020	65251888
三菱日联银行（中国）有限公司北京分行	朝阳区东三环北路5号北京发展大厦	100004	65908888
星展银行（中国）有限公司北京分行	朝阳区东三环中路5号楼	100140	57529130
恒生银行（中国）有限公司北京分行	朝阳区东三环中路5号楼8层01～04号	100020	85293601
大华银行（中国）有限公司北京分行	朝阳区景华南街5号25层2501～2503单元、2505～2509单元	100025	58792668
三井住友银行（中国）有限公司北京分行	朝阳区光华路1号嘉里中心北楼16层、南楼16层	100020	59204600
南洋商业银行（中国）有限公司北京分行	朝阳区东三环北路霞光里18号佳程广场B座	100027	58390888

澳新银行（中国）有限公司北京分行	朝阳区建国路77号华贸中心3号写字楼32层	100004	65998188
法国巴黎银行（中国）有限公司北京分行	朝阳区建国门外大街1号国贸大厦20层	100004	65350851
华侨永亨银行（中国）有限公司北京分行	朝阳区建国路91号金地中心B座28层2809～2818单元	100004	58456188
中信银行国际（中国）有限公司北京分行	朝阳区东三环中路5号财富金融中心4层01～04单元	100020	85911161
企业银行（中国）有限公司北京分行	朝阳区工人体育场北路8号院1号楼12层	100027	85270585
盘谷银行（中国）有限公司北京分行	朝阳区建国门外大街甲12号新华保险大厦1层东区	100022	65690088
东方汇理银行（中国）有限公司北京分行	朝阳区东三环中路5号楼财富金融中心19层	100020	56514000
浦发硅谷银行有限公司北京分行	朝阳区建国门外大街1号（1期）16幢23层	100020	65350598
富邦华一银行有限公司北京分行	西城区金融大街35号国际企业大厦1层104部分、105～106单元	100033	83329666
摩根士丹利国际银行（中国）有限公司北京分行	东城区安定门外大街208号院1号楼13层	100011	83563019
奥地利奥合国际银行股份有限公司北京分行	朝阳区建国门外大街21号北京国际俱乐部200室	100020	65323388
加拿大皇家银行有限公司北京分行	西城区金融大街7号英蓝国际金融中心921室	100033	58399388
美国道富银行有限公司北京分行	朝阳区东三环中路1号环球金融中心东塔1501～1502单元	100033	66574501
美国北美信托银行有限公司北京分行	朝阳区建国门外大街2号银泰中心C座2106B	100022	85135300
美国银行有限公司北京分行	朝阳区建国门外大街1号院1号楼国贸大厦35层01～21室	100004	58358888
美国纽约梅隆银行有限公司北京分行	西城区金融大街7号英蓝国际金融中心7层729～730室	100033	88007500
德国商业银行股份有限公司北京分行	朝阳区建国门外大街2号银泰中心C座26层2602单元	100022	85676888

荷兰合作银行有限公司北京分行	朝阳区建国路乙118号京汇大厦10层	100020	56951088
韩国产业银行北京分行	朝阳区建国门外大街乙12号双子座大厦西塔27层	100022	65688858
澳大利亚西太平洋银行有限公司北京分行	朝阳区东三环中路1号1幢2单元14层1401内09单元	100020	85877339
澳大利亚澳洲联邦银行公众股份有限公司北京分行	朝阳区建国门外大街1号国贸大厦46层	100004	56803000
马来西亚马来亚银行有限公司北京分行	朝阳区建国门外大街1号国贸大厦32层	100004	85351855
西班牙桑坦德银行有限公司北京分行	朝阳区东三环中路1号环球金融中心办公楼西楼16层13~14号单元	100020	56511000
澳大利亚国民银行有限公司北京分行	朝阳区建国门外大街1号国贸写字楼1座23层	100004	65359800
荷兰安智银行股份有限公司北京分行	朝阳区建国门外大街1号院1号楼贸易中心A座23层07~12单元	100004	60906606
法国外贸银行股份有限公司北京分行	东城区东长安街1号东方广场东方经贸城东一办公楼12层2室、3室	100738	69000588
美国富国银行有限公司北京分行	西城区金融大街7号英蓝国际金融中心7层F721~F723单元	100033	59407888
巴基斯坦哈比银行有限责任公司北京分行	朝阳区建国门外大街1号国贸大厦A座25层	100020	85250000

（5）外资银行分支机构

东亚银行（中国）有限公司

机构名称	地　址	邮　编	电　话
北京雅宝路支行	朝阳区朝外雅宝路12号G02	100020	85636566
北京望京支行	朝阳区望京中环南路甲2号1层首层4号	100102	84720036
北京富华支行	东城区朝阳门北大街8号富华大厦5－1号	100027	65543110

北京中关村支行	海淀区科学南路2号院1号楼融科资讯中心B座3层302单元	100080	62682151
北京金融街支行	西城区武定侯街2号泰康国际大厦首层106单元	100004	59315060
北京首体支行	海淀区西直门外大街168号腾达大厦23层2309B、2310单元	100000	65543110

汇丰银行（中国）有限公司

机构名称	地　址	邮　编	电　话
北京京伦支行	朝阳区建国门外大街3号京伦饭店1层西侧W-2-6单元	100020	58669866
北京中关村支行	海淀区中关村南大街2号北京科技会展中心数码大厦A座1层	100086	62159288
北京燕莎中心支行	朝阳区亮马桥路50号凯宾斯基饭店	100016	84519500
北京英蓝国际金融中心支行	西城区金融大街7号英蓝国际金融中心首层	100140	66555288
北京丽都广场支行	朝阳区将台路6号丽都A2商业楼首层商场208室	100016	64338800
北京中关村西区支行	海淀区丹棱街3号中国电子大厦B座1层	100080	59997288
北京北辰支行	朝阳区北辰东路8号北辰时代大厦首层0101单元	100101	59997711
北京远大路支行	海淀区远大路1号金源燕莎商厦首层1002单元	100097	59997888
北京华贸支行	朝阳区建国路89号院13号楼L09单元商铺地下1层、地上1层	100025	59997268
北京翠微路支行	海淀区翠微路17号B楼底商	100036	59997968
北京光华路支行	朝阳区光华路丙12号数码01大厦1层102号商铺	100020	59997999
北京中粮广场支行	东城区建国门内大街8号中粮广场A座	100005	59998859
北京东直门支行	东城区东直门南大街3号楼国华投资大厦1层102单元	100007	59996589

北京清华科技园支行	海淀区中关村东路1号院9号楼搜狐网络大厦1层07A单元	100084	59996566
北京望京支行	朝阳区望京街8号院3号楼101A单元	100102	59996500

花旗银行（中国）有限公司

机构名称	地　址	邮　编	电　话
北京嘉里中心支行	朝阳区光华路1号嘉里中心办公楼	100000	65009988
北京华贸支行	朝阳区建国路79号北京华贸购物中心	100025	59379500
北京盈科中心支行	朝阳区工体北路甲2号盈科中心商场1层	100027	59272300

恒生银行（中国）有限公司

机构名称	地　址	邮　编	电　话
北京中关村支行	海淀区丹棱街3号中国电子大厦A座103室	100080	62500000
北京酒仙桥支行	朝阳区酒仙桥路18号1层159单元	100005	85293507
北京工体北路支行	东城区工体北路66号1号楼L105单元、L205单元	100007	85293726
北京嘉里中心支行	朝阳区光华路1号写字楼首层08单元	100020	85293556
北京金融街支行	西城区太平桥大街18号1层107单元	100020	85293677

韩亚银行（中国）有限公司

机构名称	地　址	邮　编	电　话
北京中关村支行	海淀区海淀中街15号远中悦来15-15～15-17底商	100083	62666710

北京望京支行	朝阳区望京广顺北大街33号福码大厦1层101A	100102	64721111
北京顺义支行	顺义区站前街8号院1号楼101-2号	101300	61479711

南洋商业银行（中国）有限公司

机构名称	地　　址	邮　编	电　话
北京中关村支行	海淀区海淀北二街8号中关村SOHO大厦1层105号、106号	100080	59718565
北京东直门支行	东城区东中街29号商业南1层RB1J号	100027	64624200

瑞士银行（中国）有限公司

机构名称	地　　址	邮　编	电　话
北京朝阳区支行	朝阳区建国门外大街1号院1号楼国贸大厦A座32层	100020	59696048

新韩银行（中国）有限公司

机构名称	地　　址	邮　编	电　话
北京顺义支行	顺义区站前街三号顺鑫国际商务中心1层01号、2层01号	100005	60406008
北京望京支行	朝阳区望京西园429号楼一层103号	100102	64729866
北京亦庄支行	北京经济技术开发区荣华南路1号院2号楼1层102号、103号	100176	

星展银行（中国）有限公司

机构名称	地　址	邮　编	电　话
北京金地中心支行	朝阳区建国路91号金地中心A座1层101单元	100022	85713303
北京燕莎中心支行	朝阳区亮马桥路50号1号楼S103室、C317室	100027	57529201
北京中关村支行	海淀区海淀东三街2号欧美汇大厦1层102单元	100080	57529290
北京将台支行	朝阳区酒仙桥路18号183单元	100016	57529336
北京金融大街支行	西城区金融大街7号英蓝国际金融中心F105～106室	100032	57529130
北京亚运村支行	朝阳区北辰东路8号25号楼1层102单元	100101	57529051
北京东方广场支行	东城区东长安街1号东方新天地商场首层SS03号店铺	100078	57529552

友利银行（中国）有限公司

机构名称	地　址	邮　编	电　话
北京望京支行	朝阳区阜荣街10号1层	100102	84718866
北京顺义支行	顺义区仓上街2号AMB大厦A区1层	101300	89452220
北京三元桥支行	朝阳区东三环北路丙2号	100027	84407177

渣打银行（中国）有限公司

机构名称	地　址	邮　编	电　话
北京燕莎中心支行	朝阳区亮马桥路50号1号楼1层S102B/S124号展厅	100016	64668803

北京中关村支行	海淀区海淀中街6号中关村金融中心B座首层	100080	62569990
北京华贸支行	朝阳区建国路81号华贸中心L122号单元	100025	59627888
北京东方广场支行	东城区东长安街1号东方广场东方经贸城中一办公楼	100006	58172888
北京亚运村支行	朝阳区慧忠里103楼洛克时代中心1层	100101	59113728
北京东直门支行	东城区东直门南大街1号来福士中心办公楼2层03单元	100007	59185986
北京金融街支行	西城区金融大街7号英蓝国际金融中心F107单元、F930单元	100033	59188966
北京永定门支行	东城区永定门西滨河路8号院7楼中海地产广场西塔2层01单元	100077	59182530
北京亦庄支行	北京经济技术开发区荣华中路10号亦城国际中心1幢裙房底商1层103号	100000	59188339
北京环球金融中心支行	朝阳区东三环中路1号1幢01层111单元	100020	

（6）资产管理公司

机构名称	地　址	邮　编	电　话
中国华融资产管理股份有限公司北京市分公司	西城区阜成门内大街293号	100034	66511186
中国长城资产管理股份有限公司北京市分公司	朝阳区工体南路东2号	100020	65528676
中国东方资产管理股份有限公司北京市分公司	东城区崇文门外大街44号大康大厦1~4层	100062	87559933
中国信达资产管理股份有限公司北京市分公司	东城区北三环东路36号环球贸易中心E座17~18层	100013	59025026

（7）信托公司

机构名称	地　址	邮　编	电　话
中诚信托有限责任公司	东城区安定门外大街2号安贞大厦	100013	84267168
中信信托有限责任公司	朝阳区新源南路6号京城大厦9层	100004	84861376
中国对外经济贸易信托有限公司	西城区复兴门内大街28号凯晨世贸中心中座6层	100031	59569228
中粮信托有限责任公司	东城区建国门内大街8号中粮广场B座11层	100005	85005188
中国金谷国际信托有限责任公司	西城区金融大街33号通泰大厦C座10层	100140	88086686
华鑫国际信托有限公司	西城区新华里16号院2号楼	100044	83568201
英大国际信托有限责任公司	东城区建国门内大街乙18号院1号楼英大国际大厦	100005	51960235
中国民生信托有限公司	东城区建国门内大街28号民生金融中心C座19层	100005	85259065
北京国际信托有限公司	朝阳区安立路30号院1号楼、2号楼	100012	59680888
国民信托有限公司	东城区西滨河路18号国民信托中心	100011	84268088
国投泰康信托有限公司	西城区阜成门北大街2号楼16层、17层	100034	83321800

（8）金融租赁公司

机构名称	地　址	邮　编	电　话
建信金融租赁有限公司	西城区闹市口大街长安兴融中心1号院4号楼6层	100031	67594572
北银金融租赁有限公司	东城区总布胡同58号天润财富中心9层、10层	100006	66429099
中国外贸金融租赁有限公司	海淀区三里河路1号西苑饭店11号楼	100044	68321925

（9）汽车金融公司

机构名称	地　址	邮　编	电　话
丰田汽车金融（中国）有限公司	朝阳区东三环中路 1 号环球金融中心西楼 7 层	100020	57639933
梅赛德斯—奔驰汽车金融有限公司	朝阳区望京街 8 号院 3 号楼	100102	84173745
沃尔沃汽车金融（中国）有限公司	朝阳区景华南街 5 号远洋光华中心 C 座 11 层	100020	65982199
大众汽车金融（中国）有限公司	朝阳区望京阜荣街 15 号院 3 号楼	100102	65897100
东风标致雪铁龙汽车金融有限公司	朝阳区东三环中路 20 号乐成中心 B 座	100022	65628168
宝马汽车金融（中国）有限公司	朝阳区东三环北路霞光里 18 号佳程广场 B 座 22 层	100027	84147013
北京现代汽车金融有限公司	朝阳区望京东园七区 19 号楼第 20～25 层	100102	13581931296

（10）财务公司

机构名称	地　址	邮　编	电　话
大唐电信集团财务有限公司	海淀区学院路 40 号一区 26 号楼 5 层北区	100191	62301628
国电财务有限公司	西城区西直门外大街 18 号金贸大厦 D 座 4 层 7 单元 501 室、502 室	100044	58682580
国药集团财务有限公司	海淀区知春路 20 号中国医药大厦 7 层	100088	82092606
西门子财务服务有限责任公司	朝阳区望京中环南路 7 号 17 幢西门子北京中心裙楼 2 层 133 室、145 室	100102	64767255
北京首都旅游集团财务有限公司	朝阳区广渠路 38 号一轻大厦 9 层	100022	87953578
中煤财务有限责任公司	朝阳区黄寺大街 1 号中煤大厦 6 层	100120	82277130
中国移动通信集团财务有限公司	西城区月坛南街 1 号院 3 号楼 19～20 层	100045	52601615
三峡财务有限责任公司	海淀区玉渊潭南路 1 号	100038	57081373

中海石油财务有限责任公司	东城区朝阳门北大街25号	100010	84528257
国投财务有限公司	西城区阜成门北大街2号楼18层	100034	83325055
国机财务有限责任公司	海淀区丹棱街3号	100080	82606838
海航集团财务有限公司	朝阳区霄云路甲26号海航大厦写字楼22层	100125	56692579
京能集团财务有限公司	朝阳区永安东里16号国际大厦23层	100022	85218503
国家能源集团财务有限公司	西城区西直门外大街18号楼2层7单元201室、202室	100011	57336263
首都机场集团财务有限公司	顺义区首都机场四纬路9号B区3层66室	100621	64557031
亿利集团财务有限公司	朝阳区光华路15号院1号楼19层1903室	100031	57370424
中核财务有限责任公司	海淀区玲珑路9号院东区10号楼7~8层	100089	68555829
北京控股集团财务有限公司	朝阳区化工路59号院2号楼5层	100023	65879864
北京金隅财务有限公司	东城区北三环东路36号B座2102室	100013	59575678
中油财务有限责任公司	东城区东直门北大街9号A座	100007	62093632
中国石化财务有限责任公司	朝阳区朝阳门北大街22号石化大厦7层	100728	59966358
中航工业集团财务有限责任公司	朝阳区东三环中路乙10号艾维克大厦18层	100022	65675017
五矿集团财务有限责任公司	海淀区三里河路5号A247~A267（单）A226~A236（双）C106	100044	68495776
航天科工财务有限责任公司	海淀区紫竹院路116号嘉豪国际中心B座12层	100097	58930277
中节能财务有限公司	西城区平安里西大街26号新时代大厦5层、8层、16层	100034	83496193
中国铁路财务有限责任公司	海淀区北蜂窝路5号院1－1号楼	100038	51898108
北京汽车集团财务有限公司	丰台区汽车博物馆东路6号院4号楼G座17~19层	100160	83362210
兵工财务有限责任公司	东城区安定门外青年湖南街19号	100011	84114795
兵器装备集团财务有限责任公司	海淀区车道沟10号院3号科研办公楼5层	100089	68966627

诚通财务有限责任公司	西城区复兴门内大街158号远洋大厦12层	100070	83278171
中国电子财务有限责任公司	海淀区中关村东路66号甲1号楼20~21层	100190	62672055
中国航空集团财务有限责任公司	朝阳区霄云路36号国航大厦18层01~03单元、26层	100027	84609870
中国航油集团财务有限公司	朝阳区安定路5号院3号楼21层01单元	100029	86497362
中国化工财务有限公司	海淀区北四环西路62号	100080	82677968
中铝财务有限责任公司	西城区文兴街1号院1号楼C座	100044	81923508
供销集团财务有限公司	西城区宣武门外大街甲1号C座7层	100052	59338332
中国黄金集团财务有限公司	东城区安定门外大街9号1层	100011	56353763
物美商业财务有限责任公司	海淀区西四环北路158号慧科大厦9层901室、12层1201室	100142	88192008
首钢集团财务有限公司	石景山区古城大街36号院1号楼	100000	56678852
中船重工财务有限责任公司	海淀区首体南路9号1楼21层、22层	100037	88010065
中信财务有限公司	朝阳区新源南路6号京城大厦低层栋B座2层	100004	59668279
保利财务有限责任公司	东城区朝阳门北大街1号新保利大厦8C	100010	84192374
北大方正集团财务有限公司	海淀区成府路298号928室	100871	82524798
华联财务有限责任公司	西城区金融大街33号通泰大厦B座428室	100033	88086592－666
通用技术集团财务有限责任公司	丰台区西三环中路90号通用技术大厦6层	100055	63348391
国家电投集团财务有限公司	海淀区西直门外大街18号金茂大厦C1座15~18层	100044	56625823
中国大唐集团财务有限责任公司	西城区菜市口大街1号13~14层	100053	83956857
中国华电集团财务公司	西城区宣武门内大街2号中国华电大厦B座10层	100031	83568080
中化工程集团财务有限公司	东城区东直门内大街2号化学工程大厦13层	100007	59765353
中铁财务有限责任公司	海淀区复兴路69号中国中铁大厦C座5层	100039	51952316

清华控股集团财务有限公司	海淀区中关村东路1号院8号楼清华科技园科技大厦A座10层	100084	82159898
中国电力财务有限公司	东城区建国门内大街乙18号院1号楼英大国际大厦	100005	51960605
中国华能财务有限责任公司	西城区复兴门南大街丙2号天银大厦C段西区7～8层	100031	63080829
航天科技财务有限责任公司	西城区平安里西大街31号	100035	66498873
中国电子科技财务有限公司	海淀区复兴路17号国海广场A座16层	100036	68589060
中国铁建财务有限责任公司	海淀区复兴路40号中国铁建大厦10层	100855	52689072
中建财务有限责任公司	朝阳区安定路5号院3号楼30层01单元	100029	86496308
中冶集团财务有限公司	朝阳区曙光西里28号中冶大厦31层	100028	59869881
中国建材集团财务有限公司	海淀区复兴路17号国海广场2号楼B座9层	100102	68139285
中交财务有限公司	西城区德胜门外大街83号德胜国际中心B座16层	100088	82016357
北京金融街集团财务有限公司	西城区真武庙四条8号院10号楼202室	100045	68065890
中化集团财务有限责任公司	西城区复兴门内大街28号凯晨世贸中心中座F3层	100031	59569458
中粮财务有限责任公司	朝阳区朝阳门南大街8号中粮福临门大厦19层	100020	85006238
中国电建集团财务有限责任公司	海淀区西直门外大街168号腾达大厦8层	100044	58367922
新华联集团财务有限公司	通州区台湖镇政府大街新华联总部大厦4层	101116	80538439
北京首农食品集团财务有限公司	西城区广安门大街316号京粮古船大厦5层	100053	83570625
联通集团财务有限公司	西城区金融大街21号中国联通大厦A座10层	100033	66258255
中车财务有限公司	丰台区芳城园一区15号楼附楼1～5层	100078	51897058
招商局集团财务有限公司	朝阳区安定路5号院10号楼B栋15层1501号	100082	52296342
中国航发集团财务有限公司	海淀区西三环北路甲2号7号楼7层	100081	68981828
国新集团财务有限责任公司	海淀区复兴路12号恩菲科技大厦B座1层	100038	83257423
中国电信集团财务有限公司	西城区西直门内大街118号冠华大厦8层	100035	56793225

中储粮集团财有限公司	西城区西直门外大街甲143号凯旋大厦A座5层	100044	88016750
中国能源建设集团财务有限公司	朝阳区西大望路甲26号院1号楼8层	100021	59098567

（11）货币经纪公司

机构名称	地　址	邮　编	电　话
中诚宝捷思货币经纪有限公司	东城区崇文门外大街8号院1号楼12层西塔1201号、1202号	100062	63195018

（12）消费金融公司

机构名称	地　址	邮　编	电　话
北银消费金融有限公司	海淀区中关村大街22号中科大厦B座	100080	60190750
中信消费金融有限公司	朝阳区建国门外大街19号国际大厦1号楼2层02~04A室	100600	65911008

（13）外国银行北京代表处

机构名称	地　址	邮　编	电　话
德国巴登—符腾堡州银行北京代表处	朝阳区东方东路19号院5号楼-3至24层101内01座11层1101B	100004	65900166
德国中央合作银行股份有限公司北京代表处	朝阳区建国门外大街19号国际大厦22-1B室	100004	85261162
德国迈世勒银行股份公司北京代表处	朝阳区亮马桥路50号燕莎中心C502室	100125	64600458
意大利联合圣保罗银行股份有限公司北京代表处	朝阳区新源南路6号京城大厦2108室	100004	84862108

意大利西雅那银行股份有限公司北京代表处	朝阳区建国门外大街1号（1期）16幢16层04～05单元	100004	65053136
意大利裕信银行股份有限公司北京代表处	朝阳区建国门外大街19号国际大厦2604室	100004	65003716
法国工商银行有限公司北京代表处	朝阳区建国门内大街7号光华长安大厦1座310室	100005	65102167
法国标致雪铁龙融资银行有限公司北京代表处	朝阳区亮马桥路50号北京燕莎中心1号楼C210B	100016	59275981
俄罗斯工业通讯银行公众式股份公司北京代表处	朝阳区建国门外大街22号赛特大厦1308室	100004	85120068
俄罗斯外贸银行公众股份公司北京代表处	朝阳区建国门外大街19号国际大厦21BC室	100020	85262800
俄罗斯开发与对外经济银行（外经银行）国有公司北京代表处	朝阳区建国门外大街19号国际大厦20A室	100004	65928905
俄罗斯天然气工业银行股份公司北京代表处	朝阳区建国门外大街甲六号中环世贸中心C座1205室	100022	65630516
俄罗斯储蓄银行公开股份公司北京代表处	朝阳区亮马桥50号北京燕莎中心办公楼C305～306A室	100016	64627039
俄罗斯农业银行股份公司北京代表处	朝阳区建国门外大街22号赛特大厦809室	100004	65686880
白俄罗斯银行储蓄银行公开股份公司北京代表处	朝阳区东大桥路9号楼1单元3层301房间A13室	100022	59604290
瑞士苏黎世州银行北京代表处	朝阳区东三环北路38号3号楼6层705室	100125	64672539
瑞士信贷银行有限公司北京代表处	西城区金融大街甲9号金融街中心南楼11层1101B单元	100027	63916889
瑞典北欧斯安银行有限公司北京代表处	朝阳区东三环北路8号亮马大厦1座603室	100004	65900913
西班牙对外银行有限公司北京代表处	东城区建国门内大街7号7层12号	100005	65170937
西班牙萨瓦德尔银行股份有限公司北京代表处	东城区东直门外大街46号天恒大厦8层805室	100027	84608366
西班牙巴塞罗那储蓄银行北京代表处	东城区建国门内大街7号光华长安大厦1座610室、611室	100005	59111199

英国巴克莱银行有限公司北京代表处	东城区建国门北大街8号华润大厦2108室	100005	58165023
英国高盛国际银行无限责任公司北京代表处	西城区金融大街7号英蓝国际中心17层1731房间	100140	66273138
丹麦银行有限公司北京代表处	朝阳区东三环中路5号楼28层07－1单元	100020	18513730137
塞浦路斯银行公共有限公司北京代表处	朝阳区建国门外大街2号院3号楼15层1503室	100022	65057723
巴基斯坦国民银行股份有限公司北京代表处	朝阳区新源南路2号昆仑饭店401室	100004	65903388－435
巴基斯坦联合银行股份有限公司北京代表处	朝阳区建国路乙118号京汇大厦2110室	100022	65675560
巴基斯坦艾尔哈比银行有限公司北京代表处	朝阳区建国门外大街1号（1期）16幢11层18－03室	100033	57379677
巴基斯坦阿斯卡利银行股份有限公司北京代表处	朝阳区建国门外大街1号（2期）24层2401－23单元	100004	59298655
菲律宾首都银行及信托有限公司北京代表处	东城区建国门内大街18号恒基中心办公1楼1座1410室	100005	65183359
哈萨克斯坦人民储蓄银行股份公司北京代表处	朝阳区东四环中路41号嘉泰国际大厦A座2006室	100025	84532708
韩国输出入银行北京代表处	朝阳区大望京科技商务园区宏泰东街浦项中心A栋29层2901室	100102	64653371
韩国农协银行股份公司北京代表处	朝阳区阜东大街6号院3号楼26层2608室	100102	84783510
日本三菱日联信托银行股份有限公司北京代表处	朝阳区建国门外大街甲26号长富宫办公楼304室	100022	65139016
日本住友信托银行股份有限公司北京代表处	朝阳区建国门外大街甲26号长富宫办公楼7009室	100022	65139020
日本农林中央金库有限公司北京代表处	朝阳区建国门外大街甲26号长富宫办公楼601室	100022	65130858
泰国开泰银行（大众）有限公司北京代表处	朝阳区建国门外大街19号国际大厦22层C室	100004	65008333
泰国汇商银行大众有限公司北京代表处	朝阳区建国门外大街1号（1期）16幢15层02～03单元	100004	57372681
合作金库商业银行股份有限公司北京代表处	朝阳区建国门外大街甲24号东海中心507室	100005	65188175
中国信托商业银行股份有限公司北京代表处	朝阳区光华路甲8号和乔大厦B座111室	100026	65813700

伊朗德佳拉特银行北京代表处	朝阳区亮马桥路50号燕莎中心写字楼C208室	100125	84551116
蒙古国郭勒穆特银行有限公司北京代表处	朝阳区建国门外大街19号中信国际大厦1号楼第20层E号	100004	65033876
阿联酋国民银行股份有限公司北京代表处	朝阳区亮马桥路50号燕莎中心C519室	100125	64650056
喀麦隆非洲第一银行有限公司北京代表处	朝阳区光华路8号楼1~43层A330A房间	100025	51149178
尼日利亚第一银行股份有限公司北京代表处	东城区建国门内大街8号中粮广场B座1431室	100005	65286820
尼日利亚詹尼斯银行股份有限公司北京代表处	朝阳区建国门外大街1号国贸大厦（3期）15层1559室	100004	57372661
加纳西非商业银行有限公司北京代表处	东城区南竹竿胡同2号银河SOHO 1幢20709室	100010	66290098
加拿大帝国商业银行有限公司北京代表处	朝阳区建国门外大街1号国贸大厦B座56层03单元	100022	65667071-103
加拿大丰业银行有限公司北京代表处	东城区建国门北大街8号华润大厦503室	100005	85192050
美国国泰银行有限公司北京代表处	海淀区首都体育馆南路6号3号楼1155室	100004	65159115
美国华美银行股份有限公司北京代表处	东城区建国门内大街7号光华长安大厦6楼609室	100005	65101551
古巴国民银行北京代表处	朝阳区建国门外大街丙24号京泰大厦706和708室	100022	65156586
智利银行股份有限公司北京代表处	朝阳区建国门外大街乙12号双子座大厦西塔606室	100022	58794301
阿根廷国民银行北京代表处	朝阳区建国门外大街1号国贸写字楼2座7层719室	100004	65051661
巴基斯坦联盟银行有限公司北京代表处	朝阳区建国门外大街1号16号楼（1期）14层23室	100004	65350216
匈牙利储蓄商业银行公共有限公司北京代表处	朝阳区建国门外大街1号院16号楼23层2315室	100022	85098729
卢森堡国际银行有限责任公司北京代表处	海淀区科学院南路2号C座12层S1210室	100000	82697692

（14）外国非银行金融机构北京代表处

机构名称	地　址	邮　编	电　话
美国万事达卡国际组织北京代表处	东城区建国门北大街8号华润大厦701～702室	100005	85199309
美国威士国际组织（亚太）有限公司北京代表处	朝阳区东三环中路5号财富金融中心48层	100020	85873018
日本国际信用卡公司北京代表处	朝阳区建国路乙118号京汇大厦2006室	100022	18519958680
宝捷思资本市场（香港）有限公司北京代表处	东城区崇文门外大街8号院1号楼12层西塔1204－1号	100190	13911359079
英国路孚特交易服务有限公司北京代表处	东城区东长安街1号东方广场东一办公楼18层5～12室	100738	13810544648
韩国货币经纪株式会社北京代表处	朝阳区建国门外大街2号银泰写字楼C座1542号	100022	15801252538
西联金融服务公司北京代表处	朝阳区建国门外大街乙12号双子座大厦东塔22层2208A	100022	13811157273
英国银星速汇有限公司北京代表处	朝阳区新源里16号琨莎中心1座1003室	100027	13801386349
CMC Markets英国公共有限公司北京代表处	西城区武定侯街6号11层1101～1202L	100738	13488721341
比利时欧洲清算银行有限公司北京代表处	西城区武定侯街6号卓著中心308室	100033	58543212
美国嘉盛集团北京代表处	朝阳区广顺南大街16号1号楼17层1901内173室	100102	13911626168

3. 证券业机构

（1）证券公司

机构名称	地　址	邮　编	电　话
北京高华证券有限责任公司	西城区金融大街7号英蓝国际金融中心18层	100034	4006508356
第一创业证券承销保荐有限责任公司	西城区武定侯街6号卓著中心10层	100033	63212001
东兴证券股份有限公司	西城区金融大街5号新盛大厦B座12－15层	100033	66555835
高盛高华证券有限责任公司	西城区金融大街7号英蓝国际金融中心18层	100034	66273358
国都证券股份有限公司	东城区东直门南大街3号国华投资大厦9～10层	100007	4008188118
国开证券股份有限公司	西城区阜成门外大街29号	100007	51789114
华融证券股份有限公司	西城区金融大街8号A座5层	100033	95390
瑞信方正证券有限责任公司	西城区金融大街甲9号金融街中心南楼15层	100033	66538666
瑞银证券有限责任公司	西城区金融大街7号英蓝国际金融中心15层	100034	4008878827
首创证券股份有限公司	西城区德胜门外大街115号德胜尚城E座	100088	4006200620
新时代证券股份有限公司	海淀区北三环西路99号西海国际中心1号楼15层	100086	4006989898
信达证券股份有限公司	西城区闹市口大街9号院1号楼信达金融中心	100031	4008008899
中德证券有限责任公司	朝阳区建国路81号华贸中心写字楼1座22层	100025	59026663
中国国际金融股份有限公司	朝阳区建国门外1号国贸大厦2座、甲6号爱思开大厦38层	100022	65051166
方正证券承销保荐有限责任公司	朝阳区北四环中路27号院5号楼北京盘古大观写字楼40～43层	100140	4008895618
中国银河证券股份有限公司	西城区金融大街35号国际企业大厦C座	100035	4008888888
中信建投证券股份有限公司	东城区朝内大街188号	100010	95587

（2）证券分公司

机构名称	地　　址	邮　编	电　话
爱建证券有限责任公司北京分公司	朝阳区北辰西路 8 号院 2 号楼 1～14 层 101 内 7 层 0826～0827 号	100101	85115800
安信证券股份有限公司北京分公司	西城区阜成门北大街 2 号楼 15 层	100033	83321198
渤海证券股份有限公司北京分公司	西城区西直门外大街甲 143 号 C 座第 F2 层 M 单元	100044	88016588
财达证券股份有限公司北京分公司	海淀区花园路 2 号牡丹科技楼 B 座 3 层 B305 室	100191	62355006
财通证券股份有限公司北京分公司	西城区月坛南街 14 号月新大厦第 10 层 1007 室	100052	62666600
财通证券资产管理有限公司北京分公司	西城区月坛南街 14 号月新大厦第 10 层 1005 室	100045	0571－89720027
川财证券有限责任公司北京分公司	西城区平安里西大街 28 号 12 层	100034	66495971
大同证券有限责任公司北京分公司	朝阳区光华东里 8 号院 2 号楼 18 层 1801 内 2001 室	100020	65852699
德邦证券股份有限公司北京分公司	西城区西直门外大街 1 号院 1 号楼 15 层 17B1～B4	100044	58302537
第一创业证券股份有限公司北京分公司	西城区金融大街 9 号等 2 幢甲 9 号楼 8 层 801C	100033	63197866
东北证券股份有限公司北京分公司	西城区西直门外大街 1 号院 3 号楼 9D1～D3	100033	58302526
东北证券股份有限公司北京中关村分公司	东城区安德路甲 61 号 2 号楼 3 层	100011	64522878
东莞证券股份有限公司北京分公司	海淀区中关村南大街 17 号 3 号楼 19 层 1910～1913 室	100089	58473288
东吴证券股份有限公司北京分公司	西城区金融大街 19 号富凯大厦 B 座 1003 室	100033	66573700
东亚前海证券有限责任公司北京分公司	东城区朝阳门北大街 6 号首创大厦 9 层 919 室	100005	85283100
方正证券股份有限公司北京分公司	丰台区广安路 9 号院 6 号楼 12 层 1217 室	100055	59355478
方正证券股份有限公司北京证券资产管理分公司	西城区丰盛胡同 28 号楼 8 层	100037	57395177
光大证券股份有限公司北京分公司	西城区月坛北街 2 号月坛大厦东配楼 2 层	100037	58452088

广发证券股份有限公司北京分公司	西城区月坛北街2号月坛大厦18层	100045	59136868
国海证券股份有限公司北京分公司	海淀区西直门外大街168号	100044	68366838
国金证券股份有限公司北京场外证券业务分公司	东城区建国门内大街26号新闻大厦17层	101400	95310
国联证券股份有限公司北京分公司	海淀区首体南路9号4楼12层1203室	100044	68798616
国融证券股份有限公司北京分公司	西城区闹市口大街1号院长安兴融中心4号楼11层	100020	65958678
国盛证券有限责任公司北京分公司	朝阳区新源南路3号－3至24层101内A座7层701单元	100033	56500252
国泰君安证券股份有限公司北京分公司	海淀区知春路7号致真大厦B座202室	100086	82263606
国信证券股份有限公司北京分公司	海淀区三里河路13号1层、10～12层	100044	88315666
国元证券股份有限公司北京分公司	东城区东直门外大街46号天恒大厦A座21层	100027	84608789
海通证券股份有限公司北京分公司	海淀区中关村南大街甲56号方圆大厦写字楼6层	100044	88027666
宏信证券有限责任公司北京分公司	海淀区紫竹院路116号嘉豪国际中心A座西2层	100022	56088926
华安证券股份有限公司北京分公司	朝阳区东三环中路20号A座27层	100022	56683566
华宝证券有限责任公司北京分公司	朝阳区建国门外大街丙12号楼13层1301内1501室	100020	57610206
华创证券有限责任公司北京分公司	西城区锦什坊大街26号楼4层401室	100033	63609811
华福证券有限责任公司北京分公司	朝阳区朝阳门北大街20号1～25层101内1层107室、22层	100027	89926958
华金证券股份有限公司北京分公司	朝阳区建国路108号	100005	85552667
华金证券股份有限公司北京第二分公司	东城区建国门南大街7号璞邸酒店C座8层802A室、808～809室	100005	85879637
华兴证券有限公司北京分公司	朝阳区工人体育场北路甲2号盈科中心B座16层	100027	65301116

华林证券股份有限公司北京分公司	西城区金融大街35号1幢1501~1502室	100033	0755－82707801
华龙证券股份有限公司北京分公司	西城区金融大街33号6层	100033	88086251
华融证券股份有限公司北京分公司	西城区金融大街8号3层	100000	85556858
华泰证券股份有限公司北京分公司	西城区太平桥大街丰盛胡同28号太平洋保险大厦A座18层1801室	100032	63211166－616
华西证券股份有限公司北京分公司	海淀区紫竹院路31号华澳中心2层	100097	51669396－219
华鑫证券有限责任公司北京分公司	西城区阜成门外大街甲28号西楼10－01号、10－02号	100037	88306898
华英证券有限责任公司北京分公司	朝阳区建国门外大街8号IFC大厦A座1002~1003单元	100020	58113000
汇丰前海证券有限责任公司北京分公司	朝阳区东三环中路1号1幢2单元2001内07~09单元	100020	57952392
江海证券有限公司北京分公司	朝阳区东三环南路58号富顿中心2层202室	100022	58674866
江海证券有限公司北京第二分公司	朝阳区东三环南路甲52楼13层16A	100020	58672104
金元证券股份有限公司北京分公司	海淀区花园东路11号泰兴大厦10层1001室	100088	57625868
九州证券股份有限公司北京分公司	朝阳区慧忠里103楼7层A座701室	100032	83150768
开源证券股份有限公司北京第二分公司	西城区太平街6号6层D－715室	100022	85660056
开源证券股份有限公司北京分公司	西城区锦什坊街35号院1号楼2层201室	100033	58080500
开源证券股份有限公司北京第三分公司	丰台区榴乡路88号院18号楼6层601室	100075	58080620
联储证券有限责任公司北京分公司	朝阳区安定路5号院3号楼27层04单元	100013	86499821
民生证券股份有限公司北京分公司	海淀区西北旺东路10号院东区1号楼3层305A	100094	58741955
南京证券股份有限公司北京分公司	朝阳区东三环19号联合国际大厦甲段M层	100021	87820580
平安证券股份有限公司北京市分公司	东城区东花市北里西区23号B座	100032	59734825
山西证券股份有限公司北京分公司	海淀区高梁桥斜街13号院甲33号楼2层201室	100044	62236800
申港证券股份有限公司北京分公司	海淀区首体南路9号4楼5层501室	100044	56931989

申万宏源证券承销保荐有限责任公司北京分公司	西城区太平桥大街19号B座5层	100034	88085789
申万宏源证券有限公司北京分公司	西城区金融大街20号B座6层	100032	87770336
申万宏源证券有限公司北京资产管理分公司	西城区太平桥大街19号B座2层	100033	88085731
世纪证券有限责任公司北京分公司	东城区东四十条68号平安发展大厦东区3层312室	100007	65867552
首创证券股份有限公司北京分公司	朝阳区北辰东路8号8号楼2层212室	100101	84975825
太平洋证券股份有限公司北京分公司	西城区北展北街5~17（单）号2层9号	100044	88321608
天风证券股份有限公司北京证券承销分公司	西城区佟麟阁路36号	100031	65534527
万和证券股份有限公司北京分公司	西城区金融大街15号5层501－5室	100027	84367301
网信证券有限责任公司北京分公司	朝阳区永安东里16号18层09~12单元、15单元	100022	85111399
五矿证券有限公司北京分公司	海淀区首体南路9号4楼6层603室	100048	56176256
西部证券股份有限公司北京第二分公司	西城区月坛南街59号3层317室	100045	62139009
西部证券股份有限公司北京第一分公司	西城区月坛南街59号1401－1室	100086	68529007
东方财富证券股份有限公司北京分公司	海淀区西直门北大街32号枫蓝国际大厦B座1506室	100082	82206330
西南证券股份有限公司北京分公司	西城区北三环中路27号4层427室	100022	62015533
湘财证券股份有限公司北京承销与保荐分公司	西城区月坛南街1号院1号楼2层1－204－01单元	100032	56510920
湘财证券股份有限公司北京资产管理分公司	西城区月坛南街1号院1号楼2层1－204－02单元	100032	56510801
湘财证券股份有限公司北京分公司	朝阳区芍药居北里101号世奥国际中心A座7层	100029	84646666
新时代证券股份有限公司北京分公司	海淀区中关村东路66号1号楼20层2306－B	100190	62672700
兴业证券股份有限公司北京分公司	西城区武定侯街2号601－7~601－9室	100033	82005889
银河金汇证券资产管理有限公司北京分公司	西城区金融大街35号国际企业大厦C座6层	100033	66237650

粤开证券股份有限公司北京分公司	朝阳区红军营南路媒体村天畅园6号楼1层	100107	64408910
长城国瑞证券有限公司北京分公司	西城区月坛北街2号月坛大厦A座C3	102601	68085907
长城证券股份有限公司北京分公司	西城区西直门外大街112号阳光大厦8~9层	100044	88367710
长江证券股份有限公司北京分公司	西城区金融大街33号通泰大厦B段15层	100033	58815299
招商证券股份有限公司北京分公司	朝阳区建国路118号8层A1A2单元、11层B1B2单元	100022	65684912
浙江浙商证券资产管理有限公司北京分公司	西城区广安门外大街1号4层412室	100708	0571 -87903370
中国银河证券股份有限公司北京分公司	西城区太平桥大街111号5层	100033	58872898
中国中金财富证券有限公司北京分公司	丰台区宋庄路71号院1号楼11层1102室	100032	58878788
中航证券有限公司北京分公司	朝阳区慧忠路5号远大中心A座9层05单元	100101	84801312
中山证券有限责任公司北京分公司	西城区车公庄大街乙1号	100044	68346977
中泰证券股份有限公司北京分公司	朝阳区新源南路8号启皓中心西塔16层08单元	100027	65081287
中天国富证券有限公司北京分公司	西城区金融大街9号楼等2幢9号楼15层1501 -01单元	100033	58251762
中信建投证券股份有限公司北京鸿翼分公司	东城区朝阳门内大街2号凯恒中心B座9层	100000	86451427
中信证券股份有限公司北京分公司	东城区建国门北大街5号金成建国5号4层	100005	60836833
中银国际证券股份有限公司北京分公司	西城区西单北大街110号西单汇7层	100032	66229255
中邮证券有限责任公司北京证券资产管理分公司	海淀区西直门北大街56号	100088	67017788 -8008
中原证券股份有限公司北京分公司	西城区月坛北街2号月坛大厦北座主楼16层1611室	100055	83065732
东北证券股份有限公司北京固定收益分公司	东城区安德路甲61号2号楼3层A -301A	100010	62310854
摩根士丹利华鑫证券有限责任公司北京分公司	东城区安定门外大街208号院1号楼12层	100011	58288300
信达证券股份有限公司北京分公司	石景山区八角西街68号	100043	68887451
野村东方国际证券有限公司北京分公司	朝阳区东三环北路5号发展大厦1层100C室	100020	56329301

华林证券股份有限公司北京第一分公司	朝阳区北三环东路28号易亨大厦2层	100013	64405986
中信建投证券股份有限公司北京东城分公司	东城区东直门南大街6号	100020	64172758
国海证券股份有限公司北京第一分公司	朝阳区和平街11区38号楼	100013	64211802
中信建投证券股份有限公司北京朝阳分公司	朝阳区安立路66号4号楼	100107	64906210
中信建投证券股份有限公司北京海淀分公司	海淀区丹棱街18号创富大厦1层108室、2层	100080	82666938
中信建投证券股份有限公司北京京南分公司	丰台区南大红门路15号梅源市场南段	100076	68759942
中信建投证券股份有限公司北京京西分公司	海淀区三里河路39号迈行大厦5层	100044	88381545

（3）证券营业部

机构名称	地址	邮编	电话
爱建证券有限责任公司北京科学院南路证券营业部	海淀区中关村新科祥园甲3号楼2层01室	100080	61934401
安信证券股份有限公司北京北苑路证券营业部	朝阳区天溪园20号楼1层商业24号	100107	84932761
安信证券股份有限公司北京滨河路证券营业部	门头沟区滨河路115号滨河大厦1407室	102300	69820626
安信证券股份有限公司北京东升科技园证券营业部	海淀区西小口路66号中关村东升科技园北领地B－2号楼西门	100192	62928212
安信证券股份有限公司北京广安路证券营业部	丰台区广安路9号院国投财富广场5号楼3A12室	100071	83688930
安信证券股份有限公司北京阜成门证券营业部	西城区阜成门北大街2号楼国投金融大厦7层	100034	83321505
安信证券股份有限公司北京阜荣街证券营业部	朝阳区望京园601号楼9层1009室	100102	84766301
安信证券股份有限公司北京复兴门外大街证券营业部	西城区复兴门外大街A2号中化大厦11层	100045	68616066
安信证券股份有限公司北京火沙路证券营业部	顺义区后沙峪镇裕民大街3号院1幢1层1071室	101318	61438832
安信证券股份有限公司北京建国门外大街证券营业部	朝阳区建国门外大街乙24号燕华苑1座N101号	100021	85985637

安信证券股份有限公司北京青塔西路证券营业部	丰台区青塔西路52号院10号楼1~2层2单元甲37号	100071	63878966
安信证券股份有限公司北京石佛营路证券营业部	朝阳区八里庄北里129号院10号楼115室	100025	85527007
安信证券股份有限公司北京怀柔南大街证券营业部	怀柔区南大街1号2幢1层	101499	82565282
安信证券股份有限公司北京西关二巷证券营业部	通州区新华南二街12号院2号楼1层2-13室	101100	80884800
安信证券股份有限公司北京东直门南大街证券营业部	东城区东直门南大街5号6层616~618室	100007	60774588
安信证券股份有限公司北京东四环中路证券营业部	朝阳区东四环中路82号2座2-1座01层101-2	100025	67386787
安信证券股份有限公司北京兴华大街证券营业部	大兴区丽园路7号1~2层116室	100070	89293310
安信证券股份有限公司北京远大路证券营业部	海淀区蓝靛厂金源时代购物中心B区2号B座12层	100097	88893680
安信证券股份有限公司北京政通路证券营业部	房山区良乡政通路12号501室	102401	61378661
安信证券股份有限公司北京中关村东路证券营业部	海淀区中关村南一条甲1号2号楼1层102室	100190	62561618
安信证券股份有限公司北京中关村南大街证券营业部	海淀区中关村南大街甲32号中关村科技发展大厦B座2层	100081	62140241
安信证券股份有限公司北京霄云路证券营业部	朝阳区霞光里15号霄云中心A座21层2101室	100125	84488362
北京高华证券有限责任公司北京金融大街证券营业部	西城区金融大街7号英蓝国际金融中心18层	100034	66273539
渤海证券股份有限公司北京大兴兴华大街证券营业部	大兴区兴华大街13号院5号楼1层4-2号	102600	69261315

渤海证券股份有限公司北京广顺北大街证券营业部	朝阳区广顺北大街33号院1号楼福码大厦A座705～706室	100102	64776160
渤海证券股份有限公司北京慧忠里证券营业部	朝阳区北辰东路8号汇欣大厦A座1层	100101	64892180
渤海证券股份有限公司北京西外大街证券营业部	西城区西直门外大街甲143号凯旋大厦C座2层	100044	88016467
渤海证券股份有限公司北京广渠门外大街证券营业部	东城区广渠家园3楼1层101－1室	100124	15811285287
财达证券股份有限公司北京花园路证券营业部	海淀区花园路2号牡丹科技楼3层B307室	100083	62356660
财达证券股份有限公司北京首体南路证券营业部	海淀区首体南路20号国兴家园D座	100044	88354732
财信证券有限责任公司北京德胜门外大街证券营业部	西城区德胜门外大街13号院1号楼305室	100037	68003012
财信证券有限责任公司北京朝阳东三环中路证券营业部	朝阳区建外SOHO东区7号楼3层SH－7302号	100020	80456300
财信证券有限责任公司北京中关村东路证券营业部	海淀区中关村东路89号恒兴大厦南门301号	100080	62615553
财信证券有限责任公司北京宏泰东街证券营业部	朝阳区望京东园三区15号楼1层101室	100102	64754006
财通证券股份有限公司北京北三环证券营业部	朝阳区安贞西里三区26楼9层906室	100025	64453706
长城国瑞证券有限公司北京工体南路证券营业部	朝阳区朝外大街16号1幢7层703室	100020	50947396
长城国瑞证券有限公司北京远大路证券营业部	海淀区蓝靛厂东路2号院2号楼1单元A座17E	100097	88508825
长城国瑞证券有限公司北京月坛北街证券营业部	西城区月坛大厦C座3层	100045	68080680
长城证券股份有限公司北京崇文门外大街证券营业部	东城区崇文门外大街新怡家园甲3号楼11层1106B	100062	67089320

长城证券股份有限公司北京滨河中路证券营业部	通州区江米店街2号院5号楼9层	100034	89528571
长城证券股份有限公司北京望京西路证券营业部	朝阳区望京西路50－1号卷石天地大厦A座7层	100102	64562003
长城证券股份有限公司北京阜成门外大街证券营业部	西城区阜成门外大街甲28号西楼19层1909室	100034	68339069
长城证券股份有限公司北京小营路证券营业部	朝阳区北苑路86号院215号楼1层商业107号	100101	64964121
长城证券股份有限公司北京知春路证券营业部	海淀区知春路51号2层201室	100086	82533097
长城证券股份有限公司北京中核路证券营业部	丰台区科学城中核路1号3号楼2层	100070	83670879
长江证券股份有限公司北京百万庄大街证券营业部	西城区百万庄大街22号机工大厦2层	100037	68361550
长江证券股份有限公司北京北清路证券营业部	昌平区回龙观镇北清路1号院6号楼6－2－104～105室	102206	80765516
长江证券股份有限公司北京德胜门外大街证券营业部	西城区德胜门外大街13号院1号楼1层105A	100009	82209680
长江证券股份有限公司北京广渠门内大街证券营业部	东城区广渠门内大街45号雍贵中心D座202室	100062	51696663
长江证券股份有限公司北京国贸证券营业部	朝阳区建国路93号院万达广场9号楼101室	100000	58203808
长江证券股份有限公司北京万柳东路证券营业部	海淀区长春桥路万柳亿城中心A座901室	100089	58818680
长江证券股份有限公司北京望京西路证券营业部	朝阳区南湖西园甲205号1层08号	100000	52091528
长江证券股份有限公司北京新源里证券营业部	朝阳区新源里16号琨莎中心2号楼3A4层	100027	64679391
长江证券股份有限公司北京中关村东路证券营业部	海淀区北四环西路9号银谷大厦3层306室	100190	62423429

大通证券股份有限公司北京建国路证券营业部	朝阳区建国路86号院1号楼8层04号	100022	67740699
大同证券有限责任公司北京西四环中路证券营业部	海淀区西四环中路39－7号万地名苑1层	100039	68155388
德邦证券股份有限公司北京朝阳北路证券营业部	朝阳区朝阳北路237号复星国际中心19层	100020	65089628
第一创业证券股份有限公司北京朝阳证券营业部	朝阳区东三环北路甲19号楼17层2006室	100621	88866799
第一创业证券股份有限公司北京和平里证券营业部	朝阳区西坝河南路1号4号楼9层	100621	88956762
第一创业证券股份有限公司北京新街口北大街证券营业部	西城区新街口北大街3号6层605～606室	100035	63197144
第一创业证券股份有限公司北京中关村证券营业部	海淀区海淀大街32号1号楼3层1～4号	100080	62423577
东北证券股份有限公司北京朝外大街证券营业部	朝阳区朝外大街乙6号20层2303室、2305室	100020	59000933
东北证券股份有限公司北京三里河东路证券营业部	西城区三里河东路5号中商大厦4层	100045	68573809
东北证券股份有限公司北京通州证券营业部	通州区玉带河东街336号楼1层	101199	65256081
东方证券股份有限公司北京安立路证券营业部	朝阳区北辰东路8号院27号楼2层202～203号、3层301号	100101	84896009
东方证券股份有限公司北京大郊亭南街证券营业部	朝阳区大郊亭南街5号院1号楼1层106号、2层2017号	100020	80456075
东方证券股份有限公司北京学院路证券营业部	海淀区学院路30号科大天工大厦B座12层	100083	62660253
东方证券股份有限公司北京望京证券营业部	朝阳区望京西园丙410号楼1层410C－1（1）5号	100102	64747101
东海证券股份有限公司北京安苑北里证券营业部	朝阳区安苑北里25号长白山国际酒店3层	100000	56537997

东海证券股份有限公司北京西三环北路证券营业部	海淀区西三环北路87号财经中心D座9层	100101	84892359
东莞证券股份有限公司北京西城太平街证券营业部	西城区太平街8号院30号楼3层301－01室	102202	63166002
东莞证券股份有限公司北京兴华大街证券营业部	大兴区黄村镇富强路97号	102611	62699490
东吴证券股份有限公司北京安定路证券营业部	朝阳区安定路39号长新大厦5层506室	100029	84113676
东吴证券股份有限公司北京宣武门外大街证券营业部	西城区宣武门外大街6～18（双）号6号楼3层323号	100034	57724920
东兴证券股份有限公司北京北四环中路证券营业部	海淀区北四环中路229号海泰大厦2层	100083	82884280
东兴证券股份有限公司北京大望路证券营业部	朝阳区西大望路15号外企大厦B座4层	100022	67771886－699
东兴证券股份有限公司北京复兴路证券营业部	海淀区复兴路65号电信实业大厦1层103室	100036	50981825
东兴证券股份有限公司北京知春路证券营业部	海淀区知春路甲63号中国卫星通信大厦西座1层01单元	100088	66551710
东兴证券股份有限公司北京金融大街证券营业部	西城区金融大街9号楼3层302室	100032	66555383
东方财富证券股份有限公司北京朝内大街证券营业部	东城区东水井胡同11号楼1层106室	100010	58641970
东方财富证券股份有限公司北京海淀大街证券营业部	海淀区彩和坊路10号1层121室、122室	100082	81046708
东方财富证券股份有限公司北京航丰路证券营业部	丰台区航丰路1号院1号楼1～2层101内103室	100000	63703597
东方财富证券股份有限公司北京建国路证券营业部	朝阳区建国路93号院12号楼1205号	100000	58208817

东方财富证券股份有限公司北京金融大街证券营业部	西城区太平桥大街8号院10号楼1~2层34号	100031	59352926
东方财富证券股份有限公司北京三元桥证券营业部	朝阳区曙光西里甲1号1层05室	100012	58220096
东方财富证券股份有限公司北京宣武门证券营业部	西城区宣武门外大街28号2幢7层A707~A709室	100034	83531821
东方财富证券股份有限公司北京望京北路证券营业部	朝阳区利泽中园208号1幢1层101内1104室	100102	53526043
东方财富证券股份有限公司北京西三环北路证券营业部	海淀区西三环北路72号A座2103室	100048	53973903
方正证券股份有限公司北京安定门外大街证券营业部	东城区安定门外大街66号3幢101室	100011	84215585
方正证券股份有限公司北京阜外大街证券营业部	西城区展览馆路42~48（双）号楼5层588室	100044	68571606
方正证券股份有限公司北京回龙观西大街证券营业部	昌平区回龙观西大街16号院1号楼1层A105室	100037	57766982
方正证券股份有限公司北京玉带河东街证券营业部	通州区玉带河东街105号1~2层	102208	60567762
方正证券股份有限公司北京安慧东里证券营业部	朝阳区小营路17号1幢2层206室	101100	64830266－609
方正证券股份有限公司北京彩和坊路证券营业部	海淀区彩和坊路8号天创科技大厦1层101~102室	100080	62698099
方正证券股份有限公司北京丰台西局欣园证券营业部	丰台区西局欣园南区3号楼	100161	63859115
方正证券股份有限公司北京佟麟阁路证券营业部	西城区佟麟阁路95号尚信大厦6~7层	100031	66412303

方正证券股份有限公司北京望京证券营业部	朝阳区望京街9号商业楼3层	100102	84484501
方正证券股份有限公司北京荣华中路证券营业部	北京经济技术开发区荣华中路5号院2号楼1层102室	100176	67875110
方正证券股份有限公司北京马家堡西路证券营业部	丰台区星河苑2号院14号楼1层商业01号	100068	67509788
光大证券股份有限公司北京大兴证券营业部	大兴区金星西路19号及19号院2号楼101室	102600	53221989
光大证券股份有限公司北京东中街证券营业部	东城区东中街29号东环广场B座写字楼2层	100027	64182899
光大证券股份有限公司北京光华路证券营业部	朝阳区光华路4号院3号楼C座1506～1507室	100020	85951550
光大证券股份有限公司北京三元桥证券营业部	朝阳区东三环北路霞光里18号1号楼B座3层307单元	100621	64182800
光大证券股份有限公司北京朝阳路证券营业部	朝阳区东四环中路41号9层918～922室	100124	66066839
光大证券股份有限公司北京丽泽路证券营业部	丰台区莱户营东街60号哈特商务酒店2层	100054	83067026
光大证券股份有限公司北京四季青证券营业部	海淀区通汇路14号B区202号	100195	60562870
光大证券股份有限公司北京西直门证券营业部	西城区西直门外大街1号院2号楼8层8C12号	100044	58302858
光大证券股份有限公司北京小营路证券营业部	朝阳区惠新东街甲2号楼－3至25层101内7层701室	100029	59046206
光大证券股份有限公司北京总部基地证券营业部	丰台区外环西路26号院5号楼4层	100070	68588150
光大证券股份有限公司北京月坛北街证券营业部	西城区月坛北街2号月坛大厦东配楼3层、5层	100045	68081180
光大证券股份有限公司北京中关村大街证券营业部	海淀区海淀大街8号A座2层A～C	100080	82484423
光大证券股份有限公司北京永安里证券营业部	朝阳区通用国际中心A座606室	100022	58793155
广发证券股份有限公司北京安立路证券营业部	朝阳区安立路68号3层D375～D379室	100027	64669682
广发证券股份有限公司北京朝阳门证券营业部	东城区朝阳门银河SOHOA座2层10201～02室	100007	59653680

广发证券股份有限公司北京阜成门南大街证券营业部	西城区阜成门南大街甲3号	100037	68020650
广发证券股份有限公司北京广安门内大街证券营业部	西城区广内大街316号京粮古船大厦6层	100053	63547192
广发证券股份有限公司北京建外大街证券营业部	朝阳区建外大街19号国际大厦A座301室	100004	65150629
广发证券股份有限公司北京鲁谷路证券营业部	石景山区鲁谷路74号中国瑞达大厦6层F608~609室	100040	68609553
广发证券股份有限公司北京中关村东路证券营业部	海淀区中关村东路8号东升大厦A座601室	100083	82526215
广发证券股份有限公司北京善缘街证券营业部	海淀区善缘街1号1层16-1室	100093	82636787
广发证券股份有限公司北京宣武门外大街证券营业部	西城区宣武门外大街甲1号环球财讯中心D座11层	100034	83948111
国都证券股份有限公司北京北三环中路证券营业部	西城区北三环中路6号3幢伦洋大厦13层1306室	100029	59633865
国都证券股份有限公司北京朝阳路证券营业部	朝阳区八里庄西里97号97号楼1506号	100025	65505073
国都证券股份有限公司北京东中街证券营业部	东城区东中街40号1号楼1层06号-2房屋	100027	65533232
国都证券股份有限公司北京阜外大街证券营业部	西城区阜成门外大街22号1幢3层301室	100037	68994200
国都证券股份有限公司北京九棵树街证券营业部	通州区九棵树街109号、113号、117号	101100	59392156
国都证券股份有限公司北京鲁谷路证券营业部	石景山区鲁谷路74号中国瑞达大厦10层F1008~F1010号	100040	68176013
国都证券股份有限公司北京门头沟滨河路证券营业部	门头沟区滨河霁月园8号楼滨河路153-15号1层	102300	69829803

国都证券股份有限公司北京三元西桥证券营业部	朝阳区曙光西里甲6号院9号楼2层10室	100025	59762885
国都证券股份有限公司北京月坛北街证券营业部	西城区月坛北街25号47幢1层001室	100045	58406885
国都证券股份有限公司北京中关村南大街证券营业部	海淀区中关村南大街5号理工科技大厦3层	100081	68949686
国海证券股份有限公司北京中关村大街证券营业部	海淀区中关村大街11号9层955室	100093	61460370
国海证券股份有限公司北京新华西街证券营业部	通州区新华西街58号院2号楼24层2415室	101100	69559298
国金证券股份有限公司北京长椿街证券营业部	西城区长椿街3号2－101室	100033	66215599
国金证券股份有限公司北京建国门内大街证券营业部	东城区建国门内大街26号新闻大厦6层620室	100600	85050010
国开证券股份有限公司北京西四环北路证券营业部	海淀区西四环北路15号依斯特大厦1层102室	100083	88869360
国开证券股份有限公司北京中关村南大街证券营业部	海淀区中关村南大街6号中电信息大厦5层	100086	82168390
国开证券股份有限公司北京珠市口东大街证券营业部	东城区珠市口东大街14号中欣银宝通大厦2层	100050	67072757
国联证券股份有限公司北京朝阳门南大街证券营业部	东城区南竹杆胡同2号银河SOHO中心1层50105室	100010	59576215
国联证券股份有限公司北京建材城西路证券营业部	昌平区西三旗桥东上奥世纪A座21层	100096	57391185
国联证券股份有限公司北京马家堡东路证券营业部	丰台区马家堡东路168号6号楼1层21号底商	100068	56158989

国联证券股份有限公司北京石景山路证券营业部	石景山区石景山路乙18号院2号楼12层1505~1509室	100040	88685951
国联证券股份有限公司北京农大南路证券营业部	海淀区厢黄旗2号楼1层X05－4－01	100084	63173041
国融证券股份有限公司北京东四环中路证券营业部	朝阳区延静里中街3号院甲6号楼－2至22层101内1层105~106室	100026	52088310－803
国融证券股份有限公司北京北辰东路证券营业部	朝阳区北辰东路8号院12楼3层302室	100101	84981734
国融证券股份有限公司北京宣武门西大街证券营业部	西城区宣武门西大街金隅大厦11层	100034	66418320
国融证券股份有限公司北京阜通东大街证券营业部	朝阳区阜通东大街1号院3号楼4层1单元110505号	100102	58221808
国融证券股份有限公司北京中关村大街证券营业部	海淀区中关村大街甲59号文化大厦203室	100093	82200303
国融证券股份有限公司北京榴乡路证券营业部	丰台区榴乡路88号院21号楼101室	100079	56762128
国盛证券有限责任公司北京德胜门外大街证券营业部	西城区德胜门外大街83号德胜国际中心B座302室	100088	82625941
国盛证券有限责任公司北京建国门外大街证券营业部	朝阳区永安东里8号1幢17层1702内13单元	100022	80223383
国泰君安证券股份有限公司北京安贞门证券营业部	朝阳区安定路5号院9号楼1层105单元	100029	82263815
国泰君安证券股份有限公司北京朝阳门证券营业部	朝阳区朝外大街22号1层A1号	100020	50953121
国泰君安证券股份有限公司北京德外大街证券营业部	西城区德胜门外大街13号院1号楼109－A、301室	100088	82263987

国泰君安证券股份有限公司北京方庄路证券营业部	丰台区方庄路1号	100078	82263728
国泰君安证券股份有限公司北京光华路证券营业部	朝阳区光华路1号01层03单元	100020	82263796
国泰君安证券股份有限公司北京怀柔府前街证券营业部	怀柔区府前街3号	101400	69680343
国泰君安证券股份有限公司北京建国路证券营业部	朝阳区建国路93号院5号楼119室	100022	82263772
国泰君安证券股份有限公司北京金融街证券营业部	西城区金融大街28号院盈泰商务中心2号楼	100140	82263951
国泰君安证券股份有限公司北京鲁谷路证券营业部	石景山区银河大街6号院1号楼南塔106~108室	100040	82263836
国泰君安证券股份有限公司北京苏州桥证券营业部	海淀区北三环西路99号院1号楼1层105A~106A	100086	82263806
国泰君安证券股份有限公司北京通州新华西街证券营业部	通州区新华西街60号101室	101100	82263833
国泰君安证券股份有限公司北京望京阜通东大街证券营业部	朝阳区阜通东大街12号楼1层101内101A、105内105A	100102	82263825
国泰君安证券股份有限公司北京亦庄宏达北路证券营业部	北京经济技术开发区宏达北路16号101室	100176	82263899
国泰君安证券股份有限公司北京知春路证券营业部	海淀区知春路7号致真大厦B座1层	100083	82263551
国泰君安证券股份有限公司北京中关村大街证券营业部	海淀区海淀北二街8号1层107室、6层708室	100080	82263758
国信证券股份有限公司北京昌平路证券营业部	昌平区城北街道满井胡同135号院1号楼1-1室、1-2室	101599	88315572

国信证券股份有限公司北京朝阳北路证券营业部	朝阳区朝阳北路199号摩码大厦012号、0103号	100026	88315572
国信证券股份有限公司北京丰台科技园证券营业部	丰台区汽车博物馆东路2号院2号楼1~18层101内1层104室	100068	88315572
国信证券股份有限公司北京海淀苏州街证券营业部	海淀区苏州街18号院2号楼1层2107室、7层702室	100083	88315572
国信证券股份有限公司北京朝阳门证券营业部	东城区南竹杆胡同2号1幢3层10329室	100010	88315572
国信证券股份有限公司北京石景山路证券营业部	石景山区古城南街9号院2号楼1层5-4室	100043	88315572
国信证券股份有限公司北京望京证券营业部	朝阳区阜通东大街1号院3号楼1层1112号01室	100102	88315572
国信证券股份有限公司北京通州北苑证券营业部	通州区北苑一路1号院2号楼1层2-8室、2-9室	101101	88315572
国信证券股份有限公司北京亚运村证券营业部	朝阳区慧忠北里309号楼2层223-1室、226-1室	100101	88315572
国信证券股份有限公司北京成府路证券营业部	海淀区成府路28号12层4-1202室	100093	95536
国元证券股份有限公司北京东直门外大街证券营业部	东城区东直门外大街46号天恒大厦9层	100027	84608939
国元证券股份有限公司北京通州新华大街证券营业部	通州区北苑一路1号院1号楼1层	101199	80885658
国元证券股份有限公司北京西坝河南路证券营业部	朝阳区西坝河南路1号金泰大厦805室	100028	64402733
海通证券股份有限公司北京阜外大街证券营业部	西城区阜外大街2号万通新世界广场A2010号	100037	68063615
海通证券股份有限公司北京工人体育场北路证券营业部	东城区工人体育场北路66号瑞士公寓E座3A层	100028	64620908

海通证券股份有限公司北京光华路证券营业部	朝阳区光华路甲8号和乔大厦C座3层302室	100026	65830992
海通证券股份有限公司北京亮马桥路证券营业部	朝阳区亮马桥路50号燕莎写字楼S109A	100125	65831388
海通证券股份有限公司北京密云鼓楼东大街证券营业部	密云区鼓楼东大街19号	101500	89081210
海通证券股份有限公司北京平谷金乡路证券营业部	平谷区金乡路1号1层、3层	101200	89999209
海通证券股份有限公司北京知春路证券营业部	海淀区知春路甲63号卫星大厦5层	100080	82674988－521
海通证券股份有限公司北京中关村南大街证券营业部	海淀区中关村南大街甲56号方圆大厦商务楼5层、6层	100044	88027676
海通证券股份有限公司北京通州新华北路证券营业部	通州区观音庵南街4号院3号楼1～2层116号	101100	88026888
恒泰证券股份有限公司北京东三环证券营业部	朝阳区百子湾南2路76号院5号楼1层11A、2层11B	102611	87798672
恒泰证券股份有限公司北京东直门内北小街证券营业部	东城区东直门内北小街16号14楼、18楼底商	100011	84128826
恒泰证券股份有限公司北京光华路证券营业部	朝阳区光华路8号30幢2层B207A房间	100025	65921130
恒泰证券股份有限公司北京广安门外大街证券营业部	西城区广安门外大街1号深圳大厦2层240号	100055	63359697
恒泰证券股份有限公司北京建材城西路证券营业部	昌平区回龙观镇建材城西路87号2号楼10层2单元1005室	100085	82916166－801
恒泰证券股份有限公司北京建国门内大街证券营业部	东城区建国门内大街19号中纺大厦510室	100005	65262718
恒泰证券股份有限公司北京金融大街第二证券营业部	西城区金融大街17号人寿中心大厦10层1001室	100033	83270880

恒泰证券股份有限公司北京金融大街证券营业部	西城区金融大街15号鑫茂大厦5层501－1室	100041	57058588
恒泰证券股份有限公司北京榴乡路证券营业部	丰台区榴乡路88号院2号楼1层104室	100079	56762090
恒泰证券股份有限公司北京新华大街证券营业部	通州区新华西街58号院3号楼23层2302室	101100	85772321
恒泰证券股份有限公司北京知春路证券营业部	海淀区知春路128号1号楼12层1293室	100080	61943928
红塔证券股份有限公司北京慧忠里证券营业部	朝阳区慧忠里103楼14层B座1402室	100101	84881879
红塔证券股份有限公司北京万泉庄路证券营业部	海淀区万泉庄路15号3层301－005室	100097	88466879
红塔证券股份有限公司北京兴怀大街证券营业部	怀柔区兴怀大街甲15号1层5－101室	101499	69642666
宏信证券有限责任公司北京东三环中路证券营业部	东城区朝阳门内大街8号朝阳首府2层208室	100022	59417641
宏信证券有限责任公司北京紫竹院路证券营业部	海淀区紫竹院路116号嘉豪国际中心A座西2层	100022	56088926
华安证券股份有限公司北京东三环中路证券营业部	朝阳区广渠路39号汉督国际3层	100022	67765100
华安证券股份有限公司北京慧忠北里证券营业部	朝阳区安立路80号马哥孛罗大厦905室	100012	64849373
华安证券股份有限公司北京西直门证券营业部	海淀区万柳中路11号派顿大厦6层609室	100044	82449905
华安证券股份有限公司北京中关村大街证券营业部	海淀区中关村大街27号1303室	100037	88820500
华宝证券有限责任公司北京建外大街证券营业部	朝阳区建国门外大街丙12号楼1层102单元	100020	57610201
华创证券有限责任公司北京东三环中路证券营业部	朝阳区东三环中路24号楼15单元03号	100061	57613057

华创证券有限责任公司北京万寿路证券营业部	海淀区复兴路21号1幢6层606室	100036	68588060
华创证券有限责任公司北京新兴桥证券营业部	海淀区复兴路21号1幢6层601~603室、8层801~802室	100036	59370926
华福证券有限责任公司北京北四环东路证券营业部	朝阳区安慧里四区16号楼1层101室、103室	100101	84885266
华福证券有限责任公司北京方庄路证券营业部	丰台区方庄路5号2层201~205室	100078	67637937
华福证券有限责任公司北京海淀南路证券营业部	海淀区海淀南路30号1层	100080	68748339
华福证券有限责任公司北京南湖南路证券营业部	朝阳区南湖南路15号院甲2号楼1~2层2-1-105室	100102	56923536
华福证券有限责任公司北京农大南路证券营业部	海淀区农大南路1号院2号楼7层办公B-719-1号	100084	62660156
华福证券有限责任公司北京复兴路证券营业部	海淀区复兴路65号9层910号	100036	50953147
华福证券有限责任公司北京西直门南大街证券营业部	西城区西直门南大街6号国二招宾馆东楼2~6号	100044	66012232
华金证券股份有限公司北京万柳中路证券营业部	海淀区万柳蜂鸟家园2号楼3层103室	100089	82872598
华林证券股份有限公司北京荣京东街证券营业部	北京经济技术开发区荣京东街3号1幢3层2单元317室	100176	87227921
华林证券股份有限公司北京石景山路证券营业部	石景山区石景山路乙18号院3号楼20层2209室	100000	88690750
华林证券股份有限公司北京双峪路证券营业部	门头沟区双峪路35号院1号20层2207室	102300	69868099
华林证券股份有限公司北京珠市口西大街证券营业部	西城区珠市口西大街120号1号楼5层0506~0509室	100050	63018648
华林证券股份有限公司北京新华西街证券营业部	通州区新华西街60号院2号楼9层912室	101199	60568581

华龙证券股份有限公司北京安外大街证券营业部	东城区安外大街191号	100101	64401588
华龙证券股份有限公司北京三元桥证券营业部	朝阳区静安东街国门大厦B座1层	100028	64686886
华融证券股份有限公司北京朝外大街证券营业部	朝阳区朝阳门外大街甲6号1层2035室、2层3018～3019室	100020	85610992
华融证券股份有限公司北京金融大街证券营业部	西城区金融大街8号华融大厦A座	100033	58568052
华融证券股份有限公司北京太平桥路证券营业部	丰台区太平桥东路华源四里2号楼2层	100073	63380941
华融证券股份有限公司北京文慧园证券营业部	海淀区文慧园北路9号今典花园9号楼1层北侧	100082	58639209
华融证券股份有限公司北京中关村证券营业部	海淀区丹棱街6号丹棱SOHO一幢1层101室	100080	53972218
华泰证券股份有限公司北京东三环北路证券营业部	朝阳区东三环北路27号楼1层102内01单元	100125	59725333
华泰证券股份有限公司北京苏州街证券营业部	海淀区苏州街29号维亚大厦9层901～903室	100080	62648570
华泰证券股份有限公司北京西三环国际财经中心证券营业部	海淀区西三环北路87号4层403室	100048	68488760
华泰证券股份有限公司北京学院南路证券营业部	海淀区学院南路62号中关村资本大厦1层107室、3层309室	100082	82263226
华泰证券股份有限公司北京雍和宫证券营业部	东城区安定门东大街28号雍和大厦F座5层501室	100013	84273969
华泰证券股份有限公司北京月坛南街证券营业部	西城区月坛南街甲12号万丰怡和商务会馆3层	100045	68019696
华西证券股份有限公司北京广渠路证券营业部	朝阳区广渠路28号223号楼5层503室	100124	56916479
华西证券股份有限公司北京马家堡东路证券营业部	丰台区马家堡东路121号院2号楼1层	100077	56921790

华西证券股份有限公司北京上地三街证券营业部	海淀区上地三街9号B座4层B503室	100093	88467078
华西证券股份有限公司北京紫竹院路证券营业部	海淀区紫竹院路31号华澳中心2层	100089	51669396－219
华西证券股份有限公司北京望京东路证券营业部	朝阳区望京东园七区1号楼1～2层1－29号、1－30号	100102	64777260
华鑫证券有限责任公司北京菜市口大街证券营业部	西城区菜市口大街甲2号院1号楼201室	100052	83490477
华鑫证券有限责任公司北京平安大街证券营业部	西城区平安里西大街31号1层101室	100000	88306852
江海证券有限公司北京东三环南路证券营业部	朝阳区东三环南路58号富顿中心A座2层	100022	58674800
江海证券有限公司北京慧忠里证券营业部	朝阳区慧忠里103楼7层B座707室	100101	84871978
江海证券有限公司北京长春桥证券营业部	海淀区长春桥路11号3号楼19层1901－1室、1907室	100089	62690599
江海证券有限公司北京回龙观营业部	昌平区回龙观镇黄平路19号院1号楼A单元609室	100096	65447141
金元证券股份有限公司北京广渠门内大街证券营业部	东城区广渠门内大街121号1层106室	100062	67697220
金元证券股份有限公司北京花园东路证券营业部	海淀区花园东路11号泰兴大厦10层1002室	100191	57625767
开源证券股份有限公司北京西直门外大街证券营业部	西城区西直门外大街18号楼8层6单元908室	100044	88335008
联储证券有限责任公司北京建国路证券营业部	朝阳区建国路93号万达广场9号楼510室	100025	51078622
联储证券有限责任公司北京北三环东路证券营业部	朝阳区光熙门北里34号楼	100028	64789928

民生证券股份有限公司北京北蜂窝路证券营业部	海淀区北蜂窝路5号院1号写字楼2层	100038	63982363
民生证券股份有限公司北京宣武门外大街证券营业部	西城区宣武门外大街6~12号及16~18（双）号6号楼	100034	83553228
民生证券股份有限公司北京长虹桥证券营业部	朝阳区农展馆南路12号1号楼9层9001室	100621	85236120
民生证券股份有限公司北京总部证券营业部	东城区建国门内大街28号3幢01－105室	100005	65258636
民生证券股份有限公司北京顺义府前东街证券营业部	顺义区府前东街2号1号楼顺建大厦6层	101499	69460811
南京证券股份有限公司北京东三环南路证券营业部	朝阳区东三环19号联合国际大厦甲段M层	100021	64913500
南京证券股份有限公司北京南大街证券营业部	怀柔区南大街25号	100000	52412658
平安证券股份有限公司北京金融大街证券营业部	西城区金融大街23号平安大厦10层1009室	100033	59734801
平安证券股份有限公司北京望京证券营业部	朝阳区望京SOHO塔1A座110801室	110801	68878898
平安证券股份有限公司北京北土城西路证券营业部	海淀区北土城西路牡丹商业街2层205室	100191	95511－8－9－2
瑞银证券有限责任公司北京金融大街证券营业部	西城区金融大街7号英蓝国际金融中心15层	100140	58328940
山西证券股份有限公司北京建国门外大街证券营业部	朝阳区建国门外大街8号楼IFC大厦A座21层2103单元	110000	65020593
山西证券股份有限公司北京太平庄证券营业部	海淀区高梁桥斜街13号	100081	62236859
山西证券股份有限公司北京裕丰路证券营业部	顺义区空港街道裕丰路16号院8号楼1层103室	101300	58352192
上海华信证券有限责任公司北京证券营业部	西城区宣武门外大街6~12及16号、18号6号楼	100052	83150966
上海证券有限责任公司北京朝阳弘燕路证券营业部	朝阳区周庄山水文园5号楼1层底商06号	100112	67301168

上海证券有限责任公司北京和平里北街证券营业部	东城区和平里北街16号院和平里大酒店1层	100007	84085515
上海证券有限责任公司北京万寿路证券营业部	海淀区万寿路翠微中里14号楼	100036	68254010
申万宏源证券有限公司北京安定路证券营业部	朝阳区安定路39号长新大厦3层	100029	64448210
申万宏源证券有限公司北京东四环中路证券营业部	朝阳区东四环中路56号远洋国际中心A座25层	100025	82031568
申万宏源证券有限公司北京丰北路证券营业部	丰台区望园东里28号楼	100073	63898151
申万宏源证券有限公司北京金融大街证券营业部	西城区太平桥大街19号1层102室	100140	88085853
申万宏源证券有限公司北京劲松九区证券营业部	朝阳区劲松九区909楼	100021	67736289
申万宏源证券有限公司北京紫竹院路证券营业部	海淀区紫竹院路116号嘉豪国际A座西侧3层	100089	88511326
世纪证券有限责任公司北京月坛证券营业部	西城区月坛北街26号写字楼5层502室	100045	68085355
世纪证券有限责任公司北京光华路证券营业部	朝阳区光华路丙12号1号楼10层1102室	100020	65008899
首创证券股份有限公司北京北辰东路证券营业部	朝阳区北辰东路8号Q座1层115号	100101	84974405
首创证券股份有限公司北京长阳祥云街证券营业部	房山区长阳镇祥云街6号院2号楼2层202室	102442	57531069
首创证券股份有限公司北京马甸证券营业部	西城区北三环中路23号楼1层1－1室	100088	82279870
首创证券股份有限公司北京五道口证券营业部	海淀区五道口地区成府路蓝旗营1号楼东2层	100084	62793470
首创证券股份有限公司北京延庆东顺城街证券营业部	延庆区延庆镇东街2号	102199	69180556
首创证券股份有限公司北京雍和宫证券营业部	东城区安定门东大街28号1号楼C单元301号	100013	84290832
太平洋证券股份有限公司北京西直门外大街证券营业部	西城区北展北街5～17（单）号1层9－9室、9－10室	100044	88329021

太平洋证券股份有限公司北京海淀大街证券营业部	海淀区海淀北二街6号普天大厦1层	100080	82870678
太平洋证券股份有限公司北京崇文门证券营业部	东城区新怡家园5号楼1层5单元01商业09号	100062	65188601
太平洋证券股份有限公司北京金融大街证券营业部	西城区金融大街27号投资广场B1208室	100031	66080812
天风证券股份有限公司北京菜市口大街证券营业部	西城区菜市口大街6号院1号楼103室	100052	83557110
天风证券股份有限公司北京莲花桥证券营业部	海淀区莲花池东路39号6层602室	100089	58816940
天风证券股份有限公司北京东三环北路证券营业部	朝阳区东三环北路17号恒安大厦806A室	100027	95391
天风证券股份有限公司北京诺德樊羊路证券营业部	丰台区育仁南路1号院4号楼11层1110号、1111号	100160	87095979
万和证券股份有限公司北京亦庄证券营业部	北京经济技术开发区天华北街11号院2号楼8层807室	100176	62966232
万联证券股份有限公司北京上地创业路证券营业部	海淀区上地创业路17号1层北区	100031	66063023
网信证券有限责任公司北京上地农大南路证券营业部	海淀区农大南路1号院5号楼505室	100020	60607040
网信证券有限责任公司北京霄云路证券营业部	朝阳区霄云路28号网信大厦A座108室	100027	89929918
五矿证券有限公司北京广安门外大街证券营业部	西城区广安门外大街168号1幢11层1－1209室	100055	63362790
五矿证券有限公司北京将台路证券营业部	朝阳区将台路甲2号燕翔饭店内2603室	100016	64376256
西部证券股份有限公司北京德胜门外大街证券营业部	西城区德胜门外大街乙10号泰富大厦4层	100088	62015962

西部证券股份有限公司北京学院南路证券营业部	海淀区大柳树富海中心2号楼3层301室	100081	62120091
西南证券股份有限公司北京北三环中路证券营业部	西城区北三环中路27号商房大厦4层416室	100011	62015677
西南证券股份有限公司北京昌平证券营业部	昌平区城北街道政府街西路2号1层103~106室	102200	89745866
西南证券股份有限公司北京东城证券营业部	东城区珠市口东大街11号4层409室	100010	65545655
西南证券股份有限公司北京房山证券营业部	房山区天星街1号院8号楼903~905室	102488	89366955
西南证券股份有限公司北京海淀证券营业部	海淀区西杉创意园四区2号楼1层108室	100195	62501676
西南证券股份有限公司北京平谷证券营业部	平谷区府前西街18号院2号楼2-1室	101200	89996588
西南证券股份有限公司北京西城证券营业部	西城区太平街富力摩根中心E座602室	100050	63180369
湘财证券股份有限公司北京朝外大街证券营业部	朝阳区朝外大街10号裙楼8层	100020	85632392
湘财证券股份有限公司北京建国门内大街证券营业部	东城区建国门内大街7号光华长安大厦2座1617室	100025	65585711
湘财证券股份有限公司北京首体南路证券营业部	海淀区首体南路9号主语国际5号楼3层	100089	82518108
湘财证券股份有限公司北京顺义站前街证券营业部	顺义区仁和镇站前街1号院1号楼6层	101300	81496902
新时代证券股份有限公司北京北三环西路证券营业部	海淀区北三环西路99号院1号楼2层201室	100086	83561154
新时代证券股份有限公司北京朝外大街证券营业部	朝阳区朝外大街怡景园北里3~5号楼1层B2	100027	57271228
新时代证券股份有限公司北京宣武门外大街证券营业部	西城区宣武门外大街26~30（双）号2幢4层28号B408室	100052	88312798
新时代证券股份有限公司北京榴乡路证券营业部	丰台区榴乡路88号院13号楼3层302室	100079	67527234

新时代证券股份有限公司北京南礼士路证券营业部	西城区南礼士路三号海通大厦A座3～4层	100037	68025244
新时代证券股份有限公司北京天通苑证券营业部	昌平区东小口镇天通苑405号楼2层	102218	84810632
新时代证券股份有限公司北京新华北路证券营业部	通州区运河核心区IV－01地块绿地大厦1号楼9层901室	101100	80887484
新时代证券股份有限公司北京羊坊店路证券营业部	海淀区羊坊店路18号2幢4层401～026室	100049	63986282
新时代证券股份有限公司北京中关村东路证券营业部	海淀区中关村东路66号1号楼20层2306－A	100190	62672788
信达证券股份有限公司北京北辰东路证券营业部	朝阳区北辰东路8号时代大厦12层	100100	84987895
信达证券股份有限公司北京朝阳路证券营业部	朝阳区朝阳路67号9号楼3层K306室	100025	85786680
信达证券股份有限公司北京朝阳门证券营业部	东城区朝阳门内大街南竹杆胡同2号银河SOHO D座50210室	100010	59576718
信达证券股份有限公司北京海淀西街证券营业部	海淀区善缘街1号1层07室	100080	62416202
信达证券股份有限公司北京科丰桥证券营业部	丰台区南四环西路188号十五区17号楼1层101室	100070	63738611
信达证券股份有限公司北京前门证券营业部	东城区东交民巷28号红都商务会馆B座2层	100006	65281117
信达证券股份有限公司北京五棵松证券营业部	海淀区复兴路69号院11号五层501号、1层102号	100036	68252131
信达证券股份有限公司北京西单北大街证券营业部	西城区华远北街2号通港大厦4层	100032	83988698
信达证券股份有限公司北京裕民路证券营业部	朝阳区裕民路12号中国国际科技会展中心C座4层	100029	82253821

兴业证券股份有限公司北京望京西路证券营业部	朝阳区南湖南路15号院甲5号楼3层301号01室	100621	65397011
兴业证券股份有限公司北京北辰东路证券营业部	朝阳北路103号第14层1712室、1715室	100029	85830020
兴业证券股份有限公司北京市西城区宣武门外大街证券营业部	西城区宣武门外大街28号富卓大厦B1001室	100052	63017201
兴业证券股份有限公司北京太阳宫中路证券营业部	朝阳区太阳宫中路12号冠城大厦1706室	100028	84298357
兴业证券股份有限公司北京复兴门外大街证券营业部	西城区南礼士路66号1号楼12层1-21内1206室、1207室	100037	59544500
兴业证券股份有限公司北京大望路证券营业部	朝阳区西大望路63号院8号楼1至3层1单元105室	100621	82000245
兴业证券股份有限公司北京中关村北二街证券营业部	海淀区中关村北二街8号中关村SOHO 105室	100080	69943619
兴业证券股份有限公司北京通州新华西街证券营业部	通州区新华西街58号院2号楼28层2804室	101199	69525658
兴业证券股份有限公司北京信息路证券营业部	海淀区农大南路1号院2号楼2层办公B-201号	101499	62966232
银泰证券有限责任公司北京马甸路证券营业部	海淀区马甸路2号冠海大厦1层	100006	65287668
银泰证券有限责任公司北京南横东街证券营业部	西城区菜市口大街6号院2号楼1层102室	100052	83986065
英大证券有限责任公司北京朝阳证券营业部	朝阳区呼家楼京广中心商务楼3层301室	100007	84002095
粤开证券股份有限公司北京北辰东路证券营业部	朝阳区北辰东路8号国际会议中心8层	100101	62279238
粤开证券股份有限公司北京北苑证券营业部	朝阳区天畅园6号楼1层	100011	64408910
粤开证券股份有限公司北京房山西路证券营业部	房山区良乡西潞东里甲1号楼2层	102488	64408910

粤开证券股份有限公司北京广安门外证券营业部	西城区东方资产大厦13层	100053	66235729
招商证券股份有限公司北京安立路证券营业部	朝阳区安立路甲56号2层3－8室	100088	84802608
招商证券股份有限公司北京安外大街证券营业部	东城区安定门外大街2号安贞大厦1层、4层	100013	64289962
招商证券股份有限公司北京北三环东路证券营业部	朝阳区北三环东路西坝河东里18号三元大厦8层	100028	84603516
招商证券股份有限公司北京北苑路证券营业部	朝阳区北苑路甲13号2号楼105B	100107	84922166
招商证券股份有限公司北京朝外大街证券营业部	朝阳区朝外大街6号新城国际5号楼1～5层	100088	65979550
招商证券股份有限公司北京朝阳公园路证券营业部	朝阳公园19号佳隆国际大厦101室	1001250	15910970031
招商证券股份有限公司北京朝阳路八里庄证券营业部	朝阳区八里庄西里100号3层301室	100025	85790299
招商证券股份有限公司北京车公庄西路证券营业部	海淀区首体南路9号4楼3层304－13号	100044	68423637
招商证券股份有限公司北京东三环北路证券营业部	朝阳区东三环北路19号中青大厦2层201室	100020	65865272
招商证券股份有限公司北京东四十条证券营业部	东城区东四十条甲22号南新仓国际大厦A座3层	100007	64002881
招商证券股份有限公司北京方庄路证券营业部	丰台区紫芳园四区2号楼1～2层202室	100078	67681187
招商证券股份有限公司北京光明路证券营业部	东城区光明路11号天玉大厦501～502室、601～1602室	100006	67119776
招商证券股份有限公司北京广渠路证券营业部	朝阳区广渠路66号院22号楼1层101内105室	100022	87785600
招商证券股份有限公司北京建国路证券营业部	朝阳区建国路118号招商局大厦8层	100022	65684895

招商证券股份有限公司北京金融大街证券营业部	西城区金融大街 33 号通泰大厦 C 座 605 室	100140	88088850
招商证券股份有限公司北京酒仙桥路证券营业部	朝阳区酒仙桥路乙 21 号 3 幢 5 层 5E	100016	84317566
招商证券股份有限公司北京平安大街证券营业部	西城区平安里西大街 28 号中海国际中心 101－02 室	100032	63220151
招商证券股份有限公司北京上地农大南路证券营业部	海淀区农大南路 1 号院 2 号楼 B－522 办公室	100084	62667620
招商证券股份有限公司北京顺义仓上街证券营业部	顺义区仓上街 2 号智能大厦 B 区 8 层	101300	89452551
招商证券股份有限公司北京通州新华西街证券营业部	通州区北苑一路 1 号院 2 号楼 1 层 2－1 号	101101	60568191
招商证券股份有限公司北京望京阜安西路证券营业部	朝阳区望京 SOHO 塔 22 层 2218 室	100102	64715398
招商证券股份有限公司北京西翠路证券营业部	海淀区西翠路 17 号院 24 号楼 1 层 103 室	100036	68156899
招商证券股份有限公司北京西直门北大街证券营业部	海淀区西直门北大街 60 号首钢国际大厦 6 层	100088	82291140
招商证券股份有限公司北京颐和园路证券营业部	海淀区颐和园路 1 号	100080	82498132
招商证券股份有限公司北京亦庄证券营业部	北京经济技术开发区荣华南路 1 号院 2 号楼 1 层 101 室	100176	67870898
招商证券股份有限公司北京远大路证券营业部	海淀区远大路 39 号 1 号楼 418 室	100000	88449793
招商证券股份有限公司北京知春东里证券营业部	海淀区知春东里 15 号楼	100086	82111305
招商证券股份有限公司北京中核路证券营业部	丰台区中核路 3 号院 3 号楼 607 室、608 室	100070	63789056

浙商证券股份有限公司北京朝阳门北大街证券营业部	东城区朝阳门北大街8号富华大厦E座4层	100027	65546281
浙商证券股份有限公司北京广安门外大街证券营业部	西城区广安门外大街1号深圳大厦4-411室	100052	83557706
中国国际金融股份有限公司北京建国门外大街证券营业部	朝阳区建国门外大街6号SK大厦1~2层	100022	65051166
中国国际金融股份有限公司北京科学院南路证券营业部	海淀区科学院南路2号院1号楼13层1309~1311室	100000	82861086
中国国际金融股份有限公司北京亚运村证券营业部	朝阳区北辰东路8号北辰时代大厦27层2701~2703室	100101	66051166
中国银河证券股份有限公司北京安贞门证券营业部	朝阳区安定路33号化信大厦A座11层	100120	82013416
中国银河证券股份有限公司北京菜市口大街证券营业部	西城区菜市口大街甲2号院2号楼1~2层	100054	63560650
中国银河证券股份有限公司北京朝阳路证券营业部	朝阳区八里庄西里100号住邦2000商务楼1号楼3层305B	100025	85868352
中国银河证券股份有限公司北京朝阳门北大街证券营业部	东城区朝阳门北大街5号第五广场B座1层、6层	100037	68362042
中国银河证券股份有限公司北京翠林路证券营业部	丰台区西铁营中路1号院1号楼万达广场写字楼15层1509室	100069	63582096
中国银河证券股份有限公司北京大望路证券营业部	朝阳区建国路93号院4号楼1层	100022	56175420
中国银河证券股份有限公司北京东四环南路证券营业部	朝阳区十八里店乡周庄嘉园7号院16号楼底商11~12门	100020	67322733
中国银河证券股份有限公司北京方庄南路证券营业部	丰台区方庄南路2号103室	100078	57539003

中国银河证券股份有限公司北京丰科路证券营业部	丰台区六圈路2号院4号楼1~2层106室	100070	83628812
中国银河证券股份有限公司北京阜成路证券营业部	海淀区阜成路67号银都大厦	100036	68731590
中国银河证券股份有限公司北京阜外大街证券营业部	西城区阜外大街甲9号国宾酒店1层	100037	68292077
中国银河证券股份有限公司北京后沙峪证券营业部	顺义区后沙峪镇裕庆路20号院9号楼1层107~108室	101318	80489844
中国银河证券股份有限公司北京呼家楼证券营业部	朝阳区工体东路18号2号楼1层103室	100020	65910583
中国银河证券股份有限公司北京建国路证券营业部	朝阳区建国路126号瑞赛大厦1层	100078	65663592
中国银河证券股份有限公司北京金融街证券营业部	西城区太平桥大街111号3~4层	100032	58872889
中国银河证券股份有限公司北京来广营证券营业部	朝阳区来广营西路5号院诚盈中心2号楼2层201室	100102	84929227
中国银河证券股份有限公司北京立通路证券营业部	朝阳区锦芳路1号院15号楼1层15-3室	100022	84925059
中国银河证券股份有限公司北京亮马桥路证券营业部	朝阳区亮马桥路42号光明大厦B座11层1113室	100125	84418775
中国银河证券股份有限公司北京上地证券营业部	海淀区信息路甲28号4层D座04B-C	100085	62966812
中国银河证券股份有限公司北京太阳宫证券营业部	朝阳区夏家园11号楼2层10号商业	100013	64464780
中国银河证券股份有限公司北京陶然桥证券营业部	东城区马家堡路1号陶然大厦9层901~906室	100068	67572513

中国银河证券股份有限公司北京通州九棵树证券营业部	通州区九棵树街100号1～2层	101100	81599653
中国银河证券股份有限公司北京通州证券营业部	通州区新华南二街12号院2号楼1层2-6室	101100	60517533
中国银河证券股份有限公司北京望京证券营业部	朝阳区望京阜通东大街12号宝能中心A座2层	100102	52397822
中国银河证券股份有限公司北京丽泽证券营业部	丰台区金泽西路8号院1号楼-4至22层101内1层102A	100070	63361296
中国银河证券股份有限公司北京兴华大街证券营业部	大兴区兴华大街19号院17号楼101室	102699	60254042
中国银河证券股份有限公司北京学清路证券营业部	海淀区学清路甲38号金码大酒店7层	100083	82837556
中国银河证券股份有限公司北京学院南路证券营业部	海淀区学院南路34号2号楼1～3层	100082	62276479
中国银河证券股份有限公司北京亚运村证券营业部	朝阳区北辰东路8号院27号楼1层104号	100101	64932408
中国银河证券股份有限公司北京颐和园路证券营业部	海淀区北四环西路65号海淀新技术大厦1516室	100080	82169272
中国银河证券股份有限公司北京亦庄证券营业部	北京经济技术开发区荣华中路5号院1号楼1层103室	100176	58357877
中国银河证券股份有限公司北京远大路证券营业部	海淀区蓝靛厂东路2号院2号楼2层1单元	100097	88890209
中国银河证券股份有限公司北京知春路证券营业部	海淀区中关村大街27号11层1109室	100086	82102780
中国银河证券股份有限公司北京中关村大街证券营业部	海淀区中关村南大街甲18号国际大厦D座3层	100081	62512173

中国银河证券股份有限公司北京珠市口大街证券营业部	东城区珠市口东大街2号1层110室	100062	87103750
中国银河证券股份有限公司北京雍和宫证券营业部	东城区和平里东街11号创新楼A座B1－A1号	100007	64466577
中国银河证券股份有限公司北京广安门证券营业部	西城区南滨河路27号7号楼A座405室	100055	63560616
中国银河证券股份有限公司北京时代花园南路证券营业部	石景山区时代花园南路19号院1号楼1层102室	100042	68818516
中航证券有限公司北京东三环证券营业部	朝阳区曙光西里甲5号院22号楼1703B单元	100028	84059882
中航证券有限公司北京慧忠路证券营业部	朝阳区慧忠路5号远大中心A座9层	100012	84801300
中国中金财富证券有限公司北京北三环东路证券营业部	东城区北三环东路36号环球贸易中心A座1层、2层	100101	58256070
中国中金财富证券有限公司北京朝阳路证券营业部	朝阳区朝阳路延静里中街3号长信大厦3层	100025	65086086
中国中金财富证券有限公司北京望京街证券营业部	朝阳区望京街9号商业楼2层211室	100040	88684839
中国中金财富证券有限公司北京阜成门外大街证券营业部	西城区阜成门外大街2号15层A1503室	100037	68019608
中国中金财富证券有限公司北京富丰路证券营业部	丰台区科技园富丰路4号工商联大厦A座104室	100070	83623790
中国中金财富证券有限公司北京花园路证券营业部	海淀区花园路1号1层107室	100016	64343066
中国中金财富证券有限公司北京丽泽路证券营业部	丰台区丽泽路5号金泰地产大厦3层301室	100073	63361148
中国中金财富证券有限公司北京顺义站前街证券营业部	顺义区仁和镇站前街3号院1号楼7层713室	101300	56862298

中国中金财富证券有限公司北京宋庄路证券营业部	丰台区宋庄路71号院1号楼	100078	58878767
中国中金财富证券有限公司北京万寿路证券营业部	海淀区万寿路西街2号2号楼3层南段	100036	68274158
中国中金财富证券有限公司北京中关村南大街证券营业部	海淀区中关村南大街乙12号院1号楼22层2601室	100081	82168126
中山证券有限责任公司北京方庄证券营业部	丰台区方庄芳城园一区10号楼10－59幢1层102室	100071	87618688
中山证券有限责任公司北京宣武门外大街证券营业部	西城区宣武门外大街6号楼320单元	100052	63109155
中泰证券股份有限公司北京安立路证券营业部	朝阳区慧忠里103号洛克时代中心A座103－2室	100101	84872166
中泰证券股份有限公司北京百万庄大街证券营业部	西城区百万庄大街16号1号楼1～2层	100040	66553529
中泰证券股份有限公司北京朝外大街证券营业部	朝阳区朝外大街20号联合大厦2层202室、3层310室	100020	65882608
中泰证券股份有限公司北京大望路证券营业部	朝阳区西大望路63号8号楼	100022	59600369
中泰证券股份有限公司北京新源南路证券营业部	朝阳区新源南路8号院4号楼13层1301内04单元	100027	62695562
中泰证券股份有限公司北京光华路证券营业部	朝阳区建国门外大街1号国贸大厦A座53层13～19单元	100004	56793100
中泰证券股份有限公司北京广渠路证券营业部	朝阳区广渠路36号院5号楼2层206室	100022	87728790
中泰证券股份有限公司北京国贸证券营业部	朝阳区东三环中路乙10号艾维克大厦首层北侧	100022	65660560
中泰证券股份有限公司北京苏州桥证券营业部	海淀区北三环西路99号1号楼2层	100086	82887698
中泰证券股份有限公司北京望京证券营业部	朝阳区望京东园四区6号楼3层303单元	100102	64789872
中泰证券股份有限公司北京学院南路证券营业部	海淀区学院南路62号中关村资本大厦807室	100044	83020178

中天证券股份有限公司北京北四环证券营业部	朝阳区将台乡驼房营路 8 号新华科技大厦 14 层 1415 室	100000	60769070
中天证券股份有限公司北京朝阳证券营业部	朝阳区百子湾西里 403 号 3 号楼 206 室	100124	57193918
中信建投证券股份有限公司北京方庄路证券营业部	丰台区紫芳园四区 1 号楼 202 室	100078	87161717
中信建投证券股份有限公司北京青年路证券营业部	朝阳区青年路 29 号院 11 号楼 1 层 11－1 室	100123	58777809
中信建投证券股份有限公司北京通州通朝大街证券营业部	通州区翠屏西路 10 号 1～2 层	101121	50952289
中信建投证券股份有限公司北京广渠门内大街证券营业部	东城区广渠门内大街 35 号 1 层 111A、112A	100062	67187108
中信建投证券股份有限公司北京朝外大街证券营业部	朝阳区朝外大街乙 12 号昆泰国际大厦 29 号底商	100020	50866396
中信建投证券股份有限公司北京常惠路证券营业部	朝阳区常惠路 6 号楼	100024	64172768
中信建投证券股份有限公司北京松榆南路证券营业部	朝阳区松榆西里 11 号楼 1 层 11－2 号	100021	67278196
中信建投证券股份有限公司北京广渠路证券营业部	朝阳区广渠路 28 号 223 号楼 1 层 01 内 L112 室、L113 室	100022	64172805
中信建投证券股份有限公司北京朝阳公园南路证券营业部	朝阳区朝阳公园南路 10 号院 2 号楼 2－3 室	100026	64176065
中信建投证券股份有限公司北京东三环中路证券营业部	朝阳区东三环中路 9 号	100020	85911109
中信建投证券股份有限公司北京朝阳路证券营业部	朝阳区八里庄西里 99 号 1 层 102 室内 102－1 号	100025	85868091

中信建投证券股份有限公司北京顺义站前街证券营业部	顺义区站前街1号院1号楼顺鑫国际商务中心1层725室	101300	56326285
中信建投证券股份有限公司北京怀柔府前街证券营业部	怀柔区府前街3号	101499	60685098
中信建投证券股份有限公司北京北辰西路证券营业部	朝阳区北土城西路7号1层6单元101室	100029	82994802
中信建投证券股份有限公司北京酒仙桥路证券营业部	朝阳区酒仙桥路甲10号3号楼	100015	53805898
中信建投证券股份有限公司北京北四环东路证券营业部	朝阳区惠新东街2号	100102	64304768
中信建投证券股份有限公司北京北三环东路证券营业部	朝阳区北三环东路28号1层101室	100013	89099066
中信建投证券股份有限公司北京红军营南路证券营业部	朝阳区天溪园20号楼	100107	56326111
中信建投证券股份有限公司北京望京中环南路证券营业部	朝阳区望京中环南路9号3号楼7层2号楼1层	100102	64723010
中信建投证券股份有限公司北京阜安西路证券营业部	朝阳区望京西园一区134号楼1层107－1号	100102	84766768
中信建投证券股份有限公司北京大屯路证券营业部	朝阳区南沙滩66号院1号楼1层1－1室	100101	58739503
中信建投证券股份有限公司北京富丰路证券营业部	丰台区富丰路2号星火科技大厦1层、15层	100070	83739073
中信建投证券股份有限公司北京亦庄荣华中路证券营业部	北京经济技术开发区荣华中路10号亦城国际中心A座106室	100176	57780069
中信建投证券股份有限公司北京太平桥路证券营业部	丰台区太平桥路华源四里13号楼	100073	63259608

中信建投证券股份有限公司北京大兴金星西路证券营业部	大兴区金星西路六号院1号楼兴创大厦102室、901室	102600	60295066
中信建投证券股份有限公司北京厚金路证券营业部	朝阳区金蝉里22号院3号楼1层101室	100023	68759965
中信建投证券股份有限公司北京榴乡路证券营业部	丰台区榴乡路88号院22号楼1层103室、104室	100079	56762122
中信建投证券股份有限公司北京云岗路证券营业部	丰台区王佐镇长青路87号院2号商业楼西3号	100074	83378558
中信建投证券股份有限公司北京马家堡西路证券营业部	丰台区马家堡西路15号时代风帆大厦102号	100068	67578532
中信建投证券股份有限公司北京丰台北路证券营业部	丰台区丰台北路18号恒泰广场1号楼102室	100166	63872797
中信建投证券股份有限公司北京时代花园南路证券营业部	石景山区时代花园南路17号茂华大厦1层	100043	88980277
中信建投证券股份有限公司北京良乡拱辰南大街证券营业部	房山区拱辰南大街1号1层105室	102401	88980268
中信建投证券股份有限公司北京西翠路证券营业部	海淀区西翠路17号院20号楼1层商铺9号	100036	68156829
中信建投证券股份有限公司北京宣武门外大街证券营业部	西城区宣武门外大街28号富卓大厦A座3层308~309室	100052	63175505
中信建投证券股份有限公司北京玉泉路证券营业部	石景山区玉泉路63号1层115室	100040	68628807
中信建投证券股份有限公司北京虎坊路证券营业部	西城区虎坊路17幢1~2层商业E06号	100052	83559860
中信建投证券股份有限公司北京德胜门外大街证券营业部	西城区德胜门外大街11号18幢1层107-1室	100088	82281653

中信建投证券股份有限公司北京金融大街证券营业部	西城区锦什坊街35号院1号楼1102室	100033	66555976
中信建投证券股份有限公司北京燕山燕房路证券营业部	房山区燕山燕房路临99号	102500	81337869
中信建投证券股份有限公司北京回龙观西大街证券营业部	昌平区回龙观镇西大街85号130号、360~362号	102208	57536727
中信建投证券股份有限公司北京昌平昌崔路证券营业部	昌平区东关昌崔路203号菓岭假日广场1楼	102200	89787158
中信建投证券股份有限公司北京远大路证券营业部	海淀区远大路1号金源购物中心B区5G	100097	88871811
中信建投证券股份有限公司北京知春路证券营业部	海淀区知春路6号锦秋国际大厦1层B02室、15层A07室	100015	82666371
中信建投证券股份有限公司北京大柳树路证券营业部	海淀区上园村3号交大科技大厦101－1室	100044	62440568
中信建投证券股份有限公司北京中关村东路证券营业部	海淀区中关村东路66号世纪科贸大厦C座1~2层商业8号	100190	82666909
中信建投证券股份有限公司北京农大南路证券营业部	海淀区农大南路1号院硅谷亮城2A座1层	100084	82349798
中信建投证券股份有限公司北京马连洼北路证券营业部	海淀区马连洼北路138号院1号楼1层102室	100193	62893193
中信建投证券股份有限公司北京朝阳门内大街证券营业部	东城区朝阳门内大街2号B座9层03单元918室	100028	84150996
中信证券股份有限公司北京安外大街证券营业部	朝阳区安定门外大街1号1层	100011	64258036
中信证券股份有限公司北京北三环中路证券营业部	海淀区北三环中路43－73号楼	100088	82070509

中信证券股份有限公司北京北苑证券营业部	朝阳区天朗园C座1层商业内1－015室	100107	84840192
中信证券股份有限公司北京东三环中路证券营业部	朝阳区广渠路39号院2号楼7层01单元	100078	87152735
中信证券股份有限公司北京东直门证券营业部	东城区东直门外大街48号1幢4层04－商业－05	100027	57602580
中信证券股份有限公司北京复外大街证券营业部	西城区白云路1号白云大厦3层	100045	89190625
中信证券股份有限公司北京国贸证券营业部	朝阳区建国路甲92号世茂大厦B座5F	100020	85890121
中信证券股份有限公司北京呼家楼证券营业部	朝阳区光华路9号楼1层125室、2层226室	100020	57602565
中信证券股份有限公司北京建外大街证券营业部	朝阳区建国门外大街19号1号楼1层10室、20层BCD室	100022	57602580
中信证券股份有限公司北京金融大街证券营业部	西城区金融大街35号1层107单元、8层802单元	100033	88092075
中信证券股份有限公司北京京城大厦证券营业部	朝阳区新源南路6号京城大厦24层2404室	100027	89946958
中信证券股份有限公司北京三元桥证券营业部	朝阳区曙光西里甲5号院16号楼1层101A单元、102单元	100028	84554127
中信证券股份有限公司北京首体南路证券营业部	海淀区首体南路9号4楼1～2层	100044	65648811
中信证券股份有限公司北京天通苑证券营业部	昌平区天通北苑一区甲4号楼102门	102218	80141028
中信证券股份有限公司北京万柳证券营业部	海淀区万柳中路11号1层105室	100089	82563032
中信证券股份有限公司北京望京证券营业部	朝阳区望京东园七区保利国际广场T2楼102室	100102	84785402
中信证券股份有限公司北京远大路证券营业部	海淀区远大路1号1层J－1042号	100097	88878805
中信证券股份有限公司北京中关村大街证券营业部	海淀区丹棱街1号院1号楼102单元	100071	59270818
中信证券股份有限公司北京中关村东路证券营业部	海淀区中关村东路8号东升大厦AB座	100083	59933919

中信证券股份有限公司北京紫竹院路证券营业部	海淀区紫竹院路69号中国兵器大厦9层	100089	68966702
中信证券股份有限公司北京总部证券营业部	朝阳区亮马桥路48号院4号楼1层101内A1	100026	60837213
中信证券华南股份有限公司北京三里河东路证券营业部	西城区三里河东路10号2层	100036	68546185
中银国际证券股份有限公司北京北四环西路证券营业部	海淀区北四环西路9号1502室	100190	82525081
中银国际证券股份有限公司北京东三环北路证券营业部	朝阳区东三环北路8号6号楼01层101室	100026	56235200
中银国际证券股份有限公司北京通州九棵树证券营业部	通州区翠景北里21号楼20层2003室	101101	66229255
中银国际证券股份有限公司北京宣外大街证券营业部	西城区宣外大街甲1号环球财讯中心1层103室	100052	83199777
中银国际证券股份有限公司北京荣京东街证券营业部	北京经济技术开发区荣京东街3号1幢4层1单元409室	100176	67864100
中邮证券有限责任公司北京宣武门东大街证券营业部	西城区宣武门东大街2号1层	100082	82292738
中原证券股份有限公司北京月坛北街证券营业部	西城区月坛北街2号月坛大厦北座主楼16层1601～1602室	100045	83065726
中原证券股份有限公司北京酒仙桥路证券营业部	朝阳区酒仙桥路14号53幢9层909室	100016	58671016

（4）基金管理公司

机构名称	地　址	邮　编	电　话
华夏基金管理有限公司	西城区月坛南街1号院7号楼11层	100045	4008186666
嘉实基金管理有限公司	东城区建国门北大街8号华润大厦8层	100005	4006008800
长盛基金管理有限公司	朝阳区安定路5号院3号楼中建财富国际中心3~5层	100088	4008882666
银华基金管理股份有限公司	东城区东长安街1号东方广场C2座10层	100738	4006783333
泰达宏利基金管理有限公司	朝阳区针织路23号中国人寿金融中心6层02~07单元	100033	4006988888
东方基金管理有限责任公司	西城区锦什坊街28号	100033	4006285888
工银瑞信基金管理有限公司	西城区金融大街5号新盛大厦A座	100033	4008119999
建信基金管理有限责任公司	西城区金融大街7号英蓝国际金融中心16层	100033	4008195533
华商基金管理有限公司	西城区平安里西大街28号楼19层	100035	4007008880
益民基金管理有限公司	西城区宣武门外大街10号庄胜广场中央办公楼南翼13A层	400011	4006508808
中邮创业基金管理股份有限公司	东城区和平里中街乙16号	100013	4008801618
方正富邦基金管理有限公司	西城区车公庄大街12号东侧8层	100037	4008180990
国金基金管理有限公司	海淀区西三环北路87号国际财经中心D座14层	100089	4000200018
英大基金管理有限公司	东城区东三环中路1号环球金融中心西塔22层	100020	4008905288
江信基金管理有限公司	海淀区北三环西路99号西海国际中心1号楼2001-A	100086	57380888
中加基金管理有限公司	西城区南纬路35号	100050	4000095526
中融基金管理有限公司	朝阳区望京东园四区2号中航资本大厦17楼	100016	56517000

国开泰富基金管理有限责任公司	西城区西直门南小街国英园9号楼	100010	59363299
中信建投基金管理有限公司	东城区朝内大街2号凯恒中心B座17层、19层	100010	4009108108
国寿安保基金管理有限公司	西城区金融大街28号11层、12层	100033	50850888
中金基金管理有限公司	朝阳区国贸大厦（3期）B座43层	100032	63211122
北信瑞丰基金管理有限公司	海淀区西三环北路100号光耀东方中心A座6层、25层	100048	68619400
九泰基金管理有限公司	朝阳区安立路30号仰山公园8号楼A栋101~120室、201~222室	100012	52601666
泓德基金管理有限公司	西城区德胜门外大街125号德胜尚城B座3层	100088	59850188
新沃基金管理有限公司	海淀区丹棱街3号中国电子大厦B座16层	100080	58290600
汇安基金管理有限责任公司	东城区东直门南大街5号中青旅大厦1301室	100007	65711600
先锋基金管理有限公司	海淀区北太平庄路18号城建大厦A座24层	100088	58239898
中航基金管理有限公司	朝阳区安立路78号、80号11层1101内1105室	100101	56793180
鹏扬基金管理有限公司	西城区复兴门外大街A2号中化大厦16层	100045	4009686688
格林基金管理有限公司	朝阳区东三环中路5号财富金融中心58层	100032	4001000501
南华基金管理有限公司	东城区东直门南大街甲三号居然大厦3层	100007	58965805
国融基金管理有限公司	海淀区西直门外大街168号腾达大厦2008室	100044	4008190098
惠升基金管理有限责任公司	西城区金融大街27号投资广场B座18层	100033	4000005588
华融基金管理有限公司	朝阳区朝阳门北大街18号中国人保寿险大厦	100020	4008989999
东兴基金管理有限公司	丰台区东管头1号院1号楼1-190室	100034	95309
汇泉基金管理有限公司	通州区贡院街1号院1号楼2层206-40室	100044	81925200

（5）基金子公司

机构名称	地址	邮编	电话
专户子公司			
华夏资本管理有限公司	西城区金融大街 33 号通泰大厦 B 座 9 层	100032	88066688
嘉实资本管理有限公司	东城区建国门北大街 8 号华润大厦 2 层	100005	65215588
工银瑞信投资管理有限公司	西城区金融大街 5 号新盛大厦 A 座 6 层	100033	4008119999
首誉光控资产管理有限公司	西城区平安里西大街 28 号中海国际中心 601 室	100034	83496800
银华资本管理（珠海横琴）有限公司	东城区东长安街 1 号东方广场 C2 座 5 层	100738	4006783333
国泓资产管理有限公司	西城区宣武门外大街 10 号庄胜广场中央办公楼南翼 13A	100052	4006508808
北京千石创富资本管理有限公司	海淀区西三环北路 87 号国际财经中心 D 座 14 层	100089	4000200018
北京方正富邦创融资产管理有限公司	西城区车公庄大街 12 号西侧 1 幢 8 层	100032	4008180990
建信资本管理有限责任公司	西城区闹市口大街 1 号院长安兴融中心 2 号楼 5B	100034	4008195533
东方汇智资产管理有限公司	西城区金融街 23 号平安大厦八层 819 室	100033	4006285888
中融（北京）资产管理有限公司	朝阳区东风南路 3 号院中融信托北京园区 C 座 3 层	100005	85003210
长盛创富资产管理有限公司	海淀区北太平庄路 18 号城建大厦 A 座 20 层	100088	4008882666
北银丰业资产管理有限公司	西城区南纬路 35 号	100070	4000095526
北京国开泰富资产管理有限公司	东城区朝阳门北大街 7 号五矿广场 C 座 10 层	100010	59363299
国寿财富管理有限公司	西城区金融街 17 号中国人寿中心 17 层	100033	66221116
元达信资本管理（北京）有限公司	东城区朝内大街 2 号凯恒大厦 B 座 17 层	100010	59100288
上海北信瑞丰资产管理有限公司	海淀区首体南路 9 号主语国际 4 号楼 3 层	100048	4000617297
深圳英大资本管理有限公司	朝阳区东三环中路 1 号环球金融中心西塔 22 层 2201 室	100020	59112013

销售子公司			
嘉实财富管理有限公司	朝阳区建国路91号金地中心A座6层	100022	4000218850
上海国金理益财富基金销售有限公司	上海市浦东新区芳甸路1088号紫竹国际大厦601室	201204	021－60870952
九泰基金销售（北京）有限公司	朝阳区安立路30号仰山公园8号楼A栋121室、223室	100107	4006280606
上海华夏财富投资管理有限公司	西城区金融大街33号通泰大厦B座8层	100033	88066632

（6）基金分公司

机构名称	地　址	邮　编	电　话
国泰基金管理有限公司北京分公司	西城区金融大街7号英蓝国际金融中心808室	100034	66553055
南方基金管理有限公司北京分公司	西城区武定侯街6号卓著中心701室	100140	66573399
华夏基金管理有限公司北京分公司	西城区金融大街33号通泰大厦B座8层	100033	4008186666
华安基金管理有限公司北京分公司	西城区金融大街7号英蓝国际金融中心522室	100033	57635999
博时基金管理有限公司北京分公司	东城区建国门内大街18号恒基中心1～23层	100005	65171166
鹏华基金管理有限公司北京分公司	西城区金融大街甲九号金融街中心南楼502室	100033	88082426
嘉实基金管理有限公司北京分公司	东城区建国门内8号华润大厦8层	100008	4006008800
长盛基金管理有限公司北京分公司	朝阳区安定路5号院3号楼中建财富国际中心3～5层	100029	4008882666
大成基金管理有限公司北京分公司	西城区平安里西大街28号13层1601室	100034	88009300
富国基金管理有限公司北京分公司	西城区武定侯街6号卓著中心1900室	100033	59315278
银华基金管理有限公司北京分公司	东城区东长安街1号东方广场C2座10层	100738	4006783333
易方达基金管理有限公司北京分公司	西城区武定侯街2号泰康国际大厦18层	100033	4008818088

融通基金管理有限公司北京分公司	西城区丰汇园 11 号楼南翼 515 室、东翼 502 ~ 507 室	100033	66190999
国投瑞银基金管理有限公司北京分公司	西城区金融大街 7 号英蓝国际金融中心 811 ~ 815 室	100033	66555550
银河基金管理有限公司北京分公司	西城区月坛西街 6 号院 3 层	100045	56086900
泰达宏利基金管理有限公司北京分公司	西城区西直门外大街 1 号院 3 号楼 18D13 ~ 15 室	100044	66577730
金鹰基金管理有限公司北京分公司	西城区月坛南街 1 号月坛金融街中心 7 号楼 1801 ~ 1803 单元	100085	68086288
华宝兴业基金管理有限公司北京分公司	朝阳区建国门外大街乙 12 号双子座大厦西塔 2503 室	100020	58260666
摩根士丹利华鑫基金管理有限公司北京分公司	西城区太平桥大街 18 号丰融国际大厦 1005 室	100032	66155568
海富通基金管理有限公司北京分公司	西城区英蓝国际金融中心南楼 621 室	100140	59379001
长信基金管理有限公司北京分公司	西城区金融大街 17 号中国人寿中心 6 层 604 室	100140	68042292
天治基金管理有限公司北京分公司	西城区金融大街 19 号富凯大厦 B703A	100032	66578008
景顺长城基金管理有限公司北京分公司	西城区金融大街 7 号英蓝国际金融中心 608 ~ 610 室	100033	66555001
广发基金管理有限公司北京分公司	西城区金融大街 9 号楼 11 层 1101 单元	100033	68083113
申万菱信基金管理有限公司北京分公司	西城区金融大街 19 号富凯大厦 B 座 1006 室	100033	66574388
中海基金管理有限公司北京分公司	西城区复兴门内大街 158 号 1 号楼 F211B	100031	66493582
光大保德信基金管理有限公司北京分公司	西城区武定侯街 6 号 3 层 F2 – 1（A）301 ~ 300 室	100020	66215307
上投摩根基金管理有限公司北京分公司	西城区金融大街 7 号英蓝国际金融中心 1925 室	100033	4008894888
国海富兰克林基金管理有限公司北京分公司	西城区金融大街 23 号平安大厦 10 层 1005 室	100033	59315299
天弘基金管理有限公司北京分公司	西城区月坛北街 2 号月坛大厦 A 座 20 层	100140	83571789
华泰柏瑞基金管理有限公司北京分公司	西城区锦什坊街 35 号院 1 号楼 2 层 208 室	100032	66582808
新华基金管理有限公司北京分公司	海淀区西三环北路 11 号海通时代商务中心 C1 座	100089	68726666

汇添富基金管理股份有限公司北京分公司	西城区宣武门外大街甲1号环球财讯中心C座14层1403～1404室	100052	021－28932768
交银施罗德基金管理有限公司北京分公司	西城区金融大街20号13层1311～1312室	100033	66584999
益民基金管理有限公司北京分公司	西城区宣武门外大街10号庄胜广场中央办公楼南翼13A层	100052	63101218
信达澳银基金管理有限公司北京分公司	西城区阜成门外大街22号外经贸大厦西座526室	100037	56652660
泰信基金管理有限公司北京分公司	西城区广成街4号院1号楼305～306室	100032	66215978
中银基金管理有限公司北京分公司	西城区西单北大街110号西单汇大厦8层	100032	88000688
招商基金管理有限公司北京分公司	西城区月坛南街1号院3号楼21层	100032	0755－83196666
建信基金管理有限公司北京分公司	西城区金融大街7号英蓝国际金融中心1630室	100033	66228888
长城基金管理有限公司北京分公司	西城区金融大街7号英蓝国际金融中心F916室、F917室	100033	88091156
中欧基金管理有限公司北京分公司	东城区东方广场写字楼W3座1007室	100738	63082766
兴全基金管理有限公司北京分公司	西城区锦什坊街35号615室	100033	63211225
工银瑞信基金管理有限公司北京分公司	西城区金融大街5号新盛大厦A座	100033	66583239
安信基金管理有限公司北京分公司	西城区阜成门北大街2号国投金融大厦5层	100034	0755－82509999
东方基金管理有限公司北京分公司	西城区锦什坊街28号2层201室	100033	66295888
东海基金管理有限北京分公司	海淀区国际财经中心15楼	100048	88825682
前海开源基金管理有限公司北京分公司	东城区东长安街1号东方广场东一办公楼1801～1802室	100738	4001666998
财通基金管理有限公司北京分公司	西城区西单北大街131号908室	100032	4008209888
宝盈基金管理有限公司北京办事处	西城区金融大街17号中国人寿中心908室内	100032	68083668
国联安基金管理有限公司北京办事处	西城区金融大街28号盈泰中心2号楼10层	100033	59312803
国寿安保基金管理有限公司北京分公司	西城区金融大街28号11层、12层	100033	50850888
万家基金管理有限公司北京分公司	西城区丰盛胡同28号楼4层401～09单元	100032	59013764

泓德基金管理有限公司北京分公司	西城区德胜门外大街 125 号 3 层 301B－1 号	100088	40090888
兴银基金管理有限责任公司北京分公司	朝阳区朝阳门北大街 20 号兴业银行大厦 22 层	100027	4000096326
新沃基金管理有限公司北京分公司	海淀区丹棱街 3 号中国电子大厦 B 座 16 层	100080	58290600
嘉合基金管理有限公司北京分公司	西城区复兴门内大街 158 号远洋大厦 F102－2 室	100031	021－6016900
农银汇理基金管理有限公司北京分公司	东城区建国门内大街乙 18 号院 2 号楼 1117 室	100005	4006895599
西部利得基金管理有限公司北京分公司	东城区长安街 1 号东方广场东方经贸城西二办公楼 3 层 11 室	100738	56300100
诺德基金管理有限公司北京分公司	海淀区中关村东路 1 号院 3 号楼 7 层 708 室	100084	4008880009
富荣基金管理有限公司北京分公司	西城区金融大街 33 号 9 层 918 单元	100033	4006855600
嘉实基金管理有限公司北京怀柔分公司	怀柔区梓镇八龙桥雅苑 2 号楼 3 层	101400	4006008800
兴业基金管理有限公司北京分公司	朝阳区朝阳门北大街 20 号兴业银行大厦 25 层	100020	89926967
国融基金管理有限公司北京分公司	海淀区西直门外大街 168 号腾达大厦 2008 室	100044	4008190098
鹏扬基金管理有限公司北京分公司	西城区复兴门外大街 A2 号 1 幢 16 层 1601 室	100045	685888
浦银安盛基金管理有限公司北京分公司	西城区金融街太平桥丰融国际大厦 16 楼	100032	021－2321288
诺安基金管理有限公司北京分公司	朝阳区光华路甲 14 号 1 幢 8 层	100026	59027888
凯石基金管理有限公司北京办事处	西城区金融大街 27 号投资广场 B 座 2101 室	100033	
同泰基金管理有限公司北京办事处	西城区南礼士路 66 号建威大厦 1 号楼 10 层 1010 室	100045	4008301666
惠升基金管理有限责任公司北京分公司	西城区金融大街 27 号楼 16 层 B－1808 室	100033	4000005588
合煦智远基金管理有限公司北京分公司	东城区东直门南大街 3 号国华投资大厦 17 层 1710 室	100007	0755－21835858
汇安基金管理有限责任公司北京分公司	东城区东直门南大街 5 号中青旅大厦 13 层	100007	56711600
南华基金管理有限公司北京分公司	东城区东直门南大街甲 3 号 3 层	100007	58965805
中科沃土基金管理有限公司北京分公司	海淀区中关村南大街 2 号 2 号楼 6 层 B 座 701 室	100036	020－37128708
中融基金管理有限公司北京分公司	朝阳区东风南路 3 号院 1 号楼	100020	56517000

九泰基金管理有限公司北京分公司	朝阳区安立路30号仰山公园8号楼A栋101～120室、201～222室	100012	57383999
国联安基金管理有限公司北京分公司	西城区金融大街33号通泰大厦B座601室	100033	59312803
中信保诚基金管理有限公司北京分公司	朝阳区东三环中路1号1幢2单元5层501内07号单元	100020	021－68649788
华融基金管理有限公司北京分公司	通州区滨惠北一街3号院1号楼1层1－8－16号	100020	4008989999
恒生前海基金管理有限公司北京分公司	朝阳区建国路79号华贸中心2号写字楼6层662室	100020	0755－88982200
同泰基金管理有限公司北京分公司	西城区南礼士路66号建威大厦1号楼10层1010房间	100045	4008301666
金元顺安基金管理有限公司北京分公司	西城区月坛南街1号院1号楼3层金融集5－306－B06号	100032	68058550
创金合信基金管理有限公司北京分公司	西城区马连道南街1号院2号楼2层	100055	63197791
新疆前海联合基金管理有限公司北京分公司	朝阳区建国路112号16层1601室	100020	4006400099

（7）基金管理公司理财中心

机构名称	地　址	邮　编	电　话
华夏基金管理有限公司北京海淀投资理财中心	海淀区中关村南大街11号光大国信大厦1层	100081	68458598
华夏基金管理有限公司北京朝阳投资理财中心	朝阳区东三环中路39号建外SOHO B座0104室	100022	67718453
华夏基金管理有限公司北京东中街投资理财中心	东城区东中街29号东环广场B座1层	100027	64185187
华夏基金管理有限公司北京科学院南路投资理财中心	海淀区中关村科学院南路新科祥园甲3号	100080	82523195
华夏基金管理有限公司北京崇文投资理财中心	东城区安化寺幸福家园1层	100062	67133687
华夏基金管理有限公司北京西三环投资理财中心	海淀区西三环北路甲35号	100089	52723129

华夏基金管理有限公司北京世纪城投资理财中心	海淀区蓝靛厂时雨园甲 2－4 号	100089	88892837
华夏基金管理有限公司北京望京投资理财中心	朝阳区望京南湖东园 122 楼博泰国际商业广场 1 层 F－36 号	100102	64742505
华夏基金管理有限公司北京亚运村投资理财中心	朝阳区慧忠里 103 号洛克时代中心 1 层	100101	84871039
华夏基金管理有限公司北京东四环投资理财中心	朝阳区八里庄西里 100 号 1 幢 103 号	100025	85869663
华夏基金管理有限公司北京朝外大街投资理财中心	朝阳区朝外大街 6 号新城国际 6 号楼 101 号	100020	65336597

（8）证券投资咨询公司

机构名称	地　址	邮　编	电　话
北部资产经营股份有限公司	西城区广安门内大街 338 室 811 室	100032	18500178777
北京东方高圣投资顾问有限公司	门头沟区妙峰山镇水丁路 1 号院 33 号	102300	15011506785
北京首证投资顾问有限公司	丰台区榴乡路 88 号院 10 号楼 4 层	100071	53806050
北京天相财富管理顾问有限公司	西城区金融街 19 号 B 座 701	100032	66045898
北京指南针科技发展股份有限公司	昌平区北清路 TBD 云集中心 2 号楼 A 座	102200	82559988
北京中富金石咨询有限公司	朝阳区东大桥路 8 号 1 号楼 15 层 1807 室	100020	58701668
北京中资北方投资顾问有限公司	朝阳区东四环中路 82 号 2 座 2－1 座 01 层 101－02 号	100020	18639102125
北京博星证券投资顾问有限公司	丰台区丽泽路聚杰金融大厦 1606 室	100071	50950886
鼎信汇金（北京）投资管理有限公司	朝阳区霄云路 40 号院 1 号楼 3 层 306 室	100020	82050520
北京海问咨询有限公司	朝阳区东大桥路 8 号 1 号楼 15 层 1811 室	100020	60842107

北京金美林投资顾问有限公司	朝阳区十里堡乙2号院5号楼5层505内F516室	100020	13811550137
北京和众汇富科技股份有限公司	海淀区西三环北路11号海通时代商务中心21号楼	100089	53347218
和讯信息科技有限公司	朝阳区朝外大街22号10层	100020	18612966161
北京股商证券投资咨询有限公司	海淀区燕西台嘉苑甲15号2层2060室	100089	64428161
北京中方信富投资管理咨询有限公司	朝阳区东三环北路甲19号嘉盛中心706室	100020	59671057

（9）期货公司

机构名称	地　址	邮　编	电　话
北京首创期货有限责任公司	西城区宣武门外大街甲1号3层	100052	4007009595
第一创业期货有限责任公司	西城区新街口北大街3号6层603室、604室	100035	4008881888
方正中期期货有限公司	石景山区金府路32号院3号楼5层512室	100026	4008802277 95571
格林大华期货有限公司	朝阳区建国门外大街8号楼21层2102单元	100022	4007009898 4006537777
冠通期货股份有限公司	朝阳区朝阳门外大街甲6号万通中心4座18层	100020	4006678656
国都期货有限公司	东城区东直门南大街3号国华投资大厦8层、10层	100007	4007007588
国元期货有限公司	东城区东直门外大街46号1号楼19层1901室	100027	4008888218
宏源期货有限公司	西城区太平桥大街19号4层4B	100033	4006008899
九州期货有限公司	海淀区西直门北大街甲43号1号楼1－26－1418号	100044	82211853
金鹏期货经纪有限公司	西城区复兴门内金融街投资广场B座9层	100033	66212370
首创京都期货有限公司	朝阳区北辰东路8号辰运大厦2层B区	100101	4000653019
民生期货有限公司	东城区建国门内大街28号民生金融中心D座7层	100005	85127555
银河期货有限公司	朝阳区朝外大街16号1幢13层1302单元	100020	4008867799
中天期货有限责任公司	丰台区方庄芳古园1区29号楼	100078	4007718181

英大期货有限公司	朝阳区呼家楼京广中心3层301室	100020	4000188688
中钢期货有限公司	海淀区海淀大街8号A座19层	100080	4007006700
中国国际期货股份有限公司	朝阳区建国门外光华路14号1幢6层609号、610号	100020	95162
中粮期货有限公司	东城区东直门南大街5号中青旅大厦15层、3层311～313室	100007	4007060158
中衍期货有限公司	朝阳区东四环中路82号金长安大厦B座7层	100124	4006881117

（10）期货营业部

机构名称	地　址	邮　编	电　话
弘业期货股份有限公司北京营业部	朝阳区建国路118号9层901内B2单元	100026	68043363
上海大陆期货有限公司北京营业部	西城区车公庄大街乙1号楼1层103号	100037	65180889
广发期货有限公司北京营业部	海淀区西三环北路89号10层B－04室	100048	64923490
瑞达期货股份有限公司北京分公司	东城区南竹杆胡同1号6层710室	100010	62155857
中大期货有限公司北京营业部	东城区安定门外大街138号地坛大厦	100010	65083298
中信期货有限公司北京朝阳分公司	朝阳区亮马桥路48号院4号楼3层302室	100026	58135966
光大期货有限公司北京分公司	西城区月坛北街2号月坛大厦东配楼5层	100045	68084651
国投安信期货有限公司北京分公司	西城区广安门外南滨河路1号8～9层	100055	58747658
中钢期货有限公司北京营业部	西城区广义街5号3－701号	100053	64251379
广发期货有限公司北京分公司	西城区宣武门外大街甲1号	100052	65865200
大地期货有限公司北京分公司	海淀区西直门北大街32号院1号楼14层1703室	100082	88019357
渤海期货股份有限公司北京营业部	朝阳区东三环北路甲2号京信大厦25层2532室	100000	64648322
国投安信期货有限公司北京第二分公司	西城区宣武门外大街6～12（双）号、16号、18号10号楼12层1206～1207室	100052	63019525

安粮期货股份有限公司北京营业部	丰台区汽车博物馆东路1号院3号楼9层1002室	100070	57327606
金鹏期货经纪有限公司丰台营业部	丰台区汽车博物馆东馆1号院4号楼北座902室	100160	83681815
金瑞期货股份有限公司北京营业部	西城区华远北街2号2层207室、222室	100032	66555672
弘业期货股份有限公司北京分公司	朝阳区建国路118号9层901内C1单元	100004	68031609
长城期货股份有限公司北京营业部	西城区南礼士路66号1号楼11层1113室	100032	85710310
华泰期货有限公司北京营业部	东城区北三环东路36号1号楼B2303/05房间	100013	64405619
招金期货有限公司北京营业部	朝阳区南磨房路37号17层1909室	100020	52725633
五矿经易期货有限公司北京分公司	海淀区首都体育馆南路6号3号楼12层1253室、1254室	100000	68331355
金石期货有限公司北京营业部	东城区建国门内大街18号6层办公楼1座612室	100004	65186987
江海汇鑫期货有限公司北京营业部	海淀区西三环北路72号A座2906室	100037	51798040
混沌天成期货股份有限公司北京分公司	丰台区广安路9号院3号楼1311～1315号	100073	63397982
新纪元期货股份有限公司北京东四十条营业部	东城区东四十条68号平安发展大厦4层407室	100007	84261746
华闻期货有限公司北京分公司	朝阳区东三环中路24号楼22层2202单元	100020	57613006
信达期货有限公司北京营业部	朝阳区和平街东土城路12号院3号楼1606室	100020	64101715
国信期货有限责任公司北京营业部	朝阳区北辰东路8号院16号楼8层804内A0804室、A0805室	100020	84981648
宏源期货有限公司北京西直门北大街营业部	海淀区西直门北大街甲43号1幢6层	100044	82292218
中信建投期货有限公司北京国贸营业部	朝阳区光华路8号17幢1层A113房间	100026	85951102－8013
宏源期货有限公司北京市东城区营业部	东城区南竹杆胡同2号1幢4层10508室	100020	64064100
方正中期期货有限公司北京分公司	西城区展览馆路48号楼4层408室	100037	68578750
上海东方财富期货有限公司北京分公司	海淀区西直门北大街32号院2号楼13层1506B	100082	82206318
海航期货股份有限公司北京营业部	朝阳区芍药居北里101号1幢13层1座1612室、1615室	100101	65974689
徽商期货有限责任公司北京分公司	东城区南竹杆胡同6号楼4层07号	100010	58641775

神华期货有限公司北京营业部	海淀区苏州街18号院长远天地大厦4号楼3A01室	100080	82613962
中融汇信期货有限公司北京营业部	朝阳区北辰东路8号15号楼H座22层2203室	100101	67766685
上海中期期货股份有限公司北京分公司	丰台区广安路9号2号楼911~913号	100055	63363879
华金期货有限公司北京分公司	朝阳区建国路108号、甲108号、乙108号、110号、112号、116号、118号、甲118号、乙118号地下部分等2幢内108号楼12层04单元	100020	65978202
上海东证期货有限公司北京安立路营业部	朝阳区北辰东路8号院27号楼3层302号、303号	100101	84896646
长江期货股份有限公司北京建国门营业部	东城区建国门北大街8号华润大厦6层605B	100005	85191069
银河期货有限公司北京分公司	朝阳区朝外大街16号1幢11层1105单元	100026	68569728
中国国际期货股份有限公司北京中关村南大街营业部	海淀区中关村南大街2号A座10层1115-2室	100086	82185322
宝城期货有限责任公司北京营业部	朝阳区望京西路甲50号1号楼7层1-09内701单元	100102	64795780
中粮期货有限公司北京北辰东路营业部	朝阳区北辰东路8号15号楼25层2509室	100101	84981579
华闻期货有限公司北京营业部	丰台区广安路9号院6号楼14层1420室	10055	53320932
海通期货股份有限公司华北分公司	西城区南礼士路66号1号楼9层907室	100045	68086166
海通期货股份有限公司北京南礼士路营业部	西城区南礼士路66号1号楼9层908室	100045	68086819
道通期货经纪有限公司北京蓝靛厂东路营业部	海淀区蓝靛厂东路2号院2号楼10层3单元C座10B-1室	100097	88599543
建信期货有限责任公司北京营业部	西城区宣武门西大街28号大成广场7门501室	100031	83127260
中辉期货有限公司北京分公司	朝阳区东三环中路39号院23号楼16层1907室	100045	59002688
华融融达期货股份有限公司华北分公司	西城区德胜门外大街125号2层201B-D	100088	59321086
宏源期货有限公司北京分公司	海淀区西直门北大街甲43号1幢6层1-20-1号	100044	82290717

浙江新世纪期货有限公司北京营业部	东城区建国门内大街8号中粮广场B座12层1222室	100005	65150880
财达期货有限公司北京首体南路营业部	海淀区首体南路20号国兴大厦D座2层西侧	100044	88386877
国金期货有限责任公司北京分公司	西城区广安门外大街248号1号楼13层1305～1306室	100055	83118631
东方汇金期货有限公司北京分公司	东城区永定门西滨河路8号院7楼4层	100077	59947979
中财期货有限公司北京海淀营业部	海淀区莲花苑5号楼11层	100036	63942832
中信期货有限公司北京分公司	东城区广渠门内大街47号7层47－（07）701室	100062	57762777
中信期货有限公司北京市东城分公司	东城区广渠门内大街47号7层47－（07）702室	100062	57762882
新湖期货股份有限公司北京分公司	朝阳区朝阳门外大街20号1幢06层610室	100020	64003106
西部期货有限公司北京分公司	西城区德胜门外大街乙10号	100032	85113277
招商期货有限公司北京西直门北大街营业部	海淀区西直门北大街60号首钢国际大厦5层0507～0508室	100081	82295230
格林大华期货有限公司北京分公司	朝阳区建国门外大街8号楼20层1702单元20010室	100022	56711850
国联期货股份有限公司北京营业部	朝阳区北三环东路28号易亨大厦1208室	100013	84111550
东兴期货有限责任公司北京营业部	东城区安定门外大街2号第17层08号	100013	64482335
广州期货股份有限公司北京分公司	西城区月坛南街59号5层	100045	68589866
晟鑫期货经纪有限公司北京营业部	昌平区东小口镇立汤路186甲4号楼11层1106室	100192	84608496
中金期货有限公司北京建外大街营业部	朝阳区建国门外大街1号2期7层21单元	100091	85679888
华西期货有限公司北京营业部	东城区建国门内大街18号办一1103～1104室	100005	65174391
中信建投期货有限公司北京北三环西路营业部	海淀区中关村南大街6号9层912室	100086	82128101
国投安信期货有限公司北京朝阳营业部	朝阳区东三环北路甲19号楼28层3202室	100020	65911962
兴证期货有限公司北京朝阳营业部	朝阳区朝外大街乙12号12层0－1509室	100001	56177890

迈科期货股份有限公司北京营业部	东城区建国门内大街8号中粮广场B座10层1011室	100005	64082006
上海东证期货有限公司北京朝阳门营业部	朝阳区朝外大街22号4层401~402室	100020	85630311
中融汇信期货有限公司北京分公司	朝阳区东三环北路甲19号楼10层1101室	100020	50960062
方正中期期货有限公司北京望京营业部	朝阳区望京中环南路9号1号楼12层8~9号	100102	62700212
浙商期货有限公司北京分公司	朝阳区光华路甲14号1幢12层1203室	100020	65083926
中粮期货有限公司北京分公司	东城区东滨河路甲1号大象投资大厦4层	100013	68372588
英大期货有限公司北京东三环中路营业部	朝阳区呼家楼京广中心6层05A室	100020	65978388
云晨期货有限责任公司北京分公司	海淀区羊坊店路18号1幢5层533室、534室	100038	81923978
中信建投期货有限公司北京朝阳门北大街营业部	东城区朝阳门北大街6号首创大厦207室	100027	85282789
申银万国期货有限公司北京劲松九区营业部	朝阳区劲松九区909号楼4层	100021	67789206－601
东吴期货有限公司北京营业部	西城区西直门外大街1号院2号楼17C4号	100044	58301170
申银万国期货有限公司北京分公司	海淀区西直门北大街甲43号1幢5层	100081	67789206
天富期货有限公司北京营业部	东城区安定门东大街28号1号楼C单元610号	100007	64178233
兴业期货有限公司北京分公司	朝阳区朝阳门北大街20号1至25层101内2503室	100020	69000862
北京首创期货有限责任公司北京北辰东路营业部	朝阳区北辰东路8号亚运村1号门	100101	84973126
方正中期期货有限公司北京朝阳营业部	朝阳区东三环北路38号院1号楼19层2201室	100026	85881205
国泰君安期货有限公司北京分公司	朝阳区建国门外大街乙12号双子座大厦东塔7层06单元	100022	58795779
国泰君安期货有限公司北京三元桥营业部	朝阳区曙光西里甲5号院22号楼15层1501室、1502单元	100028	64669008
华泰期货有限公司北京分公司	西城区丰盛胡同28号楼8层801－2至801－6室	100032	64405619
华泰期货有限公司北京西三环营业部	海淀区西三环北路87号路7层4－702室	100089	88585919

北京首创期货有限责任公司北京东三环营业部	朝阳区东三环北路3号A座15层15号内1505室	100027	65088620
永安期货股份有限公司北京分公司	东城区金宝街58号6层	100005	65120613
中投天琪期货有限公司北京营业部	朝阳区朝阳门外大街18号24层A27室	100020	65880649
一德期货有限公司北京北三环东路营业部	东城区北三环东路36号E栋7层02/03室	100013	88312828
兴证期货有限公司北京分公司	朝阳区建国门外大街甲6号1幢27层A座1－27内2704室	100022	59724360
美尔雅期货有限公司北京朝外营业部	朝阳区朝阳门外大街甲6号10层3座1009	100026	65389967
银河期货有限公司北京营业部	东城区广渠门内大街80号8层815号	100025	51696799
冠通期货股份有限公司北京营业部	海淀区中关村南大街5号二区683号楼1801室	100081	62570342
倍特期货有限公司北京营业部	东城区东直门外大街48号1幢10层办公楼10F	100007	58174066
前海期货有限公司北京分公司	东城区建国门内大街8号B座1211室	100005	64728789
南华期货股份有限公司北京营业部	西城区宣武门外大街26号、28号、30号2幢5层A501室	100052	63163006
南华期货股份有限公司北京分公司	西城区宣武门外大街26号、28号、30号2幢5层A502室	100052	63150242
银河期货有限公司北京朝外大街营业部	朝阳区朝外大街16号1幢11层1104单元	100020	68569747
方正中期期货有限公司北京石景山营业部	石景山区金府路32号院3号楼5层510室、511室	100041	82868318
长江期货股份有限公司北京海淀区营业部	海淀区中关村南大街1号北京友谊宾馆20810室	100080	63980248
鲁证期货股份有限公司北京营业部	西城区新街口北大街3号3层301～L304室	100032	82194435
长城期货股份有限公司北京分公司	西城区南礼士路66号1号楼11层1114室、1115室	100032	85270310
和融期货有限责任公司北京分公司	东城区广渠家园5楼4层404－2室	100022	50831728
五矿经易期货有限公司北京广安路营业部	丰台区广安路9号院6号楼408室、409室	100000	64185322
中电投先融期货股份有限公司北京营业部	朝阳区东四环中路82号3座06层706室	100124	87785456
东海期货有限责任公司北京花园桥营业部	海淀区西三环北路72号院B座1810室	100080	88584490

国海良时期货有限公司北京分公司	丰台区广安路9号院3号楼4层411室	100055	63365512
创元期货股份有限公司北京分公司	东城区北三环东路36号1号楼B1209室	100010	59575689

（11）外国证券类机构北京代表处

机构名称	地　址	邮　编	电　话
日本野村证券株式会社北京代表处	朝阳区东三环北路5号北京发展大厦1212室	100020	58661888
日本大和证券株式会社北京代表处	朝阳区光华路1号商业写字楼北路3层301～302单元	100026	65006688
三菱日联证券控股股份有限公司北京代表处	朝阳区东三环北路5号北京发展大厦1018室	100020	65908770
瑞士信贷（香港）有限公司北京代表处	西城区金融大街甲9号1101单元	100033	88090988
高盛（中国）有限责任公司北京代表处	西城区金融大街7号英蓝国际金融中心17层	100034	66273261
美林国际有限公司北京代表处	朝阳区建国门外大街1号院1号楼35层3501～3503室	100020	58780200
花旗环球金融中国有限公司北京代表处	西城区武定侯街6号18层1801室、1802A－1室、1802B－1室	100033	59376609
摩根士丹利亚洲有限公司北京代表处	西城区太平桥大街18号丰融国际中心1座12层3B	100034	83563858
法国巴黎资本（亚洲）有限公司北京代表处	朝阳区建国门外大街1号院1号楼20层2021C室	100020	65353336
中银国际控股有限公司北京代表处	西城区西单北大街110号8层	100032	83262151
汇富金融服务有限公司北京代表处	朝阳区东三环中路7号财富中心写字楼A801室	100022	65308792
香港上海汇丰银行有限公司（证券业务）北京代表处	朝阳区东三环中路5号财富金融中心16层1604室	100022	59998235
台湾元大证券股份有限公司北京代表处	东城区建内大街7号光华长安大厦2座1722室	100005	65101266
香港摩根大通证券（亚太）有限公司北京代表处	西城区金融大街7号英蓝国际金融中心F2005～F2006室、F2021～F2028室	100034	59318888

德意志银行股份有限公司（证券业务）北京代表处	朝阳区建国路81号德意志银行大厦28层	100025	59698008
日本瑞穗证券股份有限公司北京代表处	朝阳区建国门外大街甲26号长富宫办公楼8011室	100020	65234779
香港第一上海融资有限公司北京代表处	东城区建国门内大街7号光华长安大厦1座507B	100005	65102588
蒙特利尔银行利时证券公司北京代表处	朝阳区建国路77号华贸中心3号写字楼27层02A和03A单元	100022	85881700
日本三井住友信托银行股份有限公司（证券业务）北京代表处	朝阳区建国门外大街26号长富宫办公楼5层5011室	100020	65598556
韩国未来资产大宇有限公司北京代表处	朝阳区东三环北路2号2层01－12室内A018	100027	64136231
交银国际控股有限公司北京代表处	西城区平安里西大街28号10层	100035	88009788
美国科本资本市场公司北京代表处	朝阳区建国门外大街1号（1期）16幢12层26单元	100020	85098755
日本摩乃科斯证券股份有限公司北京代表处	朝阳区建国门外大街26号2号楼8007室	100022	65281955
香港致富证券有限公司北京代表处	朝阳区建国门外大街1号（1期）16幢6层608室	100020	66555862
京华山一国际（香港）有限公司北京代表处	东城区建国门内大街18号办公楼1座1101室	100005	65182871
韩国三星证券公司北京代表处	朝阳区建国路乙118号京汇大厦910单元	100022	65221855
美国富瑞金融集团北京代表处	朝阳区建国门外大街1号（1期）写字楼14层98室	100004	57379013
德国商业银行股份有限公司（证券业务）北京代表处	朝阳区建国门外大街乙12号双子座大厦东塔2507室	100022	65673233
日本盛华日兴证券株式会社北京代表处	朝阳区建国路79号4层4办公2T01内03A号	100022	85606888

（12）外国资产管理类机构北京代表处

机构名称	地　址	邮　编	电　话
宏富投资管理有限公司北京代表处	朝阳区光华路7号汉威大厦A座11A16室	100004	85261820
邓普顿国际股份有限公司北京代表处	朝阳区建国路79号26层26办公T201内02室	100022	88091365
信安环球投资有限公司北京代表处	朝阳区建国门外大街1号16幢4层414B、415室	100004	64637989
香港摩根资产管理（亚太）有限公司北京代表处	西城区金融大街7号英蓝国际金融中心19层1926单元	100034	59318486
富达基金（香港）有限公司北京代表处	西城区金融大街7号英蓝国际金融中心9层F905A	100034	66553282
法国法盛投资管理公司北京代表处	朝阳区工体北路甲6号中宇大厦2001室	100027	59752825
新加坡摩根士丹利投资管理公司北京代表处	西城区太平桥大街18号12层8B	100035	83563893
美国桥水投资公司北京代表处	朝阳区建外大街1号国贸大厦47层4701室	100004	57061666
领航投资香港有限公司北京代表处	西城区金融大街甲9号楼10层1001－06室	100033	85880130
加拿大迈凯希金融公司北京代表处	东城区建国门内大街8号B座5层522室	100005	65263996

（13）外国证券交易所北京代表处

机构名称	地　址	邮　编	电　话
美国纽约证券交易所有限责任公司北京代表处	朝阳区建国门外大街1号国贸写字楼1座1203室	100020	65052188
香港交易及结算所有限公司北京代表处	西城区金融大街7号英蓝国际金融中心902～903室	100034	85190288
韩国交易所北京代表处	朝阳区阜通东大街6号院方恒国际中心A座2808室	100102	65331986

日本东京证券交易所株式会社北京代表处	朝阳区建外大街2号北京银泰中心C座2204~2205室	100022	85171128
新加坡交易所有限公司北京代表处	朝阳区建国门外大街1号国贸（3期）33层09~12单元	100020	66290660
美国纳斯达克股票市场有限责任公司北京代表处	朝阳区光华东里8号院中海广场南楼5层	100020	59772056
德国德意志交易所股份有限公司北京代表处	朝阳区建国门外大街1号国贸大厦B座23层19单元	100020	65028300
伦敦证券交易所有限责任公司北京代表处	东城区建国门北大街8号华润大厦1231室	100005	58111913

4. 保险业机构

（1）中资保险公司

机构名称	地　址	邮　编	电　话
中国出口信用保险公司第一营业部	西城区丰盛胡同22号丰铭国际大厦A座9层	100032	66580439
中国出口信用保险公司第二营业部	西城区丰盛胡同22号丰铭国际大厦A座9层	100032	66582391
中国出口信用保险公司第三营业部	西城区丰盛胡同22号丰铭国际大厦A座8层	100032	66582202
中国人民财产保险股份有限公司北京市分公司	东城区朝阳门北大街17号	100010	58195885
中国大地财产保险股份有限公司北京分公司	西城区骡马市大街18号楼	100052	82277975
中华联合财产保险股份有限公司北京分公司	东城区安外西滨河路18号首府大厦3号楼	100011	64519985
中国太平洋财产保险股份有限公司北京分公司	西城区复兴门内大街158号远洋大厦F6层	100031	66414787
中国平安财产保险股份有限公司北京分公司	朝阳区光华路五号院世纪财富中心2号楼16层	100032	58391414
天安财产保险股份有限公司北京分公司	海淀区羊坊店路18号1幢10层1003~1013室	100036	68423636
华安财产保险股份有限公司北京分公司	丰台区广安路9号院国投财富广场5号楼17层	100089	88829888

永安财产保险股份有限公司北京分公司	石景山区古城南街9号院4号楼	100022	65733604
太平财产保险有限公司北京分公司	西城区骡马市大街16号楼8层	100052	83253143
亚太财产保险有限公司北京分公司	东城区永定门西滨河路8号院7楼	100038	82299969
中银保险有限公司北京分公司	东城区朝阳门内大街2号凯恒中心E座7层701～705单元	100010	85290888
永诚财产保险股份有限公司北京分公司	海淀区知春路甲48号1号楼25A、25B、26A	100062	58721599
安华农业保险股份有限公司北京分公司	朝阳区管庄周家井1号世通国际大厦B座11层06～09单元	100102	15810189797
阳光财产保险股份有限公司北京分公司	通州区永顺镇商通大道1号院2号楼4层401～402室	101121	60558371
都邦财产保险股份有限公司北京分公司	海淀区玉渊潭南路晾果厂6号都邦大厦9层	100027	68097828
渤海财产保险股份有限公司北京分公司	丰台区汽车博物馆西路8号院3号楼601室、611～614室	100077	82294377
华农财产保险股份有限公司北京市分公司	丰台区航丰路1号院4号楼3～17层301内9层1009室	100070	83634130
中国人寿财产保险股份有限公司北京市分公司	朝阳区朝外大街16号	100020	85253888
安诚财产保险股份有限公司北京分公司	东城区白桥大街22号北京工商联大厦2层	100062	59095559
长安责任保险股份有限公司北京市分公司	丰台区丰台北路18号院1号楼2层0203－0207室	100073	13901169622
英大泰和财产保险股份有限公司北京分公司	西城区西单北大街111号西单国际大厦9层	100022	51967360
紫金财产保险股份有限公司北京分公司	丰台区南四环西路186号二区1号楼2层01～08室	100039	18632118118
浙商财产保险股份有限公司北京分公司	东城区白桥大街15号3层301－03室、301－05室	100062	87103419
国任财产保险股份有限公司北京分公司	海淀区学院南路62号1号楼513室	100062	63885007
富德财产保险股份有限公司北京分公司	海淀区西直门北大街56号富德生命人寿大厦8层	100082	58978228
长江财产保险股份有限公司北京分公司	西城区西直门外大街18号金贸大厦C2座12层	100044	58687360
泰山财产保险股份有限公司北京分公司	丰台区丰台北路18号院1号楼5层0511～0512室	100000	13801015988

珠峰财产保险股份有限公司北京分公司	门头沟区双峪路35号院2号楼9层	102300	83367372
建信财产保险有限公司北京分公司	朝阳区东三环北路甲26号楼19~20层	100033	56086687
黄河财产保险股份有限公司北京分公司	东城区崇文门外大街8号院1号楼2层东塔203室、204室	100062	57329737
大家财产保险有限责任公司北京分公司	朝阳区东三环中路55号8层801室	100020	59601843
中邮人寿保险股份有限公司北京分公司	西城区阜成门北大街19号中邮保险北京分公司	100037	68303868
中国人民人寿保险股份有限公司北京市分公司	海淀区首体南路38号创景大厦5~7层	100037	15034537748
光大永明人寿保险有限公司北京分公司	丰台区西三环南路14号院2号楼9层、1层0101室	100073	59128100
信泰人寿保险股份有限公司北京分公司	朝阳区北辰东路8号院北辰时代大厦2层	100020	13718028173
中国太平洋人寿保险股份有限公司北京分公司	西城区复兴门内大街158号远洋大厦F6层东区	100031	83955401
新华养老保险股份有限公司北京分公司	朝阳区建外大街甲12号新华保险大厦17层	100022	65695223
中融人寿保险股份有限公司北京分公司	西城区金泰鑫侨大厦8号楼	100044	50866190
新华人寿保险股份有限公司北京分公司	东城区东四十条68号6~8层	100007	84189462
中华联合人寿保险股份有限公司北京分公司	朝阳区建国门外大街甲6号1幢13层D座16层	100022	63809985
昆仑健康保险股份有限公司北京分公司	朝阳区广渠路11号院1号楼金泰国际大厦7层	100023	59719600
君康人寿保险股份有限公司北京分公司	朝阳区太阳宫中路16号院1号楼11层	100028	13601382916
幸福人寿保险股份有限公司北京分公司	东城区珠市口东大街13号1层101室	100050	67094550
复星联合健康保险股份有限公司北京分公司	朝阳区朝阳北路237号复星国际中心1508室	100020	65924019
大家人寿保险股份有限公司北京分公司	朝阳区东三环中路55号6层	100022	59229481
大家养老保险股份有限公司北京分公司	海淀区花园东路11号泰兴大厦7层705室	100191	85256650
和谐健康保险股份有限公司北京分公司	朝阳区东三环南路1号院2号佳龙大厦14层1404~1408室	100022	51423906
太平人寿保险有限公司北京分公司	海淀区西直门北大街52号太平金融大厦	100052	82299500
阳光人寿保险股份有限公司北京分公司	通州区云景北里53号熙锦大厦C座16层	101121	67796828

合众人寿保险股份有限公司北京分公司	朝阳区朝外大街乙12号昆泰国际大厦20层	100020	58797755
英大泰和人寿保险股份有限公司北京分公司	西城区宣武门外大街28号富卓大厦A座10层	100052	58684222
华夏人寿保险股份有限公司北京分公司	西城区宣武门外大街10号庄胜广场北楼南翼10层	100052	63106600
太平养老保险股份有限公司北京分公司	西城区骡马市大街16号太平金融中心9层	100052	59579000
国华人寿保险股份有限公司北京分公司	西城白纸坊东街2号院6号楼605室	100054	83256699
泰康人寿保险有限责任公司北京分公司	东城区崇文门外大街8号院1号楼7~8层	100062	13611078199
泰康养老保险股份有限公司北京分公司	东城区东长安街1号东方广场西三办公楼307室	100006	85159100
建信人寿保险股份有限公司北京分公司	朝阳区光华路15号院1号楼18层	100026	56502691
爱心人寿保险股份有限公司北京分公司	朝阳区广渠路28号223号楼8层805内	100124	56433856
中国平安人寿保险股份有限公司北京分公司	西城区金融街23号平安大厦13~14层	100032	13501269719
北京人寿保险股份有限公司北京分公司	西城区西直门外大街18号楼金茂大厦B座1026室	100044	68303362
长城人寿保险股份有限公司北京分公司	西城区西直门外大街1号院2号楼18层20C1~20C13号	100044	15830798008
富德生命人寿保险股份有限公司北京分公司	海淀区西直门北大街52号、54号、56号	100082	58978171
平安养老保险股份有限公司北京分公司	西城区金融大街23号平安大厦9层	100033	59731355
中国人寿养老保险股份有限公司北京市分公司	朝阳区朝外大街16号中国人寿大厦南区19层	100020	56909916
百年人寿保险股份有限公司北京分公司	东城区东直门南大街11号中汇广场A座16层	100007	18911647417
中国人寿保险股份有限公司北京市分公司	朝阳区朝外大街16号中国人寿大厦南区19层	100020	56909916
利安人寿保险股份有限公司北京分公司	海淀区海淀南路32号中电投大厦9层	100080	59012606
珠江人寿保险股份有限公司北京分公司	朝阳区广渠路28号合生财富广场7层	100124	57783737
农银人寿保险股份有限公司北京分公司	海淀区苏州街3号大恒科技大厦北座5层	100080	82827788
民生人寿保险股份有限公司北京分公司	朝阳区东三环北路38号民生大厦6层	100026	59206622
友邦保险有限公司北京分公司	东城区东总布胡同58号天润财富中心3层	100005	65219988－12086
中德安联人寿保险有限公司北京分公司	石景山区石景山路乙18号院万达广场B座国际资源大厦16层	100040	59216006

中国人民健康保险股份有限公司北京分公司	朝阳区金台西路2号41幢2层	100026	59867888
中英人寿保险有限公司北京分公司	朝阳区永安东里16号CBD国际大厦8层	100020	85672888
中法人寿保险有限责任公司北京分公司	朝阳区工体东路18号中复大厦4层	100020	56678601
招商信诺人寿保险有限公司北京分公司	朝阳区建国路79号华贸中心写字楼2座1708室	100025	85809055－831
工银安盛人寿保险有限公司北京分公司	东城区东四十条24号青蓝大厦12层	100007	84057168
交银人寿保险有限公司北京市分公司	朝阳区安慧北里逸园1号楼	100101	50838948
汇丰人寿保险有限公司北京分公司	朝阳区建国门外大街8号国际财源中心西A座11层1102单元	100022	59860027
中信保诚人寿保险北京分公司	东城区王府井大街138号新东安广场第3座10层第1001~1027号	100006	85181888－8601
中荷人寿保险有限公司北京分公司	石景山区石景山路54号院3号楼4层	100043	65216688
平安健康保险股份有限公司北京分公司	西城区金融大街23号平安大厦6层610室	100033	59733200
华泰人寿保险股份有限公司北京分公司	西城区德胜门外大街125号4层	100088	15801678473
太保安联健康保险股份有限公司北京分公司	东城区东长安街1号东方广场东方经贸城中一办公室5层	100005	58045303
鼎诚人寿保险有限责任公司北京分公司	朝阳区朝阳门大街18号丰联广场A座9层	100020	87945125
中银三星人寿保险有限公司北京分公司	朝阳区霄云路36号国航大厦9层903~907室	100027	4000095566
中意人寿保险有限公司北京分公司	朝阳区建国门外大街甲6号SK大厦6层	100022	59303206
复星保德信人寿保险有限公司北京分公司	朝阳区朝阳北路237号复星国际中心28层	100026	56300706
长生人寿保险有限公司北京分公司	海淀区西三环北路89号中国外文大厦B座8层802~803室	100089	68983818
陆家嘴国泰人寿保险有限责任公司北京分公司	东城区白桥大街15号6层	100062	59620678－1024
恒安标准人寿保险有限公司北京分公司	东城区崇文门外大街8号院1号楼9层西塔902－1室、902－2室	100062	59235577
弘康人寿保险股份有限公司	朝阳区建国路甲92号－4至24层内13层	100022	85660977

信美人寿相互保险社	西城区宣武门西大街129号金隅大厦15层	100031	66051584
天安人寿保险股份有限公司北京市东城营业部	东城区安定门东大街28号2号楼5层	100050	65181107
渤海人寿保险股份有限公司北京朝阳支公司	朝阳区东三环北路19号中青大厦504~508室	100020	57784749

（2）中资保险公司分支机构

中国人民财产保险股份有限公司北京市分公司

机构名称	地　址	邮　编	电　话
分公司营业部	东城区朝阳门北大街17号1~3层	100010	58195983
重点客户营业部	东城区朝阳门北大街17号5层	100010	58195922
大型商业风险营业部	东城区朝阳门北大街17号5层	100010	58195331
责任险营业部	西城区教场口街9号院2-2号	100120	82067568
金融街营业部	西城区宣武门西大街甲129号金隅大厦901室	100031	66410024
中关村营业部	海淀区学院南路乙68号6层	100081	62151606
集团客户营业部	密云区经济开发区云西一街16号12层1215室	101121	58195393
海淀营业部	海淀区永丰路9号院1号楼2层北段	100080	62460529
商务中心区营业部	朝阳区东三环北路19号楼8层901内01~02室、11室	100020	65013939
朝阳营业部	朝阳区酒仙桥路14号兆维工业园136楼3层西侧	100025	84485283
天通苑营业部	昌平区北七家镇天通苑东苑三区2号楼29门	102218	80141601
电子商务营业部	密云经济开发区云西一街16号12层	101500	87771792
国际业务营业部	朝阳区建国路甲92号-4至24层内10层1004~1011室、1018室	100027	56122418
涉外业务营业部	海淀区学院南路乙68号5层	100029	64440311

劲松营业部	朝阳区华威里10号楼	100021	58615145
特殊风险营业部	朝阳区驼房营西里甲3号楼	100016	84982988
个人信用贷款保证保险营业部	海淀区学院南路乙68号3层	100027	64688652
东城支公司	东城区王家园胡同16号阳光国际大厦主楼2～5层	100027	65548700
崇文支公司	崇文区左安门内大街5号	100061	67199886
直属支公司	西城区西直门南大街2号	100035	66002737
西城支公司	西城区德外大街73号	100088	62370120
宣武支公司	西城区菜市口南大街平原里小区20号楼	100054	83526226
海淀支公司	海淀区阜成路81号	100142	88130258
海淀支公司会城门营业部	海淀区北蜂窝甲4号	100080	63262413
海淀支公司海淀黄庄营业部	海淀区中关村大街27号106～109室	100080	82856786
中关村科技支公司	海淀区学院南路乙68号	100081	82102741
朝阳支公司	朝阳区霄云里4号楼	100125	84485276
丰台支公司	丰台区丰台镇东大街11号	100071	63812311
门头沟支公司	门头沟区新桥大街18号楼	102300	69843284
门头沟支公司永定营销服务部	门头沟区曹各庄路32号院2号楼106室	102300	69843284
石景山支公司	石景山区时代花园南路17号	100043	88980531
燕山支公司	房山区燕山迎风街三里金融综合楼	102500	69341187
通州支公司	通州区玉带河大街4号	101100	60560501
通州支公司张家湾营销服务部	通州区张家湾镇光华路9号	101104	61505061
通州支公司漷县营销服务部	通州区漷县镇长陵营A商14号、AB座721室	101109	80520528
通州支公司台湖营销服务部	通州区台湖镇次渠大街19号商6号	101116	60560501
顺义支公司	顺义区新顺南大街	101300	69466005
顺义支公司杨镇营销服务部	顺义区杨镇地区沙子营村村委会南	102200	58195108
顺义支公司空港营业部	顺义区天竺镇府前一街3号	101312	69466005

昌平支公司	昌平区城区镇北环路 21 号	102200	69723366
昌平支公司昌平营业部	昌平区昌平镇北环路 21 号 2 层 202 室	102200	69711604
昌平支公司第一营业部	昌平区昌平镇北环路 21 号 1 层 106 室	102200	89702479
昌平支公司南口营销服务部	昌平区南口镇道北中区综合服务楼第 1 层 711 号	102202	80100994
大兴支公司	大兴区黄村兴政路 26 号	102600	69244765
大兴支公司采育营销服务部	大兴区采育镇大街 8 号一幢 4 层 007 室	102602	58195108
大兴支公司林校路营业部	大兴区黄村镇兴政街人保财险大兴支公司院内 1 幢 4 层 405 室	102600	69244765
怀柔支公司	怀柔区青春路 21 号	101400	69648438
怀柔支公司杨宋营销服务部	怀柔区杨宋镇凤翔科技开发区和平路甲 1 号楼 1～2 层 6 单元 101 室	101400	60680987
怀柔支公司桥梓营销服务部	怀柔区桥梓镇前桥梓村 590 号	101400	69676099
平谷支公司	平谷区城官镇府前西街 16 号	101200	69962201
平谷支公司大华山营销服务部	平谷区大华山镇大华山大街 229 号	101200	69962201
平谷支公司南独乐河营销服务部	平谷区南独乐河镇人民政府西侧平房	101212	89982294
平谷支公司夏各庄营销服务部	平谷区夏各庄镇夏各庄村夏各庄商业楼东 1 号	101213	60950950
平谷支公司平谷镇营业部	平谷区平谷镇府前西街 16 号 1 幢 101 室	101200	69962201
延庆支公司	延庆区延庆镇妫水北街 70 号	102100	69144641
延庆支公司永宁营销服务部	延庆区永宁镇永宁大街 40 号临 1 号	102104	60177690
延庆支公司康庄营销服务部	延庆区康庄镇兴隆商业街 174 号	102101	61168991
密云支公司	密云区密云镇鼓楼南大街 41 号	101500	69041586
密云支公司溪翁庄营销服务部	密云区溪翁庄密溪路 6 号楼 8 号楼 0120 号、6 号楼 8 号楼 0220 号	101512	69012365
密云支公司行宫营销服务部	密云区行宫小区 24－26 号楼间 2 号配房 1～2 层南户	101500	69058049

房山支公司	房山区良乡政通路6号	102488	89366688
房山支公司房山营销服务部	房山区良乡政通路6号1层102室	102401	69310831
丰台支公司长辛店营销服务部	丰台区太子峪路2号	100071	63867868
丰台支公司第一营业部	丰台区南三环中路18号	100075	63812311
丰台支公司科学城营销服务部	丰台区中核路3号院3号楼1011~1012室	100070	63707963
经济技术开发区支公司	北京经济技术开发区同济中路2号2幢105单元、303单元	100176	67883277
宣武支公司广安门营业部	西城区红居街11号楼1层4号	100010	58195092
重要客户营业部	东城区朝阳门北大街17号5层	100010	58195092
电子商务营销服务部	朝阳区广渠路66号百环家园19号楼1层	100010	58195092
九五五一八营销服务部	朝阳区广渠路66号百环家园19号楼1层	100010	58195092

中国太平洋财产保险股份有限公司北京分公司

机构名称	地　址	邮　编	电　话
东城支公司	东城区白桥大街15号10层1001-09号、1001-10号	100062	83507185
西城支公司	西城区展览馆路3号院	100037	83507305
海淀支公司	海淀区西三环北路91号7号楼4层D01室	100089	83507978
丰台支公司	丰台区南四环西路186号三区3号楼5层01~06室	100070	83507206
朝阳支公司	朝阳区左家庄路2号4幢3层	100027	83507506
通州支公司	通州区富河园4号楼1层4-107号	101199	83507831
昌平支公司	昌平区高科技园区创新路6号	102200	83507709
顺义支公司	顺义区南法信地区府前街56号院1号楼9层2-913~924室	101300	83507636

经济技术开发区支公司	北京经济技术开发区宏达北路 16 号 1 号楼 2 层 201 室	100176	83507090
石景山支公司	石景山区玉泉路 63 号 1 层 111 室、5 层 505 ~ 506 室、513 室	100040	83507693
平谷支公司	平谷区迎宾环岛东南角 1 号楼 1 层商铺 –8	101200	69966096
大兴支公司	大兴区春和路 39 号院 3 号楼 10 层 21112 室	102600	83507079
房山支公司	房山区翠枫路 7 号院 7 号楼 6 层 601 ~602 室	102488	83506087
科技支公司	西城区复兴门内大街 158 号 F101 室	100031	83506802
分公司营业部	东城区建国门南大街 7 号 C 座 905 室、1009 室	100005	83506200
航港营销服务部	顺义区旭辉空港中心 2 号楼 1 单元 907 室	101399	69450355 –603
蓝龙家园营销服务部	门头沟区蓝龙家园 6 号楼 2 层 E 区	102399	83507677
第一营销服务部	通州区北皇木厂街 2 号院 3 号楼 17 层 1721 室	101199	83507808
延庆营销服务部	延庆区龙庆南路 6 号	102100	83507705

中国平安财产保险股份有限公司北京分公司

机构名称	地　址	邮　编	电　话
第一营业部	西城区金融大街 23 号 15 层南侧	100033	57997311
第二营业部	朝阳区光华路 5 号院 2 号楼	100020	89363579
朝阳支公司	朝阳区光华路 5 号院 2 号楼 14 层 1701 内 1701 单元	100020	69682585
丰台支公司	丰台区育仁南路 3 号院 3 号楼 1 层 101 –3 室	100160	51700015
房山支公司	房山区梅花庄村 5 号楼 1 层东侧	102401	60250792
怀柔支公司	怀柔区怀耿路 120 号院 2 号楼 703 ~705 室	101499	89429126
通州支公司	通州区杨庄南里 66 号楼 01 号、07 号	101121	57859106
大兴支公司	大兴区春和路 39 号院 3 号楼 3 单元	102600	56916562

顺义支公司	顺义区南法信镇华英园9号楼4层	101300	58251798
昌平支公司	昌平区沙河镇能源东路1号院1号楼10层1单元1009～1012室	102299	81595511
平谷支公司	平谷区谷丰东路30号院15号楼2层	101299	69839250
密云支公司	密云区水源路南侧A－04地块2号商业办公楼4层1单元403～407室	101599	57997012
延庆支公司	延庆区妫水北街5号院6号楼3层301～303室、305室	102199	59710218
门头沟支公司	门头沟区石龙工业区桥园路1号1幢2层203室	102399	57997311
石景山支公司	石景山区金府路32号院3号楼5层502室	100040	89363579

华泰财产保险有限公司北京分公司

机构名称	地　址	邮　编	电　话
西城支公司	西城区德胜门外大街125号301B1	100088	59375588
通州支公司	通州区砖厂南里47号楼4层409室	101100	81573903
顺义支公司	顺义区仁和镇石园南区33号楼8层4单元806室	101300	89441566
房山支公司	房山区篱笆园南路10号院9号楼1层109室	102488	59375590
大兴支公司	大兴区金苑路3号1幢4层D53A	102627	69244880

太平财产保险有限公司北京分公司

机构名称	地　址	邮　编	电　话
朝阳支公司	朝阳区东三环北路甲2号8号楼－3内22层22B5～22B12室	100027	83157370

丰台支公司	丰台区南四环西路186号三区5号楼7层01室、02室	100070	83670899
海淀支公司	海淀区马连洼北路8号B座4层409～411室	100085	88893759
通州支公司	通州区新华西街58号院3号楼7层718～720室	101199	81556790
石景山支公司	石景山区城通街26号院14层1407～1409室	100043	63310893

中华联合财产保险股份有限公司北京分公司

机构名称	地　址	邮　编	电　话
崇文支公司	东城区永生巷4号棠颂楼2层206室	100061	67100878
西城支公司	西城区莲花池东路106号2单元901室	100055	63952008
东城支公司	东城区安外西滨河路18号首府大厦3号楼3层	100011	64519988－8014
石景山支公司	石景山区时代花园南路17号茂华大厦6层601室、602室	100043	68888002
房山支公司	房山区西潞南大街18号1号楼1层	102400	89354699
昌平支公司	昌平区科技园区振兴路36号首科凯奇基地2号楼3层301～310号	102299	69749500
顺义支公司	顺义区金蝶软件园A座801室	101399	69461367
通州支公司	通州区梨园镇梨园村商业楼	101100	60549180
怀柔支公司	怀柔区富乐小区北里25号正楼	101400	69632691
大兴支公司	大兴区枣园路19号1幢8层803室	102600	61219197
经济技术开发区支公司	北京经济技术开发区地盛西路6号BDA国际广场M楼4层	100176	50980618
密云支公司	密云区新南路甲52号院1号楼1层西侧大厅	101500	89036981
平谷支公司	平谷区文化南街9号9－6底商	101200	89987899

延庆支公司	延庆区东外大街28号	102100	69149901
丰台支公司	丰台区马家堡东路168号院上海花园10号楼底商	100068	67245717

永安财产保险股份有限公司北京分公司

机构名称	地　址	邮　编	电　话
朝阳北路营销服务部	朝阳区朝阳北路145号红领巾公园南门西侧办公楼2层210~211室	100061	65733688
朝阳支公司	朝阳区十里堡北里甲34号1号楼2层128室	100025	65733667
密云支公司	密云区百合园7号楼1层7-3室	101500	61098469

天安财产保险股份有限公司北京分公司

机构名称	地　址	邮　编	电　话
海淀支公司	海淀区羊坊店路18号1幢10层1001室	100038	88574613
通州营销服务部	通州区北皇木厂街1号院1号楼14层1403室	101149	88574505
朝阳营销服务部	朝阳区望京中环南路甲2号21层B2307室	100102	88574738
顺义营销服务部	顺义区南法信大街118号院1号楼4层1401号	101300	88574720
平谷营销服务部	平谷区平谷镇谷丰东路12-9号南1-1层	101200	18518885179
房山营销服务部	房山区拱辰街道西潞南大街5号1幢2层201室	102488	88574736

中国大地财产保险股份有限公司北京分公司

机构名称	地　址	邮　编	电　话
第一营销服务部	东城区广渠门内大街121号楼701~706室	100062	82277924

丰台支公司	丰台区西三环南路14号院1号楼1219~1224室	100073	82277922
朝阳支公司	朝阳区朝外大街26号楼B0701室	100020	82277905
顺义支公司	顺义区南法信大街118号院天博中心C901室	101300	69450846
大兴支公司	大兴区清澄名苑北区27号楼2-511室	102699	69264580
平谷支公司	平谷区平谷镇新平东路140号	101200	61993266
房山支公司	房山区拱辰街道政通路12号1号楼2层205室	102408	60305871
通州支公司	通州区张家湾镇土桥村北京新建房地产开发有限公司13幢128号	101100	80873600

华安财产保险股份有限公司北京分公司

机构名称	地　址	邮　编	电　话
房山支公司	房山区城关街道农林路1号1层003房间	102400	69316041
顺义支公司	顺义区望泉家园12号楼1层2单元商业23号	101300	60405976
昌平支公司	昌平区回龙观镇科协家园住宅小区29号楼B座1层2单元0102室	102208	82945885
丰台支公司	丰台区丰体南路3号丰体时代大厦C座2层202号	100071	83818821
通州支公司	通州区观音庵北街3号院1号楼10层2单元1008室	101101	89530520

亚太财产保险有限公司北京分公司

机构名称	地　址	邮　编	电　话
东城支公司	东城区永定门西滨河路8号院7楼6层7-01~03单元	100082	82299999

平谷支公司	平谷区平谷镇东鹿角村平三路临1号北院3层306室	101200	89988225

永诚财产保险股份有限公司北京分公司

机构名称	地　址	邮　编	电　话
海淀营销服务部	海淀区知春路甲48号1号楼26A室	100142	13811195578
昌平营销服务部	昌平区西环路16号豪恒大厦4层	102200	89783620
西城支公司	西城区半步桥街48号5层508室	100031	13581873829

安华农业保险股份有限公司北京分公司

机构名称	地　址	邮　编	电　话
昌平营销服务部	昌平区昌崔路198号院10号楼2层210室	102200	64393098
平谷营销服务部	平谷区平谷镇新平南路211号楼211－2室	101204	89979005
顺义支公司	顺义区府前街56号院1号楼8层1－813室	101399	69441698
延庆营销服务部	延庆区康安小区30号－03商业楼	102100	69148706
密云支公司	密云区新南路92号楼5层5205室	101500	69070966
大兴支公司	大兴区兴华大街（二段）3号院2号楼5层610室	102627	69299878
分公司营业部	朝阳区管庄周家井大院内世通大厦B座11层1105号	100102	64393218
房山营销服务部	房山区良乡拱辰南大街42号楼1～2层08号	100102	64393007
通州营销服务部	通州区潞通大街188号－1层	101100	80854850
怀柔支公司	怀柔区开放路48号甲楼1层	101400	60685911

阳光财产保险股份有限公司北京分公司

机构名称	地　址	邮　编	电　话
北京经济技术开发区营销服务部	北京经济技术开发区荣京东街3号1幢3层2单元328房间	100176	67881920
东城营销服务部	东城区安德路甲61号2号楼1层A－101室	100011	84129868
昌平营销服务部	昌平区鼓楼北街5－1至5－20号楼1～2层5－6号	102200	69746061
丰台营销服务部	丰台区西四环南路72号27楼13层1301室、1313室	100071	51039406
房山营销服务部	房山区良乡嘉瑞通小区3号楼3－4号、3－5号	102401	69351831
通州营销服务部	通州区云景南大街33号1层	101100	81571169
顺义营销服务部	顺义区站前街8号院2号楼101内101－4号	101300	69440345
大兴营销服务部	大兴区观音寺南里海北路1号楼1－17室	102699	69249322
平谷营销服务部	平谷区平谷镇西环南路5号5幢2层	101200	69976002
延庆营销服务部	延庆区延庆镇石河营建材城综合楼南大2号	102100	69187890
朝阳支公司	朝阳区东三环南路98号1幢7层803室、805～813室	100022	56406700
海淀支公司	海淀区北蜂窝中路15号1号楼3层303室	100038	63942290
怀柔支公司	怀柔区金台园2号	101400	61625606

渤海财产保险股份有限公司北京分公司

机构名称	地　址	邮　编	电　话
通州营销服务部	通州区工业开发区云杉南路17号4幢209室	100000	61573426
顺义支公司	顺义区复兴四街3号院4号楼1至8层101内713室	110300	81492122

大兴支公司	大兴区新居里甲3号楼1层	102699	61292919
平谷支公司	平谷区平谷镇新平北路51号楼51－9号	100077	82292277

都邦财产保险股份有限公司北京分公司

机构名称	地　址	邮　编	电　话
海淀支公司	海淀区晾果厂6号9层908室	100038	68097906

华农财产保险股份有限公司北京市分公司

机构名称	地　址	邮　编	电　话
通州营销服务部	通州工业开发区光华路16号北京方和正圆综合楼A栋521号	101100	58720450
顺义营销服务部	顺义区宏城花园12号楼1层5单元102室	101100	89418290
昌平营销服务部	昌平区昌平镇振兴路28号	102200	80113236
平谷营销服务部	平谷区迎宾街1号院17号楼11层2单元1103号	101200	51327238
房山支公司	房山区拱辰街道政通路12号1号楼5层512室、514室	102488	60342185

中国人寿财产保险股份有限公司北京市分公司

机构名称	地　址	邮　编	电　话
分公司营业部	朝阳区广渠路3号中水电国际大厦7层701~705室	100000	15504529100
东城支公司	东城区东直门外大街46号16层08室	100027	84130362
西城支公司	西城区金城坊街15－101号	100033	66015025

石景山支公司	石景山区时代花园南路17号茂华大厦1006室	100120	18500036923
宣武支公司	西城区半步桥街48号1层1101房间	100054	63362328
朝阳支公司	朝阳区静安东里12号院2号楼1层C128室	100028	64823368
丰台支公司	丰台区西铁营中路2号院佑安国际大厦7层701～704号、712～713号	100069	65602366
海淀支公司	海淀区西直门北大街甲43号1号楼15层1－26－1523号	100083	82885253
房山支公司	房山区良乡长虹西路丙26号1幢6层601～608室	102400	89369695
通州支公司	通州区运河园路9号院3号楼1层102室	100101	81572211
顺义支公司	顺义区双兴北区33号楼1层	101300	69427867
大兴支公司	大兴区金苑路3号1幢	100000	69266813
门头沟支公司	门头沟区大峪剧场东街8号绿岛家园底商	100000	13716454375
怀柔支公司	怀柔区开放东路13号院4号楼2层03号	101400	13701379986

长安责任保险股份有限公司北京市分公司

机构名称	地　址	邮　编	电　话
朝阳营销服务部	朝阳区北苑东路19号院5号楼5层511室	100012	64932669
丰台支公司	丰台区丰管路16号9号楼3009室	100071	83833500
通州支公司	通州区玉带河东街153号1～2层	101199	57123700

英大泰和财产保险股份有限公司北京分公司

机构名称	地　址	邮　编	电　话
大兴支公司	大兴区乐园路4号院3号楼8层905室	102600	57387181

海淀支公司	海淀区复兴路23号城乡华懋写字楼809室	10036	68298150
通州支公司	通州区临河里1号楼1单元1401～1402室	101101	52047599
顺义支公司	顺义区站前北街4号院2幢	101321	51967588
昌平支公司	昌平区北环路2号	102299	51967588
怀柔支公司	怀柔区青春路乙64号楼1层102室	101400	51967588
平谷营销服务部	平谷区平谷镇林荫南街9号楼9－64号	101200	69955722
朝阳支公司	朝阳区和平街东土城路12号院3号楼16层01室	100020	64218618
亦庄营销服务部	北京经济技术开发区永昌北路13号1幢5层北侧	100176	51967588

紫金财产保险股份有限公司北京分公司

机构名称	地　址	邮　编	电　话
一支公司	丰台区南四环西路186号二区1号楼－1至8层101内2层08室	100070	83930601
平谷支公司	平谷区迎宾街1号院26幢2层2－24室	101200	83930609

浙商财产保险股份有限公司北京分公司

机构名称	地　址	邮　编	电　话
东城营销服务部	东城区东花市南里东区8号楼4层402室	100062	13701295623

国任财产保险股份有限公司北京分公司

机构名称	地　址	邮　编	电　话
丰台支公司	丰台区六里桥1号1102室	100161	63885116

顺义支公司	顺义区南法信镇顺畅大道1号R－304B室	101399	63885013
昌平支公司	昌平区西关路20号4号楼15层4－1816室	102200	58072866

大家财产保险有限责任公司北京分公司

机构名称	地　址	邮　编	电　话
东城支公司	朝阳区东三环中路55号8层801室	100011	15810053251
西城支公司	西城区太平街6号8层E－906室	100053	63176302
朝阳支公司	朝阳区东三环中路55号富力城双子座B座8层	100020	59229728
丰台支公司	丰台区航丰路1号院2号楼时代财富大厦1303室	100070	63730360
石景山支公司	石景山区阜石路166号1号楼7层708室、709号	100043	88907001
海淀支公司	海淀区西直门北大街32号院枫蓝国际大厦1号楼7层811室	100088	59229728
房山支公司	房山区良乡拱辰南大街42号楼A座8层801～802室	102401	13811358793
通州支公司	通州区砖厂南里46号楼5层503室	101100	81380612
顺义支公司	顺义区府前街56号院1号楼4层1－401室	101300	69462497
昌平支公司	昌平区立汤路186甲1号楼616室	102200	59229728
大兴支公司	大兴区兴华大街（二段）3号院2号楼11层1205室	102600	59229728
怀柔支公司	怀柔区青春路61号院1号楼－1层13号	101400	59229728
平谷支公司	平谷区平谷镇东方国际公寓5号楼1～2层5－8号	101200	13501027057
密云支公司	密云区密云县长城大厦A段1～2层北侧西	101500	69021288

富德财产保险股份有限公司北京分公司

机构名称	地　　址	邮　编	电　话
海淀支公司	海淀区西直门北大街52~56（双）号8层	100082	58978249
平谷支公司	平谷区平谷镇光明西小区7号楼1层7-5室	101200	58978244

珠峰财产保险股份有限公司北京分公司

机构名称	地　　址	邮　编	电　话
石景山支公司	石景山区金府路32号院3号楼6层609室	100041	58691832
朝阳支公司	朝阳区化工路59号院1号楼1至14层01内6层A-705A室	100023	87391277
丰台支公司	丰台区五圈南路30号院1号楼D座5层501室	100160	21722246

易安财产保险有限责任公司

机构名称	地　　址	邮　编	电　话
北京营业部	海淀区西土城路1号院1号楼泰富酒店写字楼5层	100191	53916197

中国人寿保险股份有限公司北京市分公司

机构名称	地　　址	邮　编	电　话
阜成门支公司	西城区阜外大街3号东润时代大厦303室	100037	68001517
西直门营销区部	西城区后广平胡同36号	100035	

中关村支公司	海淀区知春路128号泛亚大厦302号	100086	62573189
海淀营销区部	海淀区知春路20号中国医药大厦北门中国人寿105～111室	100088	82800104
东区营销区部	东城区东中街32号	100027	85991510
朝阳支公司	朝阳区朝外市场街20号11～13层	100020	65880125
金台路同城柜面	朝阳区金台北街7号	100026	65022591
石景山支公司	石景山区石景山路3号玉泉大厦4层东侧401～409室	100049	88255400
北纬路同城柜面	西城区北纬路1号	100050	63166366
丰台支公司	丰台区王佐长青路87号院2号楼	100074	83319230
房山支公司	房山区良乡西潞北大街26号	102488	89350157
门头沟支公司	门头沟区滨河路64号	102300	69866670
密云支公司	密云区滨河路22号	101500	69024089
平谷支公司	平谷区金谷园21号楼16号	101200	69984204
顺义支公司	顺义区府前东街2号	101300	69466735
通州支公司	通州区玉带河东街248号	101100	80883969
昌平支公司	昌平区创新路5号	102200	69445704
怀柔支公司	怀柔区商业街2号	101400	69648171
延庆支公司	延庆区东外大街62号	102100	69172770
大兴支公司	大兴区兴业大街3段26号	102600	69295431
第一营销区部	东三环北路19号中青大厦3层	100027	
第三营销区部	西城区天桥南大街1号天桥艺术大厦B座306～308室	100050	63026749
第五营销区部	海淀中关村大街32号和盛大厦16层	100080	88820494
第一收展区部	朝阳区金台北街7号	100020	59646606

第二收展区部	海淀区马甸东路 17 号金澳国际写字楼 2 层	100088	62057899
第三收展区部	西城区北纬路 1 号	100020	66511656
东城收展区部	朝阳区朝外大街 22 号泛利大厦 7 层	100020	
西城收展区部	西城区白纸坊东路经济日报社综合楼 A 座	100054	80456649
海淀收展区部	海淀区三里河路 39 号迈行大厦 2006 室	100037	
城区支公司	朝阳区朝外大街 16 号中国人寿大厦 24 层	100020	66031298
大客户业务部	朝阳区朝外大街 16 号中国人寿大厦 24 层	100020	63171097
开发区支公司	朝阳区朝外大街 16 号中国人寿大厦 24 层	100020	85639895
中介新渠道业务部	朝阳区朝外大街 16 号中国人寿大厦 24 层	100020	85728813
西城支公司	西城区新街口北大街 3 号新街高和大厦 504 号、505 号	100035	66133774
海淀支公司	西城区新街口北大街 3 号新街高和大厦 504 号、505 号	100035	66122816
金台路同城柜面	朝阳区金台北街 7 号	100020	65022591
知春路同城柜面	海淀区知春路 20 号	100088	62056697
人寿大厦同城柜面	朝阳区朝外大街 16 号中国人寿大厦 2 层	100020	85251466
金融街同城柜面	西城区金融街 12 号中国人寿广场 B 座首层	100032	66575129
石景山同城柜面	石景山区鲁谷东街 18 号 1 层	100040	88255820
国贸营销区部	朝阳区建国路 91 号院 8 号楼 39 层	100022	
后广平同城柜面	西城区后广平胡同 36 号	100035	66173123

中国太平洋人寿保险股份有限公司北京分公司

机构名称	地　址	邮　编	电　话
东城支公司	东城区北京站东街 8 号信通大厦 B 座 6 层	100010	83955353

复兴支公司	西城区复兴门内大街158号G层G05室	100036	83955204
朝阳支公司	朝阳区安贞里二区1号楼	100029	83954508
通州支公司	通州区临河里1号楼1层108号、1号楼1单元12～13层	101100	83954608
顺义支公司	顺义区仓上街2号AMB大厦4层401～408室、5层、10层	101300	83954017
昌平支公司	昌平区昌平镇西环路29－1号5层	102200	83954188
航星支公司	东城区和平里东街11号创新楼B座2层2－E1	100081	83955885
大兴支公司	大兴区金星西路6号院1号楼12层1201室、1203单元	102600	83954201
密云支公司	密云区新中街42号	101500	83954251
国贸支公司	朝阳区广和南里二条16号院3号楼	100021	83954118
西城支公司	西城区西直门外大街新兴东巷甲15号3号楼	100044	83954466
安定门营销服务部	东城区安定门外东河沿乙5号楼	100010	83954336
劲松营销服务部	朝阳区广和南里二条16号院3号楼2层205～207室	100021	83955998
通州北苑营销服务部	通州区新华东街116号1幢、9幢4层	101199	83954633
回龙观营销服务部	昌平区黄平路19号院1号楼B单元7～9层	100096	83955588
银河支公司	朝阳区工人体育场北路13号院1号楼4层4－02室	100027	83954111

中国平安人寿保险股份有限公司北京分公司

机构名称	地　址	邮　编	电　话
朝阳区永安营销服务部	朝阳区建华南路6号院1号楼	100022	65126776
朝阳光熙门营销服务部	朝阳区西坝河西里23号4幢3～4层	100028	56316873

东城雍和宫营销服务部	东城区藏经馆路11号	100007	64078251
朝阳京广桥营销服务部	朝阳区东三环中路16号10～11层	100028	51672514
朝阳新源路营销服务部	通州区九棵树东路117号	101000	18519160202
国峰营销服务部	朝阳区常惠路6号楼4单元	100024	53956882
平谷迎宾街营销服务部	平谷区迎宾街1号院5号楼3～6层	101200	61993911
顺义龙府营销服务部	顺义区站前北街78号1号	101300	69439079
海淀北太平庄营销服务部	海淀区北太平庄路2号7号楼德恒商务会馆A座2～5层	100088	82023825
丰台莲花池营销服务部	丰台区西站南广场驻京办1号楼1层A108号	100055	63498511
海淀甘家口营销服务部	海淀区三里河路17号甘家口大厦13层	100089	88392193
大兴区天宫院营销服务部	大兴区庆祥北路3号院1号楼	102699	61205790
朝阳国贸营销服务部	朝阳区东三环中路16号3层	100028	51672514
丰台科丰桥营销服务部	丰台区航丰路1号院4号楼	100070	83659811
延庆板泉路营销服务部	延庆区延庆镇东外大街26号4层	102100	69173765
昌平永安营销服务部	昌平区西环路16号3层、1层06号	102200	89747087
昌平天通苑营销服务部	昌平区东小口镇天通北苑北一区甲5号楼	102218	61750579
良乡翠枫路营销服务部	房山区翠枫路7号院5号楼4～10层、2号楼1层102～103室	102412	56177677
房山良乡营销服务部	房山区良乡拱辰北大街3号1号楼	102488	89366764
密云鑫盛营销服务部	密云区新南路86号院1号楼	101500	61092062
怀柔北大街营销服务部	怀柔区北大街12号1～3层、4层401～403号	101400	69686296
西铁营营销服务部	丰台区西铁营中路1号院1号楼	100069	83500096
酒仙桥营销服务部	朝阳区酒仙桥路6号院6号楼1～18层101内3～5层	100015	64310885

海淀区杏石口营销服务部	海淀区杏石口路80号益园文化创意产业基地A区1号楼4层401号	100195	59730665
海淀苏州桥营销服务部	海淀区小南庄路怡秀园甲1号楼3~4层	100009	56316505
西城西单营销服务部	西城区背阴胡同甲35号3幢2~5层	100032	66189140
朝阳柳芳营销服务部	朝阳区和平街东土城路12号院3号楼5层	100020	84241790
朝阳亮马桥营销服务部	朝阳区新源南路3号	100027	59761266
东城东四营销服务部	东城区前炒面胡同33号16号楼6~7层	100010	52901501
大兴区康庄路营销服务部	大兴区康庄路52号院14号楼	102600	69200452
丰台开阳桥营销服务部	丰台区开阳路1号院瀚海花园大厦2层03号、8层~10层	100067	15350738633
通州博通营销服务部	通州区葛布店南里1号1~3幢、7幢	101100	13581774586
古城营销服务部	石景山区城兴街255号院1号楼	100043	15810236266
石景山玉泉路营销服务部	石景山区石景山路3号玉泉大厦2层、3层西侧	100049	88252600

新华人寿保险股份有限公司北京分公司

机构名称	地　址	邮　编	电　话
海淀支公司	海淀区花园路甲13号院7号楼11层1103室	100080	62076856
朝阳支公司	朝阳区东三环北路东方东路9号B幢5层	100020	64667731
西城支公司	西城区西直门外大街112号3层307室	100032	68330061
东城支公司	东城区崇外大街新怡家园甲3号楼7层	100010	67087332
丰台支公司	丰台区莲花池西里11号4号楼3层301室	100071	84189464
石景山支公司	石景山区城兴街255号院1号楼7层	100043	68684601
大兴支公司	大兴区工业开发区金苑路3号金融大厦2层B01室	102600	60213165
房山支公司	房山区拱辰街道西潞南大街5号3层	102400	69381192

通州支公司	通州区云景东路1号105－6层	101100	59782722
顺义支公司	顺义区石园南大街18号院2号楼5层	101300	69424945
西城区新外大街营销服务部	西城区黄寺大街甲23号院1号楼1层101－01～05室	100032	62076856
平谷支公司	平谷区迎宾街1号院23号楼1层106室、2层201～203室	101200	69970193
密云区鼓楼营销服务部	密云区果园新里北区综合楼东侧1层	101500	69068746
昌平支公司	昌平区府学路15号1层101～105室、1层201～203室、3层	102200	80107796
兴大营销服务部	大兴区忠凉路1号院3号楼8层801～806室	102600	67942808
怀柔区营销服务部	怀柔区迎宾北路1号2幢1层106室、2层201～205室	101400	69643245
延庆营销服务部	延庆区延庆东街2号1幢、2幢、3幢	102100	69141001
东四十条营销服务部	东城区东四十条68号2层202房间	100007	84189456
冠城营业部	西城区北三环中路23号楼4层4－1至4－8室、9层9－1至9－6室	100032	62078307
德外营业部	西城区黄寺大街甲23号院1号楼2层	100032	62078307
酒仙桥支公司	朝阳区酒仙桥中路26号院1号楼5层	100020	85271846
广渠路营销服务部	朝阳区东四环中路82号1座10层1101～1103室	100020	67498965
莲花桥营销服务部	海淀区莲花苑5号楼2层东侧房间	100080	83141721
花园路营业部	海淀区花园路甲13号院7号楼1101－1室	100080	82231549
回龙观营销服务部	昌平区回龙观镇西大街118号1幢1层101内A103室	102200	59812411

泰康人寿保险有限责任公司北京分公司

机构名称	地　址	邮　编	电　话
朝阳广渠路支公司	朝阳区广渠路38号楼3层303~307室	100022	13810613351
窦店支公司	房山区窦店镇窦店村京南嘉园小区4号商务楼	102433	13603219716
朝阳百子湾营销服务部	朝阳区广渠路11号院1号楼9层	100024	15810525262
海淀知春路营销服务部	海淀区知春路甲48号2号楼23层23C室	100020	13426330343
石景山第一营销服务部	石景山区金府路32号院3号楼514室	101512	15311997186
顺义第一营销服务部	顺义区站前街8号院1号楼	101399	13911126437
燕山营业部	房山区燕山迎风南路甲6号楼	102500	15611086776
天通苑营销服务部	昌平区东小口镇天通苑一区98楼16单元	100031	13910734360
西城第一营销服务部	西城区西直门外大街1号院1号楼第13层	100035	13801319556
东城朝阳门营销服务部	东城区东水井胡同5号楼12层	100010	17611082528
西城第二支公司	西城区西直门外大街1号院1号楼7层	100053	13801319556
房山支公司	房山区良乡西潞南大街8号3层南侧	102488	13801029965
平谷支公司	平谷区平谷镇新开街23号房屋2层、3层	101200	69980214
延庆支公司	延庆区延庆镇高塔街66号3层	102100	13910699094
门头沟支公司	门头沟区滨河路115号滨河大厦15层1501室、1506－1室	102399	18910357537
昌平支公司	昌平区北街道政府街西路2号101室	102299	18701329325
大兴支公司	大兴区金苑路3号金融大厦B21室	102628	13301181138
顺义支公司	顺义区站前街8号院1号楼8层814~817室	101399	13911126437
丰台支公司	丰台区西三环南路14号院1号楼1105~1107室	100079	13902100397
海淀支公司	海淀区知春路甲48号1号楼7A	100086	85732598

海淀第二支公司	海淀区莲花池东路39号8层803~804室	100040	13426330343
东城支公司	东城区东水井胡同北京INN2号楼7层710~712室	100027	15001316857
东城长安支公司	东城区崇文门外大街8号院1号楼东座3层302~306室	100005	13521055872
西城支公司	西城区高梁桥路6号西环广场A座	100041	13810803673
东城第一支公司	东城区崇文门外大街8号院1号楼4层东塔403室、405室	100031	13895616963
怀柔支公司	怀柔区南大街18号8层	101400	13910764227
电话销售中心	东城区崇文门外大街8号院1号楼4层东塔404室	100005	65181007
通州支公司	通州区通惠南路6号8号楼4层1-2室、10号楼3层9室	101199	89501622
大孙各庄营销服务部	顺义区大孙各庄镇府前街7号	101308	69469722
密云支公司	密云区果园新里北区综合楼3层301室	101599	69087922
房山第一营销服务部	房山区天星街1号院10号楼8层804室	102488	13716208585

太平人寿保险有限公司北京分公司

机构名称	地　址	邮　编	电　话
海淀支公司	海淀区西直门北大街52号北栋0101号-01-10层	100082	82299500
东城支公司	东城区朝阳门北大街6号	100027	85283017
良乡支公司	房山区拱辰街道政通路12号1号楼	102488	69382810
大兴支公司	大兴区乐园路4号院3号楼	102600	60212028
通州支公司	通州区观音庵北街3号院1号楼4层408~412室	101100	52338222
平谷支公司	平谷区迎宾街1号院9号楼7~10层	101200	69985817
昌平支公司	昌平区水库路G5号配套公建楼4层	102200	69721292

顺义营销服务部	顺义区仁和地区府前东街 2 号 1 号	101300	81490702
密云营销服务部	密云区密云镇鼓楼南大街 67 号 1 幢 6 层 601 室	101500	69040149
国贸支公司	朝阳区建国路乙 118 号 25 层 03C ~08H	100022	86401766
太平人寿保险有限公司北京电话销售中心	海淀区西直门北大街 52 号北栋 01011 层、5 层	100082	82299500

民生人寿保险股份有限公司北京分公司

机构名称	地　址	邮　编	电　话
朝阳支公司	朝阳区东三环北路 38 号民生大厦 5 层 519 室	100012	59206494
怀柔支公司	怀柔区金台园甲 56 号 5 层	101400	69698459
朝阳营销服务部	朝阳区东三环北路 38 号民生大厦 5 层	100026	59206571
朝阳区营销二部	朝阳区东三环北路 38 号民生大厦 6 层 605 室	100102	59206754
通州营销服务部	通州区新华西街 58 号院 3 号楼 1211 室	101199	80886736
朝阳区营销三部	朝阳区东三环北路 38 号民生大厦 5 层 518 室	100124	59206131
平谷营销服务部	平谷区平谷镇新平北路 51 号 4 层	101200	69986013
房山营销服务部	房山区天星街 1 号院 14 号楼 2 层 207 室	102488	69363879
顺义营销服务部	顺义区仁和镇站前街 8 号院 1 号楼 8 层	101300	69427824
密云营销服务部	密云区新京承路长城环岛西南侧华冠大厦 4 层 407 ~416 室	101500	69080173

光大永明人寿保险股份有限公司北京分公司

机构名称	地　址	邮　编	电　话
朝阳营销服务部	朝阳区朝外大街 18 号丰联广场大厦 12 层 B1210、B1212 单元	100020	59128100

丰台营销服务部	丰台区西三环南路14号院1号楼	100073	59128101
宏海营销服务部	朝阳区朝外大街22号5层第507号	100020	59128102
良乡营销服务部	房山区拱辰街道西潞南大街5号同方大厦5层F515～521室	102488	59128103
顺义营销服务部	顺义区站前街8号院1号楼7层	101399	59128104
西城营销服务部	西城区广安门外大街168号1幢7层	100055	59128105

富德生命人寿保险股份有限公司北京分公司

机构名称	地　址	邮　编	电　话
大兴支公司	大兴区金星西路6号院1号楼18层1802室	102600	18500266820
东城营销服务部	东城区王家园胡同10号2层217室	110101	18500266821
房山长阳营销服务部	房山区拱辰街道天星街1号院2楼11层1221室	102488	18500266822
房山支公司	房山区翠枫路8号院2号楼8～9层	102401	18500266823
海淀支公司	海淀区西直门北大街56号南栋	100082	18500266824
门头沟支公司	门头沟区双峪路35号院1号6层613～615室	102300	18500266825
密云营销服务部	密云区康居南区综合楼2层	101599	18500266826
通州营销服务部	通州区云景北里53号18层	101121	18500266827
延庆营销服务部	延庆区妫水北街5号院6号楼4层401～403室	102100	18500266828

爱心人寿保险股份有限公司北京分公司

机构名称	地　址	邮　编	电　话
朝阳支公司	朝阳区广渠路28号223号楼8层803室、804室	100000	68303362
石景山支公司	石景山区八角东街65号院裙房1号楼1层	100042	68303362

国华人寿保险股份有限公司北京分公司

机构名称	地　址	邮　编	电　话
宣武营销服务部	朝阳区朝阳北路237号复星国际中心5层501～502室、509～510室	100020	83256699

合众人寿保险股份有限公司北京分公司

机构名称	地　址	邮　编	电　话
昌平营销服务部	昌平区北七家镇天通北苑三区34号－1至2层3单元102－1室	102218	58797756
朝阳门营销服务部	朝阳区朝外大街乙12号办公楼17层	100020	58797757
大兴营销服务部	大兴区丽园路7号8层802室	100162	58797758
东城营销服务部	东城区东水井胡同11号楼4层5A11室	100010	58797759
房山营销服务部	房山区拱辰街道西潞南大街5号1幢4层402室	102401	58797760
海淀营销服务部	海淀区杏石口路9号1幢1层101室	100195	58797761
平谷营销服务部	平谷区兴谷经济开发区谷丰东路30号院2号楼5层	101200	58797762
顺义营销服务部	顺义区新顺南大街8号院2幢5层2单元506室	101300	58797763
通州营销服务部	通州区新华西街60号院4号楼9层905室	101199	58797764
合众人寿保险股份有限公司北京电话销售中心	海淀区莲花苑5号楼3层	100089	58797755

中国人民健康保险股份有限公司北京分公司

机构名称	地址	邮编	电话
房山营销服务部	房山区天星街1号院14号楼9层	102488	18500139885
怀柔营销服务部	怀柔区青春路21号402室、411室	101400	59867888
密云营业部	密云区密云镇鼓楼南大街41号	101500	59867888
朝阳支公司	朝阳区日坛北路17号院1号楼12层1222室、1223室	100011	59867888
平谷支公司	平谷区平谷镇府前西街16号2幢2层	101299	59867888
通州支公司	通州区运河西大街15号1~2层	101101	59867888

华夏人寿保险股份有限公司北京分公司

机构名称	地址	邮编	电话
朝阳营销服务部	朝阳区北苑路176号	100101	18601099289
平谷营销服务部	平谷区迎宾街1号院9号楼3层、5~6层	101200	18601099290
通州营销服务部	通州区临河里1号楼1单元	101121	18601099291
西城营销服务部	西城区宣武门外大街6~12（双）号、16号、18号10号楼	100097	18601099292
华夏人寿保险股份有限公司北京电话销售中心	朝阳区高碑店乡西店村1069号1号楼401室、601室	100022	18601099288

信泰人寿保险股份有限公司北京分公司

机构名称	地　址	邮　编	电　话
海淀营销服务部	海淀区万寿路西街2号6层620～625室	100089	13718028173
门头沟营销服务部	门头沟区新城东街17号院6号楼5层503～504室	101113	13718028174
西城营销服务部	西城区广安门外大街168号1幢13层2－1606C室	100055	13718028175

长城人寿保险股份有限公司北京分公司

机构名称	地　址	邮　编	电　话
密云营销服务部	密云区新南路43号331室	102401	15011572425

昆仑健康保险股份有限公司北京分公司

机构名称	地　址	邮　编	电　话
第二营销服务部	密云区新南路43号院1号楼4层	100022	59719600

和谐健康保险股份有限公司北京分公司

机构名称	地　址	邮　编	电　话
朝阳支公司	朝阳区东三环南路1号院2号楼14层1403室	100022	13051887745

中国人民人寿保险股份有限公司北京市分公司

机构名称	地址	邮编	电话
昌平支公司	昌平区城北街道政府街西路2号6层601~613室	102200	18310300949
朝阳支公司	朝阳区建国路88号院8号楼9层1001~1010室	100020	18310300949
东城支公司	东城区东安门大街55号4层	100006	18310300949
房山支公司	房山区天星街1号院8号楼11层1105~1109室	102400	18310300949
分公司大兴区营销服务部	大兴区丽园路9号11层1101~1103室、13层1301室	102600	18310300949
分公司延庆区营销服务部	延庆区妫水北街64号五层F503商铺	102199	18310300949
丰台支公司	丰台区南四环西路186号二区3号楼2层01~06室、3层01~06室	100070	18310300949
海淀支公司	海淀区北太平庄路25号18幢4层401~404室	100085	18310300949
怀柔支公司	怀柔区府前西街1号院1号楼10层	101400	18310300949
密云支公司	密云区密云镇新南路21号2~4层	101500	18310300949
平谷支公司	平谷区平谷镇保安街61号	110226	18310300949
石景山支公司	石景山区苹果园西小街19号院1号楼11层01~07室	100043	18310300949
双桥支公司	朝阳区管庄周家井大院内世通大厦B座10层1001~1002号	100176	18310300949
通州支公司	通州区九棵树东路386号A区1~2层	101121	18310300949
西城支公司	西城区玉廊西园9号楼9层901-2室	100032	18310300949
中国人民人寿保险股份有限公司营业部	朝阳区朝阳门北大街18号	100020	18310300949

英大泰和人寿保险股份有限公司北京分公司

机构名称	地　址	邮　编	电　话
昌平营销服务部	昌平区西环路32－1至32－11号1至2层32－11龙泽大厦A313室	102200	58684222
西城第一营销服务部	西城区宣武门外大街26号、28号、30号2幢A座7层03室	100052	58684224
西城第二营销服务部	西城区宣武门外大街26号、28号、30号2幢A座7层01室	100052	58684223

幸福人寿保险股份有限公司北京分公司

机构名称	地　址	邮　编	电　话
第一营销服务部	东城区珠市口东大街13号1层102室	100050	67094550
丰台支公司	丰台区角门18号枫竹苑二区1号楼11层1107室	100068	67094550

阳光人寿保险股份有限公司北京分公司

机构名称	地　址	邮　编	电　话
大兴支公司	大兴区金星西路6号院1号楼10层1007室	101300	65268111
石景山支公司	石景山区石景山路22号A座长城大厦7层702室	100043	65268111
东城支公司	东城区永定门西滨河路8号院7楼东塔	100077	65268111
朝阳营销服务部	朝阳区广渠路11号院1号楼8层801内A803室、A805室	100022	65268111

阳光人寿保险股份有限公司北京通州保险电话销售中心	通州区通胡大街25号10号楼第4层	101117	65268111
阳光人寿保险股份有限公司北京保险电话销售中心	通州区永顺镇商通大道1号及1号院2号楼1层	101100	65268111

百年人寿保险股份有限公司北京分公司

机构名称	地　址	邮　编	电　话
东城营业部	东城区东直门南大街11号中汇广场A座16层1607~1608室	100007	18911647417

太平养老保险股份有限公司北京分公司

机构名称	地　址	邮　编	电　话
中关村支公司	海淀区学院路30号科大天工大厦B座9层05~07室	100083	59579000

大家人寿保险股份有限公司北京分公司

机构名称	地　址	邮　编	电　话
朝阳支公司	朝阳区光华路8号30幢B418室	100123	59229481

北京人寿保险股份有限公司北京分公司

机构名称	地　　址	邮　编	电　话
朝阳支公司	朝阳区安定路35号10层01～08内1009号、1019号	100029	68303362
海淀支公司	海淀区大柳树路富海中心2号楼1108室	100081	68303362
密云营销服务部	密云区水源路南侧A－04地块2号商业办公楼4层1单元	101599	68303362
顺义支公司	顺义区后沙峪镇安平街3号院1号楼	101300	68303362

建信人寿保险股份有限公司北京分公司

机构名称	地　　址	邮　编	电　话
第二支公司	密云区新南路71号242～247室	101500	56502678
第三支公司	海淀区知春路1号17层1703A	100195	56502679
第一支公司	通州区观音庵南街4号院4号楼5层512～513室	100026	56502680

泰康养老保险股份有限公司北京分公司

机构名称	地　　址	邮　编	电　话
石景山营销服务部	石景山区古城南街9号院2号楼	100043	85159100

（3）外资保险公司

机构名称	地址	邮编	电话
史带财产保险股份有限公司北京分公司	朝阳区永安东里16号CBD国际大厦17层09单元、10单元	100005	50868399
美亚财产保险有限公司北京分公司	朝阳区建国路79号华贸中心2号写字楼10层05号、06号	100004	59692888
东京海上日动火灾保险（中国）有限公司北京分公司	朝阳区东三环北路5号北京发展大厦6层601室	100027	84442281
瑞再企商保险有限公司北京分公司	朝阳区针织路23号楼国寿金融中心22层2202单元	100022	59096100
三井住友海上火灾保险（中国）有限公司北京分公司	朝阳区东三环北路5号北京发展大厦1601室	100004	85598000
三星财产保险（中国）有限公司北京分公司	朝阳区建国路118号招商局大厦25层2506～2507A、2508B～2509A	100022	65685828
日本财产保险（中国）有限公司北京分公司	朝阳区东三环北路5号北京发展大厦416室	100020	59817500
利宝保险有限公司北京分公司	朝阳区广渠路18号院1号楼12层1203～1208室	100025	59100788
安盛天平财产保险股份有限公司北京分公司	东城区东直门外大街46号10层08A、08B1室	100027	84608888
国泰财产保险有限责任公司北京分公司	朝阳区东三环中路24号楼15层1506室	100176	59336888－1088
劳合社保险（中国）有限公司北京分公司	朝阳区建国门外大街1号院16号楼49层	100004	85264801
苏黎世财产保险（中国）有限公司北京分公司	朝阳区曙光西里甲5号院21号楼凤凰置地广场F座写字楼6层	100028	84547828
安达保险有限公司北京分公司	朝阳区建国门外大街1号（1期）3717B、3718～3724室	100020	85646102

中航安盟财产保险有限公司北京分公司	朝阳区望京东园四区2号中航资本大厦34层	100022	13911904194
京东安联财产保险有限公司北京分公司	北京经济技术开发区荣华南路2号院3号楼16～17层	100020	85400990
中意财产保险有限公司北京分公司	朝阳区农展馆南路12号1号楼17层	100026	59601843
华泰财产保险有限公司北京分公司	西城区德胜门外大街125号101B、401B～601B	100088	59375999
北大方正人寿保险有限公司北京分公司	海淀区北四环西路52号8层804室、16层1606室	100000	85111958
鼎诚人寿保险有限责任公司北京分公司	朝阳区朝阳门外大街18号丰联广场A座9层	100028	50948080
复星保德信人寿保险有限公司北京分公司	密云区鼓楼南大街41号	101599	15321291299
工银安盛人寿保险有限公司北京分公司	东城区白桥大街15号6层	100062	59620678
恒安标准人寿保险有限公司北京分公司	东城区崇文门外大街8号院1号楼9层西塔902－1、902－2室	100062	59235577
华泰人寿保险股份有限公司北京分公司	西城区德胜门外大街125号德胜尚城大厦B座第1、4层北楼	100088	5986000
汇丰人寿保险有限公司北京分公司	朝阳区建国门外大街8号国际财源中心A座11层1102单元	100022	80882833
交银康联人寿保险有限公司分公司	朝阳区安慧北里逸园1号楼	100101	59867888
陆家嘴国泰人寿保险有限责任公司北京分公司	东城区白桥大街15号6层	100062	89999303
平安健康保险股份有限公司北京分公司	西城区金融街23号平安大厦6层610室	100033	56500606
同方全球人寿保险有限公司北京分公司	朝阳区东三环中路5号楼25层	200027	85181888
友邦保险有限公司北京分公司	朝阳区东三环北路17号11层1104室	100027	81493374
长生人寿保险有限公司北京分公司	海淀区西三环北路89号8层B－02－1号	100089	50980788
招商信诺人寿保险有限公司北京分公司	朝阳区建国路79号华贸中心2号写字楼17层	100025	50838948
中德安联人寿保险有限公司北京分公司	石景山区石景山路乙18号院2号楼13层	100040	53967666
中法人寿保险有限责任公司北京分公司	朝阳区工体东路18号2号楼4层	100027	56300700

中荷人寿保险有限公司北京分公司	石景山区石景山路54号院3号楼4层401～410室、5层505室	100043	53778700
中宏人寿保险有限公司北京分公司	西城区复兴门外大街A2号中化大厦	100045	59867887
中美联泰大都会人寿保险有限公司北京分公司	朝阳区东三环中路20号A座	100022	89352953
中信保诚人寿保险有限公司北京分公司	东城区王府井大街138号新东安广场第3座10层1001～1027号	100738	53346771
中意人寿保险有限公司北京分公司	朝阳区建国门外大街甲6号1幢6层	100020	50961460
中银三星人寿保险有限公司北京分公司	朝阳区霄云路36号1幢第9层03～07号房间	100027	57058200
中英人寿保险有限公司北京分公司	朝阳区永安东里16号CBD国际大厦8层	100022	56300800

（4）外资保险公司分支机构

安盛天平财产保险股份有限公司北京分公司

机构名称	地　址	邮　编	电　话
东城营销服务部	东城区东直门外大街46号26层2603室	100027	84608888
第一支公司	东城区东直门外大街46号26层2603室	100027	84608888
怀柔支公司	怀柔区于家园南街6号院2号楼3号	100000	84608888

国泰财产保险有限责任公司北京分公司

机构名称	地　址	邮　编	电　话
朝阳支公司	朝阳区东三环中路24号楼15层1507单元	100022	59336888

利宝保险有限公司北京分公司

机构名称	地　址	邮　编	电　话
昌平营销服务部	昌平区昌崔路198号院2号楼4层402室	102299	89783382
房山营销服务部	房山区怡和北路5号院2号楼10层1003室	102442	13001285232
通州支公司	通州区新华西街60号院2号楼27层2706室	101199	13801003291

北大方正人寿保险有限公司北京分公司

机构名称	地　址	邮　编	电　话
朝阳支公司	朝阳区东三环南路19号院1号楼	100021	85111958

恒安标准人寿保险有限公司北京分公司

机构名称	地　址	邮　编	电　话
第一营销服务部	东城区崇文门外大街8号院1号楼9层西塔903－11号	100062	59235577

中信保诚人寿保险有限公司北京分公司

机构名称	地　址	邮　编	电　话
昌平营销服务部	昌平区政府街西路2号405~408室	102200	53346771
大兴营销服务部	大兴区金苑路3号1幢4层D36	102628	53346771
东城营销服务部	东城区王府井东街8号	100006	53346771

密云营销服务部	密云区檀西路135号院3号楼1~2层103~104室	100006	53346771
平谷营销服务部	平谷区迎宾街1号院5号楼1单元801号	101200	53346771
顺义营销服务部	顺义区安泰大街9号院10号楼6层605室	101300	53346771
通州营销服务部	通州区运河核心区Ⅳ-07地块绿地大厦1号楼3层	101199	53346771
王府井营销服务部	东城区王府井大街138号新东安办公楼第3座7层第717~727号	100006	53346771
新东安营销服务部	东城区王府井大街138号新东安办公楼第3座8层第801~827号	100006	53346771

友邦保险有限公司北京分公司

机构名称	地　址	邮　编	电　话
昌平营销服务部	昌平区回龙观西大街16号院1号楼	100029	81493374
朝阳第一营销服务部	朝阳区东三环北路甲26号楼	100125	81493374
朝阳光华路营销服务部	朝阳区建国路116号2层、3层101室	100022	81493374
东城第二营销服务部	东城区东总布胡同58号2层202单元、4层401单元	100005	81493374
东城第三营销服务部	东城区东直门南大街甲3号5~7层	100005	81493374
东城第一营销服务部	东城区建国门内大街8号中粮广场C座501~511室、518~519室	100005	81493374
海淀中关村营销服务部	海淀区知春路106号10层1004~1006号	100081	81493374
通州营销服务部	通州区新华西街58号院2号楼29层2901~2908室、2921~2924室	101101	81493374
朝阳长虹桥营销服务部	朝阳区东三环北路17号11层1104室	100027	81493374

中美联泰大都会人寿保险有限公司北京分公司

机构名称	地　址	邮　编	电　话
中美联泰大都会人寿保险有限公司北京第二电话销售中心	东城区建国门内大街8号中粮广场B座7层01～07号、13～22号	100024	89352953
中美联泰大都会人寿保险有限公司北京第一电话销售中心	东城区建国门内大街8号中粮广场B座4层01～22号	100024	89352953
第一支公司	东城区东长安街1号东方广场东方经贸城西二办公楼6层3～9室	100738	89352953
东三环中路第二营销服务部	朝阳区东三环中路24号B座16层01～03单元、05单元	100020	89352953
东三环中路营销服务部	朝阳区东三环中路20号A座8层、16～17层	100022	89352953

同方全球人寿保险有限公司北京分公司

机构名称	地　址	邮　编	电　话
朝外大街营销服务部	朝阳区东三环中路5号楼25层01～03单元、08单元	200027	85181888
通州营销服务部	通州区新华西街58号院2号楼23层2301～2304室	101149	85181888

中荷人寿保险有限公司北京分公司

机构名称	地　址	邮　编	电　话
第二营销服务部	石景山区石景山路54号院3号楼5层501～510室	100043	53778700

东方广场营销服务部	东城区东长安街1号东方广场中二办公楼7层1~2室	100738	53778700
通州支公司	通州区观音庵北街4号院1号楼6层603~604室	100738	53778700

中银三星人寿保险有限公司北京分公司

机构名称	地　址	邮　编	电　话
朝阳第一营销服务部	朝阳区霄云路36号1幢第18层03A－07号、9层01号	100027	57058200

中意人寿保险有限公司北京分公司

机构名称	地　址	邮　编	电　话
大成营销服务部	怀柔区商业街三号1栋401室	101499	50961460
东恒营销服务部	朝阳区建外大街乙12号双子座大厦东塔9层07~09单元	100027	50961460
国贸营销服务部	朝阳区建国门外大街乙12号双子座大厦东塔9层01~06单元	100022	50961460
海淀营销服务部	海淀区中关村大街27号11层1111~1112号	100086	50961460
通州营销服务部	通州区翠景北里1号楼2103室	101100	50961460

华泰人寿保险股份有限公司北京分公司

机构名称	地　址	邮　编	电　话
北太平庄营销服务部	西城区德胜门外大街125号401B－8室	100088	5986000

东城营销服务部	西城区德胜门外大街125号德胜尚城大厦B座3层北楼	100088	5986000
西城营销服务部	西城区德胜门外大街125号德胜尚城大厦B座2层北楼	100088	5986000

工银安盛人寿保险有限公司北京分公司

机构名称	地　址	邮　编	电　话
国贸营销服务部	东城区东四十条24号青蓝大厦12层R部分	100007	59620678

中英人寿保险有限公司北京分公司

机构名称	地　址	邮　编	电　话
朝阳区营销服务部	朝阳区西大望路3号院2号楼1~4层HS09-1内1层101室	100022	56300800
中英人寿保险有限公司北京电话销售中心	朝阳区西大望路3号院2号楼2层HS09-1、HS09-2	100022	56300800

中宏人寿保险有限公司北京分公司

机构名称	地　址	邮　编	电　话
东城营销服务部	东城区东长安街1号东方广场C1办公楼8层8~10室	100738	59867887

长生人寿保险有限公司北京分公司

机构名称	地址	邮编	电话
顺义营销服务部	顺义区南法信镇顺平路南法信段9号院1幢5层505室	101316	50980788

复星保德信人寿保险有限公司北京分公司

机构名称	地址	邮编	电话
北京昌平营销服务部	昌平区振兴路28号6层627~628室，7层B707~B708室	102200	15321291299
北京丰台支公司	丰台区西三环南路14号院1号楼2003~2005、2011室	100055	15321291299
北京海淀支公司	海淀区中关村南大街甲18号院1-4号楼D座4层407室	100086	15321291299

招商信诺人寿保险有限公司北京分公司

机构名称	地址	邮编	电话
招商信诺人寿保险有限公司北京电话销售中心	朝阳区建国路79号华贸中心2号写字楼8层07号	100025	50838948

鼎诚人寿保险有限责任公司

机构名称	地　址	邮　编	电　话
朝阳支公司	朝阳区建国门外大街乙 12 号双子座大厦东塔 8 层 802 室、803 室	100024	50948080

（5）保险代理公司

机构名称	地　址	邮　编	电　话
安心致远保险代理有限责任公司	石景山区石景山路 31 号院盛景国际广场 3 号楼 718 室	100043	61126666
保通时空（北京）保险代理有限公司	海淀区紫竹院路 116 号嘉豪国际中心 D 座 606 室	100024	13601307519
保之家保险销售股份有限公司	北京经济技术开发区荣华中路 8 号院 4 号楼 10 层 1102 室	100176	15104481281
北京爱车易行保险代理有限公司	东城区安定门外大街 138 号 5 层 A 座 507 室	100007	13311133130
北京爱马社保险代理有限公司	房山区良乡长虹西路翠柳东街 1 号 –2556 号	102488	13681562390
北京安邦保险代理有限责任公司	西城区右安门内大街 65 号 11 幢 5 层 542 室	100120	82032563
北京安平保险代理有限公司	朝阳区芍药居北里 101 号 1 幢 26 层 2 座 3005 室	100035	66126609
北京佰阳保险代理有限公司	朝阳区曙光西里甲 1 号 27 层 A –3103 号	100080	13388193022
北京宝力诚保险代理有限责任公司	朝阳区安慧北里安园 10 号楼 H 座 202 室	100044	58076655
北京保佳保险销售有限责任公司	朝阳区东三环中路 39 号院 7 号楼 1 ~2 层 0720 室	100033	58565868
北京北盛联合保险代理有限责任公司	朝阳区百子湾西里 403 号楼 15 层 1502 室	100080	18001121899
北京斌凝祥融保险代理有限公司	东城区广渠门内大街 80 号 5 层 502 室	100024	83117976
北京博瑞和铭保险代理有限公司	朝阳区阜通东大街 10 号楼 5 层 503 室	100029	67332018

北京财富之舟保险代理有限公司	大兴区中关村科技园区大兴生物医药产业基地天华大街5号院13号楼5层507室	102600	60297185
北京财鑫保险代理有限公司	大兴区盛坊路4号1幢	100028	64477833
北京辰洋保险代理有限公司	海淀区北洼路西里19号A503室	100089	18600164017
北京诚成保险代理有限公司	朝阳区东大桥路8号院1号楼11层1217室	100020	58703630－1012
北京诚信保险代理有限公司	朝阳区东三环南路甲52号楼5层6C	100083	59711663
北京诚信通保险代理有限公司	平谷区贾各庄村东南街甲6号	101200	89989800
北京德信保险代理有限公司	朝阳区安慧里四区16号化工大厦916室	101200	84885211
北京丰裕保险代理有限公司	东城区藏经馆胡同17号1幢2层A208室	100022	65544788
北京富邦保险代理有限公司	东城区胜古中路1号20号楼2层218室	100723	13120430656
北京高晟财富保险代理股份有限公司	朝阳区朝外大街甲6号4座23层2301内2305室	100070	58170943
北京格林保险代理有限公司	西城区马连道南街6号院1号楼9层916－3室	101200	62366843
北京广安保险代理有限责任公司	平谷区平谷镇谷丰东路8号	101200	89994046
北京国恒保险代理有限公司	东城区建国门内大街18号办一22层04室	100078	15075674494
北京国济保险代理有限公司	朝阳区朝外大街22号15层1512室	100029	62356665
北京国民保险代理有限公司	西城区半步桥街48号1幢512室	100016	13381331230
北京国人保险代理有限公司	朝阳区建国门外大街丙24号楼18层2103室	100010	65666679－818
北京国泰保险代理有限公司	朝阳区永安东里16号6层08B室	100029	18910739696
北京海商保险代理有限公司	东城区北京站东街8号B座6层607－2室	100044	59648671
北京恒荣汇彬保险代理有限责任公司	朝阳区高碑店乡八里庄村陈家林9号院华腾世纪总部公园项目5号楼2单元10层1001室	100022	57264419
北京恒泰保险代理有限公司	朝阳区秀水街1号建国门外外交公寓7－1－14号	100027	85794040
北京恒信保险代理有限公司	怀柔区怀北镇西庄村308号	100010	13611238905
北京红枫鑫保险代理有限公司	朝阳区建国路91号院9号楼18层1808室	100079	18500858667
北京宏安信保险代理有限公司	西城区阜外月坛北小街13号中船宾馆2层8219室	100200	13661270072

北京宏利保险代理有限公司	朝阳区工体东路18号2号楼2层B2121室	100122	59630856
北京华诚保险代理有限公司	海淀区白家疃尚水园2号楼8层817室	100010	13911268017
北京华创明德保险代理有限公司	朝阳区高碑店乡半壁店村惠河南街1008号B座4层4011室	100083	56280923
北京华谊保险销售有限公司	石景山区石景山路甲18号院2号楼6层715室	100086	15831996163
北京环宇康泰保险代理有限公司	丰台区丰管路22号院12栋107号	100022	63339582
北京汇通金隆保险代理有限公司	石景山区苹果园路28号院2号楼7层704室	100010	51625028
北京汇祥保险代理有限公司	朝阳区晨光家园306号楼9层901内9007室	100022	68211690
北京惠诺康达保险代理有限公司	房山区城关街道顾八路1区1号－R668号	100089	15117975866
北京吉顺佳保险代理有限公司	朝阳区建国门外大街丙24号9层1－5内1002室	100062	51661563
北京佳盛保险代理有限公司	昌平区科技园区何营路8号院6号楼5层502室	100073	13810992911
北京交广保险代理有限公司	朝阳区柳芳南里甲5号1幢1－2内5层503号	100010	84515731
北京金鼎涛保险代理有限公司	朝阳区酒仙桥东路9号院2号楼101－9号	102200	88840744
北京金斧子水星保险代理有限责任公司	朝阳区广渠路66号院22号楼8层801内806室	100024	88576885
北京金汉保险代理有限公司	西城区新兴东巷15号10号楼2层212室	100025	13699278320
北京金宏保险代理有限责任公司	东城区法华寺街91号6幢122A室	100026	67029688
北京金瑞卓森汽车保险代理有限公司	朝阳区利泽东园306号	100027	13683594117
北京金石保险代理有限公司	朝阳区亚运村北小营欧陆经典北区C座8层0902室	100076	84850879
北京金宇四越保险代理有限责任公司	昌平区城北街道五街西环路78号1至2层商6号底商	100055	60741812
北京京安保险代理有限公司	西城区西直门南小街国英1号425－1号	100102	13020069737
北京京安恒信保险代理有限公司	丰台区樊羊路69号院2号楼4层478室	100101	13366175730
北京京广保险代理有限公司	丰台区角门18号枫竹苑二区1号楼11层1102室	102208	85715028

北京京恒福保险代理有限公司	海淀区清华东路16号3号楼中关村能源与安全科技园3－2－1106－1室	102200	15801472203
北京京铁保险代理有限公司	丰台区莲花池东路120－1号北京华夏明珠宾馆5301室、西侧1层	100035	51935016
北京精诚信联保险销售有限公司	海淀区中关村大街27号17层1706室	100053	67195677－653
北京精欣保险代理有限公司	朝阳区望京东园523号楼4层10509室	100020	13898550
北京开诚保险代理有限公司	丰台区丰科路6号院5号楼6层611室	100083	63861768
北京开元保险代理有限公司	朝阳区来广营西路18号－8	100055	13521328523
北京康硕保险代理有限公司	丰台区南苑北里二区6号楼5层506室	100062	13810160952
北京康泰保险代理有限公司	朝阳区北苑路18号院3号楼3层316室	100071	18911982029
北京可为保险代理有限公司	平谷区府前街2号渔阳大厦4层405室	100089	13811162231
北京乐百家保险代理有限公司	大兴区西红门镇宏业路9号院5号楼12层1209室	102600	18910568100
北京乐荐保易品保险代理有限公司	朝阳区光华路8号17幢36层A312房间	100022	85718581
北京乐融保险代理有限公司	顺义区北小营镇小胡营村1号院3号楼2层212室	100074	62349650
北京立康保险代理有限公司	朝阳区百子湾西里435号楼3层301内361室	100028	021－92269859－888
北京利信保险代理有限公司	海淀区西三环北路87号8层2－801A	100044	65283772
北京美安保险销售有限公司	朝阳区将台路6号丽都饭店O－510室	100071	64646393
北京铭信保险代理有限公司	西城区黄寺大街24号院19号楼B420室	100088	82081236
北京品今保险销售有限公司	朝阳区工人体育场北路甲2号7层A栋701室01号	100062	13611389797
北京平和保险代理有限公司	海淀区高梁桥斜街59号院1号楼10层1015室	100033	1581589819
北京钱袋网保险代理有限责任公司	朝阳区利泽中园208号3幢3层301内3303室	100037	82800993
北京乾安保险销售有限公司	怀柔区渤海镇环镇路80号1121室	100055	88437573－801
北京仁怡保险代理有限公司	东城区中剪子巷17号329A室	100088	84012608

北京瑞安鸿泰保险代理有限公司	怀柔区杨宋镇凤瑞一园1号院和平路甲8号1层14单元101室	100055	61669258
北京瑞宝寿康保险代理有限公司	朝阳区酒仙桥中路26号院2号楼4层501室	100007	84896216
北京瑞金恒邦保险销售服务股份有限公司	朝阳区东三环南路19号院1号楼-2至15层101内11层B1111室	100022	68029246
北京睿峰都保险代理有限责任公司	房山区城关街道顾八路1区1号-W18	100029	89350905
北京睿享保险代理有限公司	密云区经济开发区康宝路10-3号	101500	15811512015
北京润昌保险代理有限公司	平谷区迎宾街1号院26幢2层2-26室	100022	18600175895
北京赛保通保险代理有限公司	东城区广渠门内大街16号906室	100022	67186899-605
北京赛福特保险代理有限公司	朝阳区北苑路170号院3号楼12层1单元1503室	100097	64820778
北京胜易保险代理有限公司	东城区永定门内东街中里9-17号楼3030室	100062	13021185600
北京世纪隆盛保险代理有限公司	海淀区板井路69号世纪金源国际公寓东区10H	100101	13911555890
北京市金诚华夏保险代理有限公司	丰台区科技园区3A地块工商联科技大厦09B04~09B06号	100020	13718032166
北京市神舟保险代理有限公司	海淀区花园东路30号花园饭店5号楼2层5212室	100010	13501036612
北京市玉林保险代理有限责任公司	房山区房山兴房大街50号院2号楼7门	102488	69312808
北京双诚保险代理有限公司	东城区东花市南里东区8号楼7层2单元705室	100070	13641371403
北京泰铭保险代理有限责任公司	西城区莲花池东路甲5号院1号楼11层2单元1104室	100033	51289200
北京泰洋保险代理有限公司	朝阳区东三环北路甲19号楼25层2909室	100020	65531761-1006
北京天地保险代理有限公司	海淀区中关村北二条13号6幢4层400号	100022	13701362039
北京天岳保险代理有限公司	怀柔区青春路21号404室	101400	18611773113
北京万家保险代理有限公司	海淀区阜成路115号北京印象1号楼205室	100012	13693675628
北京网信保险销售有限公司	朝阳区康家沟145号2层A259室	100020	56516452
北京祥龙博瑞保险代理有限公司	房山区良乡凯旋大街建设路18号-E802室	100086	13911969231

北京新月保险代理有限责任公司	昌平区科技园区永安路26号	100088	13717703450
北京信安保险代理有限公司	朝阳区北辰西路69号3单元512号	100061	13810646750
北京信达路通保险代理有限公司	丰台区万丰路317号	100071	86639611
北京信泰保险代理有限公司	海淀区昌运宫4号豪柏公寓B1－701号	100039	88420470
北京阳光干线保险代理有限公司	海淀区祁家豁子甲2号建德商务楼117室	102200	82026960
北京耀莱汽车保险代理有限公司	朝阳区幸福二村40号楼－1至4层40－1内3层307室	100029	84389798
北京银华同邦保险代理有限公司	西城区宣武门西大街28号大成广场9门	100024	13611028827
北京永通保险代理有限公司	怀柔区杨宋镇凤翔三园10号4幢2层204室	101200	88578681
北京钰城保险代理有限责任公司	东城区和平里中街甲27号2幢甲608室	100035	88027726
北京远安保险代理有限公司	石景山区八角东街65号院主楼北座2号楼19层1904室	100027	68838391
北京云峰保险代理有限公司	西城区广安门外大街305号二区9号楼9层1003室	101149	0311－89178205
北京运通国瑞保险代理有限公司	密云经济开发区兴盛南路8号院1号楼110室、116室	101500	89226555
北京长久汽车保险销售有限公司	顺义区物流园六街12号院6号楼1～2层101内2层201室	101300	65732999
北京致用保险代理有限公司	西城区广安门外南滨河路甲25号0507室	100026	63362453
北京中金同安保险代理有限公司	海淀区海淀中街16号14层5单元1408室	100052	88590272
北京中联信保险销售服务有限公司	朝阳区望京中环南路9号1号楼10层6号	101200	85235948－807
北京中天嘉华保险代理有限公司	石景山区八大处高科技园区内6－C号地3号楼4层409室	100043	58276940
北京中逸保险代理有限公司	海淀区北三环西路48号1号楼A座12B	100027	15210833369
北京众合四海保险代理有限公司	朝阳区安华里二区13号楼101室	101500	15801119595
北京众恒保险代理有限责任公司	朝阳区静安东里12号院4号楼7层B706室	102600	69208553

北京资本动力保险代理有限公司	朝阳区东三环中路12号1号楼1401室	100027	87710896
大童保险销售服务有限公司	房山区阎富路69号院46号楼	100086	85902304
鼎泽保险代理有限公司	丰台区西三环南路59号518室	100072	63829393－8095
泛海在线保险代理有限公司	朝阳区慈云寺1号院3号楼1层、2层	100025	85259904
方德保险代理有限公司	东直门外大街46号12层02室	100080	86030321
富德保险销售有限公司	海淀区西直门北大街52～56（双）号10层南栋0101～1006室	100071	87809700
国福家庭保险销售服务有限责任公司	西城区莲花池东路106号2单元705室	100045	66290723
航联保险销售有限公司	东城区南竹杆胡同2号楼1幢12层11202室	100044	58157022
和谐保险销售有限公司	朝阳区建国门外大街6号11层1102内103室	100082	15811136158
华夏在线保险代理服务有限公司	海淀区西三环北路87号8层2－801B	100007	13623471935
汇康保险销售（北京）有限公司	通州区新华西街58号院3号楼9层906室	100052	56176910
汇银林泰（北京）保险代理有限公司	海淀区北三环西路99号院3号楼8层909室	100020	13301011968
嘉信保险代理有限公司	丰台区南三环西路16号2号楼16层1907室	100043	80699931
嘉泽保险代理有限公司	通州区江米店街1号院5号楼10层1002室	100071	18516808889
京东数科保险代理有限公司	朝阳区曙光西里甲6号院1号楼21层2507内1号	100071	58656837
康宏碧升保险代理有限公司	朝阳区广渠路17号院1号楼－3至14层101内4层409室	100010	58085715
康盛（北京）保险销售有限公司	平谷区林荫北街13号信息大厦1207室、1208室	101200	57215761
乐信保险代理有限公司	东城区金鱼池中街2号院11号楼1～2层11－21室	100044	13079995500
利星行宝汇汽车保险代理（北京）有限公司	朝阳区广顺南大街8号院3号楼3层301内G01内1～2单元	101299	84776540
纳捷奥保险代理（北京）有限公司	海淀区北蜂窝路2号中盛大厦13～14层1306－1号	100102	51666898

全天候保险代理股份有限公司	顺义区仁和镇顺通路25号5幢511－2室	103000	13301301871
融汇保险销售有限公司	朝阳区建国路甲92号－4至24层内14层1409～1410室	100024	85660977－8202
盛世合众保险销售有限公司	海淀区杏石口路9号1幢2层201室	100195	59949599
盛唐融信保险代理（北京）有限公司	西城区新街口北大街3号4层L409～L412室	100086	82200366
盛源兴保险代理（北京）有限责任公司	平谷区兴谷经济开发区洵河西路45号－125室	101200	56866615
世捷开元保险代理有限公司	石景山区八大处高科技园区西井路3号3号楼8737室	100043	57273371
太阳联创保险代理（北京）有限公司	朝阳区朝外雅宝路12号7层708室	100027	87925664
泰瑞保险代理有限责任公司	朝阳区望京中环南路甲2号17层B1903室	100050	84721125
天安佰盈保险销售有限公司	海淀区复兴路甲23号8层8－20室、8－21室	100054	13926546899
天勤保险代理（北京）有限公司	朝阳区东三环南路17号B座9层9E	100078	87665917
同程保险代理有限公司	朝阳区酒仙桥北路甲10号院301号楼102单元6层606室	100020	18136961802
五星在线保险销售有限公司	海淀区中关村南大街乙12号院1号楼6层706室	100043	52619179
新宝宇业（北京）保险代理有限公司	朝阳区朝阳门外大街19号楼7层723B室	100071	57142288
阳光保险代理有限公司	西城区阜成门外大街1号16层1643B室	100022	83258627
阳光一家家庭综合保险销售服务有限公司	朝阳区朝阳门外大街20号1幢联合大厦15层1506、1507室	100027	58289682
阳光之音保险销售服务有限公司	通州区商通大道3号院3号楼2层101室	100070	13439628997
洋坤（北京）保险代理有限公司	怀柔区怀北镇西庄村308号	101200	13331113746
一诺至善（北京）保险代理有限公司	朝阳区东三环中路39号院23号楼9层1006室	100043	13691591311
壹心国盛保险代理（北京）有限公司	朝阳区朝外大街乙6号8层0933室	100010	13811603429
宜信博诚保险销售服务（北京）股份有限公司	朝阳区建国路88号院9号楼13层1610号	100020	13121305372

英硕伦斯保险代理（北京）有限责任公司	西城区裕中西里42号楼303室、304室	100088	67759836
长安保险销售有限公司	东城区安化北里1号1幢7层706室	100062	0755－83342013
中安风尚（北京）保险代理有限公司	海淀区东北旺西路8号院34号楼2层202号	100085	18730928723
中驰保险代理（北京）有限公司	东城区建国门内大街18号办一22层2212室	100041	83739797
中国人寿保险销售有限责任公司	海淀区海淀北二街6号7层	100086	18601189952
中佳保险代理有限公司	西城区南滨河路27号院7号楼307室	100055	13366550135
中京国际保险销售（北京）有限公司	平谷区南岔子街1号1～3层1～4室	101200	69982586
中利保险销售有限公司	东城区东直门北中街乙1号1幢1012层03单元	100124	59694588
中融慧金（北京）保险代理有限公司	西城区茶马街8号院3号楼5层503室	100025	57282792

（6）保险经纪公司

机构名称	地　址	邮　编	电　话
爱心保险经纪有限公司	石景山区金府路32号院3号楼5层516室	102300	13621045977
安瑞保险经纪（北京）有限公司	东城区朝阳门南小街2号楼3层303室	100022	15311196112
安润国际保险经纪（北京）有限公司	西城区阜成门外大街2号6层637室	100037	13521899698
安世联合保险经纪有限公司	朝阳区姚家园南路1号7号楼A区502房间	100131	85355588
北京安华保险经纪有限公司	昌平区七北路42号院3号楼9层3单元901室	102300	17778137062
北京安康保险经纪有限公司	朝阳区西坝河西里28号B205室	100028	64476957
北京安理保险经纪有限公司	密云区新南路43号1号院4层416室	100028	15010113685
北京安鹏保险经纪有限责任公司	朝阳区阜通东大街10号楼15层1501室	101300	84856958
北京安鑫保保险经纪有限公司	海淀区首都体育馆南路6号3幢12层1261室	100025	18610332511
北京鞍汇联保险经纪有限公司	朝阳区永安东里16号CBD国际大厦18层08单元	100022	13701233838
北京奥创保险经纪有限公司	朝阳区三丰北里1号楼10层1012室	100107	84938008
北京百川保险经纪有限公司	朝阳区南湖东园122楼14层北区1706室	100055	63319211

北京大树保险经纪有限责任公司	海淀区北清路中关村壹号D1座11层1108室	100012	15001022889
北京大唐泰信保险经纪有限公司	西城区菜市口大街1号10层1001~1003室	100052	83365815
北京鼎立保险经纪有限责任公司	朝阳区东三环中路乙10号第14层08号	100086	88851866
北京鼎盛保险经纪有限责任公司	朝阳区酒仙桥路甲10号3号楼	100125	65065338
北京东方保险经纪有限公司	朝阳区朝阳路67号9号楼2单元803室	100021	85789048－610
北京东方华信保险经纪有限公司	西城区高井胡同16号北京惠福园宾馆203室	100107	68366080
北京方和万金保险经纪有限公司	海淀区北小马厂6号906室	100038	63345039
北京丰融保险经纪有限公司	丰台区汽车博物馆东路1号院3号楼8层901室	100027	84476292
北京富诚保险经纪有限公司	北京经济技术开发区景园北街2号50幢8层1单元801~802室	100061	18519659172
北京富利保险经纪有限公司	朝阳区建国门外大街19号1号楼26层A室	100028	13430772338
北京共信赢保险经纪有限公司	朝阳区亮马桥路39号1号楼3层C310室	100125	13811127588
北京光华保险经纪有限公司	朝阳区静安里26号楼901内903室	100028	65301358
北京广发保险经纪有限公司	朝阳区东三环北路38号院3号楼13层1608室	101500	69472620
北京国腾众保保险经纪有限公司	通州区新华西街60号院2号楼19层1919室	101149	52858649
北京国中保险经纪有限公司	朝阳区建国门外大街18号D702号	100022	65691466
北京海力保险经纪有限公司	丰台区航丰路1号院3号楼3~17层301内15层1807室	100071	56127490
北京恒丰保险经纪有限公司	东城区和平里东街11号2号楼3层3－B4号	100034	15811364293
北京华川恒健保险经纪有限公司	海淀区永泰庄北路9号永泰绿色生态园V6号院	100027	51582188
北京华融保险经纪有限公司	西城区阜成门外大街11号国宾大厦808室	100033	68002927－1005
北京华夏保险经纪有限公司	海淀区中关村大街11号6层6层办公652A	100043	63426880
北京华育保险经纪有限公司	丰台区南方庄89号2号楼3层3012室	100102	18911571519
北京环球保险经纪有限公司	西城区平安里西大街28号楼12层1201－5室	100035	18297887872

北京惠保保险经纪有限公司	北京经济技术开发区兴业街8号院4号楼2层215室	100176	57063999
北京慧驾保险经纪有限公司	西城区南滨河路27号7号楼12层1217室	100055	58220294
北京慧金保险经纪有限公司	西城区茶马街8号院3号楼14层1411室	100032	68141238
北京吉泰保险经纪有限公司	海淀区紫竹院路81号院3号楼北方地产大厦6层609室	100085	88580566－817
北京江山保险经纪有限公司	朝阳区霄云路28号院2号楼9层901－2室	100125	0411－82786351
北京金甲保险经纪有限公司	西城区西直门内南小街国英园1号楼707室	100035	58561769
北京金永泰保险经纪有限责任公司	海淀区西八里庄北里56号院西钓鱼台庄园3号楼4门401室	100142	88129087
北京京泰安保险经纪有限公司	海淀区羊坊店路18号1幢6层613室	100025	13681524953
北京康信保险经纪有限公司	朝阳区工人体育场北路8号院1号楼13层01－1606室	100028	85861297
北京联合保险经纪有限公司	朝阳区静安里26号楼9层901内904室	100048	64680488－864
北京农信保险经纪有限公司	海淀区中关村大街27号17层1705室	100086	62698801－8604
北京普华盛世保险经纪有限公司	朝阳区酒仙桥路14号53号楼7层706室	100071	57126871
北京乾泰保险经纪有限公司	西城区平原里小区20号楼413室	100032	63180208
北京仁信智合保险经纪有限公司	东城区广渠家园1楼3层101－302室	100071	83609322
北京容海保险经纪有限公司	西城区半步桥街48号1幢3层343室	100054	13261901639
北京瑞和保险经纪有限公司	朝阳区建国门外大街6号11层1102内105室	100101	13683360682
北京润得保险经纪有限公司	西城区阜成门外大街甲28号3层西楼03内04室	100024	13718784092
北京润盛保险经纪有限公司	朝阳区东方东路8号	100038	13661298838
北京赛福哈博保险经纪有限公司	海淀区玲珑路9号院西区8号楼11层1单元1002室	100086	63378585
北京盛安国际保险经纪有限公司	海淀区中关村东路18号1号楼11层A－1201室	100086	13693016786

北京盛唐保险经纪有限公司	朝阳区霄云路40号院1号楼6层609－A室	100010	85627177
北京泰丰保险经纪有限公司	东城区东水井胡同11号楼3层3C02室	100143	022－66701552
北京腾诺保险经纪有限公司	西城区武定侯街6号10层F2－1（A）1001内1106室	100044	66020021
北京天道保险经纪有限责任公司	朝阳区朝阳门外大街19号楼7层720室	100029	15810526890
北京天时国际保险经纪有限公司	海淀区中关村南大街甲18号院1－4号楼C座07办公01室	100142	88578257
北京微服保险经纪有限公司	朝阳区紫月路18号院11号楼1层107室	100022	13810532208
北京物融保险经纪有限公司	西城区阜成门外大街甲9号国宾酒店9层902室	100037	68008302
北京小米保险经纪有限公司	海淀区西二旗中路33号院1号楼3层001号	100055	51315619
北京协荣保险经纪有限公司	西城区广安门外大街168号1幢5层2－602－1室	100029	83126679
北京新城保险经纪有限公司	朝阳区北土城西路7号国恒基业大厦D座804室	100062	51663231－913
北京新域保险经纪有限公司	东城区崇文门外大街11号9层908室	100044	67092376
北京信德保险经纪有限公司	海淀区玲珑9号院西区7号楼11层1单元1016－1室	100048	17789777756
北京信康诚保险经纪有限责任公司	东城区桃园东里20号2层2082室	100124	59113559
北京信诺保险经纪有限公司	通州区皇木厂村东88号6幢1层	100033	88344163－809
北京银河时空保险经纪有限责任公司	密云区水源路南侧A－04地块2#商业办公楼5层1单元522室	100083	67166520
北京永诚保险经纪有限公司	海淀区中关村南大街2号科技会展中心数码银座803室	100027	80812570
北京远安保险经纪有限公司	朝阳区东三环中路39号院16号楼11层1203室	100121	82231008
北京指南针保险经纪有限公司	昌平区北七家镇七北路42号院2号楼1单元301室	100089	59282978
北京中兵保险经纪有限公司	海淀区紫竹院路81号院3号楼北方地产大厦15层1502～1503室	100080	68966743

北京中金保险经纪有限公司	东城区和平里东街 11 号 7 号 1－B6 号	100097	18311108366
北京中联新能保险经纪有限公司	北京经济技术开发区荣华南路 15 号院 7 号楼 9 层 901 室	100176	18811423700
北京中瑞惠银国际保险经纪股份有限公司	朝阳区东三环南路甲 52 号顺迈金钻大厦 15 层 18C	100022	87729758
北京中天保险经纪有限公司	西城区闹市口大街 1 号院 2 号楼长安兴融中心 6C	100061	59799818－801
北京中卫保险经纪有限公司	朝阳区北辰东路 8 号院 16 号楼 8 层 801 内 A0808 室、A0809 室	100031	85285599
博维保险经纪有限公司	朝阳区农展馆南路 13 号 6 层 710 室	100053	68563023
诚合保险经纪有限公司	海淀区复兴路 40 号中国铁建大厦 8 层	100010	52689657
达信（中国）保险经纪有限公司	朝阳区光华路 1 号北京嘉里中心北楼 15 层 1506 室	100855	13910960172
大特保险经纪有限公司	朝阳区望京园 601 号楼 25 层 2910 室	100044	80698111
德圣保险经纪有限公司	朝阳区南磨房路 37 号 7 层 701 室	100025	13552056216
鼎昊（北京）国际保险经纪有限公司	丰台区南四环西路 188 号十区 8 号楼 4 层	100071	63703398
鼎力（北京）保险经纪有限公司	东城区崇文门外大街 3 号 10 层南办 1001 室	100070	18628273858
方胜磐石保险经纪有限公司	朝阳区西大望路 15 号 4 号楼 16 层 1601 室	101100	13501363379
关爱保险经纪有限公司	朝阳区建国门外大街 22 号赛特大厦 1 幢第 21 层 2101 室	100028	65158580
国安国际保险经纪股份有限公司	东城区黄寺大街甲 6 号天龙饭店 5 层	100022	64257976
国电保险经纪（北京）有限公司	西城区西直门外大街 18 号楼 4 层 7 单元 501 室	100044	58684706
国家电投集团保险经纪有限公司	西城区金融大街 28 号院 3 号楼 5 层 501 室	100044	56625677
国联（北京）保险经纪有限公司	西城区阜成门外大街 31 号 5 层 526A	100053	13521657158
国泰路安保险经纪（北京）有限公司	大兴区经济开发区金辅路甲 2 号 1 幢 1 层 B102 室	102600	63585718
国投保险经纪有限公司	西城区阜成门北大街 2 号楼 3 层	100034	88006481

哈保保险经纪（北京）有限公司	朝阳区建国路93号院10号楼601室	100022	58203824
海峡联合保险经纪（北京）有限责任公司	丰台区南四环西路186号四区2号楼6层22~23室	100097	88878991
海亚（北京）国际保险经纪有限公司	朝阳区安慧北里小区秀园15号楼4层	100010	64912569
航联保险经纪有限公司	东城区东直门南大街5号中青旅大厦9层	100007	58157022
和德（北京）保险经纪有限公司	东城区夕照寺街14号4号楼6层601室	100027	84464608
宏达通泰保险经纪（北京）有限公司	海淀区海淀苏州街18号院-4楼16层1607-3室	100048	68483838-812
华富保险经纪有限公司	西城区金融大街35号1122室	100107	13810613510
华旅（北京）保险经纪有限公司	海淀区西四环北路158号慧科大厦东区8A	100033	88591920-815
华泰保险经纪有限公司	西城区骡马市大街18号楼12层1202室、1205室	100142	13426238600
华夏信达保险经纪（北京）有限公司	海淀区中关村南大街31号神舟科技大厦288室	100027	57458353
华信保险经纪有限公司	丰台区东管头1号院1号楼1-196室	100033	8356833
佳达保险经纪（北京）有限公司	东城区东长安街1号东方广场东方经贸城东三办公楼1109室	100006	65334111
嘉实保险经纪（北京）有限公司	朝阳区建国路91号院8号楼5层506室	100079	65215139
江泰保险经纪股份有限公司	门头沟区莲石湖西路98号院9号楼	102300	62202788-9237
金诚国际保险经纪有限公司	海淀区西三环北路91号7号楼3层C02号	100033	52961111-669
金桔保险经纪（北京）有限公司	朝阳区百子湾西里403号楼7层701室	100028	64705638
金联安保险经纪（北京）有限公司	昌平区东小口镇立汤路188号院1号楼17层	100085	15712919618
金晟保险经纪有限公司	朝阳区安定路10号中国有色大厦北楼2层	100089	64422679
京新国际保险经纪（北京）有限公司	海淀区建材城中路27号8幢2层206号	100020	13432014557
九州联合（北京）保险经纪有限公司	海淀区北三环西路甲30号2层217室	100034	68473708
玖行保险经纪有限公司	朝阳区来广营西路5号院诚盈中心1号楼5层501室	100028	15044682525
开源（北京）国际保险经纪有限公司	西城区西直门外大街18号楼4层1单元538室	100021	13991363215
康瑞保险经纪有限公司	海淀区北蜂窝2号中盛大厦7~8层710-1号	101300	13581622887

昆仑保险经纪股份有限公司	西城区金融大街1号楼A座1102室	100070	13720006399
鲲鹏保险经纪（北京）有限公司	丰台区东管头1号院1号楼1－191室	100031	18910975782
黎明保险经纪有限公司	石景山区古城南街9号院6号楼5层515室	100043	56678529
联华国际保险经纪（北京）有限公司	西城区金融大街23号10层1012室	100020	13717932807
领航国际保险经纪有限公司	东城区北京站东街8号信通大厦B座6层607－1室	100020	58362067
麦芬保险经纪有限公司	朝阳区东三环北路17号10层1016室	100028	13426345700
民生保险经纪有限公司	东城区建国门内大街28号1幢13层1501－1单元	100004	13006113765
明亚保险经纪股份有限公司	朝阳区朝外大街22号泛利大厦5层501～502室	100070	85658542
全景保险经纪（北京）有限责任公司	朝阳区建国路88号9号楼17层2003室	100097	64373510
融超保险经纪有限公司	西城区阜外大街2号万通新世界广场A座1705号	100038	62219621
瑞信保险经纪有限公司	海淀区中关村大街27号11层1101室	100031	15017526006
赛诺保险经纪（北京）有限公司	昌平区回龙观镇金燕龙大厦2层20106室	100085	88479880
三角洲保险经纪有限责任公司	朝阳区光华路5号院1号楼9层1001室	100028	62124986
三峡保险经纪有限责任公司	海淀区玉渊潭南路1号B座三峡大厦3层	100039	57081394
世纪保险经纪股份有限公司	西城区宣武门外大街26号～30（双）号2幢08层A806～A809室	100021	13810017824
天丰保险经纪有限公司	门头沟区莲石湖西路98号院7号楼603室	102300	85797999
天和保险经纪有限公司	朝阳区永安东里甲3号院1号楼10层1107内1107C、1107D	100083	82275812－821
通联保险经纪有限公司	丰台区靛厂路汉唐国际大厦3层	100044	63713236
微医（北京）保险经纪有限公司	海淀区北四环西路52号15层1506室	100044	51721768－6
文津国际保险经纪有限公司	丰台区南四环西路186号三区1号楼4层06室	100738	57177268
五矿保险经纪（北京）有限责任公司	海淀区三里河路5号五矿大厦B座410室	100022	88821652
五洲（北京）保险经纪有限公司	东城区东方广场东二座1704－5A	100088	85188766－207

新航保险经纪（北京）有限公司	朝阳区建国路88号7号楼710室	100125	86808907－800
新时代保险经纪有限公司	海淀区花园路7号	100027	82803949
兴民保险经纪有限公司	石景山区金府路32号院3号楼7层718室	100033	56809591
扬子江保险经纪有限公司	顺义区天竺镇天竺家园17号17幢2层2790室	101300	13466663416
阳光三泰保险经纪有限公司	朝阳区朝阳门外大街20号1幢9层902室	100043	13911628800
宜安（北京）保险经纪有限公司	通州区新华西街58号院2号楼9层922室	100052	84476603
银河保险经纪（北京）有限责任公司	城区金融大街35号国际企业大厦C座12层	100088	66568303
银建保险经纪有限公司	石景山区苹果园路28号院2号楼15层1501室	100043	56057837
银泰（北京）保险经纪有限公司	东城区苏州胡同61号12幢A103室	100080	82149698
英大长安保险经纪有限公司	西城区南横东街8号都城大厦12层	100022	63411223
永达理保险经纪有限公司	朝阳区阜通东大街18号2层2207～2210室	100044	87419188
宇泰保险经纪（北京）有限公司	朝阳区建国门外大街丙24号9层1－5内1001室	101149	18210672157
元保保险经纪（北京）有限公司	朝阳区北辰西路8号院2号楼1至14层101内2层208－01号	100029	18910850552
远通（北京）保险经纪有限公司	海淀区羊坊店路18号2幢6层605室	100044	52720502
悦保保险经纪有限公司	丰台区广安路9号院1号楼16层1601室	100054	85839251
中安联合保险经纪股份有限公司	大兴区魏善庄镇中心路100号院1号楼2层028室	100022	52412269
中车汇融保险经纪有限公司	丰台区南四环西路186号二区1号楼－1至8层101内7层03～06室	100071	18618268441
中船保险经纪有限责任公司	海淀区首体南路9号1楼7层703室	100007	88695063
中富保险经纪有限公司	东城区东打磨厂街3号楼7层706室	100070	60250099—607
中化保险经纪（北京）有限责任公司	西城区南礼士路66号1号楼10层1－15－1006～1009室	100081	59568222
中汇国际保险经纪股份有限公司	朝阳区永安东里16号18层06单元	100080	85539369
中建英大保险经纪有限公司	朝阳区安定路5号院3号楼30层02单元	100022	13810002300

中捷保险经纪股份有限公司	石景山区实兴大街30号院7号楼9层904室	100043	18134495257
中军保险经纪（北京）有限公司	朝阳区东大桥路8号院1号楼20层2308室	100195	13641354787
中铝保险经纪（北京）股份有限公司	海淀区西直门北大街62号9层	100044	82298566
中民瀚丞保险经纪有限公司	西城区新街口外大街8号12幢3层309室	100044	62366171
中盛国际保险经纪有限责任公司	东城区安定门东大街28号雍和大厦A座11层	100007	50950918
中盛融安国际保险经纪有限公司	海淀区大柳树路富海中心3号楼富海国际港1501室	100010	62138726－813
中石化保险经纪有限公司	朝阳区朝阳门北大街22号1幢19层1911	100022	13681197319
中泰国际保险经纪（北京）有限公司	海淀区海淀大街8号中钢大厦7层716室、717室	100086	62686565
中体保险经纪有限公司	崇文区天坛东路50号国家体育总局训练局院内	100007	67184346
中铁保险经纪有限责任公司	西城区西绒线胡同28号天安国汇14层1410室	100034	13701388539
中铁汇达保险经纪有限公司	海淀区西翠路17号院24号楼5层502室	100036	18610500845
中兴保险经纪有限公司	西城区宣武门外大街6～12（双）号、16号、18号6号楼9层	100054	87874667
中植保险经纪有限公司	朝阳区高碑店乡半壁店村惠河南街1102号C座3层3020室	100044	85141821
重汽集团保险经纪有限公司	丰台区开阳路1号瀚海花园大厦1702室	100071	13608936050

（7）保险公估公司

机构名称	地　址	邮　编	电　话
北京安诚保险公估有限公司	怀柔区怀北镇西庄村308号	101400	84924025
北京邦业保险公估有限公司	朝阳区东三环中路55号楼6层703室	100085	59229633
北京保程保险公估有限公司	朝阳区五里桥二街1号院1号楼12层1214室	100085	13164223463
北京北极星保险公估有限公司	平谷区贾各庄村东南街甲6号	101200	18515638183

北京大陆保险公估有限公司	朝阳区朝阳路67号10号楼12层2单元1501室	100044	85752750
北京德仁保险公估有限公司	朝阳区北苑路170号2号楼2－1603号	100085	14700469591
北京俄杰斯特保险公估有限公司	丰台区丰台科学城恒富中街2号院1号楼3188室	100071	52229880
北京格林保险公估有限公司	西城区阜成门外大街1号四川大厦东塔19层1907室	100033	65282300
北京国信行保险公估有限公司	丰台区南三环西路91号院1号楼13层1单元1615室	100079	13911713294
北京合信保险公估有限公司	朝阳区工体东路18号2号楼1层A2974室	100071	56243483
北京和泰保险公估有限公司	海淀区复兴路乙59号巨星大厦108室	100085	0551－65226918
北京华大保险公估有限公司	东城区夕照寺街14号4号楼6层610室	101300	67093600
北京华泰保险公估有限公司	西城区骡马市大街18号楼12层1203室	100033	66577426
北京汇明保险公估有限公司	丰台区南三环西路28号院中林置业大厦B座408室	100071	83833699
北京佳实德保险公估有限责任公司	海淀区复兴路40号中国铁建大厦5层东侧	100048	52689682
北京嘉诺保险公估有限公司	朝阳区农展馆南路13号6层711室	100044	68567166
北京金正保险公估有限公司	海淀区西三环北路91号7号楼3层C02－1号	100022	52961111
北京君恒保险公估有限责任公司	朝阳区静安里26号楼9层901内913室	100070	13521663897
北京龙江保险公估有限公司	朝阳区酒仙桥乙21号朝阳佳丽饭店内2层B105室	100020	56709233
北京平信保险公估有限公司	丰台区丰管路甲28号1－1幢1层8115室	101300	63790909
北京普惠保险公估有限责任公司	朝阳区南磨房路37号16层1810室	100191	13522807503
北京全天候保险公估有限公司	顺义区仁和镇顺通路6号	101300	13381131863
北京仁济和保险公估有限责任公司	丰台区南三环西路78号B座2－0010室	100055	13384608255
北京日月星保险公估有限公司	房山区天星街1号11号楼10层1004室	100071	13522045109
北京首证保险公估有限公司	西城区德胜门内西顺城街46号	100080	13891928195
北京天恒保险公估有限公司	丰台区葆台北路6号一区3号楼1～3层07室	100044	53687782

北京通宝行保险公估有限公司	石景山区实兴大街30号院3号楼12层1231室	100043	52469782
北京誉心保险公估有限责任公司	西城区珠市口西大街120号1号楼2层0217室	100022	15853243702
北京正汇保险公估有限公司	朝阳区永安东里16号18层07单元	100071	18519200699
北京中达信保险公估有限公司	丰台区东货场路38号11栋212室	100085	68424435
北京中禾嘉信保险公估有限公司	大兴区金星路18号8幢217A室	102600	13920112444
北京中明保险公估有限公司	石景山区石景山路甲18号院3号楼8层905室	100079	88601063
北京中咨保险公估有限公司	海淀区上地信息路1号1－1幢A栋3层C区	101300	13311208262
北京众达诚保险公估有限公司	大兴区兴华大街三段55号3层303室	102600	13693278514
北京众信保险公估有限公司	丰台区航丰路6号1幢2层205室	100022	13810868666
北京卓信保险公估有限公司	怀柔区怀柔镇大中富乐村801号院1号楼101室	100075	68323322
博弈中立保险公估（北京）有限公司	海淀区黑泉路8号1幢康健宝盛广场D座9层D9011D9012号	100029	13911170268
慈铭（北京）保险公估有限公司	西城区半步桥街48号1幢516室	100023	64200617
鼎信农业保险公估（北京）有限公司	顺义区金航西路4号院2号楼2层213室	101300	88312537
方圆国际保险公估（北京）有限公司	东城区朝阳门内大街288号院2号楼、3号楼地下1层B175－2室	100048	64023095
嘉福（北京）保险公估有限公司	朝阳区朝外大街10号A1区14层1410单元	100089	13661086685
竞胜保险公估有限公司	西城区金融大街1号楼1202－2室	100071	13720006399
平衡国际保险公估（北京）有限责任公司	大兴区旧桥路1号院1号楼10层1106室	100101	56407178
仁祥保险公估（北京）有限公司	海淀区车公庄西路乙19号华通大厦B座3层308室	100054	13701051122
盛华（北京）保险公估有限公司	北京经济技术开发区荣华南路16号1幢C座C304－1室	100176	84896216
中瑞国际保险公估（北京）有限公司	朝阳区安慧里二区12号楼院2幢226－2室	100101	84832952
中至和保险公估（北京）有限公司	大兴区龙发大街1号院3号楼2单元305室	100031	13051975587

（8）外国保险公司北京代表处

机构名称	地址	邮编	电话
瀛国斯达保险公司北京代表处	朝阳区亮马桥路42号光明饭店8407室	100016	64685852
俄罗斯天然气工业保险股份公司北京代表处	朝阳区建外大街甲12号15层1588室	100022	85233050
德国通用再保险公司北京代表处	东城区东长安街1号东方广场东三办公楼1105室	100738	85186535
德国安顾集团股份公司驻中国总代表处	朝阳区建外大街2号银泰中心写字楼C座2801室	100022	65667675
全球人寿保险国际公司北京代表处	朝阳区亮马桥50号燕莎中心1号楼8层C809号	100125	85151248 85151249
英国耆卫公共有限公司北京代表处	朝阳区广渠路金茂府23号院1号楼2803室	100124	65057686
英国保柏金融公众有限公司北京代表处	朝阳区亮马桥路甲40号二十一世纪大厦3层A302室	100125	58541723
法国国家人寿保险公司北京代表处	朝阳区建外大街永安里8号华彬大厦1712室	100022	85288185
法国安盟甘寿险公司北京代表处	朝阳区望京东园四区2号中航资本大厦32层3216室	100102	85086280
法国安盟相互保险公司北京代表处	东城区建国门内大街7号光华长安大厦2座1022室	100005	65102170
法国巴黎财产保险有限公司北京代表处	朝阳区建国门外大街1号国贸（3期）2024室	100004	85910181
法国安盛公司北京代表处	东城区东长安街1号东方广场东一办公楼905室	100738	66555983
忠利保险有限公司北京代表处	朝阳区建外大街乙12号双子座大厦东塔7层03室	100022	65673598
西班牙曼福再保险公司北京代表处	朝阳区工人体育场北路甲6号中宇大厦1809室	100027	59752558
葡萄牙忠诚保险有限公司北京代表处	朝阳区朝阳北路237号复星国际中心1506室	100020	65398591
加拿大永明人寿保险公司北京代表处	朝阳区金桐西路10号远洋光华国际大厦AB座10层A01室	100020	85906500

加拿大人寿保险公司北京代表处	东城区建国门内大街8号中粮广场B1223室	100004	65264005
美国柏柯莱保险集团公司北京代表处	东城区东长安街1号东方广场东方经贸城东三办公大楼19层5室	100738	85189688
RGA美国再保险公司北京代表处	东城区东长安街1号东方广场东方经贸城西一办公楼15层1504室	100738	85182528
美国奥德赛再保险公司北京代表处	西城区武定侯街6号卓著中心301A	100033	66182171
美国北美洲保险公司北京代表处	西城区金融街35号国际企业大厦B座528室	100033	88091177
美国国际集团北京代表处	朝阳区建国路79号华贸中心2号写字楼10层05A单元	100033	59692981
美国大都会人寿保险公司北京代表处	东城区长安街1号东方广场东方经贸城东二办公楼12层	100738	85189790
美国信安人寿保险公司北京代表处	朝阳区建外大街1号国贸大厦1座416室	100004	64629266
美国信诺保险公司北京代表处	朝阳区建国路79号华贸中心写字楼2座1708室	100022	85809055
美国怡安保险（集团）公司北京代表处	朝阳区建外大街甲6号SK大厦1205室	100022	65630671
美国联合健康保险公司北京代表处	朝阳区新源南路3号平安国际金融中心B座17层1701室	100027	58291777
美国保德信保险公司北京代表处	西城区金融大街甲9号金融街中心南楼10层1001－15室	100033	57379796
百慕大博纳再保险有限责任公司北京代表处	东城区长安街一号东方广场中一办公楼1211室	100738	85185780
信利百慕大有限公司北京代表处	西城区太平桥大街96号中海财富中心A507室	100032	83064926
中国太平保险控股有限公司北京代表处	西城区骡马市大街16号楼9层901室	100082	63588900
香港友邦保险控股有限公司驻中国总代表处	东城区东总布胡同58号天润财富中心3层302单元	100058	65219988－12082
中国人寿保险股份有限公司（台湾）北京代表处	西城区闹市口大街1号院长安兴融中心3号楼619室	100032	58528115

台湾三商美邦人寿保险股份有限公司北京代表处	朝阳区光华路丙12号1号楼22层2601－1室	100022	65013057
台湾人寿保险股份有限公司北京代表处	朝阳区朝外大街26号13层B1606	100031	85655937
（台湾）国泰人寿保险股份有限公司北京代表处	朝阳区东大桥路9号侨福芳草地大厦B楼6层602单元	100020	83913425－6
富邦产物保险股份有限公司北京代表处	朝阳区建国路81号华贸中心1号写字楼1909A	100025	59695476
富邦人寿保险股份有限公司北京代表处	朝阳区建国路81号华贸中心1号写字楼1909B室	100025	59695383
新加坡大东方人寿保险有限公司北京代表处	朝阳区建国路99号中服大厦9层99－24－1内901室	100020	65815501
韩国韩华生命保险有限公司北京代表处	朝阳区东三环北路38号院1号楼泰康金融大厦27层	100020	65837900
教保生命保险株式会社北京代表处	朝阳区霄云路36号国航大厦2109室	100027	65058658
韩国首尔保证保险株式会社北京代表处	朝阳区东三环北路5号北京发展大厦9层918室	100004	65900288
韩国贸易保险公社北京代表处	朝阳区大望京科技商务园区宏泰东街浦项中心A栋29层2902室	100102	64106439
现代海上火灾保险有限公司北京代表处	朝阳区霄云路38号现代汽车大厦518室	100027	84539071
韩国DB损害保险公司北京代表处	朝阳区霄云路36号国航大厦1011室	100027	84475427
大韩再保险公司北京代表处	朝阳区建国路118号招商局大厦10层A2室	100022	65906276
三星火灾海上保险公司北京代表处	朝阳区建国路118号招商局大厦25层05室	100022	65668100－6213
日本爱和谊日生同和保险公司驻中国总代表处	朝阳区东三环北路5号北京发展大厦1607室	100004	65058960
三井住友海上火灾保险公司北京代表处	朝阳区东三环北路5号北京发展大厦1608室	100004	65908500
日本住友生命保险公司北京代表处	朝阳区东三环北路5号北京发展大厦1幢7层719室	100004	65616120
日本明治安田生命保险公司北京代表处	朝阳区建外大街26号长富宫办公楼6003室	100022	65139815
日本东京海上日动火灾保险株式会社北京代表处	朝阳区东三环北路5号北京发展大厦6层608室	110022	65630180

日本生命保险公司北京代表处	朝阳区建国门外大街26号长富宫办公楼4007室	100022	65139240
日本第一生命控股股份有限公司北京代表处	朝阳区建国门外大街26号长富宫中心办公楼8005室	100022	65139031
安保集团北京代表处	东城区建国门内大街7号光华长安大厦2座1726室	100005	65102125
澳大利亚康联保险集团北京代表处	朝阳区建国门外大街1号国贸大厦1座2908室	100004	65055023
英国保诚保险有限公司北京代表处	东城区东长安街1号东方广场西1楼610室	100738	85183098
香港安宏保险经纪有限公司北京代表处	朝阳区建国门外大街甲8号国际财源中心东塔10层1065室	100022	65997927

5. 其他

（1）融资担保机构

机构名称	地　址	邮　编	电　话
中国投融资担保股份有限公司	海淀区西三环北路100号北京金玉大厦写字楼9层	100048	13810564766
北京首创融资担保有限公司	西城区闹市口大街1号院长安兴融中心4号楼3层03B～03G	100031	13901292579
北京中关村科技融资担保有限公司	海淀区西三环北路甲2号院7号楼4层	100081	13146187473
北京资和信融资担保有限公司	平谷区兴谷工业开发区6区67号	100032	13501001442
中国华海融资担保有限公司	朝阳区曙光西里甲5号院21号楼9层903B单元	100027	18610258526
北京晨光昌盛融资担保有限公司	昌平区科技园区超前路9号502房间	102200	13811776498
北京中天财智融资担保有限公司	朝阳区阜通东大街1号院3号楼8层2单元	100020	13880008724
北京华夏兴业融资担保有限公司	西城区新街口外大街甲18号4层	100088	13121491578
北京中小企业融资再担保有限公司	西城区平安里西大街28号楼17层	100034	13811274608

中投国泰融资担保有限公司	房山区琉璃河镇房窑路14号104室	100086	13810192018
速融融资担保有限公司	丰台区金泽西路8号院1号楼－4至22层内22层2201室	100028	18901328680
保福融资担保有限公司	海淀区中关村东路66号1号楼501室	100190	18910011810
北京海淀科技企业融资担保有限公司	海淀区西四环北路131号院1号楼4层401号	100080	15110013595
北京燕鸿融资担保有限责任公司	房山区良乡西路26号2层	102488	17710161592
北京兴展融达融资担保有限公司	大兴区永华路1号院2号、3号、4号1层101室	102600	18210539605
朔天通淼融资担保有限公司	朝阳区西坝河西里28号英特公寓B座2层208室	100028	13581573046
北京金正光彩融资担保有限公司	西城区西砖胡同2号院7号楼311～312室	100053	13488726726
北京海大富林融资担保有限公司	朝阳区光华路8号和乔大厦B座502室	100026	13311279936
北京中联华永融资担保有限公司	丰台区玉泉营111号西边14幢2层1011室	100070	15810281028
北京安家世行融资担保有限公司	东城区东四十条68号平安发展大厦西区303室	100007	13810608357
北京厚泽融资担保有限公司	朝阳区惠新里240号2号楼109A室	100029	13901157306
北京中科智融资担保有限公司	朝阳区建国路91号院9号楼27层2705单元	100022	13810035170
北京新颐华信融资担保有限公司	西城区小石桥胡同3号地下1层13号	100032	13911284594
仕达融资担保有限公司	东城区东直门外大街42号宇飞大厦1301室	100010	15510898320
中鸿基融资担保有限公司	朝阳区朝阳路38号院18号楼3层306室	100000	13718336109
北京市农业融资担保有限公司	大兴区西红门镇寿保庄鸿坤金融谷1号楼201－44室	100037	13488704374
北京亦庄国际融资担保有限公司	北京经济技术开发区景园北街2号52幢8层801－5室	100176	18613867082
北京首担融资担保有限公司	海淀区彩和坊路8号5层501－4室	100080	15311423041
中际钰贷融资担保有限公司	朝阳区北苑东路19号5号楼7层712室	100089	13701038459
北京鼎信创伟融资担保有限公司	朝阳区朝阳公园南路1号2幢2层201内220室	101400	18701505579
北京诚信佳融资担保有限公司	丰台区万丰路58号01室	100071	13439797256

北京光彩融资担保有限公司	顺义区大东路6号121~130平房	101300	13701020910
北京市住房贷款担保中心	海淀区北四环西路56号辉煌时代大厦7~8层	100080	13011098731
北京银达信融资担保有限责任公司	昌平区沙河镇沙阳路北侧1栋418室	102206	17097530972
北京云政金融控股有限公司	密云区东源路10巷	101500	13701379458
中通瑞丰融资担保有限公司	顺义区顺通路38号106室	100000	18600608194
中吉财富融资担保有限公司	东城区南竹杆胡同6号楼3层11室	100036	13910086623
北京国华文科融资担保有限公司	东城区隆福寺街95号2幢2层A201室	100010	13910521249
中铁融资担保有限公司	西城区华远街11号	100032	13601097073
北京鑫顺融资担保有限公司	顺义区大东路6号	101300	13701020910
中合中小企业融资担保股份有限公司	西城区德胜门外大街73号德胜国际中心B座5层	100034	18510331658
北京宝越融资担保有限公司	东城区滨河路1号8层807室	100055	13911393291
北京中保国信融资担保有限公司	东城区滨河路1号8层807室	100026	13701099202
北京中技知识产权融资担保有限公司	海淀区北四环西路67号1201室	100080	13691276802
北京谷诚融资担保有限公司	平谷区平谷镇旧城街27号	101200	13810917732
北京石创同盛融资担保有限公司	石景山区石景山路31号院盛景国际广场3号楼1218室	100043	13911518392
北京市文化科技融资担保有限公司	东城区东滨河路乙1号1号楼2层	100013	13552992432
民生融资担保有限公司	东城区建国门内大街28号2幢13层1501－05单元	100005	13810533728
国家农业信贷担保联盟有限责任公司	海淀区万柳中路4号院3~5层	100089	18618337613
北京中融信融资担保有限公司	朝阳区酒仙桥东路9号院1号楼5层507室	100020	13810500651
北京元沣融资担保有限责任公司	朝阳区东三环中路7号4号楼3层0301室	100020	13512073845
北京久恒融资担保有限公司	房山区阎村镇阎富路1号17号楼2层204室	102412	13681256650
北京怀信融资担保有限公司	怀柔区府前东街九号院8号楼南侧1~2层	101400	18500033790
北京北投融资担保有限公司	通州区贡院街1号院1号楼205室	101117	13161878321

中投保科技融资担保有限公司	通州区新华东街11号院1号楼2层2003室	101199	15010139206
首都机场（北京）融资担保有限公司	顺义区临空经济核心区融慧园6号楼9-37号	100621	13370103628
平安普惠融资担保有限公司北京融资担保分公司	西城区德胜门外大街13号院1号楼1403室	221100	13552752207
重庆三峡融资担保集团股份有限公司北京分公司	西城区宣武门西大街甲129号18层1801室	100052	13911924175
黑龙江省鑫正投资担保集团有限公司北京融资担保分公司	海淀区北洼路甲28号-1至10层	100089	13621063065
北京联合开元融资担保有限公司	西城区西直门外大街18号楼6层1单元712室	100033	89929782
中金兴业融资担保有限公司	海淀区西三环北路87号6层1-601室	100045	13810835588
金达融资担保有限公司	东城区草园胡同76号1号楼401室	100007	13011187648

（2）小额贷款公司

机构名称	地址	邮编	电话
北京泰一小额贷款有限责任公司	昌平区回龙观镇北清路1号院7号楼2层2单元215室	102202	15801681961
北京金通小额贷款股份有限公司	昌平区东小口镇天通东苑一区402号楼1层107室	102218	13810836439
北京润丰元大小额贷款有限公司	昌平区科技园区生命园4号院3单元1108室	100000	13321196670
北京资丰小额贷款股份有限公司	昌平区龙水路26号1号楼底商	102299	15011363796
北京信达凯丰小额贷款有限公司	昌平区黄平路19号院2号14层1416室	102299	15801652285
北京金典小额贷款股份有限公司	昌平区城北街道满井胡同135号院2号楼901室、902室	102299	13661097009
北京国融富安小额贷款有限公司	朝阳公园南路1号2幢2层201内231室	100020	13311515541
北京恒源小额贷款有限公司	朝阳区石佛营东里甲135号1层104室	100102	13051353448

北京朝汇通小额贷款股份有限公司	朝阳区劲松南路1号1幢6层1－6内621室	100021	13331139379
北京市中金小额贷款股份有限公司	朝阳区广顺北大街16号院2号楼华彩大厦9层909室	100102	13801077731
北京泛华小额贷款有限公司	朝阳区西大望路1号1号楼温特莱中心大堂夹层	100027	13488805121
北京市森福普惠小额贷款有限责任公司	朝阳区八里庄西里58号远洋国际中心C座1403室	100101	13810588218
北京商络小额贷款有限责任公司	朝阳区东三环中路39号院17号楼2901室	100029	13611036142
北京鑫锐小额贷款有限公司	朝阳区东四环中路82号金长安大厦B座2单元906室	100124	13811648895
北京金钊源小额贷款有限公司	朝阳区朝外大街乙6号朝外SOHO大厦23层2706室	100000	18910139960
北京农投金阳小额贷款股份有限公司	朝阳区裕民路12号元辰鑫国际酒店内5层505室	100020	15010989355
北京凤凰小额贷款股份有限公司	朝阳区霞光里15号楼18层1单元2108室	100027	13051997641
北京华夏汇通小额贷款有限公司	朝阳区东三环中路55号8层903室	100000	13521271897
北京诺安小额贷款有限责任公司	朝阳区光华路甲14号1幢1201内1502室	100000	13301108120
北京富安小额贷款有限公司	朝阳区东三环北路甲2号京信大厦2层232室	100027	13811628379
北京世欣智达小额贷款有限公司	大兴区黄村镇兴丰大街62号2幢2层201室	100000	13716766336
北京市兴融小额贷款股份有限公司	大兴区兴丰北大街143号	102611	13401179237
北京兴瑞小额贷款有限公司	大兴区黄村镇兴丰大街三段118号101～105室	102611	13621128976
北京兴宏小额贷款有限公司	大兴区兴华路210号枣园东里小区40号底商	102600	13141146728
北京菜篮子小额贷款股份有限公司	大兴区黄村镇海鑫路8号	100000	13621139081
北京农投小额贷款有限公司	大兴区青云店镇青正街8号027室	102401	18500267314
北京金泰小额贷款有限公司	大兴区隆华大街53号院42号楼42－4－410室	102600	13901369042
北京汇富小额贷款股份有限公司	大兴区庞各庄镇龙景湾乙区139号205室	102601	13366773232
北京崇信农投小额贷款股份有限公司	东城区崇文门外大街11号3层308室、310室	100060	13810461685

北京祥云小额贷款有限责任公司	东城区安定门外安德里北街湖景苑1号楼B座9层903室	100000	15933559692
北京居然之家小额贷款有限责任公司	东城区东直门南大街甲3号20层2008室	100007	13671045574
北京文创小额贷款股份有限公司	东城区安定门东大街28号1号楼3层C302室	100000	18612980587
北京华见东方小额贷款有限公司	东城区王家胡同10号6层606室	100010	13910309938
北京润泽小额贷款股份有限公司	东城区朝阳门内大街298号826室	100010	18610879167
北京金瑞通小额贷款有限责任公司	东城区西花市南里东区16号楼1层商业03号	100062	18501038086
北京鑫华小额贷款有限公司	东城区东兴隆街58号619室	100000	13911717696
北京京融小额贷款股份有限公司	东城区王家园胡同10号215室	100061	18513001603
北京紫阳福源小额贷款有限公司	房山区窦店镇山水汇豪苑62号101-2室	100000	15011150057
北京龙盛源小额贷款有限公司	房山区良乡长虹东路2号1号楼1层、2层	102488	15120027725
北京圣鑫元小额贷款有限公司	房山区窦店镇窦店村五区167号	102402	18618381826
北京聚宝小额贷款有限公司	房山区西潞街道长虹西路73号1幢2层	102488	15201416052
北京泽惠小额贷款有限责任公司	房山区燕山燕房路临99号	102599	18811650162
北京世欣利达小额贷款有限公司	房山区阎富路69号院43号楼1层101室	102425	18611241125
北京德信润鑫小额贷款有限公司	房山区拱辰街道政通路12号1号楼8层818室	100000	13810005057
北京中金福小额贷款有限责任公司	房山区长虹西路73号1楼101室	102488	13051735139
北京润兴源小额贷款有限公司	房山区良乡西路26号时代大厦2号楼	102401	13021065674
北京睿财小额贷款有限责任公司	房山区阳光北大街101号院1号楼1层102室	100000	18610719934
北京大方小额贷款有限公司	房山区良乡长虹西路翠柳东街1号	102488	13641323930
北京昌融小额贷款有限公司	房山区阎富路66号院2号楼3层301室	102445	17888831923
北京农投丰融小额贷款股份有限公司	丰台区汽车博物馆东路1号院3号楼2211室	100070	13810390132
北京丰花小额贷款有限公司	丰台区花乡黄土岗甲1号	100160	13910852057
北京财富小额贷款有限公司	丰台区南四环南路8-1号1幢702-1号	100070	18612783996
北京金鼎盛小额贷款股份有限公司	丰台区海鹰路1号院1号楼701室	100000	13693165939

北京金鹏丽行小额贷款股份有限公司	丰台区文体路58号A座1023室	100073	13651227926
北京鑫福海小额贷款有限公司	丰台区南苑路15号大红门服装城写字楼1号楼4层	100076	13683381313
北京乾元汇通小额贷款有限公司	丰台区卢沟桥乡西局村西局玉园回迁安置房D5配套楼1层01室	100071	13581785235
北京国典永泰小额贷款股份有限公司	丰台区太平桥路17号4层4075号房间	100073	13810644223
北京丽泽创投小额贷款有限公司	丰台区卢沟桥乡西三环南路55号A室	100071	13520376713
北京先花小额贷款有限公司	海淀区北四环西路65号10层D1006室、D1008室	100097	
北京世欣仁达小额贷款股份有限公司	海淀区中关村大街1号15层1500单元	100080	15910904634
北京乾元联合小额贷款有限公司	海淀区西北旺东路10号院东区3号楼2层207室	100080	18611345629
北京亚联财小额贷款有限公司	海淀区中关村南大街2号B座13层1602D	100190	13521966159
北京农信小额贷款有限公司	海淀区中关村大街27号17层1701室	100081	13911751973
北京沱泉小额贷款有限公司	海淀区清河嘉园东区甲1号楼12层1207室	100085	15601336160
北京鑫泰小额贷款股份公司	海淀区西四环北路131号院1号楼2层233号	100080	13671302116
北京美通小额贷款有限公司	海淀区西四环北路158号1幢11层120001室	100195	13810746470
北京京汇小额贷款有限公司	海淀区西三旗建材城中路12号17号平房103室	100080	18515918032
北京拉卡拉小额贷款有限责任公司	海淀区北清路中关村壹号D1座11层1101室	100080	18600056620
北京市中关村小额贷款股份有限公司	海淀区西四环北路160号二区922~940室	100080	13901293797
北京玺鑫小额贷款有限公司	海淀区长春桥路5号新起点嘉园9号楼北京北纬四十度大酒店1层	100000	13720040999
北京京投信业小额贷款股份有限公司	海淀区海淀中街16号3层6单元309－01室	100089	13167512215
北京诚兴小额贷款股份有限公司	海淀区蓝靛厂东路2号院2号楼12层1单元（A座）15D	100080	17091091881
北京吉信小额贷款股份有限公司	海淀区知春路1号学院国际大厦1117室	100080	13811053249
北京中技科融小额贷款有限公司	海淀区北四环西路67号9层908室	100089	15810482197

北京市古今小额贷款股份有限公司	海淀区苏州街55号11层1103室	100191	13810817160
北京世欣腾达小额贷款有限公司	怀柔区九渡河镇黄坎村735号03栋01室	100000	13661368255
北京汇民小额贷款有限公司	怀柔区怀耿路影创空间701室	100000	18511070999
北京市利源小额贷款股份有限公司	怀柔区融城北路10号院118号楼1层102室	101400	13811260199
北京华资小额贷款有限公司	门头沟区双峪路35号院2号18层2027室	102300	
北京世欣瑞达小额贷款有限公司	门头沟区斋堂镇政府南楼607室	102300	13911018076
北京广联达小额贷款有限公司	门头沟区石龙经济开发区永安路20号3号楼211-1室	10000	18600043302
北京农投京西小额贷款股份有限公司	门头沟区滨河路115号滨河大厦13层1315室	102399	18500267314
北京农投国汇小额贷款股份有限公司	密云区车站路65号院1号楼4层	101599	13501281095
北京贝壳小额贷款有限公司	密云区新南路43号1号楼长城大厦302室、306室	101500	18210388608
北京千熹江山小额贷款有限公司	密云区东莱园小区2号楼1层7单元101室	101500	13910938530
北京惠丰融金小额贷款有限公司	密云区花园小区1号楼1-23号	101599	13716305667
北京中金城开小额贷款有限公司	密云区花园小区1号楼1-23号	101599	13810595764
北京城融小额贷款有限公司	密云区鼓楼东大街27号1~2层2号1层	101599	13693219033
北京首融小额贷款有限公司	密云区鼓楼东大街27号1~2层2号2层	101599	13693219033
北京万合小额贷款有限公司	平谷区府前西街2号楼渔阳大厦7层705室	101200	15210400580
北京宝骥骉骊小额贷款有限责任公司	平谷区黄松峪乡塔洼村杨家台38号	101214	18811638843
北京和融通小额贷款有限公司	平谷区马坊镇陆港大街51号院1号楼5号501室	101204	18612260498
北京宏昌小额贷款有限公司	平谷区峪口镇西营村南大街80号	101206	15901090683
北京庄子天运小额贷款有限公司	平谷区紫贵庄园8号楼1~2层03~05号	101299	13601330899
北京银晏金通小额贷款有限公司	平谷区马昌营镇南定福东路180号院4号楼1层4-1~4-3号	101214	13810070150
北京泉兆通小额贷款有限公司	平谷区迎宾环岛东南角1号楼1层商铺-4	100055	13811671316
北京华清融鑫小额贷款有限责任公司	平谷区平谷镇新开街26-9号	100000	13511005008

北京农投谷成小额贷款股份有限公司	平谷区金谷园21楼商铺－9号	101299	13910710960
北京鑫璟铭小额贷款有限责任公司	平谷区迎宾街1号院26幢1层2－12室	101299	18710026709
北京铭鑫小额贷款有限公司	石景山区石景山路31号盛景国际广场3号楼1020室	100140	18210015600
北京银建小额贷款股份有限公司	石景山区苹果园路28号院2号楼15层1506室	100042	13370189866
北京金陵小额贷款有限公司	石景山区点石商务公园亨通大厦6号楼802室	100040	13121871621
北京市盛丰小额贷款有限责任公司	石景山区古城南街3号绿地环球文化金融城9号院5号楼307室	100043	13948522656
北京石金小额贷款股份有限公司	石景山区体育场南路2号景阳宏昌大厦828室	100040	15910225068
北京庄子顺兴小额贷款有限公司	顺义区站前街3号院1号楼6层608室	101399	13810336829
北京市旺泰小额贷款有限责任公司	顺义区赵全营镇兆丰产业基地东盈路19号3幢216～218室	101300	18701449293
北京农投顺通小额贷款股份有限公司	顺义区牛栏山镇腾仁路22号3幢206室	101301	13811343631
北京市世欣顺达小额贷款有限公司	顺义区大孙各庄镇府前街10号11幢	101308	13552884325
北京国能小额贷款股份公司	顺义区赵全营镇兆丰产业基地东盈路19号	101300	13488860970
北京聚隆源小额贷款有限公司	通州区运河西大街21号9号楼1～2层2号	101101	13811098973
北京中融小额贷款有限公司	通州区宋庄镇草寺村村委会西南角	101119	13801257080
北京世欣通达小额贷款有限公司	通州区徐辛庄村402号1幢201室	101119	13910806220
北京农投首诚小额贷款股份有限公司	通州区江米店街1号院5号楼16层1608室	101101	13811736979
北京澳美小额贷款有限公司	通州区京洲园402号楼40号	101121	15901154790
北京银泰小额贷款有限公司	通州区云景南大街22号	101121	17610011736
北京德信隆小额贷款有限公司	通州区九棵树瑞都国际中心写字楼1707室	101121	13021268118
北京邦信小额贷款股份有限公司	西城区宣武门外大街6～12（双）号、16号、18号6号楼6层615室	100033	13301044512
北京德盛行小额贷款有限公司	西城区南礼士路66号1号楼811室	100045	13718907189

北京市文化科技小额贷款股份有限公司	西城区车公庄大街4号北礼士路甲129号1号楼2层	100044	13261320700
北京聚亿达小额贷款股份有限公司	西城区榆树馆胡同4号	100044	18600002257
北京华远小额贷款有限公司	西城区北展北街17号楼901室	100044	18600623374
北京江川小额贷款有限公司	西城区阜成门外大街22号1幢9层901－1室	100037	15120088705
北京市国旭小额贷款有限公司	西城区车公庄大街9号院2号楼2门401室	100032	13810534356
北京金正融通小额贷款有限公司	西城区西砖胡同2号院7号楼3层	100052	13810668550
北京耀盛小额贷款有限公司	延庆区延庆经济开发区百泉街10号C座119室	102199	13439925296
北京农投庆融小额贷款股份有限公司	延庆区百泉街10号C座341室	102199	13901203141
北京科泰金荣小额贷款有限责任公司	延庆区延庆镇白泉街10号C幢117室	102199	18810298925
北京长江小额贷款有限公司	延庆区百泉街10号10栋118室	102199	13911703766
北京中联联合小额贷款有限公司	延庆区延庆经济开发区百泉街10号C座116室	102199	13601252567
北京亦庄国际小额贷款有限公司	北京经济技术开发区景园北街2号52栋7层709室	100176	18810112371
北京葵瑞奔克小额贷款股份有限公司	北京经济技术开发区荣华南路19号1号楼1101－08室	100176	13811636802

（3）交易机构

机构名称	地　址	邮　编	电　话
北京产权交易所有限公司	西城区金融大街甲17号	100033	66295523
北京金融资产交易所有限公司	西城区金融大街乙17号楼	100033	57896641
北京全国棉花交易市场有限责任公司	通州区榆西一街1号院5号楼4层401室	101100	59338641
中国水权交易所股份有限公司	西城区南线阁街10号7层716－719室	100032	63204735
全国煤炭交易中心有限公司	海淀区玲珑路9号院东区5号楼南楼15层1506室	100097	52175496
北京电力交易中心有限公司	西城区西长安街86号	100031	66597762

首都电力交易中心有限公司	西城区前门西大街41号	100031	63127299
冀北电力交易中心有限公司	西城区枣林前街32号	100053	56583495
中国技术交易所有限公司	海淀区北四环西路66号中国技术交易大厦3层	100080	62679598
北京绿色交易所有限公司	西城区月坛南街1号院1号楼4层5－401室	100045	66295537
北京软件和信息服务交易所有限公司	海淀区海淀南路甲21号中关村知识产权大厦A座2层	100080	61136010
京津冀协同票据交易中心股份有限公司	海淀区西四环北路9号鑫泰大厦2层	110000	58251900
华融中关村不良资产交易中心股份有限公司	海淀区学院南路62号中关村资本大厦12层1210室	100081	57780600
北京华商储备商品交易所有限责任公司	海淀区紫竹院路116号嘉豪国际中心A座16层	100097	58931220
北京农村产权交易所有限公司	东城区朝阳门北大街6号首创大厦604室	100020	65237388－175
北京农副产品交易所有限责任公司	东城区朝阳门北大街6号605室	100006	65237388
中国林业产权交易所有限公司	西城区黄寺大街23号北广大厦	100011	62030197
北京国际浆纸交易中心有限公司	朝阳区广渠路39号院1号楼	100022	67043080
北京红木交易中心有限公司	通州区贡院街1号院1号楼2层202室	101100	85778895
北京东方雍和国际版权交易中心有限公司	东城区安定门东大街28号雍和大厦2号楼1～2层	100007	64097700
北京文化产权交易中心有限公司	东城区大江胡同113号、113－2至113－6号	100051	50851007
北京新传德国际版权交易中心有限公司	朝阳区团结湖南里16号团结湖公园南门西侧独栋	100020	65974890
北京邮票交易中心有限责任公司	朝阳区胜古中路2号院7号楼B座301室	100161	57539418－824
北京金马甲产权网络交易有限公司	丰台区南四环西路186号汉威国际广场4区2号楼	100031	83954972
北京国际酒类交易所有限公司	海淀区玉泉路2号	100143	88289800
中国工艺艺术品交易所有限公司	西城区复兴门内大街49号民族文化宫西配楼	100050	56189890
汉唐艺术品交易所有限公司	东城区东中街58号美惠大厦	100027	85728622
北京石油交易所股份有限公司	房山区城关农林路1号	100032	83957000
北京大宗商品交易所有限公司	朝阳区望京东路6号3幢3层	100025	85922907

北京铁矿石交易中心股份有限公司	石景山区石景山路31号院盛景国际广场3号楼2001室	100043	57712888
北京国际矿业权交易所有限公司	通州区运河核心区Ⅳ－10地块F3其他类多功能用地项目7号办公及商业楼办公6层606室	100032	56717013
北京茶业交易中心责任有限公司	西城区阜成门外大街31号	100033	52693273

（4）典当行

机构名称	地址	邮编	电话
北京昊融兴业典当行有限公司	东城区东直门北小街14、18号楼4层402号－1	100061	62006676
北京资和信典当行有限公司	西城区金融大街27号8层B－808室	100055	66212195
北京三海房屋典当有限公司	西城区阜成门外大街2号14层1604室	100009	88518888
北京金禄典当有限责任公司	密云区东大街信远大厦4号	101500	69070018
北京市金寿典当有限责任公司	石景山区杨庄路70号院1号楼1层103号	100043	68874116
北京天诚祥典当行有限责任公司	房山区良乡政通路8号	102488	81380633
北京宝瑞通典当行有限责任公司	朝阳区西坝河北里50号	100028	68946688
北京通德典当有限公司	通州区玉带河东街171号	101101	60567607
北京都市典当有限责任公司	石景山区银创家园南区D座5单元101号	100043	13521866976
北京宝鼎典当有限责任公司	门头沟区增产路23号院综合楼1层东向西第4间商用房	102300	1069801328
北京华金典当行有限责任公司	海淀区中关村南大街2号A座7层	100089	51626770
北京华隆典当有限责任公司	海淀区中关村南大街1号友谊宾馆61518房间	100081	62193098
北京华盛典当有限公司	朝阳区吉庆里6号楼佳汇中心B座105号	100020	65519966
北京中贸融生典当有限责任公司	怀柔区滨湖南街8号楼4单元101室	101400	63315536
北京同利典当有限责任公司	延庆区新兴小区51号楼北1～2层甲17号	102199	69189099

北京泰信典当有限公司	朝阳区西坝河西里28号英特公寓1－商业（A05）	100028	87665929
北京天成典当有限责任公司	朝阳区西大望路3号北区写字楼1507号	100022	13311512203
北京乾通典当有限公司	朝阳区广顺北大街17号1层01层A30号、A33号	100102	62006676
北京福中达典当有限公司	东城区朝阳门内大街288号院1号楼1~2层108室	100010	87188097
北京天祥典当有限责任公司	大兴区黄村镇富强路127号	102600	69251234
北京市阜昌典当行有限责任公司	西城区北礼士路大街149号楼	100037	68325082
北京市华夏典当行有限责任公司	东城区崇文门外大街11号新成文化大厦A座201室	100062	52825821
北京市银达典当有限责任公司	西城区北礼士路100号1层南侧	100037	13976088878
北京裕昌典当有限公司	丰台区木樨园西路南果园3－2号首层底商	100075	87285132
北京顺通典当有限责任公司	顺义区站前街商业楼2号楼102室	101300	81498416
北京宝恒典当有限责任公司	东城区景泰西里东区1号楼1层B16室	100075	87816818
北京瑞丰典当有限公司	平谷区平谷镇新开街25号	101200	13301024009
北京裕兴隆典当有限责任公司	西城区南滨河路27号7号楼17层1712室	100053	83118062
北京金正源通典当有限责任公司	丰台区汽车博物馆东路1号院1号楼2层219室	100071	63941088
北京中天典当有限公司	石景山区杨庄东路126号	100043	68882265
北京天润典当有限公司	海淀区复兴路47号天行建商务大厦2602室	100036	51922181
北京市金福典当有限责任公司	海淀区西四环北路69号楼1层	100036	62173010
北京民生典当有限责任公司	东城区建国门内大街28号4幢102单元、202单元	100005	65527272
北京嘉义典当有限责任公司	东城区工人体育场北路66号－1层8109号、8107号	100027	65529196
北京市天鸿典当有限公司	通州区通惠北路1号	101101	13911859008
北京金柜典当有限公司	东城区珠市口东大街2号底商	100062	1058528609
北京鑫融通润典当有限责任公司	房山区城关街道北市村企业街1号	102400	89329201

北京银通行典当有限公司	怀柔区开放路西金台园 1 号北 20 米 36 号	101400	69696007
北京汇鑫兴业典当行有限责任公司	顺义区怡馨家园 5 号楼 5－31 室	101300	89441188
邦得（北京）典当行有限公司	朝阳区北辰西路 69 号 4 单元 216 号	100013	84661658
北京大通典当有限公司	大兴区芳源里 7 号楼 101 室	100076	67999882
北京汇信·保财典当有限责任公司	昌平区西环路 29 号－2	102200	69715555
北京鑫丰典当有限责任公司	密云区密云镇车站路 3 号	101500	51071933
中兆源（北京）典当有限公司	丰台区丰管路 16 号 9 号楼 B2－1017 号	100071	13701238119
万高（北京）国际典当有限公司	海淀区蓝靛厂时雨园甲 1 号、甲 2 号	100088	88892226
北京嘉德典当有限公司	海淀区西四环中路 39 号	101100	68236662
北京昌盛典当行有限公司	大兴区黄村镇双高路 1 层 183 室	102601	69259012
北京万融典当有限责任公司	门头沟区滨河路 121 号	102300	69849926
北京汇祥通典当行有限责任公司	昌平区东小口镇中滩村东	102218	84826666
北京鼎成典当行有限公司	顺义区赵全营镇联庄村村南路 2 号－2	101322	13301367883
北京善藏典当有限公司	海淀区紫竹院路 29 号北京香格里拉饭店 2－2 幢 6 层 6A20 室	100089	13581782193
北京海泰典当有限公司	平谷区平谷镇府前街 20－4 号	101200	69988335
北京中海典当有限公司	海淀区中关村南大街 32 号 A 座 1 层	100081	13910831227
北京金石典当有限责任公司	西城区南华里 10－5 号	100052	51251188
北京中合典当有限责任公司	东城区永定门西滨河路 8 号院 5 楼 1～2 层 5－15 室	100077	87923669－807
北京同祥典当有限公司	东城区北门仓胡同 6 号楼 6－6 室	100007	1084074880
北京金马典当有限责任公司	丰台区西三环南路乙 6 号 1 层 A02 号	100071	63038080
北京市金禧典当有限责任公司	西城区西直门外大街 18 号楼 2 层 1 单元 231 室	100037	68586196
北京银嘉宝通典当有限公司	延庆区延庆镇南菜园二区 51 号楼 2 单元 201 室	102100	1061118301
北京首发兴业典当有限责任公司	昌平区东环路雅馨佳园 9 号楼 2 号底商	102200	13910839580
北京瑞源亨典当有限责任公司	西城区车公庄大街乙 1 号楼 1 层 101 室	100052	68341099

北京佳信典当有限责任公司	朝阳区小武基村甲8号2号院1层全部202~205室	100022	87751233
北京迪升典当有限责任公司	西城区车公庄大街2号院1号楼商业用房2-2号	100033	13701358787
北京如家典当有限公司	东城区广渠门内大街90号楼7层703室	100006	13901145009
北京天地恒泰典当有限公司	西城区茶马街8号院2号楼20009号	100055	63383391
北京瑞鑫达典当有限责任公司	石景山区玉泉西里二区1号楼1层商业02号	100043	68684690
北京昌隆典当有限公司	通州区榆景东路5号院43号楼1层101室	100037	68725681
北京嘉融典当有限公司	大兴区富强路157号商铺	102600	13910175965
北京鸿鑫典当行有限责任公司	昌平区东小口镇立汤路186甲3号楼	102218	13901020883
北京市金祥典当行有限公司	丰台区美域家园北区7号楼1层102-1室	100071	83658747
北京安泰典当行有限公司	朝阳区水碓北里2号楼	100026	85966220
北京宝盛典当有限公司	海淀区海淀南路36号1层0105~0106室	100091	82116666
北京燎原典当有限责任公司	通州区通胡大街78号	101101	13911218938
北京融达典当有限责任公司	东城区珠市口东大街4号1层1-6号	100062	13901353886
北京国通典当行有限公司	朝阳区大屯里小区六塔1号A段	100102	13701358608
鸿基（北京）典当有限公司	西城区小绒线胡同23号、25号	100011	18831425959
北京市恒生源典当行有限公司	东城区广渠门内大街86号4号楼1层106室	100061	1087555335
北京博泰典当有限公司	东城区交道口南大街140号都市新明基宾馆1层	100007	64058972
北京国融典当有限责任公司	石景山区香山南路168号院36号	100040	13911815979
北京信邦典当有限公司	延庆区新兴小区51号甲11号	102100	51053073
北京盛鑫隆典当有限责任公司	丰台区角门北路8号院1号楼105-5室	100070	13366686666
北京国泰典当有限公司	通州区玉带河东街163号	101101	60560200
北京国典典当有限责任公司	西城区新街口西里二区1号楼8号底商	100035	82220426
北京中金投典当行有限公司	西城区西单北大街98号	100055	13520017000
北京汇福源典当行有限公司	朝阳区东柏街10号院4号楼1层03室	100022	52001904
北京润龙典当行有限公司	北京经济技术开发区富园东里一区会所	100176	58025126

北京通银典当有限公司	东城区北京站东街10号3号楼3109室	100005	13601112388
北京恒丰典当有限责任公司	房山区拱辰街道月华大街1号	102400	85216342
北京益融典当行有限公司	门头沟区滨河承泽苑11号、13号承泽苑6号楼底商	102300	61863258
北京善长典当有限责任公司	昌平区城北街道府学路24号2层2060室	100096	89787558
北京万国典当有限公司	海淀区羊坊店茂林居11号	100038	82666883
北京中欣典当有限公司	西城区莲花河北街11号院2号楼1层1单元106室	100032	67023566
北京兴源典当行有限公司	东城区安定路20号	100029	64421617
北京京盛典当行有限公司	西城区西直门内大街24号1层	100011	82233288
北京万嘉信诚典当有限责任公司	石景山区时代花园南路23号院1号楼 –1至1层103室	100043	13911124859
北京恒通典当有限公司	顺义区仓上小区37号楼4单元502室	100200	13691224756
北京懋天隆典当行有限公司	朝阳区安立路甲54号南座1单元	100102	13241866723
北京广惠济典当有限责任公司	平谷区平谷镇府前西街7号1层7–7号	101200	15652292588
北京超强典当有限公司	大兴区黄村镇兴华北路（二段）78号院–80号	102600	13901298518
北京泰富亨通典当行有限公司	东城区永定门内东街中里9–17号	100050	13810260800
北京朗润通典当有限公司	密云区长安街商业街1号楼	101500	13911786886
恒富通（北京）典当有限公司	顺义区天竺地区府前一街32号新迅商务106室	101312	64582954
北京凯禹源典当有限公司	延庆区高塔街58号绿韵广场F–13号	102100	69106060
北京融合汇通典当有限公司	东城区西花市南里东区16号楼1层商业02号	100062	67182039
北京万泰典当行有限责任公司	朝阳区左三区7号楼院	100021	13501259650
北京聚祥通典当行有限责任公司	西城区新街口外大街28号	100035	82055559
北京达成典当行有限公司	朝阳区青年路7号院3号楼1层30101室	100025	56888913
北京汇通龙典当行有限公司	怀柔区金台园57号楼10–102室	101400	65047208
北京晋昌典当有限公司	海淀区西翠路17号院18号楼1单元商铺2室	100036	13011889688

北京汇金典当有限公司	东城区广渠门内大街86号4号楼101号	100061	13701169688
北京晋祥源典当有限公司	朝阳区青年路西里5号院16号楼03号	101100	13501381148
北京市润成典当有限责任公司	顺义区马坡镇白马路顺成大街29号	101300	69401961
北京龙泰典当有限责任公司	门头沟区滨河霁月园8号楼153－12号	102300	13910822975
北京郭氏双赢典当有限责任公司	平谷区平谷镇府前街36号楼1－4号	101200	69973175
北京宝隆典当有限责任公司	怀柔区青春路61号院商业1号楼8号	101400	13051766666
北京永业汇通典当行有限公司	丰台区成寿寺路1号楼1层103室	100075	67600078
北京市欧宇达典当有限责任公司	大兴区黄村镇滨河西里兴丰大街（二段）72号	102600	69256555
北京宝元通典当有限公司	大兴区香留园双高路161号	102600	13366272796
北京富贵典当行有限公司	东城区红星胡同甲14号迤西	100005	65250077
北京东方鼎业典当行有限公司	东城区朝阳门南小街18号楼1层18－3室	100027	13522346776
北京泰福德典当有限责任公司	昌平区鼓楼北街5－1至5－20号楼1～2层5－1室	102200	13911934150
北京硕祥通典当行有限责任公司	昌平区西三旗环岛北侧新龙大厦C座1层A号	102218	84814621
北京安诚仪典当有限责任公司	昌平科技园区白浮泉路甲12－9号	102200	13811219899
北京中都天成典当有限公司	海淀区长春桥路11号亿城大厦4号C座楼裙房1109室	100089	13910271858
北京鼎盛典当有限责任公司	海淀区中关村新科祥园5号楼1层01～03号	100080	88866600
北京宝源典当行有限责任公司	西城区德胜门内大街245号	100035	65088488
北京中宝泰典当有限责任公司	密云区新南路42号	101500	13381281977
北京汇金源典当有限公司	朝阳区雅成二里18号楼2层203室、205室	101100	15010137865
北京天华融泰典当有限责任公司	怀柔区金台园44号楼4－102室	101400	58565808
北京鑫都城典当有限责任公司	朝阳区劲松二区229号	100026	59043516
北京京东天诚典当有限公司	通州区翠屏里18号楼	101100	80818618
北京金源盛昌典当行有限公司	昌平区东小口镇天通东苑一区403号楼1层107室	100062	13601286495
北京恒盛通典当有限责任公司	东城区东四十条68号5层501号	100023	67165525

北京玖尚典当有限责任公司	房山区月华大街3号	102488	18032109999
北京银丰典当有限公司	延庆区延庆镇小营村东1－13号	102100	13901062045
北京德惠典当有限责任公司	东城区太平街6号1层101室	100050	59362099
北京厚德典当有限责任公司	西城区菜市口大街甲2号院1号楼1层107室	100052	63587011
北京荣宝斋典当有限责任公司	西城区琉璃厂西街19号	100052	63033097
北京金城典当有限责任公司	西城区莲花河胡同2号院1号楼底商	100055	63466868
北京天循典当有限责任公司	昌平区回龙观西大街9号院17号楼1层17－3室	102208	60789370
北京易弘典当有限公司	顺义区新顺南大街8号院2幢7层3单元705室	101300	13701093595
北京融百佳典当有限公司	东城区南竹杆胡同2号1幢－1层1－152室	100061	1087190975
北京鼎融典当有限公司	大兴区清澄名苑北区27号楼17层2－2001室	102600	18800008929
北京和顺嘉诚典当有限公司	平谷区平谷镇平谷南街39号楼1~3层39－15室	101200	13911025262
北京市融诚通达典当有限公司	丰台区南苑槐房西路南庭新苑318号院4号楼－03号	102300	84353251
北京顺德发典当有限责任公司	东城区东花市南里一区1号楼5单元110室	100076	67179958
北京富邦典当有限公司	丰台区三路居路88号院18号楼1层101室	100070	63838999
北京华诚典当有限责任公司	东城区朝阳门内大街8号1层116室	100013	57929308
北京金通达典当有限公司	通州区怡乐中街346号1层	101100	58017353
北京汇德典当有限责任公司	东城区东四北大街488号1号楼1~2层	100011	13811380066
北京三鑫典当有限公司	通州区京洲园411号楼5号底商	101101	60545173
北京中侨典当行有限公司	通州区云景南大街137号	101101	80880585
北京信和典当行有限公司	通州区翠屏西路82号	101101	13910606766
北京广信典当行有限公司	东城区珠市口东大街2号2－5号	100062	67020069
北京乾元鑫盛典当有限责任公司	大兴区黄村镇三中西巷15号院2号楼	102600	13911285677
北京聚汇通典当有限责任公司	房山区长阳镇碧桂园35号楼101	102400	89338162

北京天成铭典当行有限公司	大兴区兴华北路（二段）78 号院 5～20 号 1～2 层 20 号	102600	1069296068
北京铭锋典当有限责任公司	石景山区时代花园南路 28 号院 1 号楼 1 层 102 室	100043	88980183
北京阜瑞通源典当有限责任公司	朝阳区亚运村慧忠里 417 号楼 1 层 417－3 号	100101	64988819
北京海天汇力典当行有限公司	昌平区龙水路 28 号楼－1 至 2 层 028－8 室	102200	69745050
北京宏利典当有限公司	丰台区丰北路甲 79 号 2 幢 6 层 606 室	100070	15530516520
北京世宣泰典当有限公司	丰台区南四环西路 188 二区 9 号楼	100070	51189849
北京元亨典当有限公司	朝阳区朝阳北路 107 号院 34 号楼 1 层 106 室	100123	13801087826
北京金鼎典当有限公司	丰台区南三环中路 66 号 1 层 04 室	100075	87875757
北京海汇典当有限公司	海淀区西四环北路 131 号院 1 号楼 1 层 126 号	100080	62684516
北京天平典当有限公司	海淀区昆明湖南路 9 号南区 7 号楼 1 层 101 室	100195	88683388
北京金盛源典当有限公司	密云区密西花园小区 48 号楼 1 层 48－8	101500	13811068177
北京乾源典当有限公司	海淀区普惠南里十四号羊坊店中心学区办公楼 1 楼	100036	13811664407
北京华融恒清典当有限公司	顺义区怡馨家园 13 号楼 1 层 105 室	101300	13801393214
北京永盛典当有限责任公司	丰台区紫芳园四区 2 号楼 1 层 119 室	100164	88028889
北京五丰典当有限公司	朝阳区建华南路 19 号楼 1 层	100022	13601396652
北京国合典当有限责任公司	朝阳区望京中环南路 9 号望京大厦 B 座首层 6015 室	100102	13501125221
北京睿诚典当有限责任公司	朝阳区南湖南路 16 号院 4 号楼 1～2 层 115 室	100102	85306919
北京立慧立德典当有限公司	延庆区湖北西路 23 号（商 4）23－5 号、23－6 号	102100	13601065068
北京国华典当有限公司	朝阳区德外北沙滩大屯路甲 1 号 1509 室	100101	13810218320
北京益泰丰典当行有限公司	西城区马连道南街 6 号院 1 号楼 10 层 1009 室	100052	1063037833
北京宝瑞麟典当有限公司	海淀区海淀中街 16 号 1 层 1 单元 103 室	100080	62680052
北京金洲典当有限公司	西城区马连道路 80 号欧园小区 2 号楼 1 层东 5 门面房	100055	87687911

北京保福典当有限公司	海淀区西三环北路72号院世纪经贸大厦A座1层1F号	100037	68486198
北京融金信通典当有限公司	海淀区清河嘉园1幢1层103号	100085	13901047000
北京中保典当有限公司	石景山区杨庄东街59号2层204室	100043	13501123597
北京鑫坤典当行有限责任公司	朝阳区广渠路28号223号楼朝阳合生财富广场4层L412室	100124	56469855
北京中强典当行有限公司	西城区展览馆路3号	100121	68338489
北京金泽通宝典当行有限公司	石景山区阜石路166号1号楼317室	100043	88909900
北京泰达兴业典当有限责任公司	延庆区延庆镇妫水南街35号院35号楼1层102室	102100	13901049001
北京乾利行典当有限责任公司	顺义区石园北区41号楼5单元101室	101300	69461188
北京康凯典当有限公司	怀柔区青春路61号院2号楼-1至2层15号	101400	61689090
北京金源瑞丰典当有限公司	西城区马连道路15号院4号楼1层D3	100055	52690688
北京鼎丰典当有限责任公司	东城区新怡家园5号楼1层4单元01商业07号	100062	59450949
北京隆德典当有限公司	东城区安定门东大街28号1号楼配套118号、218号	100070	64091160-803
北京中金恒信典当有限公司	平谷区新平北路36号	101200	13611368503
北京市榕汇通典当有限责任公司	顺义区怡馨家园37号楼37-10号	101300	89465888
北京鑫汇融泰典当有限责任公司	东城区东四十二条2号东直门南小街121号	100007	13611182238
北京瑞益丰典当行有限公司	东城区国瑞城东区1号楼1~2层113室	100062	18636070678
北京中赢典当有限公司	西城区西直门南大街2号0129号、0130号	100035	66008122
北京鑫敏恒永平典当有限公司	东城区新怡家园5号楼1层3单元01商业05号	100062	67085502
北京国瑞泰典当有限公司	海淀区彰化路138号院1号楼110室	100081	13811324687
北京东方圆通典当有限公司	昌平区东小口镇天通苑小区501号楼2单元1层、2层	102200	13311315600
北京福鑫聚源典当有限责任公司	丰台区马家堡东路71号立业大厦5006号	100073	13501238191

北京盛亨典当有限责任公司	昌平区回龙观西大街 85 号 2 层 260～261 号	102200	57536702
北京祥荣典当行有限公司	丰台区星河苑 1 号院 4 号楼	100068	13301365939
北京金泰恒宇典当有限公司	丰台区南四环西路 188 号 15 区 5 号楼 1 层	100070	15811091862
北京市融兴典当行有限责任公司	顺义区顺和路 10 号院 2 号楼 1 层 2－10 号	101300	60403648
北京诚顺通典当有限责任公司	通州区玉带河东街 91 号	101101	81513333
北京大成典当有限公司	海淀区双榆树小区邮局南侧 4 号楼 1 层南侧	100086	62698900
北京九鼎典当有限责任公司	海淀区彩和坊西小街 1 号 1 幢 1 层 1－108 室	100080	13911883360
北京鑫宏典当有限责任公司	通州区潞苑南大街 137 号 2 层	101100	81517715
北京鑫瑞通典当行有限公司	朝阳区世纪东方嘉园 201 楼 1 层 4 单元 117 室	100023	13911162018
北京鼎瑞典当有限责任公司	石景山区阜石路 165 号院 3 号楼 514 室	100043	13911735268
北京中京典当有限公司	石景山区银河南街 2 号院 2 号楼 14 层 1707 室	100043	13801020536
北京融金典当有限责任公司	朝阳区西坝河西里 28 号 1 号楼 2 层 B201～B202 室	100028	13366609039
北京永利典当有限责任公司	朝阳区东三环南路 58 号 1 号楼 A 座 7 层 712 室	100012	84999113
北京恒美通典当行有限公司	通州区玉带河东街 109 号	101100	13801372500
北京晟源典当行有限责任公司	东城区东兴隆街 58 号 8 层 807 室	100078	13847779892
北京豪泰典当有限责任公司	房山区良乡地区苏庄三里 7 号楼 3－102 室	102488	13901095953
北京郁金典当有限公司	北京经济技术开发区文化园西路 8 号院 30 号楼 109 室	100176	13901058944
北京汇银典当有限公司	丰台区南三环西路 28 号院中林置业大厦 B 座 2106 室	100062	13910207891
北京金誉金通典当有限公司	海淀区知春路 108 号 3 号楼 1 门 101－2 号	100085	15611480892
北京融通天下典当有限公司	西城区广宁伯街 2 号金泽大厦 9 层 905～907 室	100032	61990088
北京鑫谊典当行有限责任公司	西城区西直门南小街 133 号楼 1 层 107 室	100035	18901181818
北京古兴行典当有限公司	西城区天桥市场斜街 37 号	100050	83136171

北京宝利通典当有限公司	大兴区兴华大街2段3号院波普中心3号楼1层123号	102600	60218232
北京德升祥典当有限公司	朝阳区望京南湖中园107号楼	100102	13901387757
北京蟹岛典当有限公司	朝阳区蟹岛路1号院4幢	100018	13466549208
北京金路汇达典当有限公司	海淀区远大园六区沿街商场	100195	52964444
华瑞清恒（北京）典当有限公司	大兴区开泰东里17号楼1~3层108室	100176	18911696789
北京瑞博泰典当有限公司	大兴区黄村镇永华南里13号楼1层06号	102600	81299515
北京国鑫典当有限公司	海淀区龙翔路19号院2号楼西侧第6间商铺	100080	13366067777
北京新坤元典当行有限公司	密云区新中街73号	101500	13910535018
北京鑫海融通典当有限责任公司	大兴区黄村镇观音寺南里海北路1号楼1-4室	102600	13366761100
北京厚融典当有限公司	北京经济技术开发区天华园一里四区10号楼-1至2层1106室	102600	13311331651
北京鼎通源典当有限公司	西城区马连道路14号	100055	13671110733
北京荣盛泰典当有限责任公司	西城区粉房琉璃街162-3号1层	100035	13932209877
北京东方艺宝典当有限公司	东城区交道口东大街10号楼	100007	65281128
北京德润典当有限责任公司	朝阳区东柏街10号院4号楼1层13号	100022	13311575808
北京宝通典当有限责任公司	朝阳区阜通东大街1号院6号楼1层2101室	100621	13901038186
北京德聚鑫典当行有限责任公司	密云区世纪家园16号楼108号	101500	18601296002
北京齐融典当有限责任公司	大兴区兴丰大街（一段）18号院1号楼1层131号	102600	13911907320
北京新徽商联盟典当有限公司	朝阳区新东路8号院3号楼1层1-021室	100080	52039430
北京中融通典当有限责任公司	西城区菜市口大街甲2号院2号楼106室	100055	83495153
北京凯康典当有限公司	门头沟区金沙西街10号院4号楼17层1709室	102300	13910513185
太森典当（北京）有限责任公司	朝阳区潘家园华威里28号北京河南大厦1层108室	100000	1085910256
北京易典通典当有限公司	通州区怡乐中街350号	101100	58014088

北京恒森典当行有限公司	通州区翠屏北里（西区）商8号1~2层	101100	15711120655
北京聚缘四方典当有限公司	通州区云景东路419号1~2层	101100	60521902
北京盛昌典当行有限责任公司	顺义区仁和镇仓上小区37号楼1~2层3单元37-08室	101300	81487866
北京丰宝成典当有限公司	丰台区万柳西园8号楼1层03号	100070	65660011
北京润鑫融通典当有限公司	昌平区北七家镇天通苑东苑三区46号楼-1至1层	102218	60740808
北京裕济达典当有限公司	昌平区东小口镇中东路400号院3号楼1~2层3-8室	102208	18510414188
北京汇融诚典当有限公司	通州区北苑南路44号1号楼1层商3号	101100	13901332001
北京惠顺祥典当有限公司	丰台区航丰路1号院4号楼3至17层301内11层1206室	101400	13513133098
北京万通典当行有限公司	朝阳区望京园602号楼1层128室	100102	15810519877
北京冠京富邦典当有限公司	丰台区马家堡东路168号院21号楼1层18号	100068	13901098917
北京融惠典当有限公司	石景山区西黄新村西里4号楼1~2层3单元101室	100144	68809098
北京中财广角典当有限公司	平谷区平谷镇金乡嘉园3号楼3幢3-14号	101200	1065866811
北京德亿丰典当有限公司	海淀区上庄馨瑞家园2号楼1层1单元101号	102206	13717713713
北京宝盛源典当有限公司	石景山区体育场西街20号院2号楼1层108室	100043	84447806
北京中闽金通典当行有限公司	朝阳区世纪东方嘉园104号楼1单元06号	100023	15321961612
北京泰德典当有限公司	石景山区政达路6号院6号楼103室	100043	15510734888
北京元亨利通典当行有限公司	海淀区马连洼竹园32号楼1层108室	100083	13901103933
北京中利金海典当有限公司	东城区西花市南里东区15号楼1层101室	101200	13911177029
北京汇融典当有限公司	东城区西革新里110号院4号楼	100000	13501187159
北京通达典当有限公司	平谷区鼎基公寓3号楼1~2层3-2号	101200	89994666
北京融福通盛典当有限公司	延庆区延庆镇高塔小区14号楼202底商	102100	13901374582

北京融金通典当有限公司	海淀区温泉镇白家疃东路临12号2号楼1层2101室	100083	13366609039
北京泰桦昌典当有限责任公司	通州区北皇木厂街1号院1号楼9层904室	101100	80570878
北京通赢典当有限公司	顺义区前景路2号院7号楼109室	101300	69458808
北京德荣典当有限责任公司	东城区东水井胡同11号楼-1层-112室	100062	13911001751
北京宝隆春典当有限责任公司	大兴区富强路76号	102600	69297928
北京亿瑞祥典当有限责任公司	大兴区黄村西大街72号1~2层	102600	69253997
北京华远典当有限公司	西城区新街口南大街131号	100032	68037025
北京中泰万和典当有限责任公司	东城区东四北大街265号1层102号	100010	13910208254
北京天阳鑫辰典当有限责任公司	大兴区枣园巷3号院中建港湾嘉园9号楼108室	102600	13909966087
北京平安典当有限公司	大兴区旧宫镇清逸西园1号楼6号底商	100176	87962677
北京融祥典当有限公司	大兴区黄村镇富强路115号	102617	69231109
北京富利华典当有限公司	延庆区东外大街22号	102100	81193670
北京和泰典当有限公司	平谷区平谷镇金乡居民西小区甲30号楼1层办公3号	101200	13911909481
北京兴融通典当有限公司	门头沟区滨河路47号阳光绿苑1号楼1层105室	102300	15210870533
北京华奕典当行有限公司	延庆区延庆镇北关小区13号楼底商202室	102100	13911159208
北京信达典当有限公司	东城区东直门内大街12号楼12-2室	100007	65081605
北京汇融利通典当行有限公司	海淀区安宁华庭一区15号楼F-01号	100085	13801127487
北京高德典当有限公司	丰台区紫芳园六区3号楼1层1单元104室	100067	18601086039
长城典当行（北京）有限公司	朝阳区劲松六区甲602号楼1至2层内1层	100097	15340777777
北京世欣和泰典当行有限公司	顺义区大孙各庄镇府前街10号	101308	13301327505
北京金润泰泽典当有限公司	通州区群芳南街117号	100000	13911004135
北京宝鑫通典当有限公司	丰台区三路居路88号院4号楼1层1单元105室	100070	15639071155
北京德信通典当有限责任公司	丰台区西四环南路17号	100070	17326800700

北京润东典当有限公司	丰台区东管头村 1 号	100071	13701078586
北京源祥达典当行有限责任公司	通州区滨河中路 239 号等 10 幢	100000	69575121
北京银基恒宇典当有限公司	密云区密云镇车站路 12 号商业楼 34 号	101500	13651187258
北京旺泰鼎成典当行有限公司	朝阳区小营北路 11 号院 1 号楼 4 层 401 内 11 室	100124	65996102
北京亿宏达典当行有限公司	朝阳区酒仙桥将台路商业街 5 号	100016	13693360171
北京宏和信典当有限公司	通州区云景南大街 183 号	100000	13911166985
北京融邦荣典当有限公司	顺义区站前北街西侧	101300	13120233343
北京信成典当有限公司	西城区南纬路 38 号院 3 号楼 1 层 110 室、2 层 210 室	100050	17611256995
北京天安天地典当行有限公司	西城区西绒线胡同 28 号楼 1 层 101 室	100031	66010888
北京厚元达典当行有限责任公司	朝阳区和敬路 2 号院 3 号楼 2 层 204 室	100022	15910465124
北京万达典当行有限责任公司	朝阳区建国路 93 号院 19 号楼 1 层 112 室	100022	15901000013
北京宝裕通典当有限公司	房山区良乡地区月华大街 8－B 号楼 1 层 101 室	102488	13801339850
北京桉楹典当有限公司	顺义区天竺镇府前二街 1 号 1 幢	101312	64549821
北京众信之元典当有限公司	顺义区顺恒西大街 16 号院 1 幢等 2 幢－1 幢 1 层 108 室	101300	13621128030
北京泰昌典当有限责任公司	海淀区宝盛里芳清园 1 号楼商业 02－12 号	100192	56325939
北京金元典当有限公司	西城区菜市口大街甲 2 号院 3 号楼 1～2 层 102 室	100000	13901020226
北京亿隆源典当行有限公司	海淀区彰化路 3 号楼 1 层 3－3 室	100183	18034907555
北京宝易德典当有限公司	丰台区紫芳园四区 2 号楼 1 层 107 室	100078	87657712
北京祥瑞通典当有限公司	石景山区金顶北路 20 号院 9 栋 1～2 层 103 室	100041	18500348760
北京世欣和顺典当行有限公司	门头沟区潭柘寺镇鲁家滩大街 42 号	102300	85306425
北京金澳典当有限公司	海淀区学院南路 15 号院 10 号楼 1 层 103 室	100181	13811188944
北京笑石典当有限公司	通州区潞苑东路 40 号院 30 号楼	101101	13466368366

北京鑫融兆业典当有限责任公司	丰台区汽车博物馆东路6号院4号楼1层3单元101号	100067	13911639831
众祥典当（北京）有限公司	密云区鼓楼东大街27号	101500	13321127990
北京财宏典当有限公司	海淀区复兴路2号平房2号	100038	63460152
北京长江典当有限责任公司	延庆区延庆镇川北小区甲25号楼－10号	102100	18801194800
卓世恒立（北京）典当有限公司	东城区东四北大街272号	100007	64087500
北京赢创典当有限公司	密云区二环路新中街西商业楼02号1层	101500	1069056977
北京天雅汇典当行有限责任公司	朝阳区华威南路6号楼天雅古玩城1层第168号	100021	15901072207
国瑞典当（北京）有限公司	西城区陶然亭路2号8号楼1层104号	100050	13901389757
北京汇邦典当有限公司	房山区良乡长虹西路71号1层	102488	18600900333
北京融昌典当有限公司	海淀区西三旗建材城中路1号甲7号楼	100000	13331039335
北京大昌典当有限公司	海淀区清河嘉园东区4号楼1层105室	100000	13901257161
北京鼎恒典当行有限公司	丰台区小屯路9号1栋A8号	100040	13910578988
北京国玉典当有限责任公司	密云区西门外大街11－16号	101500	13311366453
北京京信典当有限公司	北京经济技术开发区荣华中路8号院6号楼1层102室	102600	13911521405
大融（北京）典当有限责任公司	朝阳区百子湾西里甲108号楼1层102室	100124	17701203322
汇丰（北京）典当有限公司	朝阳区百子湾东里414号楼1层102室	100124	13901111191
北京恒金典当有限公司	东城区西花市南里东区16号楼1层商业03号	100062	13683237709
北京龙禹典当有限公司	东城区东兴隆街新怡家园8楼1层0105室	100062	18911798999
北京京蔚典当有限公司	丰台区榴乡路88号院21号楼3层301室、302室	100078	13331302999
北京安邦典当有限公司	房山区良乡拱辰南大街42号楼A座（三段）12层6单元1201室	100076	13801062833
北京恒泰典当有限公司	大兴区黄村镇富强路123号1～2层	102600	13910620951
北京友联典当有限公司	通州区玉带河东街121号	101100	13821662696

北京德信润鑫典当有限公司	房山区拱辰街道政通路12号1号楼1层131室	102488	13911720178
北京银丰祥典当有限公司	海淀区交大东路36号楼	100000	62256220
北京隆盛通典当行有限公司	朝阳区广渠路36号院6号楼－1至1层内1层28号	100022	1087263833
宏伟典当有限公司	东城区东四十条88号1幢1～2层	100007	13901333333
北京大德三和典当行有限公司	海淀区彩和坊路8号1层121室、112室	100080	82600694
北京瑞邦典当有限公司	房山区长阳镇碧波园15号楼3－102室	102401	80331622
北京紫阳福源典当有限公司	房山区窦店镇京南嘉园37号楼1层104室	102433	13311225699
北京必达典当有限公司	西城区宣武门外大街26～30（双）号2幢6层28号B0602室	100032	13969090971
北京首善典当行有限公司	海淀区四季青路8号1层165号	100195	18612936337
九一典当（北京）有限公司	海淀区马甸东路19号1层104室	100088	13910259191
北京鑫业典当有限公司	朝阳区百子湾西里403号楼1层103室	100124	13260168216
北京金艺桥典当有限公司	东城区珠市口东大街11号1层112－3室	100062	15311993191
北京玺致典当行有限公司	昌平区府学路29号1－06号	102200	13811031838
北京瑞展鸿图典当有限公司	朝阳区小亮马桥西路6号院8幢－1层7－14室	100020	18610639352
北京瑞德丰典当行有限公司	怀柔区青春路26号1幢1号门面房	101400	17701372387
北京广昌和典当行有限公司	丰台区成寿寺中路18号7号楼1层103室	100079	13612125616
鼎万通典当行（北京）有限责任公司	丰台区马家堡东路168号院21号楼1～2层16号	100068	13811063825
北京茂昌典当行有限公司	丰台区西局西路58号院1－12号1层3号	100073	13910390655
北京太平洋典当有限公司	密云区新中街181号5层513室	101500	13716267088
合安典当行（北京）有限责任公司	海淀区冷泉林语山庄三区23号楼－1至1层102室	100095	18515376635
北京华瓴典当行有限公司	海淀区高梁桥斜街59号院1号楼9层916室	100044	52423260
北京京泰宝德通典当有限公司	朝阳区南湖南路11号院1号楼2层201室	100102	13601110296

金顺祥（北京）典当有限公司	北京经济技术开发区文化园西路6号院16号楼2层101－1室	100176	13910269929
北京钰融典当有限公司	东城区南竹杆胡同2号1幢1层10137室	100010	66178676
北京裕诚典当有限公司	丰台区丰科路6号院5号楼7层717室	100070	18610901772
北京宏源典当有限公司	丰台区丰北路81号B座3305室	100071	18701129129
北京金砖典当有限公司	丰台区丰北路甲45号楼1层112室	100071	13331103766
北京颐众典当有限公司	海淀区西直门北大街41号天兆家园南部1层103号商铺	100044	13910171787
北京友邦典当有限公司	房山区拱辰南大街6号1幢1F－017号	102488	13321151856
北京天行典当行有限公司	朝阳区亮马桥路27号亮马国际珠宝古玩城1层103D	100016	13811019438

（5）支付机构

机构名称	地　址	邮　编	电　话
安易联融电子商务有限公司	朝阳区朝外大街乙12号21层0－2412内2412D	100020	59051005
北京畅捷通支付技术有限公司	海淀区北清路68号20号楼D2003室	100094	15001398914
北京银通支付有限公司	西城区华远北街2号303室	100089	68298176
联动优势电子商务有限公司	西城区新街口外大街28号B座510室	100082	58351122－8155
国付宝信息科技有限公司	顺义区南法信镇顺畅大道1号B－041室	100013	57817763
北京海科融通支付服务股份有限公司	海淀区人民大学北路33号院1号楼大行基业大厦17层北侧	100080	82685056
北京和融通支付科技有限公司	海淀区中关村南大街乙12号院1号楼20层2305室	100081	62353131
北京市政交通一卡通有限公司	海淀区知春路63号中国卫星通信大厦B座15～19层	100190	88087755

北京数字王府井科技有限公司	东城区东四十条 68 号西区 5 层	100007	84183888－206
易宝支付有限公司	石景山区实兴大街 30 号院 3 号楼 2 层 D－0435 室	100020	59017500
开联通支付服务有限公司	海淀区马甸东路 17 号 6 层 706 室	100088	82007633
北京华瑞富达科技有限公司	东城区崇文门外大街 11 号 705 室	100062	67081580
天翼电子商务有限公司	昌平区未来科技城南区中国电信集团公司院内	100032	58520469
北京一九付支付科技有限公司	海淀区东北旺西路 8 号院 35 号楼 5 层 522 室	100080	18810081344
北京爱农驿站科技服务有限公司	西城区西直门外大街 1 号院 2 号楼 20 层 22C13 室	100032	65330688
随行付支付有限公司	海淀区阜成路 67 号 17 层 1704 室	100089	68143666
北京数码视讯支付技术有限公司	顺义区文化营村北 3 幢 007 号平房	100000	82345867
北京市银博盛世电子商务有限公司	丰台区南四环西路 186 号四区 11 号楼 7 层 01 室	100070	58565009
联通支付有限公司	西城区西单北大街甲 131 号 10 层	100032	66505808
北京首采联合电子商务有限责任公司	朝阳区雅宝路 10 号 8 层 801 室	100020	13701279242
北京雅酷时空信息交换技术有限公司	海淀区海淀中街 16 号 10 层 6 单元 1010 室	100102	18610772293
北京中投科信电子商务有限责任公司	西城区北三环中路 29 号院 3 号楼茅台大厦 8 层 909 室	100029	59089174
商银信支付服务有限责任公司	西城区平安里西大街 26 号楼等 3 幢 28 号楼 401－01 室	100034	83496600
拉卡拉支付股份有限公司	海淀区北清路中关村壹号 D1 座 6 层 606 室	100094	56710999
国旅（北京）信息科技有限公司	东城区东单北大街 1 号国旅大厦 721 室	100005	13701055366
北京亚科技术开发有限责任公司	顺义区后沙峪镇裕民大街 7 号	101318	56896370
中信恒达支付有限公司	东城区崇文门外大街 16 号 1 幢 1503 室	100062	87555559
北京全顺通商贸有限公司	海淀区苏州街 3 号 7 层 703 室	100080	84885140
北京繁星山谷信息技术有限公司	丰台区丰台镇南开西里 23 号楼 4 层 404 号	100070	15201030689
北京百付宝科技有限公司	海淀区上地十街 10 号百度大厦 C 座	100085	50803380

北京新浪支付科技有限公司	海淀区东北旺西路中关村软件园二期（西扩）N－1、N－2 地块新浪总部科研楼 5 层 519 室	100193	62675413
北京银联商务有限公司	海淀区车公庄西路乙 19 号华通大厦 B 座	100048	88019861
汇元银通（北京）在线支付技术有限公司	海淀区海淀北二街 8 号 13 层	100080	59798877
北京中欣银宝通支付服务有限公司	东城区珠市口东大街 14 号 308 室	100050	67077777
易智付科技（北京）有限公司	海淀区知春路 113 号 0706 室	100022	82652626
银盈通支付有限公司	朝阳区霄云路 26 号鹏润大厦 A 座 1601 室	100000	56736034
北京理房通支付科技有限公司	海淀区东北旺西路 8 号院 4 号楼 145 号	100094	56730799
邦付宝支付科技有限公司	朝阳区东三环中路 55 号楼 5 层 601 室	100020	85256646
中金支付有限公司	西城区平原里小区 20 号楼	100071	53821674
北京高汇通商业管理有限公司	朝阳区酒仙桥路 20 号 4 层 408 号	100016	18500151235
北京钱袋宝支付技术有限公司	海淀区太月园 1 号楼 5 层	100102	15210500398
北京商银科技有限公司	海淀区北四环西路 66 号 1205 室、1206 室	100088	65181815
资和信电子支付有限公司	海淀区东北旺北京中关村软件园孵化器 1 号楼 B 座 1109 室、1110 室	100033	88665588
百联优力（北京）投资有限公司	朝阳区东大桥路 8 号尚都国际中心 A 座 1610 室	100020	84633531
银信联（北京）支付有限公司	朝阳区建国路北京印刷二厂 1 号楼 6 层 621 室	100022	85800127
裕福支付有限公司	朝阳区光华路 30 号楼迤北 1 层 3 号内 101 室	100020	85968888
北京广聚福支付有限公司	朝阳区东大桥路 8 号 SOHO 尚都 2 楼 24 层 2－2703 号	100020	58697787
北京恒信通电信服务有限公司	海淀区蓝靛厂金源时代购物中心 B 区 2#B 座 1006－B 室	100097	64090030
网银在线（北京）科技有限公司	海淀区北三环西路甲 18 号中鼎大厦 A 座 719 室	100176	13911977287

（6）征信机构

机构名称	地址	邮编	电话
百融云创科技股份有限公司	石景山区实兴大街30号院5号楼5层76号	100043	62508065
金电联行（北京）信息技术有限公司	东城区金宝街67号S302C	100020	58693750
天创信用服务有限公司	昌平区未来科技城定泗路237号都市绿洲120室	102200	59017300
中数智汇科技股份有限公司	海淀区学院南路62号中关村资本大厦5层505室	100081	83020108
益博睿征信（北京）有限公司	朝阳区酒仙桥路20号6层601－603号房	100016	59267818
元素征信有限责任公司	海淀区北坞村路23号北坞创新园北区5号楼1层107～110室	100195	82602272
北京宜信致诚信用管理有限公司	朝阳区西大望路1号2号楼16层1908室	100026	59644742
东方金诚信用管理（北京）有限公司	西城区西直门南大街2号14层1401～1403室、1405～1407室	100088	53771957
北京国富泰信用管理有限公司	北京经济技术开发区荣华中路11号2层	100176	67800100
国诚信征信有限公司	西城区木樨地北里甲11号楼1幢408室	100038	63358908
北京宸信征信有限公司	海淀区中关村北二条13号46幢104室	100190	62135800
绿盾征信（北京）有限公司	西城区阜成门外大街2号1幢7层706室	100011	56228425
北京恒诚千里征信有限公司	朝阳区光华路7号19层19B8室	100020	85550012
华财征信（北京）有限公司	海淀区西直门北大街甲43号1号楼12层1－24－1202号	100044	68177808
律城信核（北京）信用管理有限公司	海淀区上地东路1号院1号楼2层201室	100085	56291732
北京信构信用管理有限公司	丰台区郭公庄中街20号院3号楼12层1209B	100070	84109826
中大信信用管理有限公司	海淀区中关村甲3号2－A#商业楼7层819室	100086	82146640
东方安卓（北京）征信有限公司	丰台区南四环西路188号15区2号楼3层303室	100068	67668577

企乐汇征信有限公司	石景山区晋元庄路23号15幢9号	100022	65818123
北京联信征信咨询有限责任公司	东城区王家园胡同10号100B	100027	64466458
北京海智金诚信用管理有限公司	东城区后永康胡同17号12号楼	100007	64012900
北京和融通征信服务有限公司	海淀区中关村大街28-1号9层	100086	62353131
中品质协（北京）质量信用评估中心有限公司	东城区王府井大街99号	100006	65234700
中企评协企业征信中心（北京）有限公司	海淀区紫竹院南路17号中企联招待所118室	100048	68464519
北京联源智信征信服务有限公司	海淀区杏石口路甲18号1幢4层西部4008号	100195	62621616
国民征信（北京）有限公司	朝阳区百子园4号楼3层A单元306室	100083	59447848
北京邦银汇通征信有限公司	朝阳区工人体育场北路8号院2号楼14层03-1701室	100027	85256668
北京冠捷时速信用管理有限责任公司	海淀区北三环西路25号2号楼106室	100098	68575707
全联征信有限公司	海淀区海淀大街2号9层913室	100080	62630322
北京度小满征信有限公司	海淀区上地十街10号1幢1层CE区	100085	59403009
爱信诺征信有限公司	海淀区紫竹院路嘉豪国际中心B座	100097	88048016
北京金堤征信服务有限公司	海淀区知春路63号中国卫星通信大厦B座23层	100086	82607132
中电联（北京）征信有限公司	西城区朗琴国际A座29层	100055	63253687
北京金融大数据有限公司	西城区阜成门外大街31号4层415B	100045	62254502

（7）信用评级机构

机构名称	地　址	邮　编	电　话
中诚信国际信用评级有限责任公司	东城区南竹杆胡同2号1幢60101室	100010	66428877
联合资信评估有限公司	朝阳区建国门外大街2号院2号楼17层	100022	85679696
东方金诚国际信用评估有限公司	朝阳区朝外西街3号兆泰国际中心C座12层	100600	62299849

大公国际资信评估有限公司	海淀区西三环北路89号中国外文大厦A座3层	100125	51087768
中债资信评估有限责任公司	西城区金融大街28号院2号楼6层	100032	88090000
标普信用评级（中国）有限公司	朝阳区东三环中路5号楼49层	100020	65692771
惠誉博华信用评级有限公司	朝阳区东三环中路5号楼56层01－2号、02－1号	100020	56633855
北京中北联信用评估有限公司	海淀区北清路中关村壹号D1座7层	100094	56170999－1104
安融信用评级有限公司	西城区玉廊西园9号楼金融科技大厦10层	100032	53655619
中国诚信信用管理股份有限公司	东城区朝阳门内大街南竹杆胡同2号银河SOHO 6号楼	100010	66428855
联合信用评价有限公司	朝阳区安慧里四区15号楼院2号楼	100101	64912118
君维诚信用评估有限公司	海淀区苏州街49－3号8层811室	100080	82622979
北京银建资信评估事务所	西城区广安门南滨河路7号南楼406室	100055	63401197

（8）协会、商会、学会、工会

机构名称	地　址	邮　编	电　话
北京市银行业协会	海淀区车公庄西路乙19号华通大厦B座北塔	100048	88088015
北京证券业协会	西城区金融大街35号国际企业大厦C座17层	100033	66568614
北京保险行业协会	朝阳区安定路35号安华发展大厦908室	100029	65859115
北京保险中介行业协会	西城区白广路4号B区3层313室	100053	66008027
北京金融街商会	西城区金融大街33号通泰大厦B座616室	100032	66574347
北京期货商会	海淀区紫竹院路31号华澳中心嘉慧苑1216室	100089	52722016
北京市金融学会	西城区月坛南街79号	100045	68559272
北京保险学会	朝阳区安贞西里四区23号楼深房大厦4层4D	100029	65859115
北京市现代金融学会	西城区复兴门南大街2号天银大厦B座402室	100031	66410055－4508
北京市钱币学会	西城区月坛南街79号	100045	68559317

中国金融工会北京工作委员会	西城区金融大街20号交通银行大厦B座1301室	100033	58391721
北京市金融工会	通州区运河东大街56号院7号楼	101160	55564820

（9）个人本外币兑换特许业务机构

机构名称	地　址	电　话
北京联合货币兑换股份有限公司	顺义区北京首都国际机场3号航站楼A4E10号	13146782033
艾西益商务服务（北京）有限公司	朝阳区北辰西路69号楼22层1单元2502号	13718668236
北京悠联货币汇兑有限公司	朝阳区和平街东土城路12号院2号楼405室	13426077327
北京中汇通兑投资管理有限公司	朝阳区日坛北路17号2号楼1层1519室	18576687470
北京渤海通汇投资咨询有限公司	西城区复兴门外大街A2号1幢1层大堂G04室	13701113553
北京优汇商务服务有限公司	朝阳区建国路99号9层909室	13811624029
首科汇济融科技（北京）有限公司	朝阳区安翔北里甲11号院1号楼B1007室	13910267232
通济隆外币兑换（中国）有限公司北京首都机场第四兑换店	顺义区首都机场2号航站楼2层E024	13811586995
天津渤海通汇货币兑换有限公司北京分公司	朝阳区酒仙桥路6号院7号楼1～19层101内19层1908室	15010248634
上海汇元通商务服务有限公司北京秀一分公司	朝阳区秀水东街8号1层C6－001号	17718398800
宇鑫（厦门）货币兑换股份有限公司北京第一分公司	西城区德胜门内西顺城街46号3幢102室	18500351526
上海携程金融信息服务有限公司北京分公司	东城区首都机场线东直门站B1乘客服务中心DZMS01	13621191987

（二）机构简介

中国农业银行股份有限公司北京经济技术开发区分行

中国农业银行股份有限公司北京经济技术开发区分行于 2020 年 12 月 22 日获准由中国农业银行股份有限公司北京经济技术开发区支行升格更名开业，营运资金为 2 800 万元，共有员工 183 人。

经营范围：吸收公众存款；发放短期、中期和长期贷款；办理国内外结算；办理票据承兑与贴现；发行金融债券；代理发行、代理兑付、承销政府债券；买卖政府债券、金融债券；买卖、代理买卖外汇；经营结汇、售汇业务；从事银行卡业务；提供信用证服务及担保；代理收付款项及代理保险业务；提供保管箱服务；总行在国务院银行业监督管理机构批准的业务范围内授权的业务。

2020 年末，中国农业银行股份有限公司北京经济技术开发区分行资产总额为 161.34 亿元，负债总额为 159.51 亿元，所有者权益合计 1.84 亿元。全年累计实现净利润 1.84 亿元。

负责人：丁大勇

地址：北京市经济技术开发区中和街 3 号

邮编：100176

电话：010－86382946

传真：010－56965421

（刘思伊）

华夏银行北京城市副中心分行

华夏银行北京通州分行于 2020 年 1 月获准开业，4 月更名为华夏银行北京城市副中心分行，营运资金为 1 亿元，共有员工 131 人。

经营范围：吸收公众存款；发放短期、中期和长期贷款；办理国内外结算；办理票据承兑与贴现；代理发行、代理兑付、承销政府债券；从事同业拆借；买卖、代理买卖外汇；从事银行卡业务；提供信用证服务及担保；代理收付款项及代理保险业务；提供保管箱服务；总行在国务院银行业监督管理机构批准的业务范围内授权的业务。

2020 年末，华夏银行北京城市副中心分行资产总额为 213.62 亿元，负债总额为 213.47 亿元，所有者权益合计 0.15 亿元。全年累计实现净利润－1.02 亿元。

负责人：唐宇

地址：北京市通州区新华东街 11 号院 2 号楼 3 层

邮编：101100

电话：010－80887855

传真：010－80887855

（张则林）

巴基斯坦哈比银行有限责任公司北京分行

巴基斯坦哈比银行有限责任公司北京

分行于 2020 年 10 月 15 日由中国银行保险监督管理委员会北京监管局批复开业，营运资金为 3 亿元人民币等值的自由兑换货币，其中，外汇营运资金为 2 亿元人民币等值的自由兑换货币，人民币营运资金为 1 亿元，共有正式员工 20 人。

经营范围：吸收公众存款；发放短期、中期和长期贷款；办理票据承兑与贴现；代理发行、代理兑付、承销政府债券；买卖政府债券、金融债券，买卖股票以外的其他外币有价证券；提供信用证服务及担保；办理国内外结算；买卖、代理买卖外汇；代理收付款项及代理保险业务；从事同业拆借；提供保管箱服务；提供资信调查和咨询服务；经国务院银行业监督管理机构批准的其他业务。可以吸收中国境内公民每笔不少于 50 万元的定期存款。

负责人：程伟

地址：北京市朝阳区建国门外大街 1 号国贸大厦 A 座 25 层

邮编：100004

电话：85250000

传真：010－85151503

（田哲铭）

阳光消费金融有限公司

阳光消费金融有限公司于 2020 年 8 月获准开业，注册资本金为 10 亿元。股东分别为中国光大银行股份有限公司，持股比例为 60%；中青旅控股股份有限公司，持股比例为 20%；王道商业银行股份有限公司，持股比例为 20%。

经营范围：发放个人消费贷款；接受股东境内子公司及境内股东的存款；向境内金融机构借款；经批准发行金融债券；境内同业拆借；与消费金融相关的咨询、代理业务；代理销售与消费贷款相关的保险产品；固定收益类证券投资业务。

机构设置：业务发展部、金融市场部、运营管理部、信息科技部、风险管理部、综合管理部、计划财务部、法律合规部、纪委办公室，共有员工 55 人。

负责人：戴欣

地址：北京市石景山区石景山路乙 18 号院 1 号楼 17 层 2008 室

邮编：100040

电话：010－81136980

（郑晓雯）

东兴基金管理有限公司

东兴基金管理有限公司（以下简称东兴基金）为东兴证券股份有限公司全资子公司，于 2020 年 2 月 10 日取得中国证券监督管理委员会（以下简称中国证监会）下发的《关于核准设立东兴基金管理有限公司的批复》后开始筹建，3 月 17 日完成工商注册登记，10 月 21 日取得中国证监会核发的《经营证券期货业务许可证》，公司性质为有限责任公司（法人独资），注册资本为 20 000 万元。

经营范围：公开募集证券投资基金管理、基金销售和中国证监会许可的其他业务。

机构设置：东兴基金建立了由股东董事会、监事执行、管理层（高级管理人员）组成的治理结构。董事会设立了风险控制委员会和薪酬考核委员会；建立健全督察长制度，督察长由董事会聘任；管理层设立了估值委员会、产品委员会、投资决策委员会、IT 治理委员会；部门层面设立了投研体系、营销体系、运营体系和由督察长领导的合规风控体系，下设13个部门，共有员工57人。

法定代表人：银国宏

总经理：王青

督察长：王微

地址：北京市西城区平安里西大街28号中海国际中心6层

邮编：100034

电话：010－57307392

传真：010－57307398

（李媛君）

汇泉基金管理有限公司

汇泉基金管理有限公司于2020年5月29日取得《关于核准设立汇泉基金管理有限公司的批复》后开始筹建，6月15日正式成立，12月21日取得《经营证券期货业务许可证》。公司性质为有限责任公司，注册资本为10 000万元。股东包括：杨宇，投资额5 530万元；梁永强，投资额3 000万元；初冬，投资额490万元；上海澹泉企业管理中心（有限合伙），投资额490万元；上海沛泉企业管理中心（有限合伙），投资额490万元。

经营范围：公开募集证券投资基金管理、基金销售、私募资产管理和中国证监会许可的其他业务。

机构设置：固定收益投资部、权益投资部、专户投资部、研究部、交易部、零售业务部、机构业务部、电商业务部、产品战略部、信息技术部、运营部、人力综合部及监察稽核部，共有员工39人。

法定代表人：梁永强

地址：北京市海淀区西直门外大街168号腾达大厦16层

邮编：100044

电话：010－81925200

传真：010－81925299

（王彬彬）

长城期货股份有限公司北京分公司

长城期货股份有限公司北京分公司筹建于2018年4月11日，2020年5月13日正式营业，共有员工3人。

经营范围：商品期货经济、金融期货经纪。

负责人：陈泽东

地址：北京市西城区南礼士路66号1114室、1115室

邮编：100032

电话：010－85270310

国投安信期货有限公司北京第二分公司

国投安信期货有限公司北京第二分公司为国投安信期货有限公司下设分支机构，筹建于2020年1月，1月9日取得营业执照，2月27日取得经营许可证后正式开展经营活动，共有员工9人。

负责人：师敏

地址：北京市西城区宣武门外大街6～12号（双号）、16号、18号10号楼1206～1207室

邮编：100054

电话：010－63019525

中信期货有限公司北京市东城分公司

中信期货有限公司北京市东城分公司是中信期货有限公司下属的分支机构，

2020 年 2 月开始筹建，5 月 29 日取得营业执照，6 月 10 日取得经营证券期货业务许可证，6 月 15 日公告成立。公司营业面积 230 余平方米，拥有 4 个业务团队近 20 名员工。

负责人：王春琦

地址：北京市东城区广渠门内大街 47 号 7 层 47 -（07）702 室

邮编：100062

电话：010 - 57762882

国海良时期货有限公司北京分公司

国海良时期货有限公司北京分公司于 2020 年 7 月 2 日开始筹建，11 月 18 日正式开业，共有员工 3 人。

经营范围：商品期货经纪、金融期货经纪业务。

负责人：赵侃

地址：北京市丰台区广安路 9 号院 3 号楼 4 层 411 室

邮编：100053

电话：010 - 63365512

创元期货股份有限公司北京分公司

创元期货股份有限公司北京分公司筹建于 2020 年 9 月，12 月 25 日正式开业。共有 4 位员工，分别担任总经理、市场开发岗、开户与合同管理岗、财务岗、交易风控岗、信息技术岗等岗位。

负责人：李乡春

地址：北京市东城区北三环东路 36 号 1 号楼 B1209 室

邮编：100010

电话：010 - 58257899

传真：010 - 59575689

鼎诚人寿保险有限责任公司北京分公司

鼎诚人寿保险有限责任公司北京分公司于 2020 年 9 月 29 日获批筹建，12 月 28 日正式开业。

经营范围：人寿保险、健康保险、意外伤害保险等各类人身保险业务以及中国银行保险监督管理委员会批准的其他业务。

机构设置：总经理室、综合管理部、营销管理部（下设经代业务部）、营销培训部、渠道管理部、风控合规部、客户服务中心，共有员工 35 人。

负责人：丁现峰

地址：北京市朝阳区朝阳门外大街 18 号丰联广场 A 座 9 层

邮编：100020

电话：010 - 87945116

（柳飞）

全国煤炭交易中心

全国煤炭交易中心是经国务院同意，由国家发展和改革委员会牵头，中国国家铁路集团有限公司联合煤炭、电力、钢铁、港口、地方交易中心等 35 家煤炭上下游优势企业成立的“政府指导、市场化运作”的国家级能源商品交易平台，于 2020 年 10 月 28 日正式开业运营，可为用户提供煤炭中长期和现货等智能高效的线上交易、交收、物流、质检、资金结算等全程一站式服务。

（三）协会、商会、学会、工会活动简介

北京证券业协会

组织机构与负责人

理事长：王常青

秘书长：郑绮

副秘书长：张畅、叶琦、许慧

会员单位

2020 年末，共有会员单位 695 家。其中，证券公司 17 家，基金管理公司 35 家，证券分公司 97 家，证券营业部 528 家，投资咨询公司 17 家。

联系方式

地址：北京市西城区金融大街 35 号国际企业大厦 C 座 17 层

邮编：100033

电话：010－66568614

传真：010－66568583

网址：http：//www. sabbj. org

电子邮箱：bjzq@ 163. com

重要活动

3 月 5 日，北京证券业协会（以下简称协会）举办“北京证券基金 HR 经理人联席会”首次在线培训，辖区证券公司、基金管理公司的人力资源总经理及相关人员共 110 余人参加了培训。

5 月 12 日至 6 月 12 日，协会配合中国证券业协会，组织各会员单位开展“2020 年证券经营机构参与防范非法证券宣传月”活动。

6～8 月，协会组织开展 2020 年度北京地区证券从业人员后续职业培训，录制完成《从投顾到首席》《证券行业反洗钱可疑交易分析工作实践》等 5 学时培训课件，共 7 979 人参加了培训。

8 月 28 日，协会召开第五届第一次会员代表大会。大会选举产生了协会新一届领导人，中信建投证券股份有限公司党委书记、董事长王常青当选为协会第五届理事长，北京高华证券有限责任公司总经理章星当选为协会第五届监事长；理事会聘任郑绮为协会第五届秘书长。

8～11 月，协会秘书处赴北京银行业协会、北京上市公司协会、上海市证券同业公会、深圳证券业协会、深圳市投资基金同业公会进行考察调研，并完成了《沪深两地自律组织现状调研报告》。

9～11 月，协会完成中国证券业协会交办的一次注册国际投资分析师（CIIA）考试和两次香港证券从业人员资格考试的巡考工作。

11 月 12～13 日，协会组织 7 名调解员及工作人员参加了中证资本市场法律服务中心举办的第一期全国调解员培训班暨调解工作座谈会。

11 月 26 日，协会联合中国证券业协会举办北京辖区投顾服务模式交流培训，辖区证券经营机构共 150 余人参加了培训。

12 月 16 日，协会举办北京辖区证券经营机构举报投诉处理专题培训，102 家证券经营机构的经纪业务负责人、合规负责人等 260 余人参加了培训。

12 月 24 日，协会举办基金行业科

技监管工作专题培训，32 家基金管理公司的 50 余名信息技术负责人参加了培训。

2020 年，协会认真贯彻落实新冠肺炎疫情防控各项要求，向会员单位发出《关于做好新型冠状病毒感染的肺炎防控疫情的倡议书》。号召会员单位积极采取防控措施，制订应急预案，引导投资者采取非现场方式进行交易；利用系统平台资源在线为会员单位答疑解惑，定期发布防疫宣传材料；联合全美在线（ATA）、环球网校等为会员单位提供线上人才招聘、培训等服务方案；针对疫情防控期间的用工管理问题，与北京时代九和律师事务所合作，帮助各会员单位解决劳务管理争议。

2020 年，协会与中证资本法律服务中心北京调解工作站共收到“12386”热线、中国证券业协会纠纷调解中心、中证资本市场法律服务中心、中国证券监督管理委员会北京监管局（以下简称北京证监局）等各类渠道转办的纠纷调解案件 371 件，受理 298 件，办结 274 件，达成和解 194 件，累计和解金额 225.03 万元。

2020 年，协会配合北京证监局，组织会员单位重点开展了“明规则、识风险、理性投资庚子年”“新《证券法》与风险警示案例解读”等 20 余项投资者教育活动。配合北京证监局，通过协会网站和短信平台发布各项会议活动通知 126 次，发布短信 95 次，通过信息系统发布收集会议、培训等报名反馈 27 次。

2020 年，协会按季度完成 4 期会刊的出版投送工作，总印量 8 000 册。

（王永刚）

北京保险行业协会

组织机构与负责人

会长：陈志强

副会长：郭少军（中国人民财产保险股份有限公司北京市分公司总经理）

武　博（中国太平洋财产保险股份有限公司北京分公司总经理）

关耀勇（华泰财产保险有限公司北京分公司总经理）

刘光辉（中国人寿财产保险股份有限公司北京市分公司总经理）

张文亮（中国人寿保险股份有限公司北京市分公司总经理）

于　赟（中国太平洋人寿保险股份有限公司北京分公司总经理）

徐敏彬（中国平安人寿保险股份有限公司北京分公司总经理）

孙保收（新华人寿保险股份有限公司北京分公司总经理）

崔长青（泰康人寿保险有限责任公司北京分公司总经理）

王　平（太平人寿保险有限公司北京分公司总经理）

监事长：王　兵（中国平安财产保险股份有限公司北京分公司总经理）

秘书长：陆秀萍

副秘书长：李　枫　邵　艳

会员单位

2020 年末，共有会员单位 124 家。其中，财产保险公司 56 家，人身保险公司 67 家，专业性公司 1 家。

联系方式

地址：北京市朝阳区安定路 35 号安华发展大厦 9 层 908 室

邮编：100029

电话：010－65859115
网址：http：//www. biabii. org. cn
电子邮箱：biabiibgs@126. com

重要活动

1月16日，中国银行保险监督管理委员会北京监管局（以下简称北京银保监局）、北京市医院管理中心、北京朝阳医院、中国银行保险信息技术管理有限公司及北京保险行业协会（以下简称协会）共同就“深入推进商医对接合作”进行工作研讨，明确了商医对接机制建立、分步骤分阶段实现的工作思路，旨在为消费者提供更加便利的服务，提升就医体验。

1月28日，协会向各会员公司发布《北京保险业积极应对新型冠状病毒肺炎疫情倡议书》。各公司积极响应，及时升级保障服务方案，开通7×24小时的医疗救援热线，对疑似或确诊客户给予有针对性的理赔指导和帮助。北京保险业共123家保险机构通过不同渠道发声，全力支持疫情防控工作。

2月，协会组织北京地区7家保险公司的35名工作人员入驻北京市道路交通事故警保合作远程易处理中心，与交警联合办公，第一时间为事故当事人提供远程视频定责和车险理赔服务引导。

3月9～15日，协会组织引导百余家会员公司开展“以金融消费者为中心助力疫情防控”为主题的“3·15”线上宣教活动，并牵头制作了《2分钟带您了解疫情期间的赠送保险》《了解疫情下的保险误区》公益宣传动画短片供全行业使用。

3月11日，协会组织财产险会员公司为受疫情影响较大的营运性质车辆提供延长保险保障期限服务，支持首都疫情防控。

3月12日，协会调解委员会与海淀区人民法院通过远程“云”调解模式，成功在线调解完成一起出租车公司与财产保险公司之间的保险合同纠纷。

4月10日，协会参加北京市地方金融监督管理局召开的关于推进金融领域扶贫协作及电商扶贫和网点扶贫专柜工作视频会议。会议就推动北京金融业扶贫攻坚工作提出了具体要求，协会就近年来北京保险业保险扶贫、定点帮扶、教育扶贫、公益扶贫等工作进行了分享。

4月26日，协会以通讯方式召开北京保险行业协会第九届会员大会暨理事会会议，审议通过了2019年工作报告、财务收支报告及增补理事等事项。

5月5月，协会组织行业在车险领域改革创新，研究推动京津冀地区交通事故快赔一体化工作，并形成《京津冀地区机动车道路交通事故自行协商定责处理办法》《京津冀地区车险理赔服务承诺书》等4份文件的初稿。

5月6日，协会联合北京电视台《理财》栏目推出《保险助力复工》特别节目，介绍北京保险业在疫情防控期间履行社会责任、发挥保险风险保障作用、助力企业复工复产的举措，得到会员公司和社会公众的好评。

6月10日，协会与西城区人民法院签署《关于建立保险纠纷诉源治理机制的合作协议》，全面推进与西城区人民法院的诉调对接工作。

6月，协会组织百余家会员公司以“守住钱袋子·护好幸福家”为主题，开展防范非法集资专题宣传教育活动；并与北京电视台财经栏目联合策划推出《退保的迷雾》专题节目，通过案例解析和消费者权益保护提示，向广大消费者宣导代理退保、退保理财的误区和圈套。

7月1日，由协会组织行业参与的北京地区道路交通事故远程易处理科技系统正式上线。该系统根据案件处理流程设有视频连线、GPS定位、远程取证、责任认定、保险报案、引导理赔及数据管理等功能模块，逐步实现平台内报案、定责、查勘、定损、理赔全流程智能化闭环。

7月23日，协会积极响应国家号召，助力会员单位抗击疫情，对11家中小新会员单位采取会费减免的措施，共计减免会费42万元。

8月24日，为贯彻落实《北京市民政局关于在社会组织章程增加诚信建设有关内容的通知》精神，协会以通讯方式向会员公司发送《关于审议〈北京保险行业协会章程〉增加诚信建设有关事项的报告》。

8月，协会向中国银行保险监督管理委员会（以下简称中国银保监会）定点扶贫地——察哈尔右翼后旗捐赠扶贫基金14万元。

9月19日，根据中国银保监会《关于实施车险综合改革的指导意见》，在北京银保监局的指导下，协会组织北京地区车险综合改革工作正式启动。

9月23日，由中国银保监会消费者权益保护局指导，北京银保监局、西城区人民政府联合主办，协会和北京市银行业协会承办的“金融伴我成长”系列活动正式启动，并召开“金融知识普及读本（小学生版）”发布会，北京银行业保险业消费者分层教育工作正式启动。

9月30日，根据北京银保监局《关于加强北京地区非金融类车险兼业代理机构合规管理的通知》，协会组织行业正式推动非金融类兼业代理机构合规管理管理工作，并形成了《北京地区保险公司非金融类车险兼业代理机构合规管理登记报告实施办法（试行）》等三项配套制度。

9月，协会组织行业研究制定了《北京住宅工程质量潜在缺陷保险承保实务要点（试行）》等三项配套制度，全面推动工程质量潜在缺陷保险（IDI）试点工作落地。

协会引导会员公司组织开展“金融知识普及月　金融知识进万家　争做理性投资者　争做金融好网民”活动。

10月20日，由协会、北京市银行业协会联合中国金融工会北京工作委员会、北京金融文联共同举办的第一届“银保杯”书法绘画摄影展正式展出。该展览为期一个月，北京银行业保险业300余件优秀作品参展。

协会召开非金融类兼业代理机构合规管理工作培训会。北京银保监局党委委员、二级巡视员陆玉华等领导，协会会长陈志强及全体会员公司和10家兼业代理机构、兼业代理管理部门相关人员近400人参加了会议。

11月，协会组织行业充分运用大数据开展2020年反保险欺诈工作，重点打击车险、意健险和农险三个领域存在的保险欺诈现象，取得了阶段性的成果。

12月1日，协会召开北京农险全流程信息化新闻发布会。北京保险业于2020年12月5日零时起，在全国率先实现农险承保理赔全流程信息化。

12月15日，协会联合北京工商大学召开《北京健康保险市场分析报告（2015—2019）》发布会。该报告深入研究了北京商业健康保险市场现状，分析了北京健康保险市场发展特色、趋势和热点。

12 月 16 日，协会调解委员会采取“线上 + 线下”相结合的方式，组织 124 家会员公司召开保险合同纠纷案件调处经验交流会。

12 月 31 日，协会向各人身险公司发布《北京保险业防范代办业务风险工作提示》，旨在防范“代理退保”和“退保理财”等代办业务风险，切实保护消费者合法权益。

2020 年，协会新增单位会员 1 家，为大家财产保险股份有限公司北京分公司。

（贾利）

北京保险中介行业协会

组织机构与负责人

会长：李永奇（航联保险经纪有限公司董事长）

副会长：于利民（华泰保险经纪有限公司董事长）

黄伟坚（北京联合保险经纪有限公司董事长）

胡永庆（华信保险经纪有限公司董事长、总经理）

郭　枫（国家电投集团保险经纪有限公司执行董事、总经理）

张一立（英大长安保险经纪有限公司副总经理）

李　铭（达信（中国）保险经纪有限公司执行董事、总经理）

张国臣（昆仑保险经纪股份有限公司董事、总经理）

李小宁（国电保险经纪（北京）有限公司总经理）

张建国（诚合保险经纪有限公司董事长、总经理）

李晓婧（大童保险销售服务有限公司执行副总裁）

张亚兰（中佳保险代理有限公司董事长）

刘国浩（北京国信行保险公估有限公司董事长、总经理）

监事长：张志安（江泰保险经纪股份有限公司副总裁）

秘书长：陶立新

会员单位

2020 年末，共有会员单位 345 家。其中，保险代理公司 139 家，保险经纪公司 176 家，保险公估公司 28 家，保险公司 2 家。

联系方式

地址：北京市西城区白广路 4 号 B 区 3 层 313 室

邮编：100053

电话：010 − 66008027

传真：010 − 66113349

网址：http：//www. bjbxzjxh. org. cn

电子邮箱：bjbiia@126. com

重要活动

1 月 7 日，北京保险中介行业协会（以下简称协会）组织 15 家会员单位的负责人参加了中国银保监会召开的《互联网保险业务监管办法（征求意见稿）》调研会，并结合保险中介行业实际情况，对相关条款提出了意见和建议。

1 月 13 日，协会召开第四届理事会暨常务理事会第二次会议，审议通过了协会 2019 年工作总结和 2020 年工作计划、2019 年财务收支和 2020 年财务预算报告以及部分副会长、常务理事变更的议案。

1 ~ 2 月，协会发布《关于做好新型冠状病毒感染肺炎防控工作的倡议》《关于做好会员企业复工复产工作的倡议》，号召会员单位奉献爱心、捐款捐物，做好疫情防控期间的保险服务。各会员单位积极响应，捐赠现金及医用防护服、口罩、消毒液等物资价值800多万元。

3月11日，2019年北京市诚信创建企业终审结果公示，协会71家会员单位通过终审。

5月14日，协会启动行业自律巡查工作，对驻京保险中介机构的省级及以下分支机构开展现场巡查。

6~7月，协会组织大童保险销售服务有限公司、五洲（北京）保险经纪有限公司、中融慧金（北京）保险代理有限公司参加中国银保监会组织的“管理型总代理”课题组研讨，并提交了《管理型总代理的政策建议》，为探索新型保险营销模式建言献策。

7月27日，协会办公地址迁至北京市西城区白广路4号B区3层313室。

8月13日，协会召开第四届常务理事会第三次会议，审议通过了增补常务理事、新修订的财务管理制度和减免部分会员单位会费、行业参与脱贫攻坚活动的议案。

9月8日，协会举办2020年信息化建设技术服务培训会，来自两家科技公司的相关负责人，就科技赋能保险、智能保险服务等行业发展趋势，为会员单位建立或完善业务系统提供了技术指导，148家会员单位的206人参加了会议。

9~10月，协会组织会员单位参与对河北省博野县南陶墟村的“黄花菜”精准扶贫项目，累计购买金额约5万元。

10月15日，协会接待到访的湖北省保险中介行业协会秘书长等一行，双方就贯彻中国银保监会文件精神、加强从业人员管理、科技赋能和信息化建设等议题进行深入交流，并听取了第三方科技公司对保险中介数字化服务平台的介绍。

10月21日，由北京银保监局、北京市民政局、北京市财政局、北京市市场监督管理局、北京市人力资源和社会保障局组成的专项检查组到协会进行收费专项现场检查。

10月29日，协会派员参加河北省保险中介行业协会《自律公约暨保险中介从业人员诚信建设管理办法》发布会和“高质量发展，呼唤行业自律和诚信建设”座谈交流会，与多家协会的参会者进行交流研讨。

11月2日，协会与河北省保险中介行业协会、天津市保险行业协会中介部联合签署《京津冀保险中介行业组织（2020~2023）合作方案》，进一步推动三地合作交流。

11月3日，协会保险经纪专业委员会召开工作会，就疫情影响下企业经营现状、2021年发展思路以及车险费改、科技赋能和人工智能对行业的深远影响等议题进行了交流和探讨。

11月6日，协会举办保险服务首都经济社会发展报告会，江泰保险经纪股份有限公司副总裁张志安以“2020从服务实体经济看保险‘三从四德’”为题、大童保险销售服务有限公司总裁蒋铭以“保险中介行业的战略定位及前景展望”为题作主题演讲，协会185家会员单位的243名管理人员参加了会议。

11月10日，协会会长李永奇与部分常务理事赴英大泰和人寿保险股份有限公司学习交流，双方就新形势下寿险公司与中介公司合作发展、营销科技赋能与客户服务等议题进行了深入的探讨。

11月12日，协会保险代理专业委员会召开工作会，就新冠肺炎疫情下如何提升专业代理公司运营能力、共享经济模式、2021 年发展新思路等议题展开探讨。

11～12 月，北京市诚信创建企业认定办公室组织开展“2020 年北京市诚信创建企业认定工作”，协会 104 家会员单位积极参与并通过初审。

12 月 4 日，协会与平安健康保险股份有限公司北京分公司联合举办“新产品、新模式、新服务”交流会，协会 131 家会员单位的近 200 人参加了会议。

12 月，协会对部分会员单位实施减免会费的政策，51 家会员单位合计减免会费 21.5 万元。

（范韵臻）

北京金融街商会

组织机构与负责人

理事长：陈耀先

常务副理事长：牛明奇（北京金融街投资（集团）有限公司董事长）

秘书长：沈宏昌（北京金融街投资（集团）有限公司董事会秘书）

会员单位

2020 年末，共有会员单位 290 家。

联系方式

地址：北京市西城区金融大街 33 号通泰大厦 B 座 616 室

邮编：100032

电话：010－66574347

传真：010－66574389

网址：http：//www.bfscc.com

电子邮箱：bfscc@163.com

重要活动

一、搭建学习交流平台，服务会员单位

2020 年，北京金融街商会（以下简称商会）共举办 9 期“金融街学术大讲堂”，千余人参加。其中，全国政协委员王一鸣，原财政部科学研究所所长、华夏新供给经济学研究院院长贾康分别就“当前国际国内经济形势和风险挑战”“疫情冲击下的中国目标、态势、挑战与机遇——兼论全球经济与新经济”所作的主旨演讲，最高人民法院民法典编纂研究小组副组长兼办公室主任杜万华对《民法典》的深度解读受到会员单位的好评。

搭建学习平台，为会员单位提供专业知识培训。商会邀请中国传媒大学媒介与公共事务研究院院长、国防部原新闻局局长、新闻发言人杨宇军就新闻宣传、品牌维护、搭建互联互通新平台等进行主旨演讲；举办 2020 年人力资源管理培训，40 余家会员单位的人力资源部负责人参加了培训；升级外语培训服务，共计开设 42 课时课程，近 400 人报名学习，涉及商务英语、法语、日语、韩语等。

二、夯实务实服务体系，共建和谐宜居之都

2020 年，商会共组织务实服务 28 场。其中，心理咨询“一对一”服务 11 场，40 人次参加；单身联谊活动 10 场，共计 1 200 余人参加。举办金融街教育大讲堂、教育沙龙等 12 场，共 1 770 人参与。绿色医疗平台为 1 万余人次成功挂号。联合有关单位举办文体活动 9 场。

三．开展公益慈善活动，树立金融街社会责任形象

2020 年，商会会员单位通过北京金融街慈善基金会捐款、捐物，助力疫情防控，新建 7 座“萌芽 100 爱心图书室”，募集 2 864 件冬衣，捐助内蒙古自治区呼伦贝尔市鄂伦春自治旗乌鲁布铁镇新兴

村、新发村、春林村的贫困家庭，惠及万余人。

全年，北京金融街慈善基金会共收到捐赠款 1 523.64 万元，共支出捐赠款 1 623.40万元。

四、传播金融街好声音，提升金融街社会影响力

全年，商会出版《金融街》月报 7 期，官方微信发布新闻稿 70 篇；接受北京电视台、人民网等主流媒体采访报道近百篇，提升了金融街的社会影响力。

（史瑞）

北京期货商会

组织机构与负责人

会长：王化栋（宏源期货有限公司董事长）

监事长：王　庆（中粮期货有限公司总经理）

副会长：许丹良（方正中期期货有限公司总经理）

杨　青（银河期货有限公司总经理）

王永茂（格林大华期货有限公司总经理）

宁志和（中钢期货有限公司总经理）

王　可（中国国际期货股份有限公司副总经理）

唐启军（南华期货股份有限公司党委副书记、副总经理）

席　立（创元期货股份有限公司副总经理）

秘书长：曹婺青（专职）

联系方式

地址：北京市海淀区紫竹院路 31 号华澳中心嘉慧苑 1216 室

邮编：100089

电话：010－52722016

传真：010－52722016－601

网址：http：//www. bjqh. org

电子邮箱：bjqhsh1@163. com

重要活动

1 月 31 日，北京期货商会（以下简称商会）向会员单位发起抗疫倡议书，号召全体会员认真贯彻落实党中央、国务院关于疫情防控工作的决策部署，改进服务方式，引导理性投资，通过合法正规的渠道开展公益捐赠，积极履行社会责任。

3 月 20 日，商会开展“书记讲党课”线上活动，党支部书记以“夯实基石·苦练内功·坚持以党建引领商会工作创新发展”为主题进行演讲，并通过中共北京市商业服务业行业协会第三联合委员会线上平台覆盖首都商业服务行业协会、商会的600 余名党员。

6 月 29 日，商会举办 2 场期货助力上市公司高质量发展交流培训活动，邀请会员单位与北京上市公司相关业务负责人参与，受众 3 000 人次。

9 月 16 日，商会举办 2020 年北京期货公司首席风险官培训交流会，就如何通过期货公司分类评价工作促进自身合规发展、如何在新形势下进一步开展投资者保护工作等内容进行了培训交流。

9 月 21 日，商会秘书长赴对口帮扶的河北省蔚县进行回访调研，与当地人民政府进一步建立联络，为巩固拓展扶贫成果与乡村振兴有效衔接奠定基础。

10 月 14～15 日，商会举办“理性投资，远离非法证券期货陷阱”线上培训，就如何面对非法证券期货投资陷阱、维护自身合法权益，对500 余名投资者进行了宣讲。

10月23日，商会启动首都高校期货人才培育工作，在北京林业大学、中央民族大学、北京工业大学通过讲座、选修课、实践课，结合调研实习，向近千名在校学生普及期货市场发展历程、期货市场服务实体经济功能发挥以及“保险＋期货”服务“三农”等相关知识，合计130课时，并对成绩优秀的近30名学员发放奖学金共计4万元。

11月6日，商会主办第十三届中国期货高管年会，中国证监会、北京证监局、中国期货业协会、国内4家期货交易所、中国期货市场监控中心的领导，期货经营机构的高级管理人员以及证券公司、金融科技公司、私募基金公司等的特邀嘉宾共280人参会。年会以“育新机，开新局，推动期货市场高质量发展”为主题，重点探讨了期货市场基础建设、期货业务创新发展、期货公司转型发展三大主题的十一项议题，并就推动期货市场高质量发展，提速期货公司创新发展，更好服务国家战略、服务实体经济达成了共识。会后，将年会成果形成报告提交北京证监局。

2020年，商会加强居间人管理，对北京1万余名备案居间人进行备案登记，并督促会员单位对居间人开展后续培训，强化风险教育，规范居间行为，降低违规风险和纠纷风险，切实保护投资者合法权益。推进投诉调解工作，全年共处理调解案件33件，有效缓解期货经营机构与投资者的纠纷矛盾，助力辖区市场稳定发展。

（何鑫）

北京市金融学会

组织机构与负责人

会长：杨伟中（中国人民银行营业管理部党委书记、主任）

监事长：王建红（中国工商银行股份有限公司北京市分行党委委员、副行长）

秘书长：林晓东（中国人民银行营业管理部金融研究处处长）

会员单位

2020年末，共有团体会员单位62家。

联系方式

办公地点：中国人民银行营业管理部

地址：北京市西城区月坛南街79号

邮编：100045

电话：010－68559272

重要活动

6月，中国人民银行营业管理部（以下简称人民银行营业管理部）、北京市金融学会（以下简称学会）联合举办学术报告会，邀请国务院发展研究中心宏观经济研究部张立群研究员，就“化危为机，奋力开启经济发展新篇章——2020年宏观经济形势分析与两会精神解读”作主旨演讲，来自商业银行、财务公司的数十名会员代表参加了报告会。

9月，在2020年中国国际服务贸易交易会——北京金博会期间，学会协办了“金融支持稳企业保就业　助力企业留青山赢未来”系列推进宣传活动。活动包括专题展示、政策宣传会、政策宣传会刊等内容。多家会员单位精心制作展板宣传援企政策，展示抗疫保供成果；通过政策宣传会解读政策举措，探讨金融支持政策精准直达见效的路径，推进金融支持稳企业、保就业各项工作的开展。

10月，人民银行营业管理部与学会合作举办经济金融形势分析专家讲座，邀请中国人民银行金融市场司货币与票据市场管理处江会芬处长、长江证券股份有限公司首席经济学家伍戈博士就“后疫情时代经济政策与展望”“供应链金融的解读”作主题演讲，来自人民银行营业管理部、高校、商业银行、信托公司、资产管理公司、财务公司的数十名会员代表参加了讲座。

11月，学会修订《北京市金融学会财务管理暂行办法》，组织会员单位进行理监事变更，推选人民银行营业管理部研究处林晓东同志任学会秘书长，并以通讯方式提请会员大会表决通过。

12月，学会秘书处举办“促进金融学会高质量发展论坛暨工作研讨”，来自全国各省市金融学会的150余名代表就如何促进金融学会高质量发展进行交流研讨。

（宋晓源）

北京保险学会

组织机构与负责人

会长：陈志强

副会长：郭少军（中国人民财产保险股份有限公司北京市分公司总经理）

武　博（中国太平洋财产保险股份有限公司北京分公司总经理）

刘光辉（中国人寿财产保险股份有限公司北京市分公司总经理）

张文亮（中国人寿保险股份有限公司北京市分公司总经理）

徐敏彬（中国平安人寿保险股份有限公司北京分公司总经理）

崔长青（泰康人寿保险有限责任公司北京分公司总经理）

陶存文（中央财经大学保险学院教授）

孙　健（对外经济贸易大学保险学院教授）

王雅婷（首都经济贸易大学金融学院教授）

王绪瑾（北京工商大学经济学院教授）

监事长：王　兵（中国平安财产保险股份有限公司北京分公司总经理）

秘书长：陆秀萍

副秘书长：李　枫　邵　艳

会员单位

2020年末，共有会员单位132家。其中，财产保险公司54家，人身保险公司65家，其他机构13家。

联系方式

地址：北京市朝阳区安贞西里四区23号楼深房大厦4层4D

邮编：100029

电话：010－65859115

网址：http：//www.biabii.org.cn

电子邮箱：biabiibgs@126.com

重要活动

3月20日，由学会组织编写的《北京保险市场发展报告2020》课题正式启动。

4月26日，学会以通讯方式向会员公司、理事单位发送《关于审议北京保险学会第九届会员大会暨理事会相关事项的通知》，审议通过了2019年工作报告、财务收支报告及增补理事等事项。

4月，学会参与北京银保监局重点研究课题《中小财险公司业务经营模式、困境及创新监管政策研究》，并承担课题汇稿工作。

学会完成《北京地区会员单位2019年度活动概览》编辑印制工作，并寄发给各会员公司及相关单位。

6月30日，学会编辑完成2019卷《北京保险年鉴》。

7月23日，为支持会员单位抗击新冠肺炎疫情，学会对4家中小新会员单位采取会费减免的措施，共计减免会费10万元。

8月末，学会完成《新冠疫情下北京保险业的挑战与机遇》初稿。

9月15日，为加强数据统计工作和数据分析能力，学会成立财产保险、人身保险数据研究小组，近10家会员公司的研究人员加入了该小组。

9月25日，学会组织召开北京地区意外险市场调研座谈交流会，就进一步加强北京地区意外险市场研究、分析北京意外险经营现状、推动意外险健康发展进行研讨，中国人寿保险股份有限公司北京市分公司等12家会员公司的代表参加了会议。

10月27日，学会发布"北京保险业2020服务社会经济民生实例"。案例覆盖参与社会管理、服务京津冀一体化、服务"三农"、精准扶贫、关爱老年人等多个领域。

11月3日，学会组织召开互联网保险市场调研交流座谈会，就互联网发展现状及疫情期间互联网保险业务开展情况、存在的问题与风险等话题展开座谈，众安在线财产保险股份有限公司等9家会员公司互联网渠道业务的负责人、业务管理近20人参加了会议。

11月4～11日，学会分别召开财产保险、人身保险公司《北京保险》特约编辑座谈会。会议回顾了2020年《北京保险》办刊和编辑部工作情况，并围绕2021年办刊思路、栏目设计、稿件征集和新闻策划进行了深入研讨。

11月26日，学会召开2020年度学术专业委员会工作会议，就《北京保险市场发展报告2020（审议稿）》《北京健康保险市场分析报告2020（审议稿）》进行了讨论和审议，并对2021年度行业重点课题选题方向展开探讨，学术专业委员会主任郝连山、秘书长陆秀萍等共计30余人参加了会议。

2020年，学会组织行业对2019年北京地区车险理赔测评结果、2019年北京地区保险公司分支机构经营评价指标、2019年与2020年上半年北京地区人身险销售品质关键指标及2020年第三季度北京地区商业健康保险服务评价指标分别进行发布和通报。

2020年，学会与对外经济贸易大学保险学院联合推出保险行业人员在职教育提升计划，并完成了两期招生报名工作。

2020年，学会新增单位会员2家，分别是大家财产保险股份有限公司北京分公司、黄河财产保险股份有限公司北京分公司。

（贾利）

北京市现代金融学会

（原北京市城市金融学会，2020年6月22日更名）

组织机构与负责人

会长：黄　力（中国工商银行股份有限公司北京市分行行长）

副会长：汪晓芳（中国工商银行股份有限公司北京市分行副行长）

监事长：赵树厂（中国工商银行股份有限公司北京市分行纪委书记）

秘书长：张淑丽（中国工商银行股份有限公司北京市分行管理信息部总经理）

下设机构

北京市现代金融学会青年经济理论研究分会

联系方式

地址：北京市西城区复兴门南大街2号天银大厦B座402室

邮编：100031

电话：010－66410055－4508

传真：010－66411721

电子邮箱：zuchsh@ bj. icbc. com. cn

重要活动：

1～5月，北京市现代金融学会（以下简称学会）组织开展2019年度调研课题成果评定。经过评委对255篇入围成果的初评、复评和终评，最终评出获奖成果75篇、活动组织奖12个。

3月20日，学会收集汇总部分理事单位关于线上渠道建设、普惠金融服务、小微信贷客户拓展等方面的意见，向中国现代金融学会提出“疫情”相关工作建议。

3～5月，学会经会计师事务所审计、北京市民政局系统填报、业务主管单位审核等，完成2019年度年检工作。

3～11月，学会认领并完成中国现代金融学会2020年重点课题任务5项，中标《大中小微客户融资定价、成本、效率比较及资源配置问题研究》课题。

5～11月，学会编辑制作4期《北京分行学会研究报告》。

6月22日，经北京市民政局批准，学会由北京市城市金融学会更名为北京市现代金融学会。

6月，学会向《北京金融评论》推荐6篇稿件。

7月10～17日，学会借助部分理事单位营业网点的电子大屏推广中国工商银行主办的《现代金融导刊》微信公众号。

7月20日，学会向中国现代金融学会推荐报送“第十五届现代金融优秀论文”10篇。

7～11月，学会开展2020年度课题研究活动，共确定36个选题方向，累计收到各理事单位报送的成果292篇。

8月21日，学会召开重点课题督导汇报会。会议由学会副秘书长主持会议，5家承担或参与重点课题任务的理事单位派员参加了会议。

10月27日，学会召开第七届第三次会员大会、第七届第二次理事会，完成了部分理事的增补、变更工作，黄力任学会会长、法定代表人，施刚不再担任会长、法定代表人。

11月24日，学会会长、副会长、秘书长以视频形式参加了中国现代金融学会第七届会员代表大会。

11～12月，学会组织邀请理事单位的部分客户参加中国工商银行现代金融研究院开展的中小微企业线上问卷调查。

（祖春生）

北京市钱币学会

组织机构与负责人

会长：姜再勇（中国人民银行机关事务局局长）

监事长：温　桦（北京市支付清算协会秘书长）

秘书长：李　杰（中国人民银行营业管理部后勤服务中心处长）

会员单位

2020 年末，共有个人会员 1 300 人，团体会员 32 个。

联系方式

办公地点：中国人民银行营业管理部

地址：北京市西城区月坛南街 79 号

邮编：100045

电话：010－68559317

传真：010－88655100

电子邮箱：zhidongli@ sina. com

重要活动

一、持续开展钱币宣传和交流活动

北京市钱币学会（以下简称学会）坚持开展钱币知识的宣传普及活动，按月举办钱币专题讲座，已连续举办 11 年，共计 132 期。

2020 年，学会联合北京古代钱币展览馆举办钱币专题讲座——“泉聚德大讲堂”，共 12 期，内容涉及中国货币史、钱币铸造工艺、民俗钱、红色货币及人民币等，如《青铜英雄谱——介绍打马格钱》《红色货币——共产党领导革命历程的见证》《宋代银锭考》《你笑起来真好看——钱币上的孩子们》等。12 月，学会邀请重庆市钱币学会会员、钱币收藏家孙炳路先生作关于马兰钱的专题讲座，受到钱币爱好者的欢迎。

受新冠肺炎疫情影响，学会组织的钱币专题讲座多次采取线上直播的方式。2～3 月，学会制作 2 期与健康、抗疫和宣传医护工作者相关题材的钱币专题节目，通过微信小程序在会员中进行宣传。在节目中，钱币收藏家刘春声老师介绍了中国古代祈福避灾的压胜钱，张绍龙先生介绍了世界各国发行的有关传染病题材的币章，李志东先生介绍了中加两国联合发行的白求恩医生到达中国 60 周年纪念银币，张国忠先生介绍了外国纸币上的白衣天使。9 月，学会秘书处派员赴浙江省博物馆，以微博形式向北京的会员现场转播了“丝路流金——丝绸之路上的金银货币精华展”。

据统计，全年有 300 余人次到现场参加讲座活动，通过微信、微博等平台线上观看钱币讲座的群众达 5 000 多人次。

5 月 18 日，学会与北京市古代钱币展览馆合作推出“泉淙之声”栏目。该栏目由学会专家撰稿，专业人员配音讲述，每周 1 期，内容结合现实中的纪念日、节日，以钱币为主线，串联起历史、文化、民俗等多方面的知识。截至年末，已制作并播出 27 期。

二、积极参加中国钱币学会、中国钱币博物馆组织的活动以及中国人民银行货币金银工作

9 月 4～9 日，学会组织部分会员参加了北京国际服务贸易交易会暨北京国际文化产业博览会，在中国钱币博物馆展位开设钱币拓片技艺展台，展示传统的传拓技艺和拓片作品，并进行现场教学，吸引了大量参观者参与互动，收到很好的效果。

三、组织推动钱币研究

2020 年，学会申报并承担了中国货币史研究课题——《清代北京地区白银货币及其使用研究》。学会联合首都博物馆及学会部分钱币专家组成课题组，在结合前人史料研究成果与传世白银实物研究成果的基础上，以近年来北京地区出土的白银实物为研究对象，重点梳理了北京地区出土的 61 件白银实物，运用考古学、科技考古与历史学研究方法，将清代北京

地区流通白银实物与清代北京地区房地契约资料相结合，对清代北京地区白银货币形制特点、使用方式等问题进行深入研究。该课题获得中国人民银行2020年度中国货币史研究课题评比三等奖。

四、学会日常工作

加强与会员的联系和管理。2020年，在新冠肺炎疫情环境下，学会坚持每天在会员微信群中转发全国各地泉友新创作的钱币研究文章，定期转发钱币交流会、钱币微拍等信息，深受会员欢迎。

筹备学会第六次会员代表大会和换届工作，并按时完成北京市社团办2019年度学会年检。

（李志东）

中国金融工会北京工作委员会

组织机构与负责人

主任：倪卫东

专职副主任兼办公室主任：熊　玮

兼职副主任：王建红（中国工商银行股份有限公司北京市分行党委委员、副行长）

王希迎（中国农业银行股份有限公司北京市分行党委委员、副行长、工会主席）

周　顺（中国信达资产管理股份有限北京市分公司副总经理、工会主任）

胡　洁（中国太平人寿保险有限公司北京分公司副总经理、工会主席）

史利国（北京市金融工会主席）

会员单位

2020年末，共有会员单位37家，会员9万余人。

联系方式

地址：北京市西城区金融大街20号交通银行大厦B座1301室

邮编：100033

电话：010－58391721

传真：010－58391880

邮箱：bj_ jrgh@163. com

重要活动

1～2月，开展“两节送温暖”活动，拨款24万元帮扶百名病困职工。

1～7月，开展2020年北京金融系统评先创优活动。评选出“北京金融五一劳动奖状”等年度先进单位22个、“北京金融五一劳动奖章”等年度先进个人21名，并推荐1个集体、1名个人参加全国（金融）评先创优，并受到表彰。

3～6月，开展女职工关爱专项工作。向10名特困女职工发放帮扶金，并调拨专款支持中国工商银行北京市分行、中国建设银行北京市分行、交通银行北京市分行等11家单位建设母婴关爱室（角），支持招商银行北京酒仙桥支行、信达证券股份有限公司建设“女职工关爱室”。

6～9月，完善省级金融文联组织建设，完成北京金融作家协会成立相关筹备工作。

6～12月，扎实推进北京金融业集体协商工作。按照协商工作程序和要求完成北京银行业2020年度工资专项集体合同的续签工作，在合同条款中对职工加班补偿、职工体检及医疗补贴、职工慰问、职工教育经费提取使用以及职工劳动保护等内容进行了修订和完善。积极推动北京保险业集体协商工作，通过发放调查问卷、现场走访会谈，了解相关情况，研究探索协商的可行性，完成调研报告《扩大金融协商新领域　北京保险行业集体协商全面启动》；在广泛征求意见、组织培训及座谈会议的工作基础上，签订《北京保险业集体合同》，协商惠及保险企业 126 家、职工 2 万余名。

10～11 月，与北京市银行业协会联合举办书画摄影作品评比及展览活动。举办单身青年联谊活动，首都金融机构近 100 名单身青年参加了活动。

2020 年，拨付专项资金支持 4 家会员单位基层工会共建“职工之家”，拨付专款用于改善基层职工工作、就餐环境或增添职工康体设施。深入共建单位与基层职工面对面交流，不断促进职工服务工作向基层一线延伸。

（杨香玉）

北京市金融工会

组织机构与负责人

主席：徐　闻

副主席：张　瑜

副主席：张幼林（北京市地方金融监督管理局副局长）

副主席：倪卫东（中国金融工会北京工作委员会主任）

副主席：鞠万春

副主席：李　娟（北京银行北京分行行长助理）

会员单位

2020 年末，共有会员单位 58 家，会员 129 054 人。其中，中央在京工会组织 16 家，市属工会组织 24 家，外埠在京工会组织（单位）18 家。

联系方式

地址：北京市通州区运河东大街 56 号院 7 号楼

邮编：101160

电话：010－55564820

邮箱：jrgh@ bjzgh. org

重要活动

1～3 月，北京市金融工会组织系统内各工会开展劳动模范慰问活动，并为退休劳动模范办理 2020 年公园年票。

2～6 月，北京市金融工会开展“全国劳动模范”“北京市劳动模范”“北京市模范集体”推荐评选工作。推荐中国建设银行股份有限公司北京市中关村分行副行长任朝霞、华泰财产保险有限公司战略客户部总经理张远明为全国劳动模范，推荐 2020 年“北京市劳动模范”34 名、“北京市模范集体”6 家。

2～12 月，北京市金融工会组织金融系统各级工会落实防疫管控各项工作要求，开展抗疫、复产工作。各单位共投入 4 000 多万元采购防疫物品，确保一线人员配给；对各单位职工进行分类统计，为党政决策提供数据支撑；增加专项抗疫经费，制定管理办法，简化使用流程；设立服务热线，为各单位员工提供帮扶、心理疏导，缓解因疫情带来的压力，保障员工权益、身心健康和队伍稳定，全年未发现、发生劳动关系不稳定的因素；各单位工会组织积极收集善款汇往湖北。

4 月 29 日，北京市金融工会组织召开第二届委员（扩大）会第五次全体会议。会议审议通过了北京市金融工会 2019 年度工作报告、经审工作报告，部署了 2020 年北京市金融系统工作任务，北京市总工会党组成员、经费审查委员会主任司建出席会议并作重要讲话。

7～12 月，北京市金融工会、中国金融工会北京工作委员会与北京市银行业协会、北京保险业协会联合推进北京银行业、保险行业集体协商工作。12 月 9 日，组织召开北京银行业行政和职工方代表协商会议，审议通过了北京银行业2020—2021年度工资专项集体合同；12月17日，召开北京保险行业行政和职工代表协商会议，讨论通过和签订了北京保险行业2020年度集体合同，协商范围覆盖全市20余家保险公司，成为全国省部级首份保险行业集体合同。

8～10月，北京市金融工会开展北京市金融系统“职工创新工作室”创建活动，经过材料申报、实地调研、综合评审等程序，授予中国农业银行股份有限公司北京市分行“农行北京分行产品创新实验室”、中国光大银行股份有限公司北京分行“舒昕劳模创新工作室”、中国民生银行股份有限公司北京分行“民生北分交易银行创新工作室”、格林大华期货有限公司“焦煤产业服务创新工作室”、杭州银行股份有限公司北京分行“杭州银行北京分行‘党建家园’”北京市金融系统“职工创新工作室”称号。

8～12月，北京市金融工会对金融系统工会干部进行培训，学习习近平总书记关于工人阶级和工会工作的重要论述、党的十九届五中全会精神，解读新冠肺炎疫情状况下的国家经济形势，开展工会干部心理咨询师专项培训，讲解工会基层组织建设、民主管理制度、经费规范化使用等业务知识，90余名工会干部参加了培训。

北京市金融工会组织各基层工会开展垃圾分类宣传活动。通过制作宣传演示文稿、视频、微电影、垃圾分类表情包、知识竞赛等方式宣介垃圾分类处理知识，并邀请职工家属参与相关活动，将垃圾分类工作从单位扩展到社区和家庭。

10～12月，北京市金融工会开展“心灵驿站”建设工作，共新建金融系统职工“心灵驿站”10个。

北京市金融工会组织开展2020年度先进“职工之家”“职工小家”和“优秀工会工作者”评选工作，共评选出先进“职工之家”23家、“先进职工小家”25家、“优秀工会工作者”35名，并对评选出的先进单位和优秀个人给予通报表彰、发放奖励。

11月7日，北京市金融工会举办“缘定今生·情牵佳人”第四届“金”生有缘单身青年联谊活动，共有300余名职工参加了活动。

12月25日，北京市金融工会组织召开第二届第六次委员全体会议。会议审议通过了北京市金融工会2020年度工作报告，部署了2021年北京市金融系统工作任务；北京市总工会会党组成员、经费审查委员会主任司建作重要讲话；会议补选徐闻为北京市金融工会第二届委员会主席，史利国不再担任北京市金融工会主席。

（李宗烨）

（四）2020 年度北京市金融系统先进单位、先进个人名录①

“北京金融五一劳动奖状”获得集体

（中国金融工会北京工作委员会　京金工发〔2021〕6 号　2021 年 10 月 26 日）

农业银行北京昌平支行
光大银行北京东长安街支行
太平人寿保险北京东城支公司

“北京金融五一劳动奖章”获得者

（中国金融工会北京工作委员会　京金工发〔2021〕6 号　2021 年 10 月 26 日）

沈　一　中国银行北京使馆区支行主任
赵秋鹤　交通银行北京丰台支行高级对公客户经理
王潼济　招商银行北京建国路支行员工
李　晶　民生银行北京建国门支行行长
程静静　太平人寿保险北京良乡支公司个人业务部经理
张　雄　人保财险北京市分公司理赔部东区理赔分部经理
张　帆　北京中关村银行客户经理
胡同杰　北京银保监局办公室科长

“北京金融先锋号”获得集体

（中国金融工会北京工作委员会　京金工发〔2021〕6 号　2021 年 10 月 26 日）

建设银行北京清华园支行
招商银行北京分行零售信贷部中关村分中心
人保寿险北京市分公司团体保险部
北京银保监局国有处

① 本名录收录的是 2020 年度北京市辖内获得先进称号的机构名称和人员姓名信息，名录由各相关机构提供，本编辑部未做改动。

“北京金融五一巾帼标兵岗”获得集体

（中国金融工会北京工作委员会　京金工发〔2021〕6号　2021年10月26日）

建设银行北京玉带河东街支行
光大银行北京分行零售金融部
民生银行北京分行运营管理部
太平人寿北京分公司运营服务部/消费者权益保护部

“北京金融五一巾帼标兵”获得者

（中国金融工会北京工作委员会　京金工发〔2021〕6号　2021年10月26日）

冉崇辉　开发银行北京分行法律合规处处长
彭　菲　农业银行北京延庆支行高塔支行行长
陈晓娇　招商银行北京东四环支行储蓄柜员
艾小萌　人保财险北京市分公司责任信用保险部总经理

“北京金融模范职工之家”获得集体

（中国金融工会北京工作委员会　京金工发〔2021〕6号　2021年10月26日）

农业银行北京海淀东区支行工会委员会
人保寿险北京市分公司工会
北京银保监局消保处工会小组

“北京金融系统先进工会组织”获得集体

（中国金融工会北京工作委员会　京金工发〔2021〕6号　2021年10月26日）

工商银行北京西客站支行工会委员会
招商银行北京清华园支行工会小组
信达证券公司工会委员会
人保财险北京市顺义支公司工会委员会

“北京金融优秀职工之友”获得者

（中国金融工会北京工作委员会　京金工发〔2021〕6号　2021年10月26日）

吴凤杰　中国银行北京商务区支行纪委书记、工会主席
徐家朋　光大银行北京方庄支行副行长（主持工作）

周　弋　人保寿险北京市分公司党委委员、副总经理

“北京金融优秀工会工作者”获得者

（中国金融工会北京工作委员会　京金工发〔2021〕6 号　2021 年 10 月 26 日）

张　艳　农业银行北京市分行工会副主席、统战工作部/工会工作部主任
兰　梦　中国银行北京昌平支行柜员
王凌云　交通银行北京天坛支行副行长、工会主席
王九晔　民生银行北京分行党群工作部总经理
朱　琳　中国信达北京市分公司工会委员
喻丽霞　中国人寿保险北京市分公司工会干事

“北京金融优秀工会积极分子”获得者

（中国金融工会北京工作委员会　京金工发〔2021〕6 号　2021 年 10 月 26 日）

徐　苒　开发银行北京分行授信审批处
徐东徽　光大银行北京分行数字金融部处长
李京武　招商银行北京分行监察部宣教综合室副经理
甘　泓　上海银行北京分行运营管理部总经理
李广妍　信达证券公司综合质控部
钱　超　人保财险北京市西城支公司车商业务二部经理

（以上先进名录由中国金融工会北京工作委员会提供）

“全国劳动模范”获得者

中委〔2020〕609 号

任朝霞　中国建设银行北京市中关村分行副行长，助理会计师

“北京市模范集体”获得集体

京委〔2020〕766 号

中国工商银行股份有限公司北京市分行银行卡中心
中国银行股份有限公司北京崇文支行
中国民生银行股份有限公司北京分行 CBD 管理总部
中国人民财产保险股份有限公司北京市朝阳支公司
杭州银行股份有限公司北京分行

“北京市劳动模范”获得者

京委〔2020〕766 号

任俊鑫　中国农业银行股份有限公司北京延庆支行公司业务部经理，中级经济师
颜　文　中国农业银行股份有限公司北京万寿路支行纪委书记，助理会计师
袁　婷　中国银行北京武定侯街支行理财经理
张　亮　中国银行股份有限公司北京宣武支行计划财会部主任，经济师
刘　彬　中国建设银行北京市分行信用卡业务部总经理，高级经济师
钱　平　中信银行股份有限公司北京分行国际业务部经理
周晓颜　中信银行股份有限公司北京分行富华大厦支行会计经理，会计师
曲　亮　中国光大银行股份有限公司北京分行行长，高级经济师
田　颖　中国民生银行股份有限公司北京金融街支行行长，经济师
张聪林　中国民生银行股份有限公司北京分行营业部总经理
秦　闯　中国邮政储蓄银行股份有限公司北京房山区良乡支行副行长
虞　铮　中国人民财产保险股份有限公司北京市分公司直属业务二部总经理助理
盛　兰　中国人民财产保险股份有限公司北京市分公司 95518 客户服务中心报案岗班组长，咨询师
王　颖　北京银行城市副中心分行公司银行二部总经理
刘晓岚　北京农村商业银行股份有限公司总行个人金融部总经理，高级经济师
陈　彤　华夏银行股份有限公司北京分行零售业务总监、普惠金融部总经理
王　华　华夏银行股份有限公司信用卡中心销售管理团队总监
唐晓国　新华人寿保险股份有限公司北京分公司海淀联合营业区第一营业区经理
王　婷　渤海银行股份有限公司北京分行通州支行行长，讲师
史　荣　平安银行北京分行公司业务高级总监，房地产估价师
张　勤　厦门国际银行股份有限公司北京分行副行长、工会主席
徐庆华　大连银行股份有限公司北京分行部门总经理，会计师
姚　瑶　东亚银行（中国）有限公司北京分行法律事务部主管
陈晓霞　格林大华期货有限公司党委副书记、工会主席，中级工程师
张晓峰　太平人寿保险有限公司北京分公司海淀支公司银行保险部区域总监
陈永明　北京农村商业银行股份有限公司昌平支行营业部总经理，初级会计师
窦郁宏　北京中关村银行股份有限公司智慧金融部负责人
高　宇　汇丰银行（中国）有限公司北京分行工商金融中小企业部职工
高艳平　拉卡拉支付股份有限公司首席架构师
魏存蕊　北京产权交易所有限公司第四党支部书记、总法律顾问、风控中心主任，企业二级法律顾问
陈　曦　北京国华文科融资担保有限公司业务一部经理

麻占华　北京中关村科技融资担保有限公司第一党支部书记、智能制造事业部部门经理

“北京市金融系统先进职工之家”获得集体

京金工发〔2020〕20 号

中国工商银行股份有限公司北京市分行九龙山支行工会
中国农业银行股份有限公司北京崇文支行工会委员会
中国银行股份有限公司北京商务区支行基层工会委员会
交通银行股份有限公司北京开发区支行工会委员会
中信银行股份有限公司北京分行工会委员会
中国光大银行股份有限公司北京西直门支行工会委员会
中国邮政储蓄银行股份有限公司北京分行工会委员会
中国人民财产保险股份有限公司北京市房山支公司工会委员会
北京银行股份有限公司红星支行工会委员会
北京银行股份有限公司上地管辖行工会委员会
北京银行股份有限公司广安门支行工会委员会
北京农商银行股份有限公司大兴支行工会委员会
民生期货有限公司工会委员会
北京中小企业融资再担保有限公司工会委员会
天津银行北京分行工会委员会
广发银行股份有限公司北京分行工会委员会
厦门国际银行股份有限公司北京分行工会委员会
南京银行股份有限公司北京分行工会委员会
杭州银行股份有限公司北京分行工会委员会

“北京市金融系统先进职工小家”获得集体

京金工发〔2020〕20 号

中国工商银行股份有限公司北京广安门支行白纸坊职工小组
中国农业银行股份有限公司北京东单支行工会小组
中国银行股份有限公司北京西城支行丰盛支行工会小组
中国建设银行股份有限公司北京房山支行行宫园支行工会小组
中国建设银行股份有限公司北京西四支行月坛南街支行工会小组
交通银行股份有限公司北京育惠东路支行工会
中信银行股份有限公司北京分行财务会计部工会分会
中国光大银行股份有限公司北京东长安街支行工会小组

招商银行股份有限公司北京分行运营管理部工会小组
招商银行股份有限公司北京分行望京支行工会小组
中国民生银行股份有限公司金融街支行工会小组
中国人民财产保险股份有限公司北京市分公司车险代理业务部工会小组
北京农商银行股份有限公司商务中心区十八里店支行工会小组
华夏银行股份有限公司北京北沙滩支行工会小组
华夏银行股份有限公司北京通州支行工会小组
泰康人寿保险有限责任公司北京分公司工会委员会
北京银联商务有限公司怀柔业务部工会小组
渤海银行股份有限公司北京分行德胜门支行工会小组
天津银行北京分行航天桥支行工会小组
厦门国际银行股份有限公司北京分行办公室工会小组
中国平安财产保险股份有限公司北京分公司石景山支公司工会委员会
太平人寿保险有限公司北京分公司东城支公司工会小组

“北京市金融系统优秀工会工作者”获得者

京金工发〔2020〕20 号

王　晶　中国工商银行股份有限公司北京西客站支行二级经理
周　霖　中国农业银行股份有限公司北京分行团委副书记、正科级干部
赵　凌　中国农业银行股份有限公司北京东城支行工会副主席
郑　斌　中国银行股份有限公司北京分行工会干事
崔红鹰　中国银行股份有限公司北京崇文支行行政经理
闫　珺　中国建设银行股份有限公司北京石景山支行工会副主席
赵　蕾　中国建设银行股份有限公司北京西单支行副行长、党总支委员
杨海燕　交通银行股份有限公司北京五棵松支行职员
支　杰　中信银行股份有限公司北京分行西单支行职员
王　昕　中国光大银行股份有限公司北京分行总经理
田　娟　招商银行股份有限公司北京分行零售信贷部职员
赵　辉　招商银行股份有限公司北京分行运营管理主管
李达飞　中国民生银行股份有限公司北京分行望京科技园支行行长
施艳玲　中国邮政储蓄银行股份有限公司北京分行工会干事
温培新　中国人民财产保险股份有限公司北京分公司金融街营业部总经理
钱　瑜　北京银行股份有限公司工会干部
刘宏业　北京银行股份有限公司副中心分行副行长
王玉冬　北京农商银行股份有限公司四季青支行副行长
宗　梦　华夏银行股份有限公司信用卡中心公文管理经理

刘玉坤　民生证券股份有限公司办公室经理
张俊杰　民生期货有限公司行政专员
吴金菊　北京产权交易所有限公司机关工会主席
路　扬　北京银联商务有限公司业务经理
鲍心宇　渤海银行股份有限公司北京分行工会副主席
冯　利　天津银行北京分行工会委员会委员
侯　钰　广发银行股份有限公司北京分行部门经理
张连娟　厦门国际银行股份有限公司北京分行部门副主管
任忠华　杭州银行股份有限公司北京分行副行长、工会主席
史　哲　中国平安财产保险股份有限公司北京分公司渠道经理
孙　雪　太平人寿保险有限公司北京分公司通州支公司工会小组长

（以上先进名录由北京市金融工会提供）

北京市抗击新冠肺炎疫情先进集体

（中国共产党北京市委员会　京委〔2020〕592 号　2020 年 9 月 29 日）

华夏银行股份有限公司北京分行普惠金融部

北京市抗击新冠肺炎疫情先进个人

（中国共产党北京市委员会　京委〔2020〕592 号　2020 年 9 月 29 日）

梁金旭　北京市地方金融监督管理局办公室二级主任科员
翟会平　北京银行股份有限公司后勤服务中心员工
赵卫彦　北京农村商业银行股份有限公司顺义支行公司业务部副总经理
宗逸星　中国邮政储蓄银行北京望京南湖南路支行客户经理

北京市扶贫协作先进集体

（中国共产党北京市委员会办公厅　京办发〔2021〕4 号　2021 年 3 月 15 日）

市金融监管局金融发展协调处
北京银行股份有限公司门头沟支行

北京市扶贫协作先进个人

（中国共产党北京市委员会办公厅　京办发〔2021〕4 号　2021 年 3 月 15 日）

常云飞　市金融监管局地方金融机构监管一处副处长

全国文明单位

（中央精神文明建设指导委员会　文明委〔2020〕9号）
（复查确认保留的全国文明单位）

中国人民银行营业管理部

中国人民银行外汇管理工作先进集体

（中国人民银行办公厅　银办发〔2020〕170号　2020年12月2日）

中国人民银行营业管理部外汇综合业务处

中国人民银行金融法治工作先进集体

（中国人民银行办公厅　银办发〔2020〕170号　2020年12月2日）

中国人民银行营业管理部法律事务处（金融消费权益保护处）

中国人民银行金融稳定工作先进集体

（中国人民银行办公厅　银办发〔2020〕170号　2020年12月2日）

中国人民银行营业管理部金融稳定处

中国人民银行调查统计工作先进集体

（中国人民银行办公厅　银办发〔2020〕170号　2020年12月2日）

中国人民银行营业管理部调查统计处

中国人民银行反洗钱工作先进集体

（中国人民银行办公厅　银办发〔2020〕170号　2020年12月2日）

中国人民银行营业管理部反洗钱处

中国人民银行外汇管理工作先进工作者

（中国人民银行办公厅　银办发〔2020〕170号　2020年12月2日）

董　玲　中国人民银行营业管理部国际收支处
张华敏　中国人民银行营业管理部外汇检查处

中国人民银行金融法治工作先进工作者

（中国人民银行办公厅　银办发〔2020〕170 号　2020 年 12 月 2 日）

夏梓耀　中国人民银行营业管理部法律事务处（金融消费权益保护处）

中国人民银行金融稳定工作先进工作者

（中国人民银行办公厅　银办发〔2020〕170 号　2020 年 12 月 2 日）

孙伊展　中国人民银行营业管理部金融稳定处

中国人民银行调查统计工作先进工作者

（中国人民银行办公厅　银办发〔2020〕170 号　2020 年 12 月 2 日）

刘前进　中国人民银行营业管理部调查统计处

人民银行政务信息报送先进个人

（中国人民银行办公厅　银办发〔2021〕29 号　2021 年 3 月 5 日）

楼悦聪　总行营业管理部

“中国人民银行功德奖”获得者

（中国人民银行办公厅　银办发〔2021〕65 号　2021 年 5 月 17 日）

田国志　中国人民银行营业管理部科员

中国人民银行五四红旗团支部（总支）

（共青团中国人民银行委员会　银团发〔2021〕13 号　2021 年 5 月 12 日）

中关村中心支行团支部

中国人民银行优秀共青团员

（共青团中国人民银行委员会　银团发〔2021〕13 号　2021 年 5 月 12 日）

赵　起　总行营业管理部金融稳定处

中国人民银行优秀共青团干部

（共青团中国人民银行委员会　银团发〔2021〕13号　2021年5月12日）

郭　情　总行营业管理部法律事务处（金融消费权益保护处）团支部书记

中国人民银行女职工文明示范岗

（中国人民银行工会工作委员会　银工委〔2021〕1号　2021年1月15日）

中国人民银行营业管理部征信管理处征信服务科

中国人民银行巾帼建功标兵

（中国人民银行工会工作委员会　银工委〔2021〕1号　2021年1月15日）

于　莹　中国人民银行营业管理部国际收支处